DIE GERMANEN
Legende und Wirklichkeit von A-Z

Hannsferdinand Döbler

Die Germanen

Legende und Wirklichkeit von A-Z
Lexikon zur europäischen Frühgeschichte

Orbis Verlag

Redaktion, Bildzusammenstellung und Bildlegenden: Erhard Bethke
Zeichnungen: Brigitte Karnath
Layout: Hans Roßdeutscher

Genehmigte Sonderausgabe 2000
Orbis Verlag für Publizistik, München
in der Verlagsgruppe Bertelsmann GmbH

Covergestaltung: Dreher, Dorkenwald
Grafik, Design & Artwork, München
Druck und Bindung: Tesinska, Cesky Tesin
Printed in the Czech Republic
ISBN 3-572-01157-4

Inhalt

Benutzungshinweise

Stichworte, die unter C nicht zu finden sind, auch unter K und Z, Ch auch unter K und H, I auch unter J und Y, Ü unter Y nachschlagen und umgekehrt.

Stichworte, die nicht im A—Z-Teil enthalten sind, können im Mythologischen Lexikon Seite 137—146 aufgenommen sein. Ein (M) hinter einem Stichwortverweis besagt, daß dieser Begriff im Mythologischen Lexikon aufzuschlagen ist. Entsprechend verweist ein [H] hinter einem Stichwortverweis im Mythologischen Lexikon auf den Hauptteil.

Das Register erschließt eine Fülle von weiteren Begriffen im Rahmen der Hauptstichworte und erlaubt, zusätzlich Querverbindungen herzustellen.

Abkürzungen und Zeichen

* geboren am
† gestorben am

Jahreszahlen hinter einem Namen ohne Stern oder Kreuz (z. B. 156—172) verweisen auf Regierungszeiten.

ahd. = Althochdeutsch
altbulg. = Altbulgarisch
altind. = Altindisch
alts. = Altsächsisch
angels. = Angelsächsisch
engl. = Englisch
indog. = Indogermanisch
Jh. = Jahrhundert
Jt. = Jahrtausend
lat. = Lateinisch
mhd. = Mittelhochdeutsch

R. G. Z. und R. G. Z. M. = Römisch-Germanisches Zentralmuseum, Mainz

Ein Wort zu diesem Buch

Die Vorfahren der Deutschen, so glauben viele noch heute, seien Germanen gewesen, ein bodenständiges Volk mit blauen Augen, blondem Haar und kräftigem Wuchs, das von den römischen Eindringlingen, wie in Gallien das keltische Volk, romanisiert worden wäre, wenn Hermann der Cherusker den römischen Statthalter Varus im Jahre 9 nicht entscheidend geschlagen hätte.

›Germanisch‹ zu denken, zu fühlen, zu träumen, ist dem Deutschen selbstverständlich geworden. Seine Gemütstiefe, seine Treue und Zuverlässigkeit interpretiert er als germanisches Erbteil, und mit Engländern und Isländern, Norwegern und Schweden fühlte er sich noch vor kurzem blutsverwandt, sah in diesen Völkern Brudervölker, mit denen das deutsche Volk in einem engeren Zusammenhang stünde als etwa mit Franzosen oder Italienern, Polen oder Tschechen.

So konnte Hitler, der den Rassenwahn zum politischen Prinzip erhob, am 20. September 1939, kurz nach dem Beginn des Zweiten Weltkrieges, ins Gästebuch der kunstsinnigen Familie Bruckmann schreiben: »Im Jahre des Kampfes um die Errichtung des großen deutsch-germanischen Reiches«, und so konnte sich die SS schon 1930 als ein Verband »nordisch bestimmter Männer« verstehen.

Heute weiß niemand mehr so genau zu sagen, wer denn eigentlich die Bezeichnung Germane zur Zeit des Caesar verdient habe — denn unklar ist, ob sich die spät einsetzende sprachliche Differenzierung germanischer Dialekte mit geographischen Stammesräumen deckt und wie sich die Kelten und Germanen, etwa zwischen Ruhr und Schwarzwald, wirklich voneinander unterschieden haben.

Hier sind die Dinge in Fluß; erst kürzlich ist z. B. eine bisher als merowingisch bezeichnete Burg- und Wallanlage bei Sievern, die noch von Carl Schuchhardt ausgegraben worden ist, als keltisches Oppidum erkannt worden. Man wird deshalb, was die Unterscheidung zwischen Kelten und Germanen angeht, sehr viel vorsichtiger sein als noch vor einem Menschenalter, und mit der Bezeichnung ›germanisch‹ zurückhaltender werden müssen. Abgeschlossen sind die vorgeschichtlichen Forschungen keineswegs, eher verschwimmt das bisher so eindeutige Bild. So wird gerade jetzt erst das *Reallexikon der germanischen Altertumswissenschaften*, das auf dem Stand von 1938 vorliegt, neu bearbeitet herausgebracht; es liegt nur mit ersten Lieferungen vor.

Niemand kann also eine abschließende Bestandsaufnahme wagen, und dennoch lohnt es sich, jene Ergebnisse zusammenfassend vorzutragen, die von der Vorgeschichtsforschung und der Anthropologie, der Linguistik, der Germanistik und der Völkerkunde in den letzten dreißig Jahren erarbeitet worden sind und sich für das Thema nutzbar machen lassen.

Zeitlich liegt der Schwerpunkt unserer Beschreibungen zwischen der Zeitwende und dem Ende der Völkerwanderungszeit und geographisch im Raum zwischen Maas und Weichsel, zwischen Jütland und dem Bosporus.

Das Wikingertum, die Normannenzüge, die Vorstöße der Waräger sind dabei nur Randgebiete, wie auch der Versuch, bei den Merowingern und Karolingern das Germanische aufzuspüren und auszubreiten, leicht ins Uferlose geführt hätte. Deshalb haben wir uns auf die geschichtliche Entwicklung vom Einbruch der Kimbern und der vermutlich keltischen Teutonen bis zur jeweiligen Christianisierung der germanischen Stämme beschränkt und haben diese Grenze nur selten überschritten, um Quervergleiche zu ermöglichen.

Das Ergebnis dieses Versuchs ist recht verblüffend: Schädeldeformationen und gefärbte Haare bei germanischen Stämmen, Holzidole auf Kultstätten, Menschenopfer und schamanistische Praktiken in der germanischen Götterwelt, modische Kleider aus Burgund bei den Wikingerfrauen auf Grönland, Vielweiberei anstelle der gepriesenen Keuschheit, Brutalität und Treubruch anstelle des Heldenliedes, das Dichter vom Schlage eines Felix Dahn zeichneten; statt dessen die Realität einer Vielfalt von Stämmen zwischen Rhein und Schwarzem Meer, die allenfalls durch ihre sprachliche Verwandtschaft Gemeinsamkeiten hatten und sich selbst nie Germanen genannt haben: ehe sie Reiche gründeten, waren sie stets Verbündete Roms, und Germanen wurden sie erst, als sie fast schon aufhörten, es zu sein.

Überraschungen gibt es genug: Da sind die Wandalen durchaus nicht jene besinnungslosen Plünderer, als die sie ein geschichtlicher Irrtum, verursacht von Voltaire, hinstellt, sondern nach Prokop eines der am meisten »verweichlichten« Völker am Mittelmeer, da spielen die berühmten Cherusker eine höchst zweifelhafte Rolle in jenem Kampf, der doch als Heldenkampf verstanden wurde, da übernehmen die Germanen allerlei Bräuche von den Hunnen und ihre künstlerischen Motive weitgehend von den Römern oder Skythen, und schließlich stellt sich die isländische Götterwelt weitgehend als ein stilisiertes Kunstprodukt heraus, dem zahlreiche Geschichten aus dem aufkommenden Christentum einverleibt sind. Realistischer und schärfer, aber auch gerechter wird das Bild, das die zeitgenössische Wissenschaft von den Germanen trotz aller Kenntnislücken zu zeichnen bereit ist — und zugleich stellt sich heraus, daß die bisherige Germanenverehrung einem Phantom gegolten hat.

Um den Zugang zu erleichtern, ist das Buch dreigegliedert: Die umfassend angelegten *Hauptstichworte* führen in die Zusammenhänge und Abläufe historischer Komplexe ein, dem Leser so eine weiterreichende Orientierung gebend, als sie ein Lexikon sonst bietet. Diesen ›erzählenden‹ Texten sind *Kurzstichworte* zugeordnet, die der Abrundung durch Details dienen. Eingeblendet ist ferner im Anschluß an das Stichwort *Götterwelt* ein *Lexikon der nordischen Mythologie*, das helfen soll, Namen, Personen und die Örtlichkeiten, die nur noch wenig geläufig sind, richtig zuzuordnen.

Man weiß, daß ein Lexikon durch seine Lücken definiert ist; so liegt der Schwerpunkt auf dem ersten angesprochenen Bereich, und obwohl wir auch das Umfeld weitgehend erklären, wird niemand erwarten können, hier alle 64 Zwergennamen aus der Völuspa oder sämtliche Könige der Goten zu finden. Hier ging es um den Versuch, ein begrenztes Thema in völkerkundliche und zeitgeschichtliche Zusammenhänge zu stellen und lexikalisch exakt zu durchleuchten, ein Thema, das im Bewußtsein der Deutschen verzerrt ist und nach realistischen Korrekturen von seiten der neueren Forschungen dennoch lebendiges Interesse fordern kann.

München *Hannsferdinand Döbler*

Die ›uralten Teutschen‹

Wer die Vorfahren der Deutschen waren, hat noch zu Luthers Zeiten kaum einen Menschen interessiert. Das Geschichtsbild, von der Bibel bestimmt, umfaßte Noah und Jerusalem, die Stämme Abrahams und die Gestalten der Apostel, man lebte in der christlichen Passionsgeschichte, hielt seinen Gottesdienst in den alten Kirchen der deutschen Kaiserzeit, die man später romanisch oder gotisch nannte, und wußte von Fürsten und Päpsten. Nur einige gelehrte Herren, die sich mit lateinischen und griechischen Texten befaßten, studierten die →*Germania* des Tacitus, die damals gerade wieder entdeckt worden war.

Der ›bayerische Herodot‹ *Johannes Aventinus*, der auf gut bayerisch *Turmayr* hieß, geboren 1477 und 1534 in Regensburg gestorben, betrat deshalb Neuland, als er seine bayerische Chronik, die *Annales Bojorum*, übrigens nicht nur in Latein, sondern, als erstes deutsches Geschichtswerk, auch in deutscher Sprache verfaßte. Turmayr ist Protestant gewesen und war von der Sprachgewalt der Lutherbibel, die er wieder und wieder las, angerührt. Nachdem er 1523 die erste Karte Bayerns herausgegeben hatte, widmete er sich vor allem der Herausgabe seines Geschichtswerkes. Zu seinen Lebzeiten erschien allerdings nur der *Bayrischer Chronikon kurzer Auszug*. Das Hauptwerk und seine deutsche Ausgabe kamen erst nach seinem Tod, letztere 1566, auf den Markt, da Turmayr als ›Radikaler‹, das heißt als Protestant, keine Druckerlaubnis bekommen hatte. Sein Werk heißt: *Chronica vom vrsprung, thaten vnd herkommen der vralten Teutschen* — und für ihn waren die ›vralten Teutschen‹ und die Germanen identisch.

Nachdem dies einmal ausgesprochen war, leuchtete es jedem ein, denn die Germanen schienen ja in der Tat eben dort gelebt zu haben, wo man als Deutscher lebte. Noch in der Mitte des 19. Jahrhunderts, als *Jacob Grimm* seine *Geschichte der deutschen Sprache* veröffentlichte *(→Germanistik)*, blieb dieser Sprachgebrauch unangezweifelt; tatsächlich hat Jacob Grimm ja eine Sprachgeschichte der germanischen Sprachen geschrieben, als seien deutsch und germanisch identisch.

Germanen — Kelten — Keltoskythen — Deutsche?

Erst in den letzten Jahrzehnten des vorigen Jahrhunderts begann man die Frage zu stellen, wann denn eigentlich aus der Urbevölkerung jenes Volk entstanden sei, das man nur während der späten römischen Kaiserzeit Germanen nannte, und wann sich diese Germanen in die ›vralten Teutschen‹ verwandelt hätten. Diese Fragen beschäftigen Historiker wie Vorgeschichtler noch heute.

Es gibt bekanntlich verschiedene Methoden, solche Fragen zu klären. Eine dieser Methoden befaßt sich vor allem mit den historischen Textquellen. Griechische und römische Historiker haben sich, als sie ihre Welt und deren Geschichte beschrieben, auch über die Germanen wie über andere Völker außerhalb ihrer eigenen Kultur geäußert — ähnlich wie sich die spanischen Eroberer über die indianischen Eingeborenen oder die Europäer über die Tungusen, Kirgisen oder Jakuten geäußert haben.

Pytheas aus Massilia, dem heutigen Marseille, befuhr um 325 v. Chr. die heutige Nordsee und verfaßte darüber einen Reisebericht, der mit seinen sorgfältigen Beobachtungen und genauen Schilderungen der Gezeiten, der Mitternachtssonne und der nördlichen Meere bei seinen Zeitgenossen Kopfschütteln hervorrief. Er nennt die Namen einiger Völkerstämme an der Ostsee, mit denen man kaum etwas anfangen kann, und erwähnt die Gewinnung von Bernstein, von dem man glaubte, er bestehe aus Stücken ›gefrorenen Meeres‹. Der Name Germanen fällt noch nicht, doch ist diese Nachricht die erste aus jenem geographischen Raum, den man wenige Jahrhunderte später den Germanen zuordnet.

Bis man die Germanen als ›eigenes Volk‹ entdeckt, übernimmt man die griechische Auffassung, die alle Völker im Nordwesten Europas *Kelten* und alle im Nordosten *Skythen* nennt. Noch die Geschichtsschreiber des byzantinischen Reiches halten sich bis ins Mittelalter an diese Unterscheidung (Hachmann).

Daß es dort, wo Kelten und Skythen aneinandergrenzen, zu einer Mischbevölkerung kommen müsse, erschien logisch. Also sprachen einige antike Gelehrte von *Keltoskythen*. Die Frage war ins Blickfeld gerückt worden, als die Horden der Kimbern und Teutonen *(→Kimbern und Teutonen)* in die blühenden Provinzen Roms einbrachen. *Poseidonios* aus Apameia (ca. 135 bis 50 v. Chr.), ein bedeutender Philosoph der stoischen Schule und der bekannteste Gelehrte seiner Zeit, hielt sich auf einer seiner ausgedehnten Forschungsreisen, die er von Rhodos aus nach Spanien, Italien und Sizilien unternahm, längere Zeit in Rom und Massilia auf, nur um herauszufinden, woher diese beunruhigenden Kimbern und Teutonen gekommen sein

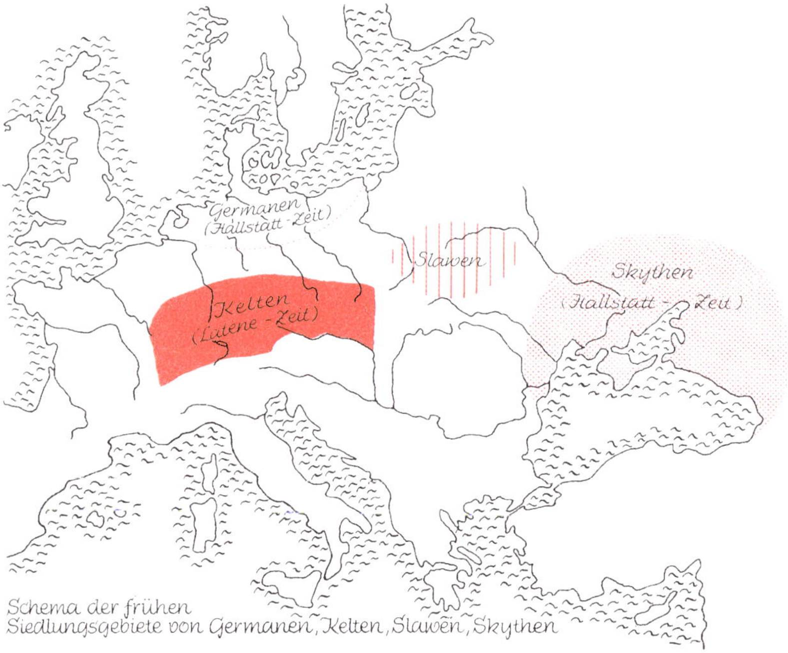

Schema der frühen
Siedlungsgebiete von Germanen, Kelten, Slawen, Skythen

könnten. Er kam zu keinem Ergebnis und stellte resigniert fest, daß man von der Herkunft der Kimbern nichts wisse und auch nichts wissen könne, denn der von ihnen zurückgelegte Weg sei zu groß, ihre Heimat liege zu weit entfernt, als daß man sich ein Urteil bilden könne. Immerhin nennt er als erster Autor die rechtsrheinischen Stämme Germanen, und Caesar, auf der Höhe der Bildung seiner Zeit, hat diese Bezeichnung, deren Herkunft übrigens unklar ist, übernommen. Allerdings hielt Poseidonios sie für ein Volk der Kelten — und er hat weder Kimbern noch Teutonen als Germanen bezeichnet. Die moderne Forschung folgt ihm, was die Teutonen angeht — und damit beginnt ein seltsames Spiel mit Namen — Germanen, Teutonen, Allemands, Germans —, das zu mancherlei Verwirrungen führt.

Probleme der Quellen und Funde

Aus der Zeit, als die Römer die Germanen zu unterwerfen versuchten, sind besonders viele römische Texte erhalten. Das römische Weltreich, von Britannien bis nach Syrien und Nordafrika ein ›gemeinsamer Markt‹ mit blühenden Städten, einer ausgezeichneten Verwaltung, einem einheitlichen Recht und einheitlichem Münzwesen, führte damals im wesentlichen nur an der Rheinfront und im Südosten, in Pannonien, Kriege. Die Raubzüge der Kelten, die 387 v. Chr. mit ihren Heerhaufen bereits bis ans Kapitol gelangt waren und fast auch diese letzte Bastion Roms überwältigt hätten, wären die Gänse nicht wachsam gewesen, sowie die Schrecken des Kimbernzuges waren noch in frischer Erinnerung. Als Caesar 52 v. Chr. die Kelten in Gallien — nach dem vorangegangenen Aufstand unter *Vercingetorix* — endgültig niederwarf und als geschickter Politiker den Römern zugleich die Germanengefahr ins Bewußtsein rief, interessierte man sich verständlicherweise in Rom für Germanen — also etwa zwischen 12 v. Chr. und 16 n. Chr., dann erlahmte zunächst wieder das Interesse. Aus dieser Zeit stammen die meisten schriftlichen Quellen. Allerdings stammen die überlieferten Berichte vorwiegend von Männern, die keine Forscher, sondern allenfalls Soldaten waren; keiner von ihnen hat einen germanischen Dialekt gesprochen, und sie verstanden vom Leben der Germanen etwa soviel wie ein Kolonialoffizier des viktorianischen Zeitalters von Indern oder Burmesen.

Auch die wenigen Historiker, die zu dieser Zeit oder viele Jahrzehnte später die Kämpfe gegen die Germanen schilderten, haben ihre Kenntnisse meist aus zweiter und dritter Hand bezogen — ganz abgesehen davon, daß sie mit ihren Schilderungen keine Völkerkunde geben, sondern politische Ereignisse mit bestimmter Tendenz darstellen wollten.

Germanische Schriftquellen existieren erst seit dem 3. Jahrhundert nach Christus — aber es sind Runeninschriften auf Waffen oder auf Schmuckstücken. Erst im 6. Jahrhundert gibt es so etwas wie eine germanische ›Geschichtsschreibung‹, die auch die Anfänge zu schildern versucht — aber sie enthält allenfalls Sagen, greift über Jahrhunderte zurück; so schildert *Paulus Diaconus* (ca. 720—ca. 797) die Langobardengeschichte, *Beda Venerabilis* (ca. 673 bis 735) die Geschichte der Angelsachsen, *Widukind von Corvey* im 10. Jahrhundert die Geschichte der Sachsen. Für die Geschichte der Germanen, wie sie wirklich gewesen ist, geben diese Berichte nur wenig her.

Also muß die Vorgeschichtsforschung mit dem Spaten diese Quellen ergänzen. Sie legt Skelette und Beigaben frei, Waffen und Schmuck in vielerlei Gräbern, die auf verschiedenartige Bestattungsformen schließen lassen, vom Hünengrab bis zum Urnengrab, ferner Abfälle von Siedlungen, Reste von Häusern, Befestigungen, Moorleichen, aber so viel auch diese Funde verraten, sie ›sprechen‹ nicht. Niemand kann einer Urne allein, einem Helm ansehen, welchen Dialekt sein Träger sprach, auch sagen die meisten Dinge des Alltags nur wenig über geschichtliche Ereignisse.

Da es schriftliche Quellen wie die Ilias des Homer gibt, fand man Troja — aber der Streit um den Ort der Varusschlacht ist noch heute unentschieden, denn das Gräberfeld, das römische Soldaten anlegten, um die gebleichten Knochen ihrer in der Varusschlacht gefallenen Kameraden zu bestatten, wird nur in den erhalten gebliebenen *Annalen* des → *Tacitus* kurz erwähnt — und kein archäologischer Fund bestätigt die Berichte von den Zügen der Kimbern und Teutonen. Hinzu kommt, daß die Spuren von Kämpfen und Stammeszügen vergänglicher sind als das Mauerwerk von Städten und Palästen.

Als letzte Zeugnisse bleiben schließlich jene Begriffe und Wortbestandteile, die als erstarrte Überreste von den lebendigen Sprachen eingeschlossen worden sind. Neben den Inschriften entschlüsselt der Sprachforscher Namen von Orten, Flüssen, Wäldern, auch Eigennamen, und der Name eines Heerführers wie Vercingetorix oder ein Ortsname wie Mainz verrät dem Kenner, ob es sich hier um keltische oder um germanische Namen handelt.

Aus diesem Material formt der Historiker ein Gesamtbild, das so oder auch anders aussehen kann, je nachdem wie man die einzelnen Quellen wertet, die Ergebnisse zueinander in Beziehung setzt. Die Versuchung, durch naheliegende Vermutungen jene leeren Stellen zu ergänzen, die als weiße Flecke des Nichtwissens zwischen den gesicherten Ergebnissen auftauchen, ist groß. Und gerade die Geschichte des ›Germanenbegriffs‹ zeigt, wie sehr Ideologien und politische Tendenzen das ungesicherte historische Bild verzerren können.

Der Ansturm der Barbaren

Der Feind der zivilisierten Welt kam für den Römer seit Gründung seiner Stadt fast immer von Norden. Auch jetzt, um 100 v. Chr., hatte man die Horden der Kelten noch in frischer Erinnerung, die mit ihren barbarischen Kampfesweisen die Legionen in Angst und Schrecken versetzt hatten: sie kämpften nackt und mit unerhörter Todesverachtung, sie galten als roh und anmaßend, stolz und unberechenbar, auch erschreckte die Körpergröße dieser Barbaren die Römer, die selbst im Durchschnitt nur 1,50 m maßen; ebenso entsetzte sie der wilde Brauch, die Köpfe der Feinde abzuschneiden und sie als Trophäen über die Haustür zu nageln.

Barbaren auf italienischem Boden

Um 400 v. Chr., also drei Jahrhunderte vorher, waren die ersten Keltenheere in Italien eingefallen: das Volk der Boier — kurz bevor die Römer die Macht der Etrusker endgültig gebrochen und deren Land an römische Bürger verteilt hatten.
Unter ihrem Anführer *Brennus* eroberten sie 387 v. Chr. die Stadt mit Ausnahme des Capitols und ließen sich das Lösegeld in Gold auswiegen. Die Senatoren, die über die ungeheure Menge Gold jammerten, die der Barbarenhäuptling verlangte, hätten lieber schweigen sollen: Brennus warf sein Schwert in die Waagschale zu den Gewichten und lachte den Römern sein berühmtes Wort »Vae victis« ins Gesicht: »Wehe denen, die besiegt sind!«
Nach ihrem Abzug ließen sich die Kelten in Oberitalien nieder, die Städte Bergomum und Verona gelten als keltische Gründungen; im Jahre 293 v. Chr. besiegten römische Legionäre die keltischen Heerhaufen; das Gebiet wurde unterworfen, schrittweise schob sich die römische Macht zum Alpenrand vor, der schließlich um 150 v. Chr. erreicht wurde.
Diese Vorgänge und Ereignisse sind in der kurzen Zeit des Friedens unvergessen, als 113 v. Chr. zum ersten Male neue beunruhigende Nachrichten aus dem Norden kommen. Ein bisher ganz unbekannter Volksstamm, die sogenannten →*Kimbern (Cimbern)*, sind im Gebiet der östlichen Alpen ins Land der *Noriker* eingefallen (römische Provinz *Noricum*, etwa das heutige Kärnten und Krain). Auch sie werden als Barbaren von riesigem Wuchs geschildert, die mit außerordentlicher Wildheit kämpfen, wenn auch ohne Vernunft und Disziplin. Sie verwüsten das Land der Noriker, die südlich der Donau bis zu den Ostalpen, beiderseits der Tauern und des Großglockner leben, und schlagen den dort stationierten Konsul *Papirius Carbo*. Zum Glück stoßen sie nicht nach Süden vor, um in Italien einzufallen, sondern ziehen, ein ungeheurer Troß von einigen hunderttausend Menschen, quer durch das heutige Süddeutschland nach Westen. Unterwegs schließen sich ihnen die *Teutonen* an, von denen man heute zu

Römisch-germanische Zeittafel

Zeit	Rom	›Germanien‹
600 v. Chr. Ältere vorrömische Eisenzeit	Etruskische Kulturentfaltung	
500 v. Chr.	Römische Republik seit 509 v. Chr.	Eisenverarbeitung, verbesserte Produktion in Handwerk, Wirtschaft, Waffentechnik
400 v. Chr.	Kelteneinfall in Italien 396 v. Chr. Bericht des Pytheas von Massilia über Thule und Nordmeer	
300 v. Chr.	Erster Punischer Krieg 264—241 v. Chr.	
200 v. Chr.	Zerstörung Karthagos 146 v. Chr. Besetzung Spaniens Errichtung der Provinz Gallia Narbonensis Kimbern- und Teutonenkämpfe mit Rom 113—101 v. Chr.	Keltische Oppida Keltischer Einfluß in Wirtschaft und Kultur
100 v. Chr.	Caesar erobert Gallien 58—43 v. Chr. Kämpfe mit Ariovist und Rheinübergänge Octavian als Augustus erster Kaiser 22 v. Chr.	Germanische Stämme aus Jütland an Oder und Weichsel Bildung von Stammesverbänden Erstes Auftreten von Töpferscheibe, Drehmühle und Wendepflug Erste Münzen Felddüngung Drusus in Germanien 12—9 v. Chr. Markomannenreich unter Marbod in Böhmen seit 9 v. Chr.
0 Ältere römische Zeit	Tempel, Amphitheater und Triumphbogen in den Provinzen Terra-Sigillata-Industrie, Glas- und Bronze-Großproduktion Unter Kaiser Tiberius (14—37) Ende des Offensivkrieges gegen Germanien Unter Kaiser Claudius (41—54) Britannienfeldzüge Unter Kaiser Nero (54—68) Kastelle Bonn, Mainz, Neuß, Straßburg mit Steinbauten ausgerüstet	Römer unter Augustus und Tiberius in Germanien Kastelle an Rhein und Lippe Varusschlacht im Saltus Teutoburgiensis 9 Germanicus-Feldzüge 13—16 Obst, Wein, Gemüse eingeführt Handwerkliche Spezialisierung unter römischem Einfluß Erstarkung des Adels Erste Runen Ara Ubiorum Stadt Köln und Trier
50	Kaiser Vespasian 69—79 Kaiser Domitian 81—96 Agrippa-Feldzüge gegen Britannien	Bataveraufstand unter C. Civilis 68/69 Aufbau des Limes seit 83 Chattenkriege Jupitersäule in Mainz
100	Kaiser Trajan 98—117 Tacitus schreibt Germania um 100 Kaiser Hadrian 117—138 Kaiser Antoninus Pius 138—161 Hadrians- und Antoninuswall in England	Verstärkung des Limes Xanten Stadt Glas- und Terrakotta-Industrie in Köln Neumagener Reliefs (Trier) Matronenstein (Köln)

Zeit	Rom	›Germanien‹
150	Kaiser Marc Aurel 161—180 Kaiser Commodus 176—192	Markomannenkriege
200 Jüngere römische Zeit	Kaiser Septimius Severus 193—211 Bürgerrecht auch für Provinzen Kaiser Caracalla 198—217 Weiterer Ausbau von Limes und Hadrianswall Aufgabe des Antoninuswalles	Verband der Alamannen erstmals genannt 213 Bildung von größeren Stammesverbänden Römischer Kunsteinfluß Bischof in Trier Bildung des Hochadels Töpferscheibe endgültig durchgesetzt
250	Soldatenkaiser bis 253 Kaiser Gallienus 253—268	Alamannen durchbrechen Limes 250 Verband der Franken 257 Verband der Sachsen 285 Aufgabe des Limesgebietes und Verstärkung der Rheingrenze durch die Römer Kampf mit Franken
300	Byzanz Hauptstadt des Römischen Reiches Kaiser Diocletian, Maximianus, Konstantinus und Chlorus 284—305 und Neuordnung der Reichsverwaltung Kaiser Konstantin I. und seine Söhne 306—361 Frankenkriege mit Rom	Goten werden Arianer 325 Bibelübersetzung durch Wulfila 350 Trier zeitweilig Kaisersitz Porta Nigra, Palastaula und andere Großbauten in Trier
350	Frankeneinfall in Gallien und Alamanneneinfall. Beide von Kaiser Julian Apostata (355—363) bei Straßburg abgewehrt Bischof von Rom zum Papst erhoben 375 Hunneneinfall 375 Unter Valentinian I. 364—375 Kämpfe mit Alamannen Unter Theodosius I. (379—395) Aufgabe des Hadrianswalles Teilung des Römischen Reiches 395 unter Honorius und Arcadius	Kastelle am Rhein verstärkt
400—568 Völkerwanderungszeit	Durchbruch der Burgunder und Wandalen durch Rheingrenze 406 Westgoten unter Alarich in Rom 410 Westgotenreich in Spanien und Südwestfrankreich 418—507 Schlacht gegen Hunnen auf den Katalaunischen Feldern 451 Burgunderreich an der Rhône 436—534 Wandalenreich in Afrika und Italien 429—534 Ostgotenreich in Oberitalien 493—554 Langobardenreich in Oberitalien 568 bis 774 Merowingisches Frankenreich von 466 bis 687	Verband der Thüringer 400 Reich der Thüringer 531 von Franken zerstört

wissen glaubt, daß es sich um einen keltischen Stamm gehandelt hat. Kimbern und Teutonen tauchen 109 v. Chr. in Südgallien auf, das erst seit wenigen Jahren in römischem Besitz ist: Aquae Sextiae, das heutige Aix-en-Provence, wurde erst 124 v. Chr. als Festung gegründet. Der Einbruch der Kimbern und Teutonen bringt in dieser Provinz die mühsam errungene Herrschaft der Römer ins Wanken. In verschiedenen kleineren Gefechten treten sie dem Feind entgegen, bis im Jahre 105 v. Chr. ein großes römisches Heer bei *Arausio*, dem heutigen Orange, vernichtend geschlagen wird — ein Vorgang von ähnlich katastrophaler Wirkung auf die Stimmung in Rom wie hundert Jahre später der Verlust der drei Legionen in der Varusschlacht am Teutoburger Wald.

Von der Geographie und politischen Situation dieses Gebietes, überhaupt von der Zivilisation der Römer, haben diese Barbaren, die nun Herren Südgalliens sind, wahrscheinlich keine Ahnung; wie Naturvölker scheinen sie ihren Impulsen zu folgen. Die Kimbern wenden sich vorübergehend nach Spanien, während die Teutonen in Gallien bleiben. Nach der Rückkehr der Kimbern kommt es zur Vereinigung und zu erneuter Trennung; getrennt fallen die Kimbern und Teutonen schließlich in Italien ein, ein Schrecken der Römer, und werden 102 und 101 v. Chr. vernichtend in zwei getrennten Schlachten bei *Aquae Sextiae* und *Vercellae* geschlagen *(→Kimbern und Teutonen)*.

Römer in Gallien und ›Germanien‹

Erst ein halbes Jahrhundert später erfolgt eine zweite Konfrontation mit ›germanischen‹ Stämmen. Caesars Situationsbeschreibung zu Beginn des *Bellum gallicum*, des gallischen Feldzuges, ist in die Weltliteratur eingegangen: »Gallien in seiner Gesamtheit zerfällt in drei Teile, von denen einen die *Belger*, den anderen die *Aquitaner*, den dritten diejenigen bewohnen, die in ihrer eigenen Sprache Kelten, in der unsrigen *Gallier* genannt werden. Diese alle unterscheiden sich nach Sprache, Einrichtung und Gesetzen voneinander.« Caesar gibt dann die geographische Gliederung, wobei Garonne, Marne und Seine als Grenzflüsse genannt werden. Die Belger nennt er das tapferste Volk, da sie von der Provincia Narbonensis, also der heutigen Provence, am weitesten entfernt wohnten und am wenigsten verweichlicht seien, »und weil sie den *Germanen* am nächsten sind, die jenseits des Rheins wohnen, mit denen sie dauernd Krieg führen. Aus diesem Grunde übertreffen auch die *Helvetier* die übrigen Gallier an Tapferkeit, weil sie fast täglich mit den Germanen im Kampf liegen: entweder verteidigen sie ihr Gebiet gegen diese, oder sie führen selber im Lande jener Krieg.«

Die Römer verhalten sich gegenüber den Germanen — wobei alle rechtsrheinischen Barbarenstämme nun als Germanen bezeichnet werden *(→Abstammung, Indoeuropäer und ›Germanen‹)* — politisch so, wie sich jedes zivilisierte Volk gegenüber einem primitiveren Nachbarn verhält. Rom, das heißt in diesem Falle Caesar, stützt alle Kräfte, die geeignet sind, einen labilen und gefährlichen Gegner einzudämmen. Der Druck der Germanen auf das linksrheinische Gebiet wird stärker; das macht sich schon nach dem sogenannten *Helvetischen Krieg* (58 v. Chr.) bemerkbar. Caesar hat die Helvetier, ein keltisches Volk, das ursprünglich aus Süddeutschland stammt, in der Mittelschweiz ansässig wurde und unter germanischem Druck in Richtung auf die Garonnemündung aufbrach, bei Bibracte zur Umkehr gezwungen. Ihre Heimat ist zwar verwüstet worden, aber Caesar befiehlt ihnen, zurückzukehren und ihre Städte und Dörfer wieder aufzubauen. Er sorgt für Entwicklungshilfe, indem er die *Allo-*

broger, die zwischen Rhône und Isère in der nördlichen Provence leben, zur Abgabe von Getreide, vermutlich Saatgut, veranlaßt. Sein politisches Ziel ist klar: er will eine Grenzmark gegen die Germanen schaffen, damit diese nicht in das verlassene Land einsickern und Grenznachbarn der Provinz Gallien werden.

Diese Ereignisse in Helvetien lösen den *Gallischen Krieg* aus, der nach Caesars Zeugnis unmittelbar von den Aggressionen der Germanen verursacht worden ist. Er schildert *Ariovist*, den germanischen Heerkönig der →*Sweben* (Sueben, Sveben), der 61 v. Chr. die Häduer bei Magetobriga geschlagen hatte, als einen »barbarischen, jähzornigen und launenhaften Menschen«, und er erzählt, wie die linksrheinischen Stämme ihn bitten, sie vor den Germanen

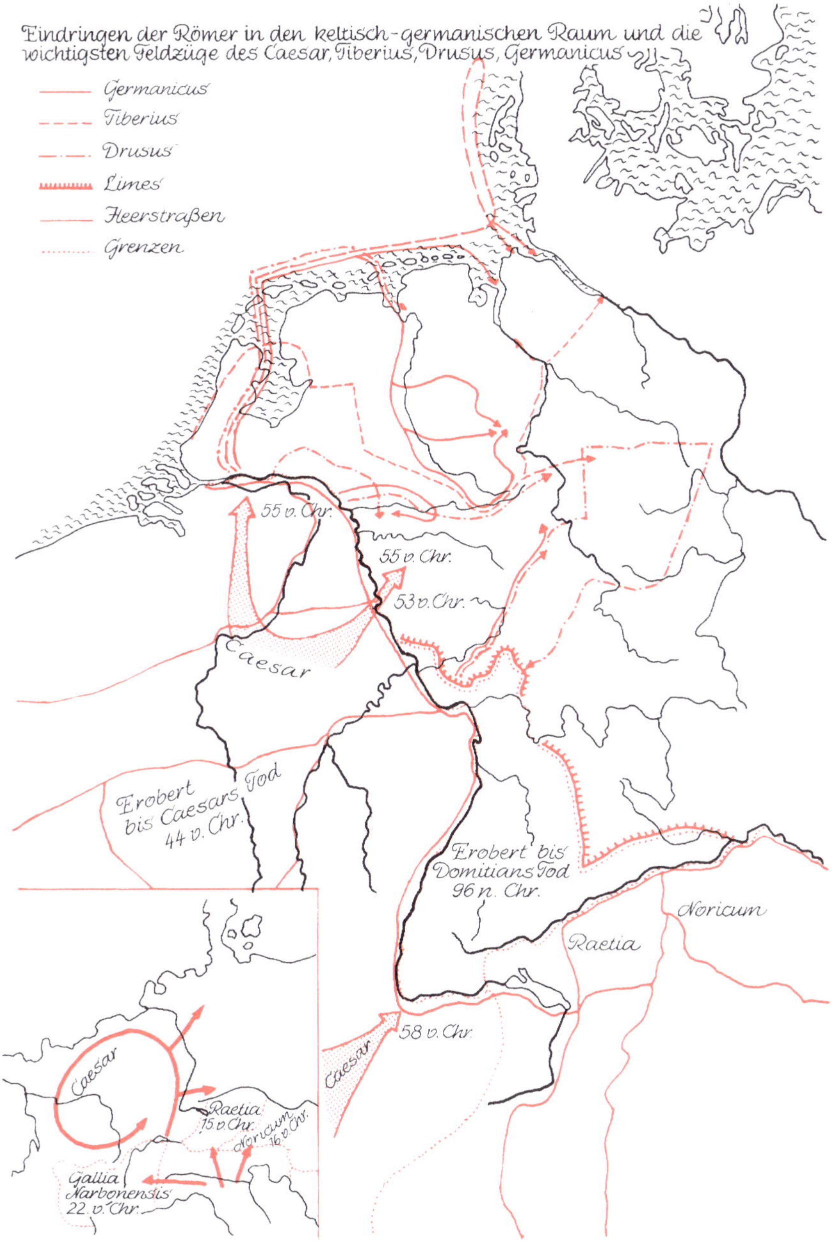

zu schützen. Caesar, so heißt es in der von ihm selbst überlieferten Rede des *Divitiocus*, des Führers der gallischen Delegation, könne »durch sein persönliches Ansehen und das seines Heeres oder auf Grund seines eben erfochtenen Sieges oder als Bevollmächtigter des römischen Volkes verhindern, daß eine größere Menge Germanen über den Rhein geführt wird; er vermag ganz Gallien vor der Unterdrückung durch Ariovist zu schützen«. Damit ist der Kriegsgrund gegeben. Die Sweben waren offenbar einige Zeit vorher über die mittlere Elbe gegangen und hatten sich in der Pfalz und im Elsaß angesiedelt. Wie es scheint, versucht Ariovist, weiter nach Westen vorzudringen und sich auch in Gallien festzusetzen. Caesar schlägt ihn 58 v. Chr. vernichtend — ob bei Schlettstadt oder bei Mühlhausen, ist bis heute umstritten — und verherrlicht sich und seine Kämpfe gegen die Sweben im 1. Buch seines Werkes *De bello Gallico*. Dieses mit politischer Tendenz geschriebene, die Germanen vordergründig als bedrohliche Macht schildernde Werk ist bis heute eine der wesentlichen — und unsicheren — literarischen Quellen über die Germanen (siehe auch den Germanenbegriff bei →*Caesar*).

Drei Jahre nach dem Krieg gegen Ariovist wirft Caesar die →*Usipeter* und →*Tencterer*, die über den Niederrhein nach Gallien vorgestoßen sind, zurück (4. Buch De bello Gallico). Um die Verteidigung offensiv zu führen, unternimmt er selbst einen Vorstoß auf das rechte Rheinufer; bei Urmitz, nördlich von Neuwied, haben Archäologen die Stelle gefunden, wo die berühmte technische Pionierleistung, der Brückenschlag über den damals wilden und unbefestigten Rhein, erfolgt ist — übrigens mit einer bemerkenswerten Begründung: Caesar schreibt, der Übergang zu Schiff schien nicht sicher genug und weder der Würde des römischen Volkes zu entsprechen noch seiner eigenen.

›Germanen‹ als Faktor in der Machtpolitik Caesars

Die Befriedung Galliens trug Caesar zur Macht. Daß sich die Kelten nicht gutwillig der römischen Vormundschaft auslieferten, lag in der Natur der Sache. Jenseits des Rheines, so Caesar, hatten sie mächtige und gefährliche potentielle Verbündete, eben jene Germanen — und diese mußten, damit Caesar herrschen konnte, die Rolle des Angstgegners spielen, wie sie in der heutigen Welt jeweils der andere Machtblock spielt. »So kamen die Germanen also in erster Linie durch Caesars politische Überlegungen ins Spiel. Sie wurden von ihm bewußt aufgebaut als nichtgallische Bevölkerungsgruppe rechts des Rheins und als Störenfriede Galliens« (Hachmann).

Caesar ist Politiker gewesen, ihn interessierten vor allem Machtfragen. Wenn er seinen Gegner schildert, so tut er dies nur, damit man versteht, mit wem Caesar es zu tun hatte, nicht um eine objektive völkerkundliche Darstellung zu geben. Offensichtlich hat er die germanische Sprache, die doch das einzig sichere Unterscheidungsmerkmal im Vergleich zu anderen Völkern ist, nicht gekannt, denn er erwähnt sie nicht einmal — wie überhaupt Sprachfragen und Sprachverwandtschaften nicht ins Gesichtsfeld treten: diese Zusammenhänge hat man ja erst im vorigen Jahrhundert begriffen und entschlüsselt *(→Germanistik)*. Nach welchen Gesichtspunkten Caesar also einige Völker als germanisch, andere als keltisch bezeichnet, bleibt im Dunklen. Sicher ist nur: was rechts des Rheines wohnte, mußte zu den Germanen gehören, denn links des Rheines wohnten jene, die von Caesar befriedet waren, die Gallier.

So kommt es, daß heute noch unklar ist, ob z. B. die als Germanen bezeichneten →*Ubier* und →*Sigambrer (Sugambrer)*, die →*Mattiaker* und →*Usipeter*, die →*Tencterer*, →*Wangionen*, →*Nemeter* und →*Triboker* Germanen waren — Sprachreste sind nicht vorhanden, und die wenigen Personennamen sprechen eher für eine nichtgermanische Sprache (Hachmann). Es scheint, als hätte die Sammelbezeichnung ›Germane‹ zu Caesars Zeiten mit der ethnologischen Wirklichkeit etwa so viel zu tun, wie der Name ›Indianer‹ mit den Eingeborenenstämmen am Yukon oder Mississippi zur Zeit Washingtons.

Die Konfrontation zweier Welten

Germanien, dieses Land undurchdringlicher Urwälder, bewohnt von unberechenbaren und gefährlichen Eingeborenen, ist zur Zeit des Kaiser *Augustus* kein Land gewesen, dessen Eroberung sich in irgendeiner Weise gelohnt hätte. Wenn der Kaiser 16 v. Chr. trotzdem den Plan faßte, diese Gegend bis zur Elbe zu befrieden, so nur, um an der nördlichen Reichsgrenze ein für allemal Ruhe zu schaffen und die Grenze auf die Elbe-Donau-Linie zu verkürzen. Als →*Germanicus* im Jahre 16 n. Chr. von Tiberius nach Rom zurückgerufen wird, hat man in Rom erkannt, daß der Aufwand an Kräften in keinem Verhältnis mehr zum Ergebnis steht: Das Land jenseits des Limes bleibt sich selbst überlassen, die Bedrohung aus dem Norden und Osten kann nicht abgewendet werden. Sie stellt sich für das Imperium Romanum im Laufe der Jahrhunderte als tödlich heraus. Bis es soweit kommt, operiert die römische Nordpolitik mit bewährtem Geschick. Einerseits siedelt man barbarische Stämme, auf deren Feindseligkeit gegen ihre Nachbarstämme man bauen kann, unter römischem Schutz links des Rheines an. Dies geschieht z. B. 38 v. Chr. mit den ursprünglich rechtsrheinischen →*Ubiern*, die der Feldherr Agrippa links des Rheines um das Zentrum *Ara Ubiorum* (einen Altar zu Ehren des Augustus) ansiedelt. Es war die Kernzelle der 50 v. Chr. gegründeten Militärgarnison *Claudia Ara Colonia Agrippinensis*, des zu Ehren der Kaiserin Agrippina benannten heutigen Köln.
Unmittelbarer Anlaß für die Absichten des Augustus, in germanisches Gebiet vorzudringen, ist ein Überfall der →*Sigambrer*, →*Usipeter* und →*Tencterer* gewesen, die 16 v. Chr. aus ihren Wohnsitzen zwischen Ruhr und Sieg nach Westen vorstießen, die Garnison bei Aachen überfielen und den römischen Statthalter Lollius besiegten. Dieser nicht unerfahrene Mann, der sich auf den Kriegsschauplätzen gegen die Thraker bewährt hatte, verlor allerdings keine drei Legionen wie später Varus, sondern nur eine Reiterabteilung. Außerdem mußte er den Verlust des Adlers der V. Legion hinnehmen. Seiner Karriere schadete das übrigens nicht, er wurde im Jahre 1 v. Chr. Sonderberater des Kaisers im Orient. Später fiel er in Ungnade und endete durch Selbstmord.
Augustus weiß, daß diese Offensive große Anstrengungen erforderlich macht. Er selbst bereitet drei Jahre lang von 16—13 v. Chr. den Feldzug vor, der von seinen Stiefsöhnen →*Drusus* und *Tiberius* durchgeführt werden soll. Zunächst verläuft das Unternehmen nach Plan. Römische Heeresgruppen unter Drusus stoßen am Brenner 15 v. Chr. über die Alpen vor und bringen das Alpenvorland bis zur Donau in römische Hand. Längs der linksrheinischen Römerstraße, die von Basel ausgehend bis zur Mündung des Rheines reicht, werden Kastelle angelegt. Strategisch wichtige Punkte, z. B. Mündungen von Lippe und Main in den Rhein, werden mit Standorten gesichert: Ein Lager *(Castra Vetera)* liegt bei Birten auf dem Fürstenberg, also in der Nähe von Xanten, das andere auf dem Kästrich in *Mogontiacum*, dem heutigen Mainz. 12 v. Chr. beginnt die große Offensive über den Rhein. Die Sigambrer, mit mehreren

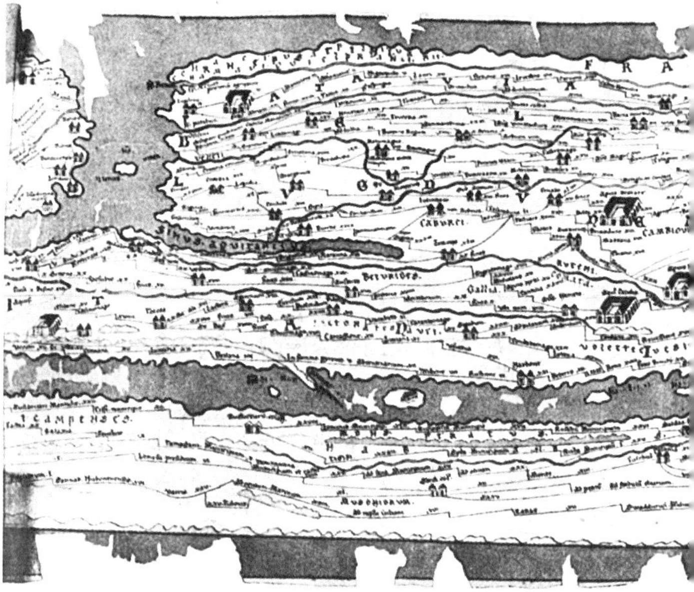

*Sogenannte »Peutingersche 'Karte«, eine Kopie (12./13. Jh.) einer römischen Heeres-Straßenkarte aus dem 3. Jh., benannt nach dem Augsburger Humanisten und Berater Kaiser Maximilians, Konrad Peutinger (*1465, † 1547). Die von K. Celtis gefundene Karte zeigt ohne Rücksicht auf die tatsächlichen Maßverhältnisse und Flächenausdehnungen in stark schematisierter Darstellung Flüsse, Meere, Seen, Straßen, Lager und Städte unter Betonung der Entfernungen zwischen den einzelnen Orten. Der hier gewählte Ausschnitt verdeutlicht, aus welchem Blickwinkel Mittel-, West- und Nordeuropa von Rom aus gesehen wurden. Italien, Mittelmeer und Adria stehen im Mittelpunkt, die ›germanischen‹ Gebiete mit Franken, Sweben, Alamannen, Markomannen usw. sind an den ›Nordrand der Welt‹ gerückt — Stiftsbibliothek Neukloster, Wien.*

Stämmen der Nachbarschaft verbündet, verteidigen sich zäh, sind aber zugleich mit den Sweben verfeindet, was von den Römern ausgenutzt wird. In der lapidaren Schilderung der römischen Historiker liest sich ein solcher Feldzug so: ›Mit Frühlingsanfang aber (11 v. Chr.) brach er (Drusus) wieder zum Kriege auf, überschritt den Rhein und unterwarf die Usipeter, schlug eine Brücke über die Lippe und fiel in das Land der Sigambrer ein. Er rückte durch dieses auch in das Gebiet der Cherusker vor, bis zur Weser.‹ Nach dem unerwarteten Tod des →*Drusus* übernahm Tiberius den Oberbefehl, um das begonnene Vorhaben fortzusetzen.

Bis zum Jahre 5 n. Chr. gelang es, das Gebiet ›Germania‹ so weit zu unterwerfen, daß man es zur Provinz erklären, das heißt das römische Recht einführen und Abgaben erheben konnte, auch wurden in zunehmendem Maße Männer aus diesen Gebieten, deren großer Wuchs und deren aggressive Wildheit die Römer faszinierte, in die Legionen eingestellt. Daß schon sehr bald die Leibwache des Kaisers Augustus aus solchen Männern bestand, spricht für den völligen Mangel an dem, was man heute ›Nationalgefühl‹ oder ›völkisches Bewußtsein‹ nennen würde: über den Horizont ihres Stammes, der Sippe, reichte der Blick dieser Männer kaum hinaus, die von der Weite des römischen Reiches als halbe Barbaren, die sie waren, ebensowenig Kenntnis gehabt haben können wie die Indianer des 18. Jahrhunderts von der Welt des weißen Mannes.

Aber schon die Beharrlichkeit, mit der Menschen am Gewohnten hängen, ließ bei den Unterworfenen Unmut gegen die Römerherrschaft aufkommen, und da diese Stämme eigene Rechtsvorstellungen hatten, eigene Sitten und Gebräuche, empfanden sie gegenüber Rom ihre Gemeinsamkeit. Rom hatte hier wie in allen unterworfenen Provinzen mit Aufständen zu rechnen; die *pax romana*, der Friede unter den Teilen des Imperiums und unter den einzelnen, bisher oft verfeindeten Stämmen, mußte mit harter Hand gesichert werden. Insofern sind Auseinandersetzungen mit den aufsässigen Stämmen in den römischen Provinzen, also auch in den nichtgermanischen, kein Einzelfall gewesen.

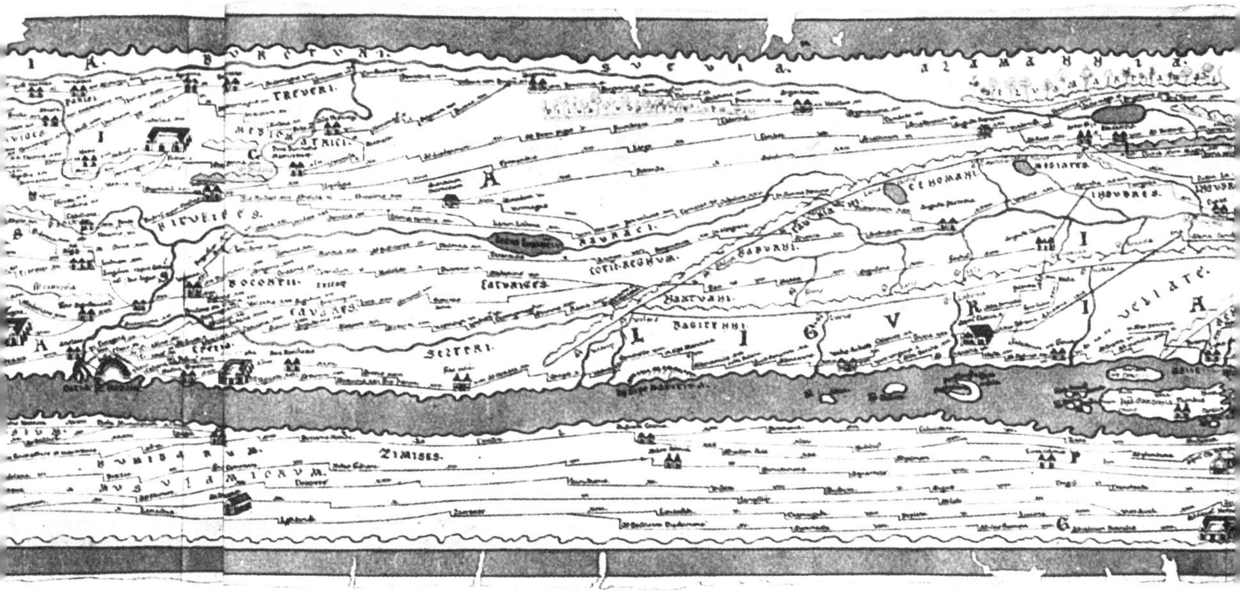

Zwischen den Fronten

Das erste Reich östlich der Elbe, das über das Stammesdenken hinaus eine politische, das römische Reich herausfordernde Konzeption verrät, ist mit ziemlicher Sicherheit nicht von Germanen gegründet worden: Es handelt sich um den ›Markomannenstaat‹, der von *Marbod,* (→Seite 188), dem König der Markomannen, in dem von Kelten besiedelten Böhmen — dem Land der →*Boier* — errichtet wurde. Marbod führte nicht nur eine straffe Herrschaft in Anlehnung an das römische Muster, sondern dehnte sie über verschiedene Stämme — wahrscheinlich sowohl germanische wie keltische — aus. So gehörten zu seinem Reich wahrscheinlich neben den Boiern auch die zwischen Elbe und Oder wohnenden →*Semnonen,* die wiederum wohl zum Kern der →*Alamannen* zählen, und wahrscheinlich auch →*Thüringer* und →*Sweben.* Auch die →*Lugier* und die →*Langobarden,* die nach neuerer Ansicht wohl zu einer östlichen →*Kultgemeinschaft* gehörten, standen unter der Herrschaft Marbods, der seinerseits die Weltmacht Rom zu genau kannte, um sich nicht neutral zu verhalten, als seine Nachbarn unterworfen wurden.

Trotz der ›Neutralität‹ des ›Markomannenstaates‹ eröffnet Augustus in Verfolgung seines Zieles, die Völker bis zur Elbe zu unterwerfen, also auch in Erkenntnis der bedrohlichen Machtfülle dieses ersten mitteleuropäischen Staatsgebildes an Roms Grenzen, im Jahre 6 den Feldzug gegen das Markomannenreich. König Marbod gelingt es, 70 000 Mann Fußvolk und 4 000 Reiter zu mobilisieren, eine für diese Stämme unvorstellbar große und zentral geführte Streitmacht. Bevor es aber zur Schlacht kommt, bricht im Rücken der Truppen, im heutigen Ungarn, ein Aufstand gegen die Römer aus, der den Kaiser zwingt, seine Truppen eilig aus Böhmen abzuziehen und nach Südosten zu werfen.

Damit ist das Markomannenreich vorerst gerettet. Der Aufstand in Pannonien, dem heutigen Ungarn, wird von Tiberius, mit dem der spätere Befehlshaber in Germanien *Publius Quinctilius Varus (→Varusschlacht)* befreundet ist, in schweren Kämpfen niedergeschlagen. Zum

römischen Heer, das in Pannonien kämpfte, gehörte damals vermutlich auch ein junger Cherusker namens →*Arminius*, der seines Ranges und auch seiner Tapferkeit wegen allgemein bekannt gewesen sein muß. Der Veteran →*Velleius Paterculus* schildert ihn in seinen Berichten aus eigener Kenntnis, und man darf annehmen, daß auch Varus diesen jungen, vielversprechenden Cherusker gut gekannt hat, der als römischer Offizier und Anführer einer germanischen Hilfstruppe, wie es viele gab, in Pannonien mitgekämpft hat (Timpe).
Man weiß nicht, wann Arminius aus Pannonien entlassen worden ist, auch kennt man die folgenden Ereignisse nicht, bis Arminius im engsten Gefolge des Varus in Germanien auftaucht, am Vorabend der Schlacht im Teutoburger Wald *(→Varusschlacht im Teutoburger Wald)*.
Eines ist festzustellen: Das Bestehen des straff organisierten Markomannenreiches, der Aufstand in Pannonien, die Bindung römischer Kräfte im Donauraum, die Teilnahme des Arminius an der Niederschlagung von Aufständen sind wahrscheinlich wenig bekannte Voraussetzungen, die erst die Varusschlacht möglich machten, ebenso wie die späteren blutigen Auseinandersetzungen zwischen Cheruskern und Markomannen zu einer Schwächung im mitteleuropäischen Raum führten, die vielleicht für die folgenden Jahrhunderte von größerer Bedeutung war als die oft zitierte Schlacht im Teutoburger Wald. Siehe auch →*Markomannenkriege*.

Die Niederlage Roms—eine Niederlage Mitteleuropas?

Die Schlacht, die 9 n. Chr. laut Tacitus in einem *Saltus Teutoburgiensis* stattgefunden hat, einem Waldgebirge nahe einer Teutburg, das man bis heute noch nicht genau verifizieren kann, endete bekanntlich mit der Vernichtung dreier römischer Legionen (rund 20 000 Mann). Kaiser Augustus, damals ein Mann von 72 Jahren, sah sich um die Anstrengungen seiner Germanienpolitik betrogen und erkannte, daß der Preis für die Unterwerfung dieses eher wüsten und wirtschaftlich nutzlosen Landes zu hoch war. Rom verstand sich diesen

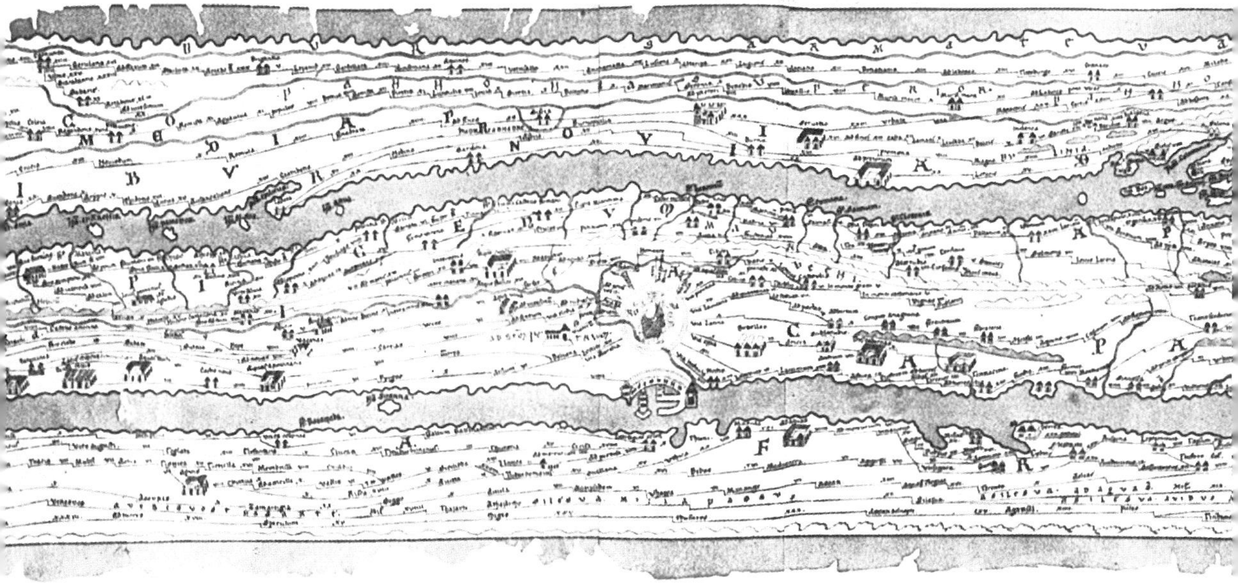

Völkern gegenüber als Kulturbringer, erlebte den Aufruhr als Kränkung, den Abfall des römischen Ritters Arminius als üblen Verrat. Augustus war über dieses Versagen des Heeres entsetzt, und er war in Sorge. Tag und Nacht ließ er in der Hauptstadt Truppen in Bereitschaft halten für den Fall, daß ein Aufstand ausbräche; er verlängerte das Kommando der Statthalter in den Provinzen, damit erfahrene Männer bei einer möglichen Krise an der Spitze der Verwaltung ständen. Man erzählt, der Kaiser habe sich monatelang Haar und Bart wachsen lassen, auch habe er zuweilen sein Haupt gegen den Türpfosten gestoßen mit dem Ruf: ›Quinctilius Varus, gib mir meine Legionen wieder!‹ Bis zu seinem Lebensende soll er den Jahrestag dieser Schlacht als ›Tag der Trauer und des Unheils‹ begangen haben. Man kann, aus der heutigen Sicht der Dinge und der Kenntnis der weiteren geschichtlichen Entwicklung, diese Psychose kaum mehr nachvollziehen, es sei denn, man zieht einen Vergleich zu Dien Bien Phu.

Auf den Römer muß die Tatsache, daß etwa 20 000 bewährte Soldaten von diesen undisziplinierten und primitiven Barbaren einfach abgeschlachtet werden konnten, wie ein Schock gewirkt haben. Offensichtlich spielte dabei auch die Angst vor dem ›Schrecken aus dem Norden‹ eine starke Rolle — etwa so wie die Furcht Mitteleuropas vor dem Einbruch der Tataren und Kosaken. Der Kaiser jedenfalls, der in seinen Jugendjahren seinen Onkel Caesar aus Gallien hatte berichten hören, muß von der Sorge gequält worden sein, daß wieder wie vor Jahrzehnten germanische Völkerschaften über die Alpen nach Italien einbrechen könnten — und eben dies hatten die Vorstöße bis zur Elbe verhindern sollen.

Bezeichnend ist das Gelübde, zu Ehren des Jupiter Optimus Maximus Spiele zu veranstalten, falls er hülfe. Diesem Gott waren Spiele auch im Krieg gegen die Kimbern und dann gegen die Marsen versprochen worden.

Tatsächlich fiel in der Zeitspanne zwischen 9—16 die Entscheidung über Mitteleuropa: Der Sieg des umstrittenen Arminius verhinderte, daß Europa bis zur Elbe ein romanisches Land, etwa wie Spanien oder Frankreich, wurde, mit einer höher entwickelten Wirtschaft und

Gesellschaft. Nach dem Tod des Augustus im Jahre 14 übernahm Tiberius die Herrschaft. Seit der Niederlage des Varus war die Germanenfrage ungelöst und erschien auch nahezu unlösbar. Dennoch wurden die Feldzüge — wahrscheinlich um ein weiteres Vordringen der Germanen zu verhindern — fortgesetzt. Im Jahre 13 übernahm der von Tiberius auf Befehl des Kaisers Augustus adoptierte Sohn des Drusus den Oberbefehl am Rhein, zugleich wurde er Generalstatthalter in Gallien, damals ein Mann von 29 Jahren. Er hatte an der Niederwerfung des pannonischen Aufstandes teilgenommen und war auch als Konsul in Rom gewesen.

Römische Waffen (nach Fundstücken im Römisch Germanischen Zentralmuseum, Mainz)

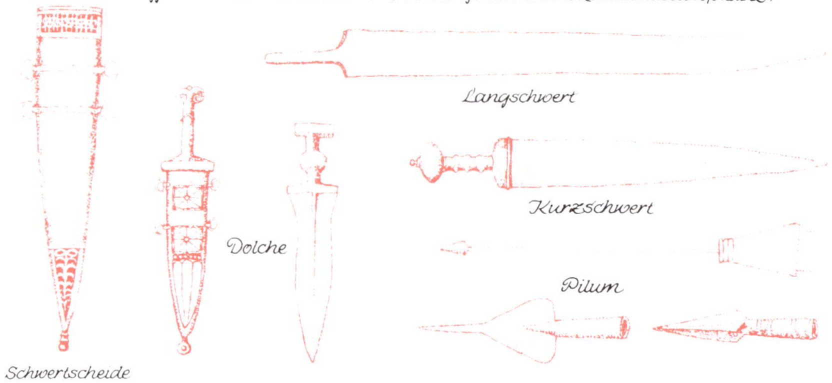

Die Feldzüge dieses Mannes, der den Beinamen →*Germanicus* erhielt und der im Jahre 17 durch einen Triumphzug geehrt wurde, sind ›taktisch‹ erfolgreich, ›strategisch‹ ohne Sieg gewesen. Er konnte den von seinem Schwiegersohn Arminius belagerten *Segestes*, einen aufrechten und »besonnenen Freund« der Römer, aus der Belagerung befreien und dabei →*Thusnelda*, die Gattin des Arminius, gefangennehmen. Auf dem schrecklichen Schlachtfeld, auf dem die Legionen des Varus zugrunde gegangen waren, ließ er im Jahre 15 die Reste von vielen tausend Toten bestatten, und schließlich besiegte er in einem verlustreichen Kampf den Arminius bei *Idistaviso* im Wesergebiet (Gegend von Minden) im Jahre 16 und zerstörte damit den Nimbus, daß dieser Mann nicht zu schlagen sei. Er stand so in der Tradition und Nachfolge des Drusus und des Tiberius, der — allerdings per Schiff über die Nordsee — bis zur Unterelbe im Raum des heutigen Wendlandes vorstieß, mit seiner Flotte die Macht Roms demonstrierend.
Kaiser Tiberius hat dennoch im Jahre 16 den Germanicus nach Rom zurückgerufen und untersagt, die verlustreichen und unsicheren Feldzüge über den Rhein hinweg fortzusetzen.
Ob Arminius in der Folgezeit Versuche unternommen hat, wie Marbod ein Königreich aufzurichten, läßt sich nicht mit Sicherheit sagen. Jedenfalls wurde er, dessen Frau in römische Gefangenschaft geführt worden und dessen Sohn in Rom geboren war, im Jahre 19 von der eigenen Sippe umgebracht. Ob aus politischen Gründen oder weil er die ungeschriebenen Gesetze der Sippe verletzt hatte, als er die einem anderen Mann verlobte Thusnelda entführte, ist unbekannt. Offenbar genügten seine Siege gegen die Römer nicht, ihn vor diesem Ende zu schützen.
Von nun an gehörte das Land jenseits des Rheines, das übrigens niemand außer ein paar Literaten ›Germanien‹ nannte, zur politischen Landkarte Europas. Man kannte nun jene neblige Landschaft zwischen Jütland und den deutschen Mittelgebirgen, aus der die Kimbern

vor über hundert Jahren aufgebrochen waren, und hatte eine Vorstellung von den Wäldern und Strömen über die Elbe hinaus. Bis zum Ende des ersten nachchristlichen Jahrhunderts blieb die Grenze, die Tiberius zwischen dem römischen Weltreich und den Germanen zog und die seit 84 als →*Limes* ausgebaut wurde, im Prinzip unverändert bestehen. Erst die Völkerwanderung, die eher Germanenwanderung heißen könnte, hat sie unter sich begraben.

Während des zweiten nachchristlichen Jahrhunderts konnte das römische Reich, damals auf der Höhe seiner Macht, alle Angriffe auf den Limes abschlagen; auch das vierzehnjährige Ringen (167—180) gegen *Markomannen* und *Quaden (→Markomannenkriege)* hat die Grenze nicht verändert und mit einem vorläufigen Status quo, wenn auch mit keinem Sieg der Römer, geendet. Doch kündigten sich in diesem Krieg schon neue Ereignisse an, wie sich jenseits des Limes im Land der Barbaren auch neue Gruppierungen bildeten: Während die →*Cherusker* zur Bedeutungslosigkeit herabsinken, die →*Brukterer* am Rhein im Angesicht der Römer von Nachbarstämmen niedergemetzelt werden, bilden sich die Grundlagen des Stammes der →*Sachsen*, spricht man plötzlich vom Volk der →*Franken*, deren Name bis heute nicht erklärt werden kann und in denen u. a. die →*Chatten* aufgegangen sind, es ist von →*Saliern* die Rede, die am Mündungsgebiet des Rheins und an der Maas sitzen, auch der Name der →*Alamannen* ist neu, der 212/13 zum ersten Male erwähnt wird (Dannenbauer). Was sich während jener Jahrzehnte in Germanien wirklich abgespielt hat, erfahren die Römer nicht, so konnten diese Ereignisse auch nicht Teil der deutschen Geschichte werden wie etwa die Varusschlacht. Von den Alamannen weiß man nur, daß es sich um eine ›Ansammlung von Leuten verschiedener Herkunft‹ handelte, unter denen die Sweben den größten Anteil hatten.

Schon die Markomannenkriege hatten größere Erschütterungen in der Völkerwelt östlich des Limes signalisiert; im Jahre 233 aber greifen eben jene ›Leute verschiedener Herkunft‹, die Alamannen, den Limes an und erobern das Dekumatenland. So stark ist dieser Angriff, daß er das Gefüge des römischen Imperiums erschüttert; die Legionen meutern *(→Alamannen)* und der Kaiser *Alexander Severus* wird erschlagen. Sein Nachfolger *Maximinus* stellt den Limes wieder her, aber nur wenige Jahre später ist das römische Imperium nicht mehr in der Lage, den Einbruch der Barbaren aufzuhalten, und es beginnt, was eine spätere Geschichtswissenschaft als die →*Völkerwanderung* bezeichnen wird.

›Germanen‹ suchen Land

Seßhaft geworden sind die Menschen erst in geschichtlicher Zeit; sie haben Städte und Staaten, Türme und Tempel gebaut und die Schrift erfunden. Noch in der Jungsteinzeit, also zum Ende der vorgeschichtlichen Epoche um 5000 v. Chr., gab es Wanderbewegungen ganzer Völker, die mit archäologischen Mitteln nachweisbar sind; und bald greifen die Nomaden, die Hirtenvölker der Steppe, die Kulturen der Ackerbauer an. So dringen indoeuropäische Viehzüchter (→*Arier*) nach Persien und Indien vor, erobern Kleinasien und Griechenland.
Um 700 v. Chr. haben die *Skythen*, *Iranier* aus den Steppen des heutigen Turkestan, die kimmerische Kultur in Rußland zerstört und haben Vorderasien verwüstet bis nach Armenien und Syrien. Im Osten erscheinen turkmongolische Steppenreiter, die *Hsiung-nu*, die Vorfahren der *Hunnen*, Ende des 3. vorchristlichen Jahrhunderts an Chinas Nordgrenze. Die chinesischen Herrscher versuchen, sich mit einer gewaltigen Anstrengung zu schützen und errichten das größte Bauwerk der Menschheit, die Große Mauer. Die Eroberung Chinas durch die »Barbaren aus dem Norden« haben sie damit um ein gutes Jahrtausend aufschieben können.
In Europa ist die germanische Völkerbewegung, die von heute an gerechnet vor rund eineinhalb Jahrtausenden die außerhalb des römischen Reiches lebenden Germanenstämme nach Westen versetzte, die letzte große Jahrhunderte andauernde Erschütterung dieser Art, bevor die Stämme endgültig seßhaft und zu Völkern wurden, die Völker sich in Staaten verfestigten. Der Historiker unterscheidet, um die Ereignisse überschaubarer zu machen, die erste und die zweite germanische Völkerwanderung. Man kann auch sagen, daß die Vorstöße der →*Bastarnen*, →*Kimbern und Teutonen* sowie →*Sweben* Vorläufer sind, und daß die germanische Völkerwanderung erst vom Angriff der Hunnen im Jahre 375 n. Chr. ausgelöst worden ist.

Kettenreaktion von China bis Ungarn

Chinas Große Mauer und die Siege des Kaisers *Lao-shang* (174—161 v. Chr.) hatten den Hunnen die Lust genommen, in das blühende Reich der Mitte einzufallen. Für etwa ein halbes Jahrtausend hört man nichts mehr von ihnen, bis die Abkömmlinge der ›westlichen Hsiung-nu‹, die historischen Hunnen, ihre Weidegebiete nördlich des Baikalsees verlassen, nach Westen aufbrechen und im Jahre 374 den Don überschreiten. Unter Führung eines Häuptlings namens Balamir unterwerfen sie gleichzeitig die →*Alanen* im Terek- und Kubanraum und greifen die →*Ostgoten* an, die ihrerseits um die Mitte des zweiten Jahrhunderts ihre Wohnsitze am rechten unteren Weichselufer verlassen hatten und stromaufwärts nach Südosten vorgestoßen waren.

Das südosteuropäische Reich der Goten (→*Ostgoten*, →*Westgoten*, →*Gepiden*), östlich der Donau und nördlich des Schwarzen Meeres gelegen, war der Sage nach in ein westgotisches und ein ostgotisches Reich geteilt worden, wobei die Namen nicht erklärbar sind; mit den Himmelsrichtungen haben sie eigentümlicherweise nichts zu tun. Die Ostgoten (möglich: Austrogoti = die strahlenden G.) hatten altes griechisches Kulturland, die von Griechen erschlossene Krim, erobert, und sie hatten kleinasiatische Städte geplündert und in Ephesos die berühmte Statue der Artemis zerstört; erst Kaiser *Konstantin der Große* hatte ihren Ansturm aufhalten können.

Als die Goten endlich zur Ruhe gekommen waren, erstreckte sich ihre Herrschaft von der Ostsee bis zum Schwarzen Meer. König *Ermanarich* aus dem Geschlecht der *Amaler*, dessen Reitertruppe gefürchtet war wie heute eine gut ausgebildete Luftwaffe, pflegte sogar diplomatische Beziehungen zum römischen Weltreich. In der germanischen Heldendichtung wird er als mordlustiger Tyrann geschildert, der sein Weib und seinen Sohn ermorden und seine Neffen, die *Harlunge*, henken läßt. Auch soll er einen anderen Neffen, den *Dietrich von Bern*, der Sage nach aus dem Land vertrieben haben, später aber von ihm besiegt worden sein.

Dem Ansturm der hunnischen Horden, die auf die antike Welt wie Geschöpfe aus der Unterwelt (griech.: Tartaros) wirkten — daher der Name Ta(r)taren! — war nichts gewachsen. König Ermanarich hat sich, am Widerstand gegen die »zweifüßigen Untiere« verzweifelnd, selbst den Tod gegeben. Von nun an sind die Hunnen der Schrecken der antiken Welt und des Abendlandes sowie ein gern gebrauchtes Synonym für den ›Unmenschen‹, oft in der rückblickenden Betrachtung verwechselt mit den Ungarn und den Hussiten. Allen gemein ist, daß die ebenfalls überlieferten positiven Charakterbeschreibungen von der ›Furcht vor dem Osten‹ überdeckt werden. Im →*Nibelungenlied* leben diese Hunnenbegegnungen in beiden Aspekten fort, wobei der geschichtliche Kern freilich nur verschwommen zu erkennen ist.

Ein Teil der Goten unterwarf sich den Hunnen, andere Gruppen wichen südwärts bis in die Krim und zum Kaukasus aus; in der Krim sind sie seit dem 18. Jahrhundert verschwunden, im Kaukasus haben sie sich noch, unter dem Namen *Inguschen*, von den Russen für Deutsche gehalten, bis zum Ersten Weltkrieg behauptet. Ihre Sprache ist das Altgermanische gewesen; sie dürften die Wirren dieses Krieges und die Kämpfe und Umschichtungen der Oktoberrevolution nicht überstanden haben.

Ein anderer Flüchtlingsstrom erreichte die römische Provinz Dakien, das heutige Siebenbürgen; dies war der unmittelbare Anstoß für die Gotenzüge, die bald bis vor die Tore von Konstantinopel führen sollten *(→Westgoten)*. In Dakien saßen westgotische, offenbar rivalisierende Stämme unter den Königen *Athanarich* und *Fritigern*. Als eine Hungersnot ausbrach, überschritt Fritigern mit seinen Anhängern die Donau und forderte von den Römern Land zum Siedeln. Auch die vor den Hunnen geflüchteten Goten drangen über die Donau vor, fühlten sich aber bei der Landverteilung betrogen und begannen zu plündern. Von nun an gibt es keine gemeinsame Geschichte der Goten mehr. Die *Austrogoti* und *Wisigothae*, hier der Einfachheit halber →*Ostgoten* und →*Westgoten* genannt, haben getrennte Schicksale.

Hinter allen Bewegungen stand wahrscheinlich Land- und Existenznot, auch ausgelöst durch Wachsen der Völker und Klimaschwankungen. Ausgreifende Politik der Hochkulturen, die durch Schaffen von Vakuum-Räumen nach der Vernichtung und Vertreibung von Stämmen andere in ihr Kräftefeld ›hineinsog‹, durch Bündnisse band und sie gegeneinander einsetzte — wie z. B. Rom im südosteuropäischen Raum die Goten und Hunnen — spielten sicher eine weitere Rolle.

Die Hydra aus dem Norden

Auch die westlichen Provinzen des römischen Reiches haben in steigendem Maße dem germanischen Druck standhalten müssen. Um die Mitte des 3. nachchristlichen Jahrhunderts erreichen →*Alamannen* und →*Sweben* Oberitalien und werden 258/59 bei Mailand geschlagen, zugleich stoßen →*Franken* über den Limes nach Gallien vor. Wenig später tauchen die →*Burgunder* auf, die offenbar aus dem Norden stammen und über Burgundarholm, das heutige Bornholm, ins Mündungsgebiet der Weichsel eingewandert sind.

Man weiß, daß die Burgunder nach Westen gezogen sind, ohne Einzelheiten dieser Wanderungen zu kennen; im Jahre 279 n. Chr. werden sie von den Römern geschlagen, um 286 sind sie an einem Vorstoß der Alamannen beteiligt, der bis weit nach Gallien führt.

So wurde die Rheingrenze immer wieder von Angriffen jener Germanenstämme erschüttert, die außerhalb des Imperiums lebten. Der Limes, die ›große Mauer‹ des römischen Reiches im Norden *(→Limes)*, hielt bis zum Jahre 260 n. Chr., ehe er von den Alamannen endgültig überrannt wurde. Die Rheingrenze aber wurde so lange verteidigt, bis die Kraft des römischen Heeres nicht mehr ausreichte, die von allen Seiten angreifenden Germanen zu bändigen.

Gegen die Westgoten schlug der Reichsfeldherr *Stilicho*, ein →*Wandale*, 401 bei Asti und Verona mehrere siegreiche Schlachten (→*Westgoten*), und als im Jahre 405 die →*Ostgoten*, verstärkt duch die aus Persien stammenden →*Alanen*, die Donaugrenze überrannten und plündernd über die Alpen in die Toskana vordrangen, alarmierte Stilicho die Truppen an der Rheingrenze, die in langen Märschen schließlich Oberitalien erreichten. Dem Reichsfeldherrn gelang es, die Barbaren im Sommer 406 bei Fiesole zu schlagen — aber er glich einem Schuldner, der neue Schulden macht, um seine alten Verpflichtungen abzuschütteln. Die Folgen seiner verzweifelten Versuche, zugleich gegen die Goten und gegen das ›östliche Rom‹, nämlich Konstantinopel, zu kämpfen, ließen nicht lange auf sich warten.

›Gefangene germanische (?) Frauen‹ auf einem von Rindern gezogenen Karren. — Marc-Aurel-Säule.

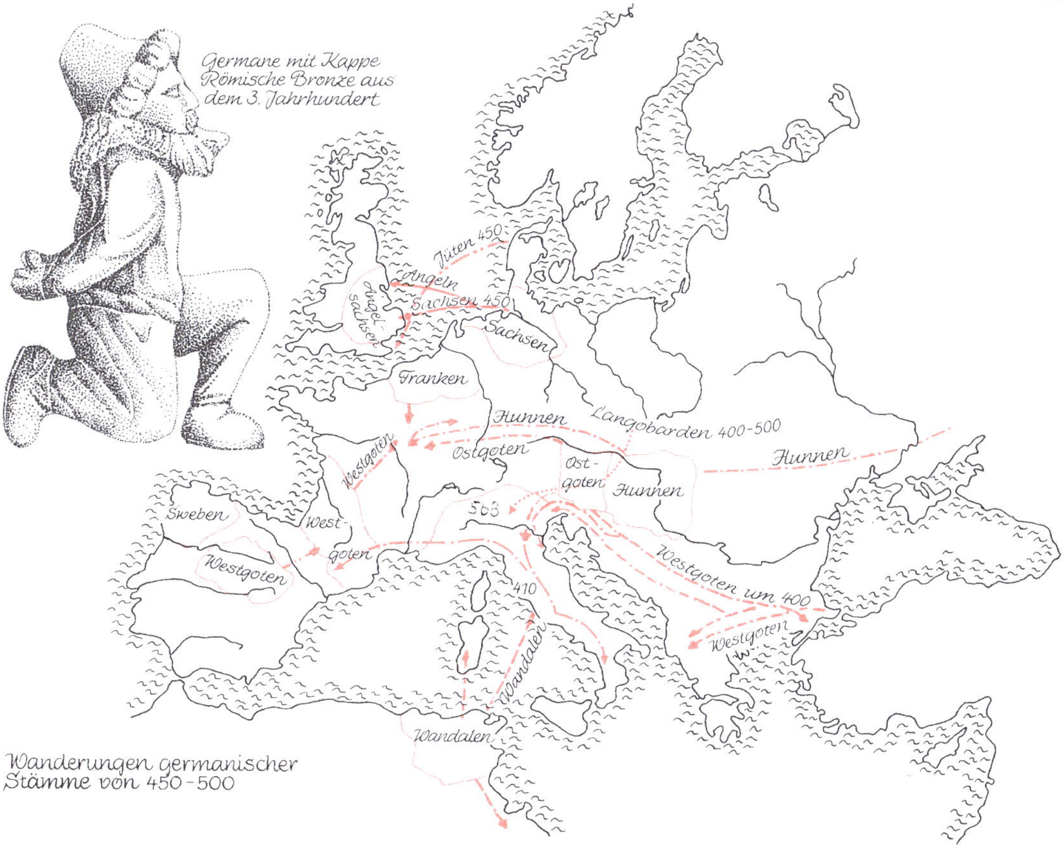

Germane mit Kappe
Römische Bronze aus
dem 3. Jahrhundert

Wanderungen germanischer
Stämme von 450-500

Weil jetzt die Rheingrenze nicht mehr über ausreichende Mengen von Truppen verfügte, überschritten zu Neujahr 406/7 die seit Jahren unruhigen Germanenstämme, denen vermutlich die Hunnen im Nacken saßen, den Rhein und strömten nach Westen.

Ostgoten und →*Heruler*, →*Wandalen* und →*Burgunder*, schließlich auch die →*Sweben* gerieten in Bewegung und zogen nach Italien, nach Gallien und zum Teil über die Pyrenäen hinweg bis nach Spanien und Portugal. Die →*Franken* waren schon im dritten Jahrhundert weit nach Gallien hinein vorgedrungen und in Vorstößen bis nach Marokko gelangt. Die →*Markomannen* durchbrachen im 2. Jahrhundert die Grenze nach Istrien. Ganz Europa vom Balkan bis zur Atlantikküste ist in jenen Jahren zum Schlachtfeld wandernder Germanenzüge geworden, die Land suchten und sich nahmen, was sie brauchten. Schriftliche Zeugnisse aus jener wilden Zeit des Aufruhrs sind selten, so bleibt das Entsetzen stumm, die Opfer dieser Epoche haben keine Stimme. Nur die Zerstörung und Plünderung Roms durch die →*Westgoten* unter Alarich hat im Jahre 410 ›weltweites‹ Echo hervorgerufen, während die Besetzung Englands durch die →*Sachsen*, →*Angeln* und →*Jüten* 449 nahezu unbemerkt stattfand.

Im Zuge dieser Ereignisse verändert sich die Landkarte des römischen Reiches, das die Entstehung germanischer Reiche dulden muß. Während die Großgrundbesitzer erschlagen werden oder fliehen, ganze Städte in Flammen aufgehen und das Land verwüstet wird, siedeln sich Germanen neben den Trümmern der Städte an. Sie degradieren die bisherigen Einwohner, meist Galloromer, zu Menschen zweiter Klasse, zu Untertanen, die den neuen Herren zu dienen haben.

Goten und Langobarden

Beispiele germanischer Reichsgründungen

So ungenau sind die Nachrichten, so widersprüchlich ist das Bild dieser Epoche, daß noch heute umstritten ist, ob mit der Bildung dieser germanischen Reiche die Antike zu Ende ging oder das Mittelalter begann, ob eher das germanische Element diese Reiche trug oder die aus den Kaiserzeiten Roms überkommene Infrastruktur. Die Umwälzung der Verhältnisse war so groß, daß man sie sich nur mit gewaltsamen Vergleichen klar machen kann, etwa so, als würden hierzulande in einigen Jahren türkische, griechische und spanische Gastarbeiter die Mehrheit im Bundestag stellen und der Bundespräsident wäre ein Italiener — unter Beibehaltung der Gesetze und Verordnungen der Bundesrepublik, wenn auch unter Abschaffung der Konfessionen zugunsten des Islam. Innerhalb dieser Umwälzungen nun strebten etwa, um den Vergleich zu Ende zu führen, Türken und Jugoslawen eine Autonomie an, die ihnen das Leben in einer eigenen Provinz ermöglichen würde.

Die Konflikte des römischen Weltreiches waren unlösbar, und auch die der Barbaren, die sich auf der Suche nach Land quer durch die blühenden Provinzen des Südens kämpften. Die Lebensverhältnisse der antiken Welt sind nur in Ausnahmefällen ein Thema für die Chronisten gewesen. Wie aus barbarischen Verbündeten unentbehrliche Hilfstruppen, aus Hilfstruppen arrogante Bundesgenossen und aus germanischen Sklaven Herren wurden, ist von zeitgenössischen Chronisten selten dargestellt worden *(→Foederaten)*.

Eine ganz andere Sache war es aber, wenn sich Herrscher dieser Barbaren anmaßten, auf römischem Boden eigene Reiche zu errichten. In Nordafrika, auf römischem Boden, hatte König *Geiserich* im Jahre 442 sein Wandalenreich errichtet, das nur knapp ein Jahrhundert überstand *(→Wandalen)*. Aber der Gedanke der Staatsgründung war politisch konsequent. Schon *Alarich*, der König der Westgoten, der Plünderer Roms und Schrecken der Italiker, muß sich mit solchen Gedanken getragen haben *(→Westgoten)*, ehe er im Jahre 410 bei Cosenza starb. Sein Nachfolger Athaulf ist diesem Ziel einen Schritt näher gekommen, als er in Narbonne die Frau, die er lange als Geisel mitgeführt hatte, die Prinzessin *Galla Placidia*, die Tochter des Kaisers *Theodosius d. Gr.*, heiratete, um Römertum und Germanentum zu versöhnen.

Zwischen antiken Traditionen und Stammesrecht: Westgotenreiche

Als unmöglich stellte sich heraus, die alten, primitiven Sitten des germanischen Heerkönigtums *(→Königtum)* auf die neuen Verhältnisse zu übertragen; im Zeitalter des siegreichen Kreuzes reichten diese Stammesbräuche nicht mehr aus, und jeder Germanenherrscher mußte versuchen, seine Macht mit dem Rückgriff auf römische Traditionen zu legitimieren, wenn sein

Reich mehr sein sollte als eine Barbarenherrschaft: noch bei der Kaiserkrönung des Franken Karl spielen diese Gesichtspunkte eine Rolle.
Ein Gotenherrscher, der eine Tochter der römischen Kaiser zur Frau nahm, um sich zu legitimieren, das war für die damalige Welt ein unglaubliches Schauspiel — etwa so, als hätte 1890 ein Indianerhäuptling aus dem Stamm der Sioux eine Tochter der Queen Viktoria geheiratet. Natürlich hinkt der Vergleich, denn schon damals sind die Goten im Vergleich zu Byzanz nicht mehr solche ›Barbaren‹ gewesen wie etwa die Sioux im Vergleich zum industrialisierten England, und auch der Kern der Sache wird nicht getroffen, denn für Athaulf, den Gotenkönig, war die Verbindung mit Galla Placidia ein hochpolitischer Akt. Athaulf hätte seine frühere Gattin, von der er sechs Kinder besaß, verstoßen müssen, wenn sie nicht gestorben wäre —

Santa Maria de Naranco bei Oviedo, die westgotisch-asturische Königshalle von Ramiro I., heute Kirche.

sein Ziel schien ihm allerdings solche Korrekturen der Situation zu rechtfertigen. Die Hochzeit selbst, ein spektakuläres Ereignis, ist im Jahre 414 in Narbonne mit allen Mitteln der Epoche stilisiert worden, aber nicht etwa nach germanischem Rechtsbrauch, das stand nicht zur Debatte, sondern nach römischer, noch nicht christlicher Hochzeitssitte. In einer römischen Villa fand die Hochzeit statt, der ehemalige Marionettenkaiser Attalus führte den Hochzeitsreigen an, man feierte nicht in germanischer, sondern römischer Kleidung, und der Gote »nahm nicht den ersten, sondern den zweiten Platz ein: die ›Imperatrix‹ saß zur Rechten« (Dahn).
Das Ziel dieser mit viel Überredungskunst erreichten Hochzeit war klar: der Gote gehörte durch diese Ehe zum kaiserlichen Haus, die Römer in Gallien hatten in ihm nun den rechtmäßigen Herrn zu sehen, und die Prophezeiung des Propheten Daniel schien erfüllt, die von einer Verbindung »des Herrschers im Osten mit dem König aus dem Norden« sprach. Die ›Integration‹ der Germanen, wie man heute sagen würde, war ein Wunschtraum der Zeit, und in Narbonne schien sie durch diese Hochzeit beispielhaft gegeben. Von Byzanz aus sahen die Dinge anders aus, und tatsächlich müssen die Verhältnisse in Südfrankreich katastrophal

gewesen sein: dieses Gotenreich schien lebensunfähig, die Wirtschaft verkommen, die Staatskasse leer. So zog König Athaulf schließlich an der Spitze seiner Krieger durch Südgallien nach Spanien. Narbonne, dem Ort seines Triumphes, ließ er eine Besatzung zurück, die ihm aber später nachgefolgt ist. Placidia hat dem König einen Sohn geboren, *Theodosius*, auf den sich die Hoffnung der Völker richtete. Das Kind ist früh gestorben, und sein schneller Tod ist allgemein als böses Omen gesehen worden. Bald nach der Bestattung des Kindes in einem silbernen Sarg fiel König Athaulf selbst einem ungeklärten Mord zum Opfer. Nach seinem Tod siegten die alten, römerfeindlichen Kräfte, die lange genug voll Haß gesehen hatten, wie Athaulf die Sitten der Väter mit Füßen trat. Diese Konservativen erhoben einen der ihren, den König *Sigrich*, auf den Schild: der ließ, ehe er selbst nach acht Tagen ermordet wurde, die legitimen Kinder seines Vorgängers umbringen, auch zwang er die stolze Galla Placidia, vor seinem Roß mitten durch alles Volk eine lange Strecke zu Fuß her zu gehen. Nach seinem ebenfalls ungeklärten Tod ist ein gewisser Walja (ca. 415—419) Herrscher der Goten geworden. Er hielt Galla Placidia zwar noch als Geisel, behandelte sie aber nicht mehr mit dem rohen Haß seines Vorgängers, denn sie war ein Faustpfand im Spiel um die Macht. Es kam zwischen König Walja und Byzanz zu einem Kompromiß, wie ihn teutonische Naturen gerne als Kuhhandel bezeichnen: Placidia wurde Byzanz zurückgegeben, der König erhielt eine Getreidelieferung, und die Goten wurden die von Byzanz beauftragte Schutzmacht in Spanien gegen die Alanen, Sweben und Wandalen, die bisher die Herren des Landes gewesen waren. Die Wandalen sind nach Süden ausgewichen und haben sich in jener Landschaft festzusetzen versucht, die möglicherweise heute noch ihren Namen trägt (wandalusia = Andalusien), sind aber dann unter dem Druck der Westgoten nach Afrika ausgewichen *(→Wandalen)*. Es war dies ein erster Zusammenstoß germanischer ›Reiche‹ auf fremdem Boden.

Schon ein Jahr später zogen die Goten aus Spanien ab und erhielten die Landschaft um Toulouse zugewiesen. Man kennt die Gründe dieses Wechsels nicht; ganz gewiß aber war das Land zwischen der Garonne und der Riviera fruchtbarer als das in Spanien. Von dem neuen Gebiet schreibt ein Chronist: »Nicht einen Teil der Erde, (sondern) einen Teil des Paradieses glaubten die Bewohner daran zu besitzen. Rebgelände wechselten mit goldenen Saaten, blühende Fluren mit Obstgärten und lieblichen Hainen, von Quellen durchrieselt, von Flüssen durchströmt; und man wandelte noch immer mit frohen Liedern unter den Myrten und Lorbeeren von Bordeaux.«

Das gotische Reich von Toulouse hatte keine Verbindung zum offenen Meer, weder zum Atlantik noch zum Mittelmeer. Aus dieser Begrenzung, von römischer Seite bewußt eingeplant, ergab sich der ständige Konflikt zwischen den Westgoten und ihren Nachbarn. Die Einzelheiten des Ringens um die Herrschaft in Gallien wären heute gleichgültig, wenn nicht ein mächtiger und für alle bedrohlicher Faktor in dieses Spiel hineingezogen worden wäre: *Attila* (445—453). So gewann der Kampf der Westgoten, den König *→Theoderich I.* (ca. 419—451) in verschiedenen Bündnissen führte, weltgeschichtliches Format.

Im Wechselspiel der Machtpolitik: Römer, Hunnen, Germanen

Attila, der im Grunde großmütige Herrscher eines Steppenvolkes, hat keine konkreten politischen Ziele gehabt. Außer regelmäßigen Plünderungen römischer Provinzen, gegen die sich das Reich schließlich nur mittels Tributzahlungen schützen konnte, unternahm er nichts, was

Sogenannter »Götterstein« von Anderlingen/Kr. Bremervörde. Dieser aus einem bronzezeitlichen Steinkistengrab stammende Bildstein mit menschenfigürlichen Darstellungen ist eine der frühesten ›gemalten‹, wahrscheinlichen ›Kultdarstellungen‹ auf dem Boden des heutigen Nordwestdeutschlands (etwa 1800 v. Chr. — 1550 v. Chr.). Eine genaue Deutung ist nicht möglich, jedoch handelt es sich bei der Darstellung möglicherweise um Riten-Schilderungen, die jahreszeitlichen Vorgängen und Tätigkeiten zugeordnet werden können. Im Übergang von jungsteinzeitlichen zu bronzezeitlichen Kulturen steht der »Götterstein« von Anderling als ein früher Vorläufer auch für die Kulturen der ›Kelten- und Germanenzeit‹.

»Sonnenwagen von Trundholm«, ein 57 cm langer Bronzewagen, dessen ›Sonnenscheibe‹ mit Goldblech überzogen ist. Das aus der Zeit um 1400 — 1200 v. Chr. stammende, kultischen Zwecken dienende Gefährt wurde 1902 von einem dänischen Bauern aus dem Boden gepflügt. — Nationalmus., Kopenhagen.

man als politisch bedrohlich hätte ansehen können, aber die Art der Überfälle verbreitete im Westen ein solches Entsetzen, daß die psychologischen Wirkungen dieser Hunnenstürme noch heute zu spüren sind, verstärkt durch die fälschliche Übertragung des Hunnenbegriffs auf die Ungarn- und Hussiteneinfälle.

Als es Attila nicht mehr gelang, das oströmische Reich zu erpressen — der schwächliche Kaiser *Theodosius II.* (*401, Kaiser seit 408) war 450 gestorben, der energische Feldherr *Marcian* als Gatte der Witwe *Pulcheria* Kaiser geworden —, wandte er sich nach Westen. Hier hatten sich die Verhältnisse nicht weniger verwirrend entwickelt: Einer der beiden Teilkaiser, nämlich *Constantius III.* (421—421) hatte die von den Westgoten endlich wieder freigelassene Galla Placidia geheiratet. Diese ungewöhnliche Frau überlebte ihn ebenso wie seinen Mitregenten *Honorius* (395—423). So wurde sie am Ende ihres abenteuerlichen Lebens Regentin für ihren noch jungen Sohn Valentinian, der später als *Valentinian III.* (425—455) herrschen sollte. Unter den Männern, die als ihre Ratgeber um Einfluß und Macht rangen, hatte sich →*Aetius* (*390, †454; Seite 164) durchgesetzt, der vornehmer Herkunft war und einige Zeit bei den Hunnen als Geisel verbracht hatte. Zunächst war er zum Zweiten Heermeister ernannt worden und hatte sich in Gallien mit Westgoten und Franken herumgeschlagen, dann aber im Zweikampf seinen Rivalen, den Ersten Heermeister, erschlagen. Eine solche Tat war selbst in den damaligen rauhen Zeiten ein Skandal, er mußte fliehen und fand bei den Hunnen Asyl. Mit ihrer Hilfe erzwang er 433 die Rückkehr nach Italien und die Einsetzung zum Ersten Reichsfeldherrn. Die römische Öffentlichkeit ist damals vom Senatsadel repräsentiert worden, von jenen Großgrundbesitzern, die ihre Macht gegen die schwindende Zentralmacht des Kaisertums auszuweiten versuchten. In diesen Kreisen, denen auch Aetius entstammte, hat er seinen politischen Rückhalt gehabt; die Literaten, die für diese Gebildeten schrieben, haben sein geschichtliches Bild überliefert — nämlich das eines unbeirrbar auf das Wohl des römischen Reiches bedachten Staatsmannes.

Der Ansturm der Hunnen im Jahre 451 traf das westliche Europa nicht unerwartet, aber mit voller Wucht. Es sind durchaus nicht nur Asiaten gewesen, die auf ihren kleinen Pferden mordend und plündernd nach Westen zogen, sondern auch die von den Hunnen unterworfenen Völker, so →*Ostgoten* und *Sarmaten*, also Slawen, schließlich →*Rugier*, →*Skiren*, swebische Stämme und rechtsrheinische →*Franken*.

Der Angriff führte über Koblenz und Trier, Metz und Troyes bis nach Orleans, das vorübergehend besetzt war, dann wichen die Hunnen wieder bis an die Marne und Seine zurück. Dort, unweit von Troyes, auf den *Katalaunischen Feldern*, die damals *mauriacensische Ebene* hießen, fand die Völkerschlacht statt, in der nicht etwa die Hunnen gegen das christliche Abendland, sondern Römer mit ihren Verbündeten, den Westgoten, Sachsen vom Niederrhein, Burgundern, Uferfranken vom Mittelrhein gegen Hunnen, Ostgoten und Germanen kämpften.

Der Westgotenkönig Theoderich I. (418—451) hatte ursprünglich, als er sein Reich von den Hunnen bedroht sah, erst an der Garonne gegen sie kämpfen wollen. Nur die Überredungskunst des Aetius hatte ihn dazu gebracht, sich bereits früher dem gemeinsamen Widerstand anzuschließen. Nun kämpfte er an der Spitze seiner Westgoten und fiel, schon betagt, im Reiterkampf. Voll Wut und Rache griffen die Goten von neuem an, und zum ersten und einzigen Mal wurde Attila geschlagen. Er zog sich mit dem Rest seiner Völker in eine Wagenburg zurück. Von dort sah er, wie auf dem mit Leichen bedeckten Schlachtfeld die Goten unter feierlichen Gesängen ihren toten König bestatteten und dessen Sohn, den jungen *Thorismund* (ca. 451—453) zum König erhoben. Der junge König hätte Attila in seiner Wagenburg angegriffen, ließ sich aber von Aetius zum Verzicht überreden. Thorismund ist wenige Jahre später auf dramatische Weise von seinem Bruder ermordet worden, der später ebenfalls einem Anschlag eines Bruders zum Opfer fiel. Diese Metzeleien und Intrigen, Parteikämpfe zwischen römerfreundlichen und reichsfeindlichen Goten beherrschen damals die Szene, bis das Gotenreich unter König *Eurich* (ca. 466—485) seine Blütezeit erlebt. Jetzt erobern die Westgoten die Provence und Arles, dann Marseille (470) und dann auch die Auvergne und Spanien.

Es ist die gleiche Epoche, in der die Alamannen über den Rhein ins Elsaß vorstoßen *(→Alamannen)* und die Franken, die späteren Sieger über die Westgoten, sich an der Somme festsetzen.

Zwischen 470 und 485 ist König Eurich, der Herrscher des Westgotenreiches, der mächtigste Mann in Westeuropa gewesen. Er hatte Spanien unterworfen bis auf einen geringen Rest, die Landschaft Galläcien, in der sich Sweben festgesetzt hatten. Sein Reich erstreckte sich von Toledo bis nach Nizza, von der Mittelmeerküste im Süden bis zur Bretagne im Norden, und an seinem Hof drängten sich die Gesandtschaften und Bittsteller, die Kaufleute und Geistlichen aus vieler Herren Länder.

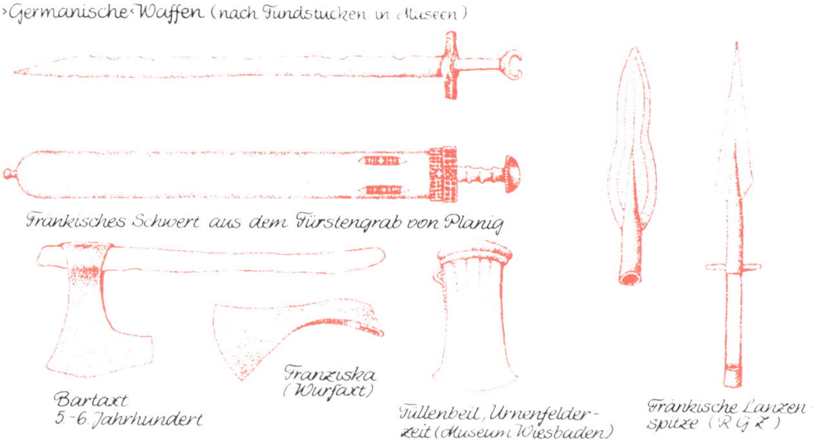

Unter der Herrschaft dieses Königs wurden die Provinzialrömer nicht verfolgt, und es scheint als habe er die kulturelle Überlegenheit der römisch-griechisch orientierten Bildung als selbst, verständlich anerkannt. Mehrfach hat er Römer mit hohen Verwaltungsfunktionen im Staat betraut, und auch er hat, wie einst König Athaulf, die Wohltat eines geordneten Rechtswesens begriffen: Auf seinen Befehl ist zum ersten Mal das westgotische Gewohnheitsrecht aufgezeichnet worden.

Hinter christlichen Bekenntnisformen Positionskämpfe: Franken, Goten, Rom

Politik ist damals, im Zeitalter der rigoros gehandhabten Glaubensfragen, der Machtkämpfe zwischen Königtum und Adel, der verjährten und neuen Besitzansprüche aus römischer Reichstradition genauso kompliziert gewesen wie heute, und das Kräfteverhältnis der Völker zwischen Rhein und Atlantik änderte sich ständig. So wurden die Franken, weil *Chlodwig (Chlo-*

dowech) I. (*466, †511) die Römer in Gallien besiegt hatte, im Jahre 486 die Nachbarn der Westgoten, und beide ›germanischen‹ Reiche strebten nach Vergrößerung, nach Abrundung ihrer Reiche. Dabei hatten die Franken unter dem schlauen und rücksichtslosen Chlodwig I. *(→Merowinger)* einen gewissen Vorteil, denn seit Chlodwig sich zum katholischen Christentum bekannt hatte, war er in der Sicht des mächtigen Byzanz zum Vorkämpfer des rechten Glaubens geworden, im Gegensatz zum Arianismus, dem vor allen die ostgermanischen Stämme anhingen und der im Konzil von Nicäa 325 verurteilt worden war. Aber auch die katholische Unterschicht in Gallien und Spanien sympathisierte mit den Franken: »Seitdem wünschten alle mit Sehnsucht und Liebe die Herrschaft der Franken« (Gregor von Tours). Der Frankenkönig begriff seine Chance, er schickte eine Gesandtschaft an das Grab des Heiligen Martin von Tours, um einen göttlichen Fingerzeig über den Ausgang des Kampfes einzuholen. Der Bote sollte auf den Sinn des Psalms achten, der gesungen werden würde, und siehe, er lautete: »Du hast mich mit Stärke gerüstet zum Streit und wirst unter mich werfen, die sich wider mich setzen: du gibst mir meine Feinde in die Flucht, daß ich meine Hasser verstöre.« Es gab noch mehr Vorzeichen dieser Art, auch befahl der Frankenkönig seinen Kriegern, die Geistlichkeit, die Kirchen und die Schützlinge der Kirche, die Jungfrauen und Witwen zu schonen. So neigte sich ihm die öffentliche Meinung zu, während die Westgoten ihren König *Alarich II.* (484—507) zum Angriff drängten, obwohl dieser erst das Eintreffen von ostgotischen Hilfstruppen abwarten wollte, die *→Theoderich der Große* (471—526), sein Schwiegervater, ihm zu schicken versprochen hatte.

Die Schlacht im Jahre 507, nordwestlich von Poitiers am Flüßchen Clain geschlagen, endete mit der Niederlage der Westgoten und mit dem Tod Alarichs II., von den Chronisten als »Strafe für seinen arianischen Ketzerglauben« und als Gottesurteil aufgefaßt. In den Krieg zwischen Westgoten und Franken hat Theoderich der Große in erster Linie eingegriffen, weil eigene Interessen bedroht waren. Er konnte nicht zulassen, daß ganz Gallien den Franken zufiel. Dies war der einzige größere Krieg, den Theoderich der Große geführt hat, und er, der *→Arianer*, machte einen Katholiken zu seinem Feldherrn: die Provinzialrömer sollten sich vor dem Angriff der ostgotischen Heere nicht fürchten. Tatsächlich gelang es dem Herzog *Ibbo*, die Franken bei Arles und Carcassonne zu schlagen. Die Franken gaben weitere Angriffe auf. Die eroberten Gebiete blieben allerdings für die folgenden Jahre in ostgotischer Hand.

Auch die westgotischen Besitzungen in Spanien stellte Theoderich der Große für seinen Enkel *Amalarich* unter seinen Schutz und führte die Regentschaft — der gefallene König Alarich II. hatte eine Tochter des Ostgotenkönigs zur Frau gehabt. Gallien jedenfalls war zum größten Teil für die Westgoten verloren, und es hätte nicht viel gefehlt, und die Franken hätten schon damals das ganze Land bis zu den Pyrenäen in ihren Besitz gebracht.

Man kann bei der Betrachtung dieser Ereignisse zwar sagen, daß wieder einmal Germanen gegen Germanen kämpften, als Franken und Westgoten aufeinanderstießen, aber dieser ethnologische Hintergrund bezeichnet wenig, was die kämpfenden Heere in Gesinnung oder Gesittung verbunden hätte. Sie waren nicht mehr Germanen und noch nicht abendländische Christen, auch war ihnen ihre germanische Herkunft nicht bewußt, ihr Denken kreiste um ihre Stellung im zerfallenen Imperium, im römisch-christlichen Kulturkreis. Hier kämpften römische Teilstaaten um die Vorherrschaft, und daß diese Teilreiche von Stämmen ›germanischer‹ Herkunft gegründet waren und beherrscht wurden, war nicht sehr bedeutungsvoll, gemessen an den aktuellen politischen Kräften und Interessen jener Zeit.

Das spanische Westgotenreich: Soziale Schichtungen und Kultureinflüsse

Das westgotische Reich in Spanien hat zwei Epochen erlebt, die bezeichnenderweise durch das religiöse Bekenntnis charakterisiert sind: die arianische Zeit dauerte von 507—587, die katholische Zeit von 586—711, bis zum Untergang.

Der junge König Amalarich hat nach dem Tode seines Großvaters, des Königs Theoderich, mit 24 Jahren, etwa 522, die Herrschaft übernommen und bis zum Jahre 531 regiert. Er heiratete eine Tochter der Merowinger, eine überzeugte Katholikin, weil er sich auf den Schutz der Ostgoten nicht mehr verlassen konnte, versuchte sie aber mit Gewalt zu seinem eigenen Glauben, dem Arianertum, zu bekehren. Sie soll ein blutbeflecktes Tuch, Beweis ihrer Schmach und der Prügel, die sie bekommen hatte, an ihren Bruder, den Frankenkönig *Childebert I.* (511—558) geschickt haben. Der zog denn auch, hocherfreut über den Vorwand, mit einem Heer nach Süden und schlug den Westgotenkönig Amalarich bei Narbonne. Mit reicher Beute zog er sich nach Franken zurück und verteilte die den Goten abgenommenen Schätze an die Klöster — vermutlich ist damals der *Codex argenteus* des *→Wulfila* nach Deutschland gelangt; im 16. Jahrhundert taucht er im Kloster Werden bei Essen auf.

Es lohnt sich nicht, die Folge der Westgotenkönige in Spanien aufzuzählen, die meist durch Mord endeten: kein Bild könnte ›ungermanischer‹ sein als dieses zähe Ringen um die Macht, das eher an die Palastintrigen am Hof von Byzanz erinnert. Wichtiger als die Namen der Herrscher sind die soziologischen und kulturellen Verhältnisse in diesem Land, das länger als jedes andere Reich im Mittelmeerraum die Spätantike konserviert hat.

Ursprünglich sind die Goten die unumschränkten Herren des Landes, und nur sie sind freie Männer; Ehen zwischen Goten und Römerinnen waren verboten. Erst König *Leovigild* (567—586) hob dieses Verbot formal auf, da es schon lange nicht mehr eingehalten wurde. Damit war ein wichtiger Schritt zur inneren Einigung des Reiches getan.

Selbstverständlich ist die Herrschaft der Westgoten eine Adelsherrschaft gewesen, und zwar mit allen schädlichen Folgen, wie man sie auch aus der Geschichte anderer Länder kennt: ein immer mächtiger werdender grundbesitzender Adel entmachtet das Königtum, das zum Spielball widerstreitender Interessen wird. In der zweiten Hälfte des 6. Jahrhunderts ist diese Entwicklung besonders weit fortgeschritten. Der Chronist *Gregor von Tours* (*540, †594) sagt dazu: »Die Goten haben nämlich die scheußliche Gewohnheit angenommen, einen König, der ihnen nicht gefiel, zu ermorden und den zum König einzusetzen, der ihnen paßte.« Alle diese Könige kamen aus der gleichen Schicht, und sie mußten sich, waren sie erst an der Macht, gegen ihre Rivalen durchsetzen: »Leovigild tötete alle diejenigen, die gewohnt waren, die Könige zu beseitigen, und ließ keinen von ihnen aus dem Mannesstamm übrig.« König Leovigild, der letzte arianische Herrscher des Westgotenreiches, ist zugleich wohl die bedeutendste Gestalt unter diesen Königen gewesen. Er hat die Sweben in Galicien unterworfen *(→Sweben)* und die Byzantiner aus den meisten ihrer spanischen Stützpunkte verdrängt. Über seine innenpolitischen Leistungen hat ein katholischer Chronist, dem man nicht vorgefaßte Sympathie vorwerfen kann, sehr deutlich geurteilt: »Leovigild überwand alle im Land und rottete aus die ›Tyrannen‹, die gewaltsamen Bedrücker Spaniens, und schaffte so Ruhe für sich und sein Volk.« In jenen blutigen Zeiten, in denen das christliche Glaubensbekenntnis nicht viel mehr als ein politischer Vorwand war, andere auszurotten oder zu unterdrücken, ist das kein schlechtes Zeugnis.

Der Klassenkampf hatte damals eine religiöse Struktur: die westgotische Oberschicht, der hochfahrende Landadel, hat sich zum Arianismus bekannt, im Gegensatz zu den von ihnen unterworfenen Provinzialrömern, die schon seit Jahrhunderten katholisch waren. Schon im dritten nachchristlichen Jahrhundert ist das Christentum im ganzen Land verbreitet gewesen, zahlreiche Konzile im 4. und 5. Jahrhundert hatten die Stellung der Kirche gefestigt. Nun herrscht eine westgotische Oberschicht, die von den Unterworfenen als ketzerisch empfunden wird, über das Land. Für Byzanz ist dieser Gegensatz ein willkommener ›propagandistischer‹ Vorwand, und so wird die Absicht, Spanien für das von Byzanz aus regierte römische Imperium zurückzuerobern, religiös motiviert. Erst 589 entfällt dieser Vorwand, weil der damalige König *Rekkared I.* (586—601) zum Katholizismus übertrat.

Kulturell ist das Westgotenreich eine Provinz von Byzanz geblieben, das für die damalige Welt etwa jene Rolle gespielt hat wie Paris für die Welt des 16. und 17. Jahrhunderts: Schmuck und Stoffe aus Byzanz prägten die Mode des Hochadels, die Kronen der Herrscher waren wie die Gürtelschließen der Herren nach byzantinischem Vorbild gefertigt, und wenn die berühmten Adlerfibeln unzweifelhaft den östlich beeinflußten ›germanischen Tierstil‹ zeigen, so sind sie doch auch zugleich in Technik und Verarbeitung Erzeugnisse des oströmischen Kulturkreises.

Literarische Zeugnisse sind aus dem Westgotenreich kaum erhalten, aber die Bauwerke jener Zeit beweisen, daß man römische Formen weiterentwickelte; der Hufeisenbogen, das typische Stilelement der ›maurischen‹ Architektur, ist schon in westgotischer Zeit in Spanien zu finden, wie aus Miniaturen der Zeit hervorgeht. Auch die Kirche von San Juan de Baños in der Provinz Palencia, die 661 geweiht wurde, zeigt schon derartige Bögen.

Byzantinisch wirken auch die politischen Gesten des Königs: bisher sind die Könige nicht anders gekleidet gewesen als der Adel, die Armut des Reiches verbot größeren Aufwand. Nun

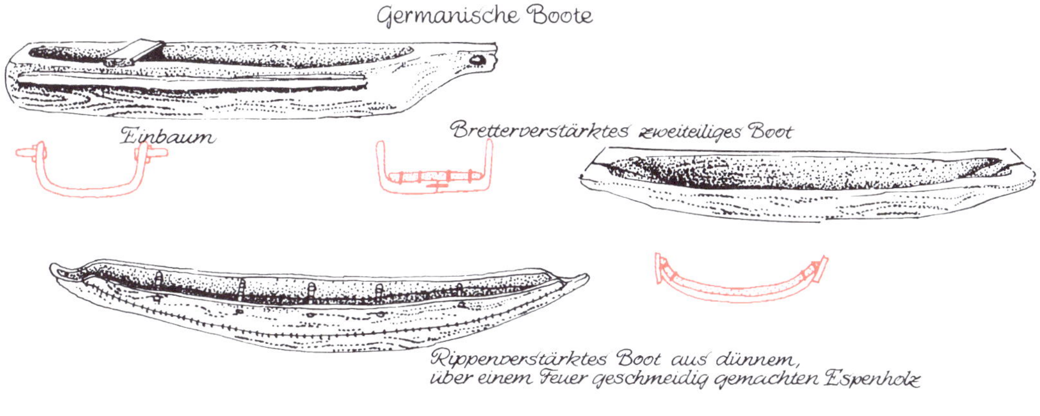

bestimmt der König Toledo zur Residenz seines Reiches, übernimmt aus dem römischen Kulturkreis den Thron als herrscherlichen Sitz, kleidet sich selbst in den Purpur — all dies, um gegenüber dem aufbegehrenden Adel unmißverständlich klar zu machen, wem die Macht gehört.

Die Kirche greift in die weltliche Herrschaft ein: Bündnis mit dem Adel

König Leovigild ist von den Merowingern noch einmal zum Kampf gezwungen worden, siegte aber in mehreren Gefechten und starb, während die Friedensverhandlungen im Gange waren, in hohem Alter im Jahre 586 zu Toledo. Damit endete die arianische Epoche; sein schon zu Lebzeiten als Mitregent eingesetzter Sohn Rekkared I. verlor keine Zeit: unmittelbar nach der Krönung bekannte er sich zum Katholizismus — zu Lebzeiten des Vaters wäre das undenkbar gewesen.

Als dieser Rom zugewandte König sich von einem rechtgläubigen Priester durch Handauflegen bekehren, bekreuzen und mit heiligem Öl salben ließ, konvertierten mit ihm alle anwesenden Bischöfe des arianischen Bekenntnisses.

Der Glaubenswechsel stellte zwischen Spaniern, Römern und Goten die volle Rechtsgleichheit her, führte aber auch zur Herrschaft des Klerus, denn das 3. Konzil von Toledo (ca. 589) beschloß, das Konzil der Bischöfe sei zugleich Reichstag. Mit Hilfe der Bischöfe hatte der König den Adel bändigen wollen, nun versuchten die Bischöfe die Krone zu beherrschen. Gemeinsam haben Adel und Geistlichkeit, der selben sozialen Schicht entstammend, schließlich gegen die Königsherrschaft intrigiert.

Im Jahre 603 verlor das Geschlecht *Leovigilds* die Macht an den gotischen Adligen *Witterich*. Im Jahre 633 wurde das alte Erbkönigtum durch ein Wahlkönigtum ersetzt: Adel und Bischöfe teilten sich die Macht.

Der religiöse Fanatismus des Klerus hat seitdem das Schicksal Spaniens bestimmt und einen Höhepunkt in der Judenverfolgung des 17. Konzils zu Toledo gefunden, das den religiösen Widerstand der Juden brechen wollte: alle erwachsenen Juden sollten versklavt und an die Christen verteilt, alles jüdische Vermögen eingezogen werden. Kinder, die älter als sechs Jahre waren, sollten von ihren Eltern getrennt und nach christlicher Erziehung mit Christen verheiratet werden. Nur der Untergang des westgotischen Priesterreiches rettete die Juden vor der Vernichtung.

Als im Jahre 711 das maurische Heer der Muselmanen unter dem Befehl des Feldherrn *Tarik* die Meerenge von Gibraltar überquert und in die Kämpfe um die Herrschaft in Spanien eingreift, finden die Westgoten nicht mehr die Kraft zum Widerstand und gehen unter: in einem Blitzkrieg von bisher ungekannter Schnelligkeit überrennen die maurischen Reitergeschwader das Land, schlagen bei Xeres de la Frontera das Heer des Königs *Roderich*, der in der Schlacht fällt und ohne Nachfolger bleibt. Alle Ströme werden überquert, alle Festungen genommen, und noch im gleichen Jahr weht die grüne Fahne des Propheten auf den Türmen von Toledo. Das Reich der Westgoten hat aufgehört zu existieren.

Der Abwehrkampf gegen die anstürmenden Mauren wurde nun zur Aufgabe aller Christen, deren Führung die Franken übernahmen: erst aus dieser Konfrontation erwuchs das gemeinsame politische Bewußtsein des Abendlandes, das gleichermaßen in antiker Tradition, Germanentum und im Christentum verwurzelt war.

Zwischenspiele auf der Weltbühne

Die Epoche, in der Kirchenvater *Augustinus* den »Gottesstaat« schrieb, in der die *Universität von Konstantinopel* gegründet wurde und der Gelehrte *Hieronymus* (* um 347, † um 420) die Bibel ins Lateinische übersetzte (die sogenannte *Vulgata*), hätte der Beginn einer germanischen Ära in der Geschichte Europas werden können. Zwischen der Gründung des Westgotenreiches von Toulouse im Jahre 418 und dem Sieg des Ostgotenkönigs →*Theoderich* über den ehemaligen Germanenführer →*Odoaker*, den letzten Herrscher Roms, im Jahre 489, hatte es gleichzeitig die verschiedensten Reiche germanischer Herkunft gegeben: am Mittelrhein das →*Burgunderreich* (siehe auch unten), das dem Angriff der Hunnen erlag, in Thüringen das Reich der *Hermunduren*, das 531 von den Franken erobert worden ist (→*Thüringer* und →*Kultgemeinschaften*), das →*Wandalenreich* in Nordafrika, das 534 unter dem Angriff des Feldherrn Belisar zusammenbrach, und das *Ostgotenreich* in Italien (→*Ostgoten*), dessen Schicksal mit dem Untergang des Königs Teja am Vesuv im Jahre 552 besiegelt worden ist, das *Swebenreich* in Portugal (→*Sweben*) und — später — das Langobardenreich im Oberitalien (→*Langobarden* und nächste Seite) sowie das merowingische Frankenreich (→*Merowinger*).
Nur eines dieser Reiche, das der fränkischen Könige, hat sich als stärker als andere Reichsgründungen erwiesen. Das mag verschiedene Ursachen haben; sicher spielt aber auch die geographische Lage eine bestimmte Rolle, denn als Kaiser *Justinian* seinen Entschluß faßte, die alten Grenzen des römischen Reiches wiederherzustellen, traf die volle Wucht seines Angriffs nur die Wandalen in Nordafrika und die Ostgoten in Italien. Im Frühjahr 536 hatte er die zuversichtliche Hoffnung ausgesprochen, Gott werde ihm nach seinen bisherigen Erfolgen auch den Besitz aller übrigen Gebiete gewähren, die durch Nachlässigkeit verlorengegangen seien, nachdem die ›alten Römer‹ bis zu den Grenzen beider Ozeane geherrscht hätten: »Dies wollen wir im Vertrauen auf die göttliche Hilfe schleunigst zum Besseren wenden, und dabei scheuen wir vor keiner noch so großen Schwierigkeit zurück« (Stroheker).
Im Schatten der Kämpfe zwischen den Goten und Byzanz, die alle Kräfte des Mittelmeerraumes anspannten, hatten die Franken ihre Angriffe gegen Thüringer und Westgoten führen können. Das kleine Burgunderreich in Südgallien erlag 534 den Franken und wurde als politische Einheit aufgelöst; es war entstanden, als nach dem Hunnensturm die Burgunder im heutigen Savoyen angesiedelt wurden. Schrittweise vergrößerte sich so das Gewicht des fränkischen Reiches: die Merowinger waren die eigentlichen Gewinner des Kampfes, den Justinian um die Wiederherstellung des römischen Imperiums führte. Sie profitierten vom Zusammenbruch des Ostgotenreiches, von der Schwächung der Westgoten, von den Siegen der Byzantiner, und sie überwältigten schließlich auch die →*Langobarden*, die keine zwanzig Jahre nachdem der Ostgotenkönig *Teja* am Vesuv gefallen war, in Italien einbrachen, um dort als Nachfolger der untergegangenen Ostgoten eine neue germanische Herrschaft zu errichten.

In der Nachfolge der Ostgoten und römischer Staatskunst: Das Langobardenreich

Diese Langobarden griffen gleichsam als Nachzügler der Völkerwanderung Italien an, schon nicht mehr jenen ›primitiven‹ Stammeskriegern vergleichbar, die als Teutonen und Kimbern über die Alpen kamen, aber doch noch Germanen: kampfeswütige Angreifer.

Um 546, also noch während der Kämpfe Kaiser Justinians gegen die Ostgoten, hatten die Langobarden von Byzanz die Erlaubnis erhalten, die von den Ostgoten verlassenen Gebiete im heutigen jugoslawischen Raum zu besiedeln. Als Gegenleistung verpflichteten sich die Langobarden, ihre germanischen Nachbarn, die →*Gepiden*, zu bekämpfen, einen ostgotischen

Verwandtschaftliche Beziehungen der thüringischen, langobardischen, ostgotischen und fränkischen Königshäuser während der Völkerwanderungszeit

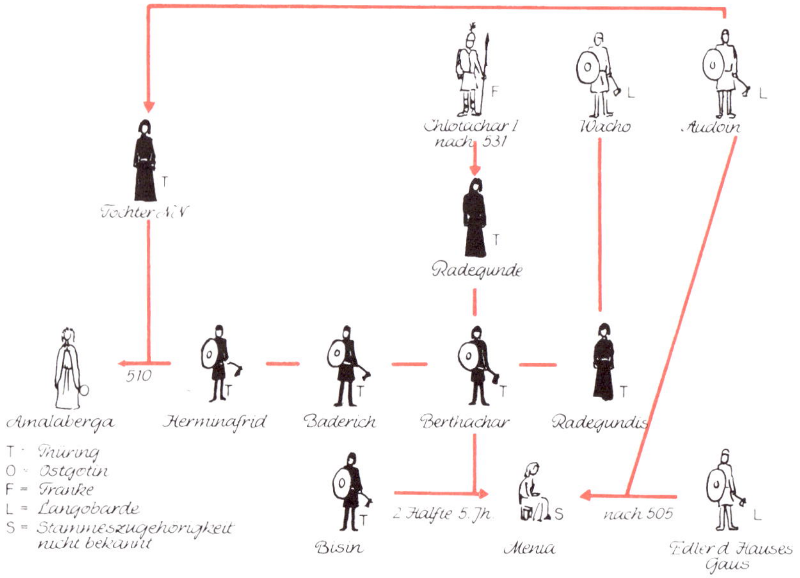

Stamm, den Byzanz damals für gefährlicher hielt als eine Bedrohung durch die Langobarden. Der Kaiser sagte deshalb auch Hilfstruppen und Finanzhilfe zu. Schon damals versuchten christliche Missionare, die Langobarden zu bekehren, aber ohne Erfolg: erst 565 nahmen der König und sein Gefolge das arianische Christentum an. Heidnische Bräuche und Kulte sind aber noch mehrere Generationen lang erhalten geblieben und erst mit dem Langobardentum selbst verschwunden.

Damals scheint auch das Heerwesen der Langobarden reformiert worden zu sein, und zwar offenbar nach dem Vorbild der Byzantiner. Bisher hatte eine Versammlung der Freien *(→Thing)* die Geschicke des Volkes bestimmt. Jetzt trat an Stelle dieser Versammlung eine Hierarchie von Herzögen, Grafen und Edlen, die zwar den ersten Familien des Volkes entstammten, aber das militärisch-politische Gliederungsprinzip der Römer übernahmen.

Herrscher der Langobarden ist damals König *Alboin* (um 560—572) gewesen, dessen Gestalt in der Heldensage wie die Theoderichs des Großen oder Attilas umgeformt worden ist. Der Kampf gegen die Gepiden, die mächtiger als die Langobarden waren, wurde ein Menschenalter lang mit äußerster Härte geführt. König Alboin verbündete sich schließlich mit dem Steppenvolk der *Awaren*, um nicht zu unterliegen. Als den Gepiden der Einfall der Awaren drohte, beschloß Gepidenkönig *Kunimund*, erst die Langobarden zu schlagen. Im Jahre 567 kam es zu einer Schlacht, deren Ausmaß von den zeitgenössischen Chronisten mit der Hunnenschlacht auf den Katalaunischen Feldern verglichen wird: 40 000—60 000 Mann sollen gefallen sein, König Kunimund fiel wie sein Bruder nach tapferster Gegenwehr von der Hand König Alboins, der Rest des Volkes geriet in langobardische Gefangenschaft, die Tochter Kunimunds wurde Alboins Frau. Bald wurden aber die Awaren, die Bundesgenossen von gestern, zu Feinden der Langobarden, die Überfälle der Awaren und Slawen ließen die Landbevölkerung nicht mehr zur Ruhe kommen, und schließlich gab es auch mit Byzanz Schwierigkeiten. Schon während des Kampfes gegen die Gepiden hatte Byzanz sein Wort gebrochen und keine Hilfstruppen geschickt, wie dies vertraglich zugesichert war. Nun blieben auch die Gelder aus, und die Lage wurde unhaltbar. Man beschloß, aufs Neue auf den großen Treck zu gehen. Im Frühjahr des Jahres 568 steckten die Langobarden alle Dörfer und Hütten in Brand, sammelten sich in ihrem Heerbann und brachen mit Frauen, Kindern und Gesinde nach Westen auf. Das war keine friedliche Landnahme, sondern eine neue germanische Invasion wie beim Aufbruch der Westgoten. Schon im Herbst 569 befanden sich alle Festungen nördlich des Po in der Hand der Langobarden, bis auf Pavia, das sich drei Jahre hielt, ehe es von König Alboin erobert und zur Hauptstadt des Reiches gemacht wurde; diese Beharrlichkeit war schon kein germanischer, sondern eher ein römischer Charakterzug.

Alboin muß ein großer Herrscher im Stil der Zeit gewesen sein, so brutal und kraftvoll, daß selbst die Sage ihm Züge von Roheit andichtete. So soll er seine Gattin *Rosamunde*, die Tochter des von ihm erschlagenen Gepidenkönigs, gezwungen haben, aus dem Schädel ihres Vaters zu trinken — eine uralte Erinnerung an die Schädelkulte versunkener Kulturstufen. Diese Frau muß ihn gehaßt haben: sie hat ihn kurz nach seinem Einzug in Pavia am 28. 6. 572 ermorden lassen.

Wie in anderen germanischen Reichen erwies sich auch im Langobardenreich die Macht der adligen Herren stärker als die des Königtums. Mit Alboins Nachfolger *Klef*, der 574 ebenfalls ermordet wurde, erlosch das Königtum, und zehn Jahre lang herrschten 36 Herzöge jeweils über ihr Stück Land. Die mächtigsten Herren saßen in Friaul, Spoleto und Benevent. Italien war in dieser Zeit praktisch zwischen Ostrom und den Langobarden aufgeteilt, wobei Ravenna und Ancona in den Händen der Byzantiner blieben. Auch ist Rom nie von den Langobarden erobert worden. Ebenso verhielt es sich mit Süditalien und Sizilien. Man weiß nicht, wie sich die wahrscheinlich ursprünglich aus Skandinavien stammenden Germanen von der Unterelbe — Bardowick in der Lüneburger Heide erinnert an sie — im Laufe der Generationen gewandelt haben, welche Gewohnheiten sie ablegten, welche Sitten sie übernahmen, während sie den gleichen Namen trugen wie seit Jahrhunderten. Sie herrschten von Stützpunkten aus und lebten von Abgaben, die sie den wohlhabenderen Landleuten abpreßten. Jedenfalls bildeten sie eine dünne Minderheit, die sich ständig äußerer und innerer Feinde zu erwehren hatte. Diese ›freien‹ Langobarden waren Krieger, und zwar Reiter, die vom Pferd aus mit Lanze und Schwert kämpften (Rice). Sie besaßen Ländereien, Sklaven und Vieh, aber sie selbst wurden nie Großgrundbesitzer wie die eingesessenen römischen Adligen; ihr Handwerk blieb der Krieg, und obwohl notdürftig zum Christentum bekehrt, hielten sie an der Blutrache als dem herrschenden Rechtsverfahren fest (→*Sippe*).

Nach römischem Vorbild ließ König *Rotharis* (636—652) das geltende Recht aufzeichnen, das *Edictum Langobardorum*. Dieses bedeutende Werk hatte einen klaren politischen Zweck wie alle Kodifizierungen ähnlicher Art: es umriß von vornherein die Machtstellung des Königs gegenüber dem Adel. Den Herzögen wurden klare Grenzen gezogen, Machtmißbrauch war von königlichen Beamten zu überwachen. Wie im sächsischen und fränkischen Volksrecht werden die häufigsten Streitfälle genannt und Entschädigungssummen für alle möglichen Streitfälle festgesetzt, um an Stelle der Sippenfehden den gerichtlichen Vergleich zu setzen (→*Recht*).

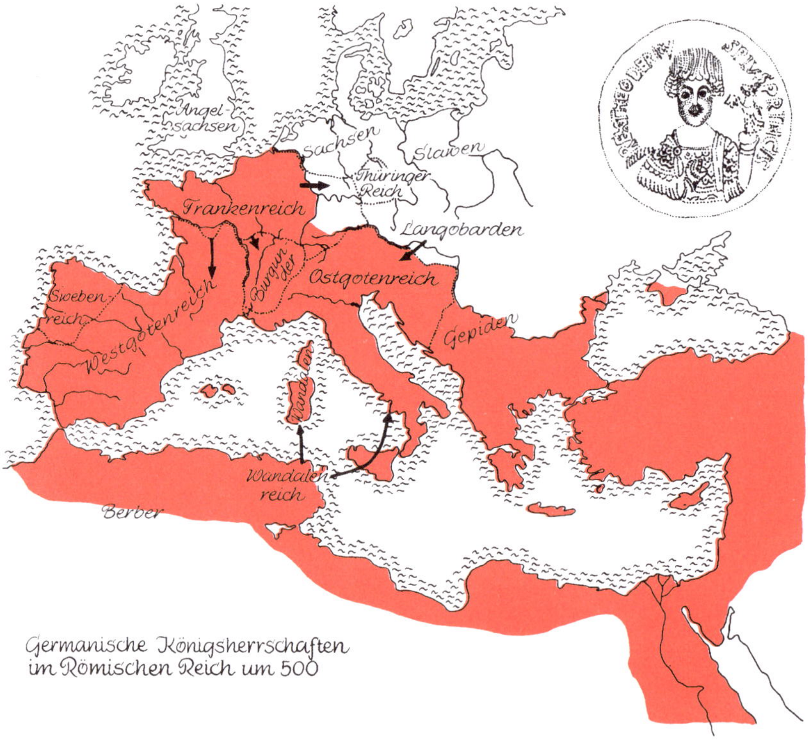

Germanische Königsherrschaften im Römischen Reich um 500

Im Jahre 584 wählten die Langobarden, in ihrer Herrschaft bedroht, den jungen *Authari* (584—590) zum König. Er gab dem Reich eine feste monarchische Struktur und regelte die Gesetzgebung und die politische Willensbildung. Die Herzöge wie die königlichen Domänenbeamten waren zugleich Anführer des Heerbannes und besaßen die Richtergewalt. Im Jahre 589 nahm König Authari die bayerische Herzogstochter *Theudelinde* zur Frau, die fest am katholischen Glauben hing und die Langobarden mit Hilfe des irischen Missionars *Columbanus* (→*Christentum*) dem ›ketzerischen‹ Arianismus entriß, um sie dem Katholizismus zuzuführen. Damals ist das noch heute berühmte Kloster Bobbio gegründet worden.

Unter langobardischer Herrschaft entwickelte sich eine frühe *staatliche* Verwaltungspraxis, die vom alten Palast Theodorichs des Großen in Pavia ausgeübt wurde. Dort saßen langobardische Laien, die Dokumente ausstellten, das Leben des Volkes regelten und schließlich auch Recht sprachen. Diese Schreiber, die nicht, wie sonst üblich, Kleriker waren, hießen *notarii*.

Im Jahre 712 erlosch das Geschlecht der Theudelinde, und eine andere Familie gelangte auf den Thron. Ihr gehörte einer der bedeutendsten Langobardenkönige an, König *Liutprand* (712—744), dessen Name wohl heute so bekannt wäre wie der eines Pippin oder Karl, wäre das Volk der Langobarden nicht untergegangen. Er rundete sein Reich durch Eroberung der byzantinischen Enklaven ab, was ihm erstaunlicherweise gelang, obwohl sich Papst Gregor III. mit Todfeinden des Königs wie z. B. den mächtigen Herzögen von Benevent und Spoleto verband. Als der Papst starb, schloß sein Nachfolger Frieden. Dem König gelang es, seine Macht gegenüber dem Adel zu festigen, seinem Ruhm dienten die Künste — die langobardische Architektur mit ihren Steinmetzarbeiten ist ebenso wie die Silbermünzen von hohem Rang —, der Handel zwischen der Lombardei und dem Süden wuchs, und so ist Pavia zum Mittelpunkt eines regen Staatslebens geworden, dessen bis heute in Begriffen und Funktionen nachwirkende Finanz- und Verwaltungspraxis ebenso wie die Kultur von Byzanz bestimmt wurde, dessen soziale Ordnung aber wohl noch langobardische Züge trug.

Das Ende des Langobardenreiches ist, anders als das des Westgotenreiches, durch unglückliche weltpolitische Umstände verursacht und von jenem anderen ›Germanenstaat‹ vollstreckt worden, der zur herrschenden Macht des Abendlandes werden sollte: vom Frankenreich.

Aus unserem Geschichtsunterricht sind die Vorgänge, freilich aus deutscher Sicht, allgemein bekannt: der Nachfolger des Königs Liutprand erwies sich als unfähig und wurde abgesetzt, sein Bruder *Aistulf* (749—756) eroberte Ravenna und endlich auch Rom, der Papst wandte sich, ein bisher unerhörter Vorgang, an die Franken, und tatsächlich erschien König *Pippin* mit seinen Heerhaufen zweimal, um in Italien Ordnung zu schaffen: Aistulf mußte die fränkische Oberhoheit anerkennen, alle Eroberungen herausgeben und den sogenannten *Kirchenstaat* anerkennen, der damals geschaffen worden ist. Damit hatte sich der Papst von Ostrom gelöst und eine in ihren Konsequenzen unübersehbare Entwicklung eingeleitet, die das Frankenreich zum Erben des römischen Imperiums werden ließ.

Karl der Große hat zunächst, um die politischen Zustände zu stabilisieren, eine Tochter des Langobardenkönigs geheiratet; die stolze *Himiltrud* ist später der Politik geopfert worden, die Ehe wurde geschieden: Karl der Große verstieß eigenmächtig seine Frau, ohne daß jemand seine Handlungsweise verstand, so wurde der Bruch mit dem Langobardenherrscher *Desiderius* (756—772) unheilbar. Am persönlichen Konflikt entzündete sich der politische Gegensatz, König Desiderius fühlte sich hintergangen, und schließlich ist Karl der Große gegen ihn zu Felde gezogen, um die Oberherrschaft der Franken in Italien zu sichern und den Papst vor Übergriffen der Langobarden zu schützen. Alle Städte bis auf Pavia ergaben sich, im Juni 774 wurde auch der Widerstand dieser Festung gebrochen, König Desiderius geriet in Gefangenschaft und ist bei Amiens im Kloster Corbie gestorben, auch seine Familie verschwand wohl in Klöstern und ist nie wieder aufgetaucht. Karl der Große aber, der sich von nun an *König der Langobarden und Patricius Romanorum* nannte, vom Papst hoch geehrt und von den Langobarden gefürchtet, kehrte im Triumph ins Frankenreich zurück.

Das Langobardenreich behielt auch unter den Franken noch eine gewisse Sonderstellung, aber es ging in Italien auf. Nur die Herzogtümer Benevent und Spoleto sowie Salerno und die Grafschaft Capua bewahrten ihre Sonderstellung, bis wiederum, rund drei Jahrhunderte später, Eroberer aus dem Norden vor den Mauern erschienen: erst die Normannen *(→Wikinger)* haben die Reste des Langobardenreiches endgültig liquidiert.

Damit endet die Geschichte der wichtigsten germanischen Reiche auf römischem Boden. Von politischen Kämpfen zwischen Adel und Königtum zerrissen, von Klassengegensätzen geschwächt, ohne geistige Konzeption und politische Kraft haben sie ihre Macht nur solange halten können, wie ihre militärische Überlegenheit über die unterworfenen Provinzialen ihnen die Herrschaft sicherte. Sie sind damit Beispiele für alle frühen ›germanisch‹ bestimmten Reichsgründungen wie die der *→Wandalen*, *→Ostgoten*, *→Sweben* und der *→Burgunder* und anderer. Nur das *Frankenreich (→Merowinger)*, zur Schutzmacht Roms aufgestiegen, hat die Wirren jener Zeit überstanden — aber es war, schon als Pippin der Große zum König gesalbt wurde, kein germanisches Reich mehr, sondern politisch und kulturell vor allem Erbe des römischen Imperiums.

Das Germanenbild der Deutschen

»Welches sind die höchsten Güter des germanischen Mannes? Auf diese Frage lautet die Antwort: Mut, Treue und Ehre.« Eine klare Antwort, gegeben in einem Standardwerk der Fachliteratur zu diesem Thema, erschienen im Jahre 1964 (Vries). Man ist versucht zu ergänzen, daß Stolz, Freiheitsliebe und natürliche Würde den Germanen der Römerzeit kennzeichnen. Noch heute, so lautet die allgemeine Auffassung, kann der Deutsche im Vergleich zu seinen romanischen Nachbarn ja als aufrichtiger, ehrlicher und zuverlässiger bezeichnet werden — ein Mensch, auf dessen Wort man bauen kann, wenn er auch gelegentlich poltert und hinter rauher Schale sein Zartgefühl verbirgt. So rücksichtslos und verschlagen, so falsch und eitel der welsche Gegner des Germanen sich seit jeher gezeigt hat, so anständig ist der Germane selbst — das scheinen die alten →*Heldensagen* zu zeigen, aber auch die geschichtlichen Ereignisse.

Diese Auffassung, in vielen Jahrhunderten seit der Renaissance zur Ideologie ausgeformt und mit immer neuen Zügen angereichert, bildet die Grundlage des deutschen Selbstverständnisses und beruht auf Klischees, deren Entstehung sich zeigen läßt. Die geistesgeschichtlichen Verflechtungen gehen so weit, daß sich hat nachweisen lassen, wie aus der ›Römer-Germanen-Ideologie‹, die zunächst an die Stelle des Römers den Franzosen setzte, eine ›Juden-Arier-Ideologie‹ geworden ist.

Wann hat man nun tatsächlich begonnen, die Germanen als ein Volk darzustellen, das sich so vorteilhaft von seinen Nachbarn im Westen und Osten unterscheidet?

Als die →*Germania* des →*Tacitus* entdeckt und gelesen wurde, übersetzte Luther die Bibel. Es gab noch kein deutsches Nationalbewußtsein, sondern vor allem die Einheit christlichen Glaubens mit Rom als Mittelpunkt; aber gerade in Italien, wo man sich mit den Texten eines Caesar und Cicero, eines Vergil und Horaz befaßte, war der Rückblick auf die römische Antike zugleich auch ein Rückblick auf die eigene, stolze Geschichte.

Die deutschen Humanisten, wirtschaftlich eher dürftige literarische Existenzen, haben römischer Prachtentfaltung die germanischen Tugenden entgegenstellen können. So sagt *Jakob Wimpfeling* (*1450, †1528), an Tugenden seien die Germanen den Römern »ganz und gar nicht unterlegen, weil sie ja immer Treue, Keuschheit, Gerechtigkeit, Freigebigkeit und Lauterkeit pflegten«.

Wie unsinnig diese begrifflichen Spiegelfechtereien sind, wird an einem Vergleich klar: man stelle sich vor, die zu den Naturvölkern gehörenden Germanen, ein von Ackerbau und Viehzucht lebendes Volk, das bereits Bronze und Eisen kannte, sei um 1910 in irgendeinem Winkel der damals noch unerforschten Kontinente neu entdeckt und seitdem von englischen, deutschen und amerikanischen Völkerkundlern wissenschaftlich beschrieben worden: alle seine wesent-

lichen Verhaltensweisen ließen sich heute soziologisch und psychologisch verstehen, aber es würde sich herausstellen, daß dieses heute ausgestorbene Volk nicht keuscher, gerechter, freigebiger oder gar lauterer gewesen ist als etwa die Ureinwohner Australiens oder Amerikas. Im 16. Jahrhundert ist man von soviel Nüchternheit weit entfernt. Einer der Humanisten, Professor *Konrad Celtis*, auf gut Deutsch eigentlich *Konrad Pickel*, erklärt in seiner Ingolstädter Antrittsvorlesung von 1492, es wäre »sittlicher und ehrenhafter« gewesen, in den »Grenzen der Mäßigung zu bleiben« und das »karge und eintönige Leben der Altvorderen weiterzuführen«, als die Mittel der Unmäßigkeit und des Wohllebens einzuführen (von See). Diese Klage über die Verweichlichungen der Jugend, dieser schmerzvolle Rückblick auf die einfacheren, besseren alten Zeiten, gehört zu den Leerformeln, die schon in der Antike aufgekommen sind und durch alle Zeiten geschleppt werden. Hier beleuchten sie die Szenerie der *Germania* mit dem falschen Licht eines zivilisationsfeindlichen Ressentiments.
Nicht nur die germanischen Tugenden, sondern auch die Herkunft der Germanen ist damals zum ersten Mal idealisiert worden. Man erklärt, die Germanen seien bodenständig; »weder Fremdlinge noch ein zufällig verbundenes Volksgemisch gaben den Germanen ihren Ursprung, sondern wir sind auf demselben Boden geboren, den wir bewohnen« — so der Humanist *Heinrich Bebel* in seiner Rede an Kaiser Maximilian im Jahre 1501.

Die Germanenideologie

Die Unvermischtheit und Bodenständigkeit jener alten Germanen, die dem heutigen Stand der Wissenschaft nach weder unvermischt noch absolut bodenständig gewesen sind *(→Abstammung, Indoeuropäer und ›Germanen‹)*, wird zum Klischee, dessen Gefährlichkeit sich erst herausstellt, als völkische Kreise des 19. Jahrhunderts im Sinne eines falsch verstandenen Darwinismus von stärkeren und schwächeren Rassen sprechen: nun allerdings wird der Germane zur »blonden Bestie« — womit Nietzsche übrigens nicht die blonden Germanen, sondern den Löwen als Sinnbild aller Eroberervölker bis hin zu den Arabern gemeint hat.
Die detaillierte Struktur dieser Entwicklung, in Klaus von Sees *Deutsche Germanenideologie* überzeugend nachgewiesen, baut sich auf vielen verschiedenen Elementen auf. Eines der wichtigsten ist die Annahme, zum Germanentum gehöre auch das nordische Element, ja der skandinavische Norden, das ewige Thule, sei Ursprung und Heimat dieses edlen Menschentums. Die Skandinavier haben sich nun aber nie als Erben der Germanen gefühlt wie etwa die Deutschen nach 1871 als Erben der Cherusker, Chatten oder Alemannen. Zwar ist in Skandinavien um die Mitte des 17. Jahrhunderts ein gewisser ›Gotizismus‹ spürbar — aus Skandinavien waren die Goten gekommen und hatten in Italien und Spanien Reiche gegründet, Spuren hinterlassen — aber man versteht diese Goten im Norden nicht eigentlich als Germanen.
Die Deutschen wiederum, ein Jahrhundert später auf der Suche nach einer eigenen Mythologie, erklären Isländer und Schweden, Norweger und selbst Engländer zu germanischen Brudervölkern. Der Dänenkönig *Frederik V.* (1746—1766), Klopstocks Mäzen, hat auch den hierzulande unbekannten Historiker *Paul Henri Mallet* aus Genf nach Kopenhagen berufen, der nun eine Geschichte Dänemarks schrieb: sechs Bände, die ab 1755 erscheinen und das europäische Publikum mit isländischem Thing, mit altnordischer Mythologie, mit der Kultur Skandinaviens vertraut machen.
Der stets anregende und angeregte *Johann Gottfried Herder* (*1744, †1803), damals noch Predi-

ger in Riga, hat 1765 dieses Werk enthusiastisch besprochen und gemeint: »Es kann dies Buch eine Rüstkammer eines neuen deutschen Genies seyn, das sich auf Flügeln der Einbildungskraft in neue Wolken erhebt und Gedichte schaffet, die uns immer angemessener wären als die Mythologien der Römer.«

Wenig später entdeckt die Generation der Zwanzigjährigen, die Bewegung der Romantik einleitend, die *Gotik* als altdeutsche Baukunst, wie Herder findet man es naheliegend, das Nordisch-Keltische mit dem Nordisch-Skandinavischen zu vermischen, und schließlich ergibt sich, von Deutschland aus gesehen, eine Identifizierung altnordischer und altdeutscher Kultur, die rund hundert Jahre später zur Verherrlichung des ›nordischen Menschen‹ führen wird. Mit den Germanen des Tacitus hat sich der skandinavische Norden nie identifizieren können, und

J. v. Führich: »Einführung des Christentums bei den Germanen«. — Religiöse Verbrämung mystischer Vergangenheitsbezogenheit. — Bayerische Staatsgemäldesammlung, München.

Englands Beziehung zum Nordischen war mehr als belastet: wie dem deutschen Osten der Schrecken vor den Hunnen und Kosaken tief im Bewußtsein saß, so dem Engländer die Erinnerung an die unvorstellbaren Gemetzel der Wikinger, deren Brutalität keineswegs ›heldische‹ Züge trägt: für England ist dieses Heldentum barbarisch, beginnt die Kultur mit dem Christentum, bleibt die kulturelle Verbundenheit mit Frankreich, mit dem christlichen Abendland bedeutsamer als die nebelhafte rassische Verwandtschaft zu den Germanen.

Vorurteile und Ressentiments haben ein zähes Leben. Das Vergleichsschema, das den redlichen, treuherzigen Germanen, den ehrenhaften kerndeutschen Mann gegen den windigen und intriganten Welschen, den eitlen Franzosen, den herzlosen Römer stellt, ist über Jahrhunderte hinweg vertieft worden, bis man die Deutschen schließlich so sah, wie sie selbst sich sehen zu können glaubten. *Madame de Staël*, eine der ersten emanzipierten Frauen, hat in ihrem Bestseller *De l'Allemagne* eines der ersten wichtigen Reisebücher geschrieben und ihrer Epoche das Deutschland der Klassik und Romantik vorgestellt. Ihre Absicht war es, die frühmittelalterlichen Ursprünge der französischen Kultur zu zeigen, um die Interpretation aus der antiken Literaturtradition zu ergänzen. Auch bei Madame de Staël erscheint das alte Vergleichsschema: »Gewandtheit, Scharfsinn, Logik, Anlage zur gesellschaftlichen Organisation auf der einen Seite, Biederkeit, Treue, Arglosigkeit, Unabhängigkeitssinn auf der anderen Seite« (von See). Seither sind die Deutschen das Volk der Dichter und Denker, denn Goethe, Schiller, Hegel, die Brüder Schlegel, die Arnims, die Brentanos, die Brüder Humboldt wirken ins europäische Geistesleben, und es fällt Madame de Staël nicht schwer, den Tiefsinn der Deutschen im Gegensatz zur formalen Anmut, zur eleganten Oberflächlichkeit des Franzosen zu rühmen.

›Germanen-Literatur‹

Auch an germanischer Vorzeit äußert sich nun Interesse und entfaltet sich in der Literatur in einer Reihe von Werken, die mit *Richard Wagners*: *Ring der Nibelungen* ihren Höhepunkt finden. Schon um 1780 erscheint das erste Singspiel *Siegfried* von dem vergessenen *Ludwig Philipp Hahn*, später hat *Ludwig Tieck* (*1773, †1853), der Frühromantiker und Herausgeber der altdeutschen Volksbücher, den Stoff aufgegriffen, und auch *Friedrich de la Motte-Fouqué* (*1777, †1843), der eine Synthese aus germanischem Heldentum und ritterlich-höfischen Tugenden suchte, hat seinen *Siegfried* geschrieben.

Goethe hatte die *Gotik* erschlossen, die Romantiker die Mythologie des Nordens, nun war auch das Germanentum ins Blickfeld gerückt und wurde zur Chiffre für nationalen Trotz: *Heinrich von Kleists: Hermannsschlacht*, ein haßerfülltes literarisches Monstrum, war als konkrete Widerstandsliteratur gegen Frankreich gedacht. Das Stück wurde 1809 vollendet. Von einer Aufführung in Wien erhoffte sich Kleist die Wirkung eines Fanals; die Germanen waren ihm die wilde Natur selbst, die sich Freiheit erzwang — aber die glühenden Verse gingen ins Leere; das Stück ist erst 1860 aufgeführt worden, nun schon ein Denkmal seiner selbst.

Ganz anderer Art ist *Christian Dietrich Grabbes*: *Hermannsschlacht*, kein nationales Fanal, sondern ein Stück, das unter westfälischen Bauern spielt und Varus als harten Soldaten erscheinen läßt — hier wird nicht Weltgeschichte gemacht, sondern eine Schlacht bei Detmold geschlagen. Wenn Grabbes Germanen Bauern sind, so sind die *Nibelungen* des norddeutschen *Friedrich Hebbel* papierne Helden aus der Bibliothek des gebildeten Bürgerlichen; Hebbel hat sein »Deutsches Trauerspiel in drei Abtheilungen« 1855 bis 1860 geschrieben, am Horizont zeichnete sich ein Preußentum mit Bedarf an heroisch-nationalen Leitbildern ab, doch fand man sie eher in Sparta und Rom als bei Arminius.

In den zwei Menschenaltern nach der Romantik hat sich das Germanenbild verfestigt und das Selbstverständnis des Deutschen mit germanischer Tiefe angereichert, sind Siegfrieds Tod und die Nibelungentreue zum unveräußerlichen Bestandteil deutschen Wesens geworden; um 1890 orientiert sich das Bürgertum einerseits an der Renaissance, in der sich Individualismus und frühkapitalistisches Besitzstreben bestätigt sehen, andererseits am Germanentum, das nun seelische Werte verkörpert: himmelstürmende Gotik und das Helldunkel Rembrandts. So kann der ›Rembrandtdeutsche‹ *Julius Langbehn* (*1851, †1907) im Jahre 1890 anonym sein Werk *Rembrandt als Erzieher* publizieren, das im Bücherschrank des Bürgers neben *Gustav Freytags: Die Ahnen* steht und in zwei Jahren 39 Auflagen erlebt. Langbehn ernennt Holländer, Engländer und Dänen kurzerhand zu ›Niederdeutschen‹, sein Pangermanismus, in eine bäuerliche heile Welt zurückblickend, nährt alle Ressentiments gegen die moderne Zeit.

›Herrenmensch‹ — Nordische Rasse — Dolchstoßlegende

So wird das Germanentum mit immer neuen Akzenten versehen und ballt sich zum Kern einer Weltanschauung zusammen, dem nun mit dem Gedanken vom Herrenmenschen eine gefährliche Sprengkraft zuwächst. *Friedrich Nietzsche*, der reizbare Philosoph der Bismarck-Ära, sprach von *Herrenrasse* und *Herrenmenschen* noch in einem sehr differenzierten Sinn: römischer und arabischer, japanischer und germanischer Adel verkörperten ihm die ungebrochene Raublust bestimmter Völker und Schichten. Seine Formulierungen, zu Schlagworten entstellt, kamen dem Bürgertum unter dem Schwarzweißrot oder unter der Hakenkreuzfahne des Dritten Reiches gelegen, das sich zum Vollstrecker der Weltgeschichte aufgerufen fühlte, um den Sieg

Idyllisch-romantisierte Landschaft und Historie im Bühnenbild von A. Pixis (1870) zu Wagners Walküre. — Sehnsucht nach dem ›Heldischen‹ am Beginn des ›Technischen‹ Zeitalters.

der ›stärkeren Rasse‹ zu verwirklichen. Denn man hatte, seit *Charles Darwin* seine *Entstehung der Arten durch natürliche Zuchtwahl*, vor allem aber *Die Abstammung des Menschen und die geschlechtliche Zuchtwahl* (1871) veröffentlicht hatte, eine Begründung für jegliche politische Aggression: wenn es von der Natur gewollt war, daß der Stärkere den Schwächeren besiege, dann mußte man eben der Stärkere sein, und wenn es der Sinn der natürlichen Entwicklung war, daß die bessere Rasse siegt, dann mußte die →*nordische Rasse*, was immer das war, über die ›minderrassigen Völker‹ siegen.

Es hat die entschlossene Hinwendung zur nordischen Rasse in dieser Form nur in Deutschland gegeben. Sie ist durch das unselige Wirken eines Autodidakten ausgelöst worden, des *Hans G. K. Günther*, der mit seiner erstmals 1922 erschienenen *Rassenkunde des deutschen Volkes* die gesamte rassentheoretische Literatur der Zeit in den Schatten stellte und die Öffentlichkeit mit seiner Einteilung vom *westischen* und *fälischen*, *nordischen* und *dinarischen* Typ auf eine

Von Kelten geschaffen, von ›Germanen‹ im Kult verwendet: der mit Silberplatten verzierte Bronzekessel von Gundestrup/Dänemark. Zehn Götterbildnisse, Krieger und Musikanten schmücken den 8,8 kg schweren, 65 cm im Durchmesser großen Kessel des 1. Jhs. v. Chr. — 3. Jh. n. Chr. — Nationalmuseet, Kopenhagen.

Der keltische Goldkegel von Schifferstadt ist ebenso wie die goldene Sonnenscheibe ein bronzezeitliches Kultsymbol und zugleich bewundernswertes ›Kunsthandwerk‹. — Museum Speyer/Rheinland-Pfalz.

Von römischen Kaisermedaillons und Münzen inspiriert, entstanden im ›germanischen Raum‹ ähnliche Anhänger und Medaillonformen, gleichermaßen als Schmuck und Heilsbringer, wie dieser im Durchmesser 94 cm große Brakteat aus Goldblech mit Preß- und Punzverzierung. Im Zentrum — wiederum Kaiserdarstellungen nachempfunden — ein Kopf, direkt einem pferdeähnlichen Tier aufgesetzt. Im 6. Jh. verbirgt sich hinter diesen Darstellungen, wie K. Hauck nachweisen konnte, vielfach →Odin und sein Hengst Sleipnir. — Brakteat von Gerete, Gotland. — Statens Historiska Museum, Stockholm.

Weise beeinflußt hat, die noch heute nachwirkt. Aus vielerlei Quellen speiste sich, was zum regelrechten Rassenwahn unter Hitler werden sollte: da gab es die Mystifikationen eines *Lanz von Liebenfels* und seine Lehre von den Ariern (→*Arier*; →*Ostara*), da gab es die *Thule-Gesellschaft* und den norddeutschen *Germanen-Orden*, dem offenbar Himmler angehört hat. Als Günthers Rassenkunde erschien, lieferte sie jene theoretische Grundlage, welche die Fachwissenschaft bisher mit guten Gründen schuldig geblieben war. Die Überzeugung, daß die →*nordische Rasse* zu Führung berufen sei, wurde zum Glaubensgrundsatz der NSDAP, die Rassenkunde zum Lehrfach in den Schulen, und die völkische Bewegung identifizierte sich weitgehend mit jenen, die den Deutschen als Germanen und den Germanen als ›edelstes Menschentum‹ verstanden.

Dämonie des Spießertums und Kitsches: »... Wagen mit germanischem Sinnbild« am Tag der deutschen Kunst, München 1936.

Man weiß, wie schwer 1918 und 1945 der Deutsche in seinem Selbstverständnis getroffen worden ist, wobei die Ungeheuerlichkeiten des Rassenwahnes den Menschen erst zu Bewußtsein kamen, als es zu spät war. Aber während 1945 das Entsetzen über das Geschehene alles in Frage zu stellen schien, hatte man sich 1918 noch im historischen Klischee gesehen: was geschehen war, durfte nicht geschehen sein, nur politische Arglosigkeit, nicht Maßlosigkeit durfte Ursache der deutschen Niederlage sein. Diesem Klischee entsprach die historisch falsche *Dolchstoßlegende*, die besagt, daß Deutschland im Jahre 1918 nicht besiegt, sondern durch Verrat, durch die Hinterlist des feigen sozialistischen Gesindels hinterrücks wie einst Siegfried ermordet worden sei. Die Frage nach der Zusammensetzung des Gesindels ist schnell beantwortet: letzten Endes hat wieder der dunkelhaarige, kleinwüchsige, listige Gegner des Germanen seine Hand im Spiel, der verschlagene Neider, der den arglosen Deutschen um Sieg und Glück bringen will. Dieser Gegenmensch zum blonden Germanen konnte jetzt nicht mehr der Römer sein, so paßte man in völkisch-nationalen Kreisen den Juden ins Klischee und hatte nun den, der sich dem Sieg des nordischen Ariertums widersetzte. Man weiß, welche blutige Spur diese Ideologie nach 1933 mit dem Sieg Hitlers durch Europa gezogen hat — ein Beweis, wie gefährlich halbverstandene Schlagworte werden können, wenn sie in der Hand von Fanatikern zu Waffen werden.

Heute haben die alten Vorstellungen vom Germanentum ihre Kraft noch nicht verloren, sie sind Teil des deutschen Selbstverständnisses geworden. Von jener Germanenzeit aber trennt uns etwa dieselbe Zeitspanne, die das heutige Indien von Alexander dem Großen trennt oder die Han-Dynastie vom heutigen China.

Eine nüchterne Bestandsaufnahme dessen, was nun wirklich vom Germanentum bekannt ist, und der Bezug zu anderen Naturvölkern der gleichen Kulturstufe führt zu überraschenden Einsichten und hilft uns, jene Anfänge der Geschichte zwischen Rhein und Weichsel realistischer zu sehen.

A

Ein (M) hinter den Stichwortverweisen kennzeichnet Begriffe des mythologischen Lexikons auf den Seiten 137—146

Abstammung, Indoeuropäer und ›Germanen‹
Was der Name ›Germanen‹ bedeutet und woher er kommt, vermag auch heute niemand mit Sicherheit zu sagen. Über seine Herkunft haben die Sprachwissenschaftler zahlreiche Theorien aufgestellt, von denen keine unumstritten ist — einige Sprachforscher glauben, er sei keltischer oder lateinischer Herkunft, andere vermuten einen ›germanischen‹ und wieder andere Forscher sogar einen illyrischen Ursprung.
Die am meisten verbreitete Auffassung, *germani* hätten die Menschen eines *bestimmten*, über den Rhein nach Gallien vorgedrungenen Stammes geheißen, ist nicht beweisbar (Hachmann). Denkbar ist, daß man mit der Bezeichnung Germanen, wo immer das Wort herkommen mag, einfach Eindringlinge bezeichnen wollte — so wie die Amerikaner den Gegner in Vietnam ›gook‹ nannten. Ebensogut ist natürlich auch möglich, daß die erstgenannte Auffassung richtig ist — wobei die Sache durch die Übermittlung aus lateinischen Quellen noch komplizierter wird, als sie ohnehin erscheint.
Jene linksrheinischen Germanen aber, deren Name auf alle Stämme rechts des Rheines übertragen wird, stellen die Forschung vor Rätsel. *→Caesar* und *→Tacitus* sagen, die *Belger* und die *→Treverer* stammten von den Germanen ab; nun meint Caesar mit Germanen ganz sicher jene Völker, die rechts des Rheines lebten oder herüberdrängten (→Seite 16) — aber was meinten die Belger und die Treverer, die sich selbst offenbar Germanen nannten? Keine andere Bevölkerungsgruppe, weder Sweben noch Chatten noch Cherusker, hat sich je so bezeichnet, nur jene Stämme, die links des Rheines wohnten. Manche Abkömmlinge der Belger nennt Caesar Germanen, obwohl er die Belger selbst als Gallier bezeichnet — man sieht, der Wirrwarr der Stammesnamen bleibt für diese Epoche undurchdringlich. Tatsächlich hat den Namen Germanen zuerst Caesar in seinem Werk über den Krieg in Gallien benutzt; als Tacitus seine *Germania* schrieb, war er bereits eingebürgert. Bei der Bezeichnung »Griechen« liegt das Problem übrigens ähnlich.
Ein ›Tendenzbegriff‹. Mit Germanen waren in römischer Sicht tendenziös zunächst nur die gefährlichen, aggressiven Stämme jenseits des Rheines gemeint, wobei das Wort noch einen seltsamen Nebenklang hatte. Denn im Lateinischen heißt *germen* die Leibesfrucht, im Sinne von Sprößling, Keim, und mit *germanus* bezeichnet man Menschen, welche dieselben Eltern haben, also wirklich von Geburt her-nicht etwa durch Adoption, Bruder oder Schwester sind. Schließlich bekommt das Wort die übertragene Bedeutung ›wahr, echt, wirklich‹. Wenn man von den Germanen sprach, muß also diese Wortbedeutung ›brüderlich‹ oder auch ›echt‹ assoziativ mitgeschwungen haben — aber auch das ist nur eine Vermutung.
Die Stämme selbst, die von Tacitus als Germanen bezeichnet wurden, haben sich, von jenen wenigen Ausnahmen abgesehen, nie so genannt; stets gab es nur *→Cherusker*, *→Sweben*, *→Alamannen*, *→Franken* usw., wobei gelegentlich durchaus unklar ist, welche der genannten Stämme denn nun Kelten waren und ob die Eigenart der sogenannten Germanen vor der Zeitwende überhaupt ausreicht, um von einem eigenen, von den Kelten wesentlich unterschiedenen Volk zu sprechen.
Was man heute auf den ersten Blick unter dem Begriff Germanen verstehen will, kann man sich aussuchen. Der Begriff, mit dem man noch zur Zeit Goethes die ›alten Teutschen‹ bezeichnete, ist ja erst in der Zeit des Humanismus, also im 15. Jahrhundert, wieder entdeckt worden; erst dann nämlich begann man die antiken Texte erneut zu studieren (*→Tacitus* und Seite 9)
Für die Begründer der Germanistik, *Jakob* und *Wilhelm Grimm (→Germanistik)*, ist dieser Sprachgebrauch ganz selbstverständlich. Noch im Jahre 1848 verfaßte Jakob Grimm seine *Geschichte der deutschen Sprache*, in der er die germanischen Sprachen behandelte. Erst im Laufe des 19. Jahrhunderts werden die Begriffe ›Deutsche‹ und ›Germanen‹ wieder unterschieden, wobei niemand genau weiß, wann man schon von Germanen oder noch von Germanen sprechen könnte. Bemerkenswert ist diese Namensentwicklung im außerdeutschen Sprachraum: Die Engländer haben sich mit der Zeit daran gewöhnt, die Deutschen als *germans* zu bezeichnen; dafür nennen sie die vorgeschichtlichen Bewohner Germaniens *teutons* — nur sind die Teutonen leider,

wie man heute weiß, kein germanischer, sondern ein keltischer Stamm *(→Kelten)*. Andererseits ist für den Engländer der *dutch* bekanntlich nicht der Deutsche, sondern der Niederländer, das heißt der Flame und der Westfriese — kurzum, seit ihrem Auftreten haben die Germanen, wie immer man sie nennen mochte, gewisse terminologische Verwirrungen hervorgerufen, deren man nie ganz Herr geworden ist.

Allen Äußerungen über die Germanen liegt also die Annahme und stille Übereinkunft zugrunde, alle Stämme, die von den Römern mit dem Sammelbegriff *germani* bezeichnet worden sind, hätten eine einheitliche, wenn auch nach Dialekten gegliederte Sprache (Hachmann) gesprochen. Übrigens ist der Name selbst in der Spätantike ungebräuchlich geworden; je mehr sich das römische Weltreich bedroht sah, desto schärfer profilierte es sein kulturelles Selbstbewußtsein; so bezeichnete man Germanen, Sarmaten, Hunnen, Alanen und viele andere Völker als ›Barbaren‹ — etwa wie der Europäer des 19. Jahrhunderts von Wilden und Heiden sprach, wenn er Massais oder Haussas meinte, oder wie er ›Indianer‹ alle Stämme nannte, die er in Amerika antraf. Man kann heute nach *Rolf Hachmanns* 1971 bei Nagel erschienenem Werk *Die Germanen* zwischen den folgenden Auffassungen wählen: Germanen kann man jene Bevölkerungsgruppe in Nordgallien und am Rhein nennen, die sich selbst so bezeichnete und von den südlicher wohnenden ›eigentlichen‹ Galliern so genannt worden ist.

Auch kann man als Germanen jenes Volk bezeichnen, das etwa im 3. nachchristlichen Jahrhundert die ›Germania‹ bewohnte, also eine Gegend östlich des Rheines, die im Westen von Gallien, im Osten von ›Sarmatia‹ begrenzt wurde. Die Byzantiner, die Erben des römisch-griechischen Kulturgutes, haben einen Teil der Nordwesteuropa besiedelnden Kelten Germanen genannt.

Die Sprache als Kriterium? In den Augen der römischen Spätantike waren Germanen die hinter der Rheingrenze siedelnden Barbaren. Nach Auffassung neuzeitlicher Wissenschaft nennt man Germanen jene Bevölkerungsgruppe in Mittel- und Nordeuropa, die germanische Sprachen und Dialekte sprach — wobei allerhand Fragen offen bleiben: gehörten zum Beispiel die von den Römern bezeichneten Germanen alle zu jenen ›Sprachgermanen‹? Und sprachen tatsächlich *alle* diese Germanen germanisch? Von den *→Ubiern* um Köln, den *→Sigambrern* an der Wupper, den *Mattiakern* in Hessen, den *→Usipetern* an der Yssel, den *Tencterern* im Siegerland, den *Wangionen* im Odenwald, den *Nemetern* am Oberrhein und den *Tribokern* um Straßburg gibt

Germania.

Enthaltend: sprachwissenschaftliche und geschichtliche Abhandlungen, Abdrücke und Erläuterungen kleiner Stücke Altdeutscher Sprache und Poesie, Nachrichten von Altdeutschen Handschriften, Mittheilungen aus lebenden Deutschen Mundarten, einzelne Sprachbemerkungen, Beiträge zur Deutschen Litterargeschichte, und Uebersichten der Deutschen Sprachlitteratur seit 1834.

Von der Berlinischen Gesellschaft für Deutsche Sprache und Alterthumskunde.

Herausgegeben durch Friedrich Heinrich von der Hagen.

Neunter Band.

Mit Beiträgen von August, Graff, Förstemann, Hasper, Holzapfel, Kannegießer, Klöden, Kuhn, Lücke, Maßmann, Ad. Müller, Odebrecht, Pfeiffer, Woeste, Zeune, und dem Herausgeber.

Mit einer Landkarte zum Parzival.

Berlin, 1850.
Verlag von Hermann Schultze.

Neues Jahrbuch der Berlinischen Gesellschaft für Deutsche Sprache und Alterthumskunde.

Enthaltend: sprachwissenschaftliche und geschichtliche Abhandlungen, Abdrücke und Erläuterungen kleiner Stücke Altdeutscher Sprache und Poesie, Nachrichten von Altdeutschen Handschriften, Mittheilungen aus lebenden Deutschen Mundarten, einzelne Sprachbemerkungen, Beiträge zur Deutschen Litterargeschichte, und Uebersichten der Deutschen Sprachlitteratur seit 1834.

Herausgegeben durch Friedrich Heinrich von der Hagen.

Neunter Band.

Mit Beiträgen von August, Graff, Förstemann, Hasper, Holzapfel, Kannegießer, Klöden, Kuhn, Lücke, Maßmann, Ad. Müller, Odebrecht, Pfeiffer, Woeste, Zeune, und dem Herausgeber.

Mit einer Landkarte zum Parzival.

Berlin, 1850.
Verlag von Hermann Schultze.

Titelblätter des neunten Bandes des im 19. Jh. bedeutenden Jahrbuchs zur Altertumskunde, redigiert von dem Germanisten F. H. v. d. Hagen.

es keinerlei Sprachreste, nicht einmal Personennamen — woher soll man also wissen, ob sie Germanen waren, falls man die Einheitlichkeit der Sprache meint? Selbst ob die *Goten* des Alarich und Totila so germanisch waren wie ihre Vorfahren um die Zeitwende und ob die *Bajuwaren* (→*Baiern*) des Voralpen- und Alpengebietes unzweifelhaft die Nachfahren der germanisch sprechenden →*Markomannenstämme* in Böhmen waren, ist nicht mit letzter Sicherheit beweisbar.

Sprachwissenschaftlich gehören heute zu den *germanischen Sprachen* das Englische, Niederländische, Flämische sowie das Afrikaans, das Friesische, das Dänische, Norwegische, Schwedische und Isländische sowie das Deutsche einschließlich des Schwyzertütsch — und schließlich enthält das Jiddische, das von den aus Deutschland vertriebenen Juden im 13. Jahrhundert nach Osten mitgenommen wurde, sehr alte mittelhochdeutsche, das heißt also germanische Sprachformen.

Das Dilemma, nach welchen Gesichtspunkten denn nun von Germanen geredet werden kann, ist nicht ohne weiteres zu lösen. Man wird aber davon ausgehen können, daß vor der Zeitwende Mitteleuropa östlich des Rheines von Völkerstämmen besiedelt war, deren Kultur man vor der Zeitwende nicht durchweg als germanisch bezeichnen kann: zu unscharf sind die schriftlichen Quellen der Antike, zu verworren das von der Spatenwissenschaft gewonnene Bild. Bis zur Zeitwende handelt es sich wohl um Stämme, unter denen sich solche mit germanischem Idiom, aber auch andere Völker befinden; kulturell sind sie zu den Randgebieten der *Latène-Kultur* zu zählen (→*Eisenzeit*). Erst die ›nachchristliche‹ Kultur, die Zeit zwischen 200 und 600 etwa und darüber hinaus kann man im Grunde germanisch nennen — und sie umfaßt das Gebiet zwischen Rhein und Leine, das Elbe-, Oder- und Weichselgebiet sowie Nordwestdeutschland, auch stellt sich eine gewisse Verwandtschaft mit Skandinavien heraus. Es ist die Kultur »aller jener Bevölkerungsgruppen, welche die Völkerwanderungszeit einleiteten, sich an verschiedenen Stellen auf römischem Boden ansässig machten und von denen man schließlich erfährt, daß sie germanisch sprachen« (Hachmann).

An Stämmen sind in dieser Sicht als ›germanisch‹ zu nennen die →*Alamannen*, die *Goten* (→*Westgoten*, →*Ostgoten*), die →*Gepiden*, die →*Franken* und die →*Wandalen* sowie die *Bajuwaren* (→*Baiern*) und die *Angelsachsen* —, aber bei →*Chatten*, →*Chauken* und →*Cheruskern* ist unklar, ob sie germanisch sprachen und also dieser Völkergruppe zuzurechnen sind. Üblich ist die Einteilung in *Westgermanen* — am Rhein, an der Weser, an der Nordsee und westlich der Elbe — und *Ostgermanen* — östlich der Elbe — sowie die skandinavischen *Nordgermanen*, oder in *Elbgermanen* (Hermionen), *Weser-Rheingermanen* (Istwäonen) und *Nord- und Nordseegermanen* (Ingwäonen). (Siehe auch →*Kultgemeinschaften* und Seite 60.) All diese Einteilungen sind bis heute, ebenso wie die Herkunft manchen Stammes, nicht unumstritten. Kein Zweifel besteht aber, daß zwischen Rhein und Elbe nach der Zeitwende Germanen lebten, daß Germanen in Galizien ansässig waren und daß Böhmen, Mähren und die westliche Slowakei germanisch besiedelt waren. Zur Zeit Caesars ist eine germanische Stammesgruppe sogar bis nahe ans Schwarze Meer gekommen und hat sich an der Moldau niedergelassen — in der Landschaft, die jetzt zu Rumänien gehört. (Siehe auch die Seiten 16 und 60 sowie →*Kultgemeinschaften*, →*Caesar* und Stämme.)

Herkunft der Germanen. »Die Germanen selbst möchte ich für Ureinwohner halten und keinesfalls für Mischlinge infolge Zuwanderung und gastlicher Aufnahme fremder Stämme.«

Dieser verhängnisvolle Satz des Tacitus aus der *Germania*, den er guten Glaubens niedergeschrieben hat, begründete die Auffassung, die Germanen seien ›autochthon‹, das heißt ›an Ort und Stelle entstanden‹. Davon kann nun eigentlich aber gar keine Rede sein, ganz abgesehen davon, daß man auch sprachlich Germanen ja allenfalls erst nach der ersten Lautverschiebung identifizieren kann (→*Lautverschiebung*); es gibt für die bronzezeitliche Kultur der letzten Jahrhunderte vor der Zeitwende kein Kriterium, nach dem man etwa Kelten von Germanen exakt unterscheiden könnte.

Sind nun aber die Hünen der Vorzeit, die Erbauer der mächtigen Steingräber, Germanen gewesen?

Leichenbrandurne 4.–3. Jhd. v. Chr.

Leichenbrandurne, Dohren, 4.–3. Jhd. v. Chr.

Sächsische Buckelurne mit Frauendarstellungen aus Wehden

Welche Rolle spielt das Volk, das um etwa 2000 v. Chr. auftaucht und mit Streitäxten kämpft? Diese Menschen benutzen Pferde, die sie vor Streitwagen spannen, sie verzieren ihre Keramik mit unterschiedlichen Schnurmustern — man nennt sie deshalb auch *Schnurkeramiker* —, und sie bestatten ihre Toten in *Einzelgräbern* (→Seite 80). Das ist zu den *Großsteingräbern* (→Seite 81) der bäuerlichen Sippen ein deutlicher Unterschied.
Man hat angenommen, die Streitaxtleute seien jene sagenhaften *Indogermanen* (→Seite 165) gewesen, in denen man die Träger der indogermanischen Ursprache zu sehen glaubte.

Steinkistengrab von Kivik, Schweden, mit kultischen Darstellungen und Streitwagen, datiert auf etwa 1200 v. Chr.

Alle diese sehr unsicheren Theorien halten einer scharfen Prüfung nicht stand. Man muß wissen, daß die mächtigen Eismassen der letzten Eiszeit, einer über Jahrtausende dauernden Kälteperiode, sehr langsam abschmolzen: erst um 10 000 v. Chr. war die Gegend von Hamburg eisfrei geworden, um 7500 v. Chr. die Region von Stockholm. Als die langsame klimatische Verbesserung aus der arktischen Tundra die riesigen Laubwälder hatte entstehen lassen, waren um 4000 v. Chr. die eiszeitlichen *Jägervölker* seßhaft geworden. Sie lernten, den Boden mit Getreide zu bebauen, wie dies Jahrtausende zuvor im Vorderen Orient entdeckt worden war (→*Ackerbau*). Man schätzt die damalige Weltbevölkerung für das 4. vorchristliche Jahrtausend auf etwa 20 Millionen Menschen — die blühenden Hochkulturen Ägyptens und Mesopotamiens, Indiens und Chinas eingerechnet. Die Megalithkultur um 2000 v. Chr. (griech. megas = groß, lithos = Stein) ist eine vielleicht aus dem Vorderen Orient stammende oder von dort beeinflußte bäuerliche Sippenkultur gewesen, die offensichtlich Ackerbau voraussetzte — aber woher kamen die Streitaxtleute, auch Schnurkeramiker oder Einzelgrableute genannt?
Diese Frage ist wissenschaftlich noch ungelöst, ebenso die Frage nach dem *indoeuropäischen Urvolk*. Es gibt Wissenschaftler, die annehmen, daß jenes Reitervolk aus dem Osten sich mit den Ureinwohnern Mitteleuropas vermischt habe, wobei auf dem nördlichen Balkan und im Donauraum die *Illyrer*, in Süddeutschland und Ostfrankreich die *Kelten*, östlich der Weichsel die *Slawen* und zwischen unterer Weser und Weichsel, an Nordsee und Ostsee sowie in Skandinavien die Vorfahren der *Germanen* hervorgegangen seien. Die Grenze zwischen den über Süddeutschland bis nach Böhmen vordringenden Kelten und den Germanen scheinen danach die Elbe und die Weser gebildet zu haben. Diese germanischen Stämme seien dann nach Westen gegen den Rhein und den Main vorgedrungen.
So schwierig, wie die Frage nach den ›Urgermanen‹ zu beantworten ist, so kompliziert ist auch die Abgrenzung zwischen Germanen und Kelten oder die Frage, welche archäologischen vorgeschichtlichen Provinzen denn nun zu welchem Volk gehören. Um das Ergebnis vorwegzunehmen: auch hier sind überzeugende Antworten äußerst rar.
Man weiß z. B., daß die alten Ortsnamen Flußnamen und zum Teil Flurnamen aus sehr frühen Zeiten sind. Die Ortsnamenforschung besagt zwar, daß nördlich der Mainlinie und östlich des Rheines nur wenige Namen deutlich keltischen Ursprunges sind — aber das beweist noch nicht, daß Germanen dort gesessen haben, zumal sich relativ oft keltische Flußnamen finden. Man kann nur sagen, daß dort eine indoeuropäische Völkergruppe gelebt hat, deren Zuordnung zu einer bestimmten indoeuropäischen Sprache sehr schwierig ist. Nun sind ja seit rund hundert Jahren überall in Deutschland Reste der bronzezeitlichen und frühen eisenzeitlichen Kulturen ausgegraben worden, man hat also Fundmaterial, z. B. Grabbeigaben, und man kennt die Art der Bestattung. Man kennt aber von diesen Menschen die Sprache nicht, also ist auch ihre Zugehörigkeit nur schwer zu erschließen. Es gibt nur eine einzige Möglichkeit, Ordnung in dieses Durcheinander der Stile, Namen und Funde zu bringen: man muß versuchen, die gesicherten archäologischen Erkenntnisse mit den wenigen schriftlichen Quellen, also mit den Werken des →*Caesar* und des →*Tacitus* und des *Plinius* (→Seite 230) in Übereinstimmung zu bringen, soweit diese Autoren vernünftige Informationen liefern. Man weiß: der Feldherr Caesar

hat sein Werk über Gallien mit politischen Hintergedanken geschrieben, Plinius bezog seine Kenntnisse fast ausschließlich aus Büchern, und zwar nicht sehr kritisch, Tacitus aber war ein konservativer Literat — ihren Werken sind also nur ethnologische Antworten zu entnehmen, deren Fragestellung sie so kaum gekannt haben.

Einige Jahrhunderte v. Chr. bis zur Zeit Caesars finden sich im mitteleuropäischen Raum drei große Kulturgruppen, die im Gegensatz zur polnischen *Oksywie-Gruppe* und zur südlicher angesiedelten *Przeworsk-Gruppe* nicht slawischen Ursprunges sind. Es handelt sich um eine *nordwestdeutsche Gruppe* zwischen Unterrhein und Weser. Im Osten benachbart bis zur Oder gibt es die sogenannte *Jastorf-Gruppe*, und im Süden dieser beiden Gebiete, also etwa südlich der Mittelgebirgsschwelle, die keltische *Latène-Kultur (→Eisenzeit; →Kelten)*.

Umstritten ist die sogenannte nordwestdeutsche Gruppe: waren das Kelten oder Germanen? Es handelt sich um die Zeit um 500 v. Chr.; man wird überhaupt nur von einer keltogermanischen Bevölkerung sprechen können, bei der sich die Züge der beiden später stärker profilierten Völker nur vermischt nachweisen lassen.

Zwischen den späteren Germanen und der Jastorf-Gruppe läßt sich ein unmittelbarer Zusammenhang herstellen; ganz ohne Zweifel hat es hier zwischen der unteren Weser und der Oder im 2. vorchristlichen Jahrhundert, aber wohl sogar bis zur *Parseta (Persante)*, bis nach Jütland und bis an die Mittelelbe eine Kultur gegeben, die später ohne Bruch als germanisch hat verstanden werden können.

Im ersten Jahrhundert unserer Zeitrechnung sind dann wahrscheinlich Stämme aus jenem Bereich, etwa *→Wandilier*, *→Wandalen*, *→Burgunden* (Seite 41 und 86) und *→Silingen*, in den Raum zwischen Oder und Weichsel eingedrungen und haben sich etwa drei Jahrhunderte dort gehalten, bis die Völkerwanderung sie zum Aufbruch zwang. Eine Dreigliederung der germanischen Stämme — wie schon vorangehend auf Seite 57 vorgestellt — taucht bei Tacitus auf. Die Ostgermanen hat er nicht berücksichtigt. Tacitus nennt die *→Ingwäonen*, die *→Istwäonen* und die *→Herminonen* (Irminonen) insgesamt *Mannus-Stämme*, so bezeichnet nach einem sagenhaften Stammvater *Mannus*. Die Ingwäonen siedeln, nach Tacitus, dem Meer am nächsten. Plinius rechnet zu diesen Stämmen die *→Chauken*, ein Seevolk, das den späteren *→Friesen* zuzuordnen, aber nach anderer Meinung eventuell ein Vorläufer-Stamm der *→Sachsen* ist.

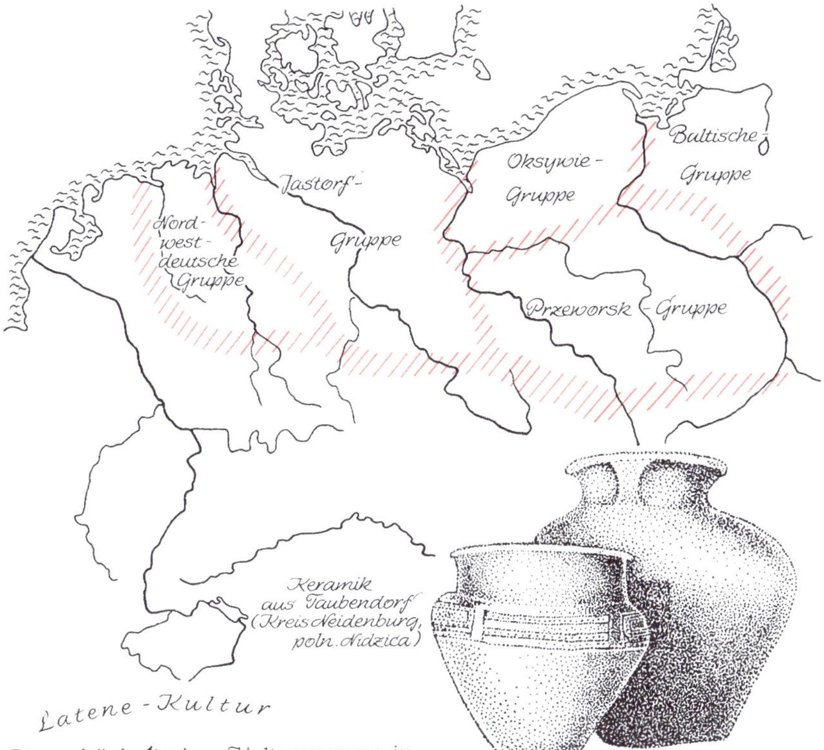

Die archäologischen Kulturgruppen in Mitteleuropa während des 1. Jahrhunderts v. Chr.

Keramik aus Zeippern (Kreis Gubrau)

In der »Mitte« wohnen die Herminonen, denen Plinius die →*Chatten*, die →*Sweben*, die →*Cherusker* und die *Hermunduren* (→Seite 162) zuordnet. Das widerspricht der Gliederung des Tacitus: er teilt z. B. mit, die →*Marser* und die *Gambrivier*, die →*Sweben* und die →*Wandilier* seien »alte Gruppen« und gehörten nicht in das Dreierschema (Hachmann). Schließlich heißt es noch bei Tacitus, die →*Bataver* und →*Canninefaten* seien ursprünglich Teile des Chattenstammes gewesen.

Was bleibt als Ergebnis? Zwischen Rhein und Weser bis zur Nordsee siedelten um die Zeitwende die sogenannten *Mannus-Stämme*. Das ist die ›westgermanische Kultur‹ der Archäologen, die bis nach Thüringen reicht. Man hat es hier im wesentlichen mit einer →*Kultgemeinschaft* zu tun — nicht mit einer ethnografischen Bestandsaufnahme. Eine andere Kultgemeinschaft, die der Sweben, umfaßt die sogenannte *elbgermanische Kultur* — die reicht von der Altmark und Brandenburg, Thüringen und Sachsen bis nach Mähren, Böhmen und zur westlichen Slowakei. Schließlich gibt es noch die *Oder-Weichselgruppe* in Schlesien, Mittel- und Südpolen und in Masowien — das schon erwähnte Einflußgebiet der Wandilier.

Bei diesem Versuch einer Ordnung bleibt vieles ungeklärt, und vieles dürfte sich kaum noch klären lassen.

Die Völkernamen, die dann einige hundert Jahre später in der Völkerwanderungszeit auftauchen, dekken sich nicht mehr mit hier genannten Stammesnamen eines Tacitus oder Plinius, denn die Stämme selbst, nun zu kriegerischen Verbänden zusammengeschlossen, haben wirtschaftliche und politische Veränderungen durchgemacht, die man nur ahnen kann. So decken die vielfältigen Namen keine Völker, die Jahrhunderte lang unverrückbar auf eigener Scholle gesessen hätten, bis sie nach Westen und Süden aufbrachen, sondern lose Verbände von Kultgemeinschaften, die sich in den ersten Jahrhunderten unserer Zeitrechnung zu ›Germanen‹ profilieren, ehe sie im römischen Imperium ihre Reiche gründen und zu Völkern des Abendlandes werden.

Nordseegermanen*
Jüten
Angeln, Sachsen, Chauken und Friesen
Cherusker
* nach Schwarz

Weser — Rheingermanen*
Belgen und ihre Teilstämme
Kleinere Rheinstämme
Canninefaten, Chatten, Bataver
Franken
* nach: Schwarz

Linksrheinische ›Germanen‹*
Aduatuker
Baetasier (Auch bei Plinius erwähnt.)
Caerosen
Condruser
Eburonen
Frisiavonen
Paemanen
Segner
Sunuker (Auch bei Plinius erwähnt.)
Tungern
* Nach Caesar von den gallischen Belgen unterschiedene Stämme.

Elbgermanen*
Semnonen, Nordschwaben
Sweben
Markomannen und Quaden
Alamannen und Juthungen
Hermunduren und Thüringer
Baiern
Langobarden
* nach: Schwarz

Ostgermanen*
Kimbern, Teutonen, Ambronen
Wandalen, Hasdingen, Warnen, Ambronen
Burgunder, Rugier
Goten, Gepiden
Krimgoten, Heruler
* nach Tacitus *Wandilier*
Die Aufzählung erfolgt nach Wandergemeinschaften (Schwarz).

Ackerbau

Es ist mühsam, den Boden zu bebauen, und es bleibt für einen Mann, der von der Jagd lebt, schwer einzusehen, warum er diese Arbeit auf sich nehmen soll: nur der Druck der Not und der Wunsch nach materieller Sicherheit können den Übergang zum Ackerbau erzwungen haben. Die Anfänge dieser neuen Epoche liegen tief in der Steinzeit, etwa um 9000 v. Chr., und es dauerte Jahrtausende, bis sich der Ackerbau langsam von Mesopotamien aus durchsetzte. Seit dem 5. vorchristlichen Jahrtausend waren die Menschen im südlichen Mitteleuropa und seit dem 3. Jahrtausend auch im nördlichen Mitteleuropa zum Ackerbau übergegangen; dazu gehörte, daß sie auch Tiere zähmten.

Feldfrüchte: Aus dem Vorderen Orient kamen die wichtigsten *Getreidesorten* nach Mitteleuropa, z. B. Weizen und Gerste, außerdem der Flachs, die Linse und die Erbse. Für das 2. Jahrtausend v. Chr. lassen sich Hafer, Hirse, Ackerbohne, Mohn und die Gartenmöhre nachweisen (Schlette).

Das Bild der Getreidesorten wandelt sich im Lauf der Zeit: die Getreide der Steinzeit wie Emmer, Einkorn-, Saat- und Zwergweizen, also ›niedere‹ Formen, treten zurück, und bestimmte ›Unkrautgräser‹ wie Gerste, Roggen und Hafer werden kultiviert.

Gerade der Roggen wird im 1. Jahrtausend v. Chr.

wohl bewußt angebaut, da er sich gegen die Klimaänderung widerstandsfähiger erweist als die anderen Sorten. Von größerer Bedeutung bleibt bis in die römische Zeit die Gerste, das Getreide der Bronzezeit.

Viehzucht. Die germanische Landwirtschaft stellt eine Kombination von Ackerbau und Viehzucht dar, deren Methoden sich seit der jüngeren Steinzeit im Prinzip kaum ändern; nur das Gerät wird im Lauf der Jahrhunderte verbessert und das Vieh veredelt (*→Zeichng.* Seite 62). Das Rind ist im Durchschnitt nur 95—115 cm hoch, der Bulle selten höher als 130 cm. Die Kleinwüchsigkeit steinzeitlicher Rinder zeigt der Vergleich: die heutige Milchkuh ist 130 bis 145 cm hoch. Tacitus bezeichnet mit Recht das germanische Vieh als »wenig ansehnlich« und bemängelt ebenso begründet das Fehlen des »stolzen Stirnschmucks«. Tatsächlich hat das Vieh der Germanen natürlich Hörner, aber nur kurze, nicht so ausladend und schön geschwungene wie die südlichen Rinderrassen.

Stiere werden gelegentlich schon kastriert, Züchtungen hingegen, also bewußte Kreuzungen finden nicht statt. Deshalb sind die Formen des Viehs um die Zeitwende noch kleiner als in der Jungsteinzeit. Mit den römischen Rinderrassen kommt es nur im unmittelbaren Grenzgebiet zu Kreuzungen, nicht im Inneren des Landes.

Bronzestatue eines vermutlich germanischen Mannes, auch als ›alamannischer Bauer‹ bezeichnet. — Württembergisches Landesmuseum, Stuttgart.

Bronzerind von Berlin-Schöneberg, Römische Kaiserzeit, 3. Jh. n. Chr. — Museum für Vor- und Frühgeschichte, Berlin.

Da Germanen immer wieder einmal den Ackerbau aufgeben und mit ihrem Vieh ›trecken‹ mußten, haben die Römer, die solche Trecks erlebten, offensichtlich einen falschen Eindruck vom Viehreichtum der Germanenstämme erhalten und die Bedeutung ihrer Viehzucht überschätzt.

Auch das *Kleinvieh* wie Schafe, Ziegen und Schweine war weitaus kleiner als heute, aber bereits in der Jungsteinzeit bekannt. Ebenso gehörte schon der Hund zum Menschen, vor allem der *Torfspitz*, ein typischer ortsfester Wachhund. Seit dem 2. vorchristlichen Jahrtausend ist die Gans bekannt, die später als ›germanische Gans‹ ihres dichten Daunenkleides wegen von den Römern so sehr geschätzt wird. Neuerdings haben Funde erwiesen, daß auch das Huhn schon um die Mitte des 1. Jahrtausends v. Chr. in Germanien heimisch wurde; man hatte bisher angenommen, es sei erst um die Zeitwende von den Galliern übernommen worden.

Garten- und Obstbau. Als die Germanen mit den Römern in Berührung kamen, übernahmen sie keineswegs sofort alles, was gut und nützlich war; weder ihre Lebens- und Wirtschaftsform, also ihre Produktionsverhältnisse, noch ihre wirtschaftlichen Fähigkeiten ermöglichten ihnen solche Lernprozesse. Erst in der Merowinger- und Karolingerzeit bzw. in den germanischen Feudalreichen waren sie in der

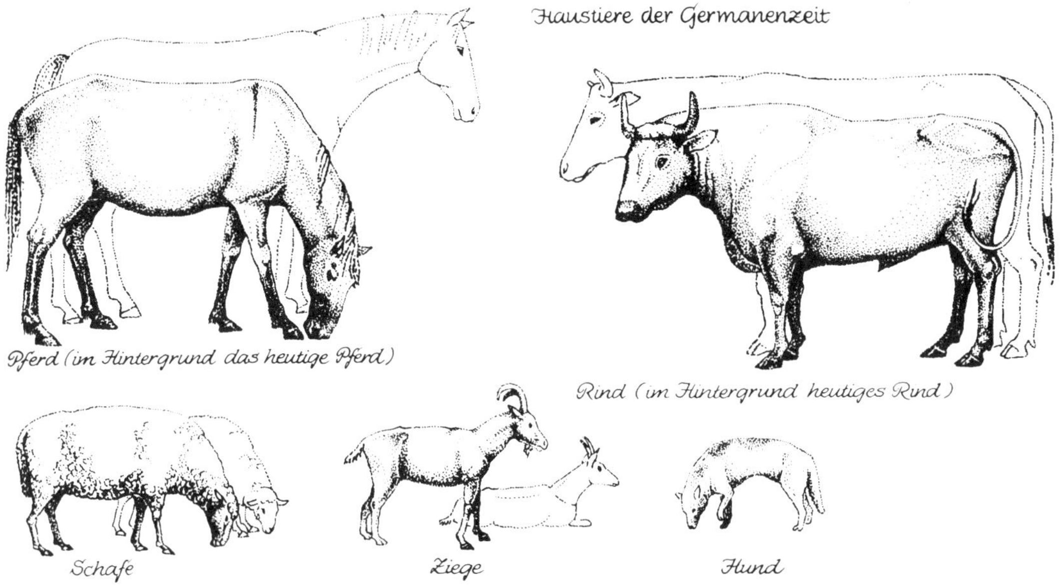

Lage, einen intensiveren Ackerbau, eine regelrechte *Gartenwirtschaft* und den *Obstbau* von den Völkern des Südens zu übernehmen und zu entwickeln. Weinrebe und Aprikose, Pfirsich und Walnuß, Kohlrübe und rote Rübe, Sellerie, Zwiebel und Knoblauch, Porree, Kopfsalat und Rettich — der bayerische ›Radi‹, der schon zu Plinius' Zeiten die Größe von »kleineren Kindsköpfen« erreicht haben soll! — sind Geschenke des südlichen Europa an den Norden, ebenso Gewürze wie Dill, Majoran, Petersilie, Fenchel, Anis und Zichorie. Hopfen wird erst seit der Karolingerzeit angebaut.

Zur Zeit des Tacitus kelterten die Germanen Wein nur aus Früchten oder Beeren, nicht aber aus der Traube. Die Verbreitung des Weinbaues nach Norden erfolgte erst mit der Ausbreitung des Christentums: die Klöster brauchten Meßwein.

Pflug: Die Ackerbauern der Jungsteinzeit kannten an Geräten im wesentlichen nur den Pflug, dessen Entwicklung noch heute im Dunklen liegt. So ist bei Völkerkundlern nach wie vor umstritten, ob der Pflug aus der Hacke oder aus dem Spaten entstand. Dagegen wissen wir mehr über den Weg des Pfluges nach Norden; die Sprache hat ihn festgehalten: das altnordische *ardr* ist dem lateinischen *aratrum*, dem griechischen *arotron* verwandt; beide Worte haben die gleiche Sprachwurzel, das aramäische *harath*, das pflügen heißt. Aramäisch, die Sprache Jesu, ist eine semitische Sprache, und die dem Semitischen und Indogermanischen gemeinsame Sprachwurzel bedeutet ritzen, das heißt also auch Furchen ziehen.

Der nordische *Pflug von Djöstrup* aus dem 4.—3. Jahrhundert v. Chr. im Nationalmuseum von Kopenhagen ist ein *Spatenpflug*. Solche Geräte sind auch auf schwedischen Felsenzeichnungen der Bronzezeit abgebildet. Andererseits gibt es einen Hakenpflug aus der jüngeren Bronzezeit, der praktisch nur eine durch die Erde gezogene Hacke darstellt.

Als das Klima sich verschlechterte, erfanden die Kelten, die ›Techniker‹ der Eisenzeit, den Radpflug, und von ihnen haben die Germanen ihn übernommen. Die ältesten Reste eines Radpfluges sind bei *Tömmerby* in Jütland gefunden worden. Sie werden auf 400 v. Chr. datiert, also in die Übergangszeit von der Bronze zum Eisen. Alle Teile dieses Pfluges waren aus Holz. In den letzten Jahrhunderten vor der Zeitwende beschlug man die Pflugkeile mit Eisen, um ihre Widerstandsfähigkeit zu erhöhen.

Zugkraft waren Mensch und Rind. Solange man den Boden nicht wenden konnte, pflügte man das Feld kreuzweise, um den Boden besser zu lockern, das heißt zu durchlüften.

Plinius berichtet aus dem ersten vorchristlichen Jahrhundert von einem ›modernen‹ Pflug, der *Vorschneidemesser*, *Streichbrett* und *Radvorgestell* besessen hat. Mit einem solchen Pflug konnte man die Erde wenden. Also war es unpraktisch, weiterhin quadratische *Felder* anzulegen, wie sie für das kreuzweise Pflügen geeignet gewesen waren: lange, schmale Felder entsprachen dem neuen Pflug besser. Man kann noch heute in archäologischen Luftbildaufnahmen erkennen, daß die langen, schmalen Felder die quadratischen Formen ablösten.

Düngung. Über die Düngung der Felder läßt sich nicht viel sagen, weil die Funde unsicher sind. *Stallmist* wurde als Brennstoff verwendet, aber wohl auch als Dünger. Häufig sind wohl *Rasenplaggen* eingepflügt worden, auch berichten die römischen Autoren, die Germanen hätten *Mergel* als Dünger verwandt. Wahrscheinlich sind alle diese Düngeformen auch vermischt praktiziert worden. Sie haben die

Leichter hölzerner Hakenpflug aus Vebbestrup, Nordjütland, oben mit eingesetztem ›Ritzholz‹; früheste Eisenzeit um 500 v. Chr. Mit diesen Pflügen wurde die Erde nicht gewendet, sondern — auf leichten Böden bei trockenem Klima erwünscht! — nur ›geritzt‹ und leicht gefurcht, und zwar in Kreuz- und Querrillen. — Nationalmuseet, Kopenhagen.

Erschöpfung des Bodens, der ja nur mit Sommergetreide genutzt wurde, nur aufschieben, aber nicht verhindern können. Nach drei bis fünf Jahren ohne Düngung war der Boden ausgelaugt und verwilderte. In dieser Zeit der Brache wurde das Vieh auf das ungenutzte Feld getrieben. Nach 10—15 Jahren konnte wieder gerodet und Getreide angebaut werden. Man nennt das heute *wilde Feldgraswirtschaft*. Einen regelmäßigen Jahr um Jahr erfolgenden Wechsel zwischen Anbau und Brache dürfte es nicht gegeben haben. Die immer dichter werdende Besiedlung z. B. der Ostseegegenden in den letzten Jahrhunderten vor der Zeitwende ließ einen Wechsel zwischen Feld und Brache kaum noch zu, dem Boden wurden immer mehr Nährstoffe entzogen, selbst beim Vieh traten Mängelschäden auf, z. B. an Kobalt.

Ernte. Man erntete mit einer eisernen *Sichel*, schnitt aber nur die Ähre, der Halm blieb fürs Vieh stehen oder wurde abgebrannt. Erst in den letzten Jahrhunderten vor der Zeitwende hat man die *Sense* benutzt; nun wurde der Halm geschnitten und das Stroh für die Winterfütterung in die Scheune gebracht oder in den Stall geschüttet. Die Ernte war meist Frauensache wie alle Arbeiten, die mühsam waren und weniger Kraft als Geduld erforderten. Über das *Dreschen* ist nichts bekannt. Wahrscheinlich hat man das Vieh über das ausgebreitete Getreide getrieben, wie das z. B. auch in Ägypten seit Jahrtausenden geschah.

Nahrungszubereitung. Um das Getreide verzehren zu können, mußte man es zerreiben. Diese mühsame Tätigkeit, die zuerst zur Erfindung technischer Hilfsmittel angeregt hat — man denke an Wasser- und Windmühlen —, ist mit einem *Reibstein* bewältigt worden. Um ein Kilo Weizen zu zerreiben, brauchte man 40—60 Minuten. Im ersten nachchristlichen Jahrhundert ist die keltische *Drehmühle* erfunden worden, in der die Reibebewegung durch das waagerechte ›Kurbeln‹ ersetzt wurde; man brauchte nun nur noch 20 Minuten für ein Kilo Weizen. Wildpret, Fisch und verschiedene Früchte ergänzten die eintönige Getreidenahrung *(→Nahrung)*; der Gerstenbrei spielt ja noch in der Welt des Märchens eine größere Rolle als das Brot.

Betriebsgrößen und Arbeitsaufwand. Wie groß waren der Arbeitsaufwand beim Ackerbau und die ›Betriebsgrößen‹? Aus den sehr unsicheren Zahlen hat man für Jütland etwa 15 ha für einen Hof errechnet. Fast ein Drittel aller Ackerparzellen in Mitteleuropa waren über 20 ha groß, weitere 21 Prozent umfaßten 10—20 ha und die restlichen 49 Prozent sind unter 10 ha groß gewesen (Schlette). Man hat errechnet, daß man mit dem damaligen Pflug für einen Hektar 8—9 Arbeitstage brauchte. So konnten insgesamt 2—3 Arbeitskräfte jährlich 3 ha Acker bestellen und abernten. Das reichte für eine Ernte von 2—3 dt pro Hektar und bot etwa 6 Erwachsenen und einigen Kindern die Grundnahrung auf Getreidebasis für ein Jahr. Die Zeit der Feldbestellung und der Ernte dauerte ca. 6 Wochen; um einen Hektar mit der Sichel ernten zu können, brauchte man 10 Tage. Schon aus diesen Zahlen ergibt sich, daß die Hälfte, allenfalls ein Drittel der Bevölkerung mit der Feldbestellung beschäftigt gewesen sein muß (Schlette).

Man nimmt heute an, daß es bis zum Beginn der ›römischen Epoche‹ nur Gemeineigentum an Grund und Boden gegeben hat, wie dies auch bei anderen Gesellschaften dieser Kulturstufe zu beobachten ist. Caesar berichtet über die jährliche Neuverteilung des Bodens, aber schon Tacitus erwähnt 150 Jahre später, der Boden sei »je nach Würde« verteilt worden. Hier zeichnet sich die Entstehung von Grundeigentum ab. Der Grundbesitzer hat den Boden dann von Unfreien bewirtschaften lassen und Abgaben erhoben, eine Wirtschaftsform, auf der sich die frühe Feudalgesellschaft des Mittelalters aufbaut.

Aetius →*Seite 164*

Alamannen (Alemannen)
»In jenem Jahr durchbrachen die Alamannen die Grenzen der Provinz Germanien. Daß ihr Grimm noch größer war als sonst, hatte folgende Ursache: Obgleich ihren Gesandten, die an den Hof des Kaisers geschickt waren, bestimmte und nach dem Brauch vorher festgesetzte Geschenke gegeben werden mußten, wurden ihnen nur minderwertige, das heißt gänzlich wertlose Dinge überwiesen. Darüber tobten sie und warfen sich, empört über solche Zumutung, auf die Erde. Als sie darauf von Ursacius, dem damaligen Hofmarschall, einem jähzornigen und brutalen Menschen, hart angefahren wurden, kehrten sie nach Hause zurück und regten, indem sie die Sache noch übertrieben, die kriegerischen Stämme, die man mit so schmachvoller Verachtung behandelt hätte, zur Empörung auf...«
Dies geschah irgendwo am Oberrhein im Jahre 365 und ist nur eines der vielen blutigen Ereignisse, welche die römische Schutzmacht in Atem hielten, seit dieses »schreckliche Volk« der Alamannen (germ. = alle Mannen, eventuell die Jungmannschaften verschiedener Stämme, u. a. auch der →*Sweben*) an der Grenze südlich der fränkischen Nachbarn aufgetaucht war. Man fühlt sich an die Auseinandersetzungen zwischen ›Eingeborenen‹ Afrikas und Europäern erinnert, die ›primitiven‹ Völkern Glasperlen und Spiegel schenkten.
Die Alamannen traten 213 in den Gesichtskreis der römischen Welt, als sie das Lager Mainz stürmten. Sie wurden von Kaiser *Caracalla* abgewehrt. In der Folgezeit war es einer der größten Ruhmestitel eines römischen Kaisers, diese besonders gefürchteten Barbaren bezwungen zu haben — aber deren Zahl schien unerschöpflich, und immer wieder griffen Alamannen die römischen Grenzen am Oberrhein an. Im Jahre 260 durchbrachen sie den Limes endgültig und setzten sich im sogenannten *Zehntland*, dem *Dekumatenland*, fest, also etwa im heutigen schwäbischen Raum. Augsburg blieb in römischer Hand, obwohl das gesamte übrige Gebiet — schließlich bis weit in die Schweiz und nach Westfrankreich (Elsaß) hinein — von den Alamannen besiedelt worden ist. Die Alamannen hatten sich allerdings verpflichtet, Getreide für die römischen Kastelle zu liefern. Offiziell ist das Dekumatenland *(→Limes)* schon damals als *Alamannia* bezeichnet worden.
Als Kaiser *Constantius I.* im Juli 306 als Herr über Gallien, Spanien und Britannien in Trier starb, wog die Stimme des Alamannenkönigs *Krokus*, der für den Sohn des verstorbenen Kaisers stimmte und dessen Thronerhebung befürwortete, so schwer, daß *Konstantin der Große* tatsächlich zum Augustus ausgerufen wurde. Keine hundert Jahre waren vergangen, seit die ersten wilden Horden dieses Stammes über Mainz hergefallen waren; jetzt begannen sie die Geschicke Roms mitzubestimmen, ein Vorgang, der für die politische Entwicklung der Germanen im zerfallenen römischen Reichsverband charakteristisch ist.
496 gingen die Alamannen, die durch ihre Vorstöße nach Italien (253 über Gallien bis nach Mailand, 270 zusammen mit den Markomannen wieder bis Mailand und Piacenza) schon früh das Römerreich zutiefst erschüttert hatten, im Fränkischen Reich auf. 746 erlosch auch ihr Stammesherzogtum, und seit dem 9. Jahrhundert erinnert nur der Name Schwaben *(→Sweben)* an den Ursprung der alamannisch-swebischen Besiedlung.

Alamannische, preßblechverzierte Schwertscheide von Guttenstein, Baden: Einem ›Werwolf‹ fällt der Speer aus der Hand (wie es ihm auch beim Anblick des Schwertbezitzers ergehen soll). Römisch-Germanisches Zentralmuseum, Mainz.

Alanen
Wichtiger als ihre Rolle in den Schlachten der Völkerwanderung ist ihre Mittlerstellung zwischen Ost

und West gewesen: sie waren leidenschaftliche Reiter und kultivierten die *Pferdezucht*, die sie vom Osten übernahmen und an ihre ostgermanischen Nachbarn weitergaben: *Kettenhemd* und *Schuppenpanzer* der gotischen Reiterei sind alanischen Ursprungs, ebenso die *dezimale Heereseinteilung* (Jankuhn). Übrigens haben sie diesen Einfluß nicht nur auf die Germanen des Ostens gehabt; auch in den finnisch-ugrischen Sprachen finden sich alanische Lehnworte.

Die Alanen werden als kurzhaarig geschildert, im Gegensatz zu den →*Skythen*, und sie sollen mittelblond gewesen sein. Der berittene Adel lebte nomadisch und zog auf Raub aus, die Unterschicht betrieb Ackerbau, vor allem Hirseanbau. Über die Religion der Alanen ist nichts bekannt; deutlich wurde jedoch die *Adlersymbolik* der gotischen Fibeln von den Alanen beeinflußt, die sie ihrerseits wohl aus dem Osten übernommen hatten *(→Tierstil)*.

Die Alanen waren ein iranisches Reitervolk mit indogermanischer Sprache, verwandt den *Jazyken*. Sie galten als der wichtigste Stamm der *Sarmaten*, die in der südrussischen Steppe lebten. Ursprünglich stammen diese Reitervölker nach chinesischen Quellen aus dem Raum nördlich des Kaspischen Meeres. Erst im 1. vorschristlichen Jahrhundert stießen sie nach Westen vor. Ein Teil ließ sich am Kaukasus nieder; aus ihnen entstanden die Osseten. Die Westalanen unternahmen Raubzüge bis nach Armenien und Medien, ehe sie sich in der Pußta festsetzten. In der Geschichte der Völkerwanderung tauchen Alanen in den verschiedensten Kombinationen auf: verbündet waren sie mit den Wandalen, mit denen Teile von ihnen nach Spanien und Nordafrika gelangten; mit den Weströmern kämpften sie gegen Ostrom.

Aetius (→Seite 164) setzte Alanen unter König *Eochar* ein, und unter ihren Königen mit so klangvollen Namen wie *Sambida* und *Sangibans* wurden sie bei Valentia und Orléans angesiedelt.

Mit den Westgoten kämpften Alanen gegen die Hunnen, andererseits versuchten sie in Oberitalien einzufallen und wurden von dem westgotischen Reichsfeldherrn *Rikimer*, einem Sweben, geschlagen. Ihre Spur verliert sich, nachdem die in Spanien eingedrungenen Alanen, die kurzfristig angesiedelt waren, von dem Westgotenkönig *Wallis* 417/18 geschlagen worden sind. Ihr König *Addac* fiel, und die Reste seines Volkes unterstellten sich den Wandalen; bis zum Untergang des Wandalenreiches *(→Wandalen)* werden die Wandalenkönige seit *Hunerich* in den Quellen *Reges Vandalorum et Alanorum* genannt.

Allthing

Die Isländer führten im Jahre 930 das Allthing ein, das am größten Binnensee des Landes durchgeführt wurde. Die Gewalt für die Gesetzgebung lag bei 36, später 48 sogenannten *Goden*. Sie waren zugleich Landesherren und Vorsteher der Kultgemeinde.

An der Spitze dieser Versammlung stand der *Gesetzessprecher*. Er wurde auf drei Jahre gewählt, mußte das Gesetz auswendig kennen und es in voller Länge im Laufe der drei Jahre einmal auf dem Allthing vortragen. Bis zum Jahre 1272 sind alle Gesetzessprecher namentlich überliefert (Hallberg).

Das Land wurde für die Rechtsprechung in vier Bezirke eingeteilt. Jedes Gericht bestand aus acht Männern, die beim Spruch Einstimmigkeit erzielen mußten. Der Allthing hatte nur eine gesetzgebende und rechtsprechende Kraft, aber keine Verwaltungsfunktion. Vor dem Allthing im Juni hielten die Goden, meist zu zweit oder zu dritt gemeinsam mit den Männern ihres Godentums, ein Frühjahrsthing ab *(→Saga, →Thing, →Isländische Dichtung)*.

Amalaswintha (Amalasuntha)

Die Tochter →*Theoderichs des Großen* hat 515 den Westgoten *Eutarich* geheiratet, der 522 starb, und

Darstellung einer oströmischen Kaiserin (Elfenbein), vermutlich Amalaswintha, 6. Jh. n. Chr. — Kunsthistorisches Museum, Wien.

war nach dem Tod Theoderichs des Großen 526 Regentin für ihren unmündigen Sohn *Athalarich*. Nach dessen Tod 534 setzte sie ihren Vetter *Theodahad* zum König und Mitregenten ein, wurde aber am 30. 4. 535 von ihm umgebracht *(→Ostgoten)*.

Amaler

Ostgotisches Herrschergeschlecht, dem →*Theoderich der Große* und →*Amalaswintha* entstammen. Auch nach dem Tod Theoderichs des Großen war der Einfluß der Amaler groß; die Heldensage hat sie zu den *Amelungen* werden lassen. Mit König *Theodahad* ist das Geschlecht 536 ausgestorben.

Ambronen
Vermutlich germanischer Volksstamm, an den der Name Amrum erinnern dürfte. Dieser friesische Teilstamm, mit →*Kimbern* und *Teutonen* unterwegs, ist mit diesen 102 v. Chr. bei Aquae Sextiae vernichtet worden. In Dänemark waren die Ambronen den →*Warnen* eng benachbart.

Ammian
Der aus vornehmer Familie stammende Historiker *Ammianus Marellinus*, ca. 330 in Antiochia/Kleinasien geboren, hat schon in jungen Jahren einen Oberbefehl über die Reiterei des *Ursicinus* bekommen und ist mit ihm nach Köln gegangen. Dort hatte sich der fränkische Emporkömmling *Silvanus*, dem die dortigen Truppen zur Abwehr der Germanen unterstanden, im Jahre 355 zum Kaiser ausrufen lassen; er wurde von Ursicinus, über den sonst nichts Näheres bekannt ist, totgeschlagen. Ammian hat dann bis zum Sommer 357 die Alamannenkriege miterlebt. Anschließend ging er mit Ursicinus auf den persischen Kriegsschauplatz und hielt sich bis 378 in Antiochia auf. Nach den Ereignissen von 378, die mit dem Sieg der Goten bei Adrianopel endeten, ging er nach Rom und errang mit seiner *Geschichte des römischen Reiches* großen Beifall. Ammian war Heide, respektierte aber das Christentum und nahm als Historiker der Epoche von Tacitus bis zur Schlacht von Adrianopel einen objektiven Standpunkt ein.

Amsivarier (Ampsivaren, Ampsivarier)
Mit Rom verbündeter Stamm an der unteren Ems, der, von den →*Chauken* vertrieben, später an der oberen Wupper gesiedelt hat.

Angelsachsen
Mitte des 5. Jahrhunderts haben die damals noch heidnischen Angeln, Sachsen und *Jüten* gemeinsam den Vorstoß über die Nordsee gewagt und die britischen Inseln erobert. Die Teilnahme der Jüten und ihre Ansiedlung in Kent ist allerdings umstritten; die aus dem Gebiet der Elbmündung kommenden →*Sachsen*, die dort die →*Chauken* verdrängt hatten, stellten die Masse der Siedler; die Angeln saßen in Schleswig. Ein Teil von ihnen zog mit den →*Warnen* nach Thüringen, ein anderer Teil ging nach England. Zwischen diesen Stämmen hat die Vorgeschichtsforschung enge Verbindungen nachweisen können. Alle diese Einwanderer zusammen bildeten den Grundstock der Angelsachsen. Die Sage von *Hengist* und *Horsa*, den legendären Eroberern der Insel, ist geschichtlich ungesichert. Die kelto-romanische Bevölkerung der britischen Inseln zog sich in den gebirgigen Westen zurück, andere Gruppen setzten über den Kanal und besiedelten die Bretagne (→Seite 174). Auf der Insel bildeten sich sieben *Angelsächische Reiche*, deren jedes von einem König regiert wurde. Dies waren: *Kent*, *Sussex*, *Essex*, *Wessex*, *Eastanglia*, *Mercia* und *Northumbria*. Die Grundlage eines englischen Einheitsstaates hat König *Egbert von Wessex* (802—839) gelegt.

Anglier
In der *Germania* des Tacitus im Zusammenhang mit Stämmen erwähnt, die die →*Nerthus (M)* →*Seite 185* anbeten.

Angrivarier
Dieser Stamm, durch einen Grenzwall von den →*Cheruskern* geschieden, wohnte beiderseits der mittleren Weser und gehörte zum Bund des Arminius. Der bei Tacitus zitierte *Angrivarierwall* ist in Resten beim Dorf Leese an der Weser zwischen Minden und Nienburg vermutlich gefunden worden.

Arbogast →*Seite 113*

Aravisker
Im Zusammenhang mit den keltischen *Helvetiern* und →*Boiern* und den germanischen →*Osern* als Bewohner des pannonischen Gebietes in der *Germania* erwähnt.

Archäologie
Die Archäologie (griech. *archē* = Alter) hat sich im 18. Jahrhundert unter dem Einfluß von *Johann Joachim Winckelmann* (*1717, †1768) zu einer selbständigen Wissenschaft entwickelt, die der Erforschung des Altertums gewidmet war. Unter Altertum verstand man damals zunächst nur die klassische Welt Griechenlands und Roms. Denkmäler, Funde und Ausgrabungen sowie die schriftlichen Quellen wurden kritisch herangezogen, um ein Bild der jeweiligen Epoche zu gewinnen. Schrittweise erweiterte sich die historische Perspektive, und neben den christlichen Altertumswissenschaften, der hebräischen, orientalischen, chinesischen und indischen Archäologie entstand die *vorgeschichtliche* Archäologie *(→Vorgeschichtsforschung)*.
Vor allem ist Vorgeschichte die ›Wissenschaft vom Spaten‹, seit im 17. Jahrhundert Steinbeile und Donnerkeile Aufnahme in die Raritätenkabinette gefunden hatten, seit man in Italien zum ersten Mal Kunstwerke aus der Erde geborgen und den Spaten als Forschungsinstrument benutzt hatte. Der Archäologe muß zunächst aus bestimmten Anzeichen erkennen, wo er Funde vermuten kann; er muß dann wie einst *Schliemann* 1870 in Hissarlik ›sein‹ Troja ausgraben, und er muß die Fundstücke exakt datieren und beweiskräftig in sein Kulturbild einordnen. Um diese Arbeit leisten zu können, bedienen sich die Archäologen heute nicht nur des Spatens. Schon das *Luftbild* zeigt Bodenverfärbungen, die Aufschluß über jahrtausendealte Siedlungen und Äcker geben, über versunkene Molen und Häfen. *Geologie* und *Botanik* sind die wichtigsten Hilfswissenschaften für den Archäologen geworden, der z. B. steinzeitliche Funde ohne geologische Kenntnisse nicht datieren könnte.

Ausgrabungen einer sächsischen Siedlung auf der südlichen Emsterrasse bei Warendorf 1951 bis 1959 durch das Landesmuseum für Vor- und Frühgeschichte Münster. Unten: Standspuren der Gerüstpfosten eines ›schiffsförmigen‹ Hauses. Insgesamt wurden 250 Grundrisse (4 bis 6 Gehöfte) freigelegt. — Oben: Modell eines der Gehöfte mit Wohnhaus, Stallungen, Schuppen, Webhäusern, Schmiede, Voratshäusern und Getreideroste.

Chronologie. Man unterscheidet zwischen *relativer* und *absoluter Chronologie.* Zunächst muß erkannt werden, ob ein Gegenstand älter oder jünger als andere Fundgegenstände ist; das ergibt die relative Chronologie. Um den Fund chronologisch einordnen zu können, ist es wichtig zu wissen, welcher ›Schicht‹ er angehört. Die *Stratigraphie,* ist die Lehre von den verschiedenen Schichten.

Man kann die Funde auch ihrem Typ und Stil nach ordnen, also eine typologische Methode anwenden und das Ergebnis dann in einem zunächst relativen Zeitschema anordnen. Die Botanik hat für die Bestimmung einer relativen Chronologie zwei interessante Methoden beigesteuert, nämlich die *Pollenanalyse* und die *Dendroklimatologie.*

Datierungsmethoden. Die *Pollenanalyse,* von dem schwedischen Moorbiologen *Lennart van Post* entwickelt, beruht auf der Erkenntnis, daß der Blütenstaub auf stehenden Gewässern sich mit Wasser vollsaugt und auf den Grund sinkt. Wenn der See vermoort, bilden sich Torfschichten, die den Blütenstaub konservieren. So kann man mit geduldiger Kleinarbeit eine Chronologie des wechselnden Waldkleides am Rande des Sees aufstellen.

Die *Dendroklimatologie* nutzt die Tatsache aus, daß die Jahresringe der Bäume die unterschiedliche Sonneneinstrahlung je Jahr gleichsam archivieren; dieses Verfahren ist allerdings vor allem in Tropengebieten anwendbar und ergibt für Europa noch keine so guten Ergebnisse.

Wenn man die relative Chronologie gefunden hat, muß man sie in die absolute Chronologie einordnen; es gibt auch hier zahlreiche Probleme, etwa die Frage, wie man wirkliche zeitliche Fixpunkte gewinnt. Die Geburt Christi zum Beispiel ist kein sehr guter Fixpunkt, weil sie nach der absoluten Chronologie tatsächlich wohl erst 7 oder 8 nach der angenommenen Zeitwende stattgefunden hat. Astronomische Daten, wie Sonnenfinsternisse, die in alten Quellen beschrieben werden, oder unzweifelhaft bezeugte historische Daten, wie die Hedschra 622 n. Chr., sind solche absoluten Punkte. Es führt also eine naturwissenschaftliche und eine archäologisch-historische Methode zur absoluten Chronologie.

Eine neue naturwissenschaftliche Methode, um eine absolute Chronologie zu gewinnen, ist die sogenannte *RC-Methode,* die *Radio-Carbon-Methode,* die in den USA entwickelt worden ist und noch gewisse Fehlerquellen zu enthalten scheint. Vor allem für Zeiträume bis zu 40 000 zurück, für die man sonst keinerlei zeitliche Fixpunkte hat, gibt sie ein ziemlich exaktes Mittel an die Hand, das absolute Alter eines Knochens, eines Stückes Holz usw. zu bestimmen (Eggers). Das Prinzip ist einfach: radioaktiver Kohlenstoff *(C 14)* bildet sich in sehr hohen Luftschichten und sinkt zur Erde, wo er von Pflanzen assimiliert wird und über die Nahrung in den tierischen und menschlichen Körper gerät. Wenn das organische Wesen stirbt, hört diese Assimilation auf. Nun weiß man zweierlei: in einem Kilo organischen Koh-

Vor- und frühgeschichtliche Epochen und Funde

	Nord-Europa		Mittel-Europa		Italien	
		1041 Ingvar				
1000	Wikinger	808 Haithabu	Mittelalter		Mittelalter	1000
	Vendel-Zeit		Merowinger-Zeit		Völker-wanderung	
500	Völkerwand.	Childerich 482	Völkerwand.			500
	Römische Kaiser-Zeit		Provinzial-römische Zeit	260 Limes Pompeji 79	Römische Kaiser-Zeit	
Chr. Geb.				9 Haltern		Chr. Geb.
	Seedorf		La-Tène D	52 Alesia	Römische Republik	
	Ripdorf		La-Tène C			
			La-Tène B	350 Waldalgesheim		
	Jastorf		La-Tène A	450 Klein-Aspergle		
500			Hallstatt-Zeit D C	Heuneburg		500
	Mont. VI			Cumae 750	Villanova	
	Mont. V		Urnenfelder-Zeit B A		Proto-Villanova	
1000	Mont. IV					1000
	Mont. III		Hügelgräber-Zeit D C B		Peschiera	
	Mont. II				Terramaren	
1500	Mont. I		Frühe-Bronzezeit A_2 A_1			1500
	Einzelgräber		Schnurkeramik		Remedello	
2000	Ganggräber Dolmen		Rössen		Jüngere Steinzeit	2000
2500	Ertebölle-Kultur		Stichband-Keramik			2500
			Linearband-Keramik			
3000	Grundschema n. Milojčić					3000

Nach Hans Jürgen Eggers: *Einführung in die Vorgeschichte;* Piper

Zur Tabelle und Zeichnung Seite 71: Die in germanischen Gräbern gefundenen Fibeln erlauben in ihren typischen Formen genaue Zuordnungen im Rahmen einer absoluten Chronologie der Kaiserzeit wie sie von Eggers aufgestellt wurde.

Westgotische Vogelfibel (5. Jh.) aus Bronze mit Glas- und Steineinlagen. Vogel- und speziell Falken- und Adlerformen spielen im germanischen Tierstil nicht nur der Goten, sondern, wie die folgenden Tafeln zeigen, z. B. auch der Angelsachsen eine große Rolle. — Museo Arqueológico Nacional, Madrid.

Falkenfibeln von Anderlingen mit Männerfratzen. — Niedersächsisches Landesmuseum, Hannover.

Sogenannter »Geflügelter Drachen« von einem in Sutton Hoo/Britannien (Suffolk) gefundenen Schild, der eine (angel-)sächsische Variante der vielfältigen Gestaltungsformen des Tierstils am Beispiel des Vogelmotivs zeigt. 7. Jh. (Zum Schiffsgrab von Sutton Hoo siehe auch die folgenden Tafeln). — British Museum, London.

Fibeln der Kaiserzeit nach Funden in germanischen Gräbern

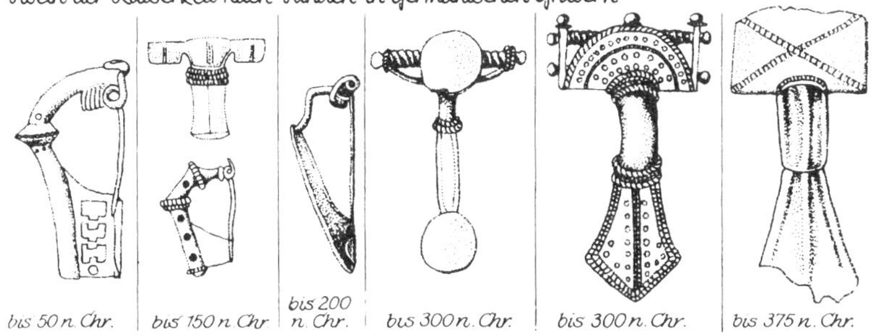

Siehe Tabelle und Anmerkung auf Seite 68.

lenstoffes befindet sich der millionste Teil eines Milligramms, damit ist eine feste Größe gegeben. Und man weiß ferner, daß von diesem Radiokarbon in 5568 Jahren nur noch die Hälfte da ist, von dem Rest in weiteren 5568 wiederum nur die Hälfte usw. Die Ingenieure haben ein Gerät konstruiert, mit dem man aus den Mengen an C 14 die notwendigen Daten ermittelt und auf diese Weise das absolute Alter eines organischen Gegenstandes errechnen kann.

So bedient sich die Archäologie heute vielfältiger Methoden und zahlreicher Hilfswissenschaften und hat über die vorgeschichtliche Vergangenheit ein Wissen erarbeitet, wie es in dieser Fülle noch keiner Generation zur Verfügung gestanden hat. Im Verlaufe dieser Entwicklung hat auch die Erforschung der germanischen Vorgeschichte einen anderen Akzent bekommen, denn als *Kossinna* 1895 seinen Vortrag über die *Vorgeschichtliche Ausbreitung der Germanen in Deutschland* hielt, ahnte noch niemand etwas von den Tiefen geschichtlicher Räume, die sich durch die Ausgrabungen der ägyptischen und sumerischen Kultur, durch die Entdeckung chinesischer und afrikanischer Urmenschenreste, durch die

Für den Laien nur Abenteuer, für den Wissenschaftler vielleicht auch neue Erkenntnis und Datierungsmöglichkeit: Hortfunde.

Begegnung mit der Kultur der Mayas oder mit steinzeitlichen Höhlenbildern erst in unserem Jahrhundert eröffnet haben. So ist die germanische Vorgeschichte erst in neuerer Zeit von gewissen ideologischen Belastungen befreit worden.

Arianer

Über 250 Jahre nach dem Tod Christi, als die Kirche aus den Katakomben Roms ans Licht gekommen und zur anerkannten Religion des spätrömischen Weltreiches und schließlich zur Staatsreligion geworden war, entstand ein Dogmenstreit um die Frage, wie Vater, Sohn und Heiliger Geist in ihrem Wesen zu denken seien. Daß diese Frage jetzt erst in voller Schärfe gestellt wurde, erklärt sich aus der Situation: es waren jetzt nicht nur mehr die kleinen Leute und Sklaven, welche die Verheißung wie eine geheime Hoffnung verbreiteten, sondern das gebildete Bürgertum, das in der griechisch-römischen Denktradition lebte und gelernt hatte, nach Sein und Wesen der Dinge zu fragen, wie einst die Sophisten, die Philosophen seit Sokrates und Plato, gelehrt hatten.

Der Kirchenälteste *Arius* in Alexandria (*um 260, †336) stellte sich diesen Fragen und lehrte, Christus ›der Sohn‹ sei vom Vater geschaffen, habe die Welt hervorgebracht, sei auf Erden erschienen und habe durch Lehre und Tod die Erlösung bewirkt. Das klang schlüssig, gab aber Christus den Stellenwert eines ›Schöpfungsmittlers‹, eines unabhängigen Gottes (Vogt). Mit dieser Antwort war ein logisches Problem, das des Zusammenhanges zwischen Vater, Sohn und Heiligem Geist und zwischen Logos und Gott, mit den Mitteln aristotelischer Logik und Metaphysik gelöst (Moeller). Arius lehrte, Christus sei Gott »ungleich in allen Stücken«, und er verschaffe den Menschen das Heil nicht eigentlich als Erlöser, sondern als sittliches Vorbild.

Es mag sein, daß gerade dieser patriarchalische Zug und die leicht faßliche Vorbildhaftigkeit Jesu die ostgermanischen Stämme angesprochen hat *(→Goten und Langobarden*, Seite 30, sowie *→Langobarden*, auch Seite 41). Bei den germanischen Barbaren ist der Christos zum *Herre Krist* geworden, zur Lichtgestalt und dem Herrn, der Gefolgschaft verlangt; so hat das Christentum schließlich diesseits der Alpen durchaus eigene Züge angenommen, wie dies heute noch beim Missionschristentum in Afrika oder Lateinamerika zu beobachten ist *(→Christentum)*.

Gegen die ›fortschrittliche‹ Lehre des Arius setzte der Bischof von Alexandria die traditionelle Auffassung: Christus sei seinem Wesen nach Gott gleich, also nahezu Gott. Eine vorläufige Klärung brachte die von Kaiser *Konstantin dem Großen* (306—337) einberufene Synode von Nicäa im Jahre 325, die zum ersten Male die gesamte Reichskirche repräsentierte. Bereits auf dieser Synode galt Arius aufgrund vorangegangener theologischer Kontroversen als Ketzer. Man nahm eine ›Resolution‹ an, in welcher der Kaiser selbst durch geschickte Wortwahl die Dinge so beeinflußte, daß alle Beteiligten einem theologischen Kompromiß zustimmen konnten, nur die Arianer nicht. Aus unbekannten Gründen wurde aber Arius am kaiserlichen Hof wieder in Gnaden aufgenommen. Sein entschiedenster Gegner, der bedeutende Bischof *Athanasius von Alexandria* (*295, †373), verlor im Jahre 335 den Stuhl des Patriarchen.

Die Richtungskämpfe, Spaltungen und Belastungsproben der ›linken‹ Arianer, ihre konsequente Förderung durch den Nachfolger Konstantins des Großen, *Konstantius II.* (337/351—361), der alle Bischofssitze des Reiches mit Arianern besetzte, führen tief in die Details der Kirchengeschichte. Im Jahre 362 wurde, unter dem Druck des letzten ›heidnischen‹ Kaisers Julian Apostata (361—363), aber erst nach seinem Tode, eine Verständigung erzielt, die in der Formel von der Trinität, von der Dreieinigkeit, ihren Ausdruck fand. In den religiösen Auseinandersetzungen spiegeln sich aber vor allem auch die Positionskämpfe um die weltliche Macht in der Nachfolge Roms, in die auch *Goten* (→Seite 30), *→Franken* (und Seite 36), *→Wandalen* (und Seite 32) und fast alle anderen germanischen Stämme verwickelt wurden, hin- und herschwankend zwischen Katholizismus und Arianismus, Rom und Byzanz.

Das Christentum, zunächst durch römische Bürger in den römischen Provinzen verbreitet, hat schließlich erst durch die germanische Ausprägung seit dem 4. Jahrhundert eine breite Basis gefunden *(→Christentum)*. Im einzelnen weiß man über die germanisch-christliche Theologie so gut wie nichts. Jedenfalls hatte jeder Stamm seinen Bischof, und es gab keine Metropoliten, keine Verbindung mit Rom. Der Gottesdienst selbst wurde in germanischer Sprache gehalten, ein Umstand, der dieses Christentum von der Kirche des romanischen Kulturkreises weithin trennte (Vogt).

Arius selbst ist mitten auf dem Konstantinsforum in Konstantinopel an einem extremen Durchfall gestorben, was in jenen abergläubisch-gläubigen Zeiten als eine Art Beweis für sein Ketzertum aufgefaßt wurde. Die germanischen Völker haben nach und nach den Arianismus aufgegeben, zuletzt die Langobarden *(→Langobarden)*, die noch im 7. Jahrhundert Arianer waren.

Arier

Durch Vorderasien und Indien zogen im 15. und 14. Jahrhundert vor der Zeitwende, also vor etwa dreieinhalb Jahrtausenden, gewalttätige Reitertrupps, die sich selbst *aryas* nannten, die ›Edlen‹.

Das Wort stammt aus dem *Sanskrit*, der indischen Hochsprache für Literatur und Wissenschaft, die im 5. und 4. Jahrhundert v. Chr. von dem indischen Grammatiker *Panini* festgelegt worden ist. Heute bezeichnet man wissenschaftlich als Arier nur jene Völker der indogermanischen Sprachfamilie, die der *indo-iranischen* Gruppe zuzurechnen sind, also die Meder, Perser und Inder sowie einige Stämme in Nordwestindien, die das *Kafir* sprechen.

Indogermanische Sprache. Die Sprachverwandtschaft der meisten europäischen Völker mit den Indern ist Anfang des vorigen Jahrhunderts während der Romantik entdeckt worden und führte zur Begründung der vergleichenden Sprachwissenschaft *(→Germanistik)*. Jene Sprache, die gleichsam als Mutter aller dieser verwandten Sprachen galt, wurde nach ihren geographischen Extremen die *indogermanische* Sprache genannt *(→Indogermanische Sprachen)* oder, besser, *indoeuropäisch*. Es lag nahe, von einer indogermanischen Ursprache auf ein Volk zu

schließen, das diese Sprache gesprochen haben könnte. Die Suche nach diesem Volk und seiner Herkunft hat Generationen von Forschern beschäftigt und zu widersprüchlichen Ergebnissen geführt.

Indogermanisches Urvolk und Rassismus. Der Begriff des arischen Volkes als des indogermanischen Urvolkes ist dann Anfang dieses Jahrhunderts aus der Sprachwissenschaft in die Anthropologie eingedrungen, das heißt in die Wissenschaft vom Menschen als einem biologischen Wesen, und hat sich mit der Selektionstheorie *Darwins* — im Kampf ums Dasein wird der Schwächere ausgemerzt — zu einem aggressiven Rassismus verbunden. Vor allem im Kleinbürgertum gewannen Männer an Boden, die alle Übel der Zivilisation, alle gesellschaftlichen Konflikte und Probleme aus einer einzigen Idee erklären konnten. Dem Klassenkampf, wie der Marxismus ihn interpretierte, wurde als Erklärung der *Rassenkampf* entgegengestellt. So schrieb der Häftling *A. Hitler* in seiner Zelle in der Festung Landsberg/Lech in seinem Buch *Mein Kampf*, von einem großgermanischen Reich deutscher Nation träumend, die folgenden Sätze: »Es ist ein müßiges Beginnen, darüber zu streiten, welche Rasse oder Rassen die ursprünglichen Träger der menschlichen Kultur waren und damit die wirklichen Begründer dessen, was wir mit dem Wort Menschheit alles umfassen. Einfacher ist es, sich diese Frage für die Gegenwart zu stellen, und hier ergibt sich auch die Antwort leicht und deutlich. Was wir heute an menschlicher Kultur, an Ergebnissen von Kunst, Wissenschaft und Technik vor uns sehen, ist nahezu ausschließlich schöpferisches Produkt des Ariers. Gerade diese Tatsache aber läßt den nicht unbegründeten Rückschluß zu, daß er allein der Begründer höheren Menschentums überhaupt war, mithin den Urtyp dessen darstellt, was wir unter dem Wort ›Mensch‹ verstehen. Er ist der Prometheus der Menschheit, aus dessen lichter Stirne der göttliche Funke des Genies zu allen Zeiten hervorsprang, immer von neuem jenes Feuer entzündend, das als Erkenntnis die Nacht der schweigenden Geheimnisse aufhellte und den Menschen so den Weg zum Beherrscher der anderen Wesen dieser Erde aufsteigen ließ.«

Aus dem damaligen Stand der Wissenschaft, aus den mißverstandenen Gedankengängen eines *Friedrich Nietzsche* (*1844, † 1900) oder eines *Houston Stewart Chamberlain* (*1855, † 1927), der im Germanentum die Grundlage der europäischen Kultur sah, ist die wahnhafte Vorstellungswelt des Adolf Hitler noch nicht ausreichend erklärt. Die tatsächlichen Zusammenhänge, von dem Wiener Psychiater *Wilhelm Daim* ermittelt, bieten Ausblicke auf die geistigen Hinterhöfe der Kultur.

Die neue ›Weltanschauung‹. Der Postkartenmaler Adolf Hitler, vor dem Ersten Weltkrieg im Jahre 1908 in Wien lebend, stand politisch den deutschnationalen Kreisen nahe, die eine *Los-von-Rom!-Bewegung* forderten und stark antisemitisch eingestellt waren. Damals ließ er sich auch von einer Zeitschrift namens →*Ostara* beeindrucken, die ein gewisser *Lanz von Liebenfels* herausgab. Dieser Lehrerssohn Adolf Josef Lanz, der einige Jahre zum Templer-Orden gehört und sich selbst zum Adligen befördert hatte, ehe er seine wirre Weltanschauung verkündete, sympathisierte mit den Deutsch-Nationalen um *Georg Ritter von Schönerer*. Er schuf einen auf die Bibel gegründeten aristokratischen Rassismus, der den jungen Hitler tief beeindruckt haben muß. In seiner Zeitschrift Ostara (Heft 101) schreibt Lanz, nachdem Hitler an die Macht gekommen ist: »Ja, es ereignete sich ein Wunder, an das ich vorher nicht gedacht hatte. Ganz gegen meine Absicht hat die ariosophische Bewegung die Massen gepackt, sie fiel wie ins ausgedorrte Rohr und wuchs zu einem Riesenbrand an, der nun ein Volk nach dem anderen erfaßt. Daß es einmal so kommen mußte, wußte ich – daß ich es erleben würde, wußte ich nicht.« Die strukturelle Übereinstimmung der ›Weltanschauung‹ eines Lanz von Liebenfels mit dem Rassismus des Adolf Hitler ist unverkennbar *(→Ostara)*. Hitler hat sich nachweislich die Hefte am Trafik, dem Kiosk für Tabakwaren, gekauft und studiert. Über seinem Bett hing damals unter Glas und Rahmen der Satz:

OHNE JUDA OHNE ROM
WIRD ERBAUT GERMANIENS DOM
HEIL!

›Blutschutz‹ und ›Ahnenpaß‹. Als Hitler an die Macht gekommen war, konnte er Zug um Zug seine Rassentheorien verwirklichen. Niemand hatte diesen halbwissenschaftlichen Unsinn ernst nehmen können, kaum jemand kannte die einschlägigen Stellen in Hitlers *Mein Kampf.* Aber schon 1935, als Hitler in Deutschland Herr im Hause war, wurden die *Gesetze zum Schutz des deutschen Blutes* erlassen, die sich vor allem gegen die Juden richteten. Nach dem Reichsbürgergesetz konnte kein Jude Reichs- oder Gemeindebürger sein. Nach dem Blutschutzgesetz waren Eheschließungen mit Angehörigen »deutschen oder artverwandten Blutes« verboten. Es gab Begriffe wie *Rassenverrat* und *Rassenschande*, und wer in den öffentlichen Dienst eintreten wollte, mußte seinen »Ahnenpaß« vorlegen, um zu beweisen, daß er »arischen Blutes« war.

Im *Ahnenpaß* war der ›Rassegrundsatz‹ amtlich so formuliert: »Die im nationalsozialistischen Deutschland verwurzelte Auffassung, daß es oberste Pflicht eines Volkes ist, seine Rasse, sein Blut von fremden Einflüssen rein zu halten, und die in den Volkskörper eingedrungenen fremden Blutseinschläge wieder auszumerzen, gründet sich auf die wissenschaftlichen Erkenntnisse der Erblehre und Rassenforschung. Dem Denken des Nationalsozialismus entsprechend, jedem anderen Volke volle Gerechtigkeit widerfahren zu lassen, ist dabei nie von höher- oder minderwertigen, sondern stets nur von *fremden* Rasseneinschlägen die Rede.«

Der Begriff der arischen Abstammung. Da nach den Ergebnissen der Rassenlehre das deutsche Volk neben dem bestimmenden Einfluß der nordischen Rasse auch in geringerem und rechnungsmäßig nicht erfaßbarem Umfange andere mehr oder minder verwandte Rassenbestandteile enthält, die auch die Bausteine der europäischen Nachbarvölker sind, hat man für diesen übergeordneten Begriff der Gesamtheit der im deutschen Volk enthaltenen Rassen die Bezeichnung *arisch* (abweichend von der Sprachwissenschaft!) gewählt und damit das deutsche und das diesem eng verwandte Blut zu einer rassischen Einheit zusammengefaßt.«

Man hätte ebensogut alle Hunde, die es damals in Deutschland gab, zu Schakalen erklären können, weil einer noch unbewiesenen Theorie nach Hunde von Wölfen oder Schakalen abstammen und die Ähnlichkeit zum Schakal gelegentlich offensichtlicher ist als die zum Wolf. Jene leichtfertige Behauptung des Hitler, die menschliche Kultur sei »nahezu ausschließlich schöpferisches Produkt des Ariers«, ist

Titel des niederländischen SS-Blattes »Vormingsbladen«: Der »Führer aller Germanen« — Ausdruck pangermanischen Ideengutes.

so absurd, als wolle man alle Malerei der Welt auf das Wirken von blauäugigen Malern zurückführen oder die großen technischen Erfindungen auf eine Rasse von Leuten mit kurzen, breiten Händen. In Mitteleuropa hat es niemals eine ›nordische Rasse‹ als Einheit gegeben, auch waren nicht nur blonde und blauäugige Menschen die Träger jener bronzezeitlichen Kultur, die man heute als ›germanisch‹ bezeichnet *(→Abstammung, Indoeuropäer und ›Germanen‹).*

Übereinstimmend ist man heute der Ansicht, daß die Germanen, die erst Caesar ethnologisch von den Kelten unterschied, keine reine und eigentümliche Rasse gewesen seien, wie z. B. Tacitus behauptet hat. Man nimmt an, daß es mindestens zwei, wenn nicht mehr vorgeschichtliche Menschenrassen gewesen sind, aus denen sich diese Stämme gebildet haben.

In den 30er Jahren war man von soviel Nüchternheit weit entfernt und träumte vom nordischen Menschen. So schrieb der Mann, der Hitler die Ideen gab, drei Jahre vor dessen Machtübernahme: »Mit dem rassebewußten Ariertum ist auch das glaubensbewußte und siegreiche Ariochristentum allenthalben erwacht. Faszismus, Nationalsozialismus, Heimwehrbewegung sind im unaufhaltsamen Fortschritt und bauen an der neuen Welt.« Und acht Jahre später, im Jahre 1938, schrieb Lanz von Liebenfels: »Die sozialistischbolschewistische Untermenschenrasse hat uns die Muntschaft gekündigt. Gut, kündigen wir ihr Wohltätigkeit und Humanität. Sie wollen den Klassenkampf, sie sollen den Rassenkampf haben, Rassenkampf von unserer Seite bis aufs Kastrationsmesser.«

Arminius

Hermann der Cherusker ist ein Phantom; es gab keinen blondhaarigen, blauäugigen Edeling dieses Namens, wie man ihn im Teutoburger Wald auf einen Sockel gestellt hat *(→Hermannsdenkmal).*

Schon der Name ist falsch, denn Hermann kann er auf keinen Fall geheißen haben. Arminius ist keineswegs die latinisierte Fassung von Hermann. Der Name ›Heer-Mann‹, also der Kriegsmann, hätte zur Zeit des Arminius *hari-man* gelautet, und die latinisierte Form Chariomannus. Auch aus Irmin oder Ermin ist der Name nicht abzuleiten.

Der Versuch, den römischen Namen Arminius zu verdeutschen, geht auf den schon erwähnten Bayern Johannes Turmayr zurück, genannt Aventinus *(→Die ›Vralten Teutschen‹*, Seite 9), der zur Lutherzeit seine Werke schrieb. Nach seiner Ansicht hieß der Held *erman*, auf Hochdeutsch *der zu ehren ermant.* Luther hat das aufgegriffen und in seinem Namensbüchlein Hermann daraus gemacht, und auch Klopstock, der progressive Lyriker seiner Epoche, sprach von Hermann dem Cherusker. So hatten die Deutschen endlich einen echten Germanen als Nationalhelden — und man vergaß, daß man von dem Mann nichts als einen römischen, dazu ungenau überlieferten Namen kannte.

Der römische Historiker →*Tacitus* bemerkt, Arminius lebe zwar im Liede fort, habe aber in der griechisch-römischen Geschichtsschreibung keine angemessene Würdigung erfahren. Er selbst scheint,

etwa neunzig Jahre nach dem berühmten Sieg des Arminius über den Varus, von dem Gegenstand seiner Beschreibung fasziniert gewesen zu sein. Damals aber forderte man von einem Schriftsteller, der vergangene Größe beschrieb, Monumentalität des Stiles mehr als Genauigkeit im Detail. So kam es zu Ausdrucksweisen, die den Forschern heute erhebliche Schwierigkeiten machen.
Tacitus hat verschiedene Schreibweisen des Namens verwandt, wie übrigens auch die anderen antiken Autoren: er nennt ihn *Arminius*, aber auch *Armenius* — womit ein deutlicher Hinweis auf Armenien gegeben wäre. Armenius, das wäre dann eben der Mann mit dem Bezug Armenien, womit keine Herkunft, sondern ein Akzent gegeben wäre, etwa wie der römische Sohn des Drusus den Namen Germanicus erhielt.
Allein über diese Frage füllt die Fachliteratur ganze Regale, und es wäre ein mühsames Unterfangen, alles Für und Wider für die eine oder andere Namensfassung auszubreiten, zumal der Mann gelegentlich auch *Arminus* genannt wird — man hält das für einen Flüchtigkeitsfehler der Schreiber.
Wie sieht das Ergebnis all dieser gelehrten Bemühungen aus, woran kann man sich halten? Zunächst muß man die Frage eingeordnet in die gesamte Problematik sehen. Arminius war mit Sicherheit ein germanischer Adliger, der zeitweilig in römischen Diensten stand. Es hat viele solche Männer germanischer Herkunft gegeben, ebenso wie Parther, Illyrier, Syrer, Ägypter und viele andere Fremde, und natürlich bestand eine feste rechtliche Ordnung für diese ›Dienstverhältnisse‹ — so etwa, wie wenn heute gesetzlich geregelt ist, unter welchen Bedingungen jemand die englische Staatsbürgerschaft erhält, gekoppelt mit einer Aufgabe im Staatsdienst.
Zum Ritual gehörte es, daß solche ›mit der römischen Bürgerschaft Beschenkten‹ (lat. civitate donati) ein sogenanntes Gentilnomen führten, einen Namen, der gleichsam ihren Bürgeradel ausdrückte. Dann hätte unser Nationalheld, angeblich der Sohn eines gewissen Sigimer und Schwiegersohn des Segestes, zum Beispiel ›C. Julius Arminius‹ geheißen.
Andere Forscher rücken den Namen Arminius an eine andere Stelle, sie bezeichnen ihn sozusagen als persönlichen Beinamen, als ›cognomen‹. Das hängt damit zusammen, daß man zwischen der Siegfriedsage und der Schlacht des Arminius gegen die Römer Beziehungen herstellen will *(→Siegfriedsage);* In diesem Falle wäre Siegfried der eigentliche Name des Mannes gewesen und Arminius ein Beiname, wie ihn die Römer gewohnt waren, weshalb die Möglichkeit besteht, daß sie Siegfried diesen Namen ›anhängten‹.
Wie es zur Namensform Armenius gekommen sein sollte, ist völlig unklar, denn diese Namensform würde voraussetzen, daß der Germane zeitweilig in Armenien stationiert gewesen war — wofür es keine Anhaltspunkte zu geben scheint. Die Schreibung Arminius wiederum geht nicht auf eine germanische Wurzel zurück; wir kennen keinen germanischen Namen, der von den Römern als Arminius hätte verstanden werden können, doch muß man eine solche Umbildung annehmen: sie hat die größte Wahrscheinlichkeit für sich.
Was schält sich nun aus der Sicht neuester Forschungen als Kern der Sache heraus? Vermutlich war Arminius nicht jener patriotische junge Adlige, der mit dem Ziel, Germanien von der römischen Herrschaft zu befreien, als Offizier die römische Taktik studierte, um sie dann in seinem von langer Hand vorbereiteten Befreiungskrieg gegen seine Lehrmeister zu wenden. Denkbar ist, daß Arminius, ein junger Germane aus gutem Haus, früh nach Rom gelangt ist, dort durch persönliche Förderung des Princeps das Bürgerrecht erhielt und als ritterlicher Offizier in Thrakien und Armenien gekämpft hat. So jedenfalls bietet sich das Bild für einige Forscher, während andere Wissenschaftler in Arminius nur einen ganz äußerlich von den römischen Ehren berührten Häuptlingssohn sehen, der im Grunde seines Herzens Germane war und blieb — obwohl sich die Germanen nie als Germanen gefühlt haben *(→Abstammung, Indoeuropäer und ›Germanen‹).*
Die Frage ist nicht mit letzter Sicherheit zu beantworten; wie man sich entscheidet, ist eine nahezu politische Frage. Denn in dem einen Falle ist Arminius der Mann, der im Grunde hätte helfen müssen, der römischen Kultur den Sieg über barbarische, ›zurückgebliebene‹ Stämme zu sichern — einem Farbigen vergleichbar, der in London studiert hat und entschlossen ist, seinen Landsleuten den Weg ins 20. Jahrhundert zu bahnen. Oder er ist »einer jener gefährlichen Barbaren, die sich mit raschem Verstand zwar die Technik der Waffen und der Herrschaft aneignen, aber ihr Innerstes den gestaltenden Kräften der überlegenen Kultur nicht oder nur wenig öffnen, dem Vertrauen geschenkt zu haben deshalb mit Recht als sträfliche Fahrlässigkeit des römischen Legaten angesehen wurde« (Timpe).
Man stelle sich vor: Ein erfahrener, in jahrelangem Aufenthalt in den Mittelmeerländern zu Erfolg und Ehren gekommener Tribun und Präfekt, der im Laufe eines Jahrzehnts die Sprache und Lebensform seiner geistigen Heimat fließend beherrschen lernte, soll im Inneren seines Herzens stets der Germane geblieben sein, der er ursprünglich war, nur auf den Augenblick der Rache wartend? Das klingt sehr unwahrscheinlich. Um die Sache zu klären, geht es in der Wissenschaft schließlich um die Übersetzung einzelner Worte, von denen im Einzelfall abhängt, ob Arminius zum Beispiel als Kamerad des *→Velleius Paterculus* in Pannonien, dem heutigen Ungarn, Dienst getan hat oder nicht — so schwankend ist der geistige Grund, auf dem das Nationaldenkmal dieses Helden steht.
Zusammengefaßt: nach Abwägung aller Gründe läßt sich sagen, daß Arminius als Führer germanischer Hilfstruppen *(→Foederaten)*, die es damals sehr häufig gab, zum Rang eines römischen ›Ritters‹, also

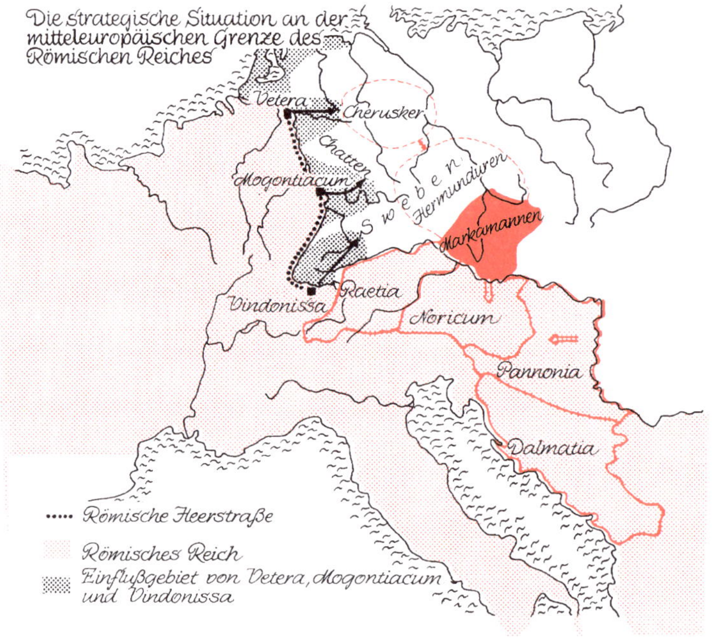

Drei Schwerpunkte kennzeichnen die mitteleuropäische Situation um Christi Geburt: Blockade des römischen Vordringens in der romfernsten Region mit Bedrohung der Provinzen am Niederrhein; Gefährdung romnaher Gebiete durch Markomannen und Aufstände in Pannonien sowie ›Vormachtkämpfe‹ zwischen Cheruskern und Markomannen im Zwischenfeld ihrer Verbündeten.

eines ausgezeichneten Adligen aufstieg. Wie andere Sprößlinge des Stammesadels kann Arminius zu Beginn seiner Laufbahn das römische Bürgerrecht besessen oder bekommen haben. Offenbar sind die aufständischen Cherusker nicht Stammeskrieger gewesen wie die Indianer des Sitting Bull, sondern zunächst Truppen, die Arminius befehligt hat.

Die Person des Arminius ist wohl auch in seinem Volk nicht unumstritten gewesen. Er hat sich seine Gattin unter Umständen geraubt, die nicht der Stammessitte entsprachen *(→Thusnelda)*. Auch in der *→›Varusschlacht im Teutoburger Wald‹* spielt er eine zwar führende, aber zwielichtige Rolle. Velleius Paterculus berichtet über diese Ereignisse, nachdem er den Druck des römischen Besatzungsregimes geschildert hat: »Die Nachlässigkeit des Feldherrn nutzte zur Empörung ein junger Mann aus edlem Geschlecht, persönlich tapfer, von schneller Auffassungsgabe und einer für einen Germanen außergewöhnlichen geistigen Gewandtheit, Arminius, der Sohn des Stammesfürsten Sigimer. Gesicht und Augen verrieten das Feuer seines Geistes; er hatte als steter Begleiter unserer früheren Feldzüge neben dem römischen Bürgerrecht den Rang eines Ritters erlangt. In kluger Berechnung erkannte er, daß niemand leichter überfallen werden könne als der Ahnungslose und daß der gewöhnlichste Anfang des Unglücks die Sorglosigkeit sei.«

Der Verlauf und der Ausgang der Kesselschlacht, ein völlig unerwartetes Dien Bien Phu, ist von verschiedenen Autoren unterschiedlich beschrieben worden, ausschließlich aber vom kulturell überlegenen Verlierer *(→Varusschlacht)*.

Im Jahre 15 belagert Arminius vergeblich seinen Schwiegervater Segestes, einen unbeirrbaren Freund Roms, der die Gattin des Arminius in seiner Obhut hat *(→Thusnelda)*, auf der Eresburg, wahrscheinlich dem heutigen Obermarsberg im Sauerland. *→Germanicus* bricht den Einschließungsring auf und befreit Segestes.

Im Jahre 15 versucht der Cherusker, den Erfolg vom Teutoburger Wald zu wiederholen, nachdem Germanicus die Gebeine der in der Varusschlacht gefallenen Legionäre bestattet hat *(→Germanicus)*. Unter dem Druck der germanischen Krieger zieht Germanicus sich hastig, aber geordnet zurück. Seine Nachhut unter dem erfahrenen Feldherrn *Caecina* gerät in einen Hinterhalt mit ähnlicher Situation wie Varus einige Jahre zuvor. Nur die unbesonnene Kriegswut der Germanen erlaubt den Römern, sich aus den Sümpfen, in denen sie sich eingeschlossen sahen, zu befreien. Dennoch hatte die Nachricht von den schweren Kämpfen unter den Römern am Rhein neue Furcht und Panik verbreitet. Also ein Sieg für Arminius, aber kein strategischer Erfolg. Ein Jahr später kommt es zur dramatischen Schlacht bei

Idistaviso, wahrscheinlich in der Nähe der Porta Westfalica bei Minden, der ein Rededuell zwischen Arminius und seinem nach wie vor in römischen Diensten stehenden Bruder *Flavus* über die Weser hinweg vorausgeht. Arminius, selbst in der Schlacht verletzt, muß Germanicus das Feld überlassen; ein von den Römern gefeierter Sieg, der aber offensichtlich für beide Seiten hauptsächlich verlustreich und ebenfalls ohne eigentliche strategische Bedeutung war.

Die letzten vier Jahre bis zu seiner Ermordung im Jahre 21 muß er König Marbod niederzuringen versuchen, dessen straff organisiertes Reich eine Bedrohung darstellt: Marbod betreibt offensichtlich eine dem Cherusker entgegengesetzte Neutralitätspolitik, ohne das Mißtrauen der Römer gegenüber seiner Macht zerstreuen zu können. Nach zwei verlustreichen Schlachten zwischen den Cheruskern und Marbods Stämmen zieht Marbod sich zurück. Offenbar schwächten diese Kämpfe sowohl die persönliche Stellung als auch die ›militärische‹ Macht beider Führer, zumal eventuell das Streben beider nach ›absoluter‹ Königsmacht auf den Widerstand der eigenen Anhänger und Konkurrenten gestoßen zu sein scheint. Marbod wendet sich schließlich um Hilfe an Rom, aber vergeblich: ein von ihm geächteter Adliger, der zu den Goten geflüchtet war, kehrt mit gotischer Unterstützung und offenbar von den Römern lanciert zurück, stürmt die Königsburg, Marbod muß fliehen. Er endet sein Leben im Exil, in Ravenna.

Auch das Ende des Arminius ist glanzlos: Verwandte erschlagen ihn. Ob er die Königswürde tatsächlich angestrebt hat, ist unbewiesen, aber mehr als wahrscheinlich. Für seine Zeitgenossen war er allerdings nicht jene lichte Heldengestalt, als die ihn der deutsche Nationalismus des 19. Jahrhunderts auf den Sockel gestellt hat. Römische Senatoren und Politiker hatten an ihm ein gewisses Interesse wie an einem Mann, der auf dem Feld der Politik als Schachfigur unbrauchbar geworden ist; in ihren Augen war er ein Verräter, der eine militärische Katastrophe verursachte, aber kein Mann von geschichtlichem Rang: ein intelligenter und gefährlicher Barbarensohn, von Gegnern wie Freunden als »überreizt und wahnsinnig« bezeichnet (Timpe), dessen Tod nur beiläufig erwähnt worden ist. In den römischen Jahresberichten taucht er nicht auf, nur in der Reichsgeschichte Roms, welche die Ereignisse im Zusammenhang darstellt, und hier nur bei der Schilderung germanischer Stammesquerelen. Erst Tacitus hat aus geschichtlicher Distanz aus Arminius den »Befreier« gemacht, aber nicht so sehr wegen der Varusschlacht, sondern weil sein erfolgreicher Widerstand gegen Germanicus geschichtliche Folgen hatte, die freilich im Endeffekt aus innenpolitischen Faktoren und Spannungen zwischen Kaiser Tiberius und Germanicus resultierten. Im Vergleich zu anderen, ähnlich verlaufenen, wenn vielleicht auch nicht erfolgreichen Rebellionen römischer Hilfstruppen ist für Tacitus der Widerstand des Arminius gegen Germanicus mehr als der Kampf eines Hochverräters, der um seine Haut kämpft — auf diese Weise erklärt der konservative Autor die Ohnmacht Roms, Germanien zu bezwingen.

Aus ›deutscher Sicht‹ liegt vielleicht eine weitere geschichtliche Bedeutung des Arminius darin, daß er dazu beitrug, den Norden des heutigen Deutschlands — denn nur um diesen Raum ging es ja in ›seinem Kampf um Germanien‹, während der süddeutsche Raum teils keltisch, teils römisch oder überhaupt nicht besiedelt war — frei von frühen staatlichen und kulturellen Entwicklungen zu halten, wie sie schon wenige Jahrhunderte später bespielsweise die Franken im Kontakt zum antiken Kulturraum durchmachten. Das erste ›Reich‹ auf germanisch-keltischem Boden aber, das Markomannenreich, gut organisiert und der antiken Kulturwelt offen, wurde wahrscheinlich, nachdem es ursprünglich allein durch seine Anwesenheit römische Truppen gebunden hatte, durch die Auseinandersetzungen mit jenen Cheruskern entscheidend geschwächt, von denen Tacitus sagt, sie seien schon bald zur Bedeutungslosigkeit herabgesunken.

Zu Arminius und Varusschlacht siehe auch →*Cherusker*, →*Germanicus*, →*Varusschlacht*.

Asdingen (Hasdingen)
Ursprünglich in Skandinavien, dann in Schlesien und Westpolen ansässig, haben sie sich seit 171 n. Chr. an den Karpathen und der Theiß niedergelassen (→*Wandalen*).

Ästier (Ästen)
Ein nach Tacitus an der östlichen Ostsee lebender, Bernstein sammelnder Stamm, der die »Göttermutter« anbetet, Ebernachbildungen trägt und den →*Sweben* ähnelt. Seine Sprache aber entsprach nach Tacitus eher dem Britannischen, also Keltischen.

Attuarier →*Chattuarier*

Atuatuker
Stammesgruppe der ›linksrheinischen Germanen‹ zur Zeit Caesars, etwa zwischen Maas und Brüssel ansässig.

Avionen (Chaibonen?)
Bei Tacitus genannter Stamm, der nach Schmidt mit den *Chaibonen* identisch sein könnte.

B

Baetasier
Stammesgruppe der ›linksrheinischen Germanen‹ zur Zeit Caesars im Raum von Brüssel.

Baiern (Baioaren, Baiovaren, Baiwaren, Bajuwaren)
Es gibt in der Namenskunde der Völker viele phantastische Erklärungen. Eine der reizvollsten ist die für den Namen der Baiern, der die absolut unklare Herkunft dieses Stammes von dem Wort Bai für Bucht ableitet: sie sollen von einer Bucht am Schwarzen Meer kommend sich deshalb Baiern genannt haben. Leider ist aber das Wort Bai vermutlich ein baskisches Wort — und die Basken haben im westlichen Teil der Pyrenäen gesiedelt, ehe die indoeuropäischen Wanderzüge auch Spanien erreichten. →*Felix Dahn* bezeichnet in seinem historischen Werk *Die Völkerwanderung* die *Donausweben* als die Stammväter der späteren Bajuwaren — aber auch dies ist nicht mehr als eine Hypothese. Andere Autoren schreiben die Herkunft der Baiern den →*Markomannen* zu, abgeleitet von *Baioaren* = Männer aus dem Land *Baia*, das heißt eventuell Böhmen. Auch der Anklang zum Namen der keltischen →*Boier* im böhmischen Becken wird zitiert. Diese Baioaren oder Markomannen sollen 490 und 530 die Donauhochebene besetzt haben, dann die Alpentäler bis zur Etsch.
All das sind Vermutungen. Man weiß nicht, woher die Baiern stammen. Auch Bezüge zu den Sweben, Skiren, Rugiern, Naristen, Herulern sind nicht mit letzter Sicherheit herzustellen. Das Altbaierische ist aber offenbar mit dem Alemannischen und Langobardischen verwandt, weshalb man die Baiern zu den *Elbgermanen (→Abstammung, Indoeuropäer und ›Germanen‹* und *→Lautverschiebung)* rechnet — aber das alles sind recht ungesicherte Annahmen. Zum ersten Mal wird der Name 565 genannt; der lateinische Dichter *Venantius Fortunatus* (ca. 530—ca. 600), der von Italien nach Gallien reiste, kam auch nach Augsburg und bezeichnete diese Region als »Land der Baiern«.
Wenig später spielt Baiern seine erste Rolle in der Politik zwischen den beiden Großmächten Westrom und Byzanz: als sich die *Langobarden* in Italien festgesetzt hatten *(→Langobarden)* und ihr König Alboin gestorben war, regierten 36 Herzöge zehn Jahre lang, bis die Franken anzugreifen drohten. Da wählte das Volk im Jahre 584 *Authari*, einen Sohn des Herzogs von *Klef*, zum König. Dieser Authari nun sicherte sich die Bundesgenossenschaft des Herzogs von Baiern, der *Garibald* hieß, warb um dessen Tochter *Theodelinde* und reiste, um die Katze nicht im Sack kaufen zu müssen, incognito als sein eigener Botschafter auf Brautschau nach Baiern. Als der Merowingerkönig *Childebert II.* Baiern überfiel, floh Theodolinde mit ihrem Bruder zu ihrem Verlobten, den sie ja kannte, ohne ihn erkannt zu haben. Die Hochzeit wurde in Verona mit allem Prunk gefeiert aber Authari regierte nicht mehr lange: er kam schon 590 durch Gift ums Leben. Seine Witwe Theodolinde, der man die Wahl des Nachfolgers überließ, wählte als Gemahl und damit als Herrscher des Langobardenreiches Herzog *Agilulf von Turin* (590—615).

Bastarnen (Bastarner, Peukiner)
Noch vor den Kimbern und Teutonen brachen die Bastarnen, ein verschollener germanischer Volksstamm, der in Nordostdeutschland oder an der oberen Weichsel gesessen haben muß, nach Süden auf. Um 230 v. Chr. begann der Treck, um 200 v. Chr. erreichte er die Küsten des Schwarzen Meeres, also Italien nicht unmittelbar bedrohend wie die Kimbern und Teutonen, die ca. 100 Jahre später Gallien verwüsteten und Rom in Gefahr brachten.
Offenbar wurden die Bastarnen, vielleicht identisch mit den *Peukinern*, während der Völkerwanderung von den Goten vertrieben; sie wichen nach Thrakien (nördlicher Balkan aus). In den Quellen taucht der Name seit dem 4. Jahrhundert nicht mehr auf.
Bei Warna im heutigen Rumänien lag das *Kastell Basternai*, das unter Kaiser *Justinian* (527—565) errichtet wurde (Kienast). Man vermutet, daß es die Bastarnen waren, die ihre Toten in *Gesichtsurnen* bestatteten.
Sicher ist, daß die Bastarnen lange Hosen trugen, die sie in die Schuhe steckten, und im Kampf ihre Wagen zu Wagenburgen zusammenfuhren, wie das ja auch von den Kimbern und Teutonen berichtet worden ist.

Bataver
Germanischer Stamm, der an der Rheinmündung wohnte und seit Ende des 1. Jahrhunderts v. Chr. unter römischem Schutz stand. Die Bataver haben stets auf der Seite der Römer gestanden, wenn man vom Bataveraufstand absieht *(→Bataveraufstand)*.

Bataveraufstand
Von den Batavern berichten lateinische Quellen, wie die *Historien* des *Tacitus*, sie seien im Rheindelta seßhaft und »in der germanischen Kunst der Kriegführung« ausgezeichnet geschult gewesen. Vor allem schätzten die römischen Truppenführer die Reiterei, die »besonders tüchtig im Schwimmen war und, ohne Waffen und Rosse abzugeben, in geschlossenen Schwadronen den Rhein zu durchschwimmen pflegte«.
Dem römischen Reich zahlten die Bataver keine Abgaben, sondern sie waren nur verpflichtet, Mannschaften und Waffen zu stellen; diese Hilfstruppen wurden von einheimischen Adligen befehligt *(→Foederaten)*. Diese Anführer waren mit der römischen Kultur, mit dem römischen Heereswesen und den Gewohnheiten der Besatzungstruppe vertraut. Vor allem zwei dieser Männer spielten eine gewisse Rolle. Leider werden sie nur mit ihren lateinischen Namen genannt, nämlich *Julius Civilis* und *Claudius Paulus*. Beide gerieten offensichtlich in das Spannungsfeld der Kämpfe um Kaisernachfolgen.
Paulus wurde unter falschen Beschuldigungen in offiziellem Auftrag ermordet, Civilis »in Ketten zu *Nero* (54—68) geschickt und von Galba freigesprochen«. Als Kaiser *Galba* (68—69) einen gewissen *Vitellius* zum Gouverneur von Germanien ernannte, geriet Civilis erneut in Gefahr; im Kräftespiel um die Nachfolge auf dem Thron der Caesaren schaltete man auch ihn ein. Civilis muß damals schon, wie ein zweiter Arminius, zum Abfall und Aufstand entschlossen gewesen sein. In einer flammenden Rede forderte er sein Volk auf, die römische Sklaverei abzuschütteln. Der Aufruf zündete, andere germanische Stämme wie die *→Canninefaten (Kanninefaten)* und *→Friesen* schlossen sich an. Das Bild der Ereignisse entspricht dem, das man aus kolonialen Rebellionen kennt: blitzschnelles Zuschlagen, Überrumpelung der mit Einheimischen durchsetzten Truppe, in diesem Falle ein Handstreich gegen die römische Flotte, die natürlich von Römern und germanischen Seeleuten gemeinsam besetzt war.
Die Anfangserfolge rissen auch andere Stämme mit, und dem energischen und geschickten Civilis gelang es, immer mehr Bundesgenossen zu gewinnen. Nicht nur rechts des Rheines, sondern auch in Gallien meuterten die Hilfstruppen, erhoben sich die einheimischen Stämme. So erreichte er politisch, was dem Arminius nie gelungen ist.
Aus Italien, Spanien, Britannien und der Schweiz mußten römische Truppen herangeholt werden. Dennoch fielen alle Römerkastelle im Rheingebiet außer Mainz und Windisch an der Aare bei Brugg in die Hände der Aufständischen und gingen in Flammen auf. Rom stand am Rande einer Katastrophe — weit stärker als etwa nach der Varusschlacht. Den Oberbefehl über die römischen Truppen, die den Gegenschlag führten, übernahm *Petilius Ceralis*. Er konnte bald den ersten Erfolg melden, denn offensichtlich besaßen die Aufständischen zu wenig Ausdauer, um den entschlossen geführten Legionen gewachsen zu sein. Trier, die Hauptstadt der ebenfalls aufständischen Treverer, ist dann fast kampflos wieder in die Hand der Römer gefallen, und die in Vetera bei Xanten eingeschlossenen niederrheinischen Legionen wurden entsetzt. Mit dem Verlust von Trier war die Hoffnung auf ein freies Gallien zusammengebrochen. Civilis hat durch einen blitzschnell geführten Überfall versucht, Trier zu nehmen und Petilius Ceralis auszuschalten. Das Unternehmen mißlang; so wurde die Kraft der aufständischen Germanen schwächer, und dem römischen General gelang es, die Bataver und ihre Bundesgenossen Schritt für Schritt zurückzudrängen. Schließlich begab sich auch das aufständische Köln wieder im gerade noch richtigen Augenblick unter römische Herrschaft, Civilis wich nach Norden aus und führte seinen Guerillakrieg mit allen Mitteln; er durchstach sogar den Damm, den Drusus seinerzeit hatte bauen lassen, und setzte auf diese Weise ganze Landstriche unter Wasser, um ein weiteres Vorrücken der Römer zu verhindern. Dennoch eroberte Ceralis das Land der Bataver und verwüstete es vollkommen — die Taktik der ›verbrannten Erde‹ ist keine Erfindung der Neuzeit. Als im Herbst der Regen die Flüsse ansteigen ließ und die weglosen Sümpfe den römischen Feldherrn vor ernste Nachschubprobleme stellten, kam es zu einem Kompromiß.
Bezeichnend ist die Situation, die Tacitus, übrigens als einzige ausführliche lateinische Quelle für den Bataveraufstand überhaupt, in seinen Historien berichtet: Civilis und sein Gegner, der Römer Ceralis, verhandeln über den Fluß hinweg, auf den Resten einer vernichteten Brücke stehend. Civilis, der mit dem neuen Kaiser *Vespasian* (69—79) offenbar aus früheren Zeiten bekannt ist, spielt auf diese Beziehung an, der Friede wird wieder hergestellt. Ebenso einigt man sich auf den status quo ante. Damit endet ein Aufstand, der fast das gesamte Gebiet rechts und links des Rheins zwischen Schweiz und Emsmündung erfaßte und leicht zu einer dauernden Befreiung Germaniens und Galliens hätte führen können, mit einem privaten Arrangement — ein Aufstand, ungleich schwerwiegender als der des Cheruskerführers Arminius.

Bauto
Der Franke ist Befehlshaber der Reiterei unter Kaiser *Gratian* (375—383) gewesen. Er hatte einmal das Konsulat, galt als tapfer und unbestechlich und wurde Schwiegervater des Kaisers *Arcadius*, der seine Tochter *Eudoxia* zur Frau nahm. Mit *→Mero-*

baudes, *Arbogast* (→Seite 113) und →*Richomer* gehört er zu den großen vier fränkischen Heermeistern des spätrömischen Reiches.

Belgen
Eine keltische Stammesgruppe, die zu →*Caesars* Zeiten im Nordwesten Galliens bis zum Rhein siedelte und von Caesar besonders hervorgehoben wird, da z. B. die *Remer*, einer dieser Stämme, germanischer Herkunft seien. Diese Textstelle ist umstritten, da für jene Zeit die Unterschiede zwischen Germanen und Kelten unklar sind.

Beowulflied
Das in →*Stabreimen* gedichtete altenglische Epos stammt aus dem 7., 8. oder 9. Jahrhundert und berichtet nach dem großen Vorbild der Aeneis von Vergil die Taten des *Beowulf*, der im Dänenland Wasserunholde überwindet und schließlich selbst von einem Drachen getötet wird. Das Epos ist wohl von einem Mönch verfaßt und daher der antiken Literaturtradition nachgeformt, stellt aber auch das älteste größere Denkmal aus dem germanischen Sprachraum dar.
Beowulf, ein »→*Gaute* aus königlichem Geblüt« und eine Art Herkules, wird im Laufe des Epos zur greisen Vater- und Heldenfigur. Sein Nachbarland Dänemark wird von Wasserungeheuern terrorisiert. Beowulfs erste Tat ist der Sieg über Grendel, eine Art Vampir und ein menschenfressender Wasserdämon, der »aus dem Geschlechte Kains« stammt. Hier wie in den langen erbaulichen Passagen zeigt sich der offensichtlich christliche, stark moralisierende Einfluß.
Nachdem Beowulf 50 Jahre über die Gauten geherrscht hat, zieht er gegen einen feuerspeienden Flugdrachen aus, der sein Land verheert, er tötet ihn und erringt den Schatz, fällt aber seinen Wunden zum Opfer. Dieser Drachenkampf hat einen stark ethischen Charakter, auch ist ungewöhnlich, daß ein Greis ihn besteht. Vom fluchbeladenen Nibelungenhort unterscheidet sich dieser Schatz ganz erheblich: erst dankt der sterbende Beowulf Gott dafür, daß er den Hort für sein Land habe erkämpfen können, dann besinnt sich der Dichter und läßt die Gauten bei der Leichenfeier das Gold im Hügel vergraben, »den Menschen so unnütz, wie es ehedem war« (von See). Ein weiterer Teil des Heldenliedes behandelt die Taten Beowulfs im Dienste des historischen Gautenkönigs *Hygelac* und seiner Dynastie.
Die Handschrift des Beowulfliedes ist in Abschriften aus der Zeit um 1000 erhalten.

Berserker
Der Berserker (altnord. *beri* = Bär; *serkr* = Gewand;) ist der *Bärenhäuter*, der in *Bärenfelle* gehüllte Krieger, analog dem *Wolfshäuter*, dem *ulfhetnar*. Dem *Werwolf* verwandt, verweisen die Berserker und Wolfshäuter in die jägerische Urzeit der Totemgruppen mit ihren Tiertotems. Neuere Forschungen ergaben, daß die nordischen Krieger wohl mit psychotropen, also die Psyche beeinflussenden Drogen aus Fliegenpilz gedopt wurden; der Rauschzustand, den das *Muscarin* erzeugt, ähnelt dem LSD-Rausch. Man weiß, daß der Fliegenpilz auch für die schamanistischen Praktiken bei den nordsibirischen Jägerstämmen eine Rolle spielt; die Anwendung bei den →*Wikingern* dürfte eine weit zurückreichende kulturelle Beziehung zum Schamanismus bezeugen (→*Wotan*). In der *Ynglingsaga* ist der Zustand der im Rausch kämpfenden Berserker beschrieben: Sie »gingen ohne Panzer in den Kampf, toll wie Hunde oder Wölfe; sie bissen in ihre Schilde und waren stark wie Bären oder Stiere; sie mähten ohne Unterschied nieder, und weder Feuer noch Eisen taten ihnen etwas an«.

Bestattungsformen
Wenn ein Mensch gestorben ist, fällt es schwer, seinen Tod zu begreifen, selbst wenn man sein Sterben miterlebt hat. Deshalb gehen fast alle Begräbnissitten von einer stillschweigenden Voraussetzung aus: sie verleugnen den Tod. So richtet man dem Toten ein Lager, eine Ruhestätte, man versorgt ihn mit allem, was er für die ›weite Reise‹ benötigt; man umgibt ihn, wenn er mächtig war, mit Waffen und Sklaven; man balsamiert ihn ein und baut ihm ein Totenhaus, das zugleich ein Denkmal ist, etwa wie die ›Hünengräber‹, die Steinzeitgräber aus riesigen Felsbrocken, oder die Pyramiden. Der Völkerkundler erklärt diese Begräbnisformen mit der Idee vom *lebenden Leichnam*, die über die ganze Welt verbreitet und noch heute bei vielen Völkern lebendig ist, selbst im Christentum.
Die Angst vor dem Toten. Es gibt noch viele andere Begräbnisformen: wenn die Angst vor dem Toten die Oberhand bekommt, zerschmettert man ihm die Knochen, verschnürt ihn oder setzt ihn als Opfer für die Tiere aus wie dies die zentralasiatischen Buddhisten tun. Andere Völker empfinden den Toten als unrein wie die Anhänger der persischen *Mazdâh-Lehre* und die heutigen *Parsen:* sie glauben, der Tote beschmutze Erde und Feuer, so überlassen sie ihn den Geiern. Wer den Leichnam verbrennt, verhält sich dem Tod gegenüber völlig anders. Auch hier scheint Angst den Ritus zu diktieren, aber auf besondere Weise: man verbrennt den Toten, um seinen Leichnam jedem magischen Mißbrauch zu entziehen. So wird er zugleich vernichtet und bewahrt, was für den Glauben an die leibliche Auferstehung bemerkenswerte Folgen hat.
Die Frage, ob denn auch ein Christ seinen Körper zu Asche werden lassen dürfe, hat die Gemüter bis in unsere Zeit beschäftigt; der Gegensatz zwischen Grabbestattung und Feuerbestattung ist aber sehr viel älter als das Christentum und reicht weit in vorgeschichtliche Zeiten zurück.
Jungsteinzeitgräber. Zu Beginn der jüngeren Steinzeit hat man die Toten zunächst nur in *Erdgräbern* beigesetzt, jeden Toten in ein eigenes Grab. Dane-

ben gibt es aber auch schon größere Steingräber. Aus diesen ›kleinen Stuben‹ entwickeln sich die *Großsteingräber*, alle mit Erdhügeln überdeckt, und um 2000 v. Chr. treten die *Steinkistengräber* auf; hier ist der Leichnam ausgestreckt, Waffen und Werkzeug sind ihm beigegeben, wie überhaupt das bäuerliche Steinkistengrab ein Abbild des Hauses ist. Zugleich gibt es aber auch die *Baumsärge*, in denen die Gerbsäure den Leichnam oft erstaunlich gut konserviert hat.

Megalithgräber (griech. *megas* = groß; *lithos* = Stein) findet man in Europa von Gibraltar bis Schottland, von der Bretagne bis nach Dänemark und Südschweden. Solche Großsteingräber oder *Dolmen* (kelt. = Steintisch) gibt es aber auch in Transjordanien und in Arabien, weshalb manche Wissenschaftler diese Gebiete auch zum Ursprungsgebiet der Steinsetzungen erklären. Um 3000 v. Chr. werden die ersten Steinzeitmale in Portugal errichtet, und nach fünf Jahrhunderten erreichen sie über Westeuropa Dänemark und die Schweiz. Die Menge dieser Steingräber ist eindrucksvoll: allein über 5000 Dolmen gibt es in Frankreich, 3500 in Dänemark und 200 in England. Seit etwa 3000 v. Chr. hat man über tausend Jahre lang solche monumentalen Steingräber errichtet, um ganze Gruppen von Menschen — vermutlich Dynastien — zu bestatten. Die *Kammer-* und *Ganggräber* der Dolmen wurden übrigens fast immer auf dem anstehenden Boden errichtet, während die *Galerie-* und *Steinkistengräber* in den Boden vertieft angelegt wurden.

Rätselhaft war lange Zeit, wie die Menschen die mächtigen Steinplatten bewegen konnten. Oft wiegt ein einziger solcher Steinklotz 20—30 t. Der dänische König *Friedrich IV.*, ein bekannter Archäologe, meinte, man habe den ›Überlieger‹, die Deckplatte, mit Hilfe von Rollen und Rampen über die senkrecht gestellten Seitensteine geschoben. Der Franzose *Pierre Honoré* hat aber nachweisen können, daß man erst den großen Deckstein über eine Rampe mit Rollen über die Stelle schob, wo das Grab liegen sollte. Dann wurde an den Seiten die Erde abgegraben, und schließlich konnten die Seitensteine unter die Außenkante des Decksteines gewuchtet werden. Mit 12 Männern konnte man einen solchen Klotz über eine schiefe Ebene von 180 m Länge an seinen Platz bewegen. Man hat sogar Aufschüttungen von 240 m Länge und 30 m Breite gefunden. Solche Anstrengungen setzten voraus, daß der Tote hohes Ansehen besaß und daß eine mächtige Sippe diesen Bau leitete und vertrat. Übrigens gibt es auch in Südindien und in Japan solche Großsteingräber und Steinsetzungen.

Die Formen der Steingräber sind vielfältig, das zeigt schon die Unterscheidung von Steinkistengräbern, Kammergräbern, Ganggräbern — bei denen ein Gang zu einem vieleckigen Grabgemach führt, und Galeriegräber, die keinen Gang besaßen, dafür aber einen besonders gearbeiteten Eingang (Piggott). Es würde in archäologische Spezialfragen führen,

Steinhügelgrab von Vallhagar, Schweden, 1.—2. Jh. Vor der Ausgrabung 12 m Durchmesser und 1,2 m Höhe, Inhalt ein Skelett und Bronzebeschlag.

wollte man die verschiedenen Bevölkerungsgruppen, die man unter anderem nach ihren Grabstätten unterscheidet, ausführlicher darstellen. Eine bäuerliche Kultur im Donauraum, die sich nach Westen ausbreitet, und eine ebenfalls bäuerliche jungsteinzeitliche Kultur in der europäischen Tiefebene und in Südskandinavien durchdringen und überlagern einander, wobei diese Vermischung sich nicht etwa mit Rassen deckt, sondern nur bestimmte Kulturmerkmale erkennen läßt.

Siehe auch →*Arier*, →*Nordische Rasse*.

Bronze- und eisenzeitliche Bestattungsformen. Im 13. vorchristlichen Jahrhundert vollzieht sich in Europa ein Wandel der Bestattungsformen, ohne daß man heute, wie früher häufig, außereuropäische Einflüsse für diesen Wechsel verantwortlich machen könnte: ohne greifbaren Anlaß setzt sich die *Leichenverbrennung* durch, aber nicht in ihrer radikalen Form, sondern gleichsam mit älteren Vorstellungen kombiniert: man verbrennt den Leichnam, sammelt die Reste in einer Urne und setzt die Urne auf einem gemeinsamen Feld außerhalb der Siedlung bei. So zeichnet sich in Nordostdeutschland, kenntlich an der Keramik, die Kultur der *Urnenfelderleute* (→*Abstammung, Indoeuropäer und ›Germanen‹*) ab, aber auch in anderen Gebieten, zum Beispiel in Britannien, beginnt man mit der Leichenverbrennung. In Dänemark finden sich während der Bronzezeit, also um 1500—500 v. Chr., in mannslangen *Brandgräbern* verbrannte Knochen zusammen mit Grabbeigaben, als handele es sich noch um ›lebende Leichname‹. Hier hat also die ältere Bestattungsform ihre Kraft noch nicht verloren. An einem Beispiel aus Skandinavien kann man zeigen, wie langsam sich derartige Entwicklungen vollzogen haben. Im skandinavischen Raum und auf Seeland schwinden in

einem Zeitraum von 300—150 v. Chr. die Gräber, ohne daß man sich diese Tatsache zunächst erklären konnte. Das geschah im gleichen Zeitraum, als dort das Eisen statt der Bronze aufkam und das Klima sich verschlechterte. In der späten Bronzezeit werden die Gräber immer kleiner oder sie verschwinden ganz, und die verbrannten Knochen der Toten werden irgendwo in die Seite älterer Hügel hineingeschoben (Oxenstierna). Wenn in früheren Zeiten den mächtigen Häuptlingen, den wohlhabenden Händlern der Bronzezeit goldgeschmückte Waffen, Halsringe und Armreifen mitgegeben worden waren, so bergen die kleinen Gräber dicht unter der Grassohle keine Beigaben mehr, denn es sind keine Fürsten, sondern Bauern, die hier bestattet werden. Um 150 v. Chr. tauchen dann ganze *Brandgrubenfelder* auf, und der Vorgeschichtler zieht daraus seine Schlüsse: hier wurde eine ganze Dorfgemeinschaft begraben, und der Sozialstruktur dieser Gruppe entsprach die Gleichheit der Bestattungsform.
Diese Brandgrubenfelder verweisen auf ein technisches Problem bei der Feuerbestattung. In einem modernen Krematorium wird eine Hitze von 1000 °C erzeugt, um bei starker Zufuhr von Frischluft einen Leichnam vollständig einäschern zu können. Von einem erwachsenen Mann bleiben bei diesem Verfahren drei Liter ›Leichenbrand‹, und zwar auch dann, wenn man die Hitze vervielfacht. Eben diese Menge ist aber auch bei der Bestattung der eisenzeitlichen Bauern übriggeblieben, was bedeutet, daß sie imstande gewesen sein müssen, die nötige Hitze auf offenem Scheiterhaufen im Freien zu erzeugen. Die Besessenheit der modernen Geschichtsforschung, welche die Achtung vor dem Grab der historischen Erkenntnis opfert, hat zu sonderbaren Konsequenzen geführt. Ursprünglich warf man die Brandreste aus vorgeschichtlichen Gräbern weg, weil sie keine Aufschlüsse gaben. Seit 1948 aber hat der zuständige Osteologe am Historischen Museum in Stockholm, ein Fachmann für Knochenformen, alle Reststücke von Skeletten aus den Brandresten gesammelt und ein ›Knochenlexikon‹ angelegt, so daß er durch Kombination der Details z. B. rekonstruieren kann, welche Person in einem Grab beigesetzt ist. Frauen und Kinder, Knaben und Greise lassen sich unterscheiden. So kommt man schließlich zu Zahlen: In einem Gräberfeld mit 200 Brandgruben wurden, abzüglich der Kindergräber, rund 120 Erwachsene in einem Zeitraum von 200 Jahren eingeäschert. Wenn man die kurzlebigeren Generationen der Eisenzeit zugrunde legt, so kommt man auf 15 erwachsene Personen pro Dorf.
Auch das Verfahren der Bestattung konnte man rekonstruieren: Auf einen Scheiterhaufen wurde der Leichnam gelegt, und je höher das Holz geschichtet war, je höher die Flamme schlug, desto größer war das Ansehen des Mannes. Noch während der Schutt glühte, suchte man die Knochenreste aus der Asche und füllte sie in eine tönerne Urne; dann setzte man die Urne in eine 30—70 cm tief unter dem Boden sorgfältig ausgehobene Grube, die man mit Brandschutt auffüllte. Gelegentlich wurde auf ein solches Grab ein Stein gewälzt. Von der Bretagne bis nach Südrußland ist diese Form der Bestattung schon in der jüngeren Steinzeit üblich gewesen, hat aber den Norden erst am Ende der Bronzezeit erreicht. Nun bleibt man bei dieser Begräbnisart, bis mit römischem Einfluß wieder die Erdbestattung üblich wird.
Siehe auch das Stichwort →*Moorleichen.*

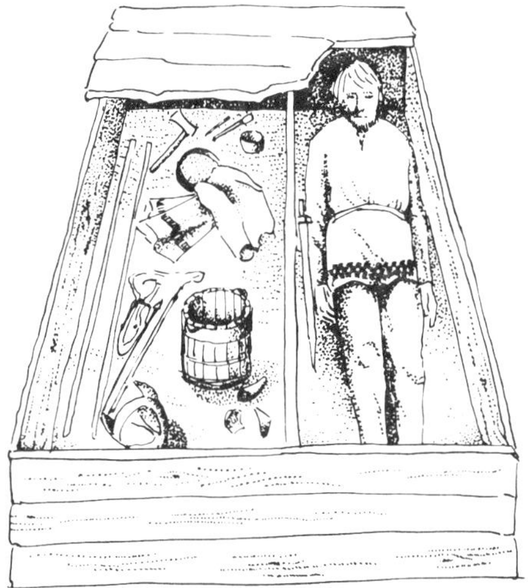

Fränkisches Grab von Morken, Kr. Bergheim

Die eichene Grabkammer des fränkischen Fürsten gehört bereits der christlichen Germanenzeit an und wurde durch reiche Grabbeigaben (u. a. ein Goldhelm) bekannt. Ende 6. Jh.

Bjarne
Dieser Wikinger hat, soweit bekannt, als erster Europäer die Küste des amerikanischen Kontinents gesehen (→*Vinlandsaga*, →*Wikinger*).

Blauzahn →*Harald Blauzahn*

Blutsbrüderschaft
Die Blutsbrüderschaft, auch *Rasengang* genannt, stellte im frühen Mittelalter die höchste Form rechtlicher Bindung zwischen zwei Menschen dar. *Blutmagie*, das heißt die Überzeugung, daß im Blut besondere Kräfte wirksam werden, ist bei allen Naturvölkern verbreitet gewesen. Die Zeremonie der Blutsbrüderschaft stellt einen rechtlichen Zustand her, als sei die Brüderschaft durch Geburt entstanden. Dabei mußte die Erde Zeuge sein: Man hob einen schmalen Rasenstreifen, der noch an beiden Ende festgewachsen blieb, nachdem man durch Ritzung des Armes Blut hatte rinnen lassen, und vermischte das Blut mit der Erde; auch wurde das Blut des Blutsbruders getrunken.

Boier (Bojer)
Keltischer Stamm, der seit dem 4. vorchristlichen Jahrhundert in der *Emilia*, einer Landschaft des *Apennin* gesessen hat; ihr Zentrum war die ursprünglich etruskische Stadt *Bononia*. Anfang des 2. Jahrhunderts v. Chr. sind die Boier von den Römern unterworfen worden, ein Teil zog nach Böhmen, wo möglicherweise schon vorher Boier saßen (Lexikon der alten Welt). Um 60 v. Chr. sind die Boier aus Böhmen nach *Pannonien*, nach *Noricum* und *Gallien* abgewandert. Der Rest der dortigen Bevölkerung hat sich mit *Dakern* und →*Markomannen* vermischt.

Boiorix
König der Kimbern. (→*Kimbern und Teutonen* sowie →Seite 13).

Borre-Stil
Diese Gattung des nordischen →*Tierstiles* um 900 vereinte Bandflechtmotive mit Tierfiguren zu typischen Kettenmustern.

Bonifatius
Als der Ire Bonifatius (*um 675, †754) im Jahre 747 an einem bisher nicht geklärten Ort das Konzil der ›germanischen‹ Bischöfe leitete, das ein gemeinsames Treuebekenntnis zu Rom abgab, hatte er den Höhepunkt seiner geistlichen Laufbahn erreicht. Vier Jahre später salbte der Benediktiner den Merowinger *Pippin den Kleinen* (751—768) zum König *(→Merowinger →Königtum)*. Er ist bei der Salbung des fränkischen Königs 75 Jahre alt gewesen, aber immer noch nicht zur Ruhe gekommen. Zwei Jahre später erbat und erhielt er von Pippin den Anspruch auf die Mission im Bistum Utrecht: es zog ihn nach Friesland, wo er 716, über ein Menschenalter zuvor, mit seiner Missionsarbeit begonnen hatte *(→Mission)*.
Dieser ursprünglich Wynfrith oder Winfrid genannte Mönch, der am 14. 5. 718 den Namen Bonifatius annahm, wurde in Wessex als Sohn einer hochvornehmen Familie geboren. Er begann seine Laufbahn als Novize und Mönch im Kloster Exeter. Als er zum ersten Mal im Jahre 716 zur Heidenmission nach Friesland aufbrach, lagen die Friesen gerade mit den Franken im Krieg. Wynfrith kehrte in sein Kloster zurück und sollte zum Abt gewählt werden. Er verzichtete jedoch und reiste 718 nach Rom, wo ihn Papst Gregor II. empfing und nach Thüringen schickte. Als der friesische König *Radbrod* gestorben war, eilte er wieder nach Friesland — in das Gebiet, das ihn von Anfang an besonders interessierte und das er noch ein drittes Mal sehen sollte. Diese zweite friesische Mission blieb ohne entscheidende Wirkung, und 722 sieht man Bonifatius in Hessen; im gleichen Jahr wird er in Rom zum Bischof ernannt, nun 50 Jahre alt. Unermüdlich ist die einzig zutreffende Bezeichnung für einen Mann, der im Reiche *Karl Martells* (714—741) die Klöster Amöneburg, Fritzlar, Ohrdruf, Fulda, Tauberbischofsheim, Kitzingen und Ochsenfurt gegründet hat. Nach der Ernennung zum Erzbischof und päpstlichen Vikar für die deutschen Missionsgebiete im Jahre 732 und nach der dritten Romreise (738/39) gründet oder reformiert er die Klöster Passau und Regensburg, Salzburg und Freising; auch Eichstädt, Buraburg, Würzburg und Erfurt gehen auf das Wirken des Bonifatius zurück. Seine berühmteste Tat ist die legendäre Fällung der den Germanen ›heiligen‹ *Donareiche* nahe Geismar bei Fritzlar im Jahre 723. 746 übernimmt er das Bistum Mainz. Auf seiner letzten Missionsreise wird Bonifatius am 5. 6. 754 mit 52 Begleitern von den Friesen an dem Flüßchen Dorne bei Dokkum erschlagen. Seinen Leichnam hat man aus Friesland nach Fulda überführt. Sein Grab liegt im Dom.
Neben seiner Missionierungstätigkeit beruht die Bedeutung des Bonifatius vor allem auf der Schaffung von klösterlichen Kulturzentren, die besonders für die weitere Entwicklung der Stämme in Mitteldeutschland Gewicht hatten, sowie in der engen Bindung der fränkischen Kirche an Rom. Die Kirche der Franken zu reformieren, gelang ihm freilich wegen des Widerstandes im fränkischen Adel nicht.

Brakteat
Lat. = dünnes Blech. Einseitig geprägte Münze, besonders in der Germanenforschung in letzter Zeit von Bedeutung gewesen. *(→Baldr* und *→Odin)*.

Brennus
Anführer der keltischen *→Boier (Bojer)*, die um 400 v. Chr. in Italien eingefallen waren. *(→Einleitung* Seite 13; *→Kelten)*.

Bronzezeit
Kupfererz wurde schon früh weiterverarbeitet. So haben die Ureinwohner Kleinasiens bereits 9000 v. Chr. Kupfer aus den Erzklumpen in einer Holzkohlenglut reduziert. Man hat z. B. offenbar geschmiedete Haken und Stifte aus jener Zeit gefunden. Aus dem 4. vorchristlichen Jahrtausend stammt ein Schmelzofen, der bei *Timnat* in Israel ausgegraben worden ist.
Man kann aus dem weichen Kupfer Werkzeuge hämmern, aber es läßt sich schlecht gießen. Fügt man aber dem Kupfer etwa 10—30 Prozent Zinn hinzu, steigert man die Gießfähigkeit und erhält Bronze (pers. birinq = Kupfer). Das Material ist zwar durch Guß ausgezeichnet zu formen, wie die Bronzegüsse vom chinesischen Opferkessel bis zur Kirchenglocke, vom griechischen Schild bis zum Reiterstandbild beweisen, aber spröde und nicht zäh wie Eisen. Deshalb löste schließlich das Eisen *(→Eisenzeit)* die Bronze als Werkstoff ab.
Verarbeitung der Bronze. In Europa begann die sogenannte Bronzezeit um 1900 v. Chr. Während man zuerst das Kupfer nur mit Zinnerzen verschmolzen verarbeitete, lernte man später, beide Metalle in metallischem Zustand zu ›schmieden‹. Anfangs benutzte man für den Guß einschalige For-

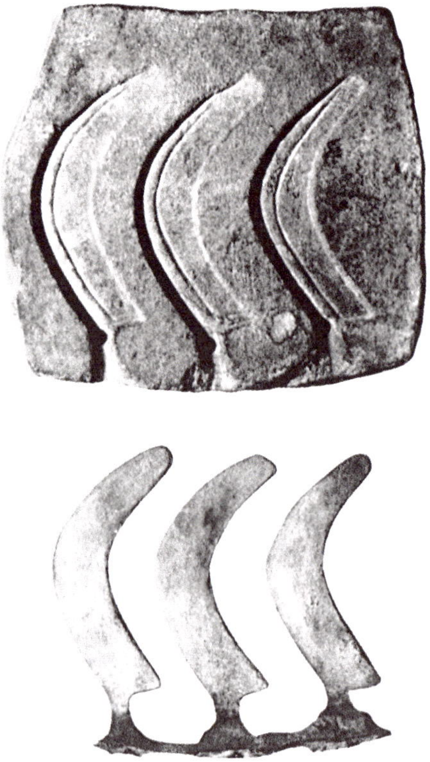

Gußform für drei Bronzesicheln und das fertig-gegossene Produkt. — Ehem. Museum für Vor- und Frühgeschichte, Berlin.

men, mit denen man z. B. Beile goß, später zweischalige Formen, die mit *Masselköpfen*, also mit Öffnungen zum Eingießen und mit Luftlöchern versehen waren.

Im oberen Rhônetal sowie zwischen Basel und Genf entwickelte sich zur Bronzezeit eine regelrechte Blechindustrie. Man hämmerte die Bronzeblöcke aus und glühte sie wieder. Bronze wird schnell kalt und hart, also mußte man ständig ›zwischenglühen‹. So erzielte man Bleche von weniger als einem Millimeter Dicke. Ein Meisterstück ist der keltische *Becher von Vix* aus dem 6. Jahrhundert, der keine Schweißnaht enthält und aus einem einzigen Bronzeblock von 60 kg allmählich ausgehämmert worden ist.

In der frühen Bronzezeit, also etwa um 1800 v. Chr., ahmen die Bronzegüsse in Mitteleuropa die Formen nach, die in Italien hervorgebracht werden. Damals hat zwar Italien noch nicht jenen zivilisatorischen Vorsprung gehabt, den es zur Römerzeit gegenüber den Galliern und Germanen besaß, aber es scheint doch aus unbekannten Gründen führend gewesen zu sein (Wahle).

Allerdings wäre es ein Irrtum anzunehmen, daß in der Bronzezeit alle Gegenstände aus Bronze gewesen seien wie heute aus Metall oder Kunststoff. Die Wirtschaft jener Zeit ist eine bäuerliche Hauswirtschaft gewesen, die alles, was an Werkzeug und Gerät gebraucht wurde, aus Holz und Ton selbst herstellte. Nur der gehobene Bedarf der Häuptlinge und Edelinge verlangte nach Gefäßen aus Edelmetallen und aus Bronze, auch wurden Schwerter und Lanzenspitzen aus Bronze gegossen.

In Norddeutschland finden sich andere bronzezeitliche Formen als in Süd- und Ostdeutschland. Die Werkstoffe der Schmiede, nämlich Gold, Silber und Bronze, die von den germanischen Handwerkern in der Bronzezeit verarbeitet werden, kommen meist aus dem Süden. Man tauscht sie gegen *Bernstein* ein, der wiederum in der griechischen Bronzezeit in den Fürstengräbern von Mykene auftaucht und sich als Ostsee-Bernstein erweist *(→Handel)*. Andererseits liefern die in Schweden lebenden Germanen ihren Handelspartnern den Topfstein, ein Gemenge von Talk und Chlorit, das feuerbeständig ist und für die Gußformen verwendet wird; so bildet sich langsam ein Warenverkehr zwischen Nordeuropa und der *kretisch-mykenischen Kultur*, in einem Wirtschaftsraum also, der dann durch die Begegnung mit der römischen Zivilisation neue Impulse erhält *(→Handel)*. Vor allem an den Handelswegen und ihren Schnittpunkten bilden sich Kulturzentren heraus: die *Aunjetitzer Kultur* in Mitteldeutschland und Ostseeraum, die *Hügelgräberkultur* im Raum zwischen Frankreich und Ungarn, die *Lausitzer Kultur* in Ostdeutschland und Polen. Allen diesen Kulturen sind typische Schmuckformen, Fibeln, Waffen, Spiralen, Gürtelschließen etc. eigen. In den *→Bestattungsformen* spielt die Urnenfelderkultur eine vorherrschende Rolle, und als Gegenstände des Kults werden Vögel, Sonnenscheiben und Kegel, vergoldet oder aus Gold getrieben, zu bedeutenden Kunstwerken.

Als Grundlage der Bronzearbeit entfaltet diese Zeit eine eigene Bergbautechnik.

Übergang zur Eisenzeit (siehe auch → *Eisenzeit*). Es gibt im Forschungsbild der Bronzezeit gewisse historische Lücken und Unsicherheiten. In Skandinavien z. B. hat man über einen Zeitraum von 350 Jahren hinweg vom Ende der Bronzezeit bis zum Beginn der Eisenzeit keinerlei Funde machen können. Wenn in der Bronzezeit die mächtigen Herren in Grabhügeln beigesetzt und mit kostbarem Bronzegerät versorgt wurden, so fehlen solche Grabhügel in der Eisenzeit. Die Gesellschaftsstruktur hat sich ganz offensichtlich geändert, und man kennt auch den Grund: in ganz Mitteleuropa veränderte sich das Klima; die Durchschnittstemperatur sank um 2,5° Celsius.

Mit den härter werdenden Lebensbedingungen verschwand die feudale ›Überflußgesellschaft‹, die auf Kriegszug und Handel basierte, denn alle Hände wurden gebraucht, um das Überleben zu sichern *(→Ackerbau)*. So sind aus Halbnomaden in Skan-

Gußverfahren für Bronze

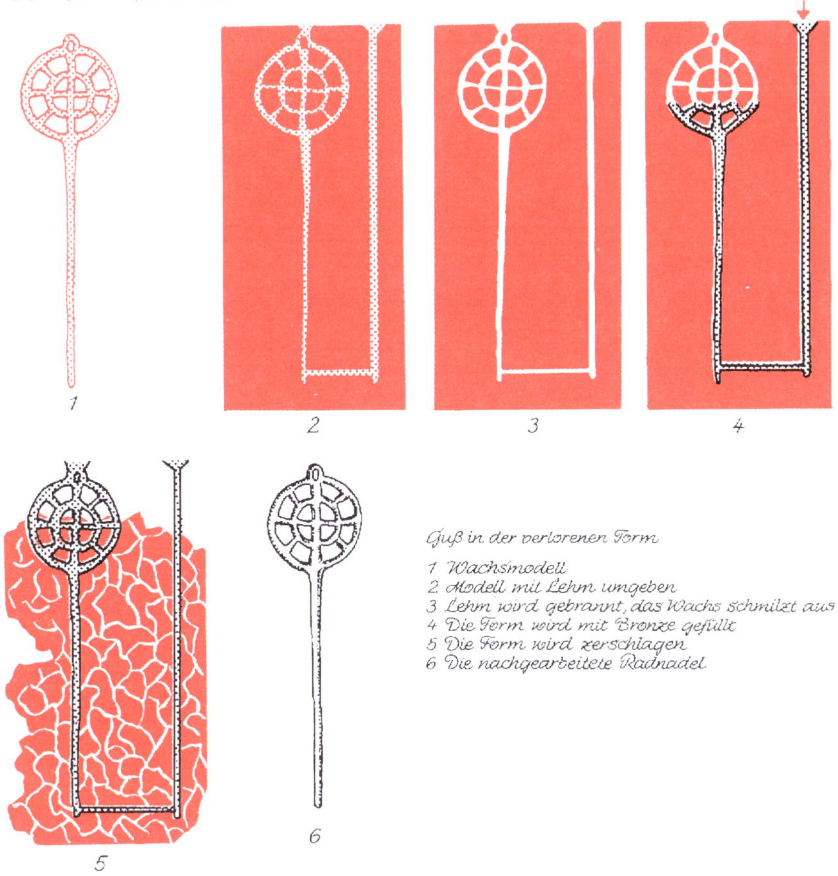

Guß in der verlorenen Form

1 Wachsmodell
2 Modell mit Lehm umgeben
3 Lehm wird gebrannt, das Wachs schmilzt aus
4 Die Form wird mit Bronze gefüllt
5 Die Form wird zerschlagen
6 Die nachgearbeitete Radnadel

dinavien im Laufe von drei Jahrhunderten seßhafte Bauern geworden: die glanzvolle Bronzezeit wurde abgelöst von der sehr viel kärglicheren →*Eisenzeit.* Man weiß heute, daß die Bezeichnung jener Epochen nach Metallen eher irreführend ist; besser wäre es, die Bronzezeit als die *frühe Feudalzeit* und die Eisenzeit als die *frühe Bauerngesellschaft* zu bezeichnen. Erst als die Stämme seßhaft wurden, bildeten sich jene Völker, die später als ›germanische‹ Stämme mit der römischen Zivilisation in Berührung kamen und damit ins Licht der Geschichte treten, das heißt ins Blickfeld der Chroniken, Annalen und Geschichtsschreiber.

Brukterer (Bructerer; Nachfolgestamm: Bructuarier)

Die berühmteste Gestalt aus dem Stamm der Brukterer ist die Seherin *Veleda* gewesen, die beim →*Bataveraufstand* die Vernichtung der römischen Legionen geweissagt hat. Das muß damals ganz und gar unwahrscheinlich geklungen haben, denn als der Aufstand bis nach Gallien und zum Oberrhein um sich griff und sogar römische Schiffe in die Hand der Germanen fielen, schenkte man ihr ein römisches Flaggschiff. Sie hauste, heißt es, in den Quellen, in einem Rundturm und verkehrte mit der Außenwelt nur über einen ihrer Verwandten. Zusammen mit *Civilis (→Bataveraufstand)* hat sie den Aufstand der Bataver geleitet und ist, als der Aufstand zusammenbrach, wohl gefangengenommen worden. Über das weitere Schicksal dieser Seherin, die sich auch bei den Römern einiger Prominenz erfreute, ist nichts bekannt.

Über die Stammesgeschichte der Brukterer, die wahrscheinlich zwischen mittlerer Ems und oberer Lippe gesessen haben, ist wenig überliefert. Sie unterwarfen sich zwar im Jahre 4 den Römern, die das Kastell Aliso errichteten, um sie zu überwachen, blieben aber unruhig und von den Römern gefürchtet. So haben sie in der Varusschlacht wahrscheinlich eine entscheidende Rolle gespielt. Germanicus muß 15 ihr Gebiet verwüsten lassen, um seinen Aufmarsch gegen Arminius zu sichern und das Schlachtfeld im Teutoburger Wald betreten zu können. Bei dieser Gelegenheit findet er einen der in der Varusschlacht verlorengegangenen Legionsadler, ein untrügliches Zeichen für die Beteiligung der Brukterer. Eine ebenso große Rolle müssen sie im Bataverauf-

stand gespielt haben, wie die häufigen Erwähnungen in den römischen Quellen vermuten lassen.
Die Brukterer sind dann noch zur Römerzeit, wie von Tacitus in der Germania drastisch beschrieben, »aus Haß über ihren Hochmut oder aus Beutegier« von benachbarten Stämmen überfallen und in einer Schlacht, die 60 000 Tote kostete, beinahe ausgerottet worden; die Überlebenden, später ein Stamm der Franken, zogen sich in das Land zwischen mittlerer Ruhr und Lippe zurück, wo — an der Lippe — im frühen Mittelalter noch der Gau *Borahtra* an die einstigen Bewohner erinnert hat.

Bukinobanten
Die ›Buchengau-Leute‹, ein kleiner Stamm, siedelten Mitte des 4. Jahrhunderts gegenüber von Mainz, bis sie im 5. Jahrhundert von den *Franken* unterworfen wurden.

Burer
Nach Tacitus Nachbarn der →*Markomannen* und →*Quaden* und swebischer Herkunft.

Burgunder
Aus Skandinavien stammender, ostgermanischer Stamm, der über das Mündungsgebiet von Oder und Weichsel nach Mitteleuropa wanderte und im 4. Jahrhundert um Worms seßhaft wurde. Nach Vertreibung durch die Hunnen 443 zwischen Genfer See und Lyon angesiedelt, später von →*Franken* integriert.

Schildbeschlag in Form eines abstrahierten Adlers, (angel-)sächsische Arbeit aus dem Schiffsgrab von Sutton Hoo/Britannien. 7. Jh. — British Museum, London.

Später, deutscher Nachklang und Synthese einer Formentwicklung, an der Skythen, Römer und Germanen beteiligt waren: die sogenannte »Gisela-Fibel«, 10. Jh. — Mittelrheinisches Landesmuseum, Mainz.

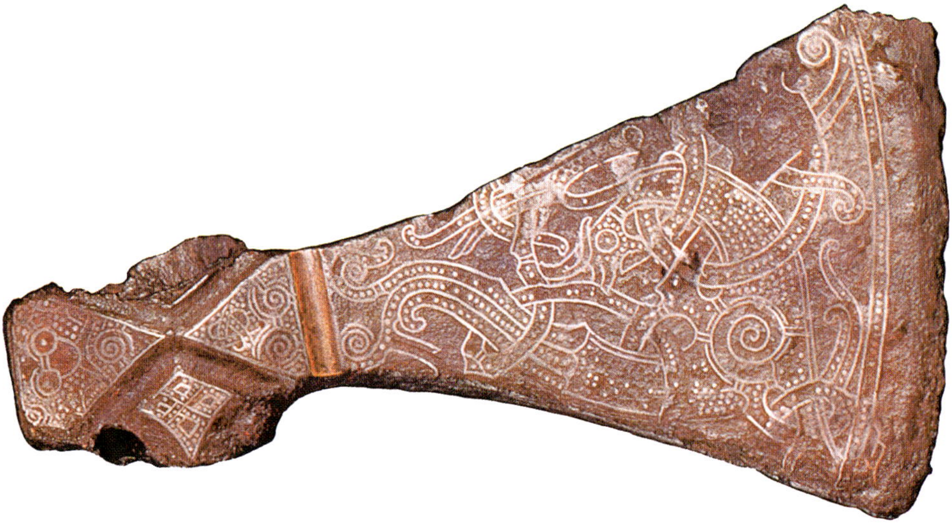

Wikingischer Tierstil des 10. Jhs. in Form verschlungener Tierkörper auf der berühmten Zeremonialaxt von Mammen/Dänemark. Gold- und Silbereinlegearbeit. — Nationalmuseet, Kopenhagen.

Nochmals ein Fundstück aus dem Schiffsgrab von Sutton Hoo/Britannien: der mit Granaten und farbigem Glas eingelegte Deckel einer Geldbörse. Tierstilformen und christlich-antike Themen mischen sich (rechts und links: Daniel in der Löwengrube). 7. Jh. — British Museum, London.

C

Caerosen (Caeroser)
Stammesgruppe der ›linksrheinischen Germanen‹ zur Zeit Caesars im Eifelgebiet.

Caesar, Gaius Julius
Als Caesar um die Mitte des Jahres 60 v. Chr. aus Spanien nach Rom zurückkehrte, hatte er sich als Statthalter finanziell saniert und seine unermeßlichen Schulden abgetragen. Sein Ziel war die politische Macht. Um sich als Konsul zu bewerben, war eine persönliche Vorstellung in Rom notwendig, aber wer als Feldherr die sakralen Grenzen der Stadt außer im Triumph überschritt, verlor seine Befehlsgewalt und damit das Recht auf den Triumphzug, der Caesar nach seinen Erfolgen in Spanien als höchste Ehrung zustand. *Cato*, sein alter innenpolitischer Gegner, verweigerte Caesar die Ausnahmegenehmigung, die in anderen Fällen bei einer solchen Interessenkollision ohne weiteres gewährt worden war. Caesar verzichtete daraufhin auf den Triumphzug, der damals in der römischen Welt in höherem Ansehen stand als etwa heute ein Nobelpreis und mehr Popularität brachte als jedes andere Ereignis.
Dieser Zug ist für Caesar bezeichnend. Seinem politischen Kalkül hat dieser intellektuelle und energische Mann alles andere untergeordnet; man muß das berücksichtigen, wenn man an Caesars Schilderung der Germanen denkt. Fünf Jahre später, während des Krieges in Gallien, ist ihm übrigens sein Widersacher Cato wieder in den Arm gefallen. Dieser altrömische Konservative war über Caesars Wortbrüchigkeit, über seine Skrupellosigkeit und Brutalität gegenüber den →*Usipetern* (und Seite 18) und →*Tencterern* (und Seite 18), zwei angeblich germanischen Stämmen, die nach Gallien eingedrungen waren, so empört, daß er im Senat beantragte, Caesar den Germanen auszuliefern, um die Strafe der Götter für soviel Treulosigkeit von Rom abzuwenden.
Helvetier, Sequaner, Häduer, Sweben. Caesar hat als erster römischer Autor nicht nur die Germanen geschildert, sondern geradezu ›erfunden‹. Denn als er im Jahre 58 v. Chr. vom Senat mit der Statthalterschaft auch in Gallien betraut wurde, hatte noch niemand vor ihm von den *germani* gesprochen. Wie zweifelhaft diese Bezeichnung zu damaliger Zeit gewesen ist und welche terminologischen Schwierigkeiten sich aus dem Versuch ergaben, den damaligen Rhein zur Völkergrenze zu machen, hat die Wissenschaftler bis auf den heutigen Tag nicht zur Ruhe kommen lassen (→*Abstammung*, *Indoeuropäer* und ›*Germanen*‹). Wie war die Lage, als Caesar die Statthalterschaft in Gallien übernahm? *Gallia Narbonensis*, ein quer durch Südfrankreich bis nach Spanien reichender Landstrich, gehörte seit dem 2. Jahrhundert v. Chr. als Provinz zum Römischen Reich; die *Auvergne* trägt noch heute den Namen des keltischen bzw. gallischen Stammes der *Averner*, der nach dem Aufstand unter *Vercingetorix* (52 v. Chr.) endgültig besiegt worden ist. Als Stützpunkt diente die Hauptstadt Narbonne; auf Eroberungen nördlich der Cevennen verzichtete Rom. Um die Mitte des ersten vorchristlichen Jahrhunderts mußten die bisher in Mittelgallien führenden Averner die Oberherrschaft der *Häduer* anerkennen. Die Stämme rechts des Rheins waren unruhig geworden, und auch Galliens Bevölkerung geriet in Bewegung. Aus dem Gebiet am Oberrhein griffen die *Sequaner* in Gallien ein und brachten die Häduer in Schwierigkeiten. Diese Sequaner haben, um sicherzugehen, auch *Ariovist*, den König der *Sweben*, zum Angriff

Porträtkopf des Gaius Julius Caesar auf einer römischen Münze.

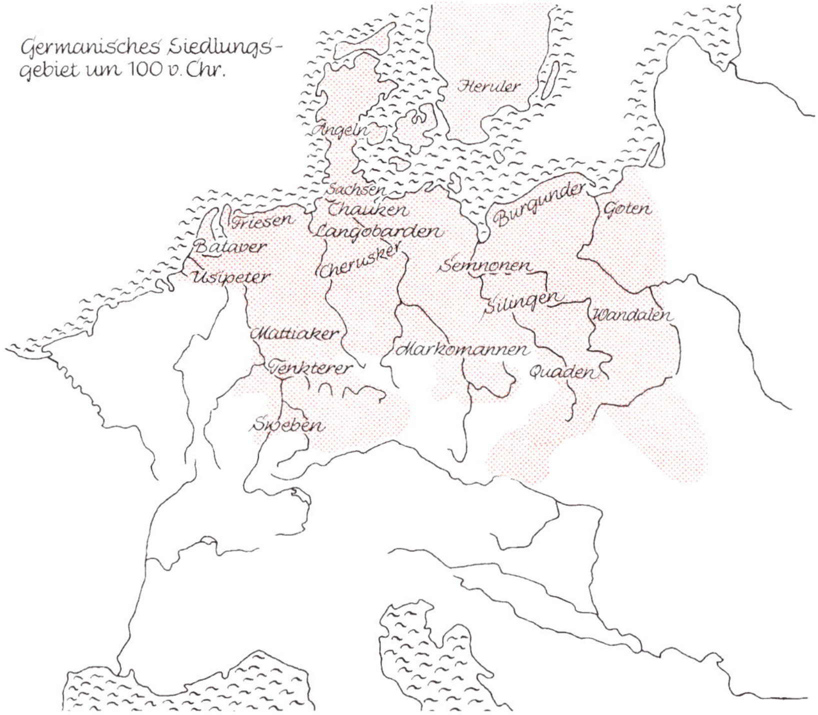

Oben und rechts: Die Karten skizzieren das Siedlungsgebiet rechtsrheinischer Stämme im 1. Jh. v. Chr. und um 200 n. Chr. vorwiegend in Anlehnung an die römischen Quellen.

animiert. Mit diesem selbstbewußten Sweben hatte Caesar als Konsul vor kurzem einen Freundschaftsvertrag geschlossen. Nun überschritt Ariovist mit seinen Scharen den Rhein, verbündete sich mit den Sequanern und schlug die Häduer im Jahre 62 v. Chr. bei einem Ort namens Magetobriga, dessen Lage nicht geklärt werden konnte (auch *→Der Ansturm der Barbaren*, Seite 13). Ein Drittel des Landes mußte an die Sweben des Ariovist verteilt werden, und weil er die stärkste Macht im Elsaß führte, spielte er bald die erste Rolle und benahm sich nicht wie ein Bundesgenosse, sondern wie der Anführer einer Besatzungsmacht. Dennoch war es zu einem Konflikt mit Rom bisher nicht gekommen. Die von Sequanern und Sweben unterdrückten Häduer wandten sich zwar hilfesuchend an den Statthalter der Nachbarprovinz Gallia Narbonensis, da sie seit langem mit Rom in einem Bündnis standen; es geschah aber nichts, und Ariovist wurde im Jahre 59 v. Chr. mit dem Titel ›Freund des römischen Volkes‹ geehrt.

Erst der drohende Angriff der *Helvetier* veränderte die Lage so, daß Caesar sich zum Eingreifen genötigt sah. Ende des 2. vorchristlichen Jahrhunderts hatten die Helvetier das Gebiet zwischen Oberrhein, Schwarzwald und Main besiedelt und waren Schritt für Schritt vor den wohl germanischen Nachbarstämmen zurückgewichen.

Jetzt wollten die Helvetier endgültig aufbrechen und nach Westen ziehen, um nördlich der Gironde neu zu siedeln. Ihr Weg hätte sie quer durch Südgallien geführt, also durch römisches Gebiet. Dieser Plan war von dem Adligen *Orgetorix* entwickelt worden und sollte zugleich ihn selbst als König an die Macht bringen. Es gab bei den keltischen Stämmen eine ›monarchistische‹ und eine ›aristokratische‹ Partei. Die Frage, ob zentrale Macht, verkörpert durch einen König, oder ständische Macht, wahrgenommen durch Adelscliquen, die Politik beherrscht, hat ja alle keltischen und germanischen Stämme beschäftigt, sobald sie in die Auseinandersetzung mit Rom traten und stärkeres politisches Gewicht bekamen. Orgetorix konspirierte mit gleichgesinnten Adligen bei den Haeduern und Sequanern. Das Ziel war, einerseits den Sweben Ariovist zu entmachten und andererseits ein gemeinsames Königtum der Helvetier, Sequaner und Haeduer zu schaffen. Als die Verschwörung bekannt wurde, ermordeten die Helvetier Orgetorix, hielten aber an dem Entschluß fest, im Westen zu siedeln. Caesar empfand dies als Bedrohung der römischen Interessen. Er lehnte deshalb die Bitte der Helvetier um Durchzug ab, zumal auch ihre Absicht, an der Gironde zu siedeln, nicht in seine Pläne paßte. Die Haeduer fühlten sich nun ihrerseits von den Helvetiern bedroht; sie wandten sich an Caesar und lieferten ihm einen willkommenen

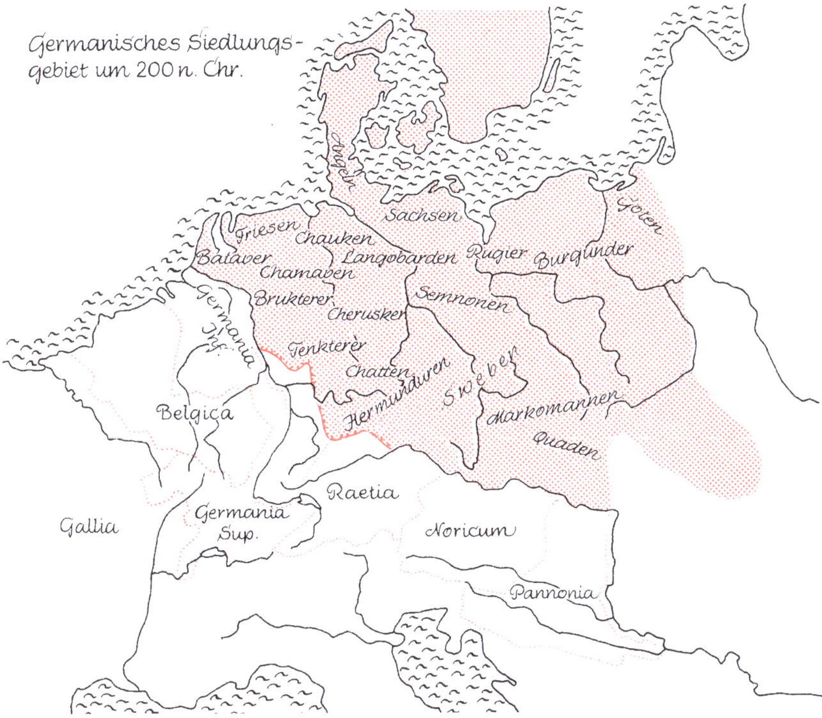

Links und oben: Die Forschungen der letzten Jahrzehnte kommen teilweise zu anderen Ergebnissen (→Seite 59, Text unten und Seite 188/89). Vor allem die Lokalisierung der Stämme bleibt unsicher.

Vorwand, die Helvetier, die bereits das Land der Haeduer durchzogen, anzugreifen. Er überschritt die Rhône und schlug 58 v. Chr. die Helvetier bei Bibracte, dem heutigen Mont-Beuvray westlich Autun (Oppermann).

Rom hatte damit auch in Mittelgallien seine Vorherrschaft befestigt. Zu einer Konfrontation mit Ariovist und den ›Germanen‹ kam es erst, als die gallischen Stämme Caesar um Hilfe gegen die Übergriffe des Swebenfürsten ersuchten.

Das Germanenbild in Caesars De bello Gallico. Der Verlauf der Ereignisse ist allgemein bekannt. Ob es sich bei den Scharen des herrschsüchtigen und anmaßenden Ariovist um Kelten oder Germanen gehandelt hat, dürfte dem Statthalter Roms zunächst gleichgültig gewesen sein. Er hatte es zwar gelegentlich mit der Angst der Legionäre zu tun, die mit Panik reagierten, als sie hörten, sie müßten gegen die schrecklichen Barbaren kämpfen, die Verwandten der Kimbern und Teutonen, aber er wurde dieser Krise Herr und hätte seinen Kampf gegen Ariovist auch geführt, wenn es sich um einen nichtgermanischen Fürsten gehandelt hätte: das militärische Gewicht und der politische Ehrgeiz waren hier entscheidend, nicht die ethnologische Stammeszugehörigkeit. Caesar hat, als er seinen politischen Bericht über den Gallischen Krieg schrieb, über die Germanen nicht zufällig oder beiläufig berichtet. Das wiegt umso schwerer, als er ja kein Haudegen war, dem das Schreiben schwer gefallen wäre und der sich literarisch ungelenk geäußert hätte, sondern ein Schöngeist, der in seiner Jugend Gedichte wie ›Lob des Herkules‹ oder eine Tragödie ›Ödipus‹ geschrieben hatte; als Rhetor stand er in Rom in hohem Ansehen, und noch als Statthalter auf dem Weg von Rom nach Spanien hatte er ein poetisches Werk ›Der Weg‹ verfaßt. Wenn ein Politiker wie Caesar, ein Stilist von hohen Graden, mit höchster Raffinesse auf alles rhetorische Beiwerk verzichtete und über ›seinen Krieg‹ einen Tatsachenbericht schrieb, der literarisch Epoche machte, so kann man von dem Gedanken ausgehen, daß jede Zeile bewußt geschrieben, nichts naiv geäußert war.

Erstaunlicherweise gibt es aber bis heute keine echte Strukturanalyse des *De bello Gallico*, so daß die Altphilologie die Antwort auf die Frage schuldig bleiben muß, ob Caesar sein Werk Jahr um Jahr niederschrieb und dann zusammengefaßt veröffentlichte, oder ob das Werk insgesamt von vornherein literarisch komponiert wurde.

Nachdem in den ersten Bänden (1, 4 und 5) die Germanen als jene »gefährlichen Nachbarn« jenseits des Rheins, aber auch im belgischen Gallien, vorgestellt worden waren — als über den Rhein herübergekommene oder schon im belgischen Gebiet ansässige ›Germani‹, wie sie von den Galliern genannt wurden oder sich auch selbst nannten, erfolgt der eigentliche ethnographische Exkurs über die Germanen erst im 6. Buch, obwohl er seiner Natur nach ebensogut hätte am Anfang stehen können. Es ist ein Wagnis, diesen Umstand zu interpretieren. Wenn man den Zusammenhang der Ereignisse und den Stellenwert bedenkt, den die Darstellung der Germanen auf diese Weise bekommt, dann scheint es, als habe Caesar die Germanen hier benötigt, um zu erklären, daß nicht die Gallier, sondern die Germanen als der weitaus wildere und gefährlichere Volksstamm die Schuld daran trügen, daß man soviel militärische Mühe in Gallien habe aufwenden müssen, und ebenso, daß man nicht einfach über den Rhein gehen und auch dort Ordnung schaffen könne: hier herrschten eben, so der Kenner der Rheinfront, völlig andere Verhältnisse als in Gallien.

Caesar ist zweimal über den Rhein gegangen. Beim ersten Mal hat er jenen berühmten Brückenschlag — wahrscheinlich in der Nähe Neuwieds — veranlaßt (→Seite 18), der noch heute zur Bewunderung nötigt. Beim ersten Rheinübergang war jenes Gemetzel unter den Usipetern und Tenkterern vorausgegangen, das Cato zu seinem Auslieferungsantrag gebracht hatte. Der Brückenschlag diente Caesar als Demonstration militärischer Macht. Beim zweiten Mal ging es um die ›Bestrafung‹ der *Eburonen*, der ›Männer des Ebers‹ (→*Götterwelt*). Sie hatten bei Lüttich eineinhalb Legionen in einen Hinterhalt gelockt und vernichtet. Der Aufstand griff um sich, weithin in Gallien wurden römerfreundliche Adlige umgebracht, Caesar befreite zwar einen Bruder des Cicero, der bei ihm im Heer diente und mit seinen Truppen von den Eburonen und ihren Verbündeten, den *Nerviern*, eingeschlossen war, aber zu einer Vergeltungsaktion war er erst fähig, als ihm nach Ablauf des Winters im Frühjahr 53 v. Chr. neue Truppen zur Verfügung standen. Er hatte, voll Zorn über den Verlust seiner Legionen, Trauer angelegt und Rache geschworen. Zuerst bestrafte er mit ca. 50 000 Mann die mit den Eburonen verbündeten Stämme, dann kreiste er diese selbst ein. Hier kam es zum zweiten Brückenschlag über den Rhein, und in Caesars 6. Buch über den gallischen Krieg, das diese Ereignisse schildert, ist die ›vergleichende Völkerkunde‹ über Kelten und Germanen eingeordnet.

Der zweite Brückenschlag wurde etwas oberhalb der ersten Übergangsstelle durchgeführt. Man blieb zwei bis drei Wochen auf dem ›germanischen‹ Ufer. Die dort wohnenden Stämme hatten sich ins Innere zurückgezogen, was den Römern keine Chance gab, eine Schlacht zu schlagen. Caesar ließ sich nicht verlocken, weiter ins Land vorzustoßen. Er ging über den Rhein zurück, noch immer entschlossen, die Niederlage zu rächen, welche ihm die Eburonen beigebracht hatten. Die Brücke ließ er stehen, befestigte sie durch einen vier Stockwerke hohen Turm am rechten Ufer und ließ zu ihrem Schutz eine beachtliche Besatzung zurück.

Über die Germanen schreibt er an dieser Stelle, ihre Sitten »unterschieden sich sehr von denen der Gallier«. Sie ließen sich nicht von Priestern leiten und brächten auch »nicht eifrig Opfer dar«, was für einen zivilisierten Römer so abstoßend gewirkt haben muß wie der Schamanismus der Indianer auf einen Protestanten aus England. Ihr Leben, schreibt Caesar, bestände nur aus Jagd und Krieg — was sicher nicht stimmt, wie die archäologischen Zeugnisse beweisen. Daß die Germanen beiderlei Geschlechts in den Flüssen badeten, wirkte damals höchst barbarisch, weil man als anständiger Mensch in den Thermen badete, also in Hallen, und ebenso las sich für den interessierten Römer der Satz: »---als Kleidung tragen sie Felle oder kleine Pelzkleider, die den größten Teil des Körpers unbedeckt lassen«.

Nach einem längeren, recht oberflächlichen Exkurs über die wirtschaftlichen und politischen Verhältnisse bei den Germanen kommt Caesar zu seinem Anliegen. Früher, sagt er, seien die Kelten den Germanen an Tapferkeit und Aggressionslust überlegen gewesen. Sie hätten sich damals mitten in Germanien niedergelassen und wohnten da heute noch. »Heute aber sind die Germanen der alten, einfachen Lebensweise und dem körperlichen Training treu geblieben, die Gallier aber erhalten aus der Provinz und durch überseeische Einfuhr vieles, was zum Überfluß und zur Bequemlichkeit beiträgt. So haben sie sich denn an die Überlegenheit der Germanen gewöhnt, sind oft besiegt und wagen selbst nicht mehr, sich an Tapferkeit mit jenen zu vergleichen«.

Kampf gegen Eburonen und Averner. Mit der Schilderung zum Teil phantastischer Tiere, wie sie zum Stil der damals tonangebenden griechischen Geographie gehören, schließt der Bericht über die Germanen. (Zum Germanenbegriff siehe auch →*Abstammung, Indoeuropäer und ›Germanen‹*.)

Caesar hat sich, nachdem er auf das linke Rheinufer zurückgekehrt war, gegen die Eburonen gewandt und ihr Land systematisch verwüstet. Die Legionäre durften brennen, rauben, vergewaltigen und morden, und um das Maß der Rache voll zu machen, rief Caesar die Nachbarstämme auf, sich gegen Beute an diesem Gemetzel zu beteiligen.

Wie später Karl der Große gegen die Sachsen ging Caesar gegen diesen Stamm vor und glaubte, als er Ende 53 v. Chr. eine Versammlung der Gallier einberufen und die Rebellen unter den *Senonen* und *Carnuten* bestraft hatte, Herr der Lage zu sein. Man weiß, daß sehr bald — 52 v. Chr. — ein neuer Aufstand unter dem keltischen Heerführer *Vercingetorix* ausbrach, einem Mann, der in gewisser Hinsicht Caesar ebenbürtig war.

Es kam zur Belagerung und Eroberung des heutigen Bourges durch die Römer, die 40 000 Menschen schlachteten, so erbittert war der Kampf. Vercingetorix hatte die Taktik der verbrannten Erde gewählt, Stadt um Stadt ging in Flammen auf, ein keltischer Stamm nach dem andern schloß sich den Aufständischen an, und Caesar wurde im Jahre 48 v. Chr. mehrfach geschlagen. Nach diesen Niederlagen warb er während einer Atempause germanische Reiter an, und ihnen verdankte er schließlich den Sieg. Der erste Angriff dieser Reiter *(→Pferd)* zersprengte das Heer des Vercingetorix, der sich mit seinem Fußvolk schleunigst nach Alesia, dem heutigen Alise-Sainte-Reine, zurückzog. Hier schloß ihn Caesar nach allen Regeln römischer Belagerungskunst ein. Als das keltische Ersatzheer anrückte, um die eingeschlossene Stadt zu befreien, waren es zunächst wieder die germanischen Reiter, die den Sieg retteten. Caesar hatte Gallien nach dieser Schlacht endgültig im Griff; Vercingetorix, der sich in voller Rüstung auf Gnade und Ungnade ergeben mußte, blieb mehrere Jahre in Gefangenschaft, ehe er 46 v. Chr. in Caesars Triumphzug mitgeführt und, wie bei Prominenten üblich, anschließend erwürgt wurde. Gallien wagte keinen Aufstand mehr; in den acht Jahren dieses Krieges war ein Drittel der waffenfähigen Bevölkerung umgekommen; nun führte eine kluge Besatzungspolitik zur Romanisierung Galliens. Erst der Einbruch der Franken hat hier neue Akzente gesetzt *(→Franken* und *→Merowinger)*. Caesar, der um die Macht im Staat noch auf vielen Schlachtfeldern gekämpft und sich dabei auf die Hilfsmittel gestützt hat, die ihm aus Gallien zuflossen, hat mit Germanen und Germanien später nichts mehr zu tun gehabt. Caesars These aber, daß der Rhein die natürliche Grenze zwischen Romanen und Germanen sei, hat noch im 19. Jahrhundert die Gemüter französischer und deutscher Nationalisten bewegt.

Canninefaten (Kanninefaten)
Stamm an der niederländischen Nordseeküste zwischen Waal und Zuidersee, mit den *→Batavern* nahe verwandt. Ihr Name ist in dem heutigen *Kennemerland* (Nordholland) erhalten.

Capitulatio partibus Saxoniae
Diese Urkunde für die sächsischen Stämme, um 782 erlassen, führte fränkisches Königsrecht im Bereich der Sachsen ein, unterstellt sie der Gerichtshoheit *Karls des Großen* (→Seite 240) und sichert die Durchsetzung des Christentums. Für die Hinrichtung mehrerer Tausend Sachsen bei Verden an der Aller bot es die Rechtsgrundlage *(→Sachsen)*.

Cassiodor(us), Flavius Magnus Aurelius
Der aus vornehmer Familie stammende Süditaliener (*ca. 490, †580) ist um 507 Kabinettssekretär *→Theoderichs des Großen* geworden, wurde mit dem Konsulat ausgezeichnet und in späten Jahren *magister officiorum*, also höchster Verwaltungsbeamter, das heißt Kanzler. Er ist ein hervorragender Vertreter der römisch-gotischen Zusammenarbeit während der *→Pax Gothica*. Seine eigene *Geschichte der Goten*, die der Verherrlichung der Goten diente, ist verschollen; Auszüge sind aus dem Werk des *→Jordanes* bekannte. Er gründete in seiner Heimat Kalabrien das Kloster *Vivarium*, in dem er seit 540 seinen Studien lebte.

Cassius Dio *→Drusus*, Seite 99.

Chaibonen (Avionen?)
Um 287 Wandergenossen der *→Gauten*.

Chamaven
Rechtsrheinischer germanischer Stamm, der im 4. Jahrhundert von *Arbogast* (→Seite 113) angegriffen wurde.

Chasuarier (Kasuarier)
Als Nachbarn der *→Angrivarier* und *Chamaven* von Tacitus erwähnt. Wahrscheinlich identisch mit den *→Hasuariern*.

Chatten (Katten; Nachfolgestamm: →Chattuarier)
Die Chatten wohnten um die Zeitwende an der Fulda und an der Eder und hatten mit Zustimmung der Römer das Land der Ubier in Besitz genommen *(→Ubier)*, die ja ihrerseits von den Römern umgesiedelt worden waren. Als die benachbarten *→Sigambrer* den Drusus überfielen, der mitten durch das Land der Chatten zog, um die *→Cherusker* anzugreifen, beteiligten sie sich aus Dankbarkeit gegen die Römer an diesem Überfall nicht. Die Sigambrer sind daraufhin auch gegen die Chatten vorgegangen. Dann aber erkannten die Chatten offenbar, welche Absichten die Römer langfristig hatten; sie zogen sich aus dem Gebiet der umgesiedelten Ubier wieder zurück und schlossen mit den Sigambrern Frieden.
Im Jahre 9 v. Chr. unterwarfen sich die Chatten den Römern und durften daraufhin das Gebiet der Swebenstämme besetzen, die nach Böhmen abgezogen waren *(→Sweben)*. Außerdem nahmen sie die Wetterau in Besitz. An der Rebellion des Arminius nahmen sie zwar teil, andererseits war offenbar ein Fürst der Chatten an der Ermordung des Arminius beteiligt (Schwarz).
Im Jahre 15 ging Mattium (das Dorf Metze bei Gudensberg bzw. die Alteburg bei Niedenstein), offenbar ein Hauptsitz der Chatten, beim Rachezug des Germanicus in Flammen auf.
Gegen ihre nördlichen Nachbarn, die *→Chauken*, konnten sie sich zur Zeit des Tacitus nicht behaupten, auch nicht gegen die benachbarten *Hermunduren* mit denen sie im Jahre 58 um die Salzunger Salzquellen kämpften.
Während des Bataveraufstandes mußten die Chatten den Römern zwar weichen und sich aus dem Taunus zurückziehen *(→Bataveraufstand)*, konnten sich aber auch dem Einfluß der Römer entziehen.
Ansonsten weiß man über die Chatten nicht viel: sie waren offenbar mit den Cheruskern versippt, auch wird von ihren Jungmännern berichtet, sie hätten sich Bart und Haupthaar nicht geschoren, ehe sie nicht einen Feind getötet hätten; das erinnert an Mannbarkeitsproben bei anderen Naturvölkern, etwa bei den Kopfjägern. Man weiß weder, woher die Chatten gekommen sind, noch kann man ihren Namen deuten, und schließlich gibt es auch keine

Sprachreste, nicht einmal überlieferte Namen. Erst aus dem Jahr 213 gibt es wieder eine Nachricht über die Chatten: ihre Frauen hätten Selbstmord begangen, um nicht in die Sklaverei verschleppt zu werden. Bonifatius fällt im Gebiet der Chatten, die nun zum Stammesgebiet der Franken gehören, 723 die Donareiche *(→Bonifatius)*; in diesem Jahrhundert wird für die Bewohner der Gegend um Eder und Diemel zum ersten Male die Bezeichnung »Hessen« gebraucht, in der die Erinnerung an die Chatten weiterlebt.

Während im Rhein-Maingebiet der fränkische Einfluß das Chattentum überlagert, hält sich das hessische Erbe um Eder, Fulda und Lahn bis in die neuere Zeit. Die bäuerliche Bevölkerung dieser Gegend hat ihre im Laufe der Jahrhunderte entwickelte Eigenart in Brauchtum und Tracht zäh bewahrt. In diesem Raum, in Niederzwehren bei Kassel, stießen auch die *Brüder Grimm* auf jene alte Frau, die ihnen den Zugang zum Erzählgut aus den Spinnstuben eröffnete; so stammen die *Kinder- und Hausmärchen* (1821—1822) aus dem Stammland der Chatten.

Chattuarier (Attuarier, Kattuarier)

An der mittleren und oberen Ruhr sitzender Stamm, der zur Kultgemeinschaft der Tanfana gehörte. Der sächsische Gau Hatterun erinnert an sie. Um 512 kämpfte in ihrem Land der *Gautenkönig Hygelac.*

Chauken

Plinius der Ältere (*24, †79 n. Chr. →Seite 230) berichtet, die Chauken wohnten auf Erdhügeln *(Wurten)*, lebten vom Fischfang und heizten mit Erde — Torf kannte er offenbar nicht. Wie die Friesen haben sie ihren Bündnisvertrag mit den Römern, der 5 v. Chr. geschlossen wurde, treulich gehalten. Tacitus hat diesen Stamm besonders gerühmt: sie seien die Angesehensten unter den Germanen und hätten einen weiten Blick, sie vereinten starkes Gerechtigkeitsgefühl mit wahrhafter Gesinnung. Man kann die Tatsache, daß Menschen an der Küste leben, auf vielerlei Weise ausdeuten. So schrieb der bekannte Vorgeschichtler *Ernst Wahle* über die Chauken: »In diesen Eigenschaften äußert sich die erziehende Kraft der weiten Wasserflächen, welche die Menschen zusammenführen und ihre Gedanken beleben«. Niemand würde über Eskimos oder die Indios der Küste ähnliche Gedankengänge geäußert haben: nur in den germanischen Menschen wird hineingeheimnißt, was der eigenen Wunschvorstellung entspricht, wobei die von Tacitus gerühmten Eigenschaften unbestritten sein sollen, auf welchen Beobachtungen sie immer beruht haben mögen.

Auf Meeresjagd fahren die Chauken wie Indianer auf Einbäumen; später unternehmen sie auf diese Weise sogar Raubzüge. Sie wissen, daß die Gallier ›unkriegerisch‹ sind, und plündern 47 die gallische Küste, wie im Jahre 70 die Bataver, die ihrerseits einige hundert Jahre später von den Wikingern heimgesucht werden. Auch nach Süden breiten sich diese Chauken aus, die ursprünglich zwischen der unteren Ems und der Unterelbe gesessen haben. Sie verdrängen die an der unteren Ems wohnenden *→Amsivarier (Ampsivaren)* und die sogenannten *→Chasuarien (Kasuarier)*, die an der Hase zwischen Wiehengebirge und Teutoburger Wald wohnen. Als Piraten treten die Chauken 170 noch einmal in Erscheinung. Im 4. Jahrhundert werden sie zum letzten Mal erwähnt — dann verlieren sie sich aus der Geschichte, das heißt, sie werden zu Angehörigen des fränkischen Reiches wie die *→Friesen*, *→Bataver* und anderen germanischen Stämme, falls sie nicht, was als möglich angenommen wird, mit anderen Stämmen den in den Raum der *→Cherusker*, *→Brukterer* und *→Angrivarier* eindringenden Stamm der *Sachsen* bilden.

Cherusker

Die Cherusker sind, dank *→Arminius*, zu einer unverhältnismäßigen Berühmtheit gekommen, die ihrer sonstigen Bedeutung nicht ganz entspricht. Man vermutet, daß der Name von *herut* (ger. = Hirsch) kommt. Die Römer konnten das *h* nur schwer aussprechen, weshalb sie vielleicht aus den *Hatten* die *→Chatten* und aus *Heruskern Cherusker* machten — ähnlich wie ein Slawe Chermann statt Hermann sagt. Diese ›Hirschleute‹ also werden zuerst von Caesar erwähnt, nämlich: die *→Treverer* hätten sich bis zu jenem Wald zurückgezogen, der »Cherusker und Sweben trennt«.

Man weiß, daß die Wälder zwischen den Siedlungsinseln als Grenzraum galten. Für den Vorgeschichtler ist es nun ein schwieriges Vorhaben, herauszufinden, welcher Wald diese Grenze gebildet haben könnte. Heute ist man der Ansicht, die Gegend habe östlich von Paderborn gelegen. Es gab später einen ostfälischen Gau, der *fahala* hieß, also wohl das ›Land der Falen‹ war, und man sieht in den West- und Ostfalen die Nachkommen der Cherusker, wenn über einen Abstand von so vielen Jahrhunderten mit all ihren Veränderungen solche Feststellungen überhaupt einen substantiellen Sinn haben. Alle diese Zuordnungen stehen auf sehr schwankendem Grund und stützen sich auf Ortsnamen, bruchstückhafte Textstellen oder oft kaum mehr erkennbare ethnologische Verbindungen.

Drusus ist im Jahre 11 v. Chr. durch das Gebiet der Cherusker gezogen und hat die Weser erreicht, ohne sie zu überschreiten *(→Drusus)*. »Er hätte auch die Weser überschritten, wenn er nicht Mangel an Lebensmitteln gehabt hätte und der Winter hereingebrochen und auch ein unheimlicher Bienenschwarm in seinem Lager erschienen wäre.« Dies berichtet der römische Historiker *Cassius Dio* (*um 150, †229), dessen bemerkenswerte Vorliebe für Vorzeichen bekannt ist *(→Drusus)*. Man wird den Bienen der Cherusker also keinen so bedeutenden Platz in der Geschichte einräumen können.

Zwei Jahre später wiederholt Drusus seinen Vorstoß und stößt über die Werra bis an den Nordhang

Sogenanntes ›Cheruskergehöft‹ von Oerlinghausen, rekonstruiert nach den 1932 bis 1937 ausgegrabenen Grundrissen und Fundamenten einer Anlage des 1. Jhs. Möglicherweise im Zusammenhang mit der nahegelegenen Wallanlage auf dem Tönsberg / Teutoburger Wald zu sehen. (Durch Brand beschädigt 1974.)

des Thüringer Waldes vor, marschiert die Ilm und die Saale entlang bis an die Elbe, woselbst ein Siegeszeichen errichtet wird. Drusus ist auf dem Rückzug vom Pferd gestürzt und noch unterwegs an den Folgen des Knochenbruches gestorben.
Schon wenige Jahre später, 4 n. Chr., schließen die Römer mit den Cheruskern einen Bündnisvertrag ab (→*Foederaten*). Als Folge dieses Vertrages bekommen Arminius und sein jüngerer Bruder *Flavus*, der ›Blondkopf‹ (lat. *flavus* = hellblond), weil sie zu den Adligen gehören, das römische Bürgerrecht und übernehmen Kommandos über Hilfstruppen, welche die Cherusker als Gegenleistung für das Bündnis zu stellen hatten. Man sieht diese Verträge heute leicht im falschen Licht und in der Perspektive eines rückwärts gerichteten Nationalismus; sie boten damals den Cheruskern wie allen Germanen die Möglichkeit, zu dem weltumspannenden Imperium der Römer in ein geordnetes Verhältnis zu treten — mit allen Vor- und Nachteilen einer zivilisierten Lebensform, einer Romanisierung wie in Gallien. Dieser Konflikt zwischen Freiheitswillen und Zivilisation ist auf dem Thing der Stämme schon damals mit Sicherheit besprochen worden; daß sich die Partei der Römerfreunde, die ihr Wort halten wollten, und die der Rebellen, die den Untergang des Volkes befürchteten, im Grunde unversöhnlich gegenüberstanden, zeigt eine Textstelle bei Tacitus. Er schildert, wie vor der Schlacht bei *Idistaviso* an der Weser im Jahre 16 →*Arminius* und sein 16jähriger Bruder *Flavus* einander begegnen, wobei Flavus die Partei derer ergreift, für die er gekämpft hat und verwundet worden ist, deren Orden er trägt und deren Gemeinschaft er sich verpflichtet weiß: Flavus hat offenbar im Rang eines Centurionen gestanden und war mit dem Orden des »Adler« ausgezeichnet; solche Orden gab es übrigens nicht für die ›Tapferkeit vor dem Feind‹ wie heute, denn die verstand sich von selbst, sondern als Zuordnung zu einer Kategorie, wie im heutigen Heer ein Dienstgradzeichen. Er war mit seinen damals 16 Jahren noch kein »Ritter«, kein Offizier, aber er muß das römische Bürgerrecht besessen haben wie Arminius, denn sonst hätte er sich nicht als einfacher Soldat empordienen und jene Auszeichnung erlangen können — solche Karrieren, noch dazu für den Häuptlingssohn eines germanischen Stammes, waren ganz undenkbar ohne den Vorzug des Bürgerrechtes. Flavus hatte damals schon mehrere Kriegsjahre hinter sich und war von einer Verwundung entstellt; vermutlich hat er sie während der Feldzüge des Tiberius in Pannonien davongetragen. Die germanischen Feinde des

Flavus nennen ihn voll Verachtung einen »explorator« — also einen, der spionieren und verraten will. Durch den Strom getrennt, überschütten die Brüder einander mit Vorwürfen, »indem der eine die Größe Roms, der andere Freiheit und Vaterland beschwört«.
Am Ufer werden römische Legionäre und ihre Offiziere Zeugen dieses seltsamen Schauspiels. Die Brüder steigern sich in solche Wut, daß es zu Tätlichkeiten, ja zu einer Schlacht zwischen den Gefolgsleuten gekommen wäre, wenn der Fluß nicht ein zu großes Hindernis gebildet hätte. Ehe man sich anschickt, einander anzugehen, greift der römische Reiterführer Stertinius ein und verhindert ein Blutvergießen.
Die Cherusker haben während der Zeit, in der Arminius den Überfall auf den Feldherrn Varus inszenierte, eine wichtige Rolle gespielt. Aber die Haltung der cheruskischen Stammesfürsten ist nicht einheitlich gewesen: der Gaukönig *Segimer* hat seine beiden Söhne Arminius und Flavus in römische Dienste treten lassen; nirgends ist davon die Rede, daß dies zwangsweise geschehen wäre. Auch der Bruder des Segimer mit Namen *Inguiomer* stand auf Seiten der Römer, und schließlich hatte *Segestes*, der Schwiegervater des Arminius, seit jeher für ein Bündnis mit Rom gesprochen. Segestes bekam von den Römern das Bürgerrecht verliehen. Seine Tochter →*Thusnelda* mußte den politischen Konflikt zwischen Cheruskern und Römern, zwischen Mann und Vater mit der eignen Existenz bezahlen: sie war die Gattin des Arminius und Gefangene in Rom.
Ein Sohn des Segestes namens *Segimund* ging einen Schritt weiter als sein Vater: er wurde Priester am Altar der Ubier in Köln, wo für die Provinz Germania der Kultus des Augustus eingerichtet worden war. *Tiberius*, auf den diese sehr geschickte Befriedungspolitik zurückgeht, hat sich gerühmt, auf diese Weise politisch mehr erreicht zu haben als Drusus und Germanicus durch ihre Waffen.
Tiberius hatte noch im Jahr 5 seinen Vorstoß nach Norden gegen die Chauken führen können, wobei ihm der Marsch entlang der Weser und Aller niemals möglich gewesen wäre, hätten nicht die Cherusker seine Flanke gedeckt. Die Katastrophe des Jahres 9 (→*Varusschlacht*) änderte die Situation, aber selbst als der von Arminius eingeschlossene *Segestes* von Germanicus befreit worden war, verzieh man ihm seine Teilnahme am Überfall im Teutoburger Wald und sicherte ihm und seiner Sippe Straffreiheit zu. Gerade diese Großzügigkeit brachte die Anhänger des Arminius in Schwierigkeiten, und so eilte er selbst von Gau zu Gau, um für den Kampf zu agitieren.
Es ist Arminius damals schließlich sogar gelungen, den Bruder seines Vaters, *Inguiomer*, auf seine Seite zu ziehen. Später trat Inguiomer aber in der Auseinandersetzung zwischen Arminius und *Marbod* (→*Arminius*) mit seinem Gefolge auf die Seite Marbods über, der sich im Gebiet der keltischen →*Boier* (→auch *Baiern*) in Böhmen, sein Reich geschaffen hatte, das lange neutral blieb (→*Arminius* und →*Markomannen*).
Man erfährt nach der Gefangenschaft *Thusneldas*, der Befreiung des Segestes und dem Tod des Arminius nicht mehr viel über die Cherusker. Sie haben, weil sie ihrer inneren Wirren nicht Herr wurden, im Jahre 47 den Italicus, einen Sohn des Flavus, zum König gewählt. Tacitus nennt sie in seinen *Annalen* ein »heruntergekommenes Volk, das sich der →*Chauken* nicht erwehren konnte«, und in der *Germania* heißt es: »nachdem sie einen allzulangen und siechenden Frieden genossen«...»werden die Cherusker, die einst bieder und gerecht hießen, jetzt dumm und faul gescholten, während den siegreichen Chatten das Kriegsglück den Ruf der Weisheit eintrug«.
In späteren Kriegsberichten tauchen sie ein letztes Mal auf: der spätere Kaiser Konstantin der Große, damals Regent der weströmischen Provinzen, bereitete im Jahre 310 den angreifenden Barbarenstämmen, darunter den Cheruskern, eine Niederlage. Seitdem sind sie aus den Berichten der zeitgenössischen Historiker verschwunden.

Christentum, Christianisierung
»Einstmals traf es sich, daß der heilige Mann mit einem Buche allein durch die dunklen Wälder streifte und mit sich selbst über den Inhalt der heiligen Schriften zu Rate ging. Dabei kam ihm plötzlich der Gedanke, was er wohl lieber erdulden würde, die Ungerechtigkeit der Menschen oder die Wut wilder Tiere. Und da ihn die Schwere dieses Gedankens bedrückte, schlug er einfach das Zeichen das Kreuzes über seiner Brust und flehte in inbrünstigem Gebete den Herrn an, seinen Geist zu erleuchten. Plötzlich wurde ihm klar, es sei besser, die Wildheit der Tiere zu ertragen, an denen keine Sünde haftet,

Alamannische Goldblattkreuze, die als Heilszeichen auf die Kleidung genäht wurden. — Germanisches Nationalmuseum, Nürnberg.

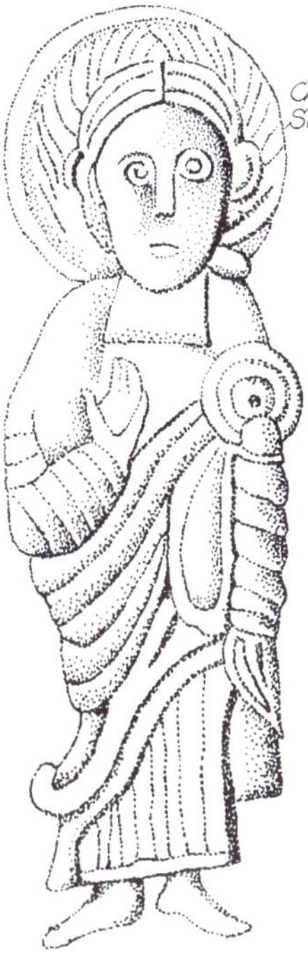

Christusbild
Schrankplatte aus Metz

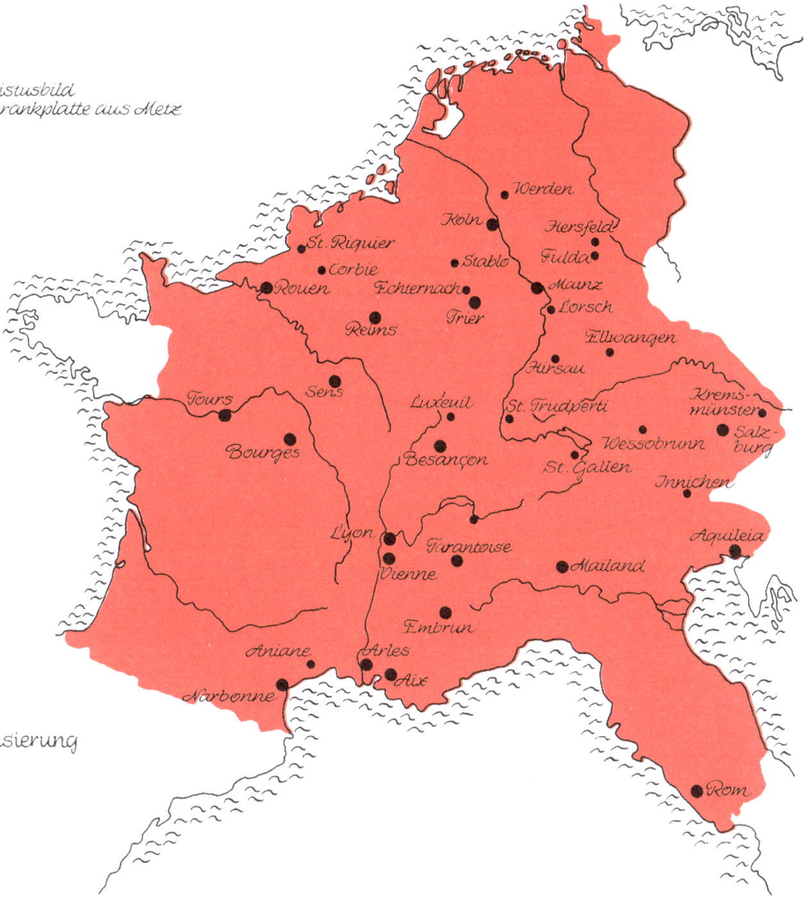

Zentren der Christianisierung im Frankenreich

● Erzbistümer

• Wichtige Klöster

als die Bosheit der Menschen, die dabei selbst Schaden an ihrer Seele nehmen. Als er dies in seinem Gemüt bewegte, erblickte er ein Rudel Wölfe, die herankamen und zur Rechten und zur Linken vor ihm Halt machten. Da blieb er unbeweglich stehen und rief: ›Gott, hilf mir! Herr, steh mir bei!‹ Die Tiere kamen auf ihn zu und rieben ihre Schnauzen an seinem Gewande, und wie er ruhig in seiner Stellung verharrte, verließen sie ihn wieder und verloren sich im Walde.« Bald darauf hörte er »hinter den Bäumen die Stimmen von Sweben, die zu jener Zeit in diesen Waldungen auf Raub auszogen«. Columban »wappnete sich mit Standhaftigkeit, und die Stimmen verhallten wieder«.

Diese Legende vom Heiligen *Columban* (auch Kolumban, *um 543, †615), der den Hof des Königs *Childebert* verläßt (→*Merowinger* und Seite115), um in die Einöde zu ziehen, trägt den Stempel der Wahrheit und macht auch verständlich, weshalb das Christentum die abgewirtschaftete Götterwelt der Römer und Germanen bezwang als die stärkere geistige Kraft. Es gibt aus den ersten Jahrhunderten des Christentums in Gallien und Germanien sonst wenige greifbare Zeugnisse.

Die *fränkisch-irische Mission* operierte stets von Frankreich aus. Ihr erster Gottesstreiter war der Gründer des Klosters Bobbio, eben jener Abt Columban. Er missionierte außer in Frankreich und Oberitalien auch bei den →*Alamannen* am Zürcher See und am Bodensee. Daß die Iren als Missionare stärkere Erfolge als die Franken hatten, war eine Frage der Glaubwürdigkeit: die Franken wurden in ›Germanien‹ politischer Ziele verdächtigt, die bei den Iren entfielen.

Die Christianisierung hat sich, wenn man sie vereinfacht zeichnen will, in zwei Phasen abgespielt. Zunächst trat ein Herr oder auch der König zum Christentum über, wobei häufig das politische Kalkül mitwirkte. Hier spielte vor allem der Richtungsstreit zwischen Arianern und Athanasianern *(→Arianer)* eine wesentliche Rolle. Die Gefolgschaftstreue ließ das Gefolge ebenfalls zu ›Christen‹ werden, ohne daß Sitten und Gebräuche sich geändert hätten. Formal wurden zwar auch neue hierarchische Strukturen geschaffen, z. B. Bistümer, aber das Volk blieb davon nahezu unberührt. Wie sich damals die Dinge überlagert haben, zeigt noch die viel spätere Rechtsregel im Sachsenkapitular: »Wer bei Quellen oder

Bekehrung zum Christentum

380 Christentum wird im Römischen Reich Staatsreligion
395 Trennung in Weströmisches und Oströmisches Reich
416 Linksrheinische Burgunder
430 Rechtsrheinische Burgunder
488 Sweben unter König Rekiar I.*
ca. 498 Franken unter König Chlodwig I.*
507 Westgoten
586 Westgoten unter König Rekkared I.*
723 Bonifatius fällt die Donareiche
785 Sachsen unter Herzog Widukind*
ca. 1000 Island*
Norwegen*
Schweden*

* Übertritt zum katholischen Glauben

Bäumen oder Hainen ein Gelübde getan oder ein Opfer dargebracht oder zu Ehren der Geister ein Mahl gehalten hat, soll 60 Goldgulden zahlen, wenn er Adliger, 30, wenn er Freier, und 15, wenn er Höriger ist. Hat er nichts, so soll er in den Dienst der Kirche gegeben werden, bis er die Buße gelöst hat. Weissager und Loswerfer sollen der Kirche und den Predigern zum Dienste übergeben werden.« Man erinnert sich der alten Kulte *(→Götterwelt)* und versteht, weshalb *→Bonifatius* im schon ›christlichen‹ Hessen der Legende nach die *Donareiche* bei Fulda hat fällen müssen, um zu überzeugen (Timerding).
In der zweiten Phase hat die fränkisch-irische Mission, auf diesem Boden arbeitend, eine reinere und strengere Form des Glaubens durchgesetzt und den einzelnen missioniert, ebenso aber natürlich ›Heiden‹ bekehrt. Die Taufe als Zeichen des Bekenntnisses setzte sich erst damals langsam durch. So wurden die alten Bistümer erneuert; anstelle von Augst trat Basel, an die Stelle des alten Vindonissa Konstanz. Augsburg wurde vor 591 neu eingerichtet, Worms und Speyer um 600. In Regensburg fand der fränkische Missionar *Emmeram* um 710 sein Ende. Diese ›irische‹, also radikale Richtung des Christentums hat die ersten Karolinger eher irritiert; dem fränkischen Hausmeier *Karl Martell* (714—741), dem Sieger über die Mauren, war die Kirche herzlich gleichgültig, die Kirchenämter galten ihm nur als Positionen im politischen Spiel. Sowohl die irisch-fränkische Mission als auch die angelsächsische Mission wirkte in dem Bereich, der den Grenzen des Fränkischen Reiches zur Zeit Karls des Großen entsprach. Daß im Jahre 800 die Völker dieses Reiches christlichkatholischen Glaubens wurden und eine lebendige kirchliche Struktur bestand, war die Voraussetzung der denkwürdigen Kaiserkrönung Karls des Großen. (Siehe auch *→Goten und Langobarden* Seite 30, *→Merowinger* und *→Gefolgschaft.)*

Christus
Christus ist z. Zt. der Bekehrung der Germanen als Herrscher, das heißt sitzend mit der ›großen Hand‹ dargestellt, die Segen und Heilkraft spendete *(→Königtum*; *→Heliand)*. Die Gestalt des *leidenden* Christus auf dem Kreuz kommt erst im Hochmittelalter auf.

Civilis, Julius C.
Ein vornehmer Bataver aus königlichem Geschlecht, war *Kohortenpraefekt*; unter Kaiser *Nero* und dem Statthalter *Vitellius* so diskriminiert, daß er zum Gegner Roms und zum Anführer des *→Bataveraufstandes* wurde.

Condruser
Stammesgruppe der ›linksrheinischen Germanen‹ zur Zeit Caesars an der mittleren Maas.

Cugerner
Linksrheinischer Stamm etwa gegenüber Lippe und Ruhrmündung. Vielleicht Nachfolger der umgesiedelten *→Sigambrer*.

D

Dahn, Felix
Rechtslehrer und Historiker (1834—1912), Professor an verschiedenen deutschen Universitäten, zuletzt in Breslau. Er schrieb 1861—1911 *Die Könige der Germanen* und den 4bändigen Roman *Ein Kampf um Rom* (1876—78).

Danewerk
Im 9.—12. Jahrhundert errichtetes Wallsystem in Schleswig-Holstein nahe der Stadt Schleswig, das die dänischen Könige als Grenzsicherung anlegen ließen.

Dekumatenland
Lat. *agri decumates;* Name ungeklärt. Das Land zwischen Rhein, obergermanischem Limes und Rauher Alb.

Dio →*Drusus*

Donatisten
Diese nach Bischof *Donatius dem Großen* von Karthago benannte Sekte forderte im 4.—7. Jahrhundert eine besonders strenge Kirchenzucht und Askese. Seit 414 wurden die Donatisten als Ketzer verfolgt.

Drusus, Nero Claudius D. Germanicus
»Drusus konnte die Elbe nicht überschreiten, sondern kehrte um. Denn ein Weib von übermenschlicher Größe trat ihm entgegen und rief ihm zu: ›Wohin in aller Welt willst du, unersättlicher Drusus? Es ist dir nicht beschieden, alles hier zu schauen. Kehr um! Denn das Ende deiner Taten und deines Lebens ist da.‹ Es ist freilich seltsam, daß eine solche Stimme von seiten der Gottheit jemandem offenbar wurde, doch ich kann daran nicht zweifeln. Denn sofort erfüllte sich das, wie er schleunigst umkehrte und unterwegs an einer Krankheit verschied, noch ehe er den Rhein-Strom erreicht hatte.
Ich sehe auch darin eine Bestätigung für das Erzählte, daß Wölfe um die Zeit seines Todes sein Lager heulend umkreisten; auch sah man zwei Jünglinge mitten durch das Lager reiten, weibliches Klagegeschrei wurde vernommen, und Sternschnuppen gingen am Himmel nieder.«
An diesem so überaus fesselnden Bericht, der rund 200 Jahre nach dem Tode des Drusus entstand, stimmt kein Wort außer der Tatsache, daß Drusus zwischen Elbe und Rhein vom Pferd stürzte und den Verletzungen erlag. Der Verfasser, *Dio Cassius*, offiziell *Cassius Dio Cocceianus* (*150, †229) aus Nicaea, war Sohn eines hochgestellten Politikers auf dem damals römischen Balkan und bekleidete selbst verschiedene Ämter in Pergamon und Smyrna; in Afrika war er Legat, 223/24 Statthalter in Dalmatien und Pannonien und 229 *Consul ordinarius* und *collega*, also ›Amtsgenosse‹ des Kaisers. Er hat sich dann, nach einem vollen Politikerleben, zurückgezogen und sich literarisch betätigt. Seine Vorliebe galt der Geschichte und der Größe Roms, seine Schwäche allem Übersinnlichen; so hat er ein ganzes Werk über die Träume und Vorzeichen geschrieben, aufgrund derer der Kaiser Septimius Severus den Thron erhofft hatte, und auch das germanische Riesenweib, das Drusus begegnet, gerät dank der Phantasie des Dio als überdimensionale Seherin in sein Werk.
Auch er selbst sah sich durch Träume bestärkt, sein Hauptwerk in Angriff zu nehmen, für das er zehn Jahre lang Material gesammelt hatte, nämlich eine Geschichte Roms — von der Gründung durch Aeneas bis zu seinem Consulat. Dio schrieb insgesamt zwölf Jahre lang an dieser zusammen 80 Bände umfassenden Geschichte; erhalten sind unter anderem die Bände 36—60, die geschichtlich die Frist 69 v. Chr.—46 n. Chr. umfassen, also eben die Zeit des Drusus und Germanicus, der Kämpfe in Gallien und Germanien, die damals zeitlich so weit zurücklagen wie heute die Kriege Napoleons.
Was ist nun wirklich geschehen? Auch darüber gibt es einen diesmal zuverlässigeren Bericht. In der Inhaltsangabe des übrigens verlorengegangenen Berichtes 142 von *Livius* (ca. 59 v. Chr.—17 n. Chr.) heißt es prägnant: »Er selbst (Drusus) starb infolge eines Knochenbruches, da sein Pferd auf seinen Schenkel stürzte, am dreißigsten Tage nach dem Unfall. Seine Leiche wurde von seinem Bruder Tiberius, der auf die Nachricht von seiner Erkrankung

herbeigerufen und herbeigeeilt war, schleunigst nach Rom gebracht und im Grabhügel des C. Julius beigesetzt.«
Einige Zeit später erwähnt der römische Historiker *Sueton*, offiziell *Gaius Suetonius Tranquillus* (*70, †130), etwa ein halbes Jahrhundert älter als Dio Cassius, in seinen kaiserlichen Biographien »die Gestalt eines barbarischen Weibes von übermenschlicher Größe« — sie sei dem Drusus entgegengetreten und habe ihn in lateinischer Sprache gewarnt, weiter vorzudringen. Drusus habe seinen Feldzug wiederholt und sei »ruhig an einer Krankheit« gestorben.
Dio Cassius blieb es vorbehalten, die Tatsachen, die Geschichte mit der germanischen Seherin und den Tod des Drusus auf eine so poetische Weise miteinander zu verknüpfen, daß viele Leser ihm geglaubt haben.
Drusus, dessen Sohn später den Beinamen *Germanicus* führen wird, wurde 38 v. Chr. geboren, ein jüngerer Bruder des späteren Kaisers *Tiberius*, und damit Sohn der berühmten *Livia*. Sein Vater hatte sich aus Gründen, die hier nicht zu erörtern sind, noch vor der Geburt des Drusus von Livia scheiden lassen; sie wurde bekanntlich die spätere Gattin des Kaisers *Augustus*. Im Hause seines Stiefvaters Augustus wuchs Drusus denn auch auf. Er erwarb sich schon bald dessen Sympathien und kommandierte im Jahr 15 v. Chr. die östliche Heeresgruppe, die über den Brenner bis ins Alpenland vorstieß. Im Jahre 13 v. Chr. wurde er Statthalter von Gallien und Oberbefehlshaber der Rheinfront.
Seine Offensive gegen Germanien bereitete Drusus mit Umsicht vor. Kastelle wie *Neuß*, *Urmitz*, *Basel* und *Zürich* werden angelegt, im Rheingebiet über 50; die Lager *Castra Vetera* (Xanten) und Mogontiacum (Mainz) bilden die Basis des Angriffes der Jahre 12.—9. v. Chr. Drusus baut eine Flotte, er kanalisiert die Vecht-Ijssel-Linie und verbindet den *Flevo lacus*, eine Vorstufe der Zuidersee, mit dem Rhein und über einen weiteren See mit der Nordsee; bei Herwen läßt er einen Damm anlegen, des weiteren veranlaßt er den Bau verschiedener Aufmarschstraßen; er stößt mit einer Flotte längs der Nordseeküste bis zur Wesermündung vor und erreicht, ein Jahr später, dieses Mal mit Landtruppen, ungefähr dem Lauf der Lippe folgend, die Weser ein zweites Mal. Mit Kastellen in *Höchst*, *Friedberg* und im Taunus sichert er die Wetteraugrenze; mit *Aliso*, das vielleicht identisch ist mit einem der ausgegrabenen Lager von *Haltern*, *Oberaden* oder *Anreppen*, schützt er die Lippelinie.
Im Jahre 10 v. Chr. kämpft er gegen →*Chatten* und →*Sigambrer*. Er kämpft mit →*Tencterern*, →*Cheruskern*, →*Chauken*; besiegt die →*Usipeter*, →*Chatten*, →*Sigambrer*, die →*Markomannen* und →*Sweben*. Heute sieht ihn der Balkanraum, morgen Gallien. Ein Jahr später will er von der Weser bis zur Elbe vorstoßen. An der Absicht Roms, dieses Gebiet wie Gallien zu besetzen und zu kolonisieren, besteht kein Zweifel mehr. Drusus hat die Elbe erreicht, aber er stirbt auf dem Rückweg westlich der Saale. Nach seinem Tode ist Drusus hoch geehrt worden, aber die Lage in Germanien bleibt unübersichtlich, seit Drusus tot ist und seine Absichten nicht mehr verwirklichen kann. *Publius Quinctilius* →*Varus*, damals schon ein reifer Mann, ist zur Zeit des Todes von Drusus Proconsul von Afrika oder Legat in der reichen Provinz Syrien, und →*Arminius* ein Knabe von etwa neun Jahren. Sie werden sich beide auf dem politischen Kampfplatz messen, den Drusus umrissen hat.

Dulgubiner
Dieser von Tacitus genannte Stamm, den →*Angrivariern* benachbart, ist nur dem Namen nach bekannt.

E

Eburonen
Stammesgruppe der ›linksrheinischen Germanen‹ zur Zeit Caesars, ansässig an der Maas.

Edda
Isländisch *Poetik* oder *Buch von Oddi* genannt. Ist ein literarisches Kunstprodukt und faßt zwei verschiedene Werke zusammen, nämlich das poetische Lehrbuch der *Snorra-Edda* und die ältere *Saemundr-Edda.* Als Verfasser des Lehrbuches zeichnet *Snorri Sturluson* (→Seite 115 und Seite 254) verantwortlich, ein bedeutender Gelehrter, der in dieser Sammlung für junge Skalden aufzeichnete, was für den Vortrag und das Verständnis isländischer Götter- und Familiensagas *(→Saga)* wichtig war.
Diese Snorra-Edda beginnt mit der Darstellung der *nordischen Mythologie*, wie sie sich damals darstellte, und zwar in zwei Teilen: der erste Teil heißt *König Gylfis Täuschung* (isl. *Gylfaginning*), der zweite Teil *Reden des Dichtergottes Bragi* (isl. *Bragaroethur*), die beide in Gesprächsform verfaßt sind. Zuvor hat Snorri in einem Prolog die nordischen Menschen, dem Stil der Epoche folgend, als ausgewanderte Nachkommen der *Könige von Troja* dargestellt; diese auf *Vergil* zurückreichende Tradition, die auch eine Gründungssage für Rom stiftete, hat also bis in den hohen Norden gewirkt. Der verzauberte König Gylfi fragt dann in rhetorischer Manier drei seltsame Figuren namens *Hoch*, *Gleichhoch* und *Dritter*, also eine Art heidnischer Trinität, nach den nordischen Göttern aus, und diese geben ihre Antworten, sie erzählen die Mythen von *Thor*, von *Baldrs* Tod *(→Götterwelt)* usw. Schließlich weicht die Verzauberung von Gylfi, und die Mythen stellen sich als das heraus, als was der Verfasser sie zeichnen will, nämlich als Gaukelspiel gewissenloser Zauberkünstler (Hallberg). Siehe auch die Stichworte *→Nibelungenlied*, *→Siegfried*, *→Runen*, *→Stabreim.*
Island war schon über 200 Jahre lang bekehrt, als diese Geschichten aufgeschrieben wurden. Der Gehalt an ›Germanentum‹ ist hier also recht verdünnt, wenn auch allerlei Entsprechungen auftauchen und Liedgut sich findet, das in sehr frühe Zeiten zurückreicht. Gerade das aber, was besonders alt wirkt, ist meist eine späte, auf andere Überlieferungen zurückgreifende Neuformung, wie die Geschichten von *→Loki* oder *Wieland* (→Seite 301). Es folgen die *Sprüche der Dichtkunst* (isl. *Skáldskapar mál*), eine Aufzählung der Versarten, und ein inhaltlich, wenn auch nicht formal bedeutungsloses *Lobgedicht* des Snorri Sturluson auf den norwegischen König *Hákon.* Diese Edda ist in Handschriften aus dem 13. und 14. Jahrhundert erhalten.
Die *ältere Edda* ist die sogenannte *Saemundr-Edda*, eine Liedersammlung, die nicht von Saemundr stammt und ihm fälschlich zugeschrieben worden ist. Diese hier wohl unter Anleitung von Snorri Sturluson zusammengestellten Lieder umfassen zum Teil Motive, die der nordischen Mythologie, aber auch der germanischen *→Heldensage* angehören, für die sie als Quelle unschätzbar sind. Offensichtlich stammen die meisten Lieder aus der Wikingerzeit (9.—12. Jahrhundert); hier finden sich die berühmte *→Völuspa*, ferner die *Sprüche der Hohen* (isl. *Havámál)*, eine Sammlung von vorchristlichen Spruchweisheiten, wie sie die Bibel etwa in den Sprüchen Salomonis kennt, und die beiden Mythenlehren, die *Grimnismal*, das heißt die Lehren des Odin, der auch *Grimnir* heißt, und *Vafthruthdnismál.* Aus dem Süden, aus der Sagenüberlieferung germanischer Stämme, ist die Sage von den *→Burgunden* und *→Siegfried*, also der *→Nibelungenstoff*, in den *Sigurds-*, *Brynhilden-* und *Atliliedern* (das heißt *Attila*) festgehalten *(→Isländische Dichtung).* Diese Stoffe

Die Welten der Götter und Menschen

Die neun Welten der *Edda* waren:
Asgard — die Welt der Asen
Alfheim — die Welt der Lichtelfen
Wanaheim — die Welt der Wanen
Midgard — die Welt der Menschen
Swartalfaheim — die Welt der Dunkelelben
Niflheim — die Totenwelt
Urd — die Welt der Nornen
Jotunheim — die Riesenwelt
Muspelheim — die Feuerwelt

Bildstein mit drei Tieren und Runenumschrift, sogenannter Stein Nr. 18, Resmo (Öland), Schweden. — Nordisk Museum, Stockholm.

erleben im Norden eine bewußte Stilisierung zum Heldentum und werden teilweise umgestaltet.

Egtved

Dänisches Dorf bei Vejle (Jütland); Fundort eines Baumsarges aus vorgeschichtlicher Zeit mit der Leiche einer jungen Frau.

Ehe

Es gab im frühen Germanentum keinen besonderen Namen für den Ehegatten, die Ehefrau, wie auch nicht die Familie im heutigen Sinn als ›Urzelle der Gemeinschaft‹ aufgefaßt wurde, sondern das Haus mit seinem Hausgesinde. Das Wort *Gatte* ist erst seit Ende des Mittelalters in Gebrauch, der Begriff Familie im heutigen Sinn erst seit rund zwei Jahrhunderten.

So sind die Worte, mit denen man die eigene Frau benannte, aus dem Wortstamm des Gesindes abgeleitet: *hiwo* = Ehemann und *hiwa* = Ehefrau sind verwandt mit *hjon* = Hausleute, Gesinde. Ein anderes ebenso gebräuchliches Wort *gimahhidi* bedeutet Genosse und meint erst im übertragenen Sinn den Gatten.

Das Verhältnis zwischen dem Mann und seiner Ehefrau war rechtlich ein sogenanntes Gewaltverhältnis, bestimmt durch die *munt* — der Mann haftete für die Frau wie heute ein Elternpaar für sein Kind. Das Haus war, im Gegensatz zur genossenschaftlichen Sippe, streng hierarchisch gegliedert: der *Munt* des Herrn (ahd. *frô* = Herr) unterstanden Ehefrau, Kinder und freies Gesinde, während dem *gewere*, dem *Sachenrecht*, alle Unfreien unterworfen waren.

Über die Frau erwarb der Mann die Munt von ihrem *Muntwalt*, also ihrem Vater oder dem Oberhaupt des Hauses, in dem sie lebte, und zwar durch einen *Sippenvertrag*. Sobald die Ehe rechtskräftig war, wurde die Frau nach außen von ihrem Mann vertreten. Im Inneren des Hauses besaß sie hingegen die Schlüsselgewalt; die *frouwa* ist also, abgeleitet von *frô*, zum Herrn die Herrin.

Über den sittlichen Inhalt des Zusammenlebens bei germanischen Eheleuten ist damit freilich wenig gesagt. *Ehebruch* konnte nur von seiten der Frau begangen werden, der Mann konnte die Frau erschlagen oder verstoßen, ohne büßen zu müssen, auch hatte er durchaus die Möglichkeit, sich mehrere Frauen zu halten, wenn seine Mittel dies erlaubten. Auch die germanischen Verhältnisse waren also streng vaterrechtlich, das heißt auf den Mann abgestellt.

Tacitus hat das mit dem verklärten Blick des konservativen Politikers geschildert, dem die Freizügigkeit in der Metropole Rom ein Greuel und die alten strengen Sitten zum Ideal geworden waren. So sagt er, die Germanen seien fast die »einzigen unter den Fremdvölkern, die sich nur mit einer Gattin begnügen«. Er berichtet, daß der Mann Rinder, Schild, Frama *(→Waffen)* und etwa ein aufgezäumtes Pferd mit in die Ehe bringe, sehr nüchterne Geschenke also, die im gleichen Geist beantwortet würden: sie schenke ihm irgendeine Waffe; »das gilt ihnen als stärkste Bindung, das als geheimnisvolle Weihe, das als göttlicher Schutz für die Ehe« (Lindauer). Das stolze Bild einer Frau, die mit ihrem Gatten im Frieden wie im Krieg dasselbe Schicksal zu tragen und zu wagen bereit sei, stammt also von Tacitus. Diese Ehe hat nach Tacitus zwar einen deutlich auf den Krieg bezogenen Akzent, aber die oft geschilderte Tapferkeit und Wildheit der germanischen Frauen auf den Wagenburgen ist kein Stammeserbe, sondern findet sich bei Naturvölkern häufig, wenn diese um ihre nackte Existenz kämpfen. Wie sehr Tacitus die Verhältnisse dieses ›Naturvolkes‹ an den römischen Verhältnissen mißt, zeigen die folgenden Zeilen über die germanischen Frauen: »Sie leben darum in umhegter Keuschheit, durch keine lockeren Schaustellungen und durch keine aufreizenden Gelage verführt. Heimlicher Briefwechsel ist Männern wie Frauen gleich unbekannt« (Lindauer).

Tacitus schildert dann, daß die Ehebrecherin mit abgeschnittenen Haaren entblößt aus dem Haus gejagt und durch das ganze Dorf getrieben werde, und er sagt: »Für die Preisgabe der Keuschheit gibt es nämlich keine Verzeihung; trotz Schönheit, trotz Jugend, trotz Reichtum wird sie keinen Mann mehr finden. Denn dort lächelt niemand über Laster, und verführen und sich verführen lassen heißt man nicht ›zeitgemäßes Denken‹ «.
Soweit Tacitus, der die Dinge stilisiert. Tatsächlich ist die Ehe überall dort, wo es Sippenverträge und Brautkauf gab, in Gefahr gewesen, die Verhältnisse zwischen den Geschlechtern einseitig zu verschieben, weil materielle Interessen auf dem Spiele standen. Auch die germanische Ehe, oft genug von Deutschtümlern hoch gepriesen, ist im wesentlichen erklärbar aus den ökonomischen Bedingungen jener Kulturstufe, auf der sich auch die germanischen halbnomadischen Bauernstämme befanden.

Ehebruch
Die germanische patriarchalische Gesellschaft hielt den Ehebruch des Mannes für selbstverständlich; erst in Italien ist man seit dem 8. Jahrhundert gegen Ehebruch des Mannes mit *Kebsen*, also mit Nebenfrauen, die im Hause wohnten, eingeschritten und hat ihn seit dem 11. Jahrhundert mit Strafe belegt. Der Ehebruch der Frau gab dem Mann die Möglichkeit, die Frau bußlos zu erschlagen oder zu verstoßen. Als Milderung der Sitten galt es nach altgermanischen und nordischen Rechtsquellen, der Frau Nase oder Ohr abzuschneiden. Auch Töchter wurden bei ›Unzucht‹ wie Ehefrauen bestraft, das heißt die Strafe beruhte auf Verletzung der *Munt* (Seite 120), nicht auf Verletzung einer sexuellen Treuepflicht.

Eiche
Zur Römerzeit und im frühen Mittelalter eine der häufigsten Baumarten in einem dichten Mischwald. Der Wortstamm verweist auf indoeuropäische Gemeinsamkeit; vielen Völkern der indoeuropäischen Sprachfamilie war die Eiche heilig. So ist z. B. das Feuer, das die Vestalinnen in Rom zu hüten hatten, ursprünglich ein Feuer aus Eichenkloben gewesen; neuere Ausgrabungen auf dem Forum haben Aschenreste aus Eiche nachgewiesen. Die Eiche war dem *Donar (→Thor)* geweiht; bekannt ist die Fällung der *Donareiche* im Jahre 725 durch *(→Bonifatius)*.

Eid
Der Eid war neben dem *Gottesurteil* das einzige Beweismittel im frühmittelalterlichen germanischen Prozeßverfahren und deshalb, wie das Gottesurteil, eine streng rechtsförmliche Handlung *(→Gefolgschaft)*. Er bedeutete eine ›bedingte Selbstverfluchung‹ und wurde in heidnischer Zeit an der Opferstätte unter Anrufung der Götter auf den Ring des Priesters oder auf das Opfertier abgelegt. Dies geschah häufig in einem in die Erde geritzten oder mit Haselzweigen umsteckten Kreis. Später schwor man auf den Altar, das Evangelienbuch oder das Kreuz. Wer seinen Eid verstärken wollte, verfluchte für den Eidbruch auch seine Waffe *(Waffeneid)*, die er hochhob, berührte sein Gewand, womit er seinen Besitz magisch an die Eidesformel band, oder schwor bei Bart und Haar, Hand, Brust und Zopf, alle diese Dinge zu Pfand gebend. Der Richter übernimmt die Eidesleistung erst im frühen Mittelalter.
Als Treueid ›in die Hand‹ geschworen besiegelte diese frühmittelalterliche Rechtsform das Gefolgschaftsverhältnis. Als ›Eidgenossen‹ bezeichnete man auch die Normannen in Osteuropa (altschwed. *voeringer*), woraus das Wort *→Waräger* entstanden ist. Eine noch stärkere Form der Bindung war die *→Blutsbrüderschaft*.

Einhard
Der 770 in Seligenstadt im Maingau geborene Gelehrte ist Vertrauter und Chronist *Karls des Großen* gewesen. Seit 794 lebte er an dessen Hof und leitete den Bau karolingischer Bauten, z. B. in Aachen. Mit seiner Gemahlin *Imma* (†836) zog er sich 830 aus allen Ämtern nach Michelstadt im Odenwald zurück und gründete die Abtei Seligenstadt. Sein *Vita Caroli Magni*, die Lebensbeschreibung Karls des Großen, ist die erste Herrscherbiographie des Mittelalters; sie folgt dem antiken Vorbild *Suetons*.

Eisenzeit
Man erinnert sich: Gold, Silber und Kupfer sind Metalle, die der Mensch z. B. im Vorderen Orient schon vor vielen tausend Jahren verarbeitete, die Bronze, also die Mischung aus Kupfer und Zinn, gab einer ganzen Epoche ihren Namen *(→Bronzezeit)*, als das Eisen noch eine Rarität war. Auf lange Sicht gesehen verdrängte das Eisen die Bronze und bestimmte die Technologie der letzten zwei Jahrtausende, weil es der bessere Werkstoff ist: mit eisernen Beilen rodete man die Wälder des Mittelalters, man pflügte mit eiserner Pflugschar, und gegen das eiserne oder stählerne Schwert hatte der Mann mit dem Bronzeschwert keine Chance.
Die frühesten Eisenfunde in Europa stammen aus dem Salzkammergut und sind in den Gräberfeldern bei *Hallstatt* am Hallstätter See ausgegraben worden; es sind Schwerter aus der Zeit um 1000—500 v. Chr. Nach diesem Fundort nennt man die ganze Periode *Hallstatt-Zeit*. Zwischen 500 v. Chr. und der Zeitwende entwickelte sich in Europa eine jüngere Kultur, die man nach ihrem wichtigsten Fundort als *Latène-Zeit* bezeichnet. La-Tène ist der Name des nördlichen Ufergeländes am Neuenburger See in der Schweiz. Dort fand man in der Mitte des vorigen Jahrhunderts während eines besonders trockenen Sommers Hunderte von eisernen Fibeln, Lanzenspitzen, Schwertern usw., offenbar Opfergaben einer heiligen Stätte.
Im Norden Deutschlands zählen die *Jastorf-Kultur*, die *Harpstedter Gruppe* und die *Nienburger Gruppe*

zur Hallstatt-Zeit *(→Abstammung, Indoeuropäer und ›Germanen‹)*. Man kann den Stil der Hallstatt-Zeit mit seinen einfachen Mustern deutlich vom reicheren Stil der Latène-Kultur unterscheiden, ebenso wie sich innerhalb der Latène-Kultur verschiedene Phasen nachweisen lassen.

Auch diese Kultur ist vorwiegend von den Kelten getragen worden, die auf ihren Raubzügen durch Italien (→Seite 11) mit der etruskisch-italischen Schmiedekunst konfrontiert wurden und sie nachgeahmt haben. Auf diese Weise sind z. B. griechische und orientalische Pflanzenmotive nach Norden geraten, wo sie mit Motiven des skythischen Tierstiles verschmolzen *(→Tierstil)*.

Ganz offensichtlich haben im 5. Jahrhundert zunächst einzelne, besonders begabte Handwerker ihre Werke für die Grabmäler mächtiger keltischer Fürsten geschaffen; erst in den folgenden Jahrhunderten bis zur Zeitwende wurde jener Stil Allgemeingut.

In den letzten vorchristlichen Jahrhunderten liegen vor allem Frankreich und England, Böhmen, Mähren, Südpolen und Ungarn im Einflußbereich dieses vorwiegend von Kelten getragenen Stiles. Östlich des Rheins, im späteren ›Germanien‹, reicht der keltische Einfluß im Norden bis zur Lippe und nach Osten bis zur oberen Leine: dieses Gebiet war ein ›barbarisches Randgebiet‹ der Latène-Kultur (Hachmann).

Chronologie der Eisenzeit

Nach vier Dörfern im Landkreis Uelzen (Reg. Bez. Lüneburg) sind die Funde der *vorrömischen* Eisenzeit im Norden Deutschlands geordnet:

Wessenstedt (800—600 v. Chr.)
Jastorf (600—300 v. Chr.)
Ripsdorf (300—150 v. Chr.)
Seedorf (150—0 v. Chr.)

Um 1500 v. Chr. Eisen im Vorderen Orient;
um 1300 v. Chr. Eisenindustrie in Anatolien unter den Hethitern;
im 12. Jahrhundert v. Chr. Eisen in Persien, Kaukasus, Syrien, Griechenland, Cypern und Kreta;
im 9. Jahrhundert v. Chr. Eisen in Assyrien und Nordafrika;
800—400 v. Chr. *Ältere Eisenzeit in Mitteleuropa = Hallstattzeit;*
400 v. Chr. — 0 *Jüngere Eisenzeit in Mitteleuropa = Latènezeit;*
im 6. Jahrhundert v. Chr. Eisen im Nordeuropa;
400 v. Chr. — 400 n. Chr. *Ältere Eisenzeit in Nordeuropa (Latène- und Römerzeit* 0—400 n. Chr*)*;
400—1100 Jüngere Eisenzeit in Nordeuropa (Völkerwanderungs-und Wikingerzeit).

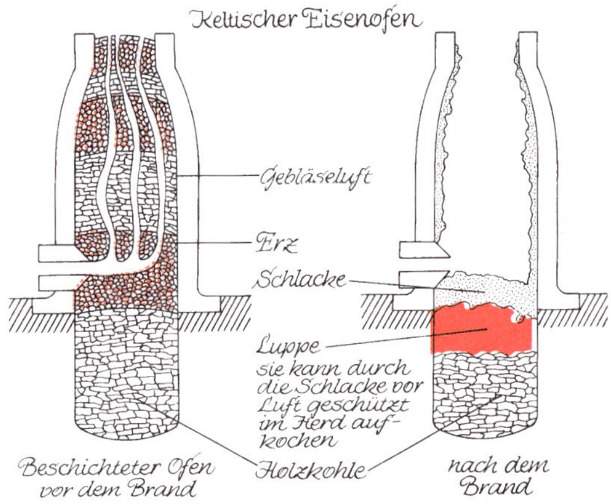

Erst in der Römischen Kaiserzeit und Völkerwanderungszeit erreicht die Eisenzeit-Kultur auch die ›germanischen‹ Völker im Norden in vollem Umfang. Die Eisenzeit dauert hier bis in die Wikingerzeit um 1100 an.

Förderlich war der Verbreitung der Eisenverarbeitung, daß Eisen in fast allen Gebirgen leicht zugänglich ›ansteht‹, gut zu sammeln — im Gegensatz zum komplizierten Abbau von Kupfer — und ohne Schwierigkeiten zu schmelzen war. Eines der frühen Zentren im Norden war das Sauerland.

Eresburg (Aeresburgum)
Die Grenzburg der Sachsen an der Diemel, das heutige Obermarsberg, ist 722 von Karl dem Großen erobert und zerstört worden. Genannt als Ort, wo *Segestes* von *Arminius* belagert und *Thusnelda* gefangen genommen wurde.

Esche
Das Wort geht in allen indoeuropäischen Sprachen auf den Stamm *asis* zurück. Ihr Holz wurde für die Herstellung von Lanzen, Schiffen und Gefäßen benutzt. Diese Dinge wurden deshalb oft als Esche bezeichnet, etwa wie man heute zum Dolch in der Literatursprache ›der Stahl‹ sagt; so bedeutet altnordisch *askr* Speer, kleines Gefäß oder Schiff.

Eudosen
Germanischer Stamm, der mit den →*Haruden* dem Ariovist Hilfstruppen stellte.

Eurich
Westgotenkönig (†484). Ermordete seinen Bruder →*Theodorich II.* 466, eroberte Gallien bis zur Loire, die südliche Provence und einen Teil Spaniens. Unter seiner Herrschaft wurde der *Codex Euricianus* aufgezeichnet.

Euten
Aus diesem Stamm können jene →*Jüten* hervorgegangen sein, die im 5. Jh. Südengland besetzt haben;

Burgundische Gürtelschnalle aus Eisen mit tauschierten und silberplattierten Beschlägen, verziert im Stegband- und Tierstil, an den Rändern Reste einer Messing- oder Goldtauschierung. Diese Gürtelschnalle wurde 1916 im Kanton Bern im Grab 31 eines kleinen Gräberfeldes dicht neben dem bedeutenden, 239 Bestattungen umfassenden Gräberfeld von Bern-Bümpliz gefunden. Gürtelbeschläge dieses Typs konnten bisher nur in Frauengräbern nachgewiesen werden. (Länge des Beschlags 21,1 cm, Gegenbeschlag 14,7 cm, Ringbreite 11,1 cm; 7. Jh.). — Bernisches Historisches Museum, Bern.

Sehr viel wuchtiger als die burgundische Gürtelschnalle erscheint die westgotische Gürtelschließe, die weniger germanische Elemente — wie die Tierdarstellungen vielleicht fälschlicherweise vermuten lassen — als östliche Einflüsse zeigt, die über die engen Beziehungen der westgotischen Aristokratie zu Byzanz nach Südfrankreich und Spanien gelangten. — Museo Arqueológico Nacional, Madrid.

Mundblech einer Schwertscheide aus Åmdal/Schweden, etwa um 500. Die pausbackige Männerfratze ist für viele nordische Schwertscheidenbleche, aber auch für manche Bildsteine und sonstige Darstellungen typisch, vor allem in der Kombination mit den — im Foto am Rand der Mundstücke nur zur Hälfte sichtbaren — Figuren hockender Männer und sich aufbäumender Pferde.

Auch dieses aus Langbak/Schweden stammende Schwertscheiden-Mundblech zeigt den oben beschriebenen Typ: die Fratze ist noch linearer angelegt und in die Breite gezogen. Auch hier entsteht das Gesicht aus den abstrahierten, sich aufbäumenden Pferdekörpern und -köpfen, die nur an den Ohren noch zu erahnen sind (oberes Bild: die beiden Rauten in der Mitte oben); zwei verschiedene Motive verschmelzen zu einem neuen Bild. Beide Bleche aus Gold mit Treibarbeit und aufgelöteten Teilen sowie Filigran und Granulation. — Universitetets Oldsaksamling, Oslo.

die Euten saßen offenbar an der Rheinmündung (Schwarz).

Externsteine

Für den Touristen sind die Externsteine bei Horn eine Sehenswürdigkeit des Lippischen Landes, von ähnlicher Bedeutung wie der Drachenfels am Rhein oder die Walhalla bei Regensburg, wie das Hermannsdenkmal bei Detmold oder der Mäuseturm bei Bingen. Den Heimatforscher, der sich mit dem Germanentum beschäftigt, zwingen sie zu entschiedener Parteinahme, denn seit der protestantische Theologe und westfälische Geschichtsschreiber *Hermann Hamelmann*, 1555—1568 Pfarrer zu St. Marien in Lemgo, aufgrund unbekannter Lektüre in den Externsteinen ein »uraltes heidnisches Heiligtum« gesehen hat, das Karl der Große zu einem Gott geweihten und mit Apostelbildern geschmückten Altar gemacht habe, ist der Streit nicht verstummt, ob hier ein heidnisches Kultzentrum gelegen habe oder ob die Externsteine erst zu christlicher Zeit geweiht und ausgestaltet worden sind. Die Erbitterung dieser Auseinandersetzung ist ›weltanschaulich‹ begründet, wobei jede Seite der anderen mangelnde Sachlichkeit oder unzulängliche Kenntnisse vorwirft.

Man wird sich bei der Beurteilung des Problems aber an die von der Geschichtswissenschaft erarbeiteten Grundlagen halten müssen, will man nicht ins Reich vielleicht wahrscheinlicher, aber unbewiesener Möglichkeiten abweichen. Auch wer eine ähnliche Felsbildung wie die Externsteine schon anderswo gesehen hat, etwa in der Sächsischen Schweiz oder auf Helgoland, ist von ihrem Anblick verblüfft: eine Barriere von drei mächtigen, senkrecht stehenden Felsgruppen sperrt ein Tal, durch das ein Weg, eine frühere Fernstraße führt.

Die geologische Entstehung der Externsteine ist bekannt: mächtige Drücke haben die Kreideablagerungen zum Ende des Tertiär vor etwa 10 Millionen Jahren so zusammengepreßt, daß sie sich auffalteten und die unteren Sandsteinschichten senkrecht stellten. Tropische Regengüsse, die Millionen Jahre lang die Felsen umspülten, haben die hochgestellte Sandsteinschicht durchbrochen und ausgewaschen, auch die Witterungseinflüsse der Eiszeit haben ihr Werk getan, bis die ›Steine‹ ihre heutige Gestalt erhielten. Man weiß, daß die Menschen, als sie noch truppweise als Jäger und Sammler durch die Wildnis schweiften, Besonderheiten in der Natur wie bizarre Felsbildungen, Quellen oder besondere Bäume gleichsam als Energieäußerungen einer belebten, beseelten Welt verehrten; das gilt auch für die Germanen des Tacitus *(→Götterwelt)*. Die Wahrscheinlichkeit, daß die dortigen Stämme von den Externsteinen auf ihre Weise Besitz ergriffen haben, ist also nicht gering — aber sie bleibt unbewiesen, bis Funde diese Vermutung bestätigen. Solche Funde sind bisher nicht gemacht worden, und so ist über der von Menschenhand geschaffenen rätselhaften Formenwelt dieser Steine der Streit in voller Schärfe entbrannt.

Die offizielle Deutung der Externsteine besagt, daß sie im frühen Mittelalter so etwas wie eine ›Autobahnkirche‹ gewesen seien, eine Andachtsstätte an der im Mittelalter lebhaft befahrenen Fernstraße, die vom Rhein durch Westfalen nach Osten führte. Eine aus dem Jahre 1093 stammende Urkunde bezeugt, daß die Steine einem adligen Geschlecht gehörten, das sie an das Kloster *Abdinghof* zu Paderborn verkaufte. Ob das Plateau auf dem großen Fels ein Straßenkastell getragen hat, ist ungewiß. Die Mönche des Klosters haben in den Fels hinein gottesdienstliche Räume geschaffen.

Bischof *Heinrich von Paderborn* (†1127) spielte bei der Ausgestaltung der Externsteine eine besondere Rolle: er hatte eine Wallfahrt nach Jerusalem gelobt, aber aus unbekannten Gründen nicht durchgeführt, was zu Bußleistungen führte. Auf der

Kreuzabnahme-Relief (12. Jh.) der Externsteine. Der Kriegsknecht steht auf einem gebeugten ›Lebensbaum‹ — ein Hinweis auf den Irminsulsturz?

Krukenburg bei Helmarshausen wollte er eine Nachbildung der Grabeskirche zu Jerusalem und des Heiligen Grabes schaffen; er schickte deshalb 1033 den Abt *Wino von Helmarshausen* nach Jerusalem, um genaue Unterlagen für den Bau der Bußkirche zu besorgen. Sie wurde tatsächlich gebaut und 1036 geweiht.

An den Externsteinen erkennen die Kunsthistoriker aus Details, z. B. einer Widmung zum Heiligen Kreuz, aus dem Relief der Kreuzabnahme und aus der Nachbildung des Grabes Christi, daß hier wohl auch eine Nachbildung der heiligen Stätten zu Jerusalem geschaffen werden sollte. Sehenswürdig ist die älteste deutsche aus gewachsenem Fels gehauene Großplastik, die um 1130 entstanden sein soll; sie zeigt Stilelemente byzantinischer Kleinplastiken; der Künstler ist unbekannt, aber die Wucht und Lebendigkeit des Reliefs beeindrucken den Betrachter wie einst Goethe, der auch hierfür passende Formulierungen gefunden hat. Er kannte das Werk nach einer von Christian Rauch gegossenen Eisenplakette und rühmte die Bewegung des Christushauptes, das sich dem heute zerstörten Antlitz der Gottesmutter zuneigt, als »schönes, würdiges Zusammentreffen« (Kittel).

Die obere Kapelle und das sogenannte Felsengrab geben Rätsel auf: vermutlich handelt es sich bei der Kapelle um eine Nachbildung des Kalvarienberges, wobei der ursprüngliche Zustand nicht erhalten ist. Das ›Grab Christi‹ weist zwar einen ›Sargstein‹ auf, aber die zu erwartende ausgebaute Grabkammer findet sich nicht.

Der Name der Externsteine dürfte aus dem niederdeutschen *exter*, das heißt Elster, abgeleitet sein, wie schon 1564 Pastor Hamelmann festgestellt hat. Umbauspuren aus der Barockzeit, als unter *Graf Hermann Adolf zur Lippe* die Externsteine ein Lust- und Jagdhaus waren, sind übrigens weitere Fallstricke für Phantasievolle.

Es gibt nun eine überaus reichhaltige Literatur über die Externsteine, deren Verfasser sich mit solchen Beschränkungen der Deutung und Kenntnis nicht abfinden können, wie sie das ›Faltblatt des Landesverbandes Lippe‹ bietet.

Da gibt es die Gilde jener Privatforscher, die es verstehen, auf faszinierende Weise, aber in einer schwer nachzuvollziehenden Phantastik die Externsteine in einen weltumspannenden, kosmisch bedingten Zusammenhang zu stellen, eingereiht in ein System, dem als Pole Atlantis und Cheopspyramide zugeordnet sind. In diesem System sollen die Externsteine das Zentrum des Abendlandes bilden, angelegt von einer vorgeschichtlichen Priesterschaft, die das bedrohliche Eindringen des Mondes in unseren Lebensbereich unter schärfster astronomischer Kontrolle hielten. Federführend in diesem Kreis ist *Walther Machalett*, der nicht nur die Zeitschrift *Die Externsteine* (1973 im 8. Jahrgang) herausgibt, sondern auch an einem mehrbändigen Werk arbeitet, in dessen Rahmen 1970 als Band 2 im Hallonen-Verlag, Maschen: *Die Externsteine. (Das Zentrum des Abendlandes. Die Geschichte der weißen Rasse)* erschien.

Stärker noch als beim Hermannsdenkmal spiegelt sich in der Auseinandersetzung um dieses Naturdenkmal die Auseinandersetzung, die vom völkischen Denken zur arischen Heilslehre geführt hat *(→Arier; →Ostara)*. Dabei fühlen sich Männer, die sich dem Germanentum gewidmet haben, von der Wissenschaft diffamiert, während die Historiker die ungebrochene Beharrlichkeit kopfschüttelnd zur Kenntnis nehmen, mit der man an alten Hypothesen hängt, ohne neues Beweismaterial vorlegen zu können.

Wilhelm Teudt
Germanische Heiligtümer
Beiträge zur Aufdeckung der Vorgeschichte, ausgehend von den Externsteinen, den Lippequellen und der Teutoburg
Dritte, neu durchgesehene Auflage
Achtes bis zehntes Tausend / Mit 81 Abbildungen und einer Karte
Eugen Diederichs Verlag in Jena 1934

So erschien 1953 von *Bernard Kummer: Der Kampf um ein Heiligtum* (Verlag Hohe Warte), in dem festgestellt wird: »Die Lehre, daß sämtliche Spuren von Bearbeitung an den Externsteinen ausnahmslos aus christlicher Zeit stammen, ist 1945 in entsprechendem Gleichklang mit der zeitüblichen Entgermanisierung unseres Geschichtsbewußtseins wie mit der irrigen Gleichsetzung von faschistischem Unrecht und germanischer Altertumskunde unserem höchst ungermanisch verführten Volk vielfach vorgetragen worden, und zwar als ›wissenschaftliche Erkenntnis‹. . .« usw.

Die These der völkischen Gruppe also, die sich auch auf den Germanenforscher *Wilhelm Teudt* bezieht, lautet etwa: die Externsteine sind eine alte germanische Kultstätte gewesen. Die obere Kapelle enthielt eine angeblich von Karl dem Großen zerstörte Sonnenwarte mit einem Schattenwerfer vor dem runden Fenster nach dem Beispiel Babylons, die untere Grotte soll dem Kult der Wintersonnenwende gedient haben. *Hermann Wirth* war der Ansicht, das Relief sei an Stelle germanischer, auf Betreiben Karls des Großen zerstörter Bildwerke angebracht, und der sogenannte ›Sessel‹ im Relief stellt, wenn man

Wilhelm Teudt folgt, die den Sieg des Christentums symbolisierende geknickte Irminsul dar, eine Überlegung, die auf der Tatsache beruht, daß Lebensbaumdarstellungen der frühen Hochkulturen und des Mittelalters diesem ›Sessel‹ oder gebeugten Baum sehr ähneln. Andere Autoren dieser Richtung sind der Ansicht, die 772 zerstörte Irminsul selbst habe auf den Externsteinen gestanden.
Der wichtigste Kronzeuge für diese Deutungen ist Wilhelm Teudt (*1860, †1942), der zunächst evangelischer Pastor in Schaumburg-Lippe war. 1895 wurde er als Nachfolger Friedrich Naumanns Leiter des Evangelischen Vereins für Innere Mission in Frankfurt a. Main, übernahm 1908 unter Verzicht auf Titel und Rechte eines Geistlichen die Geschäftsführung des ›Keplerbundes zur Förderung der Naturerkenntnis‹, der sich gegen das Gedankengut Darwins und Haeckels wendete.
Als die Franzosen das Rheinland besetzt hatten, siedelte Teudt 1920 nach Detmold über, wo er sich seit 1924 der germanischen Altertumskunde widmete. 1928 wurde eine entsprechende Zeitschrift *Germanien* gegründet, 1929 erschien sein bedeutendstes Werk *Germanische Heiligtümer.* In den ersten Jahren des ›Großgermanischen Reiches‹ nahm sich auch die SS der Externsteine an. Man veranstaltete mit Hilfe des Reichsarbeitsdienstes Grabungen und übertrug das Patronat der ›Stiftung Ahnenerbe‹; Wilhelm Teudt, damals schon ein hochbetagter Mann, erhielt zwar den Professorentitel, wurde aber von der SS weitgehend ausgeschaltet (Kittel). Dieser Mann, eine offenbar charismatische Natur, glaubte unverrückt an die Richtigkeit seiner Thesen und verfocht sie leidenschaftlich. Als zum 80. Geburtstag im Jahre 1940 *Rudolf Bünte* eine Denkschrift *Wilhelm Teudt im Kampf um die Germanenehre* erscheinen ließ, rühmte er, Teudt habe die Vorstellungen von der »kulturlosen Barbarei der germanischen Väter« fortgeräumt und die »germanische Kulturehre« wiederhergestellt. Er habe auch den bedeutsamen Hinweis auf die Gesetze der Vererbungslehre gegeben, »nach denen unsere germanischen Vorfahren einen wesentlich höheren Rang in der Reihe der Kulturvölker des Altertums innehaben, als bisher gelehrt wurde«.
Es lohnt sich in diesem Zusammenhang nicht, die Anhänger und Vorläufer eines Wilhelm Teudt ausführlicher zu zitieren, als sie es verdienen. Bei dieser Art völkisch-germanischen Kulturbewußtseins versagen rationale Argumente. Eine Probe aus dem Werk des Horner Kaufmannes und Bürgermeisters *G. August B. Schierenberg: Der Externstein zur Zeit des Haidenthums in Westfalen. Dargestellt von einem Dilettanten* (1879) genügt. Er schreibt, es habe sich um ein Heiligtum der norddeutschen Stämme für Tuisco gehandelt, von dem sie sich ihrer Stammessage nach ja ableiten, und fährt fort: »Diese Felsen waren also der deutsche Olymp. Deshalb zogen die Römer hierher, und Quintilius Varus ließ die Grotte aushauen, um daraus für seine Legionen einen Mithrastempel zu machen; aber da er dadurch die religiösen Gefühle der Deutschen verletzte, so rief Arminius das Volk zur Verteidigung seiner Götter und ihrer Heiligtümer auf, zum Religionskriege also, und Varus mit seinem ganzen Heer ging dabei unter«. Später heißt es: »Nach meiner Auffassung spielt der Externstein in der deutschen Vorzeit eine ähnliche Rolle wie Dodona in grauer Vorzeit bei den Pelasgern und Delphi und Olympia später bei den Griechen. Denn selbst ein berühmtes Orakel scheint hier nicht gefehlt zu haben, indem es den Anschein hat, als ob in der Grotte des unteren Felsens eine deutsche Pythia oder Sibylle, eine Vorgängerin der von Tacitus genannten Velleda, schon zu Varus Zeiten ihren Sitz hatte.«
Damit hat sich die damalige Germanenbegeisterung endgültig von den Realitäten gelöst und befindet sich im Reiche der reinen Phantasie — ihre Überzeugungskraft fordert Glauben, nicht Skepsis, denn hier geht es um »religiös erfaßte germanische Weltgeborgenheit« (Kummer), vor der alle Argumente verstummen.

F

Falen
Wahrscheinlich Reststamm der →*Cherusker*.

Fennen
In der *Germania* des Tacitus zusammen mit →*Bastarnen (Peukinern)* und *Sarmaten* erwähnt, ein nichteuropäischer Stamm, wahrscheinlich den Lappen zugehörig.

Fibel
Die einfache bronzezeitliche Nadel, die durch den Stoff gesteckt und mit einem Draht gesichert wird, ist die Vorläuferin der Fibel; sie stellt gleichsam eine künstlerisch gestaltete Sicherheitsnadel dar. In der späten Bronzezeit hatte die Fibel sich zu einem repräsentativen Schmuckstück entwickelt, das keine Steigerung mehr zuließ. Sie ist in der folgenden bäuerlichen Kulturepoche vergessen worden.
Erst wieder in der zweiten Hälfte des letzten vorchristlichen Jahrhunderts sind nach keltischem Vorbild *Gewandfibeln* Mode geworden, die dann eine Fülle von Formen hervorgebracht haben.
Die Sicherung der Nadel kann durch eine *Scheibe* erfolgen *(Scheibenfibel)* oder durch einen ornamental, meist mit Tierformen ausgestalteten *Bügel (Bügelfibeln)*. Die über 500 germanischen Scheibenfibeln fanden sich vor allem im Elbraum; sie sind von den römischen Scheibenfibeln beeinflußt, nur daß die römischen Scheibenfibeln gegossen, die germanischen Stücke aus Blech geschnitten sind.
Im 3. Jahrhundert hat die skythische Kunst die germanische Kleinkunst beeinflußt. Über die Völker des Mittelmeeres und mit den Goten, die im Zuge der Völkerwanderungen nach Westen kamen, sind dann die Kunstformen der östlichen Steppenvölker, bereichert durch mittelmeerische und asiatische Motive, nach Westen gelangt und von den germanischen Goldschmieden aufgenommen und variiert worden.
Die Kunstgeschichtler haben eine ganz spezielle Skala von Unterscheidungsmerkmalen entwickelt. Die nun gebräuchliche Fibel ist im Prinzip die *Fibel mit dem umgeschlagenen Fuß*, die in ganz Europa Mode wird, wohl vor allem durch germanischen Einfluß. Jetzt werden auch die alten Goldschmiedetechniken angewandt, die, seit über tausend Jahren in Ägypten und im Vorderen Orient heimisch, auch im Abendland bekannt werden: mit →*Granulation*, →*Filigran*, *Preßblechtechnik* und *Steinauflagen* wer-

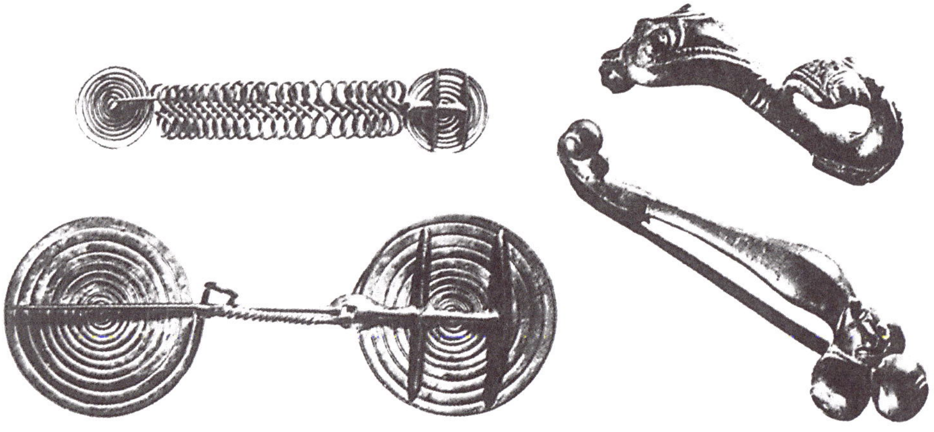

Links: Spiralfibeln mit Kreuzbalken-Nadelkopf und mit gewelltem Bügel; mittlere und jüngere Bronzezeit. Rechts: Gegossene Keltische Fibeln. — Badisches Landesmuseum, Karlsruhe.

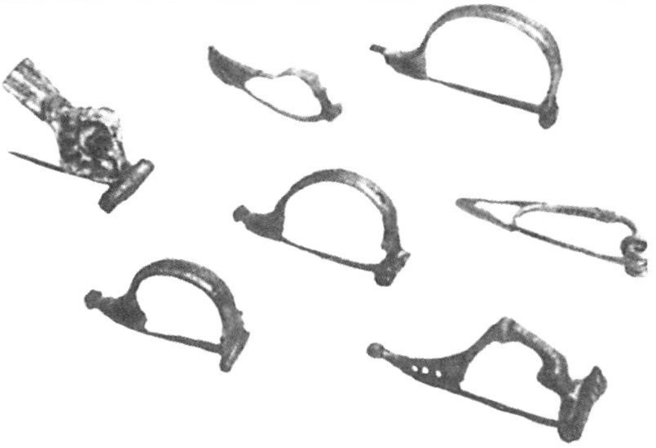

Oben links: Römische Fibeln, 2. Jh. — Vindonissa-Museum, Brugg. Oben Mitte: Sogenannte ›Paukenfibeln‹ der älteren Eisenzeit. Links unten: Angelsächsische Bronzefibeln in Kreuzform, 6. Jh. — Museum Dublin.

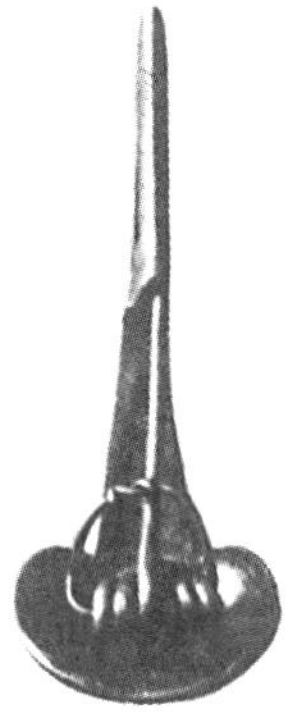

Stockholm. Rechts Mitte: Schlüsselfibel mit Rahmenfuß, Silber, 3/4. Jh., serbischer Donauraum — Nationalmuseum Belgrad

Links: Schalenfibel, Borrestil; Öland, Schweden. — Statens Historiska Museum, Stockholm.

Rechts: Silberbrosche um 1030 aus Dyrnes, Egersund / Rogaland. — Universitetes Oldsaksamling, Oslo.

den die verschiedenen Fibelformen geschmückt. Die *Vogelfibeln* des →*Tierstils* zeigen häufig die eingefaßte *Zellenschmelztechnik mit Emaille*, das sogenannte *Cloisonné* - Verfahren, um 500 entstehen die berühmten *Adlerfibeln*, deren Motiv wohl aus dem Osten stammt (→*Alanen*), und die *Zikadenfibeln* (→*Zikade*). Im 5. und 6. Jahrhundert entwickelt sich dann der Stil der Völkerwanderungszeit, der sich vor allem in diesem eindrucksvoll gearbeiteten Körperschmuck artikuliert, dann aber auch in die sakrale Kunst übernommen wird.

Filigran
Germanische Filigranarbeiten (lat. *filum* = Faden; *granum* = Korn), das heißt feinste Flechtarbeiten aus Goldfädchen, kommen schon im 10. Jahrhundert mit dem Anbruch der Wikingerzeit in Skandinavien vor. Ein berühmtes Beispiel sind die *Goldsporen aus Rød* (Norwegen). Aber auch im 11. und 12. Jahrhundert gibt es reiches Fundmaterial. Diese Technik ist vom Christentum mit nach Norden gebracht und auf Spangen, aber auch Kruzifixen, Reliquiaren usw. angewendet worden. Die skandinavischen Arbeiten gehen wohl auf die Vorbilder aus ottonischer und salischer höfischer Kunst zurück (Eggers).

Flavus (lat. = der Hellblonde)
Ein jüngerer rothaariger Bruder des →*Arminius*, stand im Rang eines Centurio und war mit dem ›Adler‹ ausgezeichnet.

Foederaten
Anfangs, um die Zeitwende, hatte man germanische Barbaren als Späher und Hilfstrupps im römischen Heer verwendet, aber mit der Ausdehnung des Reiches wuchs der Bedarf an erstklassigen und zuverlässigen Truppen wie in einer modernen Industriegesellschaft der Bedarf an Arbeitskräften: so wurden die Germanen die ›Gastarbeiter‹ der Römer. Erstmalig wurden im 3. Jahrhundert von einem sonst unbedeutenden Kaiser *Marcus* nicht nur Germanen gegen Germanen eingesetzt, sondern Germanen mit Land belohnt. In den von der Pest entvölkerten Landstrichen an der March, im heutigen Mähren, siedelte man die →*Quaden* als Foederaten (lat. *foedus* = Bündnis) an. Der Kaiser startete so, ohne die Dinge zu übersehen, eine Entwicklung, die erst ihr Ende fand, als sich in der Hülle des römischen Imperiums germanische Großreiche gebildet hatten (→*Langobarden*, auch Seite 41, →*Franken*, →*Goten*, Seite 30, →*Wandalen* →*Ostgoten* und →*Westgoten*). Festgefügte Truppeneinheiten aus sogenannten ›freien‹ Germanen, also solchen, die nicht innerhalb des Limes lebten, gab es damals nur in Britannien. Germanisch war aber die berittene Haustruppe der Caesaren; die Schlagetots aus dem Norden müssen sich als Leibwächter besonders gut geeignet haben: Verrat war von ihnen damals nicht zu befürchten. Diese Prätorianergarde wurde von allen Kaisern des berühmten julisch-claudischen Kaiserhauses übernommen. Erst Kaiser *Galba* (68/69) löste sie aus unbekannten Gründen auf, bis sich dann der für wahnsinnig gehaltene *Caracalla* (211—217) wiederum germanische, auf ihn selbst verpflichtete Leibwächter hielt, die sogenannten ›Löwen‹.
Im 4. Jahrhundert bevölkern Mengen blonder, blauäugiger Sklaven das römische Reich. *Konstantin der Große* siedelt die →*Wandalen* in Ungarn an, und es gibt nicht wenige von Germanen bevölkerte Militärkolonien.
Diese Entwicklung lag schon deshalb im wohlverstandenen Eigeninteresse der römischen Herrscher, weil sie keine andere Wahl hatten: ohne Germanen war die »scheinbar unaufhaltsam fortschreitende Entvölkerung des Westreiches nicht nur im Norden, sondern auch im Süden — in Sizilien, Sardinien und Unteritalien, in Afrika und wohl auch Spanien« (Stauffenberg) nicht aufzufangen.
Kaiser *Julian Apostata*, der ›Abtrünnige‹ (361—363), der die Entwicklung zurückdrehen und das Christentum vernichten wollte, tadelte Kaiser Konstantin den Großen seiner Germanenfreundlichkeit wegen scharf. Aber auch er selbst wurde auf altgermanische Sitte, durch Schilderhebung, zum ›Augustus‹ gemacht, und mindestens die Hälfte aller höheren Kommandostellen war mit Germanen besetzt.
In der Poebene siedelte der Kaiser kriegsgefangene →*Alamannen* an, und aus →*Chauken*, →*Chamaven*, →*Attuariern* und anderen Stämmen wurden ausgewählte Truppenkörper zusammengestellt. Schließlich stiegen Germanen am Kaiserhof zu höchsten

Ehren auf: *Arbogast* (→*rechts*) und →*Stilicho*, →*Richomer* und *Odoakar* (→Seite 262) dienten und verteidigten Rom mit Germanen gegen Germanen. Der in römischer Kultur verwurzelte Bürger sah mit Unbehagen, wie der Einfluß der barbarischen Soldateska im Staate wuchs. *Synesios*, der ursprünglich in Alexandria Philosophie studierte, sich 403 zu Christus bekehrt hatte und schließlich 411 zum Bischof von Ptolemais in Nordafrika ernannt worden war, trug in einer Rede vor Kaiser *Arkadius* das Thema mit Schwung vor (Bucher).

Er appelliert an die Verantwortung der Bürger. Er mißbilligt, daß die *Goten* »hier im Lande in Waffen einhergehen«, fordert die Bewaffnung aller römischen Bürger zu einer Art Volkssturm: man solle »unter die Fahnen den Philosophen aus der Studierstube, den Handwerker aus seiner Werkstatt, den Krämer aus seinem Laden versammeln«; man solle die »träge Drohnenschar des Volkes, welches in allzu langer Muße fortwährend im Theater sitzt, endlich lehren, einmal ernst zu werden, ehe noch das Lachen sich in Klage verwandelt.« Ihm ist es ein Greuel, wenn »pelzstarrende Barbaren« die römischen Legionäre zum Kampf führen, wenn sie die Toga durch das Schaffell ersetzen, wenn sie den »Ehrenplatz zur Seite des Konsuls einnehmen«, aber nach dem offiziellen Auftritt »wieder ihre Wildschur anziehen und im Kreise ihrer Gefährten über den Schmuck der Toga lachen, in der man, wie sie sagen, das

Germanische Leibwache Trajans. Nach dem Relief der Trajanssäule.

Schwert nicht bequem ziehen kann. — Hat nicht jedes einigermaßen begüterte Haus«, so ruft Synesios aus, »einen gotischen Sklaven, hat nicht jedes seinen Tafeldecker und Bäcker und einen Küfer gotischer Abkunft? Sind nicht alle Diener, welche die Sänfte tragen, in denen ihre Herren unterwegs ruhen, auch Goten? Scheint nicht die Natur selbst seit undenklicher Zeit dieses Volk dazu bestimmt zu haben, Knechtesdienste zu leisten? Daß aber dieselben blonden Barbaren hier im Hause Sklaven sind, dort in der Öffentlichkeit Ämter bekleiden, ist mir vor allem wunderbar.«

Germanische Staaten auf römischem Boden entstanden dann knappe hundert Jahre später im 5. nachchristlichen Jahrhundert. Die Entwicklung führte,

Arbogast

Arbogast, einer der fränkischen Heermeister im spätrömischen Reich (→*Bauto*, →*Merobaudes*, →*Richomer*) hat seine fränkischen Landsleute am römischen Kaiserhof protegiert und ist selbst von ihnen gefördert worden. Als ›politischer Flüchtling‹ war er, von den Franken geächtet, nach Rom gekommen und wurde zu einem erbitterten Gegner der germanischen Völker. Kaiser *Valentinian II.* (375—392) ist von ihm terrorisiert worden (Zöllner); als erster germanischer Emporkömmling hat er einen Gegenkaiser manipuliert, den *Eugenius* (392—394). In der Entscheidungsschlacht zwischen den beiden Kaisern wurde er von *Theodosius I.* am 6. 9. 394 geschlagen und endete durch Selbstmord.

verkürzt dargestellt, vom Bündnis mit der Verpflichtung der Germanen, Hilfstruppen, sogenannte *Auxiliartruppen* (→*Legion*) zu stellen, zur Zahlung großer Tribute an kriegerische germanische Stämme; solche Zahlungen wurden als ›Soldzahlungen‹ notdürftig kaschiert. Schließlich trat man den Barbaren römischen Boden als Lehen ab — was staatsrechtlich unmöglich war, denn er gehörte allen römischen Bürgern, nicht etwa dem Kaiser persönlich — und nahm sie schließlich als gleichberechtigte Mitglieder in das christliche Universalreich auf.

Fosen (Foser)

Von Tacitus genannter Stamm unbekannter Herkunft, der mit den →*Cheruskern* zu Grunde gegangen ist.

Franken

Bis zum Ende des 5. nachchristlichen Jahrhunderts hatten die verschiedenen Stämme der Franken kein gemeinsames Königtum. Heute kennt man zwar wahrscheinlich die Mehrzahl der Namen der einzelnen Stämme — so die →*Salier*, die →*Chattuarier*, die →*Brukterer*, die →*Tubanten*, die →*Chasuarier*, die →*Chamaven*, die →*Amsivarier*, die →*Usipier*, die →*Sigambrer* — und einige andere Gruppierungen, die als ›Franken‹ bezeichnet wurden.

Herkunft. Die Herkunft des gemeinsamen Namens ist aber ebenso ungewiß wie das Ursprungsland dieses Stämmebundes überhaupt: die gelehrten Hypo-

Grabstein eines fränkischen Kriegers von Niederollendorf am Rhein. Links, Vorderseite: Schlangen, verwandelte Seelen, begrüßen den Toten. Rechts, Rückseite: Christus in Mandorla mit ›Königslanze‹. — Rheinisches Landesmuseum, Bonn.

thesen reichen vom Küstenbereich der heutigen Niederlande bis zu nicht mehr faßbaren ›nordischen Inseln‹. Die Chronik des *Fredegar*, die von verschiedenen Verfassern geschrieben ist und im Jahre 658 abbricht, verknüpft die Herkunft der Franken mit der trojanischen Sage; offenbar haben diese gelehrten Fabeleien das Traditionsbedürfnis befriedigt und einem Volk, das gegen die Römer kämpfte und der alten gallischen Kultur nichts entgegenzustellen hatte, antike Traditionen vermittelt. Der ältere Chronist *Gregor von Tours* (540—594) hat eine ähnliche, christlich orientierte Legende geliefert; die Franken, berichtet er, seien aus Pannonien gekommen, also aus Ungarn. Aus Pannonien kam der *Heilige Martin*, der Schutzherr des Bistums, das Gregor seit 573 verwaltete; vielleicht hat er aber auch nur einen germanischen Namen als Pannonien mißverstanden.

Unklare Verhältnisse also, was die Franken angeht. Es scheint, sie seien, verglichen mit den Galloрömern, die sie später beherrschten, die ›Freien‹ gewesen; in der Redensart ›frank und frei‹ lebt das fort, was wohl in einer Zeit entstand, als Franke zu sein soviel hieß, wie ein freier Mann zu sein.

Ausbreitung. In das Licht der Geschichte traten die Franken — kein einheitliches Volk, sondern, wie gesagt, ein Verband unbekannter ›Barbaren‹, erst zur Zeit der Völkerwanderung. 256 überschreiten sie erstmals den Limes und fallen nach Gallien ein. 257 tauchten fränkische Gruppen in Spanien und sogar in Marokko auf. Vermutlich zerstörten sie 275 die römische Provinzhauptstadt von *Germania Inferior*. Die Kaiser *Aurelian* (270—275) und *Probus* (276—282) mußten gegen die Franken kämpfen; fränkische Kriegsgefangene wurden damals am Schwarzen Meer angesiedelt, andere kämpften, von den Römern geschlagen und in Dienst genommen, um 287 in Britannien. 290 besetzten sie die Inseln der Rheinmündung, 356 Xanten, Köln, Bonn, Andernach. Schritt für Schritt dehnten sie so ihr Herrschaftsgebiet aus, teils im Bündnis mit Rom, teils

Königsliste der Rheinfranken
(nach Zöllner)
Zeitlich zugleich regierende Könige sind Teilkönige

ca. 287/288	Gennobaudes (I)
ca. 306	Asaarius, Merogaisus
ca. 306	unbekannte Könige
378	Mallobaudes
388 und später	Gennobaudes (II), Markomer, Sunno
398	unbekannter König, einges. von Stilicho
Anfang 5. Jahrh.	Richimer
ca. 413/418	Theudomer
ca. 450	unbekannter König
451	zwei Söhne dieses Königs
470—508	Sigibert

Königsliste der salischen Franken
(nach Zöllner)

Chlodio (Chlodjo) ca. 425—455
Chlodobad ??
Merowech ??
Childerich I. ca. 460—482
Ragnachar vor 486—508
Richar u. Rignomer ca. 508
Chararich vor 486—ca. 508
unbekannter Sohn des Chararich ca. 508
Chlodowech (Chlodwig I.) 482—511
Theuderich 511—534
Theudebert 534—548
Theudebald 548—555
Chlodomer 511—524
Childebert 511—558
Chlotachar 511—561

zusammen mit anderen Stämmen, ganz nach der Gunst der Lage. Im 5. Jahrhundert zeichnet sich die Macht des fränkischen Großstammes deutlich regional ab. Während die →*Alamannen* den Rhein und die Donau überschreiten, in das Elsaß, die heutige Rheinpfalz und die Alpentäler eindringen, besetzen um 400 die Franken — welche Stämme, ist nicht mehr zu klären — das Gebiet der Bataver und Friesen in den heutigen Niederlanden, 455 das Moselgebiet, nachdem sie zusammen mit den →*Angelsachsen* in belgisches Gebiet vorstießen (für die Angelsachsen 449 ein Sprungbrett für die Besetzung Britanniens). 486 besiegen sie den römischen Statthalter in Gallien *Syagrius*, 502 die *Alamannen*, 507 die →*Westgoten* zwischen Loire und Garonne. 508 wird Paris Hauptstadt des Merowingerreiches, 531 gehört Thüringen zum Frankenreich und seit dem 8. Jahrhundert schließlich das Maingebiet.
In den Geschichtsbüchern wird oft von *ripuarischen* (sogenannten ›Ufer‹- oder ›Rheinfranken‹) und von *salischen* Franken gesprochen. Der Name *Ripuarier* ist erst im 8. Jahrhundert sicher überliefert und beruht wohl auf einem Irrtum; vermutlich sind damit römische Verbände aus einem Militärbezirk an der Rhône, aus der *gallia riparensis*, gemeint (Zöllner). Die *Salier* sind offenbar die seetüchtigen Stämme der sogenannten Franken, an die schließlich Ende des 5. Jahrhunderts die Führung des fränkischen Volksverbandes übergeht.
Der altfränkische Raum umfaßte wohl außer dem rheinfränkischen Kerngebiet am Rhein etwa zwischen Köln und Xanten auch die Gegend um Deventer zwischen dem Niederrhein und der Yssel, die Mündungsgebiete von Rhein und Maas und die Gegend der ›fränkischen‹ Brukterer zwischen Lippe und Ems (wo sich an der Lippe noch ein Gebiet der *Bruktuarier* hält, das dann endgültig um 700 zum größten Teil von den Sachsen besetzt wird). Auch der Ruhrgau um Duisburg ist wahrscheinlich ursprünglich fränkisch, ebenso der Hettergau rings um Herbede.
Genaue Grenzen können für die Frühzeit nicht angegeben werden, sie sind auch nur für den Spezialisten von Interesse. Für die allgemeine Geschichtsbetrachtung erhalten die Franken erst Bedeutung, als sich unter den fränkischen Königen, die man sich der Stellung und Bedeutung nach etwa wie großformatige Häuptlinge von Indianerstämmen vorzustellen haben dürfte, die *Merowinger* hervorheben. Auf der Schwelle zwischen Legende und Geschichte steht die Gestalt des Königs *Childerich I.* (um 457—482), des Sohnes von *Merowech* (um 455; →*Merowinger*).
Wie aus dem Reich der Franken, das um 533 von der Garonne bis nach Thüringen, von Avignon bis zur Rheinmündung reichte, das heutige Frankreich und Deutschland mit all den anderen europäischen Staaten wurde, ist nicht mehr Gegenstand der germanischen Geschichte, sondern von Antike und

Bronzene Zierscheibe mit heidnischem Menschenkreuz aus einem fränkischen Frauengrab (Dalsheim). — Römisch-Germanisches Zentralmuseum, Mainz.

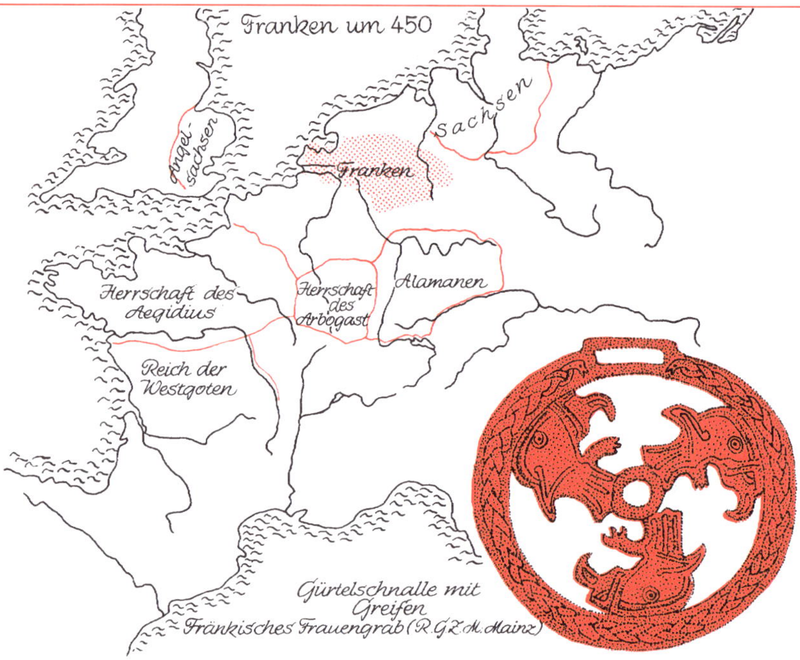

Oben und rechts: Beginn fränkischer Reichsexpansion im Umfeld gallo-römischer Restherrschaften und germanischer Foederatenkönige. Der Vorstoß erfolgt aus dem Raum um Tournai und Cambrai.

Christentum mitgeprägte abendländische Historie. Germanisch-fränkische Geschichte endet im Grunde in jenem Augenblick, als König Childerich I. sich zu Christus bekennt und taufen läßt — gewiß nicht nur aus Frömmigkeit, sondern ebensosehr aus politischem Kalkül.

Das Frankenreich (siehe auch →*Merowinger*). Das eigentlich Faszinierende am *Regnum Francorum* ist, daß es als einziges Staatsgebilde neben dem ›*Thüringer*-‹ und ›*Sachsenreich*‹ in stetem Bezug zum Ursprungsgebiet blieb, aber im Gegensatz zu jenen

Modell des Aachener Palastes Karls des Großen. — Römisch-Germanisches Zentralmuseum, Mainz.

beiden anderen in die römische Tradition hineinwuchs, und zur bedeutendsten, Romanen und Germanen umfassenden Reichsbildung des frühen Mittelalters wurde. Es ist damit zwischen Stämmen angesiedelt, die wenigstens noch 300 Jahre — gerechnet von den Hausmeiern an — in germanischer ›Rückständigkeit‹ verbleiben, und den vom Kerngebiet losgelösten, in mediterraner Kultur aufgehenden Stämmen wie →*Goten* (auch →Seite 30), →*Wandalen*, →*Sweben*, →*Langobarden*. Zwischen dem einen neuen Anfang signalisierenden Kampf von Römern, Galliern und Germanen gegen die Hunnen auf den Katalaunischen Feldern und der Krönung *Karls des Großen* 800 durch Papst Leo als Nachfolger in der Herrschaft über das weströmische Reich liegen wichtige Ereignisse: die Abwehr der Mauren, die Entwicklung von Verwaltungsformen in Annäherung an antike Strukturen, die Verflechtung von Kirche und Staat in der Person des Königs, die Vermittlung antiken Geistesgutes, Handwerks und Denkens, die Herausbildung der Grafschaftsverfassung sowie eines starken Adels in Parität zu König und Volk. Deutschland und Frankreich sind bis heute gleichermaßen von diesen Komponenten geprägt, wobei offensichtlich in Deutschland germanische, in Frankreich Kulturanteile der antiken Welt dominant blieben. Mit dem Tode Karls des Großen zerbrach die Klammer, die romanische und germanische Welt in den Hausmeierherrschaften zu verbinden vermochte; das Regnum Francorum zerfiel in germanisch bedingte Herzog-

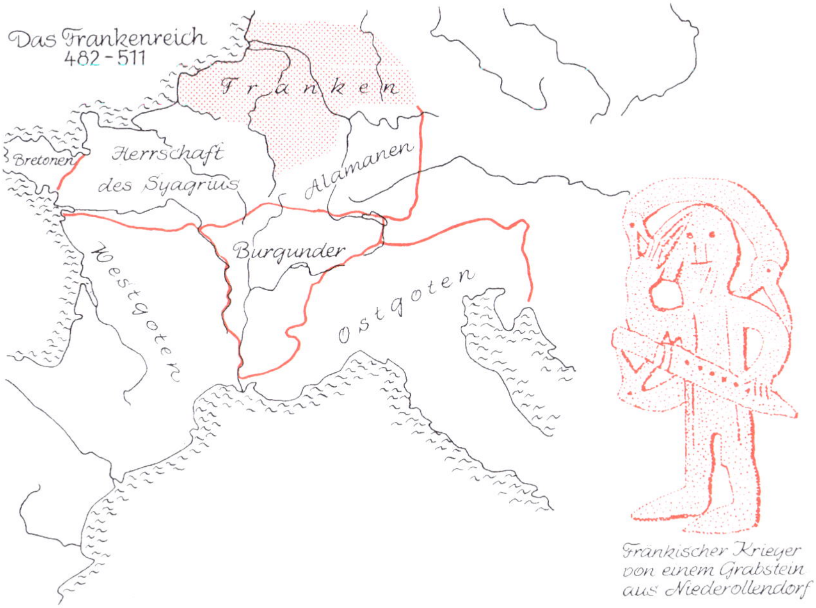

Links und oben: Childerichs Sohn Chlodwig unterwirft um 480—490 zunächst Arbogast und Aegidius, beide römische Generäle, dann Aegidius' Sohn Syagrius, schließlich Alamannen und Westgoten. (Nach Vorlagen des R. G. Z. M., Mainz)

tümer, galloromanische Verwaltungssysteme und deutsche und französische Königreiche.

Friesen

Die Friesen sind fast ausnahmslos treue Verbündete der Römer gewesen, auch als die Römer sich in Schwierigkeiten befanden. →*Drusus*, der Vater des →*Germanicus*, hatte mit ihnen einen jener Freundschaftsverträge geschlossen, mit denen barbarische Stämme unter den formalen Schutz Roms gestellt und zu militärischem Hilfsdienst verpflichtet wurden *(→Rom)*.

Aus Jütland kommend hatten die Friesen wahrscheinlich um 200 v. Chr. die Marschen und den Seestrand von der Ems bis zur Rhein- und Scheldemündung besiedelt. Schon damals bauten sie *Warften* oder *Wurten*, künstliche Hügel, auf denen sie ihre Siedlungen anlegten *(→Siedlung)*. Zum ersten Mal bewährte sich ihr Bündnis mit Rom noch zu Lebzeiten Drusus: ». . . und wie er dann in das Land der →*Chauken*, über den See fahrend, eingefallen war, geriet er in eine gefährliche Lage, da seine Schiffe infolge der Ebbe des Ozeans auf dem Trocknen sitzen blieben. Damals wurde er von den Friesen, die zu Lande mit ihm zum Streite gezogen waren, gerettet und kehrte zurück. Denn es war Winter« (Dio).

Römische Schiffe, im Winter bei Ebbe auf dem Watt aufsitzend, und friesische Krieger, die den römischen Feldherrn und seine Männer retten, eine Situation von historischer Ironie. Etwa zwanzig Jahre später werden die Friesen sich nicht auf die Seite der aufständischen Stämme unter Arminius stellen, sondern bündnistreu bleiben.

Bündnistreue. Ein anderes Mal erwähnt →*Tacitus* in seinen →*Annalen* die Friesen im Zusammenhang mit den Kämpfen des Germanicus. Drusus ist auf dem Rückweg von der Elbe vom Pferd gestürzt und gestorben *(→Drusus)*, Tiberius hat den Thron bestiegen, der Sohn des Drusus, den man später Germanicus nennen wird *(→Germanicus)*, ist im Jahre 15 aufgebrochen, die Niederlage des Varus an den Germanen zu rächen. Es ist die Zeit, als Arminius durch die Gaue der Cherusker »fliegt«, um sie zum Aufstand zu überreden: »Wenn sie die Heimat, die Vorfahren und die alten Sitten lieber hätten als Zwingherren und neue römische Kolonien, dann sollten sie Arminius als dem Führer zu Ruhm und Freiheit folgen und nicht dem Segestes zu einer schmachvollen Knechtschaft.«

Die Lage verschärfte sich, so daß Germanicus Gegenmaßnahmen treffen mußte: »Damit aber der Krieg nicht mit ungeteilter Wucht über ihn hereinbräche, sandte er →*Cäcina* mit vierzig römischen Kohorten — um die Kräfte des Feindes zu zersplittern — durch das Gebiet der Brukterer an den Emsstrom, während die Reiterei der Oberst *Pedo* durch das Gebiet der Friesen führte.«

Der Friesenaufstand. Auch diesmal also keine Schwierigkeiten mit den Friesen, bis ihnen der Geduldsfaden reißt, und dies nach dem Zeugnis des Römers Tacitus mit Recht: »In demselben Jahr

(28) brachen die Friesen, ein Volk jenseits des Rheins, den Frieden, mehr infolge unserer Habsucht als aus Trotz gegen unsere Herrschaft. Drusus hatte ihnen in Rücksicht auf ihre dürftigen Verhältnisse einen mäßigen Tribut auferlegt: sie sollten für Heereszwecke Rinderhäute liefern...« usw. — Und eben diese Rinderhäute verursachten Ärger, die Kuh ist nun einmal des Friesen Schicksal. Irgendein Verwaltungsbeamter fand die Häute zu ärmlich; die Friesen werden den Römern allerdings auch nicht die größten Häute abgeliefert haben. Er bestimmte in Unkenntnis der Verhältnisse, die Häute müßten die Größe von Auerochsenhäuten haben, und wieder Tacitus: »Diese Bedingung, die auch andere Völker nur schwer hätten erfüllen können, war umso drükkender für die Germanen; denn wenn auch ihre Wälder reich an mächtigen Ungetümen sind, sind doch ihre zahmen Rinder nur klein. So lieferten sie denn anfangs die Rinder selbst, dann ihre Äcker und schließlich ihre Frauen oder Kinder als Tribut.« (Siehe auch →*Ackerbau*, *Viehzucht*) Man kennt die Unerbittlichkeit der römischen Steuereinnehmer, dieser am meisten verachteten und gehaßten Menschenklasse jener Zeit aus der Bibel, wo sie ›Zöllner‹ genannt werden. Die Friesen greifen, als ihnen kein Ausweg mehr bleibt, zu den Waffen: »Die römischen Soldaten, die zur Erhebung des Tributes im Lande weilten, wurden von ihnen angegriffen und ans Kreuz geschlagen.«

Der Aufstand des Jahres 28 konnte zwar nach einer erbitterten Schlacht niedergeschlagen werden, aber die römischen Verluste sind so groß gewesen, daß man sie verheimlichen mußte, um nicht zu neuen Feldzügen gezwungen zu sein. An einer Stelle waren 900 Römer beim *Hain der Baduhema* gefallen, also wohl bei einem der friesischen Heiligtümer (siehe auch →*Kultgemeinschaft*); eine andere römische Abteilung von 400 Mann hatte »aus Furcht vor Verrat den Tod gesucht«, die Männer stießen sich gegenseitig das Schwert ins Herz. »Seitdem hatte der Name der Friesen unter den Germanen einen hellen Klang«, schreibt Tacitus.

Aus der Zeit des Kaisers Nero (54—68) gibt es eine amüsante Geschichte, welche die Naivität und das Ehrgefühl der Friesen im besten Licht erscheinen läßt:

Aus Gründen, die hier im einzelnen nicht interessieren, hat es zwischen der römischen Besatzungsmacht, die sich bestimmte Ländereien reservierte, und einigen friesischen Häuptlingen, die das anscheinend herrenlose Land besetzt und besiedelt hatten, Differenzen gegeben. *Verritus* und *Malorix*, die beiden friesischen Stammeshäuptlinge, unternahmen eine Bittgesandtschaft nach Rom, die Sache in höchster Instanz klären zu lassen. »Während sie dort auf eine Audienz bei Nero warteten, der mit anderen Sorgen beschäftigt war, besuchten sie unter den Sehenswürdigkeiten, die man den Barbaren zu zeigen pflegt,

Acht von sechzehn bei Steinfeld gefundenen sogenannten Hedeby-Halbbrakteaten, jeweils mit Vor- und Rückseite. Es sind Haithabu-Nachprägungen des Dorestadt-Pfennigs des 10. Jhs. — Schleswig-Holsteinisches Landesmuseum für Vor- und Frühgeschichte, Schleswig.

Volkes einen Begriff zu bekommen.« Am Schauspiel hätten sie kein Vergnügen gehabt, schreibt Tacitus in seinen Annalen, »weil sie nichts davon verstanden«, aber sie hätten sich aus Langeweile dafür interessiert, was die unterschiedlichen Ränge bedeuteten. Und so hätten sie einige Personen in fremdländischer Tracht auf den Rängen der Senatoren bemerkt und sich erkundigt, was das für Leute seien. »Als sie hörten, daß diese Ehre den Delegationen solcher Völker erwiesen würde, die sich durch Tapferkeit und Freundschaft gegen die Römer auszeichneten, rufen sie aus, kein Volk der Erde übertreffe an Waffentüchtigkeit oder Treue die Germanen, steigen die Stufen hinunter und setzen sich unter die Senatoren. Dies Benehmen wurde von den Zuschauern freundlich aufgenommen, als eine Gemütswallung von Leuten der guten, alten Zeit und ein edler Ehrgeiz.«

Nero gab sich diplomatisch: er verlieh diesen beiden Friesenhäuptlingen das römische Bürgerrecht, befahl aber, die von den Friesen schon besiedelten Äcker der Provinzialverwaltung müßten geräumt werden.

Am →*Bataveraufstand* beteiligten sich die Friesen dann doch, sie wurden aber schließlich 47 erneut unterworfen.

Wie eng die Wirtschaftsbeziehungen zwischen dem Imperium und der Nordseeküste waren, zeigt eine Weihinschrift, gefunden in *Beetgum bei Leuwarden*, die an die unbekannte Göttin *Hludana* gerichtet war und aus der hervorgeht, daß der Fischfang an der friesischen Küste an eine römische Gesellschaft verpachtet worden war.

Lage. Man hat über Friesland aus diesen Jahrhunderten nur wenige Nachrichten. Der *Rhein* floß damals bei *Katwijk* ins Meer, erst 838 hat sich der Rhein in sein heutiges Bett verschoben. Die *Zuidersee* ist ein Binnensee gewesen und hat erst in der Sturmflut von 1395 ihre heutige Gestalt bekommen. Die Marschen zu besiedeln begannen die Friesen etwa um 300 v. Chr., als die Sturmfluten nachließen (Schwarz). Seit Ende des 3. Jahrhunderts nach der Zeitwende griffen sie ihre Nachbarn, so die Bataver, an und wurden zum Schrecken der Küsten. In einer offiziellen Festrede auf den römischen Kaiser *Caesar Constantius I.* (305—306), der Ende des 3. Jahrhunderts am Rhein kämpfte, werden sie ausdrücklich unter den gefangenen aufrührerischen Barbaren genannt.

Herkunft. Übrigens ist die Frage, woher die verschiedenen friesischen Stämme kommen, nicht vollständig geklärt. Noch heute wird auf den Inseln Sylt, Amrum, Föhr und Helgoland ein anderes Nordfriesisch gesprochen als etwa auf dem Marschland und der Vorgeest zwischen Husum und Tondern; der Name Amrum deutet vielleicht auf den Stamm der *Ambronen* hin, der schon im Zusammenhang mit den Angriffen der *Teutonen (→Kimbern)* genannt wird, ohne daß man viel mehr als den Namen als ›Urfriesen‹ bezeichnen können, wie das gelegentlich geschehen ist. Noch heute heißen bekanntlich eine niederländische Provinz und eine deutsche Landschaft Friesland, wird das Westfriesische dort als ›Landfriesisch‹ gesprochen; das Ostfriesische ist dem Platt gewichen, außer im *Saterland* bei Oldenburg, aber die Nordfriesen leben noch heute in der Region, in der zur Römerzeit Friesen gehaust haben.

Wirtschaft. Der Aufstieg zum bedeutendsten Handelsvolk der Nordsee, bis die Hanse den Seehandel zu beherrschen anfing, begann schon zur Zeit der Merowinger. Damals fiel *Dorestad*, das ursprünglich den *Batavern* gehörte, in friesische Hand und hat sich zu einem bedeutenden Handelsplatz, zu einem ›Rotterdam des frühen Mittelalters‹ entwickelt. Die politische und wirtschaftliche Entwicklung in diesem Raum ist nur bruchstückhaft rekonstruiert. Als die Franken nach Gallien, also nach Südwesten, vorstießen, sind die Friesen in die leerer werdenden Landstriche nachgerückt und haben wie die →*Sachsen* ehemals fränkische Gebiete besetzt.

Zum Handelsvolk müssen sich die Friesen im 7. Jahrhundert entwickelt haben, als der Schwerpunkt des karolingischen Reiches sich wieder nach Osten verschob.

Schon seit jeher hatten sie, von der Weidewirtschaft lebend, die lebenswichtigsten Güter, auch Getreide, für *Häute* und *Wolle* eintauschen müssen; die hochwertigen friesischen *Wollstoffe* waren schon zur Zeit Karls des Großen ein begehrter Handelsartikel. So schickte der Herrscher an *Harun-al-Raschid* nach Bagdad friesische Mäntel in Weiß, Grau, Rot und Blau, und sein Sohn *Ludwig der Fromme* verteilte an seine Hofbeamten mehrmals im Jahr die Erzeugnisse der *friesischen Tuchmanufakturen.*

Die Ausgrabungen bestätigen, daß damals auf allen Höfen gesponnen und gewebt wurde; eine breit gestreute ›Heimindustrie‹ muß die Basis für den Handel gewesen sein. Es gab in dieser Zeit sogar eine regelrechte Tuchwährung, der *Fries* war ein grauer Wollstoff, von dem 12 Ellen in Schweden einem Silberöre, 96 Ellen einer Silbermark entsprachen. Diese Wollstoffe waren aber nur Teil des Handelsgutes, das von den Friesen zwischen Skandinavien und dem Frankenreich umgeschlagen wurde. Damals beherrschen Friesen fast den gesamten Handel auf der Nordsee zwischen Irland und Jütland, ein Jahrhundert später auch den Ostseehandel.

Zwei Ereignisse veränderten die Situation entschieden: um 830 erfolgt der erste Angriff der →*Wikinger*, und auch das Christentum erreicht Friesland. 834 und 837 verwüsten die Wikinger erneut weite Teile Frieslands, die Insel Walcheren und den Handelsplatz Dorestad.

Schon 840 nennen die *Fuldaer Annalen* die Handelsmetropole Dorestad ein wikingisches Lehen, und es ist nicht unwahrscheinlich, daß Friesland um diese Zeit bereits unter der Herrschaft der Wikinger stand.

G

Gambrivier
Nach Tacitus einer der ursprünglichen, auf einen der →*Mannus-Söhne* zurückgehenden Stämme (→Seite 185).

Gauten
Die Gauten, schwedisch *Gotar*, waren ein germanischer Stamm im heutigen Gotland (Schweden). Sie sind wohl im 10. Jahrhundert von den →*Svear* unterworfen worden. Diese Ereignisse spiegeln sich im →*Beowulf-Lied.*

Gefolgschaft
Wenn man das germanische Gefolgschaftswesen verstehen will, muß man seine Grundlage kennen, das *Treueverhältnis zwischen Herr und Gefolge:* Wenn der Gefolgsmann seinem Herrn den *Treueid* leistete, kniete er nieder und legte sein Haupt an dessen Knie oder schwur ihm ›in die Hand‹. Damit war das Treueverhältnis besiegelt. Aus heutiger Sicht, übrigens auch aus der des Tacitus, erscheint dieses Verhältnis ›auf Treu und Glauben‹, das offenbar keine Verträge, keine schriftlichen Sicherungen braucht, auf eine bestimmte Weise redlicher, und Männer dieser besseren alten Zeiten, die sich auf diese selbstverständliche Tugend ihrer Gefährten verlassen können, erscheinen beneidenswert. In Wirklichkeit ist dieser Treueid eine Rechtsformel, hinter der damals drohendere Sanktionen standen als heute.
In allen frühen Gesellschaften herrscht *Gewohnheitsrecht (→Recht)*, aber hinter diesem Verhalten, das der Historiker rückschauend als Anfang eines Rechtslebens erkennt, steht eine *magische* Grundauffassung, wie sie sich etwa in Verwünschungen und Verfluchungen, in Ächtungsformeln und symbolischen Gesten äußert. Wer den Treueid brach, also das Band gegenseitiger Verpflichtung zerriß, der zerstörte nicht nur die Grundlage des Gefolgschaftslebens, sondern fügte sich *selbst* Schaden zu: Treubruch war Selbstverfluchung, die nur durch Opfer und Buße abgewandt werden konnte. Die unabweisbare Folge eines Treubruchs hieß zunächst Zerstörung des Treulosen selbst, nicht durch die Gesellschaft, etwa durch Rachehandlungen, sondern durch Verlust seines Heiles.
Das Gefolgschaftswesen der Germanen wird zwar schon von Tacitus bezeugt und mit Bewunderung geschildert, aber erst in der *Völkerwanderungszeit*, der ›Heldenzeit‹ *(→Heldensagen)* erlangte diese Form der Männergesellschaft eine zentrale Bedeutung. Erst viele hundert Jahre später, als eine ritterliche Gesellschaft diese Zeiten leitbildhaft beschwor, wurde die Treue zu einem Wert an sich stilisiert wie die Liebe später durch die Romantiker. Diese Stilisierung hat das konkrete Verhalten verklärt. Tacitus nennt die Gefolgsleute *comitates* (lat. comes = Begleiter); das ist genau das richtige Wort, denn das germanische Wort, dem althochdeutschen *gisindo*, dem Gesinde verwandt, bedeutet Weggefährte, wie die ursprüngliche Bedeutung des Gesindes alle die meinte, die mit dem Herrn auf Reisen zogen.
Bei *Tacitus* heißt es im 13. Kapitel der *Germania*, nachdem von der Aufnahme adliger Jünglinge in die Gefolgschaft und von Rangabstufungen die Rede ist: »... und unter den Gefolgsleuten herrscht großer Wettstreit, wer die erste Stelle bei seinem Fürsten einnimmt; die Gefolgsherren wetteifern ihrerseits nicht weniger, wer die meisten und sträksten Gefolgsleute hat. Das bildet ihr Prestige, das ihre Kraft: immer von einem großen Kreis auserlesener Jungmannen umgeben zu sein. Im Frieden ist die Gefolgschaft das Ehrengeleit, im Kriege dient sie als Leibwache.« Tacitus berichtet dann noch, daß bestimmte Gefolgsherren mit berühmtem Gefolge »von Gesandtschaften umworben« würden, daß sie Ehrengaben erhielten und daß sie »vielfach durch ihren bloßen Ruf« Kriege niederschlügen. Wenn ein junger, freigeborener Germane Schild und Speer überreicht bekommen hat, vielleicht zum Abschluß von *Mannbarkeitsriten*, die allerdings nicht überliefert sind, wurde er von einem Gefolgsherrn als *gasinpa* gewählt. Das bedeutete: er gehörte von nun an zur Hausgenossenschaft und aß mit am Tisch. Er hatte die Pflicht zum Waffendienst, wogegen sein Herr verpflichtet war, für Lebensunterhalt, Waffen und einen gerechten Anteil an Beute zu sorgen.
Dieses gegenseitige Rechtsverhältnis wurde durch den Treueid besiegelt.
Munt und Tischgemeinschaft. Ursprünglich war die Gefolgschaft (ahd. *druht*, daher *druht-sazzo* =

Truchseß) offenbar vor allem eine Mannschaft von jungen Leuten, die im Waffenhandwerk ausgebildet werden sollten. Es stand nur den Adligen, darunter natürlich auch Königen und Herzögen zu, die jungen Degen, d. h. Kriegsmannen, auszubilden, und dies war nur möglich, wenn der Gefolgschaftsherr die *munt*, die Herrschafts- und Schutzmacht über die jungen Männer übernahm.

In Zeiten, in denen die Ehre schnell verletzt, das vermeintlich zugefügte Unrecht schnell zur Gewalttat verführte, bedurfte es zwingender Formeln, um unter einem Haufen junger Männer Frieden zu stiften. Unter ihnen mußte jede Fehde ausgeschlossen sein, das geschah durch die *Tischgemeinschaft*. Streitigkeiten unter den jungen Männern schlichtete allein der Gefolgsherr. Wenn ein Mitglied des Gefolges getötet oder verletzt wurde, verhielt sich das Gefolge so wie die Sippe, wie man überhaupt zu gegenseitiger Hilfeleistung selbstverständlich verpflichtet war. Nur bei Verbrechen eines der Gefolgsmänner haftete nicht die Gefolgschaft, sondern in diesem Falle allein die Sippe (Planitz/Eckardt).

Waffenprobe und Hausstand. Mit der Waffenprobe war der junge Mann aus der *munt* entlassen, also gewissermaßen ›volljährig‹, aber nicht aus der Gefolgschaft. Erst wenn er einen eigenen Hausstand gründete, schied er aus der Gefolgschaft aus. Die Junggesellen, die diesen Absprung nicht fanden und nach damaliger Auffassung eigentlich kein volles Mannesleben führten, nannte man ›Hagestolze‹, das heißt Besitzer eines *Hags*, eines ›umhegten‹, zu kleinen Grundstückes, um darauf einen Hausstand zu gründen. Schon um 500 n. Chr. ist diese Bezeichnung auf einer Runenschrift bezeugt. Tacitus stellt fest, den Germanen sei es »lästig, mit Schweiß zu verdienen, was man mit Blut erwerben kann« — die scheinbare Faulheit der Naturvölker hat ja auf die Mitglieder einer Leistungsgesellschaft stets einen provozierenden Eindruck gemacht. Er irrt sich mit dieser Verallgemeinerung: nicht ›die Germanen‹, sondern diese männerbündischen Gefolgschaften, wie sie auch in anderen frühen feudalen Gesellschaften auftreten, haben diesem Grundsatz gelebt.

Tatsächlich wurden regelrechte Beutezüge unternommen, ganze Gefolgschaften traten in den Dienst fremder Herren. Mit der Germanisierung der römischen Truppen ist auch der Gefolgschaftsgedanke ins römische Heerwesen eingedrungen. Aber nun sind es nicht die kunstvoll gearbeiteten Waffen, das sogenannte *Heergewäte*, die dem Gefolgsmann zugeteilt und nach Ausscheiden wieder abgenommen werden, sondern man gibt ihm Land oder überträgt ihm Nutzungsrechte.

Blutrache und Recke. In den unruhigen Zeiten der Völkerwanderung zogen immer mehr heimatlose Helden durchs Land, meist Männer, die eine *Blutrache* vollziehen mußten. Vom germanischen *wrekan* = rächen, verfolgen ist der *Recke* abgeleitet, also eigentlich der Rächer. Diese Recken waren reine Abenteurer, auf Krieg und Beute versessen, die sich nun einem Gefolgsherrn verschworen. Mit den abhängigen Gefolgsleuten gerieten sie nicht selten in Streit — eine Animosität, die sich im →*Nibelungenlied* zwischen dem idealisierten Recken →*Siegfried* und dem treuen *Hagen von Tronje* zu tragischer Feindschaft entwickelt hat.

Die Gabe des Herren. Der stärkste äußere Ausdruck der Bindung zwischen dem Gefolgsherrn und seinem Degen ist die Gabe: jede Waffe, jeder Armreif, der an den Gefolgsmann gegeben wird, trägt etwas von der Heilskraft des Gefolgsherrn, und Gaben werden erwartet, wie andererseits die kühne Tat, die selbstlose Treue auf dem Schlachtfeld vom Gefolgsmann erwartet werden. Politisch hat sich aus dem Gefolgschaftswesen das frühe *Beamtentum* der Merowinger- und Karolingerzeit entwickelt, freilich mit Rückgriffen auf die römische Verwaltung. Religiös wurde die Gefolgschaftsidee zum Kristallisationskern für das vielfach unverstandene Christentum: wenn *Krist der Herre* der *Gefolgsherr* war, lohnte es um höherer Gaben willen, in seinen Dienst zu treten. Auf diese Weise hat das Klosterleben, diese strenge, radikale Form der Gefolgschaft, die Franken in seinen Bann zu ziehen vermocht.

Im nordgermanischen *Bjarkilied*, das allerdings nur in der lateinischen Nachdichtung des Dänen *Saxo Grammaticus* (um 1150) vorliegt, heißt es: »Solange das Leben noch dauert, wollen wir uns bemühen, ehrenvoll zu sterben und mit unserer Hand uns ein ruhmvolles Ende zu verdienen. Überwältigt zu Häupten meines erschlagenen Fürsten will ich sterben, und du sollst zu seinen Füßen im Tode zusammensinken, damit jeder, der die Leichenhaufen mustert, sehe, wie wir unserem Herrn das empfangene Gold vergelten.«

Die Eroberungsfahrten der Seekönige, der →*Wikinger*, übertragen die Beutezüge mit Gefolgschaft auf die Meere — eine Form brutaler Raubgier und handfester Machtpolitik, die sich von der germanischen Idylle zur Zeit des Tacitus schon durch ihre Größenordnungen unterscheidet.

Geisel

Aus dem *Schuldrecht*, also dem *privaten* Recht, ist der Begriff der Geiselschaft zeitweise in das Recht der Völker geraten, wo er ganz eigenartige Wirkungen ausgelöst hat. Wenn man eine dieser Geiselgeschichten ohne Namensnennung erzählt, wirkt sie märchenhaft: Mit acht Jahren wird *Ereliva* von seinem Vater, einem König, als Geisel an den mächtigsten Kaiserhof seiner Zeit geschickt. Dort lernt er die Sprache des Gastlandes, nimmt Kleidung und Gewohnheit jener höheren Kultur an und gewinnt schließlich das liebevolle Wohlwollen des mächtigsten Mannes jener Zeit, des Kaisers. Stets ist der junge Adlige mit Versklavung oder Tod bedroht, denn die Freiheit der Geisel verfällt, wenn der Vertrag gebrochen wird. Nach zehn Jahren kehrt der achtzehnjährige Jüngling zu seinem Volk zurück, das er aus der Enge seiner Stammestraditionen, aus

seinem regionalen Königtum in die Weite der imperialen Politik führt: sein Name ist →*Theoderich der Große* (471—526), dessen politische Wirksamkeit ohne jenen Aufenthalt am Hof von Byzanz undenkbar wäre.
Hunerich, der Sohn König *Geiserichs (→Wandalen)* hat im Jahre 435 oder 442 als Geisel am Hof des weströmischen Reiches gelebt und *Placidia*, die Tochter des dortigen Kaisers *Valentinian III.* (425 bis 455) zur Frau bekommen. Eine andere Geisel, die Tochter *Galla Placidia* des römischen Kaisers *Theodosius I.* (379—395), ist 410 von den Goten als Geisel mitgenommen worden und 414 die Gemahlin des westgotischen Königs *Athaulf* (→*Westgoten* und Seite 30–41) geworden, ehe sie den weströmischen Kaiser *Constantius III.* (421—421) geheiratet hat, den sie überlebte.
Solche Schicksale lassen die eigentliche Problematik der Geiselnahme vergessen, die sich in einem psychologischen Zweck erfüllt. Friedensschlüsse und Bündnisverträge sind bekanntlich nur haltbar und sinnvoll, wenn sie dem wohlverstandenen beiderseitigen Interesse dienen. Das größte Hindernis, in einer konkreten Situation das eigene Interesse einem Kompromiß zu opfern, ist das Mißtrauen, also ein psychologischer Faktor. Wer Geiseln (indoeurop. *g'heislo* = der Zurückgebliebene; oder: kelt.-german. *gisal* von *gaisala* = Stock) stellte, gab damit eigene Söhne, eigene Töchter in die Hand dessen, dem er am meisten mißtraute und dem er seine eigene Glaubwürdigkeit auf jeden Fall unter Beweis stellen wollte. Sicherheitsgeiseln sind so alt wie der Krieg zwischen zivilisierten Gesellschaften. In der Bibel ist im 2. Buch der Könige erwähnt, daß *Joas* nach dem Sieg über *Amazias* nicht nur dessen Schatz, sondern auch seine »Kinder zum Pfande« mitgenommen habe (Langenstein). Auf seinem Vormarsch nach Indien hat *Alexander der Große* 30 000 Einwohner aus den Gebieten mitgenommen, die er hinter sich gelassen hatte. Die Praxis der Germanen hat also keinen besonderen germanischen Charakter, zumal Sicherheitsgeiseln bis weit in die Neuzeit üblich waren: noch 1861 hat sich Frankreich in Senegambien vier Söhne der angesehensten Häuptlinge stellen lassen. Es klingt deshalb etwas fragwürdig, wenn in der germanischen Rechtsgeschichte die Gestellung von Sicherheitsgeiseln als bezeichnend für das germanische ›Sippenethos‹ angesehen wird.
Siehe auch die Stichworte →*Gesellschaft*, →*Sippe*, →*Recht*, →*Thing*.

Gepiden

Vom Namen her wird durch Mißverständnisse auf den Charakter des Volkes geschlossen: eigentlich mögen die Gepiden *Gethedos* (mit stimmhaftem »th«) geheißen haben, ein Name, der auch an anderer Stelle, z. B. im *Beowulf* (→Seite 80) ähnlich für ein Volk an der Ostsee, gebraucht worden ist. Das lateinische Wort *hebes*, verwechselt mit hedos, bedeutet nun aber soviel wie langsam, stumpf — und so klingt in der lateinischen Bezeichnung an, was die gotische Stammessage über die Herkunft der Goten berichtet: in drei Schiffen seien sie aus dem Nordland übergesetzt an die Küste, und im dritten und letzten Schiff hätten die Gepiden, eben die Langsamen, das andere Gestade der Ostsee erreicht.
Im 3. Jahrhundert sind die Gepiden im Weichselknie mit den *Burgundern* zusammengestoßen; *Fastida*, der König der Gepiden, erkämpfte den Durchzug, so konnten sie nach Süden vorstoßen und erreichten das nördliche Siebenbürgen. Südlich saßen bereits die *Westgoten*. Es kam zu Kämpfen und sogar zu einer Schlacht bei *Galt* an der oberen Aluta. Als die *Hunnen* 375 in den südosteuropäischen Raum einbrachen, wichen die Westgoten bis hinter die Donau aus, die Gepiden rückten nach.
Mehr und mehr haben sich die ursprünglich wahrscheinlich gotischen Gepiden so zu einem selbständigen Volk entwickelt. Sie sind dann aber unter hunnische Herrschaft geraten und haben ein seltsames Schicksal gehabt: ein Teil zog mit den →*Wandalen* nach Westen und gelangte bis nach Gallien; ein anderer Teil blieb unter hunnischer Herrschaft und stellte *Attila* (445—453) als dem Gefolgsherrn Truppen für den Zug der Hunnen bis auf die Katalaunischen Felder. Erst nach dem Tod Attilas erlosch dieses Treueverhältnis, und der Gepide *Ardarich* stellte sich an die Spitze der »germanischen Koalition« (Schwarz). Als 471 die Ostgoten nach Süden zogen, wurden die Gepiden, die das östliche Ungarn bis zur Donau beherrschten, endgültig die Herren des Landes. Sie schlossen mit Byzanz einen Bündnisvertrag; so kam wahrscheinlich auch der Goldschatz byzantinischer Münzen nach Ungarn, der um 400 vergraben worden sein muß und 1797 entdeckt wurde; die Gepiden sind offenbar schon frühzeitig in das politische Spiel der Metropole am Bosporus einbezogen worden.
Zeitweise konnten die Gepiden mit dem umstrittenen *Sirmium* an der Sawe den Durchmarsch nach Italien sperren; so mußte sich unter anderen *Theoderich der Große* 488 den Weg nach Italien erkämpfen; später wurde Sirmium, das heutige *Sremska Mitrovica*, die Hauptstadt des Reiches der Gepiden.
Die Bedeutung des Gepidenreiches hat sich im Grunde erst gezeigt, als es zerstört war. Der Untergang wurde durch einen üblen Kuhhandel eingeleitet, wie er in der Geschichte der Völker häufiger vorkommt: die *Awaren*, ein den Hunnen verwandtes Nomadenvolk, waren auf der Flucht vor angreifenden *Turkstämmen* nach Westen ausgewichen und hatten sich in Südrußland niedergelassen. Andererseits waren als Nachbarn der Gepiden die →*Langobarden* aufgetaucht und hatten sich in Niederöster, reich festgesetzt. Schließlich wollten die Langobarden auch Sirmium erobern. Byzanz wiederumgrundsätzlich von der Landgier der Germanenstämme beunruhigt, spielte einen Stamm gegen den anderen aus und setzte auf die Langobarden, weil diese

Siebenteiliger Goldhalskragen von Möne Kyrka, besetzt mit Filigran und Granulation sowie mit 424 aufgelöteten Tier- und Menschenfiguren — der schönste Goldfund Schwedens. Dieses der Blütezeit des ersten Tierstils angehörende Fundstück aus dem Land der Götar wiegt, da die Teile hohl sind, nicht einmal ein Kilogramm.

Ausschnitt aus dem dreiteiligen Goldhalskragen von Ålleberg mit aufgelöteten Tieren und Männerfratzen, die noch fast naturalistisch ausgeformt sind. Goldhalskragen wurden gleichermaßen von Frauen, Männern und — Göttern ›getragen‹. — Beide 6. Jh. — Statens Historiska Museum, Stockholm.

Scheibenfibel, Gold mit Almadin- und Glaseinlagen in den Zellen der Schauseite. Das Zellenwerk mit einer gewaffelten Goldfolie als Unterlage der Steine und des farbigen Glases liegt auf einer 5,1 cm großen Grundplatte, die von einem doppeltgezwirnten Perldraht eingefaßt ist. Auf der Rückseite der Scheibe eingeritzte Runenzeichen: »RADA DATA ATTANO« (wahrscheinlich: Rada [und] Data [schenkten dies]. Attano [ritzte die Runen].). Die Fibel stammt aus dem großen 1929 bei Soest entdeckten Kammergrab 106, das noch eine weitere Zahl von Schmuckstücken und Gerät enthielt. Anlage des Grabes Anfang des 7. Jhs. — Landesmuseum für Vor- und Frühgeschichte. Münster, urspr. Soest, Burghofmuseum.

schwächer waren als die Gepiden. Beide Seiten holten sich hunnischen Beistand heran — aber König *Alboin (→Langobarden)* hatte den größten Erfolg. Er bot dem Großkhan der Awaren die Hälfte des Gepidenlandes und der Beute, die man dort machen würde. Der Großkhan verlangte das ganze Land der Gepiden und vom Vieh der Langobarden den zehnten Teil — und König Alboin nahm die Bedingungen an: Germanen gegen Germanen.

Die Gepiden sind dann im Jahre 567 von diesen beiden Gegnern vernichtend geschlagen worden: der König fiel, seine Tochter mit dem reizenden Namen Rosamunde geriet in Gefangenschaft. Ein Teil der Gepiden zog mit den Langobarden nach Italien ab, wo noch im 8. Jahrhundert ihre Dörfer nachzuweisen waren. Andere Teile des Volkes blieben unter awarischer Herrschaft und sind ebenfalls bis ins 9. Jahrhundert belegbar. Auch byzantinische Quellen berichten noch über Gepiden: so haben im Jahre 600 die Byzantiner drei gepidische Dörfer in der Theiss-Ebene niedergebrannt. Andere Gepiden wiederum flüchteten nach Byzanz, wo sich auch der Königsschatz wiederfand, den man vor dem Zugriff der Awaren und der germanischen Stammesbrüder, der Langobarden, retten konnte.

Nördlich von Debreczin bei *Hortobágy-Juhjáras* konnten die Archäologen ein reiches Gräberfeld freilegen, in dem Krieger der Gepiden bestattet sind. Die Toten haben Münzen aus dem Ende des 2. und Anfang des 3. Jahrhunderts im Mund, und sie wurden mit ihren Waffen begraben. Diese Gräber stammen also nicht aus der Zeit, als die ›Langsamen‹ Nordsiebenbürgen erreicht hatten. Die Frage, wie groß der Einfluß der Gepiden auf die rumänische Kultur gewesen ist, bietet der Forschung noch heute ein weites Feld.

Germanen, Herkunft →Abstammung, Indoeuropäer und ›Germanen‹

Germania

Die Provinz Germania. Die römische Provinz Germania ist aller Wahrscheinlichkeit nach eingerichtet worden, als im Jahre 5 die Reichsmacht bis zur Elbe vorgestoßen war. Auch die linksrheinischen germanischen Stämme gehörten zunächst zu diesem Gebiet, dessen religiöser und politischer Mittelpunkt vermutlich Köln, die *Colonia Claudia Ara Agrippinensis*, gewesen ist.

Ganz offensichtlich wurde die Schaffung dieser Provinz nach bewährtem Muster vollzogen; die Römer hatten ja auch Gallien, das Land der gefürchteten *→Kelten*, zur Provinz gemacht, und zwar, nach dem Sieg Caesars im Gallischen Krieg, ohne größere Schwierigkeiten. Allerdings lagen die Dinge in Germanien anders als in Gallien. Die Gallier hatten seit vielen hundert Jahren über die griechische Kolonie *Massalia* (Marseille) in Berührung mit der Kultur des Mittelmeeres gestanden, sie trieben Handel mit griechischen Kaufleuten *(→Oppidum)* und übernahmen griechische Kulturgüter. Auch kannten sie ein geordnetes Münzwesen und eine Rechtsprechung, die sich über das Niveau der Blutrache erhoben hatte. So hatte Caesar die keltischen ›Verwaltungsstrukturen‹ nur zu übernehmen brauchen. Im Zuge der allmählich fortschreitenden Romanisierung wurden aus den alten Stammesgebieten die *civitates*, die ›Regierungsbezirke‹, und bald hatte sich Gallien zu einer blühenden Provinz entwickelt, die reiche Steuerbeträge abwarf, angeblich sogar mehr als Ägypten, die Kornkammer des Imperiums (Schmid).

Ursprünglich mag man sich von der Provinz Germania einen ähnlichen Aufschwung erhofft haben. Aber gerade der plumpe Versuch, aus der neuen Provinz Steuern zu ziehen, führte zur Rebellion, weil derartige Praktiken von den Angehörigen eines ackerbaubetreibenden Naturvolkes mit einer Naturalwirtschaft überhaupt nicht verstanden werden konnten. Dabei mögen die steuerlichen Abgaben nicht einmal so sehr empört haben wie die Bestrafung derjenigen, die sich widersetzten *(→Recht)*. Die Niederlage des *Varus* im Jahre 9 *(→Varusschlacht)* zwang Kaiser *Augustus* zum Umdenken. Zunächst reorganisierte er das einheitliche Sechs-Legionen-Heer und teilte den Oberbefehl. Jeder der neuen Oberbefehlshaber erhielt das Kommando über vier *→Legionen*. Die Verwaltungsstruktur der Provinz wurde umgestaltet, indem man u. a. die Gebiete der linksrheinischen Provinz Germania mit der *Provinz Belgica* vereinigte, von wo auch die Provinz Germania verwaltet worden war. Das Wort Verwaltung gibt allerdings ein irreführendes Bild: der einzige Zusammenhang zwischen der Belgica und der Germania bestand in der Finanzverwaltung, deren Zentrale sich in Trier befand.

Die politische und gerichtliche Herrschaft über die germanischen Landesteile fiel dem *Legaten* zu. Zur Zeit des Augustus war der Legat Vertreter des Kaisers und Oberbefehlshaber in der Provinz, dem allerdings die Verwaltungsfunktion, das heißt die Eintreibung der Steuern, entzogen war.

Unter Kaiser *Domitian* (81—96) wurde die Provinz Germania in den Jahren 82 bis 90 in zwei Hälften geteilt: in die Untergermanische Provinz, *Germania Inferior* mit der Hauptstadt Köln, und die Obergermanische Provinz, *Germania Superior* mit der Hauptstadt Mainz. Die Grenze zwischen beiden Provinzen bildete der linksrheinische *Vinxbach*, der zwischen Andernach und Remagen in den Rhein mündet und dessen Name vielleicht auf das lateinische *finis* (Grenze) verweist.

Die Bevölkerung der Provinz *Obergermanien* war nicht etwa rein germanisch, sondern umfaßte verschiedene keltische, germanische oder keltisch-germanische Gruppen. Die Zugehörigkeiten sind nicht ganz eindeutig.

Das Gebiet der Provinz Obergermanien umschloß auf dem linken Rheinufer unterhalb von Basel einen Streifen von etwa 40 km Breite bis zum Vinxbach, auf der rechten Rheinseite seit der Eroberung von

Die älteste inschriftliche Urkunde einer deutschen Stadt: Römischer Stadtgründungsstein von Regensburg (178 n. Chr.)

74 das →*Dekumatenland* (und →Seite 64) zwischen dem Rhein, dem obergermanischen →*Limes* und der Rauhen Alb. Ob die *Helvetier* und *Sequaner* zu dieser Provinz oder zur Belgica gehört haben, steht nicht fest. In dieser Germania Superior lebten *Rauricer*, *Lingonen*, *Wangionen*, *Sweben*, *Mattiaker* und, wie gesagt, vielleicht Helvetier und Sequaner.
Die Provinz *Niedergermanien* war wesentlich kleiner als Obergermanien. Das heutige Niederrheingebiet, Teile der Niederlande und Belgiens gehörten zu Niedergermanien. Als die Legionen Germaniens unter Kaiser *Trajan* (98—117), der 97 n. Chr. Statthalter in Germanien gewesen war, auf insgesamt 4 reduziert wurden, bedeutete dies endgültig, daß man die Expansionspolitik aufgegeben hatte. Diese Verminderung der Truppenstärke bedeutete aber auch, daß man aus dem Inneren des rechtsrheinischen Germanien keine nennenswerten Vorstöße mehr erwartete; ein entscheidender Denkfehler, denn die ›Defensivpolitik‹ signalisierte Schwäche und war eine direkte Herausforderung zum Angriff. Die defensive Militärpolitik wurde unter Kaiser *Hadrian* (117—138) fortgesetzt und in eine weitere Militärreform umgesetzt. Damals entstanden neue militärische Einheiten, die sogenannten *numeri*. Es handelte sich um ›Truppenteile‹, die stark von germanischen Elementen durchsetzt waren und den örtlichen Schutz der Grenzen übernahmen *(→Legionen)*.
Unter Kaiser *Diokletian* (284—305) mußte die Gliederung der Provinzen erneut den bestehenden Verhältnissen angepaßt werden: nachdem das Dekumatenland im Jahre 260 von den →*Alamannen* überrannt worden war, erklärte man die restliche Provinz Germania Superior zur *Germania Prima*, dies mit Sicherheit ohne die Gebiete der *Helvetier* und *Sequaner*, welche mit dem Land der Rauriker zur Provinz *Maxima Sequanorum* vereinigt wurden. Die Provinz Niedergermanien wurde in *Germania Secunda* umbenannt.
Beide Germanien wurden bei dieser Gelegenheit der Diözese Gallien zugeordnet und von dem in *Trier (Augusta Treverorum)* residierenden Präfekten regiert. Im Jahre 286 verlegte Diokletian nach der Reichsteilung auch die Residenz des Weströmischen Reiches nach Trier, das damals eine bisher von den Kämpfen kaum berührte, blühende Stadt war. Der →*Limes* allerdings befand sich damals schon in seiner ganzen Länge in germanischer Hand. Trier wurde zum Zentrum des Kampfes gegen die Germanen und zur verwaltungsmäßigen Hauptstadt bis zum Jahre 400.
Die germanischen Provinzen sind nicht, wie sonst üblich, von Senat und Kaiser gemeinsam beherrscht worden, sondern unterlagen ausschließlich der Befehlsgewalt des Kaisers. An der Spitze der Provinz stand, vom Kaiser eingesetzt, ein Statthalter, der je nach Rang und Größe der von ihm verwalteten Provinz besoldet wurde. Schon damals besaßen die Römer Sinn für die repräsentative Geste, für Prestige und Symbolik. Also hatte der Statthalter nicht nur eine Funktion, sondern auch die Aufgabe, die imperiale Macht des römischen Kaisers durch seine Hofhaltung darzustellen. Nur ehemalige Konsuln, also Männer von staatsmännischem Rang, die sich in höchsten Ämtern profiliert hatten, konnten auf Ernennung zum Statthalter rechnen. Wer in Köln oder Mainz sein Amt antrat, fand dort einen Stab vor, zu dem schon in der frühen Kaiserzeit etwa 1 000 Leute gehört haben dürften: das reichte von Kammerdienern und Köchen, Boten und Heizern, Masseuren und Angestellten der Bäder bis zu Dolmetschern, Schreibern, Orakeldeutern und Priestern. Zum Kommando gehörte die berittene Garde von 480 Mann, deren Kommandeur ein *Centurio* ›Erster Ordnung‹ war, die Garde zu Fuß, auch sie wohl 480 Mann umfassend und von einem sogenannten *Centurio strator* geleitet, und schließlich die Beamten, die man *Principales* nannte, und deren Hilfskräfte, insgesamt ca. 200 Personen. Zu einer Zeit,

als die Germanen allenfalls ein paar Runenzeichen auf Lanzenspitze oder Helm ritzten (→*Runen*), hatten die Römer ja ein differenziertes, auf schriftlichen Edikten beruhendes Rechts- und Verwaltungssystem und gebrauchten sogar eine Art Kurzschrift. Ohne solche Institutionen wären Besoldung und Besteuerung, Berichterstattung und Rechtssprechung in einem solchen Weltreich ja auch gar nicht möglich gewesen.

Wenn die Tätigkeit der römischen Statthalter und ihrer Verwaltung vornehmlich darin bestanden hätte, die ursprünglich freien Germanen, Kelten und Keltogermanen mit Steuern zu belegen und zum Militärdienst einzuziehen, dann wäre das römische Imperium keine ordnungsstiftende Macht und kaum in der Lage gewesen, Frieden, Handel und Wandel sowie die persönliche Sicherheit zu garantieren.

Viel wichtiger war der demokratische Lernprozeß der ständischen und städtischen *Selbstverwaltung*. Das Ziel der an der Basis organisierten *Pächtergenossenschaften* war es, die Barbaren an die politischen Formen der römischen *Civitas*, der Bürgerschaft nach römischem Modell, zu gewöhnen.

Unter der Civitas verstand man einen Selbstverwaltungskörper, einen Stadtstaat, wie er etwa im Mittelalter in den Hansestädten entstanden ist. Bei diesen Stadtstaaten gab es eine gewisse Rangordnung. Wie der römische Vollbürger am angesehensten war und die größten politischen Rechte hatte, so besaß die Ansiedlung römischer Bürger, die man *colonia* nannte, die meisten Privilegien. Solche Siedlungen wurden von der Verwaltung geplant, oft waren es *Veteranensiedlungen*, die u. a. die Militärgrenze durch zuverlässige Bevölkerungsteile verstärken sollten. Wo schon eine *größere* Ansiedlung bestand, wie dies in Gallien, aber auch in Ägypten, Nordafrika und später in Persien der Fall war, nannte man sie *municipium*. Die Bezeichnung besagte, daß hier das römische Stadtrecht galt. Diese Unterschiede haben nur bis ins 3. Jahrhundert Geltung gehabt; dann nivellierte die Vergabe des römischen Bürgerrechtes an jeden *Vollfreien* durch die *Constitutio Antoniana* seit dem Jahre 21 diese Regelungen.

Im heutigen Deutschland sind zu römischer Zeit — um nur einige Namen zu nennen — z. B. folgende Orte Civitates gewesen: Wiesbaden und Heddernheim, Dieburg und Ladenburg, Wimpfen und Pforzheim, Baden-Baden und Rottenburg.

Schon unter den Römern gab es eine Art Gewaltenteilung, wenngleich dieser Begriff im strengeren Sinn ein Ergebnis der französischen Revolution ist. Unter Vorsitz des leitenden Priesters, der den Kaiserkult ordnete, bestand ein Gremium, das die Anliegen der verwalteten Gebiete gegen den Statthalter vertrat und sogar Klage gegen den Beamten des Kaisers erheben konnte. Man vermutet, daß die Stämme Obergermaniens ihren ›Landtag‹ (Schmid) in Köln hatten, während die keltische Bevölkerung in Lyon vertreten wurde. So waren die Provinzen Ober- und Niedergermanien wohlgeordnete Landstriche mit einer hoch entwickelten Infrastruktur: Amphitheater, Bäder, Villen und Kanalisation, Zentralheizung und Postverbindungen, Märkte und Fernstraßen, heute nur bruchstückweise ausgegraben, sind Beweis für die überlegene Kraft der römischen Politik, die selbst nach Jahrhunderten, als die römischen Provinzen verfielen und die germanischen Stämme wie Banden hausten, ihre formende Kraft bewies.

Das ›freie Germanien‹. Das von den Römern *Germania Magna* oder *Germania Libera* genannte rechtsrheinische Gebiet, in Teilen von →*Arminius* verteidigt und immer wieder fälschlicherweise mit Deutschland gleichgesetzt, war ein relativ verschwommenes geographisches Gebilde. Begrenzt wurde es zur Kaiserzeit — ausgehend von den römischen Quellen — im Westen und Süden durch die Rheingrenze und die Donaulinie, im Norden recht unbestimmt durch den Ostseeraum und im Osten durch die Elbe-Linie, wobei man davon ausging, daß auch dahinter, also etwa im Raum zwischen Elbe, Oder und Weichsel und jenseits der Ostsee in Skandinavien noch Stämme wohnten. Der südliche, heute vorwiegend fränkische Raum war ursprünglich im ›freien Teil‹ dünn besiedelt, und zwar hauptsächlich mit Kelten; so bleibt als Germania im urprünglichen Sinn mit Einschränkungen der Raum nördlich der deutschen Mittelgebirgslinie, der durch Vordringen von Stämmen verschiedener Herkunft bis zum Limes ausgedehnt wurde.

(Siehe auch →*Abstammung, Indoeuropäer und ›Germanen‹*, speziell die →*nordwestdeutsche Gruppe*, Seite 59, die →*Jastorfgruppe* und →*Tacitus*.)

Germanicus, Julius Caesar

Julius Caesar Germanicus (*15 v. Chr.) starb im Jahre 19 mit 34 Jahren in Antiochia an einer rätselhaften Krankheit, bis zuletzt in der Überzeugung, von seinem politischen Feind *Piso* und seiner Frau vergiftet worden zu sein: es ging um die Herrschaft über Syrien, dessen Statthalter Germanicus und dessen Stellvertreter Piso war. Zwei Jahre vor seinem Tode war Germanicus als Triumphator durch Rom zum Capitol gezogen, ein Held der Nation, zu dessen Gefangenen einer ungenauen Überlieferung nach →*Thusnelda*, die Gattin des →*Arminius*, und ihr kleiner Sohn *Thumelicus* gehört haben sollen. Das glänzende Schauspiel verdeckte die Tatsache, daß sein Onkel, Kaiser *Tiberius* (14—37), sich entschlossen hatte, die Vorstöße über den Rhein und die Donau einzustellen, und den Gedanken an eine Eroberung Germaniens bis zur Elbe aufgab.

Der elende Tod des jungen Feldherrn und Politikers Germanicus beendete ein Leben, das unter glänzenden Vorzeichen begonnen hatte: sein Vater war jener →*Drusus* gewesen, der seine Feldzeichen schon an der Elbe aufgepflanzt hatte. Als Drusus an den Folgen eines Beinbruches mitten unter seinen Legionen in der Wildnis gestorben und von seinem Bruder Tiberius nach Rom überführt worden war, ließ Kaiser Augustus den neunzehnjährigen jungen Sohn

des Drusus von Tiberius adoptieren — ein Vorgang, der damals in Rom häufig war und bestimmte rechtliche und erbliche Folgen hatte, die der Waise Schutz boten. Mit 20 Jahren heiratete Germanicus und hatte mit seiner Frau neun Kinder, darunter den späteren Kaiser *Caligula* (37—41). Seine Erfahrungen als Soldat holte er sich, als in Ungarn der *Pannonische Aufstand* (→Seite 21) niedergeworfen werden mußte, und seine politischen Erfahrungen erwarb er sich während eines einjährigen Aufenthaltes in Rom. Im Jahre 13 wurde er Oberbefehlshaber am Rhein und zugleich Generalstatthalter in Gallien.
Dieser junge Soldat war bei seinen Truppen beliebt und beim Volk populär; als im Jahre 14 Kaiser Augustus starb, hätte Germanicus verhindern können, daß Tiberius Kaiser wurde, wenn er sich gegen ihn gestellt hätte, aber er blieb loyal und half z. B., die Meuterei der Truppen am Rhein um Köln und in *Vetera* bei Xanten niederzuschlagen.
Seinen ersten Angriff über den Rhein hinweg führte Germanicus gegen die →*Marser*. Diese Marser waren offenbar der Hauptstamm eines Kultverbandes, dessen zentrales Heiligtum für die wahrscheinlich keltische Göttin *Tafana* (Tanfana) in ihrem Gebiet vielleicht zwischen Lippe, Ruhr und Rhein gelegen haben muß. Man kennt weder ausgegrabene Reste dieses Heiligtums noch kann man sonst die Marser archäologisch nachweisen; die antiken Quellen erlauben nur Vermutungen über den Wohnsitz dieses Volkes.

Marmorstatue des Germanicus. —Lateran-Museum Rom.

Tacitus sagt in seinen *Annalen:* »Zu jener Zeit (gegen Ende der Regierungszeit des Augustus) war nur noch der Krieg gegen die Germanen zu führen, mehr aus dem Grunde, um die Schande zu tilgen, die der Verlust des Heeres unter Quinctilius Varus gebracht hatte, als aus dem Verlangen nach einer Vorschiebung der Reichsgrenze oder in der Aussicht auf einen würdigen Lohn.«
Seltsame Kriegsgründe, aber in einer Zeit des Overkill und weltweiter Rüstung nun auch wieder nicht so absurd, wie die Formulierung den heutigen Leser anmutet, denn auch der Friede des gewaltigen Römischen Reiches beruhte auf Abschreckung.
Tacitus, im Abstand eines Jahrhunderts, schildert den Eilmarsch der rachedurstigen Legionen im Jahre 14 — 12 000 Mann, dazu 26 Kohorten von Bundesgenossen und 8 Reitergeschwader, »deren Manneszucht durch diese Meuterei (s. o.) unberührt war«. Nach dem Brückenschlag über den Rhein durchzieht Germanicus eilig die dunklen Wälder im Bereich der Ruhr und trifft die Marser in ihren Dörfern wie weiland General Custer die Indianer. »Das Unternehmen wurde durch die sternenklare Nacht begünstigt und so kam man zu den Dörfern der Marser. Unsere Truppen umzingelten die Bewohner, die, völlig ahnungslos, noch auf ihren Lagern und neben ihren Tischen hingestreckt ruhten: nicht einmal Wachen hatten sie ausgestellt; so sehr war alles in Sorglosigkeit versunken. Niemand von ihnen hatte an Krieg gedacht, und selbst ihr Friede war nichts als Erschlaffung und Lähmung der noch Berauschten. Der Cäsar (d. i. Germanicus) teilte die blutdürstigen Legionen, um dem Gemetzel einen möglichst großen Umfang zu geben, in vier Kolonnen. Er ließ eine Strecke von fünfzig Meilen mit Feuer und Schwert verwüsten. Weder das Geschlecht noch das Alter fand Erbarmen. Stätten der Menschen und der Götter wurden ohne Unterschied dem Erdboden gleichgemacht, auch das Heiligtum der Göttin Tafana, das bei jenen Stämmen hochberühmt war.«
Das gellende Schreien der Frauen und Kinder wird diese Berufssoldaten, die in so vielen Schlachten Tod und Verwüstung gesehen hatten, in ihrem Rachedurst und Blutrausch nur gesteigert haben. Vom flackernden Schein brennender Hütten beleuchtet, hausten sie unter diesen Wehrlosen als Mörder, wie dies immer geschieht, wenn die Vernunft der atavistischen Grausamkeit des Menschen Argumente liefert. Diese Legionäre hatten Angst, das Schicksal der in den Wäldern erschlagenen Kameraden von drei Legionen stand ihnen vor Augen, so konnten sie Rache für manchen alten Kampfgefährten nehmen, der unter Quinctilius Varus in den Wäldern umgekommen war. Die römischen Truppen verloren keinen einzigen Mann, aber sie hatten die benachbarten Stämme alarmiert, die →*Brukterer*, →*Tubanten* und →*Usipeter*, die nun die Höhen besetzten. Der Rückzug, obwohl die Germanen die Nachhut an-

griffen und eine Panik drohte, verlief geordnet, und es gelang Germanicus nach dieser Heldentat gegen die Marser, sein Heer, »stolz auf das Vollbrachte«, in die Winterquartiere zu führen.
Es lohnt nicht, die Einzelheiten dieser Feldzüge nachzuzeichnen. Germanicus stößt später, von Mainz aus, mit vier Legionen und vielen Hilfstruppen (etwa 20 000 — 30 000 Mann), während sein Feldherr Caecina mit etwa gleich vielen Truppen von Vetera aus die Marser und Brukterer ablenkt, auch ins Gebiet der →*Chatten* vor, und wieder haust er so mörderisch wie in den Dörfern der Marser. *Mattium* (siehe auch →Seite 93) wird in Brand gesteckt. All dies geschieht im Jahre 15. Noch lebt

Germanicus bestattet die unter Varus gefallenen Legionäre. Darstellung des 19. Jhs.

→*Arminius*, der abtrünnige Ritter von Roms Gnaden und Hetzer gegen die römische Herrschaft, und sein Gegenspieler, der besonnene *Segestes* (siehe auch→ Seite 265), der Schwiegervater des Cheruskerfürsten. Arminius muß es, wenn man Tacitus Glauben schenken soll, gelungen sein, die Stämme etwa des mittleren Wesergebietes, Hessens und Südwestfalens gegen Rom aufzuwiegeln, während Segestes mit einer Minderheit zur Besonnenheit mahnte. Arminius schließt mit seinen Cheruskern und ihren Verbündeten Segestes auf der *Eresburg*, wahrscheinlich dem heutigen Obermarsberg im Sauerland, ein, wo auch seine schwangere Frau →*Thusnelda* von ihrem Vater festgehalten wird. Germanicus, auf dem Rückmarsch von *Mattium*, reagiert sofort auf den Hilferuf des Segestes und rückt in Eilmärschen heran; es gelingt ihm, Segestes aus der Umklammerung seiner Landsleute zu befreien und Thusnelda gefangenzunehmen.
Unter dem Motto: ›Germanicus führt Krieg gegen wehrlose Frauen‹, putscht nun Arminius leicht auch die bisher römertreuen Stämme auf. Germanicus bereitet eine Großoffensive gegen Arminius vor. Noch im gleichen Jahr (15) erreicht er jenes Waldgebiet, den *Saltus Teutoburgensis* (→*Varusschlacht*), auf dessen Heide und in dessen Sümpfen und Tälern sich das Schicksal des Varus erfüllt hatte. *Tacitus* berichtet darüber in seinen *Annalen:* »Dann betraten sie die traurige Stätte, deren Anblick und Erinnerung peinliche Gefühle in ihnen erweckte. Das erste Lager des Varus ließ durch seinen mächtigen Umfang und seine Ausmaße der Hauptplätze die Schanzarbeit von drei Legionen erkennen. Dann konnte man an dem halbzerstörten Wall und dem flachen Graben sehen, daß hier die stark geschwächten Reste des Heeres gelagert hatten. Auf der Mitte der Walstatt sah man die bleichenden Gebeine der Kameraden, je nachdem, wie sie geflohen waren oder Widerstand geleistet hatten, zerstreut oder aufgehäuft. Daneben lagen Trümmer von Waffen und Pferdegerippe; an den Stämmen der Bäume waren Menschenschädel angenagelt. In den benachbarten Waldlichtungen fanden sich Altäre der Barbaren, an denen sie die Tribunen und Zenturionen ersten Grades geschlachtet hatten. Dabei erzählten Kameraden, die jenes Blutbad überlebt hatten, da sie der Schlacht oder der Gefangenschaft entronnen waren: hier seien die Legaten gefallen, dort die Adler geraubt; sie zeigten den Ort, wo Varus die erste Wunde empfangen, wo er sich mit der unseligen Rechten in sein eigenes Schwert gestürzt habe, und die Bodenerhöhung, von der Arminius zu seinen Kriegern gesprochen hatte; sie erzählten, wieviele Folterbalken für die Gefangenen und welche Martergruben dage-

wesen seien, und wie er die Feldzeichen und Adler im Übermut verhöhnt habe. So setzte dann das römische Heer, sechs Jahre nach der Katastrophe, die Gebeine von drei Legionen bei, ohne daß jemand unterscheiden konnte, ob er die Reste von Fremden oder Freunden mit Erde bedeckte: sie begruben alle als ihre Verwandten, als ihre Blutsbrüder, unter steigendem Grimm gegen den Feind und zugleich voll Trauer und Erbitterung. Das erste Rasenstück zur Errichtung des Grabhügels legte Cäsar (d. i. Germanicus) nieder, als Liebesdienst gegen die Toten und als Trauergenosse der Lebenden, die ihn umstanden.«
Kein Archäologe hat bis heute die Reste jener Massengräber freilegen können, kein Waffenfund führt auf die Spur jener Geschehnisse.
Auf dem Rückmarsch hat sich Germanicus nur mit Mühe gegen die nachdrängenden Germanen behaupten können. Als er ein Jahr später (16) wieder nach Westen vorstieß und nach der Niederschlagung eines *Angrivarieraufstandes* die Weser überschritt, begegnete er noch einmal dem Arminius und schlug ihn und seine Verbündeten bei *Idistaviso* im Wesergebiet und am *Angrivarierwall* (wahrscheinlich in der Nähe des Dorfes Leese).
Die Bedeutung des Germanicus liegt darin, daß er als letzter römischer Feldherr offensiv die Stämme rechts des Rheins mit großangelegten Truppenaufmärschen in Schach hält, ein ›Techniker des Krieges‹, der nicht vor den Methoden der ›verbrannten Erde‹ zurückschreckt. Seine ›Limes-Linien‹ sind im Gegensatz zum späteren defensiven →*Limes* Aufmarschstraßen, tief hinein ins gegnerische Gebiet, ähnlich heutigen Flotten- und Luftwaffenstützpunkten in fremden Ländern. Auch viele der Kastelle entsprechen vorgeschobenen Bastionen, sind Kontrollpunkte im germanischen Gebiet, wie das durch Germanicus weiter ausgebaute Lager *Aliso* — wahrscheinlich an der mittleren oder oberen Lippe —, das in der Varusschlacht die flüchtenden Reste des geschlagenen Heeres und die Frauen und Kinder aufnahm.
Alle Aufmärsche erfolgen fast in Dimensionen heutiger Kriege. Der Feldzug gegen die *Hessen* wird mit mindestens 50000—60000 Mann, sorgfältig aufeinander abgestimmt, von Castra Vetera entlang der Lippe und gleichzeitig von Mainz aus durch die Wetterau zur Eder vorgetragen; der Aufmarsch gegen →*Brukterer* und →*Cherusker* erfolgt mit Mannschaftszahlen, die noch höher gewesen sein dürften, gleichzeitig lippeaufwärts, quer durch Friesland und mit der Flotte über die Nordsee emsaufwärts; die Schlacht von *Idistaviso* sieht gründliche Koordinationen mit germanischen →*Foederaten* und wieder den Einsatz der Flotte auf der Ems und vielleicht auch auf der Weser. Als seine Flotte auf dem Rückmarsch im Küstengebiet vom Sturm zerschlagen und auseinandergetrieben worden ist, und die Germanen hoffen, die römische Macht sei gebrochen, marschiert *C. Silius* auf seinen Befehl mit 30000 Man im *Chattengebiet* ein, er selbst überfällt mit noch mehr Leuten vorsorglich die →*Marser*.
Dann erfolgt der Befehl des Kaisers, die Feldzüge einzustellen. Der Triumphzug zu Ehren der Siege des Germanicus »über Cherusker, Chatten und Angrivarier und die anderen Völkerschaften, die bis zur Elbe wohnen« am 26. Mai 17 wird zum Ende seiner ›germanischen‹ Laufbahn und zum Schlußpunkt römischer Expansion rechts des Niederrheins.

Germanisches National-Museum
1852 von Reichsfreiherrn *Hans von und zu Aufseß* (*1801, †1872), der seine eigenen Privatsammlungen zur Verfügung stellte, gegründet und 1853 eröffnet, um die Funde ›deutscher‹ Vorgeschichte zu sammeln. Das Museum und die zugrundeliegende Stiftung widmen sich im weitesten Sinne ›deutscher‹ Kunst und Kultur, richtiger den auf deutschem Boden und im ›germanischen‹ Raum gefundenen und entstandenen Zeugnissen der Vor- und Frühgeschichte, des Mittelalters und der Neuzeit. Zu den Sammlungen gehören Bilder, Kupferstiche, Plastiken, Musikinstrumente, Spielzeug, Trachten, Waffen, Einrichtungsgegenstände, Handwerkergerät sowie neben einer Bibliothek von etwa 350000 Bänden Münzen- und Autographensammlungen.
1851 war *Wilhelm Heinrich Riehls: Naturgeschichte des deutschen Volkes* erschienen, Beginn einer wissenschaftlichen Volkskunde, 1852 wurde der Entschluß geboren, in Mainz, der alten Römerstadt, das *Römisch-Germanische Zentralmuseum* zu gründen. Die Gründung des Germanischen National-Museums korrespondiert geistesgeschichtlich vor allem auch mit dem Werk der *Brüder Grimm* (Jakob G. *1785, †1863; Wilhelm G. *1786, †1859). Es hat sich als Museum und als Institution einen weltweit anerkannten Namen gemacht: seine Darstellung ist deutsche Selbstdarstellung im weitesten Sinne geworden.

Germanistik
»Meine Herren, ich erlaube mir Ihre Aufmerksamkeit für eine kurze Zeit auf eine Sache zu lenken, die an sich Ihrer Betrachtung nicht unwürdig ist: da sie aber zugleich als eine persönliche Angelegenheit erscheint, so muß ich im voraus um Ihre Nachsicht bitten. Vor mehreren Jahren haben wir beide, mein Bruder und ich, die Ankündigung eines *Deutschen Wörterbuches* erlassen. Das Wörterbuch soll die deutsche Sprache umfassen, wie sie sich in drei Jahrhunderten ausgebildet hat; es beginnt mit Luther und schließt mit Goethe. Zwei solche Männer, welche, wie die Sonne des Jahres den edlen Wein, die deutsche Sprache beide feurig und lieblich gemacht haben, stehen mit Recht an dem Eingang und Ausgang.«
Wilhelm Grimm (*1786, †1859), damals ein Mann von 61 Jahren, dessen Geburt ins Todesjahr Friedrichs des Großen und dessen Kindheit in die Jahre der Französischen Revolution fiel, hat zusammen

mit seinem Bruder Jacob Grimm (*1785, †1863) mit diesem Vorhaben — ein Jahr vor der Revolution von 1848 — eine Arbeit aufgenommen, die erst 1960 beendet worden ist. Denn in dem Maße, in dem die gründliche und geduldige Bestandsaufnahme der deutschen Wörter geleistet wurde, wuchs die Masse der Sprache selbst, und die naiven, fast poetisch gehandhabten Kriterien, mit denen Männer wie z. B. *Clemens von Brentano* (*1778, †1842) und *Wilhelm von Humboldt* (*1767, †1835) die Grundlagen der Germanistik gelegt hatten, wichen präziseren Methoden.

Es war nicht die Geburtsstunde der Germanistik, als Wilhelm Grimm seinen Plan zu einem deutschen Wörterbuch vortrug, aber einer ihrer Höhepunkte.

Zu verstehen ist die Beschäftigung mit der Historie der deutschen Sprache, mit den ›alten Teutschen‹ und den Germanen nur aus einer allgemeinen Geschichtsgläubigkeit, die dem heutigen Menschen nahezu völlig verlorengegangen ist; aber was heute als bizarre Ansammlung von Relikten der Jahrhunderte erscheint, hat damals eine Fülle von Material für das Selbstverständnis geboten, und es erschien unerläßlich für das Verständnis der Gegenwart, ein Bild der Vorfahren, ihres Denkens und Fühlens, zu bekommen: Geschichte ist heute, wie man weiß, nur eine unter vielen Möglichkeiten, den Menschen zu verstehen, damals offenbarte sie einen Hauch des Weltgeistes und schien zu zeigen, wie der Geist allmählich »zum Bewußtseyn und zum Wollen der Wahrheit kommt...« (Hegel).

Also erforschte man die Vorfahren, und daß die Vorfahren der Deutschen eben jene Germanen gewesen seien, von denen zum Beispiel →*Tacitus* berichtet hat, blieb wie gesagt bis weit ins 19. Jahrhundert eine von niemandem angezweifelte Tatsache. Jacob Grimm, ein Jahr jünger als sein Bruder, hat mit seinem Werk *Geschichte der deutschen Sprache* (1848) endgültig jene Wissenschaft begründet, die sich mit der Sprache der Vorfahren beschäftigte und also ›Germanistik‹ genannt worden ist. Das begann, angeregt durch die Dichter und Denker der deutschen Romantik, mit der Herausgabe der *Kinder- und Volksmärchen* (1812—1815) — eine Arbeit, die sich erstmalig dem ›Volksgut‹ zuwandte und noch keine eigentlich wissenschaftliche Beschäftigung mit der Volkskunde darstellt. Auch die *Deutschen Sagen* führen erst ins Vorfeld der Germanistik; entscheidend ist, daß Jacob Grimm 1819—1837 auch eine *Deutsche Grammatik* herausgab — und damit wird allerdings zum ersten Mal Sprache als geschichtlich gewordene Struktur verstanden, deren Wandel aus bestimmten Gesetzen und Regeln abzuleiten ist (siehe auch →*Lautverschiebung*).

Gesellschaft

Über die germanische Gesellschaft lassen sich konkrete Feststellungen nur schwer treffen. Die lateinischen Autoren verwenden ihre eigenen Begriffe, ihre Einsicht in die gesellschaftliche Struktur der Barbarenvölker ist begrenzt, auch haben sich die gesellschaftlichen Verhältnisse bei den Germanen, seit man sie durch Caesar und Tacitus kennt, in ständigem Wandel befunden.

Die germanische Gesellschaft in den Jahrhunderten um die Zeitwende ist *ständisch* gegliedert gewesen. Eine Gliederung nach wirtschaftlichen Gesichtspunkten ergibt Klassen, während der Stand eine Gruppierung nach *rechtlichen* Gesichtspunkten ist. Es gab drei Stände, den der *Halbfreien*, den der *Vollfreien* und den des *Adels;* man gehörte zu einem Stand, weil man hineingeboren war wie der Paria oder Brahmane in seine Kaste. Wie bei jeder menschlichen Institution gab es auch hier Ausnahmen, die aber das Prinzip der Zuordnung durch *Geburt* im Grunde nicht berührt haben. Kraft seiner Herkunft war man des anderen Mannes ›Über- oder Ungenoß‹, also *ebenbürtig* oder eben *nicht ebenbürtig:* Ebenbürtigkeit ist ursprünglich ein durchaus realer, rechtlicher Begriff, der für die Heirat, für Besitz und Erbschaft schwerwiegende Bedeutung haben konnte. In der Neuzeit, in der es keine echte ständische Gesellschaft mehr gibt, kann die ›Ebenbürtigkeit‹ nur lächerlich wirken und die Unebenbürtigkeit Stoff für gefühlvolle Romane bieten; in der frühen Gesellschaft der germanischen Stämme hat sie den Charakter einer unabweisbaren Realität wie heute die Zugehörigkeit zu einer Familie oder zu einer Nation.

Der Knecht oder ›Sklave‹. So war man auch Knecht durch Geburt. Nun gehörte ein solcher Unfreier, althochdeutsch *schalk*, nach der bisher herrschenden Ansicht der Historiker, überhaupt keinem Stand an, das heißt in keine für Menschen geltende Ordnung, sondern er war rechtlich gesehen eine *Sache*, für ihn galt die Ordnung, die für Wagen und Pferd, Vieh und Gerät Geltung hatte. Sein Herr haftete für ihn, und wurde der Knecht verletzt, hatte der Herr Anspruch auf Sachbuße. Für die Dienste des Knechtes gab es keinerlei Grenzen, auch war er angeblich ehe-, wehr- und vermögensunfähig (Mitteis-Lieberich). Tacitus, der einiges über die Gesellschaft berichtet, bezeichnet diesen Stand aus römischer Sicht als *Sklaven* und schreibt: »Selten wird ein Sklave geschlagen und durch Zwangsarbeit in Ketten bestraft; eher schon schlagen sie einen nieder, nicht in Wahrung strenger Zucht, sondern im Jähzorn, wie man einen persönlichen Feind erschlägt; nur gibt es (für die Tötung eines Sklaven) keine Strafverfolgung. Die *Freigelassenen* stehen im Rang nicht viel über den Sklaven; selten kommt ihnen im Hause, niemals im Stamme irgendeine entscheidende Bedeutung zu.«

Tacitus hat die Zustände, wie sie ihm über die Germanen berichtet wurden, mit denen Roms verglichen, wo der Bedarf an Arbeitskräften im 4. und 3. vorchristlichen Jahrhundert aus freien Bauern Landarbeiter auf den Latifundien werden ließ. Bergwerke und Festungsanlagen, Schiffe und Pumpen, Mühlen und Wasserräder wurden mit Sklavenenergie betrieben und gebaut, man kannte den Begriff der *servi publici*, der öffentlichen Arbeitssklaven, so dürfte das Bild kettenbeladener Arbeitskolonnen nicht selten gewesen sein; vor diesem Hintergrund hoben sich die Verhältnisse bei den germanischen Stämmen, die ja in einer primitiveren Wirtschaftsstruktur lebten, vorteilhaft ab.

Die wirtschaftliche Stellung eines germanischen Knechtes ist nicht schlechter als die des Halbfreien gewesen. Entweder gehörte er zum Hausgesinde, oder er bekam Boden zur eigenen Bewirtschaftung überlassen. Er hatte dann nur bestimmte Abgaben wie Brotgetreide, Vieh oder Zeug (von Wolle oder Linnen) zu leisten, genau wie ein Kleinpächter, »und nur insofern besteht eine Verpflichtung für den Sklaven« (Tacitus.).

Als Knecht, als Sklave wurde man geboren, aber man konnte auch durch *Kriegsgefangenschaft* zum Sklaven werden oder, wenn man seine Schulden nicht bezahlen konnte, verknechtet werden, um einen Teil des verursachten Schadens zu tilgen. Solche *Schuldsklaverei* hat es schon im alten Sumer, in Babylon und auch in Israel gegeben.

Rechtlich gab es nur zwei Möglichkeiten, die Knechtschaft zu beenden: der Herr konnte seinem Sklaven privat die Freiheit schenken. Dann war dieser zwar kein Vollfreier, aber doch ein halbfreier Mann. Nur die öffentliche Freilassung auf der Versammlung der Freien, dem →*Thing*, konnte die vollständige Freiheit bringen.

Diese Darstellung beruht allerdings auf bestimmten Quellen der *Spätantike*, die ihre vorgefaßten Vorstellungen auf die Welt der Germanen zu projizieren scheinen. Das gilt insbesondere für das hier geschilderte ›Sachrecht‹ der Knechte. Bei Tacitus sehen die Dinge noch anders aus, und es scheint, daß der Unfreie, der sein Land bestellte und seine Abgaben leistete, ursprünglich nicht vermögensunfähig zu sein brauchte.

Schließlich gab es auch die nicht nur bei den Germanen verbreitete Sitte, daß jemand sich selbst in die Knechtschaft verkaufte; er erhielt die volle Kaufsumme, die er selbst als freier Mann verbrauchen konnte, und trat seinen Dienst an, sobald die Summe aufgebraucht oder eine verabredete Frist abgelaufen war. Solche Selbstverknechtung gehört sehr alten Kulturgeschichten an und ist z. B. auch bei den Azteken bezeugt.

Freigelassene und Halbfreie. In jeder Gesellschaft, in der sich Sklaverei entwickelt hat, gibt es den Stand der Freigelassenen. Im Römischen Reich kamen bereits seit dem 4. Jahrhundert v. Chr. Freilassungen vor, und hier wie überall, wo das Sklavenproblem seines Umfanges wegen zum Politikum wurde, haben die herrschenden Kreise die Freilassungen zu beschränken versucht. Bei den Germanen hat es offenbar bei der Freilassung die Möglichkeit gegeben, den Halbfreien an die Scholle zu binden. Dann unterschied sich seine Lage nicht sehr von der des Knechtes, nur er lebte in einem anderen Stand. Der Freigelassene konnte auch seine Freizügigkeit bekommen — aber dennoch zu Diensten oder Abgaben verpflichtet sein. Schließlich konnte ein Mann, der als Knecht auf dem selbst bewirtschafteten Hof saß, als Zubehör dieses Hofes mit diesem selbst verkauft werden und sich von den Erträgen selbst freikaufen.

Die sogenannten *Liten*, ebenfalls Halbfreie, sind in der gleichen Lage wie die Freigelassenen, nur waren sie Angehörige stammverwandter Völker, die auf die Adligen des Siegervolkes verteilt wurden und deren Ansehen und Wirtschaftskraft vermehrten.

Der Freie. Der Begriff für den freien Mann hat sich als Name erhalten; *Karl* oder *Kerl*, auch *Friling*, hieß der Mann, der als vollfreier Waffenträger alle politischen Rechte besaß und dessen Stimme bei der Landversammlung, dem →*Thing*, volles Gewicht hatte. Rechtlich sind diese Freien an ihre →*Sippe* gebunden, die ihrerseits ihre Rechte schützt; bei Halbfreien, die zu keiner Sippe gehören, übernimmt der Eigentümer diese Schutzfunktion. Der politischen Freiheit des Karl entsprach die wirtschaftliche: er hatte niemandem Abgaben zu leisten. Man hat sich die germanische Ordnung der Völkerwanderungszeit nicht wie einen modernen Staat vorzustellen, der Gesetze erläßt, ihre Verletzung schützt und dem einzelnen Menschen mit Beamten zu seinem Recht verhilft. In jener Zeit hatte jeder Mann sein Recht selbst zu schützen, und nur wer im Schutz einer Sippe stand, hatte überhaupt eine Chance, sein Recht zu bekommen.

Der Adel. Der zahlenmäßig kleinste, gesellschaftlich bedeutendste Stand war bei den Germanen der Adel. Seine Existenz blieb bei den Historikern lange umstritten. Der Einfluß des Adels beruhte zunächst nicht auf wirtschaftlicher Macht, die eher als Folge seiner Stellung verstanden werden muß, sondern auf dem *sakralen* Moment, das hier wie in vielen anderen frühen Gesellschaften ein Geschlecht unter anderen besonders auszeichnete. Wer seine Herkunft von den Göttern ableitete, bediente sich damit nicht eines besonders verwerflichen Tricks, um seine weniger geschickten, weniger schlauen Genossen von der eigenen Überlegenheit zu überzeugen, sondern er erklärte, was mit einem unvollkommenen modernen Begriff mit dem ›Glück‹, dem ›Heil‹ seines Geschlechtes zu bezeichnen ist. Die Summe rätselhafter Zufälle, die das Leben eines Menschen oder das Schicksal einer Sippe bestimmen können, wurde dem im Natur- und Geisterglauben befangenen Menschen zum Ausdruck einer bestimmten Seelenkraft; die Völkerkunde kennt sie als *mana*, und das ist, an das Blut gebunden, magisch wirksam. Es mag sein, daß nur die Abstammung von Göttern die Schicksalslinien einer durch Tapferkeit und Glück bevorzugten Sippe zu erklären vermochte.

Als in völkischen Kreisen zwischen den Weltkriegen der Heilgruß aufkam und schließlich unter Hitler zum ›Deutschen Gruß‹ wurde, hat man auf diese Vorstellungen zurückgegriffen, als könne man so in die bessere germanische Vergangenheit entfliehen.

Immer ist es in einer höher entwickelten Stammes-

gemeinschaft nur ein zunächst wohl einziges Geschlecht, das so die Führung erringt, und wie bei den frühkulturlichen Stadtstaaten des Vorderen Orients der Sieg einer Stadt auch den Sieg des jeweiligen Stadtgottes dokumentierte, so wurden bei Stammeskämpfen nicht nur Menschen besiegt, sondern das ›Heil‹ des führenden Adelsgeschlechtes in Frage gestellt. Schon aus solchen gleichsam höheren Gründen ist es selbstverständlich, daß die Kriegsführer, der Herzog oder der König aus adligem Geschlecht gewählt wurden *(→Königtum)*; man würde sich nach Ansicht der damaligen Zeit jeder Erfolgschance beraubt haben, hätte man einen noch so tüchtigen Friling aufs Schild gehoben.
Der Gedanke an die nicht blutsgebundene Tüchtigkeit tritt erst in christlicher Zeit auf, etwa bei den Hausmeiern der *→Merowinger*, der Heilsglaube wirkt aber im Königtum noch lange nach. Selbst in der mittelalterlichen Kirchherrschaft des Adels steckt etwas von der uralten Blutsmagie.
Der Adlige hatte Pflichten und Rechte, die ihn deutlich sichtbar über seine Umgebung heraushoben; sein besonderer Lebensstil in späteren Zeiten ist dafür nur äußerer Ausdruck gewesen. Das wichtigste politische Recht war die Leitung der Landsgemeinde, des *→Thing*. In kleinem Kreis wurde beraten, welche Sache verhandelt, welche vor das Thing gebracht und öffentlich entschieden werden sollte. Abstimmungen mit Mehrheitsbeschlüssen im heutigen Sinne gab es nicht. Das Volk, bestehend aus vollfreien Männern, konnte den Vorschlag ablehnen oder annehmen, wobei der Mann bei Annahme die Waffe anrührte: dann war er verpflichtet, zu seinem Wort zu stehen.
Dieser Personenkreis hat allerdings seine Zeit nach dem Urteil einer arbeitsteiligen, städtischen Leistungsgesellschaft, wie sie in Rom entstanden war, mit Nichtstun verschwendet.
Nicht die Feldarbeit, sondern Jagd und Krieg beschäftigten seine Gedanken. Er allein hatte überhaupt Zeit genug, er allein verfügte über den geistigen Horizont, öffentliche Dinge zu behandeln.
Neben der ›formellen und materiellen Leitungsgewalt‹, wie die Juristen sagen, hatte der Adel ein weiteres, entscheidendes Privileg: nur Adlige konnten *→Gefolgschaften* haben. Daraus ergab sich für den Adligen die Pflicht, alle zu schützen, die seiner *munt* unterstanden.
So erklärt sich, daß ein Vertrag, der durch Austausch von adligen *Geiseln* gesichert war, den Grad höchster gegenseitiger Aufrichtigkeit besaß. Nicht weil Menschen, nahe Angehörige, bei Vertragsbruch versklavt oder gar ermordet werden könnten, fühlte man sich gegen Vertragsbruch gesichert; weil Träger des Heiles ausgeliefert wurden, war das in Treu und Glauben gegebene Wort bekräftigt.
Siehe auch die Stichworte *→Gefolgschaft*, *→Geisel*, *→Recht*, *→Thing*.

Goten (Gotonen) →**Ostgoten** und →**Westgoten**.

Götterwelt
Quellen und Felsen, eigenartige Bäume oder Berggipfel sind von den sogenannten Naturvölkern häufig verehrt worden, weil sich hier die höhere Kraft, die alles durchdrang, gleichsam zu verdichten schien. Noch heute ist ja ein schwarzer Meteorstein, die Kaaba, heiliger Mittelpunkt einer Weltreligion, des Islam; er ist schon verehrt worden, ehe Mohammed zu predigen begonnen hatte. Wie die gleiche Naturerscheinung auf verschiedene Völker wirkt, mag ein Beispiel zeigen: der Regenbogen ist für die Samojeden Sibiriens der Mantelsaum eines ›Höchsten Wesens‹, für einen Pygmäenstamm der Jagdbogen, mit dem das ›Höchste Wesen‹ die Gewitterwolken vor sich her jagte, und für das Volk Israel das Zeichen des alten Bundes zwischen Volk und Gott.
Heilige Haine. Die Germanen, in Wäldern lebend, haben ›Höhere Kräfte‹ in heiligen Hainen verehrt. »Übrigens glauben die Germanen, daß es mit der Hoheit der Himmlischen unvereinbar sei, Götter in Wänden einzuschließen und sie irgendwie menschlichem Gesichtsausdruck anzunähern: sie weihen Lichtungen und Haine und geben die Namen von

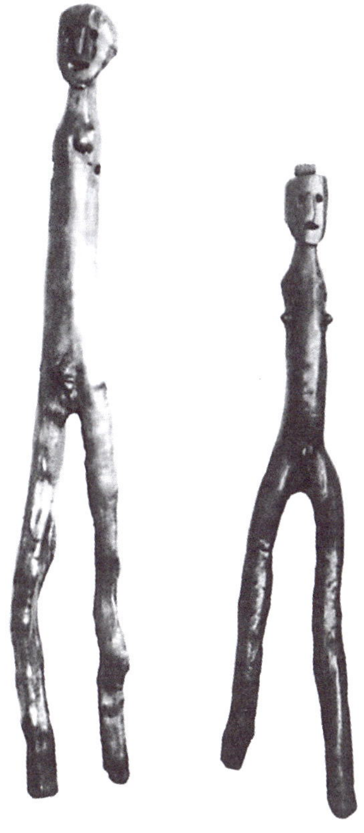

Männliche und weibliche (rechts) Eichenholzfiguren (Götter), 2,75 und 2,27 m hoch, aus dem Aukamper Moor bei Braak/Eutin (um 500). — Schleswig-Holsteinisches Landesmuseum für Vor- und Frühgeschichte, Schleswig.

Göttern jener weltentrückten Macht, die sie allein in frommem Erschauern erleben.« In der *Germania* hat der gebildete Römer *Tacitus*, am Vorabend des Christentums in einer Weltstadt voller Tempel und Götterstatuen lebend, die keine wahre Frömmigkeit mehr wecken konnten, die religiöse Schlichtheit dieses Naturvolkes mit Staunen geschildert. Das Pathos des Autors prägt bis auf den heutigen Tag die Vorstellungen von germanischer Religiosität, denn die *Germania* ist bekanntlich für Jahrhunderte die einzige einigermaßen zuverlässige Quelle geblieben. Die Grabungsfunde und die Religionsforschung der letzten Jahrzehnte haben das Bild inzwischen bestätigt und zugleich korrigiert.

Tacitus berichtet auch von jenen heiligen *Rossen*, aus deren Wiehern und Schnauben die Priester die Zukunft deuteten. »Die Tiere werden auf Kosten des Stammes in den bereits erwähnten Hainen und Lichtungen gehalten, weißglänzend und durch keinerlei irdischen Dienst entweiht.«

Tatsächlich haben die Germanen in heiligen Eichenhainen kultische Handlungen vollzogen, zu denen übrigens *Menschen*- und *Tieropfer* zählten. Aber auch Quellen und Moore sind heilige Stätten gewesen, weshalb man Verbrecher im Moor versenkte, das heißt opferte. Der Volksmund spricht vom Froschteich, aus dem die Kinder kommen; hier hat sich eine Ahnung aus jener Frühzeit erhalten, ebenso in

Tongefäß in Form eines Eber 200 n. Chr., Thüringen

den Sagen von Wasser- und Waldgeistern, Erdmännchen und Irrlichtern.

Tiergötter und Totemismus. Aus der Urzeit des schweifenden Jägers stammen die Tiergötter. Sie deuten auf Totemismus hin. Es gibt eine kultische und eine soziale Form des Totemismus. Das aus dem Indianischen stammende Wort bezeichnet etwa die ›Sippe‹ in Verbindung mit einer Schutzmacht, die als Tier verkörpert ist. Der kultische Totemismus führt magische rituelle Handlungen durch, um z. B. für Vermehrung der Jagdtiere zu sorgen, der soziale Totemismus dagegen ordnet den Stamm in Totem-Clans, die bestimmten sozialen Tabus unterliegen, z. B. dem Heiratstabu.

Bei den Germanen waren *Eber*, *Stier*, *Hirsch* und *Vogel* Totemtiere. Das heutige ›Glücksschwein‹ geht auf den Eberkult zurück, der übrigens auch auf den sozialen Totemismus verweist; ein ›germanischer‹ Stamm hieß nach diesem Totemtier die ›Eberleute‹, die *Eburonen* (Schlette). In der Römerzeit waren diese Totembezüge schon verwischt, man sprach von ›heiligen Tieren‹, die jeweils einer Gottheit zugeordnet seien.

Ortsnamen, die auf einen Odinskult hinweisen (nach de Vries sowie Hauck, Gold aus Sievern)

Wodan oder Odin. Als die Römer sich mit den Germanen befaßten, konnten sie nur von ihrer eigenen religiösen Vorstellungswelt ausgehen. So gaben die römischen Händler »bei *Merkur*« ihr festes Wort, die Germanen riefen Wodan an. Tacitus hat entsprechend den Wodan als mächtigsten Gott dem Merkur gleichgesetzt. Wodan, in der späteren Sage der ›unheimliche wilde Jäger‹ der Lüfte mit kläffender Meute, ist der Gott des Windes, des Sturmes, des Atems und damit der Seelen, der Toten und des Jenseits *(→ Walhalla)* gewesen. Daß dieser Gott kulturell der jägerischen Frühzeit angehört, zeigen seine *schamanistischen* Züge: die Erinnerung an schreckliche Prüfungen, die ein Schamane, ein Jagdzauberer, vor Ausübung seiner Macht durchstehen mußte, ist in dem Bericht der →*Edda* erhalten, der erzählt wie *Odin* ans Stammholz der Weltesche Yggdrasil geschlagen, die →*Runen* findet.

Der *Wodanstag*, von den Christen zum ›mittleren Tag‹ der Woche erklärt, ist der Mittwoch (ahd. *mettawech*, engl. *wednesday*); die Namen Godesberg, aus Wodansberg entstanden, Gutmannshausen bei Weimar, einst Wodanshusen, und Wodeneswege bei Magdeburg, das heutige Gutenswegen, verweisen auf alte Kultstätten. Wodan trägt, wie Merkur, unter all den Göttern als einziger einen Hut; auf seinem Hochsitz freilich trug er einen goldenen Helm.

Odin, wie ihn die Edda überliefert, und Wodan, der im südgermanischen Raum verehrt wurde, sind nicht ohne weiteres identisch, wenn auch im Grunde die gleiche Gestalt. Wodan ist nicht zunächst Gott, sondern der Zauberer, wie ihn auch der zweite Merseburger Zauberspruch überliefert, in dem Wodan *zi holza* fährt, ins Holz, in den Wald. Aus diesem Bereich dürfte die *Runenfindung* stammen, hier bietet die Archäologie die meisten runengeritzten Lanzenspitzen, so kommt der Mythos der Runenfindung wohl von Wodan auf Odin (Hachmann).

Siehe auch →*Odin*, Seite 215.

Donar oder Thor. Als den nächsten wichtigen Gott nennt Tacitus den *Herkules*, womit nur Donar gemeint sein kann, nordisch Thor, der Gott, der den Hammer Miölnir schwingt und Blitze schleudert. Begleitet wird er von den Böcken *Zähneknirscher* und *Zähneknisterer* oder fährt auf dem Ziegenwagen — ein Hinweis auf Fruchtbarkeitskulte. Auch sein Hammer gilt noch bis ins Mittelalter als Symbol der Fruchtbarkeit. So bringt er Regen, vertreibt den Frost, zerschmettert die Eisriesen, ist der gerade, zuverlässige Bundesgenosse der Bauern; schon auf den Felszeichnungen der Jungsteinzeit wird er verehrt. Wenn er mit seinem Wagen über den Himmel rollt, hört man den Donar, den Donner, er schützt mit dem Hammer die heiligen Ordnungen, weiht Ehen wie der Schmied von Gretna Green, bekräftigt Verträge: noch heute kommt Versteigerungsgut ›unter den Hammer‹. Die Germanen riefen Donars Namen in ihre Schilde: aus dem Klang erahnten sie den Ausgang des Kampfes. Mit seiner gewaltigen Kraft war Donar der Schrecken der Gegner. Diesem Gott ist die Eiche heilig gewesen, Orte wie Donnersberg, Donnern oder Donnersdorf erinnern an seinen Namen.

Ziu oder Tyr. Dem römischen *Mars*, dem Kriegsgott, wird aber nicht Donar, sondern der germanische Ziu gleichgesetzt, im Nordischen Tyr, der Schützer des Things, daher Dienstag, der Tag des Ziu (→auch Seite 145).

Baldur und Loki, Freya und Freyr. Auch einen echten Fruchtbarkeitsgott, den altorientalischen Göttern *Adonis* oder *Dionysos* vergleichbar, hat es bei den Germanen gegeben: das ist *Baldur*, der lichte Frühlingsgott, dessen Sterben und Auferstehung im Mythos verklärt wird. Aus der Römerzeit ist er nicht überliefert; erst die altnordischen Göttersagen des frühen Mittelalters berichten von →*Baldur* (M) und →*Loki* (M), dem Blutsbruder Odins, Gott des Feuers und der Unruhe, des Schöpferischen und der Zerstörung.

Loki hütet das Herdfeuer, das er *Freya*, der Göttin der Liebe, Ehe und Fruchtbarkeit gestohlen hat, er schmiedet Schwerter, sticht als Floh die hehre Freya,

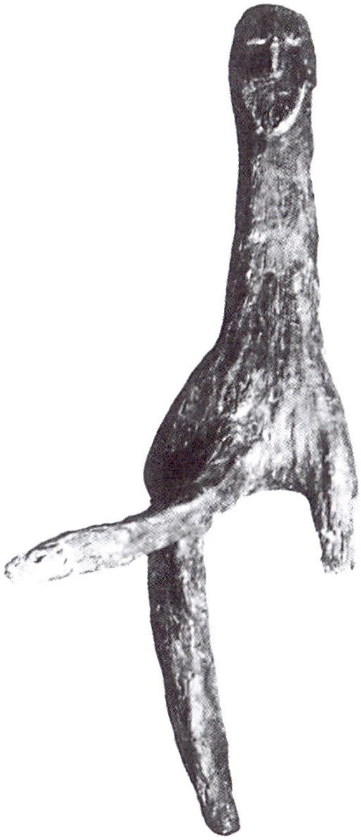

Phallisch betonte Figur eines bärtigen Gottes, Holz, aus einem Moor bei Broddenbjerg, Dänemark (erste Jahrtausendhälfte n. Chr.). — Nationalmuseet, Kopenhagen.

gebiert als Stute Wodans achtbeinigen Hengst *Sleipnir* — halb Kobold, halb Prometheus, häufig in Tiergestalt, ist er der witzige, eigenwillige Helfer, seine Gestalt hat sich in der Teufelsgestalt des Mittelalters aufgelöst.

Freya, die Göttin der Fruchtbarkeit, und ihr Bruder Freyr (Fro), dem der Eber geweiht ist und ebenso der heilige Schimmelhengst, sind Fruchtbarkeits- und deshalb auch Liebesgötter. Freya rief man an, wenn man Liebesglück suchte, und wenn zu Ehren des Freyr das Bild seiner mythischen Gattin auf dem heiligen Wagen durch das Gebiet des Stammes rollte, feierte man diesen Kult mit sexuellen Praktiken wie in Griechenland den Dionysos: das war zwingende Sexualmagie. Tacitus hat einen solchen

Kult, ohne seine Hintergründe zu erfassen, anschaulich geschildert *(→Kultgemeinschaft)*.
Alle diese Götter mit ihren zahlreichen Nebengestalten benehmen sich wie überdimensionale Menschen und sind ihnen wesensverwandt. Der Mythos schildert eindringlich ihr Verhalten. Doch was heute als Sage, als Erzählgut in unserer Literatur fortlebt, stiftete einstmals die Wirklichkeit des Lebens.
Siete auch →*Freyr* (M), Seite 139 und *Loki* (M), Seite 143.

›Schicksal‹ und Weltuntergang. Über den Göttern mit ihren Kämpfen steht bei den Germanen das ›Schicksal‹, das von drei allwissenden Frauen, den *Nornen*, am Fuß der Weltesche *Yggdrasil* verwaltet wird. Man kann es nicht beeinflussen, aber aus bestimmten Zeichen vorauswissen. Den Göttern — und dem Germanen ist der Weltuntergang gewiß: der Germane bejaht ihn deshalb als unvermeidliche, aber reinigende Katastrophe, auch dann, wenn er selbst in diesem Kampf fallen wird. Andererseits sind die germanischen Götter keineswegs edel, ihre Handlungsweise zeigt Grausamkeit und List, Gewalttätigkeit und Schwäche.
Im Mythos vom Kampf der *Asen* und *Wanen* spiegelt sich vielleicht das Ringen zwischen Steingräber-Stämmen und Streitaxtleuten, ähnlich wie im Kampf Thors gegen die Riesen. Die Asen leben in goldschimmernden Sälen sorglos bei Brettspiel und Gesang, da brechen die Wanen, die Schutzkräfte der Ackerflur, ins Asenreich ein. Beide sind Göttergeschlechter, in Streit geraten, wie es das ›unerforschliche Schicksal‹ bestimmt hat. Schließlich endet der Kampf: die Asen behaupten sich, die Wanen werden unter die Götter aufgenommen. Aber der Friede hält nicht lange, es bricht zwischen den Riesen, von denen die Götter geschaffen worden sind, und den Göttern ein neuer Streit aus, weil *Asgard*, das strahlende Götterheim, von einem ›unter Vertrag genommenen‹ Riesen nicht rechtzeitig fertiggestellt wird. Der Riese wird zur Strafe erschlagen, die Welt ist vom Treubruch vergiftet. Deshalb wird es einst einen Endkampf der Götter und Tapferen geben gegen Unholde aus der Unterwelt. Odin, der dafür rüsten muß, treibt die Menschen unten auf der Erde in den Kampf, um seine Macht aus den Tapfersten zu rekrutieren, die er vom Schlachtfeld auflesen läßt *(→Walhalla)*. Der Endkampf wird schrecklich sein: »Die Sonne wird schwarz, es sinkt die Erde ins Meer. Vom Himmel fallen helle Sterne; es sprüht der Dampf und der Spender des Lebens, der Himmel, leckt die heiße Lohe.«
Eine apokalyptische Vision, wie sie ähnlich auch in

(weiter Seite 147)

Bronzene Prägeplatten für Zierbleche an Helmen, Schwertern etc. aus Torslunda, Schweden.
Von Oben: 1. Gehörnter einäugiger Wodandarsteller mit ›Werwolffigur‹, 2. (Kultische) Bärentötung. 3. ›Tierführer‹. 4. ›Kriegerprozession‹. — Statens Historiska Museum, Stockholm.

Gestalten und Begriffe der nordischen Mythologie

Der folgende Stichwortüberblick* gibt einen kurzgefaßten Eindruck von Namen, Gestalten und Vorstellungen, wie sie von der →*Edda (H)* überliefert wurden. Diese Welt ist nicht mehr ausschließlich ›germanisch‹, sondern mediterran beeinflußt.

Ägir. König der *Wasserriesen* und Beherrscher des Meeres.

Alben. Alben sind mythische Wesen, denen vereinzelt sogar Kulte gewidmet waren, deren Eigenart aber trotz häufiger Nennung kaum zu ergründen ist. Bis in die Gegenwart blieb in allen germanischen Ländern der Aberglaube an Alben erhalten; sie leben in den *Elfen*, also Naturgeistern, und im *Nachtmahr*, dem Alptraum, fort. In der →*Edda (H)* werden die Alben stets im Stabreim mit →*Asen* genannt, aber an zweiter Stelle. Ihre Bedeutung ist hier unklar. Von den →*Wanen* heißt es, sie hausten in *Alfrheimr*, also Albenheim, und um 1060 wird von einem christlichen Skalden von einem Albenkult berichtet, den die noch dort heimischen Bauern Ostgotlands auf ihren Höfen trieben (Jankuhn). Es ist in der altgermanischen Dichtung von *Albenschönheit*, also wohl von verführerischer Schönheit die Rede, auch sprach man vom *Albenstrahl*, wenn in der altnordischen Dichtung die Sonne genannt wurde. Andererseits heißt einer der Könige der Zwerge *Alberich;* die *Schwarzalben* wohnen in der Erde, sind also wohl den Zwergen ähnlich, während die *Lichtalben* ›schöner als die Sonne‹ in Alfrheimr wohnen. Die Sage weiß, daß man die Alben leicht erzürnt, sich mit ihnen gut stellen muß und ihnen die Reste von Korn und Mehl, Milch und Salz hinstellen muß, um sie bei Laune zu halten. In den Elfen und Irrlichtern, Wichten und Kobolden und Schneewittchens Zwergen, leben die alten Naturgeister fort, die als Alben langlebiger als Menschen gedacht wurden und die Gabe der Unsichtbarkeit besaßen. (Siehe auch →*Swartalfaheim.*)

Alberich (Oberon). Zwergenkönig, von →*Siegfried (H)* bezwungen.

*(H) hinter den Verweisstichwörten bedeutet Hauptstichwort. Alle anderen Stichwörter finden sich im Rahmen dieses mythologischen Lexikons.

Alfheim (Alfrheimr). Welt der Lichtelfen, eine der neun Welten (→*Götterwelt [H]*).

Andhimnr. Wörtlich: »Der im Gesicht Berußte«. Koch in Walhall.

Andwaranaut →*Fafnir.*

Andwari →*Fafnir.*

Angrboda. (altnord. = »Wehbotin«). Sie war →*Lokis* Gespielin und Mutter des →*Fenriswolfes*, der →*Midgardschlange* und der →*Hel*, also die mythologisch etwas unscharf gefaßte »Gebärerin aller Übel«.

Asen. Nach der germanischen Mythologie sind die Asen ein Göttergeschlecht mit staunenswerten Fähigkeiten. Rastlos tätig sind die Asen, sie schmieden Gold, bauen Altäre und errichten sich ihren Wohnsitz mit goldschimmernden Sälen, der *Asgard* heißt. Ihr Führer ist →*Odin (Wodan [H]);* zu den Asen gehören →*Thor*, →*Baldr*, →*Heimdall* und →*Frigg.* Im Kampf zwischen den Asen und dem konkurrierenden Göttergeschlecht, den *Wanen (Vanen)*, wird Asgard zerstört. Nun müssen die Asen die Wanen in ihrem Kreis aufnehmen und mit ihnen die Opfer der Menschen teilen. Aus den Konflikten, die sich beim Wiederaufbau von Asgard mit den Riesen ergeben, erwächst das dunkelste Zeitalter der Erde, die Götterdämmerung.

Asgard →Asen.

Ask (Askr; altnord. »Baumklotz«). Der erste, von →*Odin (Wodan [H])*, *Wili (Hönir* und *We* (→*Loki*) aus der Esche zurechtgehauene Mann. Seine Gattin hieß →*Embla.*

Audumla. Die aus schmelzendem Reif entstandene *Urkuh*, ›die Saftreiche‹. Die vier aus ihrem Euter fließenden Milchströme ernährten den Riesen →*Ymir* und sein Geschlecht.

Aurwandil. Gatte der →*Groa* und Gott des Sommers.

Baldr, Baldur. Die Germanen des Tacitus haben den Lichtgott Baldur (altnord. Baldr) noch nicht gekannt. Erst die altnordischen Göttersagen des frühen Mittelalters zeichnen in Baldr den lichten Sohn des →*Odin (Wodan [H])* und der →*Frigg (Fricka).* Seine Gemahlin ist Nanna (= Knospe), ihr Sohn heißt

Forseti. Der Sage nach ahnt Baldr in prophetischen Träumen den Untergang →*Asgards*. Die Götter wollen den Lichtgott schützen, so nimmt Frigg allen Wesen, allen Giften und Tieren, allen Bäumen und Mächten einen Eid ab, Baldr zu schonen. Alle versammeln sich um ihn, aber er hält ihren Versuchen, ihn zur Probe zu verletzen, lachend stand. Nur die *Mistel*, weil sie zu jung war, hatte den Eid nicht geschworen. →*Loki* gab dem blinden Bruder Baldrs, dem →*Hödr*, die Mistel in die Hand und bat ihn, sie zu werfen; von der Mistel durchbohrt stürzte Baldr zu Boden. Die neuere Forschung sieht in dem Baldr-Mythus, der den Dualismus der Ackerbaukulturen spiegelt, einen Initiationsritus; die Auferstehung des lichten Sohnes geht auf schamanistische Praktiken Wotans zurück, wie sie in einem *Merseburger Zauberspruch* verschlüsselt dargestellt sind. Vermutlich spiegelt dieser Spruch die Verschmelzung der alten schamanistischen Welt der Jäger, zu der die germanischen Vorfahren gehört haben, mit der Welt des Kreuzes, wie sie zur Zeit Konstantins des Großen nach Norden ausstrahlte. Auf den goldenen →*Brakteaten (H)* dieser Zeit hat man die Darstellung von Baldrs Wiederlebung durch Odin erkannt.

Bauge. Riese.

Beberast →*Bifröst*.

Berchta. Ahd. *berahat*, die Glänzende, als Wodans Gemahlin offenbar eine Erscheinungsform der →*Freya*, eine Sonnengöttin und Wolkenfrau für den Sturmgott.

Bergelmir. Dieser nordische Noah entkam der →*Sintflut*, welche durch den Tod des Riesen →*Ymir* erzeugt wurde, in einem Boot und zeugte mit seiner Frau die →*Jöten*. Er wurde so zum Stammvater aller Riesengeschlechter.

Bestla. Riesin, Mutter von →*Odin*.

Bifröst (Beberast). Diese »lebende Wegstrecke«, so der Name, verbindet →*Asgard* und →*Midgard* und ist der Regenbogen, bewacht von →*Heimdall*.

Bilskirnir. →*Thors* Halle in →*Asgard* mit 540 Gemächern.

Bör (Böri). Von →*Bur (Buri)* gezeugt nahm Bör →*Bestla* aus dem Geschlecht der *Reifriesen* zur Frau, die ihm die ersten drei *Asen*: →*Odin (Wodan [H])*, →*Wili (Hönir)* und *We* (→*Loki*) gebar.

Bragi. Sohn des →*Odin (Wodan [H])*, dem dieser die Dichtkunst übertragen hatte. Redegewandte Menschen hießen *Bragurleute*. Seine Gattin war →*Idun*.

Breidablik. Diese Wohnstätte »Breitglanz« ist die Heimstätte des →*Baldr*.

Brokk. Wörtlich »Dachs«, einer der kunstreichen Zwerge, die künstliches Haar aus Gold für →*Sif*, das Schiff →*Skidbladnir* und den Speer →*Gungnir* herstellten.

Brunhilde (Brünhilde). Im →*Nibelungenlied [H]* ist Brunhilde (altnord. *Brynhild*) jene unbezwingbare Königstochter aus Friesland, die mit Hilfe des edlen Herrn →*Siegfried [H]* in sportlichem Wettkampf für König *Gunther* gewonnen wird. Siegfried selbst heiratet *Kriemhild*, die aber das Geheimnis der Brunhilde kennt. In der altnordischen Saga-Literatur (→*Isländische Dichtung [H]*) wird die Gestalt der Brunhilde mit der Walküre *Sigrdrifa* vermengt; sie ist von →*Odin (Wodan [H])* zur Strafe für ihren Ungehorsam in einen Zauberschlaf versenkt worden. Die Walküre hatte der Sage nach in einer Schlacht den Sieg anders ausgeteilt, als Odin bestimmt hatte. Daraufhin sollte sie einem Menschen zum Weib gegeben werden. Sie wollte dies nur ertragen, wenn der Mann keine Furcht zeige. Odin versenkte sie deshalb in Zauberschlaf durch Stich mit dem *Schlafdorn*, ähnlich wie im Dornröschen, umschloß ihre Burg mit Feuer, der *Waberlohe*, die nur ein furchtloser Mann durchschreiten konnte. Hier aber löst kein Wettkampf das Problem, sondern *Sigurd* (→*Siegfried [H]*) durchbricht das Feuer und weckt die Frau.

Bur (Buri). Die Kuh →*Audumla* leckte ihn, »den Zeugenden«, aus dem Eis. Er zeugte aus sich selbst den →*Böri*. Bur ist der Stammvater der Götter.

Dain →*Hirsche*.

Donar →*Thor* und →*Götterwelt (H)*, Seite 135

Draupnir. Der funkelnde zauberkräftige Herrscherring des →*Odin (Wodan [H])* den die *Schwarzalben* (→*Alben*) hergestellt hatten (→*Brokk*).

Droma. Fessel, die der →*Fenriswolf* sprengen konnte (auch →*Läding*).

Dunyer →*Hirsche*.

Durathor →*Hirsche*.

Dwalin →*Hirsche*.

Egil. Nach der nordischen Heldensage (→*Isländische Dichtung [H]*) ein Bruder *Wielands* (→Seite 301) und Gemahl der Walküre *Ölrun*, die ihn verließ. Bei König *Nidung*, der Wieland gefangen hielt, schoß er seinem Sohn einen Apfel vom Haupt; von hier ist die Tellsage abgeleitet. Seinem Bruder Wieland war Egil bei der Flucht behilflich. In der dänischen und schottischen Sage heißt der mythische Jäger, der auf sein Kind schießen muß, *William Cloudesly*.

Einherier. Einzelkämpfer, von der *Walstatt*→ Seite 290 an →*Odins (Wodans [H])* Tafel in Walhall geholt.

Eldhimnir. Dieser Kessel, wörtlich »der vom Feuer Berußte«, nahm täglich das Fleisch des unsterblichen Ebers →*Sährimnir* auf.

Embla. Nach nordischer Mythologie Mutter der ersten Menschen, von →*Odin (Wodan [H])*, →*Wili (Hönir)* und *We* (→*Loki*) aus der Erle oder Ulme geschaffen. →*Askr*.

Eru →*Tiu*.

Fafnir (Fafner). Drache, Sohn des Zauberers *Hreidmar*. Seine Brüder sind nach der nordischen Götterdichtung *Regin* und *Otr*. Als →*Loki* mit →*Odin (Wodan [H])* und →*Hönir* über Land wanderte, sah er Otr als Otter, einen Lachs im Maul, auf einem Stein sitzen und tötete ihn durch einen Steinwurf. Als Buße mußten die Götter den Balg des Otr mit Gold füllen und der Sippe des Toten den Ring *Andwaranaut* überlassen. Dieser Goldring, einst dem Zwerg *Andwari* gehörig, sicherte die Unerschöpflichkeit des Schatzes, doch hing ein Fluch an dem Ring, den der Zwerg über den Ring gesprochen hatte. Fafnir und Regin erhielten mit Hreidmar das Sühnegeld, das jedoch allen Unglück brachte. Fafnir erschlug seinen Vater und verweigerte seinem Bruder das Erbe. In Gestalt eines Drachen hütete er auf der *Gnitaheide* (→*Siegfried [H]*) den Schatz. *Sigurd* (Siegfried) wurde von dem betrogenen Bruder Regin veranlaßt, aus einer Grube den Drachen abzustechen. Fafnir warnte sterbend den Helden vor dem Fluch des Goldes.

Fenriswolf (Fenrirwolf). Dieses mythische Ungeheuer der nordischen Mythologie, ein Sohn des →*Loki (We)* und der Riesin →*Angrboda*, häufiger auch *Fenrir* genannt, wurde als ein riesenhafter Wolf gedacht; er riß seinen Rachen so weit auf, daß er mit der Schnauze den Himmel, mit dem Unterkiefer die Erde berührte. Als Loki, der Verderber des →*Baldr (Baldur)* entflohen war, sollte statt seiner der Wolf gefesselt werden. Niemand wagte sich ihm zu nähern, nur *Tyr (Ziu)*, der Sohn des →*Odin (Wodan [H])*, dem die Tat gelang. Aber die erste Kette riß, ebenso die zweite Fessel. Schließlich fertigten die *Schwarzalben* (→*Alben*) und Zwerge eine Kette aus dem ›Schall des Katzentrittes‹, dem ›Bart der Weiber‹ und der ›Stimme der Fische‹ und dem ›Speichel der Vögel‹ (Jens). Diese weiche, dünne Kette war unzerreißbar. Der Fenriswolf verlangte nun, da man ihm sagte, er könne diese Fessel sicher sprengen, einer der Asen solle eine Hand in seinen Rachen legen. Tyr ging das Wagnis ein und verlor dabei die Hand, aber diesmal konnte der Wolf sich nicht losreißen.

Fensal. Palast der →*Frigg (Fricka)*.

Folkwang. In diesem »Volksgefilde« mit dem Saal *Sessrmnir*, das heißt »viele Sitze habend«, nimmt →*Freya* die ihr zukommende Hälfte der in der Schlacht gefallenen Männer auf. Das gleichnamige Museum ist 1902 von K. E. *Osthaus in Hagen* gegründet und befindet sich seit 1922 in *Essen*.

Forseti. Sohn des →*Baldr (Baldur)*.

Freki. Wörtlich »der Gefräßige«, einer der beiden Wölfe des →*Odin (Wodan [H])*.

Freya (Gefion). Göttin der Liebe und Ehe, (→*Freyr* und →Seite 135).

Freyr (Fro). Dieser Gott besaß das erste Faltboot der Welt: es hatte zusammengefaltet in seiner Tasche Platz, konnte aber alle Götter aufnehmen — ein Beweis für frühe technische Wunschträume der isländischen Sänger. Freyr galt als Sonnen- und Lichtgott, der die Wintersonnenwende bewirkte und den Frühling rief. Offensichtlich ist er Bauerngott im Gegensatz zu dem jägerischen →*Odin (Wodan [H])*. Er ist Sohn des Meergottes →*Njord* und

Christliche Symbol und heidnische Formen: Oben rechts Thorshämmer, links Odin und Freyr. — Statens Historiska Museum, Stockholm.

der →*Skadi*. Beim Geiselaustausch zwischen den Göttergeschlechtern der Asen und Wanen (→*Götterwelt [H]*) kamen →*Hönir*, der Bruder des Odin, zu den Wanen, während →*Njord* mit seinen Kindern →*Freya (Gefion)*, der Göttin der Liebe und Ehe, und →*Freyr* zu den Asen kam. Dieser Zug verweist auf die Tatsache, daß sich in der Mythe vom Götterkampf und vom Friedensschluß der Kampf zwischen jägerischen und ackerbautreibenden Stämmen spiegelt. Das Symbol für Freyr als Sonnengott war das Sonnenrad (→*Jul [H]*).

Frigg (Fricka). Gattin des →*Odin*, residiert im Heim *Fensal* unter Linden, spinnt und webt, daß die ›Fäden am Himmel fliegen‹. Bezüge zur ›Frau Holle‹.

Fylgien. Schutzgeister des Menschen in Tiergestalt, die ihn sein Leben lang begleiten und ihm nur vor dem Tod erscheinen, ehe sie sich, als eine Art Seele, von ihm lösen.

Garta →*Gerda*.

Gefion (Gefjon und →Freya). Beschützerin der Jungfrauen. Identisch mit →*Freya*. Als Schönste der Walküren auch *Hilde* genannt.

Gerda (Garta). Frau →*Freyrs*. Diese Göttin verkörperte die noch unter Schnee und Eis begrabene lebendige Pflanzenwelt und ist eine Tochter des Riesen *Gymir*.
Geri. Wörtlich »der Gierige«, einer der beiden Wölfe des →*Odin (Wodan [H])*.
Giallarhorn. ›Posaune‹ des →*Heimdall*, geblasen zum Beginn des Weltuntergangs.
Ginnungagap. Der unendliche Abgrund vor Erschaffung der Welt, an dessen Nordende →*Niflheim* lag.
Gjöll →*Hel*.
Gladsheim. »Freudenwelt«, ein Teil →*Asgards*, in dem sich →*Odins (Wodans [H])* Reich mit der ›Halle der Gefallenen‹, der →*Walhalla (H)*, befand. Das Dach war mit silbernen Schilden gedeckt, die Säulen waren aus Gold.
Gleipnir. Fessel des →*Fenriswolfs*.
Glitnir. Die Halle des →*Forseti* in →*Asgard*.
Gna. Götterbotin der →*Freya*, die auf dem Pferd *Hofwarpnir*, das heißt Hufwerfer, ihre Botschaften überbrachte.
Goldborst →*Gullinborsti*.
Goldemar. Zwergenkönig.
Grani. Pferd des *Sigurd* (→*Siegfried [H]*) im *Alten Sigurdslied*.
Groa. Wörtlich »Wachstum«, eine Seherin, die im Sommer alles schuf, was die Steine und Felsen überdeckte. Ihr Mann war der Sommergott →*Aurwandil*.
Gullinborsti (Goldborst). Eber mit goldenen Borsten, dem →*Freyr* geweiht. Siehe auch →Seite 134 und 135.
Gungnir. Von den →*Alben* hergestellter, sein Ziel nie verfehlender Speer des →*Odin (Wodan [H])*.
Gunnlöd. Diese Tochter des Riesen →*Surtr* hatte den Met der Dichter zu bewachen, wurde aber von →*Odin (Wodan [H])* getäuscht, der ihre Verliebtheit ausnutzte, alle Krüge leerte und in Gestalt eines Adlers floh.
Gymir. Riese. »Der Winterliche«, der Vater der →*Gerda*.

Hati. »Haß« — Wolf aus Riesenheim, der zusammen mit *Sköll* (»Stürmer«) Sonne und Mond verfolgt. →*Wölfe*.
Heidrun. Ziege, die im Gipfel der Weltesche →*Yggdrasil* weidet und aus deren Euter Met fließt.
Heimdall. Der »über der Welt Glänzende« ist Wächter auf →*Bifröst*, dem Regenbogen, und schützt →*Asgard* mit dem Schwert, weshalb er auch *Schwertase* genannt wird.
Hel (althochdt. Hellia). Die Tochter des →*Loki* und der Riesin →*Angrboda* wird als halb schwarz, halb ›menschenhäutig‹ geschildert. Als sie von Loki nach →*Asgard* gebracht werden sollte, hat man sie nach →*Niflheim* in die Tiefen der Erde gestürzt. Voller Haß gegen die Asen thront sie dort in *Helheim*, wohin eine goldgedeckte Brücke über den Fluß *Gjöll* führt. Wer den ›Strohtod‹ erlitten hatte (→*Walhalla [H]*), wurde am Ufer von einer Riesin empfangen, die jedem seine Sünden vorhielt, wobei der Hund *Garm* sein greuliches Gebell ausstieß. In ihrem von einem Eisenzaun umgebenen Helheim hieß der *Saal* ›Elend‹, ihr *Geschirr* ›Hunger‹, ihre *Schwelle* ›Einsturz‹, ihr *Bett* ›Kummer‹. Der Saal hatte eine Decke aus Schlangen, die Gift tropften, um die Sünder zu strafen. Kleinere Sünder wurden nur betropft, größere von einem großen Drachen, einem gewissen →*Nidhogg (Nidhöggr)*, ausgesaugt. Gerade diese Schilderungen verraten deutlich die christlich-orientalischen Einflüsse in der nordischen Literatur (→*Isländische Dichtung*).
Hermodr (Hermut). Götterbote, Bruder des →*Baldr*.
Hertha. Göttermutter der *Wanen* (→*Asen*). Richtiger vielleicht aber *Nerthus* (auch →Seite 185).
Hilde →*Gefion*.
Himinbjörg. Sitz →*Heimdalls*, wo der Regenbogen beginnt, der zur Erde geht.
Hirsche. Die vier Hirsche *Dain*, *Dwalin*, *Dunyer* und *Durathor* fraßen ständig die Knospen (Stunden) und Blüten (Tage) sowie die Zweige (Jahreszeiten) der Weltesche →*Yggdrasil* ab.
Hlidskialf. *Odins* Thron.
Hnoss. Tochter der →*Freya* und des →*Odin (Wodan [H])*, nach der man alles nannte, was kostbar und schön war.
Hödr (Hödur). Bruder des →*Baldr (Baldur)*, Verkörperung der Dunkelheit. Schießt den tödlichen Pfeil auf Baldr ab.
Hönir →*Wili*.
Hrimthursen. *Reifriesen*, die von →*Ymir* abstammten.
Hugin. Rabe des →*Odin (Wodan [H])*. Deutsch: »Gedanke«.
Hwergelmir. Brunnen in →*Niflheim*, aus dem sich zwölf eisige Ströme ergossen und den unendlichen Abgrund →*Ginnungagap* füllten, aber auch die Quelle des Urwerdens, eine der drei Quellen, die unter den Wurzeln der Weltesche →*Yggdrasil* entsprangen.
Hymir. Eisriese, stiehlt den Braukessel des →*Ägir*.

Idisen. Göttliche Jungfrauen, Seherinnen, Nornen und Walküren, also ein Sammelbegriff. In den →*Merseburger Zaubersprüchen* (→Seite 216) werden sie angerufen.
Idun (Iduna). Nach der nordischen Mythologie (→*Isländische Dichtung [H]*) die Hüterin der goldenen Äpfel, welche den Göttern ewige Jugend schenken. Die Mythe erinnert an die griechischen *Hesperiden*, die drei Wächterinnen des Lebensbaumes mit den goldenen Äpfeln. *Herakles* hat durch sie Unsterblichkeit erlangt.
Ifing. Der Strom, der das Asenreich von dem der Riesen trennte.
Irmin →*Tiu*.

Jörd. Erdgöttin, Mutter des →*Thor.*
Jörmungand. Anderer Name für die von →*Loki* und →*Angrboda* gezeugte →*Midgardschlange.*
Jöten. Ein Geschlecht ungeheurer zauberischer Riesen, die in Felsschluchten hausten und in Feindschaft mit den →*Asen* lebten; ihr Ahnherr war →*Bergelmir.*

Kwasir. Allwissendes Wesen, das aus dem vermischten Speichel der *Asen* und *Wanen (→Asen)* entstand, dem Friedenstrank. Er wurde von den Zwergen *Fjalar* und *Galar* getötet, die aus seinem Blut Met herstellten. Übrigens heißt das russische aus Roggenbrot gegorene Getränk *Kwaß.*

Läding. Fessel, die der →*Fenriswolf* sprengen konnte (auch →*Droma*).
Laurin. Zwergenkönig.
Loge (Lohe) →*Loki.*
Loki (We, Lohe, Loge). Der Gott Loki (germ. *luka* = schließen) ist eine rätselhafte, aus der nordischen Mythologie allein kaum erklärbare Gestalt. In der →*Völuspa* ist er Gegenspieler →*Odins (Wodans[H])* und der Götterwelt, dem es durch List gelingt, den herrlichen →*Baldr*, den Göttersohn und Fruchtbarkeitsheros, zu töten. Loki als der, der den Untergang einleitet und alles endet, verknüpft sich mit dem Herrn des Feuers (germ. *logi* = Lohe). Aus dem Kaukasusgebiet mag der Anklang an den gefesselten *Prometheus* kommen, den gefährlichen Heilbringer. Loki als ›Feuer‹ gehört zu *Odin* als ›Luft‹ und *Hönir* als ›Wasser‹. Der Riese *Farbaudi* (germ. »Fährmann«) und die *Laufey* (germ. »Laubinsel«) sind nach der späten nordischen Literatur seine Eltern. In uralten Zeiten wanderte er mit Odin durchs Land und schloß mit ihm Blutsbrüderschaft, weshalb er zu den Asen zählt; auch diese ›Götternähe‹ erinnert an die Prometheussage. Für den Mord an Baldr wird er in einer Höhle an den Felsen geschmiedet; eine Schlange tropft unaufhörlich Gift in sein Gesicht, eine Qual, die an die des *Tantalus* erinnert, aber auch an den Adler, der die Leber des an den Fels gefesselten Prometheus zerhackt. Die Götter verdanken diesem verräterischen Wohltäter das *Schiff des* →*Freyrs*, den *Hammer des Thor*, das *goldene Haar der Sif.* Wie Zwergenkönig *Alberich* verkörpert er also ›Technik‹ und steht in enger Verbindung zu den *Schwarzalben (→Alben).* Andererseits ist Loki in der *Lokasenna*, den ›Schmähreden des Loki‹ der mit Schärfe und Witz spottende Ironiker, ein Vorläufer des *Mephisto* in Goethes Faust. ›Kinder‹ des Loki waren →*Fenriswolf*, →*Midgardschlange* und →*Hel.*

Macht. Sohn des →*Thor (Donar).*
Mani. Sohn des Mundilföri und Bruder der →*Sol.* Sitzt auf dem Wagen des Mondes.
Megingjardar. Der kraftspendende Gürtel des →*Thor.*
Midgard (Mittgard). Das feste Land aus dem Fleisch des toten Riesen →*Ymir*, geschützt vor dem Meer durch einen Wall aus den Augenbrauenknochen des Ymir. Siehe auch →*Midgardschlange.*
Midgardschlange (Mittgardschlange). Die Midgardschlange entstammt der altnordischen Mythologie und symbolisiert wohl das erdumschlingende Meer. Das Wort *midgard* ist offenbar gemeingermanisch und bezeichnet die Erde, ›das in der Mitte‹, das heißt zwischen Erde und Himmel liegende Gehöft. Im *Muspilli* (um 930) wird diese Bezeichnung zum ersten Mal gebraucht. Das visionäre Gedicht *Der Seherin Gesicht (→Völuspa)* schildert als Höhepunkt *Thors* (→Seite 135) Kampf mit der Midgardschlange, in dem er seine Kräfte mit ihr mißt. Aber das Meer ist stärker, die »Menschen müssen Midgard räumen«. Ob zwischen der Midgardschlange und der Drachenmythologie der chinesischen und vorderasiatischen Hochkulturen ein Zusammenhang besteht, blieb bisher ungeklärt. Diese Schlange ist ein Geschöpf des →*Loki.*
Mimir. Der Wasserriese, der den Quell der Weisheit und des Verstandes hütet, heißt »der mit Gedächtnis Begabte«, sein Name ist dem lateinischen *reminiscere* = sich erinnern, und mit dem griechischen *mimneskein* verwandt. Mimir trinkt jeden Morgen aus dieser Quelle der Weisheit, das verleiht ihm höchste Erkenntnis: →*Odin (Wodan [H])* opfert für einen Trunk ein Auge, die Weltesche →*Yggdrasil* zieht aus diesem Brunnen ihre Lebenskraft. Einer Sage nach begleitet Mimir den →*Hönir* zu den *Wanen (→Asen)* und wird erschlagen. Sein Haupt schicken die Wanen zu den Asen zurück; Odin berät sich noch mit dem abgeschlagenen Haupt, ehe er Entschlüsse faßt. In der Heldensage ist Mimir der kunstfertige Schmied.
Mimirs Brunnen. Die Quelle des göttlichen Allwissens; eine der drei Quellen, die unter den Wurzeln der Weltesche →*Yggdrasil* entsprangen.
Mjölnir (Miölnir). Hammer des Gottes Thor aus der altnordischen Mythologie.
Mundilföri. Riese. →*Sol* und →*Mani.*
Munin. Rabe des →*Odin (Wodan [H]).* Wörtlich: »Erinnerung«.
Muspelheim. Nach der Edda das Reich des *Urfeuers*, das im Süden des leeren Raumes lag. Dort herrschte der Riese *Surtur* oder *Surt*, der ›Schwarze‹, bewaffnet mit einem glühenden Schwert. Aus vier Bergkegeln entströmte vor dem rötlich lodernden Horizont ein Feuerregen, der ins eisige Tal →*Niflheims* getragen, im Eis erlosch.
Mut. Sohn des →*Thor (Donar).*

Nanna. Die Gattin des →*Baldr (Baldur)*, die »Knospe«, die mit ihm stirbt.
Nerthus →*Hertha* und →Seite 85
Nibelung. Zwerg. Mit *Schilbung* Hüter des

Nibelungenschatzes. Von →*Siegfried [H]* erschlagen.

Nidhogg (Nidhöggr). Drache in →*Niflheim*, der die Wurzeln der Weltesche →*Yggdrasil* benagte.

Niflheim. »Nebelheim«. Dieses Totenreich der Göttin →*Hel*, auch *Niflhel* genannt, liegt nach der nordischen Mythologie gegenüber von →*Muspelheim* im Norden. Es ist ein eisig-nebliges Totenreich für alle, die nicht nach →*Walhalla [H]* kamen.

Njord (Njördr, Niördr). *Wane* (→*Asen*), Geist des Meeres, der als reich galt, weil er Küsten, Fischfang und Schiffahrt regierte. Wohnt in →*Noatun*. →*Freya* und →*Freyr* sind seine Kinder mit der ersten Gemahlin →*Nerthus*. Seine zweite Frau wurde *Skadi*, die Tochter des Eisriesen *Thiassi*.

Noatun. Die »Schiffsstätte«, die Wohnung des Njord.

Nornen. Die drei Nornen, die *Schicksalsgöttinen*, sitzen unter der heiligen Weltesche →*Yggdrasil* und spinnen den Menschen die Schicksalsfäden. In der altnordischen Mythologie werden sie als drei Schwestern verstanden, von denen zwei weiße Nornen sich wohlwollend, die dunklere Norne aber sich mißgünstig verhält. *Urd* hieß die Norne der Vergangenheit, *Werdandi* die Norne der Gegenwart und *Skuld* die der Zukunft. Göttlicher Abkunft und bei den Riesen aufgewachsen, waren sie älter als die →*Asen*, die wie die Menschen dem Schicksal unterworfen waren, das die Nornen verkörperten. Als die Nornen erschienen, endete das Goldene Zeitalter. Der Name (altnord. *norn* = Schicksalsgöttin, vergl. schwed. *norna* = leise warnen, mittelengl. *nyrnen* = hersagen, mittelhochdeutsch *narren, nerren* = knurren) verweist auf die raunende Warnung; der Name wurde von *Klopstock* und *Herder* in den deutschen Sprachschatz eingebracht. Den Nornen verwandt sind die drei griechischen Schicksalsgöttinnen, die *Moiren: Klotho, Lachesis* und *Atropos*, die ähnlich wie die Nornen den Faden spinnen, das Los zuteilen und den Lebensfaden zerschneiden. Die römische Mythologie kennt drei *Parzen*, die später mit den Moiren gleichgesetzt wurden.

Oberon (Alberich). Zwergenkönig.

Odhädir →*Odur*.

Odin (Wodan, Wuotan). Oberster ›Gott‹ der →*Asen* und →*Wanen*. Siehe Hauptstichwort →Seite 215 und →*Götterwelt*, Seite 133.

Odur. Gott der Dichtkunst, Geliebter der →*Freya*, erschlagen von den Schwarzalben (→Swartalfaheim) *Fiallar* und *Giallar*. Sein Blut — gemischt mit Honig — ergab den Begeisterung weckenden Trank *Odhärir* (»Geisterreger«).

Ölrun. Walküre (→*Egil*).

Örboda. Wörtlich »die Hingestreckte«, die Gattin des →*Gymir* und die Mutter der →*Gerda*.

Ostara. Frühlingsgöttin (→Hauptstichwort Seite 218).

Otr →*Fafnir*.

Ragnarök. Wörtlich »Göttergeschick«, eine Mythe der →*Völuspa* (→Seite 146), die den Endkampf der Götter und den Weltuntergang schildert. Als *Götterdämmerung* hat *Richard Wagner* diesen Stoff verarbeitet.

Rahana. Frau des Wasserriesenkönigs *Ägir*.

Ratatosk (Rataswisker). Eichhörnchen, das, den Stamm der Weltesche auf- und ablaufend, dem Adler und dem Drachen →*Nidhogg* hinterbrachte, was der eine jeweils über den anderen gesagt hatte, und so für Zwist sorgte.

Regin →*Fafnir*.

Riesen. Im hohen Norden leben die *Frost-* und *Sturmriesen;* die *Bergriesen* verursachen im Gebirge Lawinen und Steinschläge, die *Wasserriesen* beherrschen das Meer unter ihrem König *Ägir*. Das *Riesenheim* im Norden ist von Sturm, Brandung und Geschrei erfüllt. Der beherrschende Feuerriese →*Muspelheims* ist →*Surt (Surtur)*.

Riesenheim →*Riesen*, →*Thyrmheim*.

Rimfaxi. »Reifmähne«, Roß der ›Nacht‹, Gegenstück zu *Skinfaxi*, Hengst des ›Tages‹.

Runguir. Steinriese, der mit →*Thor* Zweikampf führte.

Saga. Offenbar eine Gestalt der →*Freya;* als Saga wohnt sie in →*Sökkwabekk*, wörtlich »Sinkebach«.

Sährimnir. Wörtlich »der Schwarzberußte«, der täglich wieder lebendig werdende Eber, der von den →*Einheriern* in →*Walhall [H]* verzehrt wurde.

Saxnot →*Tiu*.

Schilbung. Zwerg. Mit Nibelung Hüter des Nibelungenschatzes. Von →*Siegfried [H]* erschlagen.

Sessrmnir →*Folkwang*.

Sif (Sippia). Frau →*Thors*, auch *Allgolden* und Name des ihr von Loki abgeschnittenen goldenen Haares.

Sindri. Wörtlich »Schmied«, einer der kunstreichen Zwerge (→*Brokk*).

Sintflut, germanische. Blutwelle des erschlagenen Riesen →*Ymir*.

Sippia →*Sif*.

Skadi →*Njord*.

Skidbladnir. Dieses von den *Schwarzalben* (→*Swartalfaheim*) gefertigte Wunderschiff des →*Freyr* hatte stets günstigen Wind, wohin man auch fahren wollte, und konnte auch zusammengefaltet in der Tasche getragen werden.

Skinfaxi. Weißer Hengst des ›Tages‹. Wörtlich »Glanzmähne«. Gegenstück zu *Rimfaxi* (»Reifmähne«), dem Roß der ›Nacht‹.

Skinir. Bote des →*Freyr*.

Sköll. »Stürmer«, verfolgt zusammen mit *Hati* (»Haß«) — beide Wölfe aus Riesenheim — Sonne und Mond. →*Wölfe*.

Skrymir →*Utgardloki*.

Skuld. Norne der Zukunft (→*Nornen*).

Sleipnir. Das achtbeinige Roß des *Wodan* (→*Odin [H]*).

Sökkwabekk. Hier im »tiefliegenden Sitz« oder auch im »Sinkebach« wohnt →*Saga* und reicht täglich →*Odin (Wodan [H[)* den Trank in einer goldenen Schale.
Sol. Auch *Sunna* genannt (indoeurop. *sau, su* = Sonne), in der altnord. Mythologie (→*Isländische Dichtung [H])* die Jungfrau, die den Sonnenwagen lenkt. Dieser wird von den Hengsten *Frühwach* (altnord. *arwakr*) und *Allgeschwind* (altnord. *alswidr*) gezogen. In der griechischen Mythologie fährt *Helios*, der Sonnengott, in einem Viergespann über den Himmel. Ihr Vater war der Riese *Mundilföri*. Sol und ihr Bruder →*Mani* wurden von →*Odin (Wodan [H])* an den Himmel versetzt, weil ihr Vater ihre Schönheit über Gebühr lobte.
Sonnenfinsternis. →Hati, →Sköll, →Wölfe.
Sunna →*Sol*.
Surt (Surtur). »Der Schwarze«, ein Riese, beherrschte mit einem Flammenschwert bewaffnet →*Muspelheim*.
Sutting. Riese.
Swartalfaheim. Die Welt der *Schwarzalben* oder *Zwerge*. Zwergenkönige: *Walberan; Laurin* im Rosengarten; *Goldemar* im Harz; *Alberich* = *Oberon* in Gallien; *Schilburg* und *Nibelung*, Hüter des Nibelungenschatzes, wie Fafnir von →*Siegfried [H]* erschlagen.
Sygin. Gattin des →*Loki*.

Thialfi. Diener →*Thors (Donars)*
Thiassi. Eisriese →*Njord*.
Thor (Donar). Gott der Ackerflur und des Bauernstandes, Hammerschleuderer, Feind der Riesen. Siehe auch →Seite 135.
Thrud. »Kraft«, Tochter des Thor.
Thrudheim (Thrudwang). Teil von →*Asgard*, das Reich des Donnergottes →*Thor* und zugleich der Bereich der Kraft und Macht.
Thursen. Riesen, Nachfahren des →*Ymir*.
Thyrm. Bergriese, der →*Thors* Hammer stahl.
Thyrmheim. Dies ist der Wohnsitz von *Skadi*, →*Njords* Gattin, der Tochter des Riesen *Thiassi*, und heißt »Welt des Lärms«.
Tiu (Ziu, Tyr, Saxnot, Eru, Irmin). Bevor →*Odin (Wodan [H])* Tiu verdrängte, scheint Tiu der Hauptgott germanischer Stämme gewesen zu sein; er führte das Totenheer an, das durch die Wolken zog, sein Name gibt den Atemlaut wieder. Erst mit Wodan ist offenbar die Totenschar zur *Wilden Jagd* geworden. Wenn man Tacitus richtig versteht, haben die *Semnonen* in einem heiligen Hain Tiu als ›Herrn aller Götter‹ verehrt. Zu jener Zeit war bei den *Sweben* die Leichenverbrennung noch allgemein üblich (Hachmann), deren Rauch zu Tiu in den Himmel stieg. Dem Tiu war das Schwert geweiht, der *Saxnot*. Ihm untersteht auch das *Ding* (→*Thing [H]); der dingesdach* (mittelniederdt.) ist zum Dienstag geworden.
Tyr (→Tiu, Ziu). Sohn des →*Odin (Wodan [H])*.

Ullr. Bogenschütze und eine Art ›fröhlicher‹ Wintergott neben dem düsteren blinden →*Hödur*.
Urd. Eine der drei unter den Wurzeln der Weltesche →*Yggdrasil* entspringenden Quellen, die Quelle des Schicksals, aber auch der Name der Norne der Vergangenheit.
Utgardloki. Todesgott. Auch in der Erscheinungsform *Skrymir* aufgetreten.

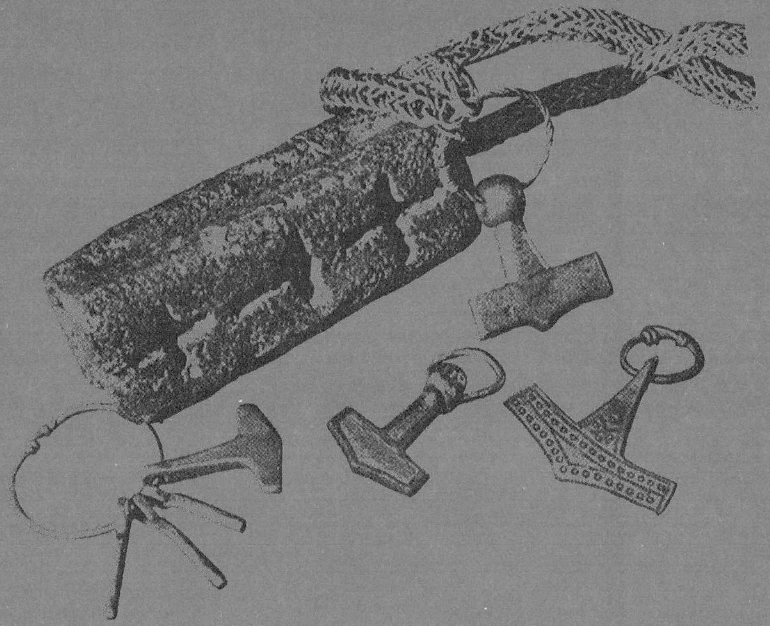

Gußform für Kreuze und die abgebildeten Thorshämmer, die dank ihrer fast kreuzförmigen Gestalt sich dem christlichen Symbol annäherten (z. B. auch als Antonius-Signum) und wohl von der Kirche toleriert wurden. — Nationalmuseet, Kopenhagen.

Vanen →*Asen.*

Veleda. Eine Seherin aus dem Stamm der →*Brukterer [H]*, die im →*Bataveraufstand [H]*mit *J. Civilis* gemeinsame Sache machten.

Völsungensaga. Saga über die *Welsunge (Wälsungen)*, das nordische Geschlecht, aus dem *Sigurd* (→*Siegfried [H]*) stammt.

Völuspa. Das Eröffnungsgedicht der →*Edda [H]*, das *Der Seherin Weissagung* bzw. *Gesicht* heißt und eine germanische Welt- und Göttergeschichte aus später Sicht enthält.

Walaskjalf. Die Wohnung des →*Odin (Wodan [H])*, »Rundsitz«, hatte eine Fensterbank *Hlidskjalf*, von der aus er die ganze Welt überblicken konnte.

Walberan. Zwergenkönig.

Walgrind. Die Totenpforte von →*Walhalla [H]*

Walhalla →*Hauptstichwort*, Seite 290.

Wali. Jüngster Sohn des →*Odin (Wodan [H])*, rächt den Tod des →*Baldr*, indem er →*Hödur* tötet.

Walküre. Die Jungfrauen, die im Auftrage →*Odins (Wodan;* →*Götterwelt [H])* die tapfersten Toten von der →*Walstatt* holen (→*Walhalla [H])*, heißen Walküren, altnord. *skaldmeyja*, »Schildjungfrauen«. Es werden 6, 9 und 12 Walküren angegeben; eine ist *Brunhilde*. Bekleidet sind sie mit einem Federkleid, das dem Schwanenkleid ähnelt.

Walstatt. Das Kampf- oder Schlachtfeld (→Seite 290).

Wanaheim. Die Welt der *Wanen (*→*Asen)*.

Wanen →*Asen.*

Wartari. Wörtlich »Tau«, das heißt der Faden, mit dem der Zwerg →*Brokk* dem →*Loki* die Lippen zusammennähte.

We (Loki). Bruder des →*Odin (Wodan [H])*, einer der drei ersten →*Asen*, Sohn des →*Böri*.

Wedrfolnir. Dieser Habicht »Wettermacher« saß zwischen den Augen des Adlers, der seinerseits auf den Zweigen der immergrünen Weltesche →*Yggdrasil* saß.

Werdandi. Norne der Gegenwart (→*Nornen)*.

Widar. Sohn →*Odins (Wodans [H])*; ein →*Ase*, der als schweigsam galt und den Urwald verkörperte. Niemand wagte sich ihm zu nahen. Auch als Erneuerer und Fruchtbarkeitsgott lebte er in der nordgermanischen Götterwelt. Mit einem ›übergroßen Schuh‹ wird er beim Weltuntergang dem →*Fenriswolf* in den Rachen treten.

Wili (Hönir). Bruder des →*Odin (Wodan [H])*, einer der drei ersten →*Asen (*→*Böri)*.

Wingolf. Palast der Asengöttinnen.

Wodan (Wuotan, Wotan, Odin). Germanischer Hauptgott und ›Walvater‹ (›*Odin*, Seite 215 →*Götterwelt*, Seite 133).

Wölfe. Die Wölfe *Hati* und *Sköll*, von den Riesen abstammende Wölfe, hetzten die Sonne und den Mond. Wenn sie sich festbeißen konnten, gab es Sonnen- und Mondfinsternis.

Umzeichnung des Preßblech-Helmbeschlags aus Vendel, Grab XII: Reitender Wodan oder kultisches Bildnis. Vielleicht Heilsbild eines Kriegers. Arbeit des 7. Jhs. — Statens Historiska Museum, Stockholm.

Ydalir. Teil →*Asgards*, das »Eibental«, Wohnsitz des Bogenschützen und Wintergottes →*Ullr*.

Yggdrasil. Riesige, immergrüne Weltesche, welche mit ihrem Gezweig die Reiche der Götter, Menschen, Riesen und Zwerge verband. Unter ihren Wurzeln entsprangen die drei Quellen →*Hwergelmir*, →*Mimirs Brunnen*, →*Urd*.

Ymir. Eisriese, ein grauenhaftes Ungetüm der altnordischen Mythologie (→*Isländische Dichtung [H])*, zweigeschlechtlich wie →*Tuisto (H)*. Aus seiner Achselhöhle wuchsen ein Sohn und eine Tochter, die Stammeltern der *Reifriesen*, die *Hrimthursen*. Die →*Asen* kämpften mit ihm und besiegten ihn. Sein vergossenes Blut verursachte eine Art →*Sintflut*. Die weiteren Mythologeme erinnern an die griechische Sage von *Deukalion* und *Pyrrha*, denn aus den Leichenteilen des Ymir, welche die Asen in den leeren Raum schleuderten, bildeten sich die Teile des Kosmos: aus dem Haar die Wälder; aus dem Hirn die Wolken; aus dem Fleisch die Erde; aus dem Blut Meer, Flüsse, Seen; aus den Knochen die Berge; aus den Zähnen die Steine und dem Schädel das Himmelsgewölbe.

Ziegenböcke. Die beiden Ziegenböcke *Tanngrisnir* »Zähneknirscher« und *Tanngjost* »Zähneknisterer« zogen den Wagen des →*Thor* über den Himmel.

Ziu →*Tiu.*

Zwerge. →*Alben*, Elfen.

→*Fortsetzung von Seite 136*
anderen Hochkulturen ausgesprochen worden ist, und wie sie heute beklemmende Aktualität gewinnt. Der germanische Mythos sieht aus diesem Untergang eine reinere, unzerstörbare Welt aufsteigen, für deren Sieg jedes Opfer gerechtfertigt ist: *Nebelheim* und *Muspelheim*, die Nebel- und die Feuerwelt, stellen eine ständige Bedrohung der Welt dar, so wird jeder Tod in sinnlosen germanischen Stammesfehden mit höherem Sinn unterlegt.
Siehe auch die Stichworte →*Kultgemeinschaft*, →*Odin* sowie die Begriffe in dem folgenden Lexikon mythologischer Gestalten.

Granulation
Diese Technik, bei der winzige Goldkügelchen auf Gold aufgeschweißt werden, erfordert besondere Tricks bei der Beherrschung der Temperaturen. Bereits die Griechen haben die Technik offenbar gekannt, aber die Etrusker sind darin Meister gewesen; die ›römische Löttechnik‹ hat die Goldschmiede lange vor Rätsel gestellt, bis sie im 20. Jahrhundert neu entdeckt worden ist.

Greiftier
Der Löwe ist im Vorderen Orient das Jagdwild der Könige, weil er die Wildnis symbolisiert, die vom Herrscher des Stadtstaates bezwungen wird. Als Chiffre für königliche Herrschaft wurde er auch zum Lieblingstier der *fränkischen Buch-* und *Wandmaler*, von denen wiederum die Künstler des *nordischen Tierstiles* das Motiv übernommen und es in vielfältigen Formen als Greiftier in ihre linearen Ornamente einbezogen haben. Für rund 200 Jahre ist es zum formalen Mittelpunkt des Tierstiles geworden (→*Tierstil*).

Grönland
Erik der Rote ist 982 vom isländischen →*Allthing* wegen zweimaligen Totschlags zu dreijähriger Verbannung verurteilt worden, die er nicht wie üblich in Norwegen verbrachte. Er beschloß, im Westen jenes Land zu suchen, das »*Gjunnbörn*, der Sohn von *Ulf Krake*« erblickt haben wollte. Er erreichte das Land nach schwieriger Seefahrt mit 20 Mann und einigen Sklavinnen und nannte es *Grünland.* Nach Ablauf der Verbannung fuhr er zurück und gewann Siedler. 986 brachen 24 Schiffe mit ca. 500 Menschen und Vieh an Bord auf, 14 erreichten Grönland.
Die Wikinger gründeten eine Ost- und eine Westsiedlung mit insgesamt 280 Höfen, regierten sich wie in Island, bauten Kirchen und brachten Holz, Eisen, Getreide und Salz über See heran. Das im Jahre 1000 christlich gewordene Island unterwarf sich 1262 freiwillig unter Norwegens Krone; Grönland blieb der Importe wegen von Island abhängig, doch verlor man im Osten mit der Zeit das Interesse an Grönland, vor allem, als es 1380 mit Norwegen an Dänemark kam. 1348 war die Westsiedlung Grönlands schon von Eskimos erobert und geplündert. 1540 hat der isländische Kapitän Jon den letzten Wikinger auf Grönland gesehen, einen Toten zwischen Bootshäusern und Steinwällen. Die Wikinger sind an ihrer wirtschaftlichen Abhängigkeit vom Mutterland gescheitert; ihr Vorstoß nach Westen, nach Amerika (→*Wikinger*) blieb ohne geschichtliche Folgen.

H

Haartracht
Auf der Insel Namosi, die zu den Fidschi-Inseln gehört, herrschte ein Häuptling, der jedesmal einen Mann verzehrte, ehe er sich die Haare schneiden ließ — wie sonst hätte er sich gegen den Verlust an *magischer Kraft* schützen können. Daß dem Haar solche Kräfte innewohnen, berichtet auch die Bibel mit der Geschichte von *Simson* und *Dalilah;* diese Überzeugung ist bei vielen Naturvölkern verbreitet. Es ist deshalb keine germanische Besonderheit, daß der freie Mann das Haar lang trug, ebenso die germanische Frau. Die *fränkischen Könige* durften sich das Haar nicht schneiden lassen und trugen es ebenfalls, wie heute die jungen Leute, lang herabhängend. Nur von den Sweben weiß man, daß sie dieses lange Haar zu einem seitlichen Knoten schlangen, eine Eigentümlichkeit dieses Stammes. Der Swebenknoten, meist an der rechten Seite getragen, rückte bei fortschreitendem Haarausfall des Mannes von der Stirn auf den Scheitel. Seit dem 2. Jh. n. Chr. verschwindet er und wird nur als Prestigesymbol von Personen aus fürstlichem Geblüt getragen.
Das Mädchen von Egtved *(→Moorleichen)* trug langes, rotblondes Haar, das über der Stirn ponyartig gestutzt war. Offenbar liebte man damals rotes Haar; die Grabfunde belegen, daß sich Männer wie Frauen ihr Haar *rot gefärbt* haben.

Bronzenes Rasiermesser von Honum, Dänemark, mit Schiffsdarstellung. — Nationalmuseet, Kopenhagen.

Es gab von Stamm zu Stamm gewisse Unterschiede in der Haar- und Barttracht, nicht anders als heute modische Unterschiede (Kellermann). Die Römer waren vom rotblonden Haar der Germanen fasziniert; bald wurde es auch hier Mode, sich die Haare rot zu färben. So heißt es bei *Martial:* »Chattischer Schaum färbte das Haar der Teutonen zu leuchtender Röte. Schöneren Schmuck noch verleiht dir der Gefangenen Haar.«
Tatsächlich ist es auch bei den Germanen üblich gewesen, die Haare zu *bleichen* oder gar zu *färben.* Das gilt für allem für Männer, die ihren gesellschaftlichen Rang betonen wollten; so jedenfalls hat es *Plinius* berichtet. Die Römer haben dann diese Bleich- und Färbemittel übernommen. Auch eine andere kosmetische Sitte, die der *→Schädeldeformation,* ist aus Germanien bekannt.
Bedeutsam wie das Haupthaar ist auch der Bart. In der Bronzezeit ging der Mann bartlos, und wenn jemand dennoch einen Bart trug, war dieser sorgfältig gestutzt. Das etwas alberne Bild des Germanen mit wildwucherndem Bart entspricht also in keinem Fall der geschichtlichen Wirklichkeit.
Was gab es an Instrumenten für die Haar- und Körperpflege bei den ›alten Germanen‹? *Rasiermesser* und breitwangige *Pinzetten* aus Bronze, *Ohrlöffel* und *Nagelreiniger*, ferner *Kämme*, *Haarnadeln* und *Pinzetten* aus Bronze oder Knochen. *Scheren*, die im Prinzip der heutigen Schafschere entsprechen, hat es erst seit der Eisenzeit gegeben.

Haithabu
Die vermutlich von friesischen Kaufleuten gegründete Siedlung an der Schlei (Schleswig) ist 804 als *Sliesthorn*, um 850 als *Sliaswich* bezeugt. Im 10. Jahrhundert wurde dort für den Wikinger Erik einer von vier erhaltenen Runensteinen, der Erikstein, gesetzt, der schon 1796 entdeckt worden ist. Haithabu umfaßte 24 ha und muß, in seiner Blütezeit um 1000, etwa 800—1000 Einwohner gehabt haben, die eine Durchschnittsgröße von nur 1,65 m aufwiesen und im allgemeinen zwischen 30 und 40 Jahren an

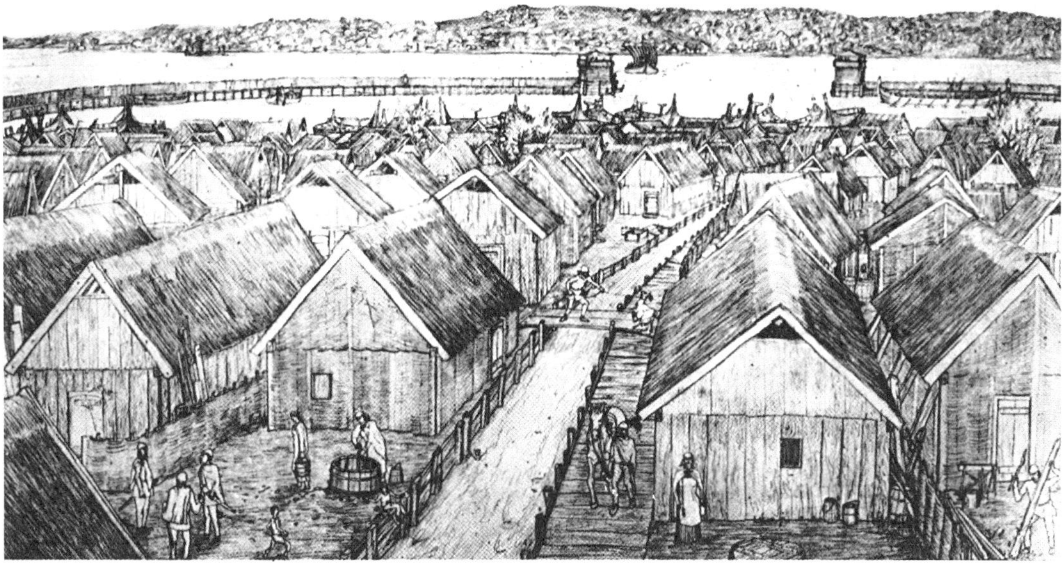

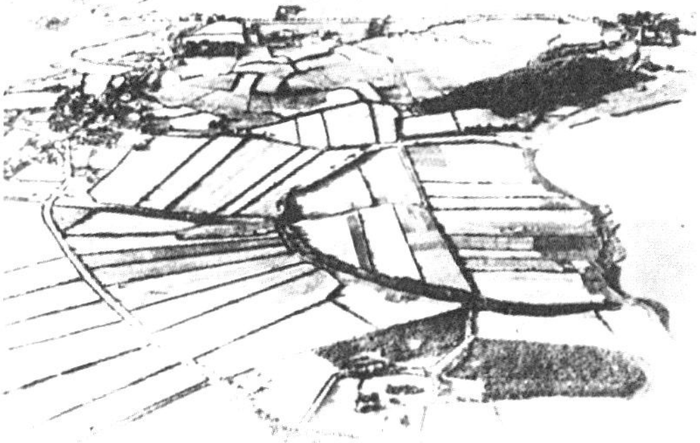

Haithabu bei Schleswig: Oben Rekonstruktion der Stadtsiedlung des 9.—11. Jhs. mit Hafenanlage und Hafeneinfahrt. Links darunter der zugehörige Grabungsbefund, wie er 1935 bis 1939 freigelegt wurde (Bachlauf, Bohlenweg, Hauswände). Rechts Luftaufnahme mit Bucht, Wallring und (darüber) bewaldeter Hochburg. Im kleinen Wäldchen unten Fundplatz eines Bootskammergrabes und anschließend Gräberfeld. — Schleswig-Holsteinisches Landesmuseum für Vor- und Frühgeschichte, Schleswig.

Tuberkulose starben. Der Handelsplatz hat damals ›weltweite‹ Bedeutung gehabt und sah Kaufleute aus Dänemark und Friesland, England und Norwegen, Schweden und aus den slawischen Ländern sowie aus dem Rheinland und Norddeutschland. Die Stadt ist aus einem Stapelort, einem *Wyk* hervorgegangen, wie sie im frühen Mittelalter üblich waren. Ursprünglich hatte der König von Dänemark die kleine dänisch-sächsische Grenzsiedlung mit einem Wall umgeben, den ältesten *Danewerkwall*, dann ist Haithabu schwedisch gewesen. 934 hat König *Heinrich I.*, der erste Sachse auf dem deutschen Königsthron, Haithabu erobert. Das Ende kam, als König *Harald der Harte von Norwegen* den Handelsplatz überfiel und einäscherte; der Rest fiel um 1066 den Slawen zum Opfer.

Hakenkreuz

Ein im gesamten eurasiatischen Raum, in Nordafrika und in ganz Amerika verbreitetes magisches Zeichen mit gleichlangen, nach rechts oder links abgewinkelten Armen. Der aus dem →*Sanskrit* stammende Name *Swastika* bedeutet wie das chinesiche *san* soviel wie großes Glück. Daß es sich um ein Sonnensymbol handele, kann nur mit Vorsicht gesagt werden, denn »über den Symbolismus des Hakenkreuzes gibt es mehr Theorien als tatsächliches Wissen« (Hirschberg). Das Zeichen kommt z. B. schon auf bronzezeitlichen *Felszeichnungen* vor, ebenfalls auf Gegenständen jener Epoche, und galt bei germanischen Stämmen als Schutzmittel zur Abwehr ›böser Geister‹. In Skandinavien nennt man das oft in Gebäckform mit bogenartigen Armen angefertigte Hakenkreuz *Thors Hammer*. Völkische Kreise *(→Ostara; →Arier)* haben es zum Symbol des nordischen Gedankens stilisiert *(→Nordische Rasse)*. Unter Hitler (1933—1945) wurde der Adler mit einem Hakenkreuz im Eichenkranz zum sogenannten Hoheitszeichen des nationalsozialistischen Staates.

Handel

Unter den indoeuropäischen Sprachwurzeln, aus denen sich auch die uns unbekannte germanische ›Ursprache‹ gebildet hat (*→Lautverschiebung* und Seite 166), finden sich zwar Wortstämme für *kaufen*, *Kaufpreis* und *Tausch*, aber nicht für den Beruf des Kaufmanns. Begriffe wie Kaufmann, Pfund und Münze sind erst aus dem Lateinischen entlehnt worden. Handel ist für vorgeschichtliche Zeiten aber nichts Ungewöhnliches; schon der *Tauschhandel der frühen Steinzeit* reicht über weite Entfernungen. In Gräbern der Schwäbischen Alb, die 20 000—30 000 Jahre alt und somit der jüngeren Altsteinzeit zuzurechnen sind, hat man bereits Ketten aus Muscheln gefunden, die aus dem Mittelmeer stammen. Aus dem 16. vorchristlichen Jahrhundert stammen Funde von *Bernsteinstücken* in den Königsgräbern von *Mykene*. Man hat die Bernsteinsäure analysiert, um den Fundort festzustellen, und mit diesem Verfahren eindeutig als Ursprungsland das Baltikum festgestellt. Im ersten vorchristlichen Jahrtausend, also in der Zeit jener so fraglichen ›Urgermanen‹, ging Bernstein als Handelsware von der Ostsee nach *Frankreich*, in die *Schweiz*, nach *Finnland* und nach *Rußland*, vor allem aber ins *Mittelmeerbecken* (Wahle). Die Wege des Bernsteinhandels konnten durch Depotfunde so genau festgelegt werden, daß man heute von *Bernsteinstraßen* der Vor- und Frühgeschichte spricht. Wie sich der Fernhandel selbst im einzelnen abgespielt hat, der sich ja vom regionalen Tauschhandel ganz wesentlich unterscheidet, vermag man kaum zu sagen.

Bernstein ist nicht der einzige ›Rohstoff‹ gewesen, den man in vorgeschichtlicher Zeit gehandelt hat; auch *Nephrit* (Strahlstein, Jadeform) und *Schiefer* aus dem heutigen Harzgebiet sowie *Feuerstein* aus Pressigny und aus Ostgalizien sind über weite Entfernungen hin weitergegeben worden. *Kupfer* ist als Handelsware ausschließlich aus dem Mittelmeerraum gekommen und entlang der Rhône bis nach Mitteleuropa, bis an den Rhein und bis zur Havel gehandelt worden.

›Viehwährung‹. In der weitgehend autarken Bauernwirtschaft der *späten Bronze-* und *frühen Eisenzeit* gab es in der spärlich besiedelten Wildnis zwischen Weichsel und Rhein keine Währung außer dem Vieh, schon gar keine Münze. Vieh galt als Zähleinheit und Vergleichsmaßstab. Tatsächlich ist das Rind überall im Sprachbereich des *Indogermanischen* von Friesland bis Indien als magisch-mythische Währung zu ›Geld‹ geworden. Das indische Wort *Rupie* stammt vom Sanskritwort *rupa*, das heißt Vieh, und in diesem Wort wiederum steckt das englische *fee*, das Abgabe bedeutet. Im Altfriesischen nennt man das Vieh *skett*; von diesem Wort ist *skatts* abgeleitet, das Wort für Geld und die sprachliche Wurzel des heutigen *Schatz*. Diese Beispiele ließen sich vermehren; sie alle beweisen, daß die Rinder der Reichtum der seßhaften Stämme waren, die Caesar Germanen genannt hat, und daß eben das Vieh als Wertmaßstab beim Tauschhandel gegolten haben muß, etwa wie bei Homer eine Frau je nach Alter bis zwanzig Rinder wert ist, ein Mann hundert Rinder und eine Rüstung neun Rinder.

Handel mit Kelten und Römern. In der vorrömischen Zeit führte man aus keltischem Gebiet prächtige *Bronze-* oder *Silberkessel* ein, aber auch einfache *Bronzefibeln* und *Waffen* (Mildenberger). Anfangs erreichte der Importhandel die germanischen Stämme von Süden, von *Aquileia* oder *Carnutum* aus; über Mähren kam die Ware nach Böhmen und über die Elbe nach Nord- und Westdeutschland oder ins Oder- und Weichselgebiet. Später verstärkte sich dann der Import aus den römischen *Grenzprovinzen* am Rhein. Seit dem 3. Jahrhundert verringerte sich dieser Fernhandel aus den römischen Provinzen wieder, dafür kam die Handelsware jetzt aus *Südrußland* und aus dem *Karpathengebiet*.

Der Handelsverkehr änderte seinen Charakter, als die Germanen mit der städtischen Zivilisation der

Einbaum, wie er um 1100 bis 800 v. Chr. für Fischfang und Flußverkehr Verwendung fand. — Federsee-Museum, Buchau.

Idealschnitt durch einen Töpferofen

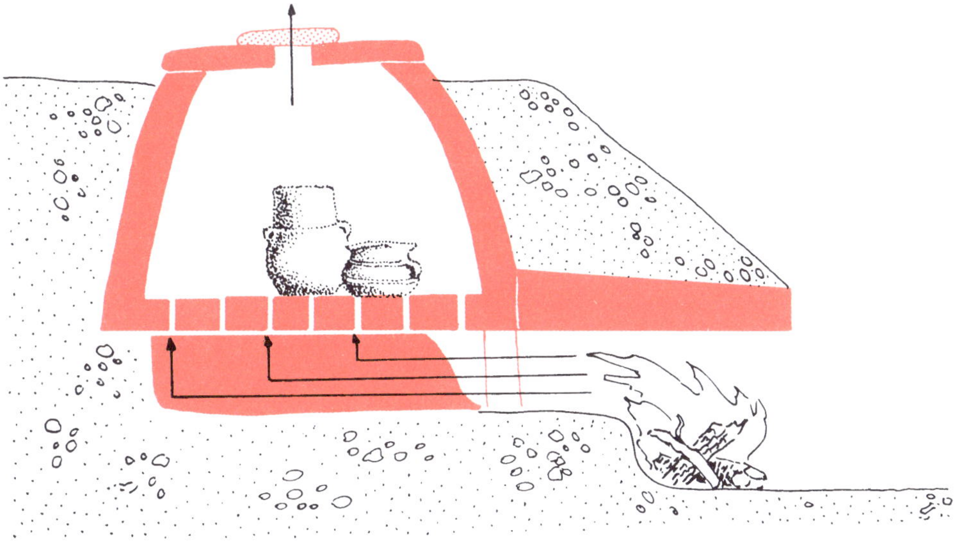

Römer in Berührung kamen. Dieser Vorgang, charakteristisch an einer solchen Grenze zwischen zwei unterschiedlich entwickelten Kulturen, hatte weitreichende Folgen: Als in den Ländern am Rhein und an der Donau eine provinzialrömische Industrie entstanden war, wurden auch die Länder der ›Barbaren‹ Absatzgebiet, und ihre Begehrlichkeit wuchs in dem Maße, wie sie die Erzeugnisse dieser Industrie kennenlernten. Binnen einer verhältnismäßig kurzen Zeit steigerte sich der Bedarf an römischen Luxuswaren bei den Germanen — und so finden sich in den Fundstätten der Archäologen *römische Ton-* und *Bronzegefäße*, *Glas-* und vereinzelt auch *Silberbecher*, *Fingerringe* und *Bronzegestelle für Tische*. Reich an römischem Tongeschirr, vor allem an rotglänzendem *Terra sigillata*, waren die Siedlungen am Rhein und am Limes und die friesischen Wurten; je weiter ins Landesinnere man kam, desto seltener werden die Funde römischer Importe.

Solche Funde in den Gräbern der germanischen Adligen zeigen, wie sehr man sich bemüht haben muß, den provinzialrömischen Lebensstil zu kopieren. Im Rahmen der Gesamtwirtschaft kann dieser Handel aber keine sehr große Rolle gespielt haben. Die Germanen selbst hatten wie heute die sogenannten Rohstoffländer wenig zu bieten. *Pelze*, *Bernstein*, gelegentlich blondes *Frauenhaar* und *Sklaven*, vielleicht noch *Seife*, *Wachs*, *Honig* und *Federn* kamen als Tauschobjekte in Frage.

Handwerk

Ohne Gefäße kein Vorrat — auf diese knappe Formel könnte man die Bemühungen des Menschen bringen, sich zu schaffen, was die Menge der gesammelten Pilze und Beeren, den Überschuß an Getreide, an Wasser, an Milch, an vergorenem Getränk faßt.

Töpferei. Das mit Händen geformte Tongefäß, das im Feuer gebrannt ist, gehört deshalb zu den ältesten Erzeugnissen des Handwerks. Diese Tongefäße aus der Frühzeit der Menschheit, z. B. die Kleinasiens um 6000 v. Chr., sind tatsächlich nur mit der Hand geformt: sie gehen ihrerseits auf noch ältere Methoden zurück, Gefäße herzustellen: da bindet man der Tierhaut die Öffnungen zu und macht einen ›Schlauch‹, da wird aus Flechtwerk ein Korb geschaffen und mit Lehm verstrichen. Manche Wissenschaftler nehmen an, auf diese Weise sei, als eine Art zufälliger Erfindung, die Töpferei entstanden. Der geflochtene, lehmverstrichene Beutel wurde am Feuer hart. So ist die Töpferei am Vorabend der ›germanischen‹ Kultur schon viele Jahrtausende alt, im nördlichen Europa schon viele Jahrhunderte. Sie gehört, wie das Backen und Schlachten, wie das Spinnen und Weben *(→Kleidung)*, wie die Schmiedekunst und die Zimmermannsarbeit, zu den Handwerken, die schon auf dem steinzeitlichen Bauernanwesen ausgeübt wurden, nur nicht vom Handwerker, sondern von Mann und Frau: eins gehört zum anderen, und sie alle zusammen erhalten die Wirtschaftskraft des Bauernhofes, der vom Getreideanbau und Viehzucht lebt *(→Ackerbau)*.

Das Geschirr des Haushalts von der Jüngeren Steinzeit bis weit über die Völkerwanderung hinaus besteht also aus gebranntem Ton; die kostbaren *Bronze-* und *Silbergefäße*, die *Gläser* sind nicht für den Alltag bestimmt und als Handelsgut nur für den wirklich reichen Mann erschwinglich, sofern sie nicht erbeutet wurden.

Drehscheibe. In der Geschichte der Keramik aller Kulturen gibt es einen tiefreichenden Einschnitt: den Übergang von der Technik des handgeformten Gefäßes zur Arbeit mit der Drehscheibe. In Europa hat sich dieser Übergang in der ersten Hälfte des letzten

Frühe Kulturgruppen wie Jastorfkultur siehe auch Seite 59, 103 und Seite 188.

vorchristlichen Jahrtausends vollzogen — übrigens zur gleichen Zeit wie im frühen China. Nun sind auch bei der Drehscheibe verschiedene Methoden zu unterscheiden. Im jungsteinzeitlichen Europa wurde der Ton auf eine *geflochtene Matte* gesetzt. Mit der einen Hand drehte der Töpfer die Matte im Kreis, mit der anderen Hand baute er aus Wülsten das Gefäß auf. Dieses geduldige und langsame Verfahren hat eines Tages nicht mehr befriedigt, weil der Bedarf wuchs und mehr Gefäße in kürzerer Zeit hergestellt werden mußten. Der entscheidende Einfall war, eine Scheibe aus Ton oder Holz auf einer Achse zu drehen. Es gibt Drehscheiben, die man mit den *Füßen* dreht, andere mit der *Hand*. Die alte *römische* Töpferscheibe z. B. besteht aus zwei hölzernen Scheiben, die durch eine Achse miteinander verbunden sind. Mit dem Fuß dreht der Töpfer die untere Scheibe, die als Schwungscheibe dient; so hat er die Hände frei, zum gleichmäßigen Formen. Aber: Im Germanien des Tacitus hat sich nun ein ganz seltsamer Vorgang abgespielt, den man durch archäologische Funde nachweisen kann: an der Saale und an der mittleren Elbe müssen im Laufe des 2. vorchristlichen Jahrhunderts und vor allem im 1. Jahrhundert v. Chr. zahlreiche Töpferdrehscheiben gelaufen sein, denn es gibt Gefäße, die deutlich auf der Töpferdrehscheibe gearbeitet sind wie z. B. ein Gefäß von *Kleinkorbetha* Kr. Weißenfels (DDR). Ganz offensichtlich ist diese Keramik von der keltischen Keramik beeinflußt (Schlette). Ob es keltische Handwerker waren, die sich hier niederließen, ob Kriegsgefangene nach ihren heimischen Methoden gearbeitet haben oder ob ein Germane die Technik von jenseits des Mains mitgebracht hat, läßt sich nicht sagen. Nach rund 50 Jahren jedenfalls kehren auch diese Elbgermanen (→Seite 60) zur handgearbeiteten Keramik zurück — der technische Fortschritt allein erweist sich als sinnlos, wenn er nicht den wirtschaftlichen Gegebenheiten entspricht.

Brennofen. Offenbar wurde Keramik, die auf der Töpferdrehscheibe hergestellt worden war, im Brennofen gebrannt und nicht im offenen Feuer. Es scheint, als habe die Beschaffung hochwertigen Tones, seine Zubereitung, der Bau des Brennofens und die Arbeit an der Töpferdrehscheibe bestimmte Anforderungen gestellt, die nur ein qualifizierter Trupp erfüllt hat. Jedenfalls brauchte ein Brennofen große Stückzahlen, das heißt 20—60 Gefäße je Brennphase. Man konnte in ihm die Luftzufuhr regeln, sodaß die gewünschte *Oberflächenfarbe* erzielt wurde, und man bekam gleichmäßige Brände. Diese Töpferöfen sind zuerst in Vorderasien und am Mittelmeer gebraucht worden; dort haben die Kelten diese Technik kennengelernt und weiter vermittelt. Die europäische Keramik ist übrigens über Temperaturen von 750—900 °C und damit über steinzeitliche Keramik nicht hinausgekommen; Temperaturen von 1300 °C, wie sie für Steinzeug und Porzellan notwendig sind, haben zuerst die Chinesen erzeugt. Für den Bauernhof war diese Technik mit Drehscheibe und Brennofen zu hochgezüchtet, weshalb man zu den alten Formen zurückkehrte: weshalb sollte man hochwertige Töpferware kaufen, wenn man sie selbst billig herstellen konnte? Erst im Laufe des 3. und 4. Jahrhunderts entwickelte sich ein größerer Bedarf an hochwertiger Keramik; dies entsprach der stärkeren gesellschaftlichen Differenzierung. Nun entstanden Keramikwerkstätten, in denen Töpferdrehscheiben benutzt wurden. Der Anteil dieser Erzeugnisse an der insgesamt benutzten Keramik betrug bei Thüringern und anderen germanischen Stämmen etwa 20 Prozent, alles übrige Geschirr blieb handgeformt.

Daß die Germanen auch in dieser Hinsicht die Schüler der begabteren Kelten waren und diese wiederum von der städtischen Zivilisation der Mittelmeervölker profitiert haben, mag ein Rückblick zeigen: Schon in der späten *Latène-Zeit (→Eisenzeit)* gibt es an der Donau unterhalb von Passau große Töpferwerkstätten, deren Erzeugnisse aus graphithaltigem Ton in Oberungarn und Siebenbürgen, am Oberrhein und in Mittelschlesien, bei Innsbruck und in Thüringen gefunden wurden (Vogt) — das alles zu einer Zeit, als man im Norden noch handgeformte Tongefäße im offenen Feuer brannte. In dem Maße, wie die Germanen die Kelten verdrängten, übernahmen sie einiges von der technisch überlegenen, aber schwächeren Kultur.

Töpferware ist Gebrauchsware gewesen, und der Wandel der Zeiten bewirkte den Wandel der Stile. Aus dem weichen Ton, dessen sanft glänzende, feuchte Fläche zur Verzierung reizt, formte der Töpfer das, was gefiel — so spiegelt der Wandel der Formen alle kulturellen Einflüsse und Beziehungen, alle Veränderungen des Lebens getreulich wider. Man kann Zeitstile unterscheiden, aber auch landschaftliche Unterschiede. Die *Jastorf-Kultur* (→Seite 59 und 103) z. B. hat eine fast einheitliche Keramik hervorgebracht. Seit dem 1. vorchristlichen Jahrhundert formten und verzierten die Germanen an der Oder und Weichsel ihre Gefäße anders als die Elbgermanen, und diese wiederum anders als die Germanen an der Nordsee oder im Westen. Aber die Unterschiede der Stämme lassen sich an der Keramik nicht erkennen, und ob ein elbgermanischer Topf von einem Markomannen in Böhmen, von einem Germanen an der Saale oder einem Langobarden an der Elbe hergestellt worden ist, kann man nicht unterscheiden.

Schmiede. Zum Handwerk auf dem Bauernhof gehörte die Verarbeitung von Metall *(→Bronzezeit; →Eisenzeit)*, auch mußte der Haushalt selbst die Stoffe herstellen, die für die Kleidung benötigt wurden *(→Kleidung)*. Der einzige Beruf, der schon sehr früh zum eigenständigen Handwerk entwickelt worden ist, der des Schmiedes, hat in der Sage eine be-

Erzeugnisse der Feinschmiedekunst, wie sie fürstlichen Auftraggebern oder kultischen Zwecken vorbehalten blieben.

Trense mit bronzenen Zügelketten aus dem Weihefund vom Thorsberger Moor bei Süderbrarup, 2. und 3. Jh. — Schleswig-Holsteinisches Landesmuseum für Vor- und Frühgeschichte, Schleswig.

sondere Rolle gespielt und ist zum Vorläufer vieler anderer Tätigkeiten geworden, die sich aus dem Verband des Bauernanwesens lösten.

Zur Zeit der Römer dürfte der germanische Schmied zu den Freien gehört haben. Sein Arbeitszeug gehörte ihm selbst und wurde ihm ins Grab mitgegeben, eine Geste, die sonst nur der Waffe gemäß war. Der *Grobschmied* hat wahrscheinlich seine Tätigkeit nur im Nebenerwerb ausgeübt und ist vor allem Bauer gewesen. Aber der *Feinschmied* — also der Schmied, der mit Bronze, Silber und Gold zu tun hatte, vielleicht später sogar die Emailtechnik erlernte — und der *Bronzegießer* dürften schon in den letzten Jahrhunderten vor der Zeitwende ausgesprochene Handwerker gewesen sein (→*Kunst*, Seite 173 und →*Tierstil*). Sie gelangten denn auch eher als andere während des frühen Feudalismus der Merowingerzeit in die Abhängigkeit der Grafen und Grundherren. Ihre Werke, weit entfernt vom Anspruch, Kunst zu sein, gehören heute zum kostbarsten Bestand der abendländischen Formwelt; den Kronen und Tabernakeln, den Reliquiaren und Monstranzen, geschaffen in den letzten Jahrhunderten des ersten Jahrtausends, sieht man gelegentlich noch ihre barbarisch-germanische Herkunft an.

In der Sagenwelt der germanischen Stämme ist der Schmied ursprünglich nicht göttlich, sondern ein *Albe* (Elbe, Elfe), ein Naturwesen. Das nordische *Völundlied* (→*Heldensage*) berichtet, *Wieland der Schmied*, auf Befehl des Königs Nidhard an beiden Füßen gelähmt, damit er nicht fliehen könne, habe aus Rache die Töchter des Königs vergewaltigt, sich

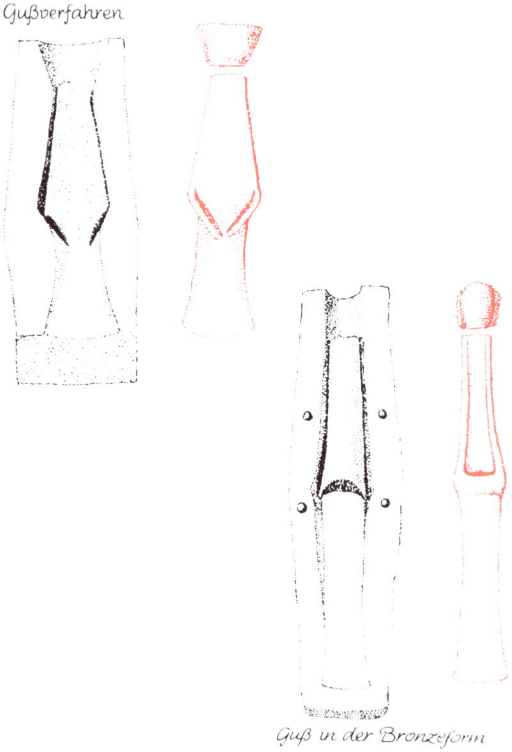

Flügel gefertigt und sei danach geflohen — ein Motiv, wie es ähnlich auch von *Daidalos*, dem Vater des *Ikaros*, berichtet wird. Gewaltig ist die Körperkraft des Schmiedes, der rußig vor der Esse steht und den Hammer schwingt; wenn *Hephaistos*, der griechische Gott des Feuers, als hinkend geschildert wird, erinnert er an die Verkrüppelung des Wieland im Mythos. Unter den Göttern ist dieser Hephaistos ein Emporkömmling, den man duldet und verspottet.
So hat sich die unheimliche Begegnung mit Männern, die Eisen beherrschten und Schwerter schmiedeten, in der Sagenwelt niedergeschlagen. Daß noch im frühen Mittelalter zum Aufgebot des Things der Hammer von Hand zu Hand ging, zeigt die magische Kraft, die man dem Werkzeug zuschrieb. Auch ist ja kein Zufall, daß *Donar* den Hammer schwang *(→Götterwelt)*.
Ähnlich dem Schmied Wieland verkörpern auch die *Zwerge* — vielleicht ursprünglich kleinwüchsige ›Bergleute‹ des keltischen Raumes — die neue Technik. Ihre unterirdische Welt verweist auf die Künste der *Erzgewinnung*, wie die Germanen sie von den Kelten lernten. Daß der Zwergenkönig *Alberich*, an die Albe gemahnend, Siegfrieds Schwert *Balmung* geschmiedet hat, daß er Siegfried den *Nibelungenhort* ausliefern muß *(→Nibelungenlied)*, mag an uralte Zeiten erinnern, als die keltischen Eisenhüttenleute und Handwerker dem zu Diensten waren, der sie unterwarf: in den frühen Stadien der Kultur wird die Begegnung mit fremden Völkern ja nicht ethnologisch, also wissenschaftlich und rational, sondern über den Mythos verarbeitet.
Siehe auch die Stichworte *→Kleidung*, *→Möbel*, *→Siedlung*.

Harald Blauzahn (H. Blaatand)
König von Dänemark (940—980), halb ›Germane‹ und halb Christ. Er hat Norwegen erobern können und ist in hohem Alter zum Christentum übergetreten; angeblich haben Missionare seine starken Rükkenbeschwerden mit Bärenfett und Gebeten kuriert, was den König von der Macht ihrer Religion überzeugt zu haben scheint. ›Germanisch‹ war seine Rechtsauffassung: seine des Ehebruchs verdächtige Gattin ist den Moortod gestorben *(→Moorleichen)*. In seinen letzten Lebensjahren hat Harald Blauzahn Norwegen an König *Hakon (Haakon) von Schweden* verloren, der sich als der geschicktere Lehnsmann des sächsichen Kaisers *Ottos des Großen* erwies. Dieser Kaiser ist Pate für Harald Blauzahns Sohn *Sven Gabelbart* gewesen; als der Alte nicht weichen wollte, hat Sven Gabelbart gegen ihn rebelliert, ihn regelrecht in einer Schlacht geschlagen und verbannt.

Harier
Ein von Tacitus erwähnter, wahrscheinlich in Schlesien ansässiger Stamm unbekannter Herkunft.

Haruder (Haruden)
Im Zusammenhang mit Kimbern und Semnonen sowie als Verbündete des Ariovist *(→Eudosen)* erwähnt.

Hasdingen (Asdingen)
Stamm aus Südnorwegen, der in Wandergemeinschaft mit den *→Wandalen* um 120—100 v. Chr. aufbrach.

Hasuarier
Ein um die Zeitwende an der Hase, einem rechten Nebenfluß der Ems wohnender Stamm, der dann von den Chauken vertrieben worden ist. Wahrscheinlich mit den *→Chasuariern* identisch.

Heldensage
So gewaltig waren die Umwälzungen und Ereignisse zwischen dem Einfall der Hunnen im Jahre 375 und der Eroberung Oberitaliens durch die Langobarden im Jahre 568 *(→Völkerwanderung)*, daß einige ihrer Höhepunkte von fahrenden Sängern über Generationen und Jahrhunderte hinweg in Liedern überliefert wurden. Die germanistische Forschung hat die alten Texte analysiert und die Verbindungen hergestellt: die Vernichtung des mittelrheinischen Burgunderreiches durch die hunnischen Hilfstruppen des Aetius liegt dem Lied von der *Nibelungen Not* zu Grunde, die *Hamdirsage* erzählt vom Ende des Ostgotenkönigs Ermanarich *(→Goten und Langobarden*,

Seite 30), die *Iringsage* handelt von der Zerstörung des Thüringerreiches durch die Franken, sie bezieht sich auf die Ermordung des Königs Irminfried um 530, und der *Alboin* der Heldensage ist der Langobardenkönig Alboin (→Seite 40). Ebenso gibt den Feldzug, den ein Merowingerkönig namens Chlochilaicus um 520 ins Gebiet der Rheinmündungen unternommen hat, die englische *Beowulfsage* wieder, die von einem Gautenkönig *Hygelac* spricht (von See).

Alle Ereignisse, von denen die germanische Heldensage erzählt, fallen in den Zeitraum der Völkerwanderung. Wenn in späteren Zeiten Gestalten wie Heinrich der Löwe, Herzog Ernst von Schwaben in Liedern besungen werden, sind dies nicht eigentlich Heldensagen, sondern nur Sagen — oft bilden sie sich aus örtlichen Überlieferungen, um Burgen oder Schluchten, Quellen oder Berge. Die Völkerkunde hat nachweisen können, daß außerhalb des europäisch-asiatischen Kulturkreises Heldensagen nicht bekannt sind, ausgenommen vielleicht Polynesien — aber auch hier besteht der geschichtliche Hintergrund in gewaltigen Eroberungszügen, die denen der Wikinger ähneln, wenn sie auch weit größere Entfernungen überspannen.

Für Europa diesseits der Alpen ist die Völkerwanderungszeit zum *Heldenzeitalter* geworden, wie zum Beispiel der Kampf um Troja, der etwa um 1200 v. Chr. geführt worden ist, für die Griechen Homers, die ein halbes Jahrhundert später lebten, die ›Heldenzeit‹ war.

Die Heldensage schildert Ereignisse, die oft durch mehr als ein Jahrhundert getrennt sind, so, als seien sie von einer einzigen Generation erlebt. So faßt die *Sage von Dietrich von Bern* (Bern = Verona) den *Ostgotenkönig Ermanarich* (gest. um 375), den *Hunnenkönig Attila* († 453) und *→Theoderich den Großen* († 526) in einem einzigen Sagenkomplex als Akteure eines Geschehens zusammen. Diese zeitliche Konzentration ist ein so hervorstechendes Merkmal, daß man heute sagt: die Heldensage unterscheidet sich von der bloßen Sage durch diese zeitliche Gebundenheit, während die Sage sich, so vielschichtig ihre Motive und Ursprünge, dem Märchen benachbart, auch sein mögen, an Orte heftet.

Die umfangreichste Sammlung germanischer Heldensagen enthält die in Skandinavien entstandene sogenannte *Ältere* oder *Lieder-Edda (Edda des Saemundr)*, die etwa um 1260 aufgezeichnet wurde. Die rund eineinhalb Dutzend Heldenlieder dieser Edda sind durch Götterlieder und überleitende Prosa verbunden. Die Heldensagen selbst stammen zum größten Teil aus dem süddeutschen Raum und entstanden überwiegend vor dem 8. Jahrhundert. Die ältesten Stücke sind das *Wielandlied* (burgundisch), das *Sigurd-Lied* (burgundisch oder fränkisch, *→Siegfried*), das alte *Atli-Lied* (burgundisch) und das Lied von *Ermanarich* (gotisch). Ähnlich wie das *Hildebrandslied*, das in Deutschland bewahrt wurde, gelangten sie alle wie auch das angelsächsische *Beowulflied*, das ebenfalls eine südgermanische Sage wiederholt, über den niederdeutschen Raum nach Skandinavien. Eine Nacherzählung alten Heldenliedergutes enthält auch die um 1250 in Skandinavien aufgezeichnete *Thidrekssaga*, die allerdings schon mittelhochdeutsche höfische Akzente erhielt.

Außerhalb Skandinaviens gibt es neben dem um 810—820 in Fulda aufgezeichneten Hildebrandslied das etwa gleichzeitige altenglische *Finnsburglied*, das von der alten Feindschaft zwischen Dänen und Friesen berichtet und seinen Namen nach dem Sitz des Dänenkönigs *Finn* trägt. Beide sind nur fragmentarisch erhalten.

Überliefert wurden alle Heldensagen durch ›Sänger‹, die auch in der Frühzeit — im Gegensatz zum Heldenlied — sogenannte *Preislieder* auf ihre Fürsten und Könige verfaßten und vortrugen, Berufsdichter, die nach Beowulf *scop*, in Althochdeutsch *sof* oder *scopf* genannt wurden. Die Nachfahren dieser Sänger waren die frühmittelalterlichen *Spielmänner*. Sie bewahrten nach dem 8. Jahrhundert, als germanische Reiche auf römischem Boden untergingen und das Frankenreich die kleineren germanischen Höfe aufsog, das Liedgut auch unter dem Kultur-Einfluß der Kirche, so daß das Hochmittelalter aus diesen Stoffen die großen Epen entwickeln konnte. So blieb trotz aller Erschütterungen vom frühesten *Zauberspruch*, *Rätsel* und *Sprichwort*, von den in *Buchenstäbe* geschnittenen *Runen-Losen*, die die Zukunft erschließen sollten, über das Preislied und die Heldensage bis zum Heldenepos ein zwar dünner, aber andauernder ›literarischer‹ Fluß erhalten.

Die großen Heldenepen des Mittelalters sind bekannt: das altenglische *Beowulf-Epos* (um 700), das im mittelalterlichen Latein gedichtete *Walthariuslied* (Ende des 9. Jahrhunderts), das *→Nibelungenlied* (um 1200) und das *Kudrunlied* (um 1240). In diesen Werken, die schon zur Buchliteratur des Mittelalters gehören, schimmern die alten Liedformen durch, aber sie stehen in ihrer Gesamtheit in der literarischen Tradition Roms, in der spätantiken Vergil-Tradition. Zur Buchliteratur gehören die schon erwähnte *Dietrichsage* (Thidrekssaga), die auf Grund der Erzählung niederdeutscher Kaufleute in Bergen aufgezeichnet worden ist, die *Völsungasage*, eine Prosadarstellung des Nibelungenliedes, der Richard Wagner seinen »Ring« nachgedichtet hat, und die *Snorri-Edda*. Die Snorri-Edda zum Beispiel, auch *Sturlungssaga* genannt, stellt wie ein Lehrbuch Mythen und Sagen dar, um die mittelalterliche *Skaldendichtung* verständlich zu machen. Die *Skalden* nämlich, fahrende Sänger Skandinaviens, spielten auf jene alten Mythen an wie die Dichter der Renaissance oder des Barock auf die Dichter der Antike. So entstand, unter der Schirmherrschaft des großen isländischen Politikers und Gelehrten *→Snorri Sturluson* (*1178, † 1241), die von seinem Neffen *Sturla Todarson* verfaßte Sammlung als eine Art ›Orien-

tierungshilfe‹. Das Werk bricht mit dem Tode des Gelehrten ab.
Ob sich die Heldensage im Ursprung nur aus dem Lied der fahrenden Sänger oder auch aus dem Märchen entwickelt hat, ob die eigentlichen Motivationen christlichen oder heidnischen Ursprungs sind (nur die Skandinavier lassen die Heldensagen im Heidentum spielen, ansonsten enthalten sie Elemente christlicher Moral), ob sich die geschichtlichen Ereignisse verzerrt widerspiegeln, oder ob sie für die Heldendichtungen den unmittelbaren Anlaß gaben, ist weithin ungeklärt, wobei in die Diskussion immer weitere Forschungsbereiche einbezogen worden sind. So stellen sich, um ein Beispiel zu nennen, Verbindungen her zwischen dem Eberkampf des →*Siegfried* und dem orientalischen Fruchtbarkeitskult des Adonis, wo als Motiv auch der Kampf mit dem Eber auftaucht.
Tatsächlich ist das Bild der Welt, das in der Heldensage geschildert wird, vielschichtig. Geschichtliche oder politische Ereignisse interessieren nur als Hintergrund. Wenn man in den Heldensagen das Hohelied der Mannentreue sucht, so findet man in ihnen doch ebenso oft Verrat und Habgier, Brutalität und Rachsucht, etwa bei der Ermordung Siegfrieds, oder kaltblütigen Egoismus. Die Wirkung der Heldensage erwächst nicht nur aus der Tragik, sondern auch aus der Ungeheuerlichkeit der Vorgänge; sie ›spielt das Lied vom Tod‹ jenseits aller Ethik, und eher ist es der von *Huizinga* im *Herbst des Mittelalters* beschriebene zwanghafte Trotz, ein geltungssüchtiger Starrsinn, der den Helden ins unentrinnbare Schicksal treibt, als Verantwortung und Pflichtgefühl, vielleicht aber auch die spezifische, seit jeher übliche Gefolgschafstreue. Schon im frühen Mittelalter aber verliert sich das Verständnis für das »Heldische«, die Welt der Bürger, der Kaufleute nimmt die ritterliche Geste, wo sie sie nicht nachahmt, mit einem Achselzucken hin, und aus den in graue Vorzeiten projizierten Ereignissen der Heldensage wird Unterhaltung. Noch Luther greift in seinen Predigten auf derlei Würze zurück, etwa auf Dietrich von Bern, denn sonst »schlefft das volck und hustet«.

Helgö
1950 entdeckte man beim Bau von Sommerwohnungen auf der größten Insel im Mälarsee, daß dort bei Ekerö ein Handelsplatz des ersten Jahrtausends gelegen haben muß. Qualifizierte Handwerker haben dort, auf verschiedene Hofgruppen verteilt, die auf Erdterassen errichtet waren, Goldarbeiten hergestellt. Man fand vor allem aus dem 5. und 6. Jahrhundert reichhaltiges Material aus den Werkstätten, aber auch *Importware* aus dem östlichen Mittelmeer, z. B. eine Bronzekelle, und als Sensation einen *Buddha*, der im 5. Jahrhundert am Fuß des Himalaya entstanden sein muß. *Keltische* Bronzen, *römische* Spielsteine, Münzen aus Ravenna und Rom, Byzanz und aus Arabien vervollständigen das Bild weitgespannter Handelsbeziehungen. Offenbar haben diese Händler die Königsgeschlechter von *Vendel* und *Uppsala*, die *Svear-Könige*, mit Luxuswaren versorgt; der Wohlstand dieser Geschlechter dürfte von Erträgen aus diesem Handel gespeist worden sein. Im 11. Jahrhundert ist Helgö von dem Handelsplatz Birka *(→Wikinger)* überflügelt und schließlich vergessen worden *(→Svear)*.

Heliand
Altsächsiche Evangeliendichtung aus der Zeit um 830, die Christus als Gefolgsherrn und die Jünger als adlige Mannen darstellt. Der Name Heliand ist dem Werk erst 1830 von dem Germanisten *Schmeller* gegeben worden.

Helisier
Von Tacitus im Zusammenhang mit den →*Lugiern* erwähnt.

Helvekonen →Helisier.

Hengist und Horsa →Angelsachsen.

Hermann der Cherusker
Von Johannes Turmayr, genannt Aventinus, stammt diese Übersetzung des Namens →*Arminius*, die nachweislich falsch ist.

Hermannsdenkmal
Am 25. September 1897 kamen in einer kleinen Stadt im Staate Minnesota die Vertreter einer Freimaurerloge aus allen 23 Staaten der USA zusammen, um ein stattliches Denkmal einzuweihen. Es zeigt jenen Feldherrn mit hocherhobenem Schwert, dessen Name von den geschichtlichen Quellen unterschiedlich überliefert wird, dessen historische Rolle durchaus unklar ist und der in seinem Leben nur eine einzige Schlacht gewonnen hat — von der niemand genau weiß, wo sie tatsächlich geschlagen worden ist (→*Varusschlacht im Teutoburger Wald)*. Die Schlacht, in ihrer politischen Bedeutung von den meisten Historikern anerkannt, gilt offenbar nicht nur für die Deutschen älterer Art weithin als Symbol vaterländischen Freiheitswillens.
In Amerika waren die Indianerkämpfe, an die sich fast jedermann erinnerte, gute zwanzig Jahre her, als sich bürgerlicher Nationalismus, zwanzig Jahre vor dem Eingreifen der USA im Ersten Weltkrieg, dieses Denkmal für Arminius, den siegreichen Germanenherzog, schuf. Niemandem kam damals zum Bewußtsein, daß diese Germanen die ›Indianer‹ des römischen Weltreiches waren oder, umgekehrt, daß Indianer als ›unzivilisierte‹ Ureinwohner in Amerika die Rolle der Germanen spielten.
Jenes 31 Meter hohe Denkmal im amerikanischen Neu-Ulm ist allerdings nur die geistige Nachschöpfung jenes Denkmals, das am 16. August 1875 auf den Höhen des Teutoburger Waldes in Anwesenheit des deutschen Kaisers, des Kronprinzen und zahl-

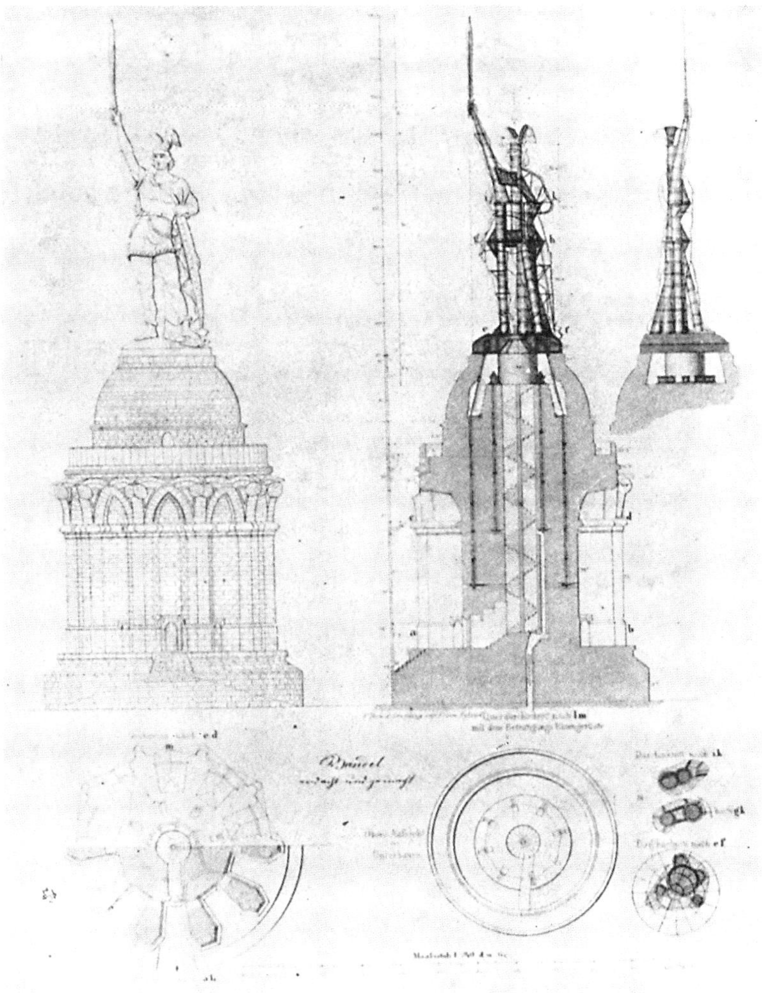

Hermannsdenkmal auf dem Teutberg im Teutoburger Wald (Osning) bei Detmold. Die Lithographie nach Originalplänen Ernst von Bandels zeigt in Ansicht, Aufriß und Grundrissen die endgültige Form des Denkmals, die Entwürfen von Schinkel und Rauch vorgezogen wurde. Das Denkmal steht in einer alten Wallanlage, der sogenannten Grotenburg. Von dieser bis in die Römerzeit zurückreichenden Anlage sind jedoch nur Reste des Südwalls erhalten, nicht zuletzt, weil Teile der Steinpackungen des Walls als Füllmaterial des Sockels Verwendung fanden. — Lippische Landesbibliothek, Detmold.

reicher regierender Fürstlichkeiten eingeweiht worden war.
Dieses sogenannte Hermannsdenkmal ist weltbekannt, eine Attraktion für Touristen wie die Siegessäule in Berlin oder die Bavaria in München, die Germania vom Niederwalddenkmal oder die Kaiser-Wilhelm-Denkmale auf dem Kyffhäuser und an der Porta Westfalica. Wie kam es überhaupt zur Errichtung dieses Denkmals? Wer hat es geplant, wer bezahlt?
In der Tat, die Größe ist so eindrucksvoll wie der Weitblick, den man aus dem hohlen Kopf des germanischen Helden genießt. Der Unterbau ist etwa 27 Meter hoch, die Figur selbst bis zur Schwertspitze mißt 24,82 Meter, die Gesamthöhe wird mit exakt 53,44 Metern angegeben. Allein das Schwert dieses Bronzehelden wiegt elf Zentner, der Schild 23 Zentner. Rund 90 000 Taler hat man im Laufe der Jahre aufgewendet, um eine Gestalt zu schaffen, von der nur eines gewiß ist: jener germanische Adlige, dessen Name von den antiken Schriftstellern teils mit *Armenius*, teils mit →*Arminius* oder *Arminus* angegeben wird, hat so nicht ausgesehen. Denn das Standbild gibt nur wieder, wie sich ein bayerischer Künstler den Germanen vorgestellt hat — sozusagen die Idealfigur. Dabei waren die Motive dieses Bayern, der über ein Menschenalter lang um die Verwirklichung seiner Idee gerungen hat und sie als alter Herr von 75 Jahren noch erleben durfte, durchaus großartiger Natur, auch trug sein Nationalismus anfangs noch das schwarzrotgoldene Pathos der Burschenschafter.
Der Bildhauer *Ernst von Bandel* (*1800, †1876), für den das Monument zur fixen Idee und zum Lebenswerk geworden ist, hatte in München an der Akademie die Bildhauerei studiert. Damals herrschte in Bayern König *Ludwig I.* und ließ jene klassizistischen Bauten errichten, die noch heute der Stolz der Münchner sind. Ernst von Bandel, der sich zwei Jahre in Italien aufgehalten hatte, lehnte diese Rückgriffe

der Kunst auf das griechische Erbe ab und verließ mit 33 Jahren im Jahre 1833 die bayerische Hauptstadt. Er hatte den Entschluß gefaßt, dem germanischen Helden Arminius, dem Kämpfer für die Einheit und Freiheit Deutschlands, ein Denkmal zu setzen. Weil man damals allgemein der Ansicht war, die Schlacht gegen den römischen Feldherrn Varus habe im Jahre 9 im Teutoburger Wald stattgefunden, verlegte Ernst von Bandel seinen Wohnsitz nach Detmold, also in die seiner Ansicht nach unmittelbare Nähe des historischen Geschehens.

Wer um 1830 von deutscher Einheit und Freiheit sprach, stand politisch auf der Seite des Fortschritts und machte sich allen Reaktionären verdächtig. Im Jahre 1836, als der Burschenschafter *Fritz Reuter* wegen ›politischer Umtriebe‹ nach dreijähriger Untersuchungshaft zum Tode verurteilt und später zu Festungshaft begnadigt wurde, begann sich der Bildhauer im Teutoburger Wald zu orientieren. Sogar das genaue Datum seines Aufbruchs ist überliefert. Am 19. September 1836 stand er auf der Kuppe des sogenannten *Teutberges* bei Detmold, die Reste einer frühgeschichtlichen Burg, der *Grotenburg*, zu seinen Füßen, und fand diese Stelle geeignet. Zunächst entwarf Bandel nun Modelle und Zeichnungen für sein Denkmal, das nicht nur in die Landschaft passen, sondern ihr einen einmaligen Akzent geben sollte.

Der Heimatgeschichtler *Dr. Hermann Kesting* aus Detmold hat die Intentionen des Bayern in seiner Studie *Der Befreier Arminius im Lichte der geschichtlichen Quellen und der wissenschaftlichen Forschung* (1962) so beschrieben: »Die künstlerische Idee bezweckte nicht eine Ähnlichkeit mit der geschichtlichen Persönlichkeit Armins, sondern die Schwerterhebung, an die sich die Idee der deutschen Einigkeit und Kraftentfaltung knüpft, mit der er das römische Weltreich züchtigte.« Dies, mit Verlaub, ist starker Toback — denn gezüchtigt hat dieser Arminius oder Armenius, wie immer er geheißen haben mag, doch allenfalls den Varus — alles andere beruht auf bloßer Spekulation *(→Varusschlacht im Teutoburger Wald)*.

In dem Jahr, in dem der hessische Revolutionär, der Arzt und Schriftsteller *Georg Büchner* starb, also 1837, ließ Ernst von Bandel sein sieben Fuß hohes Modell nach Detmold schaffen und fand sich selbst am zweiten Weihnachtsfeiertag dort ein. Zuvor hatte er zur Förderung seiner Pläne in Detmold die Gründung eines Vereins erreicht, der den organisatorischen Unterbau für alle weiteren Bestrebungen bildete. Allerdings sollte er bald mit diesem Verein Ärger bekommen, und so hielt die germanische Zwietracht auf diesem Wege gleichsam Einzug in Ernst von Bandels Lebenswerk, das doch gerade der deutschen Einheit und Einigkeit dienen sollte — ein peinliches und merkwürdiges Schauspiel.

Zunächst war man sich einig, und der *Fürst von Lippe-Detmold* selbst stellte für dieses Denkmal den Grund und Boden zur Verfügung, eben jene Grotenburg, deren archäologische Reste damit weitgehend zum Untergang verurteilt waren. Ironischerweise handelt es sich bei der Grotenburg um eine alte, wahrscheinlich germanische Stätte, deren sorgfältige Ausgrabung für die Altertumswissenschaft von Wert gewesen wäre. Aber gerade der Bau dieses Denkmals, der doch der germanischen Vorzeit galt, hat die Möglichkeiten ausgedehnter Grabungen zerstört, da die Steinpackungen der ehemaligen Wälle auch als Füllmaterial für den Sockel des Denkmals verwendet wurden. Was blieb, sind geringe Wallreste, aus denen Grabungen nach dem Zweiten Weltkrieg eine römische Pfeilspitze der Kaiserzeit zutage brachten, sowie das stellenweise den Hang hinabgestürzte Steinmaterial, das man als ›Schutt‹ erkennen kann, wenn man ›zum Hermann‹ hinaufsteigt. Was weiter blieb, ist ein kleiner ›Hünenring‹ auf halber Hangeshöhe, aber bei ihm handelt es sich wahrscheinlich um einen späteren, sächsischen ›Burggrafensitz‹.

Die Idee, dem germanischen Helden ein Denkmal zu setzen, fand in ganz Deutschland lebhaften Widerhall, und national gesinnte Kreise sammelten Geld, um Ernst von Bandels Vorhaben zu unterstützen; so gründete man in vielen Städten die entsprechenden Vereine.

Für den Bürger hat sich von alters her die Kunst dem finanziellen Rahmen einzufügen, für den Künstler muß der finanzielle Rahmen die Kunst ermöglichen. Dieser klassische Konflikt, bestehend seit es ein freies Künstlertum gibt, stellte auch das Verhältnis Ernst von Bandels zum Verein auf die Probe: Bandel hatte die finanziellen Mittel überzogen, es kam zu Spannungen mit den Herren in Detmold. Diese Vereinsquerelen wären ohne Bedeutung, wenn der Detmolder Verein nicht von der künstlerischen Konkurrenz einen Entwurf angefordert hätte, nämlich von den Künstlern Schinkel und Rauch. *Karl Friedrich Schinkel* (*1781, †1848) war zwanzig Jahre älter als Bandel und ›Stararchitekt‹ seiner Zeit. Er hatte in Berlin die neue Wache, heute in Ost-Berlin, das Schauspielhaus und das Alte Museum gebaut, aber auch für ein neues Königsschloß auf der Akropolis und für Schloß Orianda auf der Krim Entwürfe geliefert; mit ihm zusammen hatte sich *Christian Daniel Rauch* (*1777, † 1857) als bedeutendster Bildhauer des Klassizismus Weltruhm erworben; beide Männer waren Vertreter jener Schule, von der sich Ernst von Bandel ja in München distanziert hatte. Für Ernst von Bandel, der 1841 in das Palais vom Fürsten *Leopold* eingezogen war, kamen harte Zeiten.

Der entscheidende Punkt, der Unterschied zwischen beiden Monumenten, war keineswegs nur künstlerischer Art, sondern spitzte sich in der Frage zu, ob Arminius das Schwert auf den Boden stellen sollte — wie es der Logik der geschlossenen Plastik entspricht und wie es etwa der Bildhauer *Hugo Lederer* mit seinem Hamburger *Bismarck-Denkmal* realisiert hat — oder ob er es hoch in den Himmel recken sollte, ein Denkmal des bekannten unbändigen germani-

Einweihung des Hermannsdenkmals am 16.8. 1875 im Beisein von Kaiser Wilhelm I. (linke Tribüne) und von Bandel (rechts am Rednerpult). Zeichnung von H. Lüders. — Staatsbibliothek, Berlin.

schen Freiheitswillens. Rauch schlug vor, Arminius solle das Schwert auf den Boden stützen, Ernst von Bandel bestand auf der Schwerterhebung und setzte sich durch, Schinkels Entwurf wurde abgelehnt, und so konnte das Werk begonnen werden.

Am 9. Juli 1839 morgens um 5 Uhr begann Ernst von Bandel mit dem Unterbau, und am 8. September 1841 fand die Grundsteinlegung statt: es war keine große, aber eine würdige Feierlichkeit, wie man sie damals liebte, und ein Chor schmetterte »Was ist des Deutschen Vaterland« von *Ernst Moritz Arndt* in die herbstliche Waldluft. Acht Jahre lang arbeitete die Mannschaft dann am Steinbau, während der Bildhauer zugleich daran ging, die Vorbereitungen für den Guß aus Kupfer zu treffen. Acht Jahre lang stieg Bandel jeden Tag eine Stunde lang zu Fuß hinauf zum Platz, wo ein Blockhaus die Männer vor den Unwettern schützte. Mittags brachte man ein kaltes Mittagessen aus Detmold zum Berg hinauf, und abends verließ Bandel bei sinkender Sonne als letzter den Arbeitsplatz; oft kam er durchnäßt und völlig erschöpft nach Hause.

Während zweier Winter hat er sich in Italien erholt und in Carrara (Oktober 1839—April 1840) eine *Thusnelda* geschaffen, die später der Fürst ankaufte. Man sieht diese eher unbedarfte Erscheinung, eine marmorne Nippesfigur, die ihr Kleid wie eine Verkleidung und ihre Kette wie einen Vergißmeinnichtkranz trägt, mit Verblüffung: bürgerliche Wohlanständigkeit des 19. Jahrhunderts, maskiert als Germanin im römischen Triumphzug, das wirkt heute allenfalls komisch. Die Thusnelda mit ihrem Sohn, dem *Thumelicus*, muß damals ein beliebtes Thema gewesen sein; auch der Maler historischer Monumentalgemälde, der Münchener *Carl von Piloty* (*1826, † 1886), hat die Szene schauerlich erhaben auf der Leinwand festgehalten *(→Thusnelda)*.

Ernst von Bandel entschloß sich, unter dem Eindruck seiner Gespräche mit Münchener Künstlern, den Sockel für seinen Cherusker nicht auf den Fels selbst zu stellen, sondern auf einen Kuppelbau. Allerdings waren mit der Vollendung des Unterbaues seine Mittel erschöpft, und eine Schuld von 4 440 Talern, vom Detmolder Verein nicht gedeckt, stellte das Werk infrage. So siedelte er im Oktober 1846 nach Hannover über, wo ein rühriger Denkmalsverein ihn stützte: zehn Jahre, nachdem er zum ersten Male von der Höhe der Grotenburg herabgeblickt hatte, mußte er so die Walstatt seiner Träume verlassen.

Zwei Jahre nach seiner Übersiedelung brach die Revolution von 1848 aus, *Ferdinand von Freiligrath*

(*1810, †1876) veröffentlichte seine revolutionären Gedichte *Die Revolution* und *Februarklänge*, Hoffmann von Fallersleben (*1798, †1874), als ›Revolutionär‹ verfolgt und nach Helgoland geflohen, dichtete das *Deutschlandlied*, in Frankreich wurde König *Ludwig Philipp* gestürzt, in Deutschland hob man die reaktionären *Karlsbader Beschlüsse* auf, in Berlin, Wien und Ungarn flammten Aufstände auf — so hatte man selbst im Hannoverschen zunächst andere Sorgen, als ein Denkmal für Hermann den Cherusker zu schaffen.

Ernst von Bandel hielt sich mit Auftragsarbeiten über Wasser und bekam im übrigen eine Jahresdotation vom kunstliebenden König *Ludwig I. von Bayern*, doch ging es ihm wirtschaftlich schlecht. Den Gedanken, im Denkmal des Cheruskers sein Lebenswerk zu vollenden, gab er dennoch nicht auf. Er erarbeitete die Konstruktion für die Verankerung des Denkmals, erdachte ein Zimmergerüst für die Aufstellung der Figur und wartete auf bessere Tage. Während in Detmold starke Kräfte gegen den Plan arbeiteten und sogar beabsichtigt war, den Vereinsmitgliedern ihre Einlagen zurückzuzahlen, richtete der Verein in Hannover im Jahre 1861 dem Bildhauer ein Atelier ein, der dann ab 1862 kontinuierlich an seinem Werk weiterarbeitete. Bis 1866 waren der Kopf mit dem Helm, der rechte Arm mit dem Schwert, der linke Arm und beide Füße bis zur Wade angefertigt, das heißt aus Kupferplatten getrieben. In dem Maße, wie das deutsche Bürgertum sich mit den Siegen Preußens identifizierte und von einem einigen Deutschland träumte, erwuchs dem Hermannsdenkmal erneutes Interesse. Ähnlich wie etwa beim Deutschlandlied ging der Sache der Charakter revolutionären Aufbegehrens verloren, und übrig blieb die Hülse bourgeoisen Nationalismus, zu dessen Monument sich der ›Hermann‹ nun entwikkelte.

Am 14. Juni 1869 besuchte König Wilhelm von Preußen, der spätere deutsche *Kaiser Wilhelm I.*, die Werkstatt und setzte damit ein Zeichen. Nach kurzer Unterbrechung 1866 ging die Arbeit zügig voran, und »der Ausgang des deutsch-französischen Krieges machte die Vollendung des Denkmals zur Pflicht und zur Ehrensache des ganzen deutschen Volkes« (Kesting) — gemeint ist, zur Sache des sogenannten gebildeten Bürgertums. Schließlich bewilligte der deutsche Reichstag 10 000 Taler, allerlei technische Schwierigkeiten wurden überwunden, und am 1. Mai 1875 wurde das von der Firma Fried. Krupp gestiftete 11 Zentner schwere, 24 Fuß lange Schwert in die Hülse der rechten Faust eingelassen, auf dem in goldenen Buchstaben die Inschrift steht: *Deutsche Einigkeit meine Stärke. Meine Stärke Deutschlands Macht.*

Von unten hatte Bandel, ein »Gebet auf den Lippen«, der Arbeit zugeschaut; im Laufe des Juni wurde das Standbild fertig montiert, auf dessen Schild das rätselhafte Wort *Treufest* prangte. Endlich konnte das Holzgerüst abgenommen werden,

Ernst von Bandel mit dem Kopf des Hermannsdenkmals und Modell. — Lippische Landesbibliothek, Detmold.

und schon am 16. August 1875 fand die feierliche Einweihung statt. Es war das Gründungsjahr der *Sozialistischen Arbeiterpartei* in Deutschland und das Jahr, in dem Bismarck Frankreich wegen seiner Rüstung warnte: ein Krieg sei in Sicht. Angesichts einer jubelnden Menschenmenge durfte der greise, nahezu erblindete Bildhauer zum Kaiser in die Kutsche klettern, um an seiner Seite diesen Tag als den Höhepunkt seines Künstlerlebens zu erleben.

Bis zum Ausbruch des Ersten Weltkrieges sollten noch vierzig Jahre vergehen, jene goldenen Jahre der belle epoque, von deren geistigem Erbe die Gegenwart zehrt. Der Frieden fiel jenem Nationalismus zum Opfer, als dessen deutsches Denkmal Hermann der Cherusker auch heute noch sein Schwert hebt — eine absurde Figur in der Zeit atomarer Waffen, nun schon als Denkmal selbst schutzbedürftig wie die gotische Burg oder das barocke Schloß.

Herminonen *(Hermionen, Erminonen, Irminonen)* Römische Namensform eines germanischen Stammes, der nach Tacitus »in der Mitte des Landes« wohnte und auf *Hermnas*, einen Sohn des *Mannus*, zurückzuführen ist (→*Kultgemeinschaft*).

Hermunduren
Um die Zeitwende haben die Hermunduren offenbar beiderseits der Elbe gewohnt. Als *Tiberius* (→Seite

20) an die Elbe vordrang, sind sie auf das rechte Elbufer ausgewichen und haben sich mit den *Semnonen* verbunden, mit denen sie wohl in einer →*Kultgemeinschaft* verbunden waren. Über ihren Ursprung sind die Meinungen geteilt; als angebliche Germanen in der späten Eisenzeit schon nördlich des Erzgebirges siedelten, hat es in Thüringen, dem Gebiet der Hermunduren, noch Kelten gegeben. Jedenfalls scheinen die Hermunduren im 1. Jahrhundert nach Nordböhmen vorgestoßen zu sein und haben sich dem Bund der Markomannen unter Marbod angeschlossen *(→Markomannenkriege)*. Später rücken sie wohl an Stelle des abziehenden Swebenbundes in Süddeutschland, während die →*Thüringer* als Nachfolger der Hermunduren aufzufassen sein werden. Der Stammesname Hermunduren verschwindet dann aus der Literatur; für alle diese Stämme ist die Bildung des Stammesbundes der →*Alamannen* um 200 n. Chr. (Schwan) entscheidend gewesen, in denen sie aufgegangen sein dürften.

Heruler
Der ursprünglich in Südschweden seßhafte Stamm ist um 250 vermutlich aus Halland in Südschweden aufgebrochen; taucht 267 am Schwarzen Meer auf.

Heuneburg
Keltischer Ringwall bei Hundersingen Kr. Saulgau (Baden-Württemberg), der im 6.—4. Jahrhundert v. Chr. angelegt worden ist.

Hildebrandslied
Um die Mitte des 7. Jahrhunderts hat ein Dichter die indoeuropäische Wanderfabel vom Kampf zwischen Vater und Sohn benutzt, um ein germanisches Heldenlied zu schaffen. Das Motiv ist auch in Persien mit *Rustem*, bei den Russen mit *Ilja von Murom* und bei den Iren mit *Cuchulinn* bekannt. Der unbekannte Dichter hat vieles an diesem Erzählgut geändert, vor allem hat er mit den Namen *Heribrand, Hildebrand* und *Hadubrand* einen Hinweis auf seine Herkunft gegeben; sie sind nicht gotisch, sondern *langobardisch*. Der Konflikt zwischen Vater und Sohn besteht darin, daß der Sohn, ein reifer Mann und Heerführer, seinen Vater, den Waffenmeister König *Theoderichs*, für einen Betrüger hält, weil er meint, sein Vater sei gefallen. So beleidigt er den Vater vor der Schlachtreihe, und der Alte muß nach herrschendem Kodex den Kampf aufnehmen; er erschlägt den Sohn. Vermutlich sind die schmucklosen, aber eindringlichen Langzeilen in Bayern um Salzburg aufgezeichnet worden. Zwischen 810 und 820 haben es zwei Mönche des Klosters Fulda nach einer Vorlage abgeschrieben.

Holsten →*Reudinger*

Hünengrab
Die Bezeichnung der Umgangsprache (mhd. *hiune* = Riese, in dieser Bedeutung erst seit dem 13. Jh.; vorher = Hunne) meint vorgeschichtliche Großsteingräber, wie sie in der Jungsteinzeit entstanden, z. T. auch große Hügelgräber, wie sie von der Bronzezeit bis in die Latènezeit errichtet wurden; im Norden hat es solche Hügelgräber noch zur Wikingerzeit gegeben *(→Bestattung)*.

Hunnen
Die erste große Völkerwanderung, von der es geschichtliche Zeugnisse gibt, ist das Vordringen der Nomaden- und Reitervölker der *Skythen* aus den Steppen Südrußlands. Ihre Heimat war Turkestan, in dessen Weiten sie sich dem politischen Zugriff der weiter südlich im Hochland von Iran lebenden *Meder* und *Perser* entziehen konnten. Zwischen 750 und 700 v. Chr. drangen die Skythen ins Uralgebiet ein, zerstörten die dortige *kimmerische* Kultur. Diese Indoeuropäer, wie Hunnen beweglich, überrannten und plünderten mit ihren Reitergeschwadern alles, was sich ihnen zwischen Nordsibirien, China und Schlesien in den Weg stellte. Über den Kaukasus stießen sie nach Persien vor, verwüsteten Kleinasien bis nach Syrien und wurden erst von dem Perserkönig *Darius I.* (521—484 v. Chr.) in einem großen

Attila

Attila (got. = Väterchen, nord. = Atli, mhd. = Etzel), ein Sohn des Hunnenfürsten *Mudzuk* oder *Munduich*, hat seit 434 mit seinem Bruder *Bleda* an der Spitze der Hunnen gestanden. Nachdem er Bleda verdrängt hatte, begann er 441 mit seinen Eroberungszügen nach Westen, überschritt die Donau und erhielt 448 von Ostrom einen Landstreifen zwischen dem heutigen Belgrad bis zum heutigen Christowa zugewiesen. 451 stieß er über den Rhein nach Gallien vor, das von dem Patrizier *Aetius* (→Seite 164) verwaltet wurde. Er brannte Metz nieder und belagerte Orleans, das von den Armeen des Aetius und des Westgotenkönigs *Theoderich* (→Seite 32) entsetzt wurde. Die Schlacht auf den sogenannten *Katalaunischen Feldern* Ende Juni 451 endete unentschieden, doch zog sich Attila bis zur Donau zurück. Im Frühjahr 452 fiel er in Italien ein und zog gegen Rom, das der weströmische Kaiser *Valentinian III.* in Panik aufgegeben hatte. Der Bischof von Rom Papst Leo der Große (440—461) ist ihm am 6. Juli 452 entgegengetreten und hat ihm die Hand der Kaisertochter *Honoria* und einen Tribut versprochen. Er änderte daraufhin seine Absichten, kehrte nach Pannonien zurück und starb 453 in der Hochzeitsnacht mit der Germanin *Ildiko*, die als Sagengestalt in *Kriemhild* verwandelt fortlebt.

Feldzug (514—512 v. Chr.) in ihrer Heimat angegriffen. Sie zogen sich in die Weite der Steppe zurück und ließen den Stoß ins Leere gehen; Darius gab auf, und damit blieb Südrußland für zweihundert Jahre Heimat der Skythen, die auch durch ornamentale Kunst und den →*Tierstil*, den sie an die Goten weitergaben, berühmt wurden. »Dieser gewaltige Aufruhr unter den Völkern, dessen Echo sogar bei den Propheten Israels widerhallte, stellt den ersten historischen Einbruch der Nomaden der nördlichen Steppe in die alten Zivilisationen des Südens dar, eine Bewegung, die sich etwa zwanzig Jahrhunderte hindurch in der Geschichte wiederholen wird.« (Grousset)

Weiter östlich gab es Stämme ganz ähnlicher Lebensweise, die aber *turkmongolischer* Abstammung waren und bei den Chinesen *Hsiung-nu* hießen. Die Römer haben diese Reitervölker, wie die Inder, ähnlich benannt, nämlich *hunni* (ind.: *Hûna*).

In der zweiten Hälfte des dritten Jahrhunderts vor der Zeitwende, als *Alexander der Große* schon hundert Jahre tot war und die Republik Rom gegen die Konkurrenz Karthago ihre Kriege führte, schlossen sich diese Hunnen zu einem Steppenreich zusammen und gaben sich eine politische Ordnung. Raubzüge gegen die seßhaften Ackerbürger, gegen Dörfer und Karawanen gehörten zum Alltag der Nomaden, die darin den nordafrikanischen Tuareg ähnelten.

China zittert damals vor dem Angriff der ›Barbaren aus dem Norden‹ und baut unter den *Tsin* (221 bis 206 v. Chr.) die *Große Mauer (→Limes)*.

Erst dem chinesischen Kaiser *Lao-shang* (174—161 v. Chr.) gelingt es, diesen Gegner endgültig zu besiegen und zum Abzug nach Westen zu bewegen. Dadurch verursacht er die erste große Völkerwanderung in Hochasien, das bisher von den Erschütterungen des westlichen Asien verschont geblieben war.

Im 3. und 4. Jahrhundert nach der Zeitwende dringen Teile der von den Chinesen besiegten Hunnen in den *Kaukasusraum* ein, wo sie 370 die Alanen unterwerfen und in weiterem Vorstoß die *Ostgoten* im Schwarzmeergebiet 375/76 von sich abhängig machen. So entwickelt sich unter Attila zwischen Kaspischem Meer und Balkan, an der Grenze des seit Jahrhunderten an seiner Ostflanke in Abwehrkämpfe verwickelten Römischen Reiches ein großes hunnisches Reich, von dem schließlich selbst Byzanz abhängig wird. In den Auseinandersetzungen zwischen Rom und den Germanen spielt dieses Nomadenvolk der vermutlich ural-altaischen Sprachgruppe als Partner und Gegner, in seinem Verhalten vielfach den Germanen verwandt, für ein rundes halbes Jahrhundert eine wesentliche Rolle.

Aetius

Dieser bedeutendste Feldherr des Weströmischen Reiches (*um 390, †21. 9. 454) lebte als junger Mensch als Geisel bei den →*Hunnen*, mit denen er auch später ausgezeichnete Beziehungen unterhielt. Er war Heermeister in Gallien, kämpfte gegen Westgoten und Franken und wurde 429 zweiter Reichsfeldherr des Westens. 430 beseitigte er seinen Nebenbuhler, erhielt den Titel eines patricius und hatte 20 Jahre lang praktisch die Verfügungsgewalt über das Reich. 437 vernichtete er das Reich der Burgunder am Rhein und schlug im Bund mit den Westgoten →*Attila* auf den Katalaunischen Feldern. Der Kaiser *Honorius III.*, dem er diente, ermordete ihn, weil er zu mächtig geworden war, während einer Audienz am 21. 9. 454, eigenhändig auf den Stufen des Palatins.

I J

Illyrer
Es gab die Hypothese, daß die *Urnenfelderleute* (→Seite 173) identisch seien mit den Illyrern, die man als Menschen mit indoeuropäischer Sprache erkannte; man hat erst vor etwa 50 Jahren die antiken Orts- und Personennamen untersucht, um so das ›Illyrische‹ zu erfassen, und ist auf ähnliche Namen in fast ganz Europa gestoßen, daher die Gleichsetzung mit der Urnenfelderkultur. Neuerdings wird bezweifelt, daß die Sprache des vorrömischen Illyriens überhaupt einheitlich gewesen sei. Die Illyrer, zu denen verschiedene, politisch nicht verbundene Stämme wie *Dalmater*, *Liburner*, *Japuden*, *Dardaner* und *Istrier*, nicht aber Veneter und Mesapier gehörten, sind um 1200 v. Chr. in Griechenland eingedrungen; vielleicht sind auch die aus der Bibel bekannten Philister Illyrer gewesen. Nach 1000 v. Chr. setzten sie sich an der Ostküste der Adria fest. Die Illyrer waren als Seeräuber gefürchtet, gerieten sehr bald mit den Griechen in Konflikt, welche die Römer zur Hilfe riefen. 228 v. Chr. wurde die Königin *Teuta* vernichtend geschlagen und verlor den südlichen Teil ihres Reiches an die Römer. Im zweiten illyrischen Krieg (219 v. Chr.) faßten die Römer endgültig in Illyrien Fuß. Oktavian hat den Durchstoß durch das Karstgebirge bis Siscia erreicht (35 v. Chr.), 14—12 v. Chr. wurde Illyrien bis zur Donau dem Imperium angegliedert. Später hat sich für den nördlichen Teil die Bezeichnung *Pannonien* und für den südlichen Teil *Dalmatien* eingebürgert.

Indogermanische/indoeuropäische Sprachen
Nur wenigen von uns dürfte bewußt sein, daß nicht nur die Engländer, Holländer, Norweger, Schweden mit uns sprachlich verwandt sind, sondern auch Spanier und Portugiesen, Perser und Griechen, Russen und Polen, Rumänen und Serben — denn alle diese Sprachen gehören zur indogermanischen oder besser: zur *indoeuropäischen Sprachgruppe* — ganz im Gegensatz zu Ungarn und Finnen, die fremden Sprachgruppen angehören wie Japaner und Chinesen.
Der Begriff ›indogermanisch‹ ist nur in Deutschland gebräuchlich; in der europäischen Sprachwissenschaft spricht man allgemein von ›indoeuropäisch‹.
Jeder Satz, der in einer dieser Sprachen gesprochen oder geschrieben wird, beruht auf der Tatsache, daß die Sprache dem, der spricht, den sogenannten *synthetischen* oder *flektierenden* Sprachbau anbietet. Man setzt den Satz aus Worten zusammen, die man je nach Bedeutungsbezug *beugen* kann. Wem grammatische Bezeichnungen etwas sagen, dem sei mitgeteilt: die indoeuropäischen Sprachen bieten bis zu *8 Kasus* (Fälle in der Deklination der Hauptwörter), bis zu *3 Numeri* (Singular und Plural bzw. Einzahl und Mehrzahl), bis zu *3 Genera verbi* (das Geschlecht des Wortes betreffend), bis zu *4 Modi* (Art, z. B. Konjunktiv, Indikativ) und sage und schreibe *7 Tempi* (Zeiten) an. Anders ausgedrückt: Jedes Hauptwort, jedes Tätigkeitswort kann auf vielfältige Weise in den Satz eingefügt werden, so daß immer neue Varianten des Ausdrucks gewonnen werden. Einem Europäer erscheinen andere Möglichkeiten, die Welt zu erfassen, absurd oder primitiv: ohne Haupt- und Nebensätze, so denkt er, läßt sich keine klare Aussage machen. Unbewußt empfindet er das eigene Sprachprinzip als überlegenes, ›höher entwickeltes‹ Sprechen.
Hier irrt der Europäer, denn die Sprachwissenschaftler haben festgestellt, daß keine Sprache die ihr innewohnenden Flexionsmöglichkeiten voll ausgeschöpft hat. Auch zeigt der Vergleich mit amerikanischen Eingeborenensprachen, also mit den Sprachen der sogenannten Rothäute, daß die »aus dem indoeuropäischen Sprachbau erwachsene Welterfassung

Indoeuropäische Wortstämme

Sprachen	*Vater*	*Mutter*	*sechs*	*Met*
altind.	pitar	matar	sas	madhu
altpers.	pita	matar	—	
griech.	pater	meter	hex	methy
lat.	pater	mater	sex	medus
dt.	Vater	Mutter	sechs	Met
engl.	father	mother	six	mead
franz.	père	mère	six	—
ital.	padre	madre	sei	—

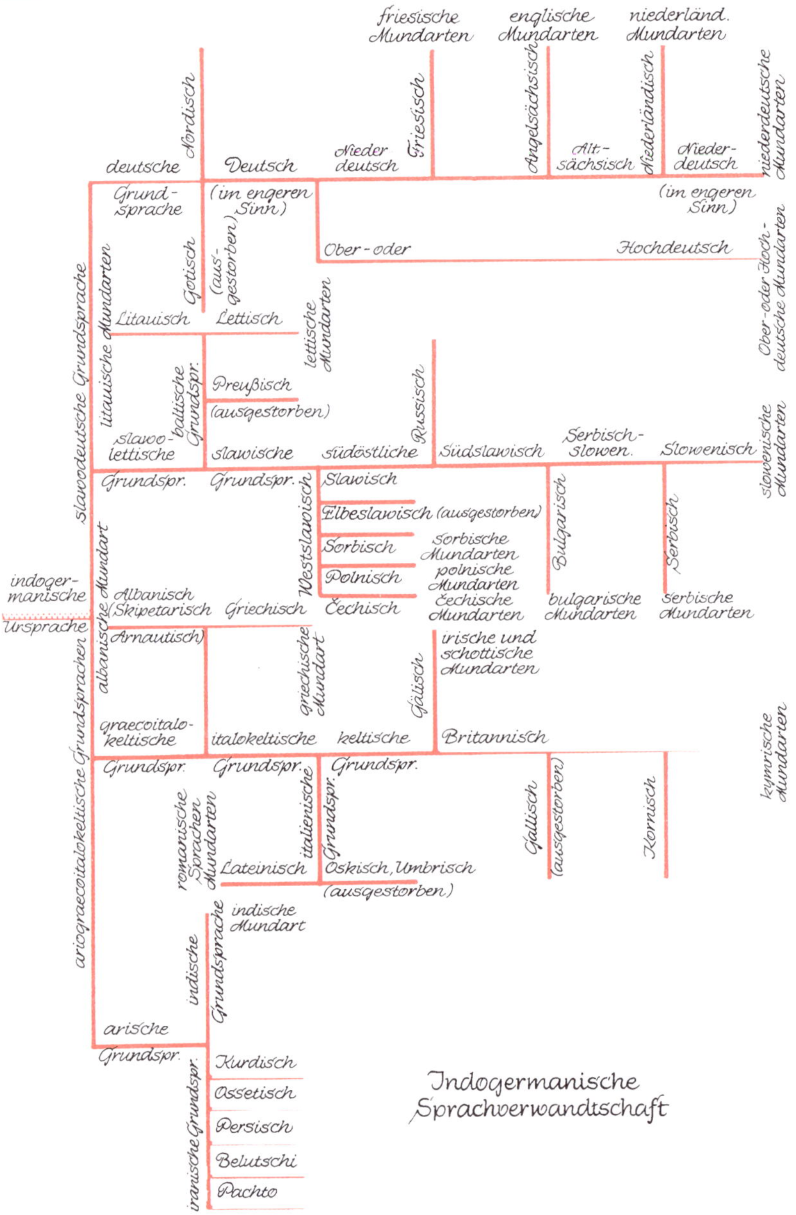

durchaus nicht für ideal und unübertrefflich gehalten werden darf« (Polenz). Anders ausgedrückt: die Dramen Shakespeares, die Verse Baudelaires, die Romane Dostojewskis, die gesamte Literatur dieses Sprachraumes, alle in Europa je geschriebenen und gesprochenen Sätze sind aus einem Sprachbau erwachsen, dessen Ursprünge bis in vorgeschichtliche Zeiten zurückreichen und der durchaus nur eine von mehreren Möglichkeiten darstellt, mit Sprache die Welt zu erfassen.
Erst vor diesem Hintergrund läßt sich das Phänomen der indogermanischen/indoeuropäischen Sprachverwandtschaften voll erfassen. Das Wort besagt, daß gewisse Sprachen zwischen Island und Indien gemeinsame Züge haben, die auf eine Ursprache verweisen. Diese Ursprache (siehe auch →Seite 187) hat man indogermanisch genannt, um den im geographischen Sinn weitesten Begriff zu erhalten. Ein ›indogermanisches Urvolk‹, das eine eigene Kultur gehabt hätte, ist nicht bekannt; die Vermutungen und Hypothesen bis hin zur Theorie von den →*Ariern*, die alle Kultur geschaffen hätten, führen in die Irre, weil sie von falschen oder unbeweisbaren Voraussetzungen ausgehen.

Die indogermanischen Sprachgruppen. Man teilt die indogermanische/indoeuropäische Sprachgruppe nach einer Eigentümlichkeit, die in der Sprachentwicklung einen entwicklungsgeschichtlichen Stellenwert hat, in zwei große Gruppen ein. Im Lateinischen heißt hundert *centum*, im Iranischen *satem*, und nach diesen Wörtern nennt man die eine Gruppe *Centum-Gruppe* (sprich: Kentum), die andere *Satem-Gruppe*. Zur Centum-Gruppe gehören das ausgestorbene *Tocharisch*, das *Hethitische*, das *Griechische*, das *Italische*, das *Keltische*, das *Illyrische* und die *germanischen Sprachen*. Dabei müssen das Italische und das Keltische ein Stück gemeinsamer Entwicklung gehabt haben, ohne daß man Einzelheiten wüßte: man kann das nur an Wortverwandtschaften ablesen. In all diesen Sprachen sind die alten *K-* und *G-Laute* beibehalten worden *(→Lautverschiebung)*. Die Satem-Gruppe umfaßt neben dem *Iranischen* das *Indische*, das *Armenische*, das *Phrygische* und *Thrakische*, die ebenfalls gemeinsame Entwicklungen durchlaufen haben müssen, das *Albanesische*, das ausgestorbene *Baltische* und alle *slawischen* Sprachen. Diese Sprachen wandelten die K- und G-Laute zu *Zischlauten* um.

In Europa sind, wie gesagt, das *Baskische*, *Finnische* und das *Ungarische* keine indoeuropäischen Sprachen, während das *Jiddische* als Spielart des Mittelhochdeutschen ebenso zu den germanischen Sprachen gehört wie das *Afrikaans*, das sich aus dem Holländischen entwickelt hat.

Der Engländer *Sir William Jones* entdeckte 1786 zum ersten Male die Sprachverwandtschaften zwischen dem *Sanskrit*, der Literatursprache der alten Inder, und den meisten europäischen Sprachen; später, 1816, hat der Deutsche *Franz Bopp* darüber gearbeitet und die Grundlagen jener vergleichenden Sprachforschung gelegt, deren Zweig die *→Germanistik* ist.

Siehe auch *→Lautverschiebung* sowie *→Abstammung, Indoeuropäer und ›Germanen‹*.

Hundert als Wort in den indoeuropäischen Sprachen

Kentumgruppe (westliche Sprachen)	
lat.	centum
griech.	(h)ekatón
kelt.	c'ēt
got.	hund

Satem-Gruppe (östliche Sprachen)	
altind.	satám
altiran.	satem
altslaw.	suto
litauisch	šimtas

Birke

Von den baltisch-slawischen Sprachen bis zum Indischen reicht die sprachliche Verwandtschaft der Bezeichnung für Birke. Bei den Spekulationen darüber, wo die Urheimat jener Völker zu suchen sei, welche eine indoeuropäische Ursprache gesprochen haben könnten, sind deshalb Spekulationen über die ökologische Verbreitung der Birke ein häufiges Beweismittel gewesen *(→Arier)*.

dtsch.	Birke
indoeurop.	*bherga*
medisch	*birche*
altind.	*bhurjas*
altgerm.	*berc, birce*
germ.	*berko*
altnord.	*bjork*
schwed.	*björk*
urslaw.	*berza*
russ.	*bereza*

Ingwäonen

Germanischer Stamm, der nach Tacitus »am Ozean« wohnt und auf *Ingwas*, einen Sohn des *→Mannus*, zurückzuführen ist.

Isländische Dichtung

Die altnordische Dichtung mit Mythe und Heldensage ist unter besonderen Bedingungen entstanden und mit der Mythologie der west- und südgermanischen Stämme nicht zu vergleichen. Als sich hier schon längst das Christentum durchgesetzt hatte, bildete sich in Skandinavien, etwa seit dem Beginn der Wikingerzeit im 9. Jahrhundert, auf den Höfen der Wikingerhäuptlinge eine dichterische Form, die auf bestimmten Konventionen beruhte *(→Stabreim)*. Einerseits ermöglichte der Rückgriff auf viele längst verschüttete Mythen und Heldensagen, die Nöte des Alltags zu überhöhen, andererseits hatten die von den Vätern ererbten religiösen Vorstellungen ihre Kraft verloren; schon etwa im Jahre 1000 nahm z. B. Island das Christentum an. Man hat ein gekünsteltes Verhältnis zur eigenen Vergangenheit, die man umso mehr stilisiert, je weniger man mit dem Neuen, etwa dem Christentum, mit dem Orient und seinen Einflüssen, fertig wird.

In dieser Epoche, die mit der Annahme des Christentums in eine neue Zeit überleitet, sind die wichtigsten Heldenlieder, die Sagas der Edda, entstanden. Viele Sagen sind erst kurz vor Beginn der Wikingerzeit in den Norden importiert worden; *Dietrich von Bern*, *Alboin* und *Turisind*, *Gunther* und *→Siegfried* sind ursprünglich Christen und werden, z. B. im Nibelungenlied, als Christen geschildert.

Die Skandinavier haben diese Helden zu *Heiden* gemacht, und so erscheinen irrtümlich die Recken der nordischen Sagas als die ursprünglicheren, weil heidnischen Gestalten, während es doch in Wirklichkeit

umgekehrt ist. Die Verschmelzung christlicher und heidnischer Elemente drückt sich wohl auch in Erscheinungen wie →*Baldr (M)*, →*Loki (M)* oder →*Hel (M)* aus, die das dualistische Prinzip von Gut und Böse ins Nordische übersetzen; *Helheim* ist nicht nur vom Wort her der *Hölle* ähnlich, und die Gestalt der →*Angrboda (M)*, die so viele Ungeheuer geboren hat, verrät wohl eine gewisse Verwandtschaft mit der Welt der *Pandora*.
Das älteste Heldenlied der Edda, das *Alte Atlilied*, vermutlich von den Skalden am Hofe *Harald Schönhaars* verfaßt, zeigt einen Zug, der für alle diese Dichtungen typisch ist: sie entrücken die Kunde von geschichtlichen Ereignissen in mythische Ferne; so werden Burgunden zu Goten, Goten zu Göttern, das Gotenland zum fernen ›Götterland‹.
Als *Saxo Grammaticus*, um 1200 Texter am Hof des Bischofs *Absalon*, für das Reich der Dänen eine Legitimation brauchte, schrieb er die *Festa Danorum* nicht auf der Basis der christlichen Heilsgeschichte, sondern der skandinavischen Mythologie: auch hier also die Verschmelzung von Geschichtsstoff und Mythologie, nicht anders als in der →*Edda*. Hier wiederum vermischen sich heidnische und biblische Züge höchst unbefangen, wobei durchaus nicht leicht zu sagen ist, welche Elemente älteren und welche jüngeren Datums sind (→*Völsungensaga* Seite 146). Insgesamt wird man sagen dürfen, daß die altnordische Dichtung keine ursprüngliche Formenwelt des Germanentums überliefert, sondern eine bewußte Literarisierung darstellt, die sich vielen Einflüssen geöffnet hat (von See).

Istwäonen
Germanischer Stamm, der nach Tacitus neben →*Ingwäonen* und *Herminonen* siedelte und dessen Herkunft auf *Istwas*, einen Sohn des →*Mannus*, zurückzuführen ist (→*Kultgemeinschaften*).

Jelling-Stil
Der Jelling-Stein stammt etwa aus dem Jahre 965 und trägt die ruhmredige Inschrift »König Harald setzte diesen Stein für Gorm, seinen Vater, und Thyra, seine Mutter, *der* Harald, der ganz Norwegen und Dänemark gewann und die Dänen zu Christen machte.« Der Jelling-Stil zeigt eine vorwikingische Variante des →*Tierstiles* und greift auf irische Muster zurück. (Siehe auch →*Greiftier* und →*Osebergfund*.)

Jordanes
Der romanisierte Notar und Historiker hatte unter seinen Vorfahren Goten. →*Cassiodor* beauftragte ihn um 550, ein Kompendium aus seiner eigenen *Geschichte der Goten* zu verfassen. Es erschien 551 und ist ohne eigenes Urteil und in schlechtem Latein geschrieben. Sein zweites Werk schildert die Geschichte Roms. In beiden Werken befürwortet er das Bündnis der Goten mit den Byzantinern und steht auf seiten Kaiser *Justinians*, der für ihn die Weltgeschichte verkörpert; er ist also kein so entschiedener Parteigänger der Goten wie sein Auftraggeber Cassiodor.

Jul
Das nordische Julfest ist wohl ursprünglich ein Seelenfest für die zwölf Tage lang umherschweifenden Seelen der Abgeschiedenen gewesen; später entspricht das Julfest dem Weihnachtsfest. Das Wort Jul (germ. *giuli* = Rad) setzt Rad gleich Sonne, deshalb wohl der uralte Brauch, zur Wintersonnenwende brennende Räder die Berge hinabzurollen. Diese Räder waren als Symbole der Sonne auch die des →*Freyr (M)*. Weil Weihnachten Geschenke an Arme üblich waren, die an die Tür klopften, das heißt ›klappten‹, ist das Fest Julklapp genannt worden. Aus dem 1648—1815 von Schweden besetzten Vorpommern gelangte das Wort ins Deutsche.

Jüten →*Euten*

Juthungen
Dieser Stamm tritt Ende des 3. Jahrhunderts nördlich von Augsburg auf. Der Name bedeutet »Nachfolger der Eudusen« (Schwarz). Erstmalig werden sie bei den Kämpfen Kaiser *Aurelians* 270 genannt.

K

Kalukonen
Beiderseits der Elbe wohnender Stamm zwischen →*Semnonen* und →*Cheruskern.*

Kastell (Castellum, Castrum, Castra)
Wenn die Sonne sich neigte, hatte der vorausgeschickte Tribun die Entscheidung schon längst getroffen: im Boden steckte wie jeden Tag die weiße Fahne, die anzeigte, wo das Zelt des Feldherrn, das *Praetorium*, zu errichten sei. Dieses Zeichen diente als Ausgangspunkt der gesamten Anlage, die in ihrem Grundriß verkleinert das Prinzip der Stadt auf die Verhältnisse der römischen Legion übertrug. Das Quadrat von ca. 660 m Seitenlänge würde, wenn das Lager fertiggestellt war, reichlich Platz für zwei Legionen bieten, zur Kaiserzeit also für je 5000—6000 Mann *(→Legion).*
Überall, wo seit dem 3. Jahrhundert v. Chr. römische Legionen marschierten, errichteten sie Abend für Abend solche Lager (lat. *castra*); auch andere Völker kannten Heerlager seit Jahrtausenden, auch die Soldaten anderer Feldherrn verstanden die Kunst, an geeigneter Stelle Zelte aufzuschlagen, die Pferde zu versorgen, Menschen zu verpflegen — aber die Lager der römischen Legionen waren etwas anderes: sie wiederholten das kosmische Ordnungsprinzip, das ursprünglich die etruskische Stadt verkörperte, wo immer sie ihre Zelte aufschlugen. Als freie Bürger der Stadt Rom, die freilich ungeordnet gewachsen war, setzten sie ihre eiserne Ordnung gegen das Chaos der Landschaft und der barbarischen Stämme, die ihrer Meinung nach nicht viel anders als Tiere in den Wüsten und Wäldern ringsum hausten. Von Spanien bis nach Persien, vom Schwarzen Meer bis nach Tripolis legten die Legionäre solche Kastelle an, und aus einer ganzen Reihe solcher Lager, wenn sie zu Standlagern wurden, sind bekanntlich später Städte entstanden: die Aufzählung dieser Namen würde die Seite füllen.
Lagergrundriß und kosmische Ordnung. Jedermann wußte, was er zu tun hatte, wenn die Legion die weiße Fahne des Praetoriums erreicht hatte, die wohl in ihrer Art so etwas wie eine unbewußte rituelle Erinnerung an den Weltbaum war, den Mittelpunkt der kosmischen Ordnung. Wenn der quadratische Umriß für die Umwallung festgelegt war, mußten die *Tore* bezeichnet werden. In der Mitte des Walles an der Lagerfront öffnete sich die *Porta Praetoria*, das glückbringende Tor des Lagers: von hier führte die Hauptstraße, die *Via Praetoria*, zum Feldherrnzelt. Hier wurden die Gefangenen zum Verhör geführt, die Gesandtschaften zum Empfang durch den Feldherrn, und über diese Lagerstraße verließ der Feldherr das Lager, wenn die Legion abmarschierte. Die Via Praetoria erreichte auf der gegenüberliegenden Seite die *Porta Decumana*, das Gegentor, das auf der dem Feind abgekehrten Seite lag: sozusagen den Eingang für Dienstboten, für Dienstpflichtige, für den Nachschub (lat. *decumanus* = zehntpflichtig). Im allgemeinen verlief die Via Praetoria in der Nordsüdrichtung wie die *cardo* der Städte (lat. *cardo* = Türangel, Angelpunkt, Weltachse). Im rechten Winkel wurde sie vor dem Feldherrnzelt von der *Via Principalis* durchkreuzt, die rechts und links an den Seiten auf je ein weiteres Tor traf, die rechte und die linke *Porta principalis*.
Ein streng geometrischer Grundriß also, nach dem schon römische Städte wie *Ostia* (350 v. Chr.) und *Minturno* (296 v. Chr.) angelegt worden sind. Ein strenges Ritual für den Städtebau, das die Römer offenbar kulturell beeinflußte, hatten schon die *Etrusker* entwickelt; sie legten zunächst eine *Grube* an (lat. *mundus* = Welt), die mit Erstlingsopfern aller Art gefüllt wurde; von dort aus wurden mit Visiergeräten die Nordsüd- und die Ostwestachse bestimmt. Dann zog man im Viereck rings um die geplante Stadt mit einem Bronzepflug einen Graben, wobei die Schollen nach innen fallen mußten. Der Graben öffnete die Verbindung zu den Göttern der Unterwelt, welche die Stadt mit ihren magischen Kräften vor bösen Einflüssen von außen schützten. Der Wall aus Erdschollen wiederum bildete den Schutz gegen die Geister. So stellte die etruskische Stadt, wie man an den antiken Resten von Spina, Capua oder Marzabotto noch heute erkennt, ein kosmisch verankertes Schutzgefüge gegen Bedrohungen dar, und genau dies meint man in der überkommenen Anlage des römischen Kastells noch zu spüren, wie sie seit dem Krieg gegen *Pyrrhus II.* üblich geworden ist — dieser griechische König erkämpfte

Haupteingang (Porta Praetoria) des rekonstruierten Kohortenkastells Saalburg bei Bad Homburg/Taunus, das der Wetterauabsicherung (→auch Seite 172) diente. Zur Römerzeit mit weißverputzten Mauern.

280 v. Chr. und 297 v. Chr. Siege gegen die Römer, aber mit so großen eigenen Verlusten, daß er sich zurückziehen mußte.

Sobald die Achsen des Lagers festlagen, wußte jede Einheit, welcher Platz ihr zustand, und selbstverständlich bestimmten Zweckmäßigkeit und Prestige die Zuteilung der Lagerplätze; mit bunten Fähnchen wurde ausgesteckt, wie die Zeltplätze zu verteilen waren. So schlug man die Zelte der *höheren Offiziere* entlang der Via Praetoriana auf. Hier wohnten die *Legaten*, *Tribunen* und *Praefekten*, auch die Praefekten der Sondereinheiten und der verbündeten Truppe. Der Raum zwischen dieser Querachse und der Porta Praetoriana an der Frontseite des Lagers blieb den römischen *Legionären* und den Verbündeten vorbehalten. Man schlug die Zelte in zwei Reihen auf, die Nebenwege waren zur Seite offen. An der anderen großen Lagerstraße, auch *Decumanus Maximus* genannt, lagerten die *Reiterschwadronen* und hinter ihnen die *Triarier* (altgediente Fußsoldaten). Schließlich kamen die *Schwerbewaffneten* und die *Leichtbewaffneten*. Außen am Lagerwall, der bei einem Überfall am gefährdetsten war, schlugen die Reiter und Fußsoldaten der *verbündeten Truppen* ihre Zelte auf.

Das Zentrum des Lagers war ein quadratischer Platz von 60 m Seitenlänge, das sogenannte Praetorium, an das sich das *Forum* und das *Quaestorium* anschlossen. Das Forum diente als Appellplatz und wurde vom *Tribunal* beherrscht, einer Plattform, auf der der Feldherr Platz nahm, um die Angelegenheiten der Legion zu regeln: genauso saßen auf dem *Forum Romanum*, dem Herzstück der römischen Republik, die Magistrate, um die Angelegenheiten Roms zu ordnen. Von dieser Plattform aus wurde auch Recht gesprochen: so wurde die Szene zum ›Tribunal‹.

Außerhalb des Lagers in einiger Entfernung hatten sich die *Plänkler* festgesetzt, die sich erst bei einem feindlichen Angriff auf das Castrum zurückzogen. Dies war der genormte Plan des Lagers, und er änderte sich nur, wenn das Gelände andere Formen erzwang. Im Laufe der Jahrhunderte hat es freilich Sonderformen und Variationen gegeben, aber das Prinzip blieb erhalten, das man auf eine knappe Formel gebracht nennen könnte: ein Forum, umgeben von Truppen und vom quadratischen Wall.

Vom Lager zur Produktionsstätte. Disziplin ist den Legionären selbstverständlich gewesen; die Willkür und Unberechenbarkeit der barbarischen Kampfesweise verachteten sie. Sobald die Truppe den Lagerplatz erreicht hatte, wurde geschanzt, und auch dies ist für damalige Zeiten ganz ungewöhnlich gewesen.

Unverzüglich begannen die Legionäre, den Lagergraben auszuheben. Auch hier wurde, wie einst bei den Etruskern, die Erde nach innen geworfen und bildete den Damm (lat. agger), der mit Rasenstücken verstärkt und mit einer durchgehenden Palisade aus Holzpfosten umgeben wurde. Zur *Ausrüstung* des Legionärs gehörten ein oder mehrere *Holzpfähle*, damit gesichert war, daß in jedem Gelände das Lager so errichtet werden konnte, wie es sich gehörte. Zwischen dem Wall und der ersten Zeltreihe betrug der Abstand etwa 60 m, damit die Zelte außerhalb der Reichweite der Geschosse lagen und die Truppe sich bei Alarm bewegen konnte. Häufig genug machte die Lage erforderlich, daß ein Marschlager zum Standlager wurde. Dann entstand eine Ziegelmauer an Stelle des Erdwalles, und die Legionen richteten sich auf Dauer ein. Das bedeutete, daß die Wirtschaftseinheit dieser Truppe, bisher auf Nachschub angewiesen, zu einer Produktionseinheit wurde. Schon die Produktion von *Ziegeln*, die mit dem Zeichen der jeweiligen Legion signiert wurden, stellte eine beachtliche Leistung dar: Arbeitskommandos erschlossen Tongruben, schlämmten den Ton aus, damit er die richtige Qualität bekam, stellten mit Holzformen die gewünschten Größen her und sorgten für den Abtransport. Die Vorarbeiter markierten die Ziegel Stück für Stück mit dem *Legionsstempel*, so daß man heute noch an den Ziegelresten die Standorte vieler Legionen nachweisen kann. Aus unbekannten Gründen drückte man Kinder- und Frauenfüße, Tierpfoten von Hunden, Hasen, Rehen, Ziegen und sogar von Schweinen und Hühnern auf dem weichen Ton ab, ein Brauch, der sich z. B. in Bayern gelegentlich offenbar bis heute erhalten hat, wenn zementiert wird (Schmid).

Aus solchen Ziegeln wurden nicht nur die Befestigungsmauer, sondern die öffentlichen Gebäude im Lager erstellt, und sie wurden exakt verrechnet, gestapelt und verteilt: die Militärbürokratie aller folgenden Epochen ist nur eine Wiederholung dessen, was schon den Römern nur zu wohlvertraut war. Zum Standlager der Legion gehörte ein gewisses *Lager-Areal*, das mit Grenzsteinen bezeichnet wurde. Auf die Dauer konnte der Nachschub an Getreide unmöglich den weiten Weg über die Alpen nach Germanien gebracht werden. Also mußte sich die Legion selbst ernähren und von Nachschub unabhängig machen. Jedes Lager hatte eine *Kanalisation* aus Gräben oder Holzrohren, die alle Abwässer nach außen leiteten. Es gab ein *Pferdelazarett*, die *Schmiede*, die *Stellmacherei* und einen Schuppen für die Wagen. Aus dem Lager Mainz zum Beispiel hat man den Amboß aus der Schmiede gefunden: im Mittelrheinischen Landesmuseum kann man ihn, zusammen mit Trensen, Beilen usw. bestaunen.

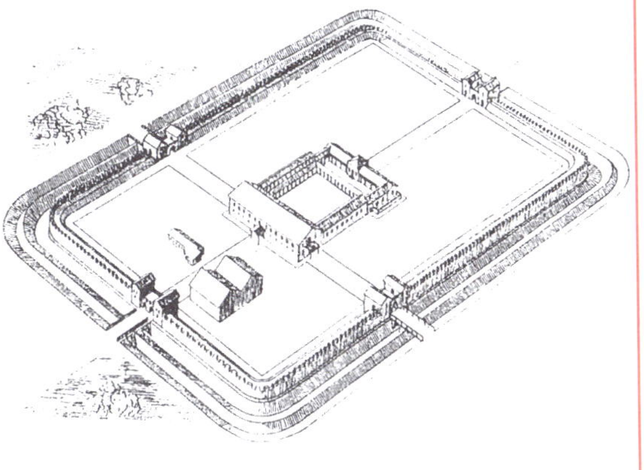

Saalburg in der Vogelschau. Mitte: Principia (Kommandantur), Lagerheiligtum, Waffenkammern. (Ohne Unterkünfte.)

Modell des mit einem Holz-Erde-Wall umgebenen Hauptlagers von Haltern an der Lippe (Größe 400×550 m, für 4000 bis 5000 Mann, zwei Spitzgräben). Der Blick vom Osttor vermittelt römische ›Kasernenhofluft.‹ — Landesmuseum für Vor- und Frühgeschichte, Münster.

Lebensmittel. Selbstverständlich gehörte zu dieser Stadt im Kleinen auch ein *Kornspeicher*, der die Wintervorräte aufnahm. Man weiß, daß der Legionär alle 16—17 Tage 12—15 Kilo *Weizen* faßte. Er trug sie in einem Beutel bei sich und mahlte sie mit einem *Reibstein*, der ebenfalls zu seiner Ausrüstung gehörte. So konnte er sich unter allen klimatischen und geographischen Bedingungen eine Weile lang selbst ernähren, indem er seinen *Weizenbrei* roh aß oder auf heißen Steinen röstete: diese Art des ›Backens‹ gehört zu den ältesten Formen der Ernährung und hat Jahrtausende bestanden, ehe man mit Sauerteig backen lernte. Für einen Reiter wurde

die dreifache Menge ausgegeben, weil der noch einen oder zwei Pferdeknechte zu versorgen hatte; für das Pferd erhielt er 3 Zentner Gerste.
Käse und *Gemüse* wurden ebenfalls zugeteilt, *Fleisch* gab es allerdings selten.
Um solche Mengen an Getreide aufzubringen, mußten also große Acker- und Weideflächen kultiviert, mußten umfangreiche Gemüsekulturen angelegt werden. Wo die politischen Verhältnisse sich stabilisierten, wie etwa an der Rheingrenze, wollte keiner von den höheren Chargen auf den gewohnten Luxus verzichten, und auch die Truppe mußte bei Laune gehalten werden.
Wasserleitungen. Die Wasserversorgung war bekanntlich eine besondere technische Leistung der Römer, die für ihre Bäder und Brunnen — auch in den festen Legionslagern — Wasser in großen Mengen benötigten. Hierfür ein Beispiel: das zur Stadt angewachsene Lager *Colonia Agrippinensis*, das heutige Köln, bekam sein Wasser aus der 90 km entfernten Eifel. Bei einem Gefälle von 400 m lieferte das Aquädukt am Tag 30 Millionen Liter Wasser — eine Leistung, die in der Wasserversorgung erst in der Neuzeit wieder erreicht worden ist.
Lagerstädte. Die eifrigen Archäologen haben im Abfall dieser Städte gewühlt und nirgends so viele Pfirsichkerne, aber auch nirgends im Römischen Reich so viele Austernschalen gefunden, wie etwa in Trier oder Köln. *Gläser* und *Silber*, *Fischkonserven* und *Wein* vom Mittelmeer wurden importiert, *Tonlampen* stellte man selbst her. Rings um das Lager aber zogen sich die Buden der Handwerker, der Marketender und Händler, schließlich auch die Spelunken, die Bordelle — ein immer stärker anwachsender Troß, der vom Heer lebte, aber auch für die Vermittlung der römischen Lebensweise ins germanische Hinterland sorgte. So ist das römische Kastell nicht selten zur Keimzelle städtischer Zivilisation geworden.

Kasuarier →**Chasuarier**

Katuarier →**Chattuarier**

Kelten
Die ursprüngliche Heimat der Kelten (kelt. = die Tapferen, die Erhabenen; griech. *Keltoi*; lat. *Celtae*, *Galli*, *Galatae*) war in der späteren *Bronzezeit* der Raum östlich des Rheines im heutigen Bayern und Böhmen bis hinein in den Mittelgebirgsraum und zum Harz sowie das Gebiet westlich des Rheins von der Quelle bis zur Mündung des Stromes — man kann das durch archäologische Funde und durch den Vergleich alter Ortsnamen beweisen.

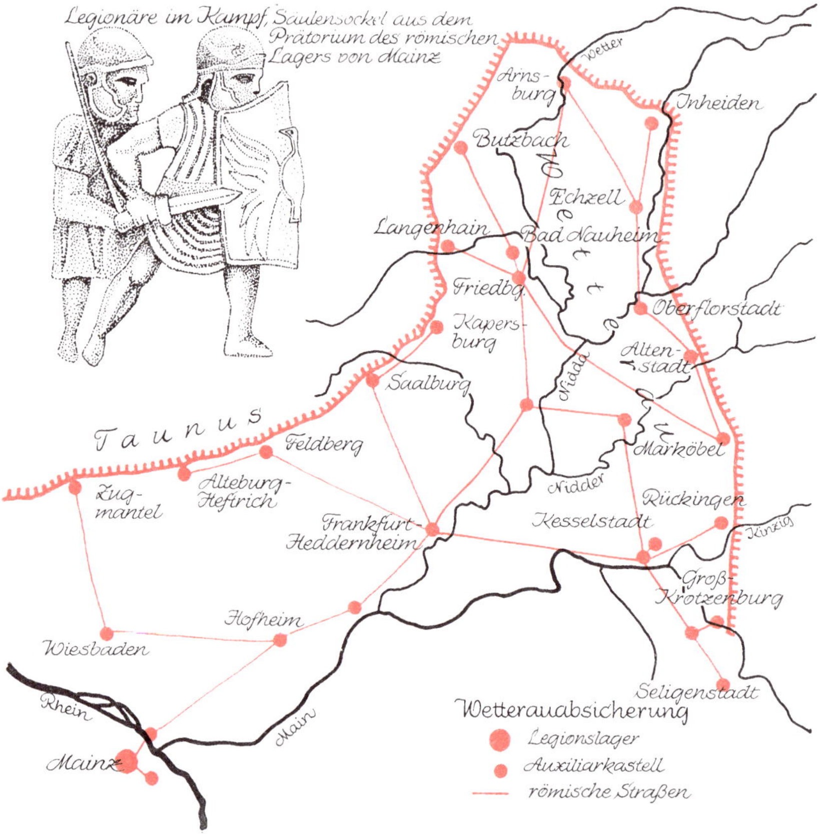

Ausbreitung keltischer Kultur. Gegen Ende des 14. Jahrhunderts v. Chr. erscheinen in Mitteleuropa Menschen, die durch bisher unbekannte Sitten, Kultformen, Werkzeuge und Tonwaren charakterisiert sind. Das hervorstechende Merkmal: die Leichen werden nicht wie früher in Erdhügeln beigesetzt, sondern *verbrannt*. Die Urnen, welche die Asche enthalten, setzt man auf *Urnenfeldern* bei — und es gibt eine Reihe von Archäologen, die diese *Urnenfelderleute* als die ›Urkelten‹ ansehen. Vermutlich wird man aber zeitlich noch weiter zurückgehen und in Mitteleuropa alles keltisch nennen müssen, das sich auf den Beginn des zweiten vorchristlichen Jahrtausends datieren läßt.

Gegen Ende der Urnenfelderkultur tauchen die ersten eisernen Waffen und Geräte auf *(→Eisenzeit)*; die *Hallstatt-Kultur* (800—450 v. Ch., Seite 103) und die *Latène-Kultur* (450 v. Chr. bis zur Eroberung Galliens durch Rom, Seite 16) leiten in die geschichtliche Epoche über. Im 6. vorchristlichen Jahrhundert erwähnen die antiken Autoren *Hekataios von Milet* und *Herodot* erstmalig diese Barbaren, und sehr bald sind die Kelten das mächtigste Volk Mitteleuropas: sie haben sich nach Westen bis an die atlantische Küste und bis nach Spanien ausgebreitet, um 300 v. Chr. setzen sie über den Kanal und besiedeln die Britischen Inseln, hundert Jahre später folgt eine weitere Siedlungswelle.

Dramatisch wird, nachdem die Kelten schon im 5. Jahrhundert v. Chr. die Poebene (Gallia cisalpina) besetzten, der Zusammenstoß mit der römischen Kultur: 387 v. Chr. brennt der keltische Heerführer *Brennus* Rom nieder und belagert das Capitol (→Seite 13). Die Kelten siedeln im Norden und Westen Frankreichs, durchziehen die Poebene, erobern 279 v. Chr. Delphi und werden um die Mitte des 3. vorchristlichen Jahrhunderts als *Galater* zum Schrecken Kleinasiens: Der Fries des *Pergamonaltars* schildert die Kämpfe gegen die rotblonden, nackten Riesen, deren Wildheit damals ähnliches Entsetzen hervorruft wie rund ein Jahrtausend später das Auftauchen der seefahrenden *(→Wikinger)*. Quer durch Europa von den Britischen Inseln und Spanien bis nach Kleinasien zieht sich ein breiter Gürtel keltischer Herrschaft, gekennzeichnet durch die Namen *Keltoi*, *Britanni*, *Hiberni*, *Galli*, *Galatae*. In Irland wie in Kleinasien versammeln sich die Kelten in heiligen *Eichenhainen*, um ihren Göttern zu dienen, und wo immer sie erscheinen, zwingen sie den unterworfenen Völkern ihre Kultur auf, die man sich allerdings nicht so reich und differenziert vorstellen darf wie etwa die der Ägypter oder Perser, Römer oder Griechen. »Wenn sie auch Barbaren im eigentlichen Sinn des Wortes waren, so war ihr Lebensstil doch keineswegs primitiv« (Dillon).

Klassen/Kasten. Nach Caesar gab es bei den Kelten drei große Klassen, die *Druiden*, also eine Priesterkaste, die *Ritter*, die über ›Großgrundbesitz‹, Zölle und später Münzen verfügten sowie als Lenker zweirädriger Wagen gekennzeichnet sind, und das *gemeine Volk:* Ackerbauer. Die Druiden, welche die Seelenwanderung lehrten und Astronomie betrieben, sind den Brahmanen verwandt: es scheint, als ginge diese Kaste auf eine ältere kulturelle Verwandtschaft zurück, entsprechend etwa der sprachlichen Verwandtschaft zwischen Indern und Kelten *(→Indogermanen* Seite 165*)*. Auch zwischen keltischen Gesetzen und dem indischen Gesetzeswerk der Hindu (ca. 6. Jahrhundert) finden sich bemerkenswerte Parallellen. Wirtschaftliche Grundlagen sind Viehzucht und Ackerbau sowie ein reger Tauschhandel zum Teil auf der Basis des Salzbergbaus und des Kunsthandwerks. Grundlagen der politischen Struktur sind vor allem in der Sippe (Klan) sowie in der Macht der in Burgen residierenden Fürsten zu sehen.

Naturreligion, Kalender, Kunst. Wie in den alten Kulten der Naturvölker werden Quellen, Bäume oder Flüsse zum Gegenstand der Verehrung, sind die Tiergötter Eber, Stier und Hirsch gewesen. Man weissagte die Zukunft, brachte Tier- und Menschenopfer und hatte wohl Ansätze einer Naturphilosophie. Der gallische Kalender, nachweisbar durch einen *Kalenderstein*, den berühmten *Stein von Coligny*, der 1897 gefunden wurde, ähnelt wiederum in manchen Einzelheiten dem Kalender der Hindu.

Die keltische *Kunst* zeigt mystische, verfließende Züge. Ihre vieldeutige, auf vitalem Einfallsreichtum beruhende Formsprache unterscheidet sich deutlich von der gleichzeitigen Kunst der frühen Griechen. Die östlichen und nördlichen Nachbarn sind die Germanen. Vor der Zeitwende läßt sich überhaupt schwer sagen, wie die Grenze zwischen Kelten und Germanen zu ziehen ist, die ja zunächst nur eine sprachliche Differenzierung bedeutet *(→Abstammung der Germanen, →Lautverschiebung)*.

Im Gegensatz zu den von Tacitus beschriebenen Germanen haben die Kelten stadtähnliche Siedlungen gebaut, die mit dem lateinischen Ausdruck *oppidum* genannt werden und sich meist in der Nähe der Fürstensitze entwickelten. In den letzten Jahren besonders bekannt geworden ist das bei *Manching*

Keltische Flußnamen

Aller	Iller	Neckar
Brenz	Isar	Rhein
Elbe	Lahn	Ruhr
Enz	Lippe	Weser
	Main	

Keltische Bergnamen

Großer und Kleiner Belchen
Hornisgrinde
Melibokus (Malchen)

Eine der wesentlichen bekannten keltischen Gottheiten: die Pferdegöttin Epona. — Württembergisches Landesmuseum, Stuttgart.

ausgegrabene Oppidum, erwähnt seien auch die Anlage auf dem *Staffelberg* in Oberfranken und die kelto-romanische Anlage von *Magdalensberg* in Österreich. Die *Heuneburg* steht als Beispiel für einen Fürstensitz. Meist keltisch sind auch die vielen Wallanlagen in den deutschen Mittelgebirgen.
Als in den letzten Jahrhunderten vor der Zeitwende einige — erstmals als *Germani* bezeichnete — Stämme *(→Caesar, → Abstammung, Indoeuropäer und ›Germanen‹)* auf das linke Rheinufer übersiedelten, sind sie schnell keltisiert worden. *Caesar* hat mit der Gefangennahme des Vercingetorix 52 v. Chr. und der Eroberung Galliens dann endgültig die Macht der Kelten auf dem europäischen Festland gebrochen. Bekanntlich ist er 55 v. Chr. auch in ersten Vorstößen auf die Britischen Inseln vorgedrungen, weil die Gallier von den dortigen Kelten unterstützt worden seien. Die eigentliche Eroberung Britanniens hat unter Kaiser *Claudius* (41—54) begonnen und ist unter Kaiser *Vespasian* (69—79) von *Agricola*, dem Statthalter Britanniens, nach Norden, vermutlich bis zum Tay, weitergeführt worden. Agricola ist übrigens der Schwiegervater von *→Tacitus* gewesen.
Die *Bretonen* und die *Briten*, die *Iren*, die *Schotten* und die *Waliser* haben sich je nach dem Verlauf ihrer Geschichte so weit vom Keltentum entfernt wie die Deutschen vom Germanentum der Völkerwanderungszeit. In der schottischen und irischen Kultur lassen sich die keltischen Grundlagen jedoch noch deutlich nachweisen, weil die römischen und christlichen Einflüsse sie nicht gänzlich überkrustet haben. *Wales*, ein altes keltisches Königtum, hat erst 1282 seine Unabhängigkeit verloren, und die ebenfalls keltische *Bretagne* ist erst 1532 formell zu Frankreich gekommen. Wie stark die alten keltischen Bräuche noch lebendig sind, weiß jeder Tourist, der mehr als Hotel und Strand gesehen hat. Für die germanische Welt hat Irland mit der fränkisch-irischen Mission besondere Bedeutung bekommen *(→Christentum)*.

Kenning
Allegorische Umschreibung in der isländischen Dichtung *(→Stabreim)*.

Kensingtonstein
Runenstein, angeblich von Wikingern in Amerika hergestellt und als Fälschung entlarvt *(→Vinlandsaga)*.

Kerbschnitt
Ursprünglich auf Bronzen des 4. und 5. Jahrhunderts entlang des Limes angewandt, hat dieser geometrische Stil, auch *Zirkelstil* genannt, die römische Kunst beeinflußt. Im 5. Jahrhundert haben ihn germanische Goldschmiede erneut aufgegriffen und die Ornamente, die mit Stempeln ins Blech gepreßt wurden, im Kerbschnitt gestaltet. Durch Einbeziehung der stilisierten *Tierfiguren* entstand der *→Tierstil*.

Kimbern (Cimbern, Zimbern) und Teutonen
Titus Livius, einer der römischen Historiker (*59 v. Chr., †17), der die Invasion ein halbes Jahrhundert nach den Ereignissen geschildert hat, schreibt über die Ursache des Kimbernzuges: »Die Kimbern, Teutonen, *Tiguriner* und *Ambronen*, die von den äußersten Grenzen Galliens auf den Flucht waren, da der Ozean ihre Wohnsitze überflutet hatte, suchten auf der ganzen Erde nach neuen Wohnsitzen, und als sie, aus Gallien wie aus Spanien verdrängt, nach Italien wandern wollten, schickten sie Gesandte ins Lager des Silanus und von da an den Senat mit der Bitte, daß das Volk des Mars (= die Römer) ihnen etwas Land als Sold gäbe; im übrigen möchte es nach seinem Belieben über ihre Armee und Waffen verfügen. Doch was für Land hätte das römische Volk ihnen geben sollen, wo es (selbst) im Begriff stand, sich um die Ackergesetze im Bürgerkrieg zu entzweien? Daher suchten jene Völker, was sie mit Bitten nicht vermocht hatten, durch Waffengewalt zu erreichen.« Ein unlösbarer Konflikt, jedenfalls mit den damaligen Mitteln der Politik; für beide Seiten ist es eine Existenzfrage, die eigenen Interessen mit Gewalt durchzusetzen.
Germanen und Kelten sind in dieser Epoche noch nicht deutlich zu unterscheiden *(→Abstammung, Indoeuropäer und ›Germanen‹; →Lautverschiebung)*. Man weiß, daß die Kimbern auf Jütland gesessen haben, und es ist durchaus denkbar, daß sie durch eine Springflut ihr Land verloren, so daß sie aus Gründen der Selbsterhaltung aufbrechen mußten, um sich neues Land zu suchen. Als wahrscheinlicher wird heute allerdings angesehen, daß die Auszehrung der Böden die Ursache für den Aufbruch war. Auch eine Kombination beider Faktoren scheint möglich.

Im Jahre 5 fand eine römische Flotteneinheit auf Jütland die Reste der dort gebliebenen Kimbern: in der antiken Literatur werden sie gelegentlich noch erwähnt.

Der Name der Teutonen hat seine Wurzel wahrscheinlich in der keltischen Sprache, so daß man der Auffassung sein kann, es habe sich um Kelten gehandelt; unklar bleibt, wo sie ursprünglich gewohnt haben. Einige Forscher glauben, daß sie wie die Kimbern aus Jütland kommen (Mildenberger), andere sehen in ihnen ›helvetische‹ Stämme, beheimatet etwa im Ostalpengebiet (Hachmann).

Existenzbedrohung Roms. Die Kimbern und Teutonen haben die Römer in mehreren Schlachten geschlagen und die Existenz des römischen Staates zutiefst bedroht. In der herrschenden Panikstimmung gehörte für einen Feldherrn Mut dazu, sich ihnen entgegenzustellen, ging es doch um nicht weniger als um das Überleben Roms.

Marius (*um 158 v. Chr., †86 v. Chr.), ein ehrgeiziger und willensstarker Emporkömmling aus dem neuen Ritterstand, der sich 107 v. Chr. gegen den Rat seines Förderers, des aus alter Familie stammenden *Metellus*, um das Amt eines Konsuls beworben und sich in Nordafrika als fähiger Militär einen Namen gemacht hatte, war in dieser Stunde der Not der einzige Mann, dem man die Kraft zutraute, mit den ›Barbaren‹ fertig zu werden. Dennoch muß, als er auf dem Kriegsschauplatz erschien, der Anblick des ›Barbarenzuges‹ auf ihn erschreckend gewirkt haben. Von den Alpen herab zog sich, so weit das Auge reichte, ein riesiger Treck, ein ganzes Volk auf dem Kriegszug. Die Krieger, groß und blond, trugen Schilde, Speere und Äxte; zwar waren sie nicht bemalt wie Indianer, aber sie müssen mit ihrer Wildheit, ihrer trotzigen Unberechenbarkeit auf die Römer einen ähnlichen Eindruck gemacht haben wie die Sioux auf einen Soldaten aus der Provence. Die Teutonen führten auf Ochsenkarren ihre Sippen mit sich, Weiber, Alte und Kinder. Man nimmt heute an, daß die Kimbern mit etwa 150 000 Menschen unterwegs waren, ebenso die Teutonen.

Die neue Legion. Marius, der erfahrene und nüchtern kalkulierende Soldat, hatte sich mit rund 35 000 Mann in der erst kürzlich erbauten Festung *Aquae Sextiae* festgesetzt. Dieses römische Heer war straff organisiert und mit äußerster Härte von ihm ausgebildet worden. Auf Betreiben des Marius war die altrömische, ständische Wehrverfassung durch eine neue Konzeption ersetzt worden: aus den Besitzlosen Roms rekrutierte man ein Berufsheer. Die Dienstzeit betrug 20 Jahre, damit erhielt der Legionär das Recht auf Landbesitz, das Ziel jeden römischen Bürgers. An die Stelle patriarchalischer Zustände trat das *Leistungsprinzip*, nur der Tüchtige konnte Karriere machen. Auch die taktische Gliederung wurde geändert: Bogenschützen und Schleuderer faßte Marius zu geschlossenen Truppen zusammen,

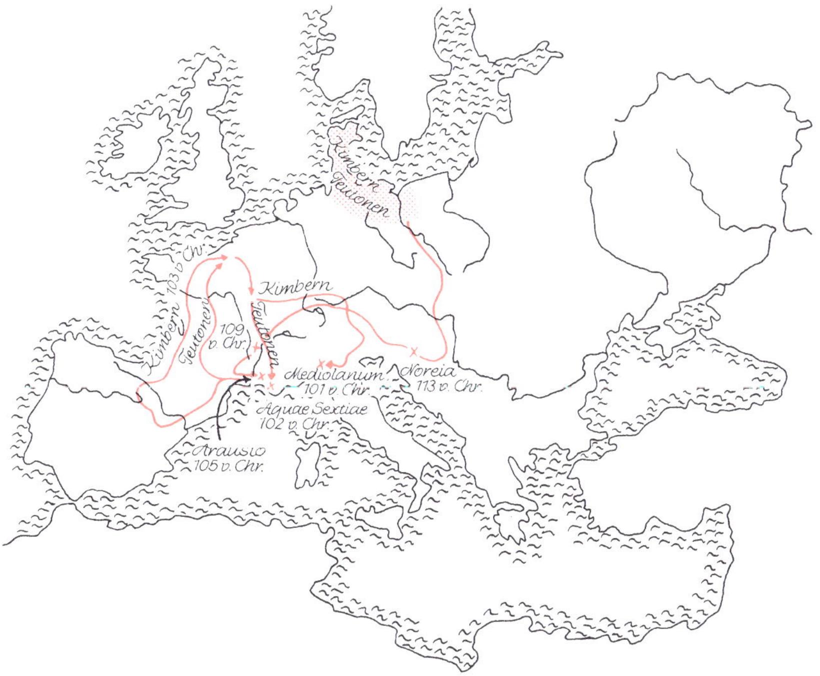

Das Herkunftgebiet der Kimbern und Teutonen ist nicht genau lokalisiert. Wahrscheinlich stammen die Kimbern aus Jütland, die Teutonen aus dem Raum zwischen Ostsee und (Ost-) Friesland, vielleicht aus dem Alpengebiet. Ebenso ungesichert ist die Herkunft der sie begleitenden Ambronen und Tiguriner.

die alten Gliederungen entfielen, jeder Legionär erhielt die gleiche Bewaffnung. Eine Manipel wurde 200 Mann stark, drei Manipel bildeten eine Kohorte, zehn Kohorten eine Legion, sie war eine selbständige taktische Einheit wie die moderne Division oder Brigade.

Die Truppe wurde, erstmals in dieser Form unter Marius, hart gedrillt; man übte mit überschweren Scheinwaffen aus Holz, alle Taktiken vom Angriff bis zur Abwehr von Reiterangriffen wurden fast exerziermäßig durchgespielt, man führte Trainingsmärsche mit Gepäck durch, dabei mußten 30 Kilometer in 5 Stunden zurückgelegt werden, keine schlechte Zeit. Ein Jahr lang hatte Marius seine Truppe trainiert, jetzt mußte sich zeigen, ob alle diese Anstrengungen sinnvoll gewesen waren.

Aquae Sextiae — die Vernichtung der Teutonen (102 v. Chr.). Marius verschaffte sich zunächst ein Bild der Lage und des Feindes, ehe er seine Entschlüsse faßte. Dabei stellte sich ihm ein gewisser *Sertorius* zur Verfügung, der schon eine der früheren, verlorenen Schlachten gegen die Eindringlinge mitgemacht hatte, wovon Plutarch wie folgt berichtet: »Als aber die Römer unglücklich gekämpft hatten und in die Flucht geschlagen waren, durchquerte er, obgleich er sein Pferd verloren hatte und selbst verwundet war, die Rhône, indem er mit Panzer und Schild eine große Strecke gegen die Strömung schwamm; einen so kräftigen und durch Übung gestählten Körper hatte er.« — Jetzt, bei Aquae Sextiae, steht er erneut seinen Mann: »Als dann dieselben Feinde zum zweiten Male mit vielen Zehntausenden und furchtbaren Drohungen heranrückten, so daß es für einen römischen Mann keine Kleinigkeit war, damals in der Schlachtreihe standzuhalten und seinem Feldherrn zu gehorchen, hatte Marius den Oberbefehl. Sertorius aber nahm es auf sich, bei den Feinden auszukundschaften. Nachdem er die keltische Tracht angelegt und sich die gebräuchlichsten Ausdrücke der fremden Sprache angeeignet hatte, mischte er sich unter die Barbaren. Als er hier die nötigen Erkundigungen, teils als Späher, teils als Aushorcher, eingezogen hatte, kehrte er zu Marius zurück. Damals erhielt er hierfür höchste Anerkennung.«

Zunächst unternahm Marius überhaupt nichts und wartete ab — eine Nervenprobe für jeden, der über die Mauern der Festung ins Tal sah: dort wälzte sich sechs Tage lang ein wilder Zug in Rufweite vorbei, und kein Heer stand mehr zwischen diesen Wilden und der Stadt Rom. In der gleißenden Hitze sahen die Legionäre, wie sich dieser Strom von Menschen an den Mauern der Festung vorbei nach Süden ergoß. Mit zusammengekniffenen Augen starrten sie diese Barbaren an, die ihnen voll Hohn in ungelenkem Latein zuriefen, ob sie den Weibern der Legionäre in Rom etwas ausrichten könnten. Man sah die Häuptlinge, die Reiter, die mit ihren Pferden wie verwachsen waren, die schweren Karren, die in einer Staubwolke bergab rollten, und zum Durst in diesen verfluchten Mauern — es gab in der Festung wenig Wasser — kam die Angst, es könnte diesen Wilden gelingen, Rom zu erobern und zu plündern.

Daß diese blonden Riesen keine Disziplin, keine Ausdauer hatten und schnell zu erschöpfen waren, wußte Marius, und er wußte auch, wie er seine Soldaten zu nehmen hatte: Durst steigerte die Aggressivität, eine Erfahrung aus Afrika. Livius schreibt: »Die Feinde hatten ein Tal und einen Fluß in der Mitte zwischen sich und uns in ihrer Gewalt, während die Unsrigen kein Trinkwasser hatten. Ob unser Feldherr dies mit Absicht hat so kommen lassen oder ob er seinen Irrtum klug genutzt hat, ist zweifelhaft; jedenfalls war die durch Not erzeugte Tapferkeit die Ursache des Sieges. Denn als das Heer Wasser forderte, erwiderte Marius: ›Wenn ihr Männer seid, seht, dort habt ihr es!‹.« Die Tore wurden aufgestoßen, und die Römer griffen die Teutonen an, glühend vor Haß und mit der Wut von Männern, die zum äußersten herausgefordert worden sind. Die Teutonen, die den langen Marsch über die Alpen hinter sich hatten, setzten sich erbittert zur Wehr, angefeuert von ihren Frauen, die von den Wagen aus die Kämpfer mit Geschrei und Lärm antrieben. Die Schlacht hat mehrere Tage lang getobt, ein mit äußerster Entschlossenheit geführtes Ringen. »Am vierten Tag wurden die Heere von neuem gegeneinander ins Feld geführt; sie kämpften bis zum Mittag mit beinah gleichem Erfolg. Dann aber, als bei steigender Sonnenhitze die erschlaffenden Körper der ›Gallier‹ wie Schnee dahinschmolzen, zog sich der Kampf — es war mehr ein Schlachten als eine Schlacht — bis tief in die Nacht hinein.« Das war die Antwort Roms auf jene Niederlagen, bei denen die Barbaren alles, was in ihre Hand gefallen war, vernichtet hatten. Im Jahre 113 v. Chr. waren die Kimbern, Teutonen, Tiguriner und Ambronen in Noricum eingedrungen und hatten das römische Heer bei *Noreia* vernichtend geschlagen. 109 v. Chr. waren sie in Gallien ein zweites Mal siegreich, und in *Arausio* 105 v. Chr. hatten sie, einem unbekannten Schwur gehorchend, die Gewänder der Gefallenen zerrissen und in den Kot getreten, die Panzer zerhauen, das Gold und Silber in den Strom geworfen, den Schmuck der Pferde vernichtet und diese selbst im Strom ertränkt, die noch lebenden Menschen an Bäumen erhängt, »so daß der Sieger keinerlei Beute behielt, der Besiegte kein Erbarmen erfuhr.«

Mit der Schlacht von Aquae Sextiae rächte sich Rom wenigstens an den Teutonen und Ambronen, von denen viele Zehntausende fielen oder in Gefangenschaft gerieten; nur wenige konnten entkommen. Die Weiber der Barbaren flößten den Römern Entsetzen ein: sie hatten gebeten, unter Schonung ihrer Keuschheit den Vestalinnen, den heiligen Tempeljungfrauen und den Göttern dienen zu dürfen. Den Römern muß diese Bitte absurd erschienen sein, Marius lehnte ab. »Da zerschmetterten sie ihre Kinder an den Felsen und töteten sich sämtlich durch das Schwert oder durch Erhängen.«

Tierverzierte, goldene Gürtelschnalle aus dem Schiffsgrab von Sutton Hoo. Diese als Reliquienbehälter gearbeitete angelsächsische Schnalle zeigt ein Formgefühl, wie es auch den Kelten Britanniens und später den Wikingern nahekommt. Sie macht das einigende künstlerische Empfinden sichtbar, das half, verschiedene Kulturen Britanniens einander anzunähern. — British Museum, London.

Bronzehelm aus einem Moorfund von Virksø/Dänemark, mit Hörnern und einem angedeutetem Augenpaar. Wahrscheinlich diente der Helm nicht dem Schutz eines Kriegers, sondern kultischen Zwecken, und wurde als Opfergabe im Moor versenkt. — Stiftung Preußischer Kulturbesitz, Berlin.

Kimbernschlacht bei Aquae Sextiae nach einer Reliefdarstellung auf einem römischen Sarkophag. Die Kimbern kämpfen nackt, wie nach römischen Schilderungen bei den Germanen üblich. — Museo Capitolino, Rom.

Auch *Teutobod*, der Führer der Teutonen, war erschöpft. Livius schreibt, dieser Mann, der über vier oder sechs Pferde zu springen pflegte, habe kaum eines zur Flucht besteigen können. Er wurde im nächsten Gebirge gefangen genommen und war später im Triumphzug ein hervorragendes Schaustück. Denn als ein Mann von ungewöhnlicher Körpergröße ragte er über die seinem Heer abgenommenen Siegeszeichen hervor.

Marius, zum fünften Mal zum Konsul gewählt, hat diesen Triumphzug übrigens verschoben, bis er auch die Kimbern besiegt hatte. Die Erde jenes ersten Schlachtfeldes um Aquae Sextiae aber war mit Leichen gedüngt, der Strom rot von Blut. Man berichtet, daß die dortigen Einwohner der Provence, damals Massilioten genannt, ihre Weinberge überall mit den weißen Knochen der Gefallenen umzäunt hätten.

Vercellae — das Ende der Kimbern (101 v. Chr.). Der Vernichtung der Teutonen in der Nähe des heutigen Aix-en-Provence folgte der Untergang der Kimbern bei Vercellae, dem heutigen Vercelli in der Mitte zwischen Turin und Mailand. Auch die Kimbern hatten gegenüber den Römern nur Verachtung gezeigt. Hoch in den Alpen hatten sie ihre nackten Körper dem Schnee ausgesetzt, waren auf ihren runden Schilden die Hänge herab zu Tal geritten und hatten schließlich versucht, die Etsch zu stauen, während der Unterfeldherr *Catulus* sich bemühte, die Straße nach Süden mit seinem Lager zu sperren. Marius selbst, um sich nicht zu zersplittern oder ausmanövrieren zu lassen, hatte sich abgesetzt. Der König der Kimbern *Boiorix* forderte nun, ganz nach Art primitiver Häuptlinge, den Marius auf, Tag und Ort der Schlacht zu bestimmen. Marius, der Typ des rationalen Erfolgsmenschen, erklärte zwar, die Römer ließen sich von ihren Feinden keine Vorschriften machen, ging aber auf das Angebot ein und schlug Vercelli vor. So kam es zur Schlacht. Besonders furchterregend wirkte die Reiterei der Kimbern, die mit eisernen Panzern und weiß leuchtenden Schilden ausgerüstet war. Die Reiter trugen Helme mit Schreckmasken und Federbüschen, um größer zu erscheinen. Als Waffen führten sie zweispitzige Speere und schwere Schwerter. Beim Fußvolk hatten sich die ›Vorkämpfer‹ mit Ketten aneinander gebunden, um standzuhalten. Auch diese Schlacht muß mit unglaublicher Wildheit geführt worden sein, mit dem *furor teutonicus*, der nicht nur ihren teutonischen Verbündeten zu eigen war, und auch hier endete sie mit dem Untergang der Barbaren, die unter Hitze und Staub mehr als die Römer litten, auch schien den Kimbern die Sonne in die Augen.

Als die Schlachtreihen zusammenbrachen und die Kimbern zu fliehen begannen, spielten sich jene Szenen ab, die auch für die späteren Germanen als typisch gelten sollten: »Denn die Frauen der Kimbern, die in schwarzen Gewändern auf ihren Wagen standen, töteten die Fliehenden, die einen ihre Gatten, die anderen ihre Brüder, andere ihre Väter; ihre unmündigen Kinder aber erwürgten sie mit den Händen und warfen sie unter die Räder und die Hufe der Zugtiere; dann entleibten sie sich selbst.« Das furchtbare Ende von Menschen auf Landsuche quer durch Europa: von Jütland nach Böhmen, Ungarn, Kärnten, Bayern, Südfrankreich. Die Kimbern erleben Kämpfe mit Kelto-Iberern, als sie allein nach Spanien eindringen, vereinigen sich in Nordfrankreich wieder mit den Teutonen und trennen sich wieder von ihnen. Das Ende ist der Sieg des organisierten mediterranen Staates über die ungezügelte Kraft des Stammes auf früher Entwicklungsstufe.

Kleidung
Wenn heute ein Mann in germanischer Tracht über die Straße ginge, wüßte man ihn wahrscheinlich nicht richtig einzuordnen : die Vorstellung, die Germanen seien vorwiegend in Felle gekleidet gewesen, ist mit Sicherheit falsch. Bereits zur *Bronzezeit* gab es die *Nähnadel mit Öse*, den *Webstuhl (→Webkunst)* und mit Naturfarbe *eingefärbte Stoffe*, also alle Voraussetzungen für modische Kleidung.
Hosen. Das auffallendste Kleidungsstück, das die Römer zunächst amüsiert hat, heute aber kaum auffallen würde, war die Hose. Die beiden Hosenbeine bestanden aus Stoffstücken, die jeweils um ein Bein gelegt und auf den Innenseiten zusammengenäht wurden. Vorn sowie am Gesäß setzte man Zwischenstücke ein. Diese Beinkleider wurden von einem *Gürtel* gehalten und reichten wie die heutige Kniebundhose bis zum Knie. Es gab aber auch Hosen mit

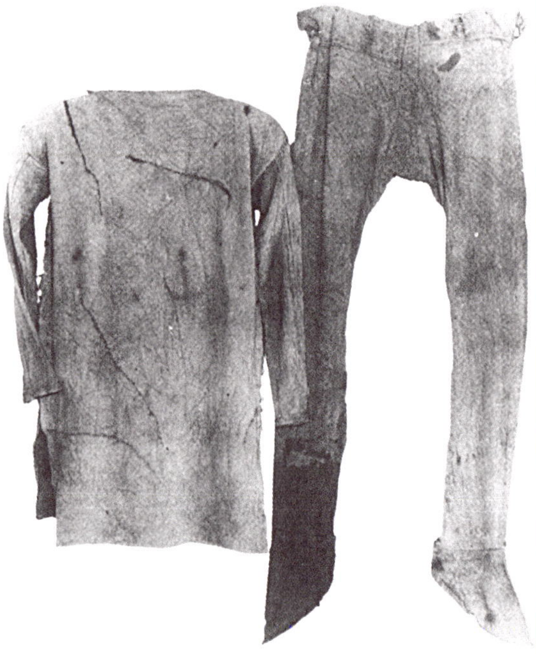

Männerkleidung (Kittel und Hose) aus dem Thorsberger Moorfund/Schleswig, wahrscheinlich aus den ersten Jhn. n. Chr. — Schleswig-Holsteinisches Landesmuseum für Vor- und Frühgeschichte, Schleswig.

angenähten Füßlingen; Strümpfe waren damals so unbekannt wie Unterwäsche.
Die älteste Darstellung von langen Hosen außerhalb des skythischen Bereichs stammt übrigens aus dem nördlichen Ungarn der *Hallstatt-Zeit* und wird auf das 6. Jahrhundert v. Chr. datiert (Piggott). Zu finden ist sie bei den dekorativen Figürchen auf den Tongefäßen von *Sopron* (Ödenburg), die Männer und Frauen im Kampf zeigen: sie ringen miteinander und ziehen sich an den Haaren.
Entstanden ist die Hose bei den asiatischen Reitervölkern, und sie wird sich auch mit dem Reiten verbreitet haben. In den skandinavischen Moorgräbern der älteren Eisenzeit fanden sich ebenfalls Hosen aus der Zeit um 500 v. Chr., in dieser Zeit etwa wurden sie zur typisch keltischen und später germanischen Tracht.
Das aus dem Germanischen bezogene lateinische Lehnwort *braca* für Hose ist verwandt mit dem deutschen Begriff *Bruch* und dem englischen *breeches*, das nach wie vor die weite Kniehose bezeichnet. Wenn ein Römer von *Gallia Bracata* sprach, wußte jeder, daß er das Gallien jenseits der Alpen, die Provinz Narbonensis, das ›hosentragende Gallien‹ meinte, im Gegensatz zur *Gallia Togata*, wo die römische Toga üblich war.
Kittel, Mantel, Fibel. Die römischen Darstellungen charakterisieren den Germanen, indem sie ihn mit nacktem Oberkörper zeigen. Das ist etwa so realistisch, als zeigte man den Ritter nur in Rüstung oder einen Indianer nur in Kriegsbemalung. Die Kelten und Germanen pflegten nackt oder wenigstens mit nacktem Oberkörper zu kämpfen und mit nacktem Oberkörper gerieten die Germanen in Gefangenschaft: so kannte man sie also in Rom, von den Triumphzügen. Normalerweise trug der Mann einen *Hemdkittel* mit halblangen Ärmeln. Ein wichtiges Kleidungsstück war der *Mantel*, der über der rechten Schulter mit einer *Fibel* zusammengehalten wurde. Mantel und Fibel besagten etwas über den sozialen Rang seines Trägers.
Bei *Thorsberg* hat man im Moor einen Mantel gefunden, an dem zwei Weberinnen ein Jahr gearbeitet haben müssen. Das quadratische Tuch von ca. 170 cm Seitenlänge, leuchtend blau mit hellen Zierkanten und langen Fransen, ist webtechnisch hervorragend gearbeitet *(→Webkunst)*. In einem Arbeitsgang sind zwei Techniken, nämlich ›Köperbindung‹ für die Kanten und ›Brettchenwebetechnik‹ für die Zierleisten, angewandt worden. Ursprünglich war der Stoff allerdings kariert gemustert, wie die Infrarotaufnahmen zeigen (Schlette). Aus der germanischen Sage weiß man, daß Odin einen solchen blauen Mantel getragen hat. Der heilige Martin von Tours, der Schutzheilige der Franken, konnte seinen ›Mantel‹ ebenfalls nur deshalb sinnvoll mit dem Schwert teilen, weil er ein solcher quadratischer ›Umhang‹ war.
Mützen. Der Germane ist gewöhnlich barhäuptig gewesen *(→Haartracht)*. Es gab allerdings konische

Umhang aus Wollstoff (1/2. Jh. n. Chr.) von einer Moorleiche bei Dammendorf/Eckernförde (Schlesw.-Holst. Landesm. f. Vor- u. Frühgesch., Schleswig) und Thorsberger ›Prachtmantel‹ der Eisenzeit (1. Jh. n. Chr.), nachgewebt von Dr. Schlabow.—Textil-Museum, Holstenhalle, Neumünster.

Mützen aus Filz, wie sie gelegentlich noch auf alten Darstellungen bei den Bauern des Mittelalters gezeigt werden. Eine der bekanntesten Moorleichen, der Mann aus dem *Tollund-Moor (→Moorleichen)* trug eine *Lederkappe*, die mit einer Schnur unter dem Kinn festgeknüpft war. Auch die Wollmütze ist nachgewiesen, z. B. bei den Friesen.

Schuhe. An Schuhen waren der *Bundschuh*, aber auch der niedrige *Schaftstiefel* gebräuchlich.

Winterpelz. Im Winter wurden Pelze getragen, keine Felle. Die gegerbten Felle vom Schaf und vom Reh waren sauber zu Mänteln oder Überkrägen verarbeitet, die gelegentlich bis zur Hüfte reichten.

Frauenkleidung. Die germanischen Frauen trugen zur Zeit des Tacitus ein ärmelloses, bis auf die Füße reichendes hemdartiges Gewand, das an die griechische Tracht erinnert. Es wurde an der Schulter mit einer Fibel gerafft und mit einem Gürtel unter dem Busen oder um die Hüfte gebauscht.

Berichte und Darstellungen zur germanischen Kleidung gibt es nur aus der römischen Zeit, also aus dem ersten Jahrhundert nach der Zeitwende, so die antiken Bildsäulen und die Beschreibungen der römischen Historiker. Aus der Völkerwanderungszeit weiß man viel weniger über die Germanen und über die modische Veränderung der Kleidung.

Der ›magische‹ Gürtel. Das wichtigste Kleidungsstück war für den germanischen Menschen jener Zeit der Gürtel: als Symbol der Kraft, des Schutzes, der magischen Kraft hatte er für seinen Träger etwa die Bedeutung eines Macht- und Würdezeichens. Die Kleidung hatte keine Taschen, also hängte man am Gürtel in Beuteln allerlei auf, vom Messer, Stichel oder Pfriem bis zum Kamm, Schlüssel und kleinen Kostbarkeiten. Der Mann trug am Gürtel die *Franziska*, die Streitaxt oder das Schwert *(→Waffenwesen)*.

Die Gürtel hatten seit dem 4./5. Jahrhundert, also in der Völkerwanderungszeit, kostbare *Beschläge*. Berühmt waren die Arbeiten der Markomannen in Böhmen. Dieser Gürtelschmuck wurde gerne auch von anderen germanischen Stämmen getragen und

Links: Kleidung des Mädchens von →Egtved aus einem Baumsarg der Bronzezeit (1. Jh. v. Chr.). Oben: Frauen-Kleidung aus dem Huldremose/Randers, Dänemark (um die Zeitwende oder eher). — Nationalmuseet, Kopenhagen.

Silbervergoldete Schulterzier für Umhänge aus dem Großen Opferfund von Süderbrarup/ Thorsberg (Schleswig), etwa 3. Jh.; germanische Bronzeblecharbeit mit Köpfen und Tieren. — Schleswig-Holsteinisches Landesmuseum für Vor- und Frühgeschichte, Schleswig.

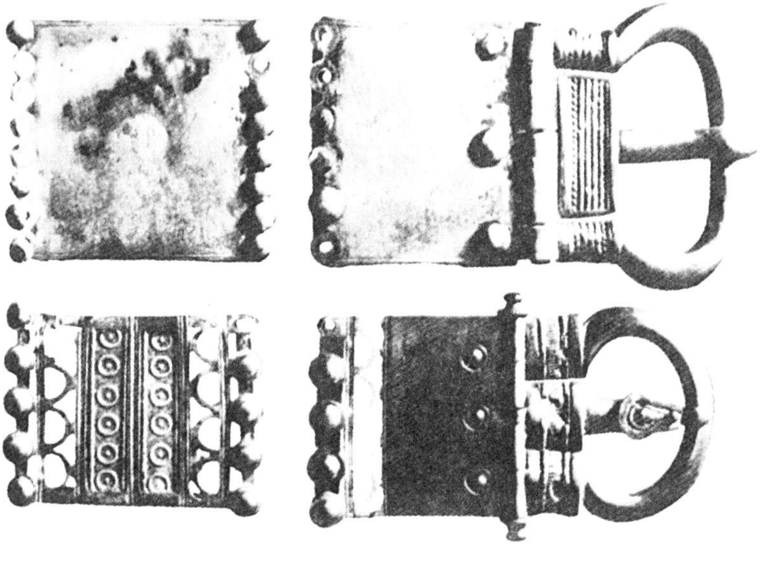

Gürtelschnallen und Gürtelplatten aus Bronze mit Silber plattiert, zum Teil vergoldet, aus dem Thorsberger Moor bei Süderbrarup, etwa 3. Jh. — Schleswig-Holsteinisches Landesmuseum für Vor- und Frühgeschichte, Schleswig.

in seinem Formenreichtum nachgeahmt. Regelrechte *Gürtelschnallen mit Dorn* gibt es schon seit der Zeitwende.
Selbstverständlich trugen nicht alle germanischen Stämme eine gemeinsame germanische Tracht. Die *Goten* zum Beispiel werden ausschließlich in antiker Kleidung dargestellt, und da es keine gotischen Moorleichen oder ähnliche Funde gibt, weiß man über ihre ursprüngliche Kleidung wenig. Für die *Langobarden* ist aus den Chroniken eine weitfallende Leinenkleidung mit breiten farbigen Streifen belegt. Die *Franken* scheinen die alte Kleidung am längsten bewahrt zu haben. Bis in die Mitte des ersten Jahrtausends haben sie die kurze Kniehose getragen. Erst dann wurde die Knöchelhose mit Unterschenkelbinden gebräuchlich, ähnlich der späteren, mittelalterlichen Bauerntracht. Selbst *Karl der Große* hat die wohl ›modernisierte‹ germanische Kleidung vorgezogen und sich über seine Höflinge lustig gemacht, die zur Jagd die kostbare Kleidung byzantinischen Zuschnittes trugen.

Königtum
Unter ehrfürchtigem Schweigen der Menge wurde im Jahr 751 (oder 752) in der Kirche von Soissons der erste *Karolinger-König* der Franken, *Pippin der Kleine* (751—768) vom Bischof Bonifatius, dem ›Apostel der Deutschen‹, mit heiligem Öl gesalbt. Es ist das einzige sicher bezeugte Ereignis aus der Kindheit Karls des Großen (768—814). Der Knabe, der wenige Jahre später, am 9. Oktober 768, selbst zum König gewählt wurde, vergaß den Anblick nie: die blitzende Mitra, das kostbare Ornat des Kirchenherrn, die pelzbesetzten Mäntel der fränkischen Adligen, ihre langen Schwerter mit edelsteinbesetzten Griffen und die goldenen Fibeln, welche die Mäntel an der Schulter zusammenhielten. Dieselben Herren, die schon seinen Vater Pippin den Großen in seiner Herrschaft bestätigt hatten, hoben auch ihn unter jubelndem Zuruf nach germanischer Sitte auf den Schild, und auch diesmal wurde er vom Bischof gesalbt: mit dieser Salbung wurde der König der Franken in die Nachfolge Israels gestellt, denn so hatte einst Samuel den David zum König von Israel gesalbt.
Der Gedanke war nicht neu: schon im Jahre 638 ist ein germanischer König, der Herrscher der Westgoten *Rekkared I.*, zum König gesalbt worden. Der Erzbischof von Toledo hat die Salbung durchgeführt — denkbar, daß die Salbung König Pippins nur eine Reaktion, eine durchaus politisch gemeinte Geste gewesen ist.
Nicht bei allen germanischen Stämmen hat es ursprünglich Könige gegeben. Von den ostgermanischen Stämmen, den *Burgundern*, *Wandalen*, *Rugiern* und *Gepiden* heißt es, sie hätten Könige besessen; in den Quellen wird ausdrücklich erwähnt, diese stammten *ex nobilitate*, also aus dem Geblütsadel. Dazu paßt die Herkunft des Wortes König, das althochdeutsch *kuning* und gotisch *kuni* heißt, verwandt mit dem lateinischen Wortstamm *genus*, das Geschlecht, Abkunft usw. bedeutet.
Wie entsteht überhaupt ein Königtum? Reißen ein paar machtgierige Adlige die Herrschaft an sich, um das Volk auszubeuten, oder sind andere Entstehungsweisen denkbar? Bei den Indianern am Oregon machte man einen Stammesältesten zum ›Lachsfanghäuptling‹, weil man nur unter seiner Leitung in koordinierter Zusammenarbeit in der Lage war, erfolgsträchtige Fischwehre zu bauen. Ebenso gab es bei einigen Eskimostämmen Walfanghäuptlinge. So haben auch die frühen Hochkulturen am Nil und am Ganges, am Yangtze Kiang und am Euphrat, eines gemeinsam: sie bauten Dämme gegen die riesigen Überschwemmungen, und dazu brauchten sie eine Organisationskraft, die über die Möglichkeiten einiger Dörfer weit hinausging.
Diese wenigen Beispiele zeigen, wie differenziert die Versuche von menschlichen Gruppen sind, sich zu organisieren, wobei hier der *magische* Aspekt völlig außer Acht gelassen worden ist. Denn die Könige sind mehr als nur Häuptlinge zu einem bestimmten Zweck, mehr auch als nur Kriegshäuptlinge. Sie sind bei den Ackerbau treibenden Völkern Träger einer magischen Kraft, die das Volk gedeihen läßt, die Saat und Ernte sichert, die den Lauf der Gestirne bestimmt wie bei den Sonnenkönigen der Azteken, und die Kranke heilt wie bei den christlichen Königen: Noch *Karl II.* von England (1630—1685) soll in viereinhalb Jahren nicht weniger als 23 000 Menschen berührt und Kranke durch Handauflegen geheilt haben.
Das Königtum, wie es sich bei den germanischen Stämmen im Osten Europas findet, ist ein Wahlkönigtum, aber selbstverständlich auch in der Blutsmacht königlicher Abstammung begründet, nicht verknüpft ist es jedoch mit der Religion. Heerwesen und Rechtsprechung liegen in der Hand des Königs, dessen Legitimation in der Schilderhebung ausgedrückt ist. Auch diese Zeremonie verweist auf das kriegerische Moment: den Schild in der Schlacht zu verlieren galt als schimpflich, auf dem Schild wurde der Gefallene aus der Schlacht geborgen und heimgetragen. Tacitus berichtet z. B., die ›Gotonen‹ seien »strenge regiert, aber nicht über die Grenzen der Freiheit hinaus«. Absolute Macht haben die germanischen Könige nie besessen; zur königlichen Alleinherrschaft, zur Monarchie, ist es erst gekommen, als die Germanen in Rom und Konstantinopel andere Formen der Herrschaft kennenlernten.
Die altgermanischen Formen der Investitur, der Einsetzung in Amt und Macht, sind dem Bauerntum entlehnt. Man kann das deutlich bei den →*Merowingern* sehen. Wer ein Haus kaufte, erhielt einen Span aus einem Balken des Hauses, um dem Handel Rechtskraft zu geben. Wenn man Grund und Boden erwarb, ging man mit Zeugen die Grenzen ab. Die bäuerlichen Könige aus dem Merowingergeschlecht umfuhren die Grenzen ihrer Herrschaft mit dem Ochsenkarren. Auch die skandinavischen Könige

sind noch bis weit ins Mittelalter die Grenzen abgefahren.
Das Zeichen des Königs ist die *Lanze* gewesen, der ja überhaupt symbolische Bedeutung zukommt: aus dem Speer wächst in der römischen Gründungssage der *Weltbaum*, der in der Mitte des Kosmos wurzelt, heilig ist der Speer des *Gral*, er verweist auf die heilige Lanze, mit welcher der Leib des Gekreuzigten verwundet wurde.
Als Papst *Leo III.* (795—816) in der Peterskirche am Weihnachtsabend des Jahres 800 ein goldenes Diadem nahm und es unter dem Jubel der Anwesenden dem Frankenkönig Karl aufs Haupt setzte, um ihn zum Kaiser zu krönen, war diese Krönung zunächst nicht mehr als eine Geste: in Konstantinopel pflegte der Patriarch dem jeweils neuen Kaiser seit der Mitte des 5. Jahrhunderts feierlich eine Krone aufzusetzen. Die Symbolik dieses Vorganges leuchtete jedem Zeitgenossen ein. Karl der Große selbst hat aber nie geglaubt, seine Krone von der Kirche empfangen zu haben. Er selbst krönt später seinen glücklosen Sohn am 11. September 811 in Aachen zum König der Franken.
Der Wandel des Königtums vom gewählten Heerkönig zum ›Monarchen‹, wie ihn die Franken erlebt haben, lautet auf eine kurze Formel gebracht: ›Erst ein Volk, das einen König an seine Spitze stellte — nun ein König, der ein Gebiet, ein Reich unter sich hat‹; aus Gefolgsleuten werden im Laufe der Jahrhunderte ›Untertanen‹.
Überall, wo sich germanische Stämme ein Königtum gaben, veränderte sich die gesellschaftliche Struktur. Wer sich am Hof des Königs auszeichnete, konnte an der königlichen Macht teilhaben, so standen *Freigelassene* manchmal höher in Rang und Ansehen als *Adlige* und *Freie*.
Greifbares Zeichen der Macht war der *Königshort*, ein Depot aus Geld und Gold, Ringen und Spangen, Armreifen und Kleidern. Deutlich sichtbare, schwere *Armreife* wurden wie Auszeichnungen verliehen und hatten Prestigefunktionen. Im →*Nibelungenlied* spielt ein derartiger Hort die zentrale Rolle.
Schließlich wurden *Königshöfe* gebaut, um dem von Ort zu Ort ziehenden König, der nur so seine Richtergewalt realisieren konnte, die Hofhaltung zu ermöglichen. Unter Karl dem Großen ist für diesen Zweck durch genaue Vorschrift die Form der *Kaiserpfalz* entstanden, wie sie z. B. in Aachen, Ingelheim und Paderborn (seit 1963 ausgegraben) überliefert sind.

Körperpflege
Das Wort *saipo* ist urgermanischer Herkunft, woraus man schließen kann, daß die *Seife* eine Erfindung der Stämme ist, die jene Sprache (→*Indogermanische Indoeuropäische Sprachen*) gesprochen haben.
Die antiken Schriftsteller berichten darüber, daß die Germanen regelmäßig in Flüssen badeten und sich morgens regelmäßig wuschen, im Winter sogar mit warmem Wasser. Die Seife, die übrigens bald

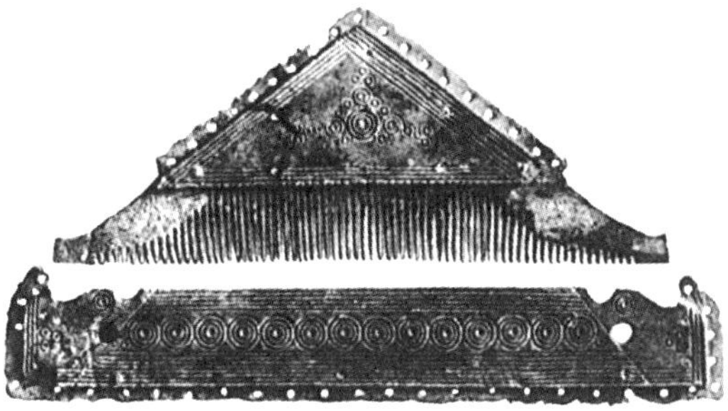

Knochenkamm der germanischen Völkerwanderungszeit. — Altertumsmuseum, Mainz.

im ganzen römischen Imperium verbreitet war, wurde aus Wollfett gewonnen, dem Wollschweiß der Schafe. Es besteht aus freien Fettsäuren und fettsauren Salzen. Wenn man dieses Wollfett mit Pottasche und Soda in kochendem Wasser löst, also Alkali zuführt, entstehen zwei Endprodukte: einmal eine nicht verseifbare Paste, eine Art Pomade, die man, wie der römische Historiker Plinius berichtet, zur *Haarpflege* benutzt hat, und ferner eine chemische Verbindung der freien Fettsäuren mit fettsaurem Kalium, die eine Art *Schmierseife* ergibt (Kellermann). An der Küste hat man aus echtem Soda eine *Kernseife* hergestellt, die durch Verbrennung aus Seetang gewonnen wurde.
Bis zur Übernahme der ›germanischen Seife‹ hatte man in der Antike Soda und Pottasche schon durchaus gekannt und aus Pottasche, Öl und feinem Lehm eine Masse geknetet, die der Seife sehr nahe kam, oder den Sud der Seifenwurzel als Waschmittel benutzt.

Kotiner
Keltischer Stamm im slowakischen Erzgebirge.

Krimgoten
Seit dem 3. Jahrhundert auf der Südseite der Krim ansässige Goten, die auch die 962 zerstörte *Alte Festung* östlich Sewastopol gebaut und die Halbinsel Kertsch besiedelt haben.

Kudrun (Gudrun)
Heldin des um 1230 verfaßten mittelhochdeutschen Heldenepos, das drei Generationen umfaßt (Hagen von Irland, seine Tochter Hilde und Hildes Tochter Kudrun). Das *Kudrun-Epos*, jünger und weniger umfangreich als das ›*Nibelungenlied*, schildert nach dänischen Motiven räuberische Entführungen übers Meer. Um 1230 ist der Stoff offenbar in Österreich umgedichtet worden; die höfische *Kudrunstrophe* ähnelt der Nibelungenstrophe. Die *Ambraser Handschrift* (16 Jh.) befindet sich in Wien.

Kugerner (Kuberner)
Auf dem Gebiet dieses Stammes befand sich die römische Rheinfestung *Xanten* (lat. *Castra Vetera*). Die Kugerner nahmen auch am →*Bataveraufstand* teil.

Kultgemeinschaft
Auf Fünen oder auch auf Seeland bestand ein Heiligtum der sonst unbekannten Göttin →*Nerthus (M)*, das Tacitus ausführlich beschreibt. Er sagt, sie sei als »Mutter Erde« von den Sweben verehrt worden, kümmere sich um die Menschen und »komme zu den Völkern gefahren«. Und: »Auf einer Insel im Ozean liegt ihr heiliger Hain. Darin steht ein geweihter Wagen, der mit einer Decke verhüllt ist. Nur der Priester darf ihn berühren. Er merkt es, wenn die Göttin erschienen ist, spannt dann Kühe an den Wagen und geleitet die Göttin in großer Ehrfurcht. Freudig sind da die Tage, festlich geschmückt die Stätten, die die Göttin mit ihrer Ankunft und ihrem Besuch würdigt. Niemand zieht in den Krieg, niemand greift zu den Waffen. Alles Eisen ist eingeschlossen. Friede und Ruhe sind jetzt nur bekannt, jetzt nur geliebt, bis derselbe Priester der Göttin, die des Umgangs mit den Menschen müde ist, sie in das Heiligtum zurückbringt. Dann werden Fahrzeug und Hülle und, wenn man glauben will, die Gottheit selbst in einem verborgenen See gewaschen. Den Dienst dabei verrichten Sklaven, die alsbald der See verschlingt. Daher herrscht ein geheimes Grauen, ein heiliges Dunkel, was das für ein Wesen sei, das nur Todgeweihte schauen.«
Solche Kultgemeinschaften kennt man auch aus anderen Kulturen; Olympia ist ja, auch mit seinem Friedensgebot, ein durchaus vergleichbarer Ort; die griechischen Städte Sparta und Elis hatten dort seit dem 7. Jh. v. Chr. den Mittelpunkt ihrer Kultgemeinschaft.

Kultwagen von Dejbjerg/Ringkøbing, Dänemark, 1. Jh. v. Chr. Dieser im germanischen Kult verwendete Wagen ist keltischer Herkunft, wurde also ›importiert‹. Rechts Reste eines zweiten Wagens. — Nationalmuseet, Kopenhagen.

Bei den Germanen ist von Kultgemeinschaften die Rede, z. B. von den *Mannus-Stämmen*, zu denen *Ingwäonen*, *Istwäonen* und *Herminonen (→Abstammung, Indoeuropäer und ›Germanen‹)* gehörten. Diese Angaben des →*Tacitus* erläutert *Plinius der Ältere*, irrt sich aber häufig. Selbst Fachleute können das Puzzle der Stämme heute nicht mehr überzeugend ordnen. So sagt Plinius, die →*Sweben* gehörten mit den →*Hermunduren* zu den →*Chatten* und →*Cheruskern*. Falsch ist dies deshalb, weil die Hermunduren Teil der Sweben selbst sind, und weil alle übrigen Quellen keinerlei Zusammenhang zwischen Sweben und Cheruskern kennen. Man weiß nur: die Mannus-Stämme sind eine an Weser und Rhein siedelnde Kultgemeinschaft. Die *Sweben* sind eine zweite Kultgemeinschaft, zu der *Hermunduren*, →*Langobarden*, →*Markomannen*, →*Quaden* und →*Semnonen* gehörten. Die sogenannten *Nerthus-Stämme* haben wohl die Germanen im Ostseeraum, vor allem im heutigen Dänemark und Schleswig, umfaßt. Und schließlich ist in der *Germania* des *Tacitus* von einem Kulturverband der *Marser* die Rede. In ihrem Gebiet am Rhein befinde sich der »Tempel«, das »angesehenste Heiligtum bei jenen Völkern«. Man weiß nicht, welche Völker das waren, vermutet aber, daß die Marser in diesem Verband eine ähnliche Rolle gespielt haben wie die Semnonen im Kultverband der Sweben.

Mannus

»Sie feiern in alten Liedern — dies ist die einzige Art geschichtlicher Überlieferung bei ihnen — den Gott Tuisto, den Erdentsprossenen. Ihm schreiben sie einen Sohn Mannus als Urahn und Gründer des Volkes zu, dem Mannus aber drei Söhne, nach deren Namen die dem Ozean benachbarten →*Ingwäonen*, die in der Mitte des Landes →*Herminonen*, die übrigen →Istwäonen genannt werden.« (Tacitus: *Germania*, nach Capelle.)

Menschenförmige Kultfiguren (links weiblich, rechts männlich), die zu beiden Seiten des Moor-Bohlenweges XLII (IP) (siehe auch Foto Seite 207) bei Hude im Wittemoor gefunden wurden, und zwar vor einer Furt, deren ›Schutz‹ sie wahrscheinlich dienen sollten.
Größe: Mann 1,05 m, Frauenfigur 90 cm hoch. Entstanden um die Zeitwende. — St. Museum für Naturkunde und Vorgeschichte, Oldenburg.

Tempel und Idole. Kein Archäologe hat je einen germanischen Tempel, wie ihn Tacitus ausdrücklich erwähnt, ausgraben können. Wie der zitierte Wagen aussah, zeigt vielleicht der *Wagen von Djebjerg* aus einem jütländischen Moor. Und die Götterbilder? Man hat in *Braak* im Kreis Eutin (BRD Mecklenburg), aber auch anderswo, einfache *Holzidole* gefunden, die solche Funktion erfüllt haben. Aus den Grabungen der letzten Jahre weiß man, daß solche Idole auf einem umzäunten Platz standen. Die Reste von Opfertieren fanden sich in ihrer unmittelbaren Nähe innerhalb der Flechtzäune. Solche ›Holzmänner‹ oder auch weibliche Idole erinnern an die Totempfähle der Indianer, an mythische Ahnenfiguren. Die Namen der ersten Menschen hießen der germanischen Mythologie nach *Askr* und *Embla*, sie sind mit dem Wort *Baumklotz* verwandt.

Opferstätten. Daß die Moore Opferstätten waren *(→Götterwelt)*, läßt sich an den Funden zeigen. Allein der Opferplatz im *Thorsberger Moor*, der fünf Jahrhunderte lang benutzt worden ist, gab 600 Pfeilspitzen, 200 Speerspitzen, 100 Schildbuckel und 70 Schwerter und vieles andere frei. Noch heute heißt der Berg neben dem Thorsberger Moor bei Süderbrarup *Gerichtsberg*, und noch heute ist der Ort Marktmittelpunkt dieser Provinz. So dürfte der Kultplatz am Thorsberger Moor das zentrale Heiligtum der *Angeln →Angelsachsen)* gewesen sein.

So wird der Bericht des Tacitus doch noch von der Archäologie bestätigt. Er lautet: »Zu bestimmten Zeiten kommen in einem Walde, der durch die den Vätern zuteil gewordenen Götterzeichen und den Schauder der Urzeit geheiligt ist, alle Stämme desselben Blutes in Abordnungen zusammen und begehen, nachdem sie auf gemeinsamen Beschluß einen Menschen getötet haben, die schauerlichen Weihen eines barbarischen Brauches. Der Hain erweckt auch noch aus einem anderen Grunde Ehrfurcht: Im Gefühl der Niedrigkeit und in dem Glauben, so die Macht der Gottheit an sich selbst zur Schau zu tragen, betritt ihn niemand, ohne sich fesseln zu lassen«.

(Siehe auch die Stichworte *→Abstammung*, *Indoeuropäer und ›Germanen‹* und *→Götterwelt*.

L

Langobarden
Der Name läßt verschiedene Deutungen zu; vermutlich sind es nicht ›Langbärte‹, sondern Männer mit langen ›Barten‹, das heißt *Beilen*; das Wort kommt ja auch in der *Hellebarde* vor. Die Langobarden haben an der Unterelbe gesessen, woran wohl der Name *Bardowiek* erinnert. Im 4. Jahrhundert brachen sie nach Süden auf und besetzten Niederösterreich, um 500 die Tiefebene zwischen Theiß und Donau und kämpften gegen die Heruler (→auch Seite 30).

Tierstilformen der Langobarden

Sattelbeschläge

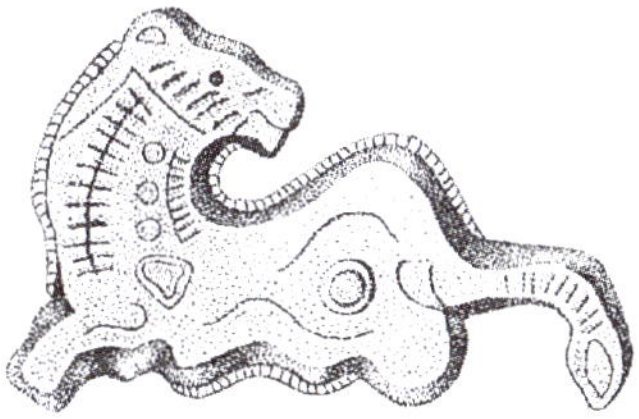

Lautverschiebung
Die Griechen haben für *Hanf* ein Lehnwort benutzt, das sie aus dem *Skythischen* übernommen hatten. Das griechische Wort hieß *kannabis*, und man weiß heute, daß es erst zu Herodots Zeiten bekannt gewesen sein kann, der übrigens sehr plastisch beschreibt, wie die Skythen gehascht haben. Im 5. Jahrhundert v. Chr. also begann das griechische Wort mit einem *k*. Nun heißt aber das altgermanische Wort für Hanf *hoenep*, also ist aus dem *k* ein *h* geworden. Man nennt diese Verwandlung, wenn sie gleichmäßig bei vielen Konsonanten auftritt, eine Lautverschiebung.
Die erste Lautverschiebung. Welche Momente eine solche eigentümliche Veränderung innerhalb eines Sprachraumes hervorrufen, kann man noch nicht ausreichend erklären. Innerhalb des indogermanischen Bereichs wurde eine spezielle Gruppe, nämlich die der germanischen Sprachen, von dieser Veränderung ›befallen‹, und zwar in einem solchen gesetzmäßigen Ablauf, daß der Däne *Rasmus Kristian Rask* und *Jakob Grimm (→Germanistik)* die Gesetze dieser Veränderungen vom Indogermanischen zum Germanischen haben ermitteln und beschreiben können. Um ein Beispiel zu nennen: aus dem *p* in *pater* (lat. = Vater) wurde im Germanischen ein *f* (got: *fadar*), aus einem *b* wurde ein *p*, aus einem sogenannten stimmhaft aspirierten Verschlußlaut wie *bh* entstand ein stimmhafter Reibelaut, der wie *w* gesprochen wurde.
Allerdings hat diese Lautverschiebung allein das Germanische noch nicht zu einer selbständigen Sprache gemacht, aber mit seiner Fülle von sogenannten Reibelauten — wie dem *th* im englischen *the* — hat es doch einen typischen Charakter bekommen.
Die vielfältigen Einzelheiten dieser Ersten Lautverschiebung, auch *Germanische Lautverschiebung* genannt, interessieren nur den Forscher. Dennoch ist es interessant, dem Philologen einmal über die Schulter zu sehen und an anderen Beispielen den Umfang dieser Lautverschiebung zu erkennen, die in drei Sektoren stattfindet. Diese drei Sektoren betreffen die Konsonanten *ptk*, weshalb bei der ersten Lautverschiebung auch von der *ptk-Verschiebung* gesprochen wird. Da ist zunächst
a) die Veränderung der indogermanischen Tenues (stimmlose Verschlußlaute) zu stimmlosen Reibelauten.

1. p und ph werden im Germanischen zu f,
2. t und th werden zum th wie im englischen Wort the,
3. k und kh werden zu einem ch-Laut wie im Wort ich.

Beispiele:

1. lat. *portare* wird zu got. und ahd. *faran* = fahren

2. lat. *frater* wird zu fries. *brother* = Bruder
3. lat. *centum* (c wie k gesprochen) wird zu angels. *(c)hund* = hundert

b) Die indogermanischen Mediae (stimmhafte Verschlußlaute) werden im Germanischen zu Tenues (stimmlosen Verschlußlauten), und zwar
4. b zu p
5. d zu t
6. g zu k

Beispiele:
4. altbulg. *blato* wird zu angels. *pol* = Pfuhl, Teich
5. lat. *domus* wird zu alts. *timberian* = Zimmer
6. lat. *ager* wird zu ahd. *ackar* = Acker

c) Die indogermanischen aspirierten Mediae (gehauchte stimmhafte Verschlußlaute) werden im Germanischen zu Mediae, und zwar
7. bh zu b
8. dh zu d
9. gh zu g

Beispiele:
7. altind. *nabhas* wird zu ahd. *nebul* = Nebel
8. indog. *dhura* wird zu ahd. *dor* = Tor, Tür
9. indog. *ghostis* (Fremdling) wird zu lat. *hostis* (Feind) und ahd. *gast* = Gast

Neben der ersten Lautverschiebung gibt es noch andere typische Merkmale des Germanischen, so den *Akzentwandel.* In allen anderen indoeuropäischen Sprachen konnte die Betonung des Wortes wechseln; so liegt im Altgriechischen bei dem Wort *patér* der Akzent auf der zweiten Silbe. Im Germanischen muß er auf der Wurzelsilbe liegen *(Váter)*, weshalb man vom *Initialakzent* spricht. Der typisch althochdeutsche →*Stabreim*, wie er redensartlich noch heute üblich ist — mit Kínd und Kégel, —, wäre ohne diese Akzentuierung undenkbar.
Schließlich gibt es u. a. noch *strukturelle* Änderungen, die sozusagen ›sprachökonomisch‹ verstanden werden müssen und nicht etwa ›Sprachverfall‹ signalisieren: Im Englischen und Friesischen, im Niederländischen und vor allem im Afrikaans, der Amtssprache Südafrikas, lassen sich Sprachformen feststellen, bei denen die formale Änderung des Wortes, seine Beugung oder sein Fall, mit Hilfsmitteln ausgeglichen werden. Beispiel: wo man früher sagte »ich erinnere mich *seiner*«, heißt es nun »ich erinnere mich *an ihn*«; wo man »Vaters Haus« sagte, heißt es »das Haus *von* Vater«.
Aus einer Vielzahl von solchen oft zunächst unmerklichen Sprachwandlungen bildet sich die ›neue‹ Sprache. Das Ergebnis der ersten Lautverschiebung aber, das *Urgermanische*, richtiger *Früh-* oder *Gemeingermanische*, hat niemand jemals schriftlich fixiert; man kann zwar aus den einzelnen Worten auf die Vorgänge in der Sprache schließen, aber sie selbst kennt man nicht, denn erst aus dem 5. *nachchristlichen* Jahrhundert finden sich *Runenschriften.* Selbst dann bleiben noch genügend Schwierigkeiten des Erkennens, weil die Sprachspuren kein scharfes Bild ergeben. So weiß man oft nicht, ob eine Inschrift noch ›westgermanischer Dialekt‹ oder schon ›altnordisch‹ zu nennen ist — wie etwa bei der Runenschrift des in Jütland gefundenen *Goldhorns von Gallehus* (Polenz).
Wann die erste Lautverschiebung etwa stattgefunden hat, läßt sich nur indirekt ermitteln wie die Tatzeit in einem Krimi; das bereits erwähnte Wort *Hanf* bietet z. B. ein Indiz dafür, daß offenbar zu Herodots Zeiten, als die Germanen das Wort kennenlernten, die Lautverschiebung noch nicht abgeschlossen war — es hätte sonst aus *kannabis* nicht *hanap* (germ.) werden dürfen. Andererseits sind die römischen Lehnwörter im Germanischen nicht mehr von der Lautverschiebung ergriffen worden, während die germanischen Namen und Worte in den lateinischen Quellen ohne Ausnahme ›lautverschoben‹ sind.
Das ›Urgermanische‹ selbst also bleibt im dunklen, aber seine Abkömmlinge sind während der Völkerwanderungszeit deutlich erkennbar. Da gibt es um die Mitte des ersten nachchristlichen Jahrtausends z. B. das *Nordseegermanische*, zu dem das *Angelsächsische*, die im nördlichen Niederfranken an der Küste gesprochenen Dialekte und das älteste *Altsächsisch* gehören. Nur archäologisch nachweisbare Eigenarten führen in Unterscheidung zu den *Nordseegermanen* zum Begriff des *Elbgermanischen (→Abstammung, Indoeuropäer und ›Germanen‹)* und des *Weser-Rheingermanischen* von dem nur das *Fränkische* in seiner ältesten Form übrigblieb.
Zweite Lautverschiebung. Während der Völkerwanderung, die germanische Stämme nach Gallien, Spanien und sogar Afrika brachte, vollzog sich die zweite Lautverschiebung, mit der sich die hochdeutschen oder besser die *althochdeutschen* Mundarten gegen alle anderen, auch die niederdeutschen und damit die altsächsischen, friesischen und niederfränkischen, Dialekte abhoben. Diese Veränderung, die z. B. aus *water* im Hochdeutschen *Wasser* und aus *maken* das *machen* werden ließ, erreicht im 7. Jahrhundert eine Linie, die von der heutigen französischen Grenze südlich Aachens an Köln vorbeiführt und südlich von Düsseldorf bei Benrath den Rhein kreuzt; sie verläuft dann südöstlich bis zum Rothaargebirge und von dort nach Nordosten bis zum polnischen Sprachraum. Als *Benrather Linie* gehört sie zum Lernstoff des Deutschunterrichtes. Man weiß heute, daß sich diese Grenze noch verschoben hat, andererseits gab es in Thüringen noch im 13. Jahrhundert nördlich von Erfurt—Jena keine Lautverschiebung.
Der Schwerpunkt der zweiten Lautverschiebung lag im Raum des *Alemannischen*, im *Bairischen* und *Langobardischen*; je weiter man nach Norden kam, desto variabler wurden die Verschiebungen übernommen. Das Althochdeutsche untergliederte sich in das *Oberdeutsche*, das *Mitteldeutsche* sowie das *Thüringische* und *Langobardische.*

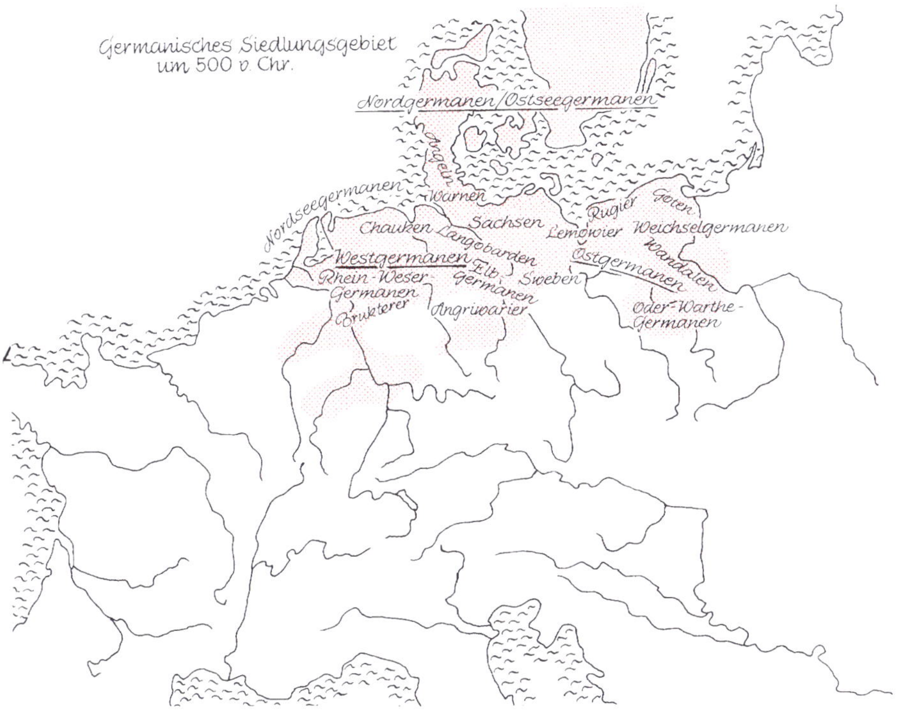

Alle Feststellungen zum Siedlungsraum der als ›Germanen‹ betrachteten Stämme bleiben noch weitgehend hypothetisch, siehe dazu die anderen Vorgeschichtsbeiträge dieses Buches, insbesondere Seite 55—60 und 165—167. Die Karte gibt die angenommenen Sprachgruppen wieder. Die angegebenen Stämme sind nicht genau lokalisierbar und dienen hier nur der ungefähren Orientierung, wobei die Angrivarier und Brukterer etwas weiter im Norden zu suchen wären.

Zum Oberdeutschen zählten das *Bairische* und *Alemannische*.

Das Mitteldeutsche besteht aus dem *Ostfränkischen* rund um Fulda, Würzburg und Bamberg, entstanden aus der Verschmelzung von thüringischen und fränkischen Elementen; dem *Rheinfränkischen* in der Main- und Rheinregion um Frankfurt, Mainz und Worms sowie aus dem *Mittelfränkischen* nördlich und westlich von Hunsrück und Westerwald einschließlich des ripuarischen Raums um Köln, Moseltal und Trier.

Im einzelnen ist die zweite Lautverschiebung, die etwa um 500 n. Chr. begann, durch Verschiebung derselben Konsonanten wie in der ersten Lautverschiebung — je nach Stellung im Wort — gekennzeichnet. Als Summe der Änderungen kann man sagen: das Niederdeutsche bewahrt den nordseegermanischen Konsonantenstand, das Althochdeutsche entwickelt sich als eigenständige Sprachgruppe weiter. Hier einige Beispiele für die Verschiebungen:

1. *p* wird zu *ff* oder *pf/ph*. Beispiel: alts. *slapan* zu ahd. *slaf(f)an* = schlafen; alts. *scarp* zu mhd. *scharpf* = scharf
2. *t* wird zu *zz* oder *tz/z* auch *ss*. Beispiel: alts. *latan* zu ahd. *lazan* = lassen; alts. *haton* zu ahd. *hazzon* = hassen.
3. *k* wird zu *kh* oder *kch* (nur oberdeutsch) oder *ch* oder *h*. Beispiel: alts. *ik* zu ahd. *ihc*.

Ähnliche Vorgänge zeigen sich bei den Medien: von *b*, *d*, *g* verschiebt sich allerdings im wesentlichen nur *d* und zwar zu *t*.
Beispiel: alts. *dag* zu ahd. *Tag*.

Die stimmlosen Spiranten *f*, *th* und *h* ändern sich beim *th* zum *d*.
Beispiel: engl. *brother* zu mhd. *Bruder*.

Neben den angedeuteten Lautverschiebungen finden eine Reihe sehr spezieller sprachlicher Änderungen statt, die z. B. im sogenannten *Wernerschen Gesetz* und im sogenannten *Grammatischen Wechsel* sichtbar sind.

Diese Wandlungen vollzogen sich unmerklich und waren dem Zeitgenossen des frühen Mittelalters selbstverständlich nicht bewußt. Wie das Volk sprach, interessierte ohnehin kaum, denn die *Amtssprache* der Merowinger und Karolinger blieb das Latein. Bis sich aus der Summe einiger germanischer Volksdialekte so etwas wie eine Hochsprache ergab, in die Luther die Bibel übersetzen konnte, kamen weitere Sprachverschiebungen zum Mittelhochdeutschen und schließlich zum Neuhochdeutschen. Viele Jahrhunderte vergingen darüber. Bei der Beschäftigung mit solchen Sprachproblemen wird übrigens deutlich, wie realitätsfremd alle Versuche sind, das Germanische zu einem Mythos zu erhöhen; wenn selbst die urgermanische Sprache unbekannt ist, wird man schwer die ›germanische Seele‹ erfassen können. Siehe auch →*Abstammung*, *Indoeuropäer und ›Germanen‹* und →Seite 46.

Legion
Als Tacitus vierzehn Jahre alt war, hat er am 17. 4. 69 den Einzug des damaligen Kaisers *Vitellius* an der Spitze der rheinischen Armee in Rom als Augenzeuge erlebt und später geschildert, wie die Truppen in fester Ordnung—wenn auch nicht im Gleichschritt—durch die Straßen zogen: »Die Adler von vier Legionen in der Front und ebensoviele Fahnen aus anderen Legionen zu beiden Seiten, dann die Feldzeichen von zwölf Reiterscharen und hinter den Reihen des Fußvolks die Reiterei; hierauf vierunddreißig Kohorten, je nach Völkergattungen oder Waffengattungen gesondert. Vor ihren Adlern die Lagerpräfekten, die Tribunen und die ersten Centurionen in weißem Gewand, die übrigen jeder neben seiner Centurie, in ihren Waffen und Ehrenauszeichnungen strahlend; ein schöner Anblick und ein Heer, eines anderen Fürsten als Vitellius würdig. So zog er auf das Kapitol, umarmte dort seine Mutter und beehrte sie mit dem Namen Augusta.«
Vitellius ist Ende 68 Legat des niedergermanischen Heeres gewesen (→*Germania)*. Wenige Monate später wurde er zum Kaiser ausgerufen, obwohl er als Schwächling und Genießer galt. Im Osten des römischen Imperiums hat man deshalb *Vespasian* (69—79) zum Kaiser erhoben, der sich auch tatsächlich gegen Vitellius durchsetzen konnte. Schon im Dezember 69, im Jahr seines Einmarsches in Rom ist Vitellius während der Straßenkämpfe erschlagen worden.
Wie man sieht, sind die Römer auf ihre Legionen so stolz gewesen, wie jedes Volk auf seine siegreichen Truppen, und es scheint, als sei auch diese Armee nicht mehr als eine Menge gut gedrillter Männer gewesen wie Garden der Preußenkönige oder Napoleons, wie Fallschirmjäger oder Fremdenlegionäre. Gewiß waren die Legionen auch das, aber sie verkörperten in Stil und Art ihrer Kriegsführung mehr als nur das Prinzip militärischer Nützlichkeit: sie standen für die sinnvolle Ordnung einer gesitteten Welt, mit der verglichen jede andere Lebens- und Kampfform als barbarisch wirkte, sie verkörperten gegen jeden ihrer Gegner den höheren moralischen Anspruch. Um das zu verstehen, muß man sich die Entstehung der römischen Verteidigungsstreitkräfte vergegenwärtigen. Ursprünglich ist Rom, wie jeder andere Stadtstaat im Mittelmeerraum, von seinen waffenfähigen Bürgern selbst verteidigt worden, nach-

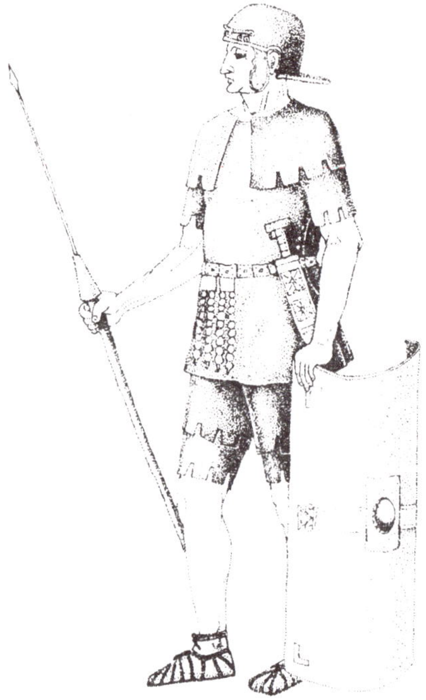
Römischer Legionär

dem die sozusagen kritische Größe der Ausdehnung erreicht war (→*Rom)*. Die Heldenzeit der römischen Armee kam, als der schreckliche *Hannibal* (†182 v. Chr.) mit seinen Kriegselefanten die Alpen überquerte und gegen Rom marschierte: ein Berufsheer, rekrutiert aus fast allen Ländern des Mittelmeerraumes, in dem Afrikaner und Griechen, Libyer und Phönizier, Iberer und Kämpfer von den Balearen Seite an Seite standen, eine Soldateska, die kein Erbarmen kannte und kein anderes Ziel hatte als Beute. Diesen Kampf entschied Rom im Jahre 201 v. Chr. zu seinen Gunsten: Spanien fiel an Rom, die Flotte *Karthagos* mußte vernichtet werden, die Stadt wurde tributpflichtig. Diesen Sieg konnte Rom erringen, ohne vom Prinzip der *Miliz*, des bewaffneten Bürgers, abzugehen.
Kriegsritual. Bevor die Organisation des Heeres geschildert wird, ein Wort zur altrömischen ›Moral der Truppe‹: Kein Römer hätte in republikanischer Zeit mit der Waffe gegen einen Feind gekämpft, ohne daß dieser regelrecht zum *hostis*, zum *Landesfeind* erklärt worden wäre. Damit der Krieg gerecht, geheiligt und legitim, mithin von den Göttern begünstigt und vom Recht her vertretbar sei, mußte dem Gegner der Kriegsgrund förmlich mitgeteilt und ein *Ultimatum* von 33 Tagen gestellt werden. Erst dann erfolgte die *Kriegserklärung* durch ein Kollegium von 20 Priestern, den sogenannten *Fetialen:* ihr Anführer schleuderte von der Grenze aus eine Lanze in das feindliche Gebiet und sprach die rituelle Formel der Kriegserklärung. Auch der *Friedensschluß* war auf diese Weise ritualisiert, wenn die

Fetialen auch im Laufe der Geschichte jede Bedeutung verloren. Ursprünglich mußte beim Friedensschluß ein Schweineopfer mit einem Feuersteinmesser gebracht werden; dabei wurde *Jupiter* aufgefordert, jeden Friedensbrecher mit seinem Blitzstrahl zu erschlagen. In diesem Rahmen muß die Einberufung des römischen Bürgers zum Waffendienst gesehen werden. Kriege sind damals zunächst nur vom Frühling bis zum Herbst geführt worden, man unterhielt keine stehenden Heere. Als es die Verhältnisse erforderlich machten, das ganze Jahr über ein Heer zu unterhalten, hielt man das Heer möglichst klein, um nicht so viele Bürger über längere Zeit von Haus und Hof zu trennen. Am Tag der Aushebung versammelten sich alle wehrfähigen Männer auf dem Kapitol. Dort waren auch die *24 Militärtribunen* erschienen, die künftigen Kommandeure, die entweder durch Wahl oder von dem als Befehlshaber zuständigen Konsul benannt worden waren.

Einberufung in die Legion. Nun waren die Bürger aber keineswegs eine ungegliederte Masse, sondern jeder gehörte zu einer *Abteilung* (lat. *tribus*), von denen es insgesamt drei gab und die auf eine alte Geschlechtergliederung zurückgingen. Eine dieser Abteilungen wurde durch Los bestimmt, in diesem Jahr die Dienstpflichtigen zu stellen. Nun wurde

Legionärshelm aus dem Hauptlager von Haltern mit angenietetem Stirnschutz (links), einem Nackenschutz und Helmbuschknauf. Die Wangenklappen fehlen. Höhe: 20 cm. — Römisch-Germanisches Museum, Haltern.

sortiert: aus den Listen der Tribus wählte man je vier etwa gleich taugliche Männer und verteilte sie an je eine *Legion* (lat.: *legio* = ausgelesene Mannschaft), dann vier weitere Männer und so fort, bis alle einer Legion zugeteilt waren.

Nachdem die Legionen auf diese Weise aufgestellt waren, leistete jeder Militärtribun dem Feldherrn seinen Eid, das *Sacramentum*, und nahm selbst den persönlichen Eid seiner Legionäre entgegen; wurde ein neuer Tribun eingesetzt, mußte der Eid neu geleistet werden. Der Legionär verpflichtete sich mit seinem Eid, dem Anführer zu folgen und mit ihm gegen jeden Feind — womit der ›erklärte Gegner‹ gemeint war — zu kämpfen, das Feldzeichen nicht zu verlassen und keine gesetzeswidrige Handlung zu begehen (Grimal). Die Verletzung dieses Eides forderte die härteste Sühne, die *Todesstrafe:* nur sie konnte die Götter versöhnen, die Manneszucht sichern (siehe auch →*Gefolgschaft* der Germanen). Auf diese Weise war der römische Bürger, obwohl den Versuchungen des Krieges ausgesetzt, in eine Rechtsordnung gebunden, die ihm ermöglichte, nach seiner Entlassung unbeschadet von Frevel das rechtliche und religiöse Oberhaupt eines Hauses, der *pater familias* zu bleiben oder zu werden.

Aufbau der Legion. Wenige Tage später wurden die Männer in der Legion — die um 400 v. Chr. rund 4 500 Mann, zu Caesars Zeit 3 000 — 4 000 Mann, in der Kaiserzeit periodenweise sogar bis 6 000 Mann stark war — auf die verschiedenen Abteilungen bzw. Kompanien (*Manipel;* in der Republik 30) oder in der Kaiserzeit auf die 10 *Cohorten* verteilt, wobei es nach Rang und Wohlstand ging, weil jeder für seine Waffe selbst zu sorgen hatte. Die jüngsten und ärmsten Männer steckte man zu den sogenannten *Leichtbewaffneten (velites)*, von denen es um 400 v. Chr. in jeder Legion etwa 1 200 gab. Ihre taktische Aufgabe war es, den Gegner außerhalb der Schlachtordnung zu beunruhigen. Bewaffnet waren sie mit einem zweischneidigen *Kurzschwert (gladius)* spanischen Typs, mit einigen *Wurfspießen (pilum)*, deren dünne, scharfe Spitze sich nach Gebrauch umbog, so daß die Waffe vom Gegner nicht mehr zu verwenden war, und einem kleinen, *runden Schild.* Meist trugen sie Lederhelme, die mit einem Tierfell, vorwiegend mit Wolfsfell, überzogen waren. Alle sonstigen Legionäre sind mit einem *Panzer* aus Lederstreifen *(lorica)* geschützt gewesen, der auf der Brust durch eine Eisenplatte verstärkt war. Nur Legionären aus einflußreichen Familien war erlaubt, stattdessen eine Art Kettenhemd zu tragen, einen Panzer aus Metallschlingen, den man wohl den Kelten abgesehen hatte. Die Manipel waren ursprünglich: die 1 200 *Speerträger (hastati)* aus den jüngsten Jahrgängen, die 1 200 Soldaten im *Mannesalter (principes)* oder die 600 *alterprobten Soldaten (Triarier)*. Alle *Schwerbewaffneten* trugen größere, etwa 1,20 m lange *Schilde (scutum)* aus verleimten Holzplatten mit einem Metallbuckel, *Helme (cassis)* aus Metall mit prächtigen schwarzen oder roten Federbüschen und als Angriffswaffen das *Kurzschwert (gladius)* und den *Wurfspieß (pilum)*.

Die taktische Einheit Manipel umfaßte ursprünglich 100 Mann, später 200 (2 *Centurien* unter einem *Centurio*), wobei 3 Manipeln bzw. 6 Centurien jeweils zur Cohorte zusammengefaßt waren. 6000 *Fußsoldaten (pedites)* ergaben so die 10-Cohorten-Legion der

Kaiserzeit. Die *Centurie* war die kleinste Einheit, die auch versorgungsmäßig erfaßt war.
Zur Legion gehörten außerdem die *Reiterei (equites)* mit 300 Mann (Frühzeit) sowie Hilfstruppen. Um 20 nach der Zeitwende verfügte Rom über 25 Legionen, zur Zeit Diokletians über 175 Legionen, allerdings bei verringerter Mannschaftsstärke.
Schlachtordnung. In der Schlachtordnung, um das Bild zu vervollständigen, standen in erster Linie die eisenstarrenden Karrees der Speerträger, zehn Reihen von je sechs Männern. Zwischen den Manipeln gab es Lücken, die im zweiten Treff durch die Manipeln der Schwerbewaffneten gedeckt war. Hinter diesen standen auf Lücke die Manipeln der Triarier. In dieser Schlachtordnung griff das Heer an: wenn das erste Treffen erfolgreich war, stieß es vor, wenn nicht, zog es sich durch die Zwischenräume zurück, und das zweite Treffen stand im Gefecht. Im letzten Treffen knieten die unerschütterlichen Triarier, die Lanze schräg nach vorn geneigt, den Schild gegen die Schulter gelehnt, und boten einen lebenden Wall, hinter dem sich die zurückgewichenen eigenen Einheiten neu ordnen konnten. Wenn beide vordere Treffen abgewiesen waren, mußte der Stoß der Triarier die Entscheidung bringen. Diese Taktik hatte sich erstmals bei *Pydna* (168 v. Chr.) bewährt, als die unbesiegbare *Phalanx* der Makedonier, das ruhmreiche Instrument *Alexanders des Großen*, auf die unbesiegten Legionen Roms traf, die Karthago geschlagen hatten: die Römer siegten, Griechenland fiel unter römische Herrschaft.
Daß drei solche Legionen, eine für damalige Verhältnisse überaus starke Macht, von den ungeordnet kämpfenden Barbaren jenseits des Rheines, die Caesar Germanen genannt hatte, vernichtet werden konnten, ist für die Zeit um Christi Geburt so erstaunlich gewesen, wie es heute der Vernichtungsschlag einer Guerilla-Armee gegen die Truppen einer Weltmacht wäre.
Feldzeichen. In der Zeit, als Kimbern und Teutonen in Italien einfielen, hatte es eine Heeresreform gegeben, die man *Marius* zuschreib *(→Kimbern und Teutonen)*. Mit Sicherheitwurden damals auch die *Legionsadler* eingeführt, hölzerne Feldzeichen, die man schließlich in der Kaiserzeit sogar aus Silber fertigte und mit goldenen Strahlen versah. Im Lager pflanzte man den Adler neben dem Zelt des Feldherrn auf, und die Soldaten hingen an ihrem Feldzeichen mit der abergläubischen Liebe von Männern, deren ungewisses Leben ohne solche Fetische der Zuversicht unerträglich wäre. Feldzeichen in *Drachenform* führten schließlich zu der Überlegung, ob nicht der Sieg des *Arminius* sich in der Sage von *→Siegfried* in der Tötung des Drachens niedergeschlagen haben könnte.
Bürgerrecht und Staatsräson. Nur römische Bürger konnten damals in den Legionen dienen, doch gab es im Laufe der Zeit vielfältige Formen, diese Regel zu umgehen oder den Legionen Hilfstruppen zuzuteilen *(→Foederaten)*. Diese verbündeten Truppen

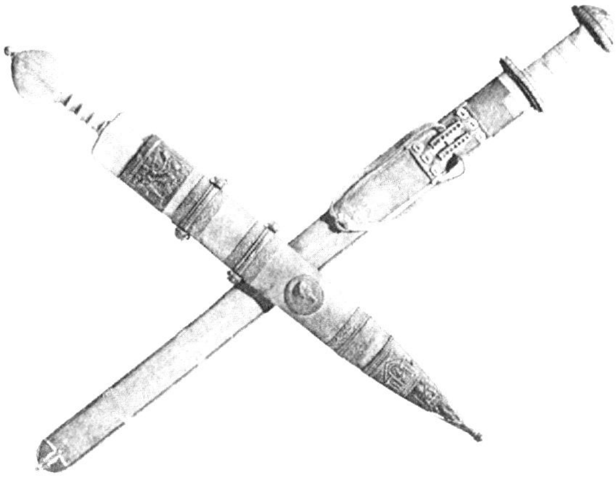

Römisches Kurz- und Langschwert. — Museo della Civiltà Romana, Rom.

kämpften an den Flügeln und unterstanden einem speziellen ›Präfekten der Verbündeten‹.
Der schwache Punkt des römischen Heeres war seine *Reiterei;* aus den großen Familien rekrutiert stellte sie ursprünglich die Elite des Volkes dar, aber ihre geringe Zahl verbot massierte Einsätze, und so bedienten sich die Feldherrn gerade hier zahlreicher Hilfstruppen: Caesars Siege in Gallien wären ohne germanische Reiterei nicht erfochten worden *(→Caesar)*.
Eine weitere römische Besonderheit war, daß jede Legion sich Abend für Abend, wo immer sie hielt und rastete, ein ›Rom im Kleinen‹ schuf, ein festes *Lager (→Kastell)*. Schon frühzeitig gab es bei der Truppe Spezialarbeiter, etwa für Holz- oder Eisenarbeiten, die als eine Art *Pioniertruppe* unter dem Sonderbefehl eines *Präfekten* standen. *Caesars* demonstrativer *Brückenschlag* über den Rhein wurde von dieser Spezialeinheit durchgeführt.
Dieses Heer lebte in der Überzeugung, daß es ein Chaos geben würde, wenn die römische Herrschaft zusammenbräche, einen allgemeinen Völkerkrieg. Für den Römer war das System von Militärherrschaft und Tribut, von Verwaltung und Unterwerfung schlüssig: kein Friede ohne Heer, kein Heer ohne Sold, kein Sold ohne Tribute, das heißt ohne Abgaben an den römischen Fiskus.
Als an Stelle der Wehrpflicht das Berufsheer eingeführt worden war, konnte eine ganze Einheit als Auszeichnung das ersehnte römische Bürgerrecht verliehen bekommen. Aber auch der Einzelne erhielt, wenn er seine 25jährige Dienstzeit überlebt hatte, feierlich sein Militärdiplom, das ihm das volle Bürgerrecht gab — ihm, seinen Nachkommen und, falls er ledig war, der Frau, die er später heiraten würde, »wenn es sich nur um *eine* handelt«. Die zweite Generation von germanischen, persischen, ägyptischen oder griechischen Veteranen, die im

römischen Heer gedient hatten, wuchs also im vollen Bürgerrecht auf — mit allen Rechten, die Rom zu bieten hatte.

Auxiliartruppen. Die nichtrömischen Hilfstruppen sind unter Kaiser Augustus organisiert worden. Diese sogenannten Auxiliar-Truppen (lat. *auxiliaris* = hilfeleistend) wurden zum Teil nach römischem Vorbild in 500 und 100 Mann-Einheiten gegliedert, die militärische Konsequenz aus den üblichen Bündnisverträgen *(→Foederaten, →Limes)*. Diese Truppen standen unter dem Kommando eines *Präfekten* aus dem Ritterstand und waren in den kleineren, dem Kaiser, nicht dem Senat unterstellten Provinzen *(→Germania)* die einzigen *Besatzungstruppen*.

Wenn sich Barbaren, also solche wilden Stämme wie Alamannen oder Chatten, Cherusker oder Bataver, der so ›sinnvollen‹ römischen Ordnung widersetzten, konnten sie nur wie wilde Tiere gezähmt werden: Vernunft mußte man ihnen absprechen, und wenn jemand, der wie *Arminius* römisches Bürgerrecht besaß und zum Ritter ernannt worden war, sich gegen Rom wandte, konnte dies von jedem selbstbewußten Römer nur als Verbrechen empfunden werden.

Lemovier

Stamm in Westpommern.

Limes

Mit der großen Chinesischen Mauer verglichen ist der römische Limes zwischen Rhein und Donau ein primitiver ›Grenzzaun‹, außerdem sehr viel jüngeren Datums. Die im 3. Jahrhundert v. Chr. unter dem Kaiser *Tsin-Schih-Huangti* begonnene ›Zehntausend-Meilen-Mauer‹ mit ihren 25 000 Wachttürmen und 1 500 Signaltürmen, die sich über 4 100 Kilometer erstreckt, schützte das chinesische Reich vor den ›Barbaren aus dem Norden‹, den Steppenreitern Innerasiens. Sie wandten sich nach Westen, und der Druck dieser Hunnen ließ auch die germanischen Völker in Südosteuropa in Bewegung geraten; so daß auch sie schließlich nach Westen ausbrachen. Zwischen der Chinesischen Mauer und dem Limes besteht daher ein gewisser weltgeschichtlicher Zusammenhang.

Ursprünglich hat man mit *limes* die Marsch- und Nachschubwege des römischen Heeres, die ›Rollbahnen‹ bezeichnet *(→Germanicus)*. Das Wort stammt aus der Sprache der Feldmesser und meint eigentlich den Trampelpfad zwischen Äckern, der die Besitzgrenze markiert, auch die Schneise oder einen Grenzweg. Die römischen Truppen haben, sobald sie ein befestigtes Lager anlegten, möglichst schnurgerade Straßen vorgetrieben, um beweglich operieren zu können. Eine solche Straße führte zum Beispiel von Xanten aus nach Westen eventuell bis zur Weser sowie von Mainz aus mainaufwärts und durch das Wetteraugebiet ins Hessische. Bei Tacitus wird das Wort Limes zum ersten Mal im Sinne von Reichsgrenze benutzt, später bezeichnet

In der Luftaufnahme zeichnet sich auch heute noch der Limes wie hier bei Pfahlbronn nahe Welzheim/Württemberg deutlich ab. Auch der Wanderer kann oft kilometerweit dem Wall und Graben folgen.

Relief der Trajanssäule

Die Donaugrenze zur Zeit Trajans

es die gesamte Grenzmark, also nicht nur die Grenze, sondern auch das Hinterland.
In Waldgebieten schlug man gerade Schneisen, um sich Sicht- und Schußfeld zu verschaffen. So bekam Kaiser Domitian (81—96) den Taunus und die Chatten im Taunus unter Kontrolle, so konnte er schließlich durch Kastelle wie in Frankfurt, Heddernheim, Okarben, Friedberg und Bad Nauheim die *Wetterau* abschirmen. Ebenso wurde die Gebirgsflanke durch das Kastell Wiesbaden, durch Schneisen auf dem Kamm des Taunus und durch Schanzen gesichert. Die Legionen hieben diese Schneisen sorgfältig frei, und der äußerste Postenweg, mit hölzernen Wachttürmen und kleinen Kastellen bewehrt, entwickelte sich mit der Zeit zur Reichsgrenze, etwa wie in jüngster Zeit die Westgrenze der DDR befestigte Staatsgrenze geworden ist. Auf die gleiche Weise wurde auch das heutige Baden-Württemberg, damals als *Dekumatenland* bezeichnet, dem römischen Imperium einverleibt. Unter den Kaisern *Hadrian* (117—138) und *Antoninus Pius* (138—161) bekam der Limes seine endgültige Gestalt.

Schwertgriff des sogenannten Snartemo-Schwertes von S. Lyngdal/Norwegen. Die Tierstilformen der Goldplatten des Griffs sind soweit abstrahiert, daß sie nur noch als reine Ornamente wirken; nur auf dem Silberknauf lassen sich rechts und links insektenartige Tiere erkennen. Eins der schönsten je gefundenen Schwerter. 6. Jh. — Universitetets Oldsaksamling, Oslo.

Eisenhelme des 7. Jhs., echte Kostbarkeiten ihrer Zeit. Links Wikingerhelm von Vendel, rechts Gesichtsmaskenhelm mit Goldbelag aus Sutton Hoo. — Statens Historiska Museum, Stockholm, u. British Museum, London.

Die Befestigung der Grenze zum Limes war nicht auf Germanien beschränkt; auch in England hat es einen Limes, die sogenannte *Clyde-Forth-Linie* von Glasgow bis zur Forth-Mündung oberhalb Edinburghs gegeben, und ferner den ›Hadrianswall‹, die *Solway-Tyne-Linie*, die Nordengland an seiner engsten Stelle durchquert. Ebenso haben die Römer in der heutigen *Dobrudscha*, im *Vorderen Orient* und in *Nordafrika* Grenzen befestigt, also Straßenbauten mit Kastellen gesichert, aber nirgends existierte eine so lange, durchgehende Befestigung wie an der germanischen Grenze; insgesamt muß der Limes von Wesel bis Regensburg etwa knapp 600 Kilometer lang gewesen sein.

Zunächst bestand der Limes aus Holztürmen, die untereinander in Sichtverbindung standen; diese Türme waren unter Kaiser Domitian während des ersten Chattenkrieges eingerichtet worden. Unter Kaiser Hadrian wurde diese Linie durch einen *Palisadenzaun* — im Volksmund als *Pfahl* für Limes noch heute überliefert — gesichert (lat. *palus* = Pfahl, aus dem Französischen als *Palisade* um 1600 in die Militärsprache übernommen). Man stellte den Palisadenzaun in einen niedrigen Graben, an dem ein Fahrweg entlanglief. Im 3. Jahrhundert wurde in Obergermanien auch hinter der Palisade gelegentlich ein V-förmiger Graben angelegt: Je größer die Angst vor weiteren Invasionen wurde *(→Franken)*, umso stärker befestigte man den Limes. Schließlich wurde die Palisade des *rätischen Limes* durch eine etwa 1 m starke und 3 m hohe Steinmauer ersetzt, ebenso wurden auch in gebirgigen Strecken, die den Bau der Palisade und des Grabens erschwerten, teilweise Mauerstücke aufgeführt.

Der sogenannte, etwa 382 km lange *obergermanische Limes* verlief vom Rhein gegenüber der Mündung des Vinxbaches über Westerwald und Taunus sowie in die Wetterau zum Odenwald und Neckar, wo sich der *rätische Limes* (166 km), der über die Alb zur Donau bei Kehlheim führte, anschloß. Gesichert wurde der Limes durch eine Vielzahl von Kastellen, die seit Bestehen der *Reichslimeskommission* (1892 bis 1938) zusammen mit dem Limes erforscht und teilweise freigelegt oder wie die *Saalburg* rekonstruiert wurden. Später übernahm die *Römisch-Germanische Kommission* diese Aufgabe.

Diese Grenze hielt über ein Jahrhundert, überstand auch zahlreiche Einbrüche der Germanen um 222 bis 235 n. Chr., bis die Alamannen sie um 260 n. Chr. endgültig durchbrachen — zu einer Zeit, als die *Franken* schon in Spanien und Marokko aufgetaucht waren und die *Goten* (*→Goten*, Seite 30) Griechenland überrannt hatten.

Als der Limes noch die gesicherte Reichsgrenze des Imperiums darstellte, wurde er nicht von vollwertigen Legionären, die das römische Bürgerrecht besaßen, sondern von Söldnern, den *Auxiliaren* (lat. *auxiliarii* = Hilfstruppen; *→Legion*) zu Fuß und zu Pferde bewacht. Tunika, Kettenpanzer und enge Lederhosen bildeten die Bekleidung dieser Männer, die mit Schild, Schwert und Lanze bewaffnet waren. Die Schuhe waren genagelt, ein farbiges Halstuch wurde als Abzeichen der betreffenden Einheit getragen (Schmid). Diese Truppen wiederum nahmen kleine Einheiten unter Sold, die sogenannten *numeri*, die als Kundschafter das Vorfeld durchstreiften.

Römer und Germanen standen sich an dieser Grenze nicht etwa auf Rufweite gegenüber. Die Gebiete, durch die sich der Limes zog, waren meist menschenleer, und das Stammesgebiet feindlicher Barbaren begann erst viele Meilen weit hinter den Wäldern und Gebirgen. Andererseits war der Limes keine undurchlässige Grenze; es gab durchaus einen ›kleinen Grenzverkehr‹, der zu einem beschränkten Güteraustausch zwischen den blühenden römischen Provinzen mit ihrem reichen Handwerk, ihrem Obst- und Weinbau und den primitiveren Bauernvölkern

Rekonstruierter römischer Wachtturm am Übergang vom raetischen zum obergermanischen Limes.

jenseits des Rheines führte. Felle und Leder, Honig und Bernstein, blondes Frauenhaar und auch wohl Sklaven mögen als Handelsgut zum Beispiel gegen Eisenwaren, Stoffe und allerlei Luxusartikel wie Glas, Silber- oder Goldschmuck eingetauscht worden sein *(→Handel)*.

Weil die germanischen Stämme sich zunächst nicht mehr nach Westen und Süden ausdehnen konnten und sich nicht mehr bedroht fühlten, wurden sie seßhafter; sie bebauten den Boden sorgfältiger und übernahmen Methoden, die sie von den Nachbarn jenseits des Limes abgesehen hatten, auch leisteten die

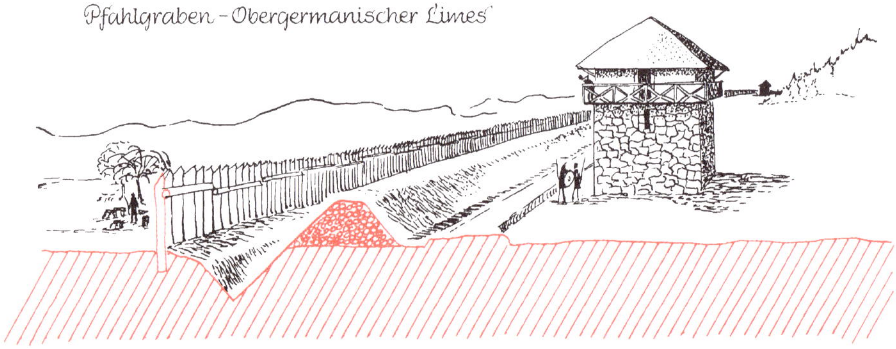

jungen Männer Kriegsdienst bei den Römern, kurzum: am Limes entwickelte sich über Jahrzehnte hinweg jener Austausch, wie er an Grenzen zwischen Völkern verschiedener Kulturstufen charakteristisch ist: Begriffe und Methoden, Geräte und Material, Formen und Gewohnheiten werden übernommen und nachgeahmt, und die Begegnung mit dem ›Wilden‹ fasziniert den Zivilisierten ebenso, wie den einfach lebenden ›Barbaren‹ der Lebensstandard einer städtischen Zivilisation beeindrucken wird.

Limes Saxoniae
Auf Veranlassung Karls des Großen um 808 geschaffene befestigte Grenzlinie gegen die slawischen *Obotriten* im heutigen Niedersachsen zwischen Lauenburg und Kiel.

Limes Sorbicus
Auf Veranlassung Karls des Großen im Jahre 805 geschaffene befestigte Grenzlinie gegen die *Sorben*, die aber eine Reihe anderer slawischer Stämme einschloß.

Lugier
Kultgemeinschaft *wandalischer* Einzelstämme im heutigen Schlesien und Westpolen.

M

Mammen-Stil
Die Angriffe Dänemarks auf England haben Motive nach Skandinavien gebracht, die ihren Namen nach der Axt des Häuptlings von Mammen bekommen haben; auf der Schauseite des *Jelling-Steines* ist ein mit Schlangen kämpfender Löwe dargestellt; die elegante Verflechtung von Tier und Pflanze ist für den wohl um 1000 lebendigen Mammen-Stil charakteristisch *(→Greiftier, →Jelling-Stil, →Tierstil)*.

Manimer
Stamm in Westpolen, von Tacitus im Zusammenhang mit den →*Lugiern* erwähnt.

Mannus
Nach Tacitus ist Mannus (→Kästchen Seite 185) der Sohn des »erdgeborenen« Gottes *Tuisto*. Von den Söhnen des Mannus, nämlich *Ingwas*, *Istwas* und *Ermnas*, leitet der römische Historiker die Abstammung der Germanen ab. In der Antike wurde die Herkunft der Völker stets von Göttern oder Heroen abgeleitet, wobei die Dreizahl keine Realität beschreiben muß, sondern als klassische Formel angewendet wird; im Bereich indoeuropäisch beeinflußter Kulturen ist diese Formel üblich. Man hat versucht, aus den Namen und ihrer Wortbedeutung den Sinn dieser Aufteilung zu entschlüsseln. Danach sind die Ingwäonen die, für die das Gesetz des Ing gilt (germ. *aiwa* = Gesetz, *ing* für den Gott →*Freyr [M]*); die Herminonen bringt man mit germ. *ermena* = allgemein (→*Irminsul*, Seite 240) zusammen. Für die Istwäonen gibt es keine plausible Erklärung (Lindauer).
Plinius hat die Liste der sogenannten *Mannus-Stämme* mit *Chatten*, *Cheruskern*, *Sweben*, *Hermunduren* und *Chauken* ergänzt. Für welche Stämme und Siedlungsgebiete die Beschreibung des Tacitus als die ursprünglichere Angabe tatsächlich gilt, läßt sich heute kaum mehr sagen (Hachmann). Sicher ist, daß der Gedanke der →*Kultgemeinschaft* bei der Ordnung der Stämme eine entscheidende Rolle gespielt haben muß.

Markomannen
Ursprünglich in Nordbayern ansässig, unter Marbod im Jahre 9 v. Chr. nach Böhmen gewandert, wo sie mit keltischen Stämmen und swebischen Bruderstämmen ein Reich bildeten, das die Römer immer wieder bedrohte (→*Markomannenkriege* sowie →Seite 21).

Marbod

Marbod, der König der Markomannen, ist in Rom erzogen und ausgebildet worden. Er führte sein Volk ca. 8.—6. v. Chr. aus dem Maingebiet nach Böhmen, das von Boiern besiedelt gewesen ist. Nach römischem Muster errichtete er eine straffe Herrschaft auch über *Lugier*, *Semnonen* und *Langobarden*. Rom gegenüber verfolgte er eine neutralistische Politik, wurde aber dennoch 6. n. Chr. von den Römern angegriffen und entging der Niederlage nur, weil in Pannonien ein Aufstand ausbrach. Auch während des Aufstandes des Arminius verhielt er sich abwartend; Arminius hat 17 n. Chr. das Markomannenreich angegriffen. Kaiser Tiberius versagte Marbod seine Hilfe, so daß im Jahre 19 seine Herrschaft zusammenbrach. Marbod floh nach Rom und hat noch 18 Jahre in Ravenna gelebt.

Markomannenkriege
Der Kaiser des mächtigsten Reiches der ›bewohnten Erde‹ im 2. Jahrhundert n. Chr. ein Intellektueller von hoher Bildung und zarter Konstitution, hat im Feldlager Texte geschrieben, die noch heute zur Weltliteratur zählen, die *Selbstbetrachtungen*. Seine Denkweise, von der antiken Philosophie der Stoiker geprägt, erfaßt die Wechselfälle des Lebens, die Unbeständigkeit des Glücks, und preist die Gelassenheit — ein spätrömischer Existentialist, wenn man so will, der ausharrt in der Vergeblichkeit und den bewußten Selbstmord als Ausdruck menschlicher Souveränität wertet. Er hatte Grund, sich im kaiserlichen Zelt, unterwegs durch die Landschaften des Krieges, fernab von Rom, in dieser Haltung einzuüben: Seit Kaiser *Marc Aurel* (161—180) mit 40 Jah-

ren im Jahre 161 den Thron bestiegen hatte, sah er sich zu ständigen Abwehrkämpfen gezwungen, zuerst gegen die *Parther* im Orient, dann im Norden gegen die *Markomannen*. Das Heer, das im Jahre 166 aus dem Orient erschöpft zurückkehrte, brachte die *Pest* nach Europa mit, deren Herde erst zwanzig Jahre später erloschen. Auch Kaiser Marc Aurel erlag ihr; er starb im Operationsgebiet gegen die Markomannen, in der Nachschubbasis *Vindobona*, dem heutigen Wien, am 17. 3. 180, während des sogenannten zweiten Markomannenkrieges, nachdem er sich einige Zeit zuvor im Orient aufgehalten hatte, um in Ägypten den »Aufstand der Rinderhirten« niederzuwerfen.

Insgesamt vierzehn Jahre hat Kaiser Marc Aurel gegen den mächtigen markomannischen Stammesbund gekämpft, den offenbar der Bevölkerungsdruck aus dem Osten dazu zwang, sich südlich der Donau neues Land zu suchen. Diese Markomannen hatten schon unter König *Ariovist* gegen *Caesar* gekämpft und unter König *Marbod* ein eigenes ›Reich‹ gehabt (→Seite 199), dessen Bevölkerung aus Kelten und Germanen bestanden haben dürfte — soweit

Konfrontation mit Rom: Ein gefangener ›Barbarenfürst‹ wird vor den Kaiser geführt. Relief vom Konstantinsbogen, Rom.

diese Begriffe für diese Zeit überhaupt stimmen *→Abstammung, Indoeuropäer und ›Germanen‹.*

Die Lage am Limes war im Jahre 166 zunächst ruhig, von der Rhein- und Mainfront kamen keinerlei beunruhigende Nachrichten, als sich plötzlich die Lage an der unteren Donau schlagartig entscheidend veränderte.

Wie seinerzeit vor dem Angriff der Kimbern, erschien bei den römischen Repräsentanten, diesmal beim Statthalter von *Pannonien*, eine Gesandtschaft der Barbaren und forderte Land, und wieder wie zur Zeit der Kimbern konnte der kaiserliche Statthalter ein solches Ansinnen nur ablehnen, weil die politische Ordnung seines Gebietes diese Möglichkeit überhaupt nicht vorsah und sie nicht im wohlverstandenen Interesse Roms lag.

Die Antwort war Gewalt, und so überschritten im Jahre 167 wilde Heerhaufen aus allen betroffenen Völkern und Stämmen des markomannischen Bundes die Donau — *Quaden, Sarmaten, Markomannen, Sweben, Jazyken* u. a. —, durchbrachen den Limes und vernichteten alles, was sich ihnen in den Weg stellte.

Man stelle sich diese keltischen, germanischen und slawischen Krieger vor, von Not und Hunger getrieben und entschlossen, ihrem Volk Land zu verschaffen: der Angriff von primitiven Ackerbauern gegen ein Weltreich.

Der Sturm kam aus *Böhmen*, dem Wohnsitz der *Markomannen*, und aus Mähren, wo die Quaden lebten; von beiden Stämmen kennt man kaum mehr als die Namen, auch ist durchaus die Frage, ob die späteren ›Bajuwaren‹, die Süddeutschland besiedeln, tatsächlich die unmittelbaren Nachfahren der Markomannen sind.

Die römischen Alpenprovinzen werden überrannt, brennende Staatsgüter, zerstörte Militärlager, erschlagene Menschen und geschlachtetes Vieh bleiben zurück; es gibt in jenen Zeiten keine Schonung außer der Laune der Großmut, die Grausamkeit gehört zur Tapferkeit, die Vernichtung zum Krieg. So stark ist der Angriff über die Julischen Alpen, daß die Barbaren wieder, wie einst Kelten und Kimbern, die norditalienische Ebene erreichen und Rom in ›Reichweite‹ liegt, nur noch wenige Tagesmärsche entfernt.

Kaiser *Marc Aurel*, ein unbeirrbarer Mann, für den seine Geistigkeit so charakteristisch ist wie sein Mangel an Vitalität, entschließt sich im vollen Bewußtsein des Risikos, die Verantwortung für die Verteidigung des Reiches selbst zu übernehmen und sie nicht nur seinen Feldherren zu überlassen. »So groß aber war die Furcht vor dem Kriege mit den Markomannen, daß der Kaiser von überallher die Priester herbeirief, fremdländische religiöse Bräuche befolgte, die Stadt Rom auf jede Weise zu entsühnen suchte und so von seinem Aufbruch ins Feld zurückgehalten wurde.« (Annalen Scriptores Historiae Augustae IV, 12, 13, nach Capelle).

Als Marc Aurel den Kampf aufnahm, waren die

Gerichtsszene nach einem Relief von der Marc-Aurel-Säule: Der König der Quaden oder Markomannen wohnt der Hinrichtung von Germanen durch Germanen bei, sekundiert durch römische Legionäre.

Barbaren schon bis *Aquileia* gekommen, einer blühenden Handelsstadt, die zum Schutz gegen die Kelten gegründet worden war; nordwestlich von Triest im Isonzodelta gelegen, trägt sie ihren Namen noch heute und hat viele großartige Reste von Hafenanlagen, Häusern und Amphitheatern bewahrt. Dem Kaiser gelang es, die Invasion zu stoppen und diese wild zusammengewürfelten Stämme zu schlagen. Er hatte selbst Sklaven als Soldaten ausrüsten lassen müssen, Gladiatoren eingezogen und sogar Räuber aus Sardinien und Dalmatien aufgeboten, um ein Heer zustande zu bringen. Daß er *germanische Hilfstruppen* unter Vertrag nahm, war selbstverständlich, aber um diesen Feldzug finanzieren zu können, sah er sich zu ungewöhnlicheren Maßnahmen gezwungen: so veranstaltete er auf dem Trajansforum eine Versteigerung von Kostbarkeiten aus den kaiserlichen Schatzkammern, »bei der er außer Gewändern, goldenen Pokalen und Gefäßen auch Bildsäulen und Gemälde großer Künstler verkaufen ließ« (Scriptores Historiae Augustae, nach Capelle).

Über die Feldzüge selbst gibt es nur kärgliche Berichte, nicht zu vergleichen mit der römischen Literatur über die Germanen zur Zeit Caesars und des Kaisers Augustus. Man kennt nicht viele Einzelheiten dieses jahrelangen Ringens, nur den Druck dieser unaufhörlichen Kämpfe mit den verschiedensten Völkern und die Zweifel, ob es für Rom sinnvoll sei, diese Kriege gegen Markomannen, Sweben, Quaden, Jazyken, Sarmaten und zahllose andere Stämme zwischen dem heutigen Riesengebirge und Ungarn abzubrechen. »Daher rieten ihm auch seine Freunde, die Kriege aufzugeben und nach Rom zurückzukehren; doch er verwarf ihren Rat, bestand auf seinem Entschluß und ging nicht eher zurück, als bis er alle Kriege beendet hatte.« *Cassius Dio* (→Seite 99) schreibt: »Er selbst (d. i. Marc Aurel) führte mit den Barbaren der Donaugegend, den Jazyken und Markomannen, viele Jahre Krieg, bald mit den einen, bald mit den anderen, sozusagen ein ganzes Leben lang. Dabei benutzte er Pannonien als Operationsbasis.«

Das römische Heer ist bis nach Galizien vorgestoßen, hat Böhmen und Mähren unterworfen, ebenso Nordungarn, und die endgültige Befriedung dieser Provinzen lag fast greifbar nahe, als der Kaiser an der Pest starb. Sein Sohn und Nachfolger *Commodus* (180—192) hat noch im Jahre 180 mit den Barbaren einen Frieden geschlossen, der fast alle Eroberungen preisgab und die alten Grenzen wieder herstellte. Auch in den folgenden Jahrhunderten blieb diese Grenze unruhig und blutig: 253 brachen Markomannen und →*Skythen* nach Pannonien und Noricum ein, 374/375 kam es zu schweren Kämpfen mit

ANASTASIS
CHILDERICI I.
FRANCORVM REGIS,
SIVE
THESAVRVS SEPVLCHRALIS
Tornaci Neruiorum effoſſus, & Commentario illuſtratus.
AVCTORE
Ioanne Iacobo Chifletio, Equite, Regio Archiatrorum Comite, & Archiducali Medico primario.

Titel und Zeichnung aus der ersten Veröffentlichung über die Entdeckung und die Funde des Childerich-Grabes in Tournai, die zur verstärkten Merowingerforschung beitrugen.

Kaiser *Valentinian* (364—375) an der Donau. Letztlich aber hat diese Grenze bis zum Ende des Imperiums, also weitere hundert Jahre, gehalten, eine Trennungslinie zwischen römischer und germanischer Welt.
Siehe auch →*Arminius* und →Seite 21 sowie Seite 246.

Marsaker
Kleiner Teilstamm der Chatten auf den der Maas- und Scheldemündung vorgelagerten Inseln.

Marsen (Marser)
Stamm zwischen Ruhr und Lippe, der in den →*Germanicus*-Feldzügen als Nachbar der Brukterer und Cherusker die Legionen beschäftigte.

Marsigner
Vermutlich Teilstamm der →*Marsen*, der den keltischen Kotinen und den illyrischen *Osern* benachbert war, das heißt westlich der Slowakei in Nordböhmen gesiedelt haben dürfte (Schwarz).

Mattiaker
Teilstamm der →*Chatten*, der in der Umgebung von Wiesbaden, im Taunus und der Wetterau saß.

Megalithgräber
Großsteingräber aus der Jungsteinzeit (→*Bestattungsformen*).

Menapier
Stamm südöstlich des Rheindeltas und im Gebiet der unteren Maas, nach Caesar ursprünglich beidseitig des Rheins, ehe sie von →*Usipetern* und →*Tencterern* zurückgedrängt wurden.

Merobaudes
Fränkischer Heermeister unter den römischen Imperatoren *Gratian* (375—383), *Valentinian II.* (375 bis 392) und dem Gegenkaiser *Eugenius* (392—394). Er hat zweimal das Konsulat bekleidet und seinen fränkischen Stammesgenossen →*Bauto*, →*Richomer* und *Arbogast* vermutlich den Weg zur Macht gebahnt. Fast die Hälfte aller höheren Kommandostellen ist damals von Germanen besetzt gewesen (→*Foederaten*). Er selbst endete unter dem Usurpator *Maximus* durch Selbstmord.

Merowinger
Wenige Jahre nach dem Dreißigjährigen Krieg, im Jahre 1653, entdeckte man in *Tournai*, einer flämischen Kleinstadt in Belgien, das Grab *Childerichs I.*, des Königs eines Teilstammes der *salischen Franken* in Nordgallien aus dem Geschlecht der Merowinger, der ca. 482 gestorben sein muß. Leider sind viele Grabbeigaben 1831 gestohlen worden, der Rest befindet sich heute in der Nationalbibliothek zu Paris. Eines der schönsten Stücke aus diesem Grab ist ein purpurfarbener, golddurchwirkter Mantel, besetzt mit goldenen Zikaden. So unsicher sind die Kenntnisse über jene Jahrhunderte, daß nicht einmal als sicher gelten kann, ob diese Bekleidung der sonst üblichen germanischen Herrschertracht entsprach oder eher der byzantinischen Amtstracht. An Schmuck enthielt das Grab u. a. einen goldenen Ring, der wohl am Handgelenk getragen worden ist (Zöllner).
Man weiß, daß Childerich im Jahre 463 König war, doch kennt man seine Regierungsdauer nicht. Dagegen ist wieder bekannt, daß er unter römischer Führung an der Loire gegen die →*Westgoten* gekämpft hat, später gegen die von Norden angreifenden →*Sachsen* sowie gegen die →*Alamannen*. Wie groß sein Herrschaftsbereich war, ist wiederum unbekannt; vielleicht ist Tournai bereits damals Sitz des Königs gewesen, auch soll Paris angeblich schon zu seinem Reich gehört haben. Ganz ungewiß ist vor allem die Abstammungssage, die das Geschlecht der Merowinger von einem gewissen Merowech — einem salischen Gaukönig? einem Meerungeheuer? — abstammen läßt.
Daß man mit Childerich I. überhaupt gesicherten Boden geschichtlicher Forschung betritt, ist wesentlich jenem Grabfund zu verdanken. Childerich ist, wie gesagt, nur Teilkönig eines germanischen Stam-

mes gewesen, der zunächst im Bündnis mit den gallischen Römern gegen Germanen gekämpft hat, nicht etwa König eines fränkischen Reiches.
In jener Zeit war durchaus die Frage noch offen, ob ein germanischer König sich gegen die Römer auflehnen sollte, wie dies Childerich etwa, verbündet mit den Sachsen, hätte tun können, oder ob Gallien als ein römisches Restreich zu ›respektieren‹ sei. Die Entscheidung darüber ist erst gefallen, als der Sohn Childerichs I., der schlaue *Chlodwig (Chlodowech) I.* (466—511), König der Franken wurde.
Dieser rücksichtslose und brutale Herrscher hat im fünften Jahr seiner Regierung, mit 16 Jahren, damals noch als fränkischer Teilkönig, den Kampf gegen den römischen Statthalter *Syagrius* und dessen ›Reich‹ zwischen Somme und Loire aufgenommen. Zwei andere Frankenkönige mit den klangvollen Namen *Ragnachar* und *Chararich* blieben vorsichtshalber neutral. Der Germane forderte, germanischer Sitte entsprechend, den Gegner heraus, der sich damals ›König der Römer‹ genannt haben soll, und vereinbarte mit ihm den Kampfplatz, dessen Lage man übrigens nicht kennt. Man weiß nur, daß ›Chlodowech‹ seinen Gegner besiegt und in die Flucht geschlagen hat. Syagrius flüchtete zu den Westgoten, wurde aber von diesen ausgeliefert und auf Befehl Chlodwigs heimlich umgebracht.
Die germanischen Krieger plünderten die christlichen Kirchen und gingen mit der gallorömischen Bevölkerung nicht eben sanft um; ihr König hätte sie nicht daran hindern können, denn seine Macht war selbst noch begrenzt: Heerkönige sind keine absoluten Herrscher gewesen.
Gregor von Tours (*538, †594), Bischof und Chronist der Merowinger, berichtet in seinen *Historianum librix*, König Chlodwig habe »viele Kriege geführt und viele Siege errungen«. Die Historiker haben in mühevoller Kleinarbeit die Details der Chlodwigschen Züge zusammengesetzt. Danach hat er zunächst das Gebiet bis zur Seine besetzt, dann das Gebiet des Syagrius eingenommen und ist schließlich in das Gebiet zwischen Seine und Loire vorgedrungen. Schließlich fiel ganz Gallien unter die Oberhoheit der Franken, wobei die aus *Cornwall* zugewanderten Kelten die Franken anerkannten, ebenso die *Bretonen* (beide von den Angelsachsen aus England vertrieben), wenn diese auch ihre Autonomie weitgehend bewahrt haben müssen.
Als eine politische Heiratsverbindung — die Schwester Chlodwigs heiratete 493 den gotischen König Alarich II. — nicht den gewünschten Frieden brachte, führte Chlodwig I. seinen Krieg gegen die Westgoten weiter. Etwa um die gleiche Zeit heiratete er selbst die Tochter eines burgundischen Teilkönigs, die Prinzessin *Chrodehilde*, die sich dann wohl um die Entstehung des christlichen Abendlandes bleibende Verdienste erworben hat. Sie, die katholische Christin, hatte offenbar auf ihren wilden Gemahl einigen Einfluß.
Bevor sich die Verhältnisse in Haus, Hof, Staat und

Beispiele merowingischer Münzen des 6.—7. Jhs. Die unter Chlodwigs Söhnen zur Ergänzung noch umlaufender römischer Münzen geprägten sogenannten Trienten zeigen meist römische Kaiser (z. B. Justinian I.), seit Theudebert auch mit Namensumschrift des Frankenkönigs. — Römisch-Germanisches Zentralmuseum, Mainz.

Volk aber endgültig klärten, bedurfte es offensichtlich eines weiteren Krieges: Diesmal waren die →*Alamannen* an der Reihe. Sie hatten einen Vorstoß nach Rheinfranken unternommen und waren bei *Zülpich* geschlagen worden. Eine Schlacht reichte aber nicht aus, um ihre Macht, durch die sich Chlodwig bedroht gefühlt haben muß, zu brechen. An einem unbekannten Ort am Oberrhein kam es im Jahre 496 zu einer weiteren Schlacht, in der Chlodwig I. in schwere Bedrängnis geriet. Die Legende berichtet, er habe sich in höchster Not des Drängens seiner Gattin erinnert und versprochen, sich im Namen Christi taufen zu lassen, wenn ihm der Sieg geschenkt werde. Wichtig für den Gang der Weltgeschichte: Chlodwig I. entschied sich für den *Katholizismus*, nicht für den unter Germanen weit verbreiteten *Arianismus (→Arianer)*.
Es gibt nur wenige zuverlässige Quellen über den Vorgang der Taufe. Es scheint, der König selbst habe die Hoffnung geäußert, daß das »weiche Taufgewand ihm die Kraft der starren Waffen mehren werde«, kein sehr frommer Wunsch. Der Legende nach ließ

die Gattin des Königs nach der Heimkehr den Bischof von Reims rufen, und dieser konnte in einem geheimen Gespräch den König überzeugen. Auf der Heeresversammlung, die der Schlacht gefolgt sei, also im März 498, habe dann der König dem Heer die Frage der Taufe dargelegt und durch Zuruf die Zustimmung erhalten. Mit großer Feierlichkeit ist dann wohl am Weihnachtstag 498 oder 499 die Taufe vollzogen worden, vielleicht sogar schon in Tours. Dabei sollen jene stolzen Worte in Kirchenlatein gefallen sein, mit denen die Problematik jeder Bekehrung auf die kürzeste Formel gebracht ist: »Beuge dein Haupt, stolzer Sigambrer. Bete an, was du verbrannt hast! Verbrenne, was du angebetet hast!« Mit dem König haben sich nach Gregor von Tours 3000 Franken taufen lassen; die Zahl erscheint ihm wohl schicklich, aber späteren Zeiten nicht mehr angemessen; schon in der *Chronik Fredegar* sind es bereits 6000 Taufen — oder sollten hier jene Germanen mitgezählt sein, von denen Gregor von Tours berichtet, sie seien des geschenkten Taufhemdes wegen mehrfach zur Taufe erschienen?

Bis zum Aufkommen der *Karolinger-Könige* aus der Schicht der *Hausmeier*, obersten ›Hofbeamten‹ und Führern des Adels, ist das merowingische Frankenreich trotz christlicher ›Einfärbung‹ ein Feld so brutaler Machtkämpfe, so raffinierter Intrigen und widerwärtiger Mordserien, wie es in der an Greulichkeiten nicht armen Geschichte selten vorkommt.

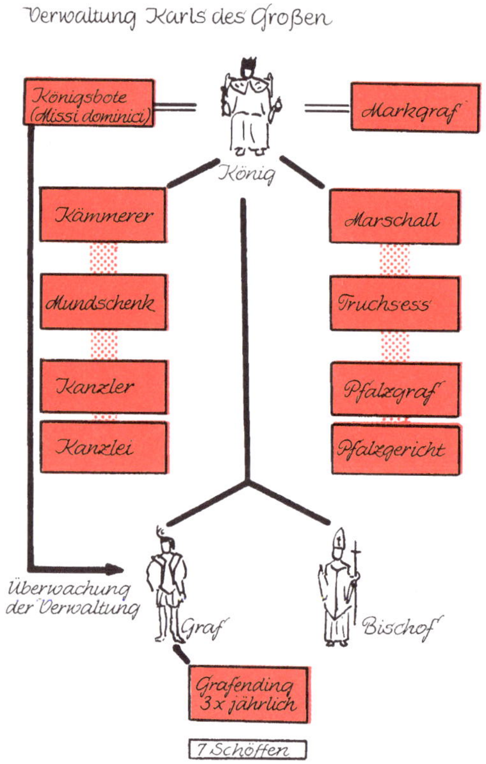

Nach außen zeichnet sich dieses Reich durch eine andauernde Folge von Kriegen gegen die Nachbarn und stete Expansion aus: 507 mit Hilfe der Burgunder Sieg über die →*Westgoten* bei *Vouillé (Vouglé)*; 531 mit Hilfe der Sachsen Eroberung des →*Thüringerreiches*, 532—534 unter *Chlotar I.*, *Childebert I.*, *Theudebert I.* Unterwerfung des →*Burgunderreiches*. 535—537 Franken in Rest-*Alamannien*, der Provence und am Mittelmeer; 539 ›Anschluß‹ Bayerns. Zwischen 561 (Tod *Chlotars I.*) und etwa 680 zerfällt das so schnell gewachsene merowingische Staatswesen trotz der Einigungserfolge unter *Chlotar II.* (613—629) und *Dagobert I.* (629—639), bis die Hausmeier und Karolinger *Pippin I.*, *Pippin II.*, *Karl Martell* und als erster karolingischer König *Pippin der Kleine* das Reich zu neuer Macht führen.

Das christliche Reich der Franken ist eingespannt in die weltpolitischen Zusammenhänge zwischen Toledo und Byzanz. Seine Blütezeit, beginnend mit der Ablösung der Merowinger durch die Karolinger und bestimmt durch die überraschende Krönung *Karls des Großen* zum »Carolus Augustus, dem großen und friedenbringenden Kaiser der Römer« am 25. Dezember 800 im Petersdom zu Rom, ist die Geschichte des Abendlandes, nicht mehr die Geschichte der Germanen. An der geschichtlichen Entwicklung Europas haben die Germanen in den folgenden Jahrhunderten kaum mehr Anteil als Kelten und Slawen, Römer und Türken, denn das Reich der Karolinger ist kein germanisches, sondern ein christliches Reich, errichtet aus den vielfältigen politischen Baumaterialien des untergegangenen Imperiums. Schon bald haben die Vermischungen der Völker, die kulturellen Überlieferungen stärkere Kraft gehabt als jene »Stimme des Blutes«, die im Dritten Reich auf den Schulungsabenden der NSDAP zu Worte kam und eine direkte Nachfolgeschaft zwischen den Germanen der Völkerwanderungszeit und den Einheiten der SS zu konstruieren versucht hat.

Siehe auch →*Franken*, →*Westgoten und Langobarden*, Seite 40 und →Seite 240.

Met

Der Name ist aus einer indogermanischen Sprachwurzel abgeleitet, die *medhu* heißt und ein gegorenes Getränk der Urzeit meint. Im Altindischen heißt es *madhu* und bedeutet Süßes oder das Süße. Auch im Griechischen (*méthy* = Wein) und im Altirischen (*mid*), im Altslawischen (*medu*) und im Litauischen (*medùs*) findet sich die Bezeichnung, die im Altgermanischen *médu* lautet und Honigwein meint. Das Getränk ist aus der Bronzezeit im Beigefäß eines germanischen Frauengrabes als Bodensatz festgestellt; allerdings war es kein reiner Met, wie er heute noch vor allem in den osteuropäischen Ländern hergestellt wird, sondern der Bodensatz eines Trankes, der aus Weizen, Beeren und Honig angesetzt war. Die für die Gärung notwendige Hefe ist wohl schon den höheren Sammlervölkern vertraut gewesen, spätestens aber zusammen mit dem Getreide bekannt geworden (Wahle).

Möbel

Nur die germanischen Sprachen haben ein Wort für *Heim*, was Anlaß genug bietet, über die scheinbar besonders innige und vom Klima offenbar begünstigte Beziehung des ›germanischen Menschen‹ zu seinen vier Wänden zu spekulieren. Allerdings, wenn man das Klima als Erklärung heranziehen möchte, geht man fehl: nicht nur die unter freiem Himmel lebenden Südländer, das heißt in diesem Falle die Romanen, sondern auch die Russen kennen trotz sibirischer Kältegrade kein Wort für Heim; sie sprechen dafür vom ›häuslichen Herd‹, also von der Wärmequelle (Birket-Smith). Man weiß, daß die Seßhaftigkeit eine Folge des Ackerbaues ist, und wiederum, daß bei Erschöpfung des Bodens neue Landstriche urbar gemacht werden müssen. Dann brechen ganze Teile eines Stammes auf, um Neuland zu suchen, oder die Dorfgemeinschaft selbst verlegt ihre Wohnsitze.

In diesen Rahmen ist auch die Frage nach ›Möbeln‹ zu stellen. Die Germanen des Tacitus haben Möbel wahrscheinlich erst bei den Römern kennengelernt. Das Wort *Stuhl* kommt her von ›Gestell‹ (mhd. *stuol*) und meint den Hochsitz, also das Gestell, auf dem einer thront, nicht ein Gebrauchsmöbel. Allerdings hat man aus der nordischen Bronzezeit ein sägebockartiges Gestell gefunden, das auf ein römisches Vorbild, den *Faltstuhl*, verweist. Im Altnordischen gab es den *knakkr*, den *Baumstumpf* mit drei als Füßen zurechtgestutzten Wurzelenden. Im übrigen wird für die Germanen gelten, was *Diodor* (20 n. Chr.) von den Kelten sagt: sie hätten nicht alle auf Sesseln gesessen, sondern auf der Erde, auf Unterlagen von *Wolfs-* und *Hundefellen.*

Der *Tisch*, ursprünglich Opfertisch, in der griechisch-römischen Antike als Klapptisch, als drei- und vierbeiniger Tisch und als runder Tisch bekannt, ist bei den Germanen der Völkerwanderung eine Art Servierbrett auf Beinen gewesen, *biuda* genannt. Er wurde zum Essen vorgesetzt und hinterher weggenommen.

Durch Grabungen und Darstellungen überliefert sind *Truhenformen* und einfache *Liegen, Bettgestelle* also. Eine einwandfreie Zuordnung und Herkunftsangabe ist aber problematisch.

›Moorleichen‹ / Mumifizierte Leichen

Daß ein Toter mit Beigaben versehen bestattet wird, setzt eine bestimmte Vorstellung vom Tod voraus, es ist — um einen Begriff der Völkerkunde heranzuziehen — die Idee des *lebenden Leichnams*, die allen Versuchen einer Mumifizierung, einer dauerhaften Bestattung zugrunde liegt. Man trocknet den Toten, der einem so wichtig ist, am Feuer aus und nimmt ihn mit, man verschließt ihn in Körben wie bei den Indios in Nord-Arizona, verpackt ihn in Lehm wie in Neu-Mexiko oder konserviert ihn so kunstvoll, wie dies die Ägypter taten.

Trotz dieses Aufgebots an raffinierten Techniken rufen diese Mumien kaum noch den Eindruck der lebenden Person hervor.

Ganz anderen Aussehens sind die Leichen aus der ›germanischen‹ Frühzeit, die, in Baumsärgen bestattet oder im Moor versenkt, erhalten blieben. Sie haben sich aus Gründen, die bei der Bestattung oder Versenkung niemand vorhersehen konnte, auf eine so hervorragende Weise konserviert, daß man nicht nur Gerippe oder Knochenreste, sondern den vollständig erhaltenen Leichnam freizulegen vermag. Die Erklärung für diese Konservierung liegt in der Art der Bestattung bzw. in den chemischen Prozessen, die im Holz des Sarges, im Boden oder im Moor wirksam werden.

Bestattung. Vielfach wurde der Tote in eine frische Rinderhaut eingehüllt und in einem *Baumsarg* aus Eichenholz, einem mit primitiven Werkzeugen ausgehöhlten Stamm, beigesetzt. Diese *egekister* (dän.) stellte man auf den Boden, um dann einen Hügel aus Heideplaggen darüber aufzuhäufen. Wenn nun die oberen Schichten im Laufe der Zeit austrockneten, verkitteten die Restbestandteile der Plaggen miteinander; so bildete sich, in mehrfachen Linsen, sogenannter *Ortstein*, der den Inhalt des Sarges gegen Luft und Feuchtigkeit abschloß. Die frische *Gerbsäure* des Eichenholzes verstärkte die konser-

Holzsarg des alamannischen Friedhofs von Oberflacht/Württemberg mit Schlange als Symbol des Totenreichs. — Römisch-Germanisches Zentralmuseum, Mainz.

Moorleiche von Tollund, Dänemark. Das Opfer wurde mit einer Schlinge erdrosselt. Aufbewahrungsort: Silkeborg Museum, Dänemark, Foto: Nationalmuseet, Kopenhagen.

vierende Wirkung. So kommt es, daß man Menschen hat ausgraben können, deren Körper rund 3000 Jahre überdauert hat — man sieht Statur und Haar, Haut und Augen wie bei jemandem, der erst vor wenigen Stunden verstorben ist.

Moor. Neben den Bestattungen gab es — vor allem in der Eisenzeit — noch die Versenkung im Moor. Auch hier ist der Leichnam auf verblüffende Weise konserviert worden, und so haben die Toten aus den Heidegräbern und die Moorleichen, von denen man einige schon im 17. Jahrhundert aufgefunden hat, für die Vorgeschichtsforschung erhebliche Bedeutung bekommen. Man weiß heute, daß es sich bei den Moorleichen um Menschen handelte, die aus der Gemeinschaft ausgestoßen worden sind. Leider gibt es, etwa über die Hinrichtung von Verrätern, von Ehebrecherinnen oder sonstigen ›Rechtsbrechern‹ *(→Recht)* der frühen Germanenzeit keine schriftlichen Zeugnisse, wenn man von ein paar Textstellen in der *Germania* des *Tacitus* absieht. Man kann also nur vermuten, was sich da im Moor abgespielt hat.

Insgesamt hat man bis heute rund 500 Moorleichen in Dänemark, Holland und Nordwestdeutschland entdeckt. So stark hat die Konservierung durch die Moorsäuren gewirkt, daß die meisten wie schlafend aussehen: aus dem archäologischen Fund wird unversehens ein Mensch, wenn der Archäologe die Ruhe des Antlitzes, das Spiel der Linien, die Gemütslage des Toten beschreibt. Übereinstimmend werden der kräftige Wuchs und die breitschultrige Statur dieser Menschen genannt. Ein Marinearzt der Vorkriegszeit hat eine männliche Moorleiche untersucht und festgestellt, daß der Mann an Ausdauer und Kraft selbst den kräftigsten Männern der Marine, etwa Marineheizern und Matrosenartilleristen, weit überlegen gewesen wäre (Pörtner).

Grabbeigaben/Kleidung. Während die Grabfunde, der Vorstellung vom lebenden Leichnam entsprechend, ein reiches Material an Beigaben liefern, die wiederum Rückschlüsse auf Handwerk und Handel, Herkunft und Glauben zulassen, sind die Moorleichen ohne ›Aufwand‹ versenkt worden. Moorleichen sind ja die sterblichen Überreste von ›Kriminellen‹ — ihr schimpflicher Tod, der freilich zugleich den Göttern als Opfer galt, ließ keine solche Ausstattung zu. So kann man an den Moorleichen nicht viel mehr als den bronzezeitlichen Alltag studieren, vor allem die Kleidung, die ja meist besonders gut erhalten war, und die Bart- oder Haartracht *(→Haartracht)*. Auffallenderweise sind fast alle im Moor gefundenen Männer glattrasiert. Die Hosenformen, wie sie bei Moorleichen gefunden wurden, sowie den prächtigen Umhang des Mannes von *Thorsberg* beschrieben wir schon *(→Kleidung)*.

Einem weiteren Publikum bekannt wurden vor allem die Funde von *Thorsberg* in der Nähe von Flensburg und *Tollund* in Dänemark.

Besonders sensationell wirkte der *Fund von Egtved* im südlichen Jütland: Man fand in einem Baumsarg die Leiche einer weiblichen Person, eines jungen Mädchens von 15 Jahren, die jedoch keineswegs auf so züchtige Weise gekleidet war, wie dies die Apostel der nordischen Sittenstrenge so gerne gesehen hätten. An einem sechsmal um den Leib gewickelten Gürtel hing ein Rock aus Hunderten von Schnüren, die in kleinen Bronzekapseln endeten — wie reizvoll dieser ›Rock‹ am quicklebendigen Körper des Mädchens ausgesehen haben muß, haben sich selbst Archäologen unschwer vorstellen können. Ob es sich um die Mädchentracht eines bestimmten Stammes oder um nordische Sitte, um ein Tanzkleid oder um eine illyrische, also aus dem Osten stammende Mode handelte, wird sich mit letzter Sicherheit erst an neuen Funden klären lassen.

Moriner

Stamm südwestlich des Rheindeltas.

Bohlenweg XLIII (IP) aus dem Großen Moor bei Diepholz, um 200 v. Chr., Parallelweg zu XLII (IP), siehe Seite 186. Breite des Weges etwa 3 m.— St. Museum f. Naturkunde und Vorgesch., Oldenburg.

Musik
Die germanischen Sprachen überliefern mehr Ausdrücke aus dem Reich der Töne als andere Sprachen: *singen* und *klingen*, *gellen* und *blasen*, *Laut* und *Lied*, *Saite* und *Weise* sind solche Ausdrücke. Auch *Fidel* und *Geige*, *Harfe* und *Horn*, *Pfeife* und *Pauke* sind germanischer Herkunft. Diese Reihe läßt sich erheblich verlängern: *tosen*, *schwirren*, *brummen*, *girren*, *brausen*, *sausen*, *schluchzen*...
Auch die Unterscheidung zwischen der *Spielmelodie* (got. *laiks*, adh. *leich*) und der *Gesangsmelodie* (*leod*, Lied) geht auf frühe Zeiten zurück.
Die ältesten *Musikinstrumente* auf deutschem Boden sind 13 *Trommeln* aus Ton, die bei Halle und Merseburg gefunden worden sind und aus Megalithgräbern stammen; man kann sie also nicht als germanisch bezeichnen. Aus dem Bronzezeitalter stammen die sogenannten *Luren* (altnord. *ludr* = Horn, Trompete): diese bis zu zweieinhalb Meter langen Trompeten aus Bronze geben wie alle Blasinstrumente die sogenannte Naturtonreihe, deren erste sechs Töne einen Dreiklang bilden. Darüber hinaus erhält man die Töne einer allerdings unreinen diatonischen Tonleiter ($b.c^1.d^1.c^1.f^1.g^1.a^1.b^1$). Die Luren sind paar-

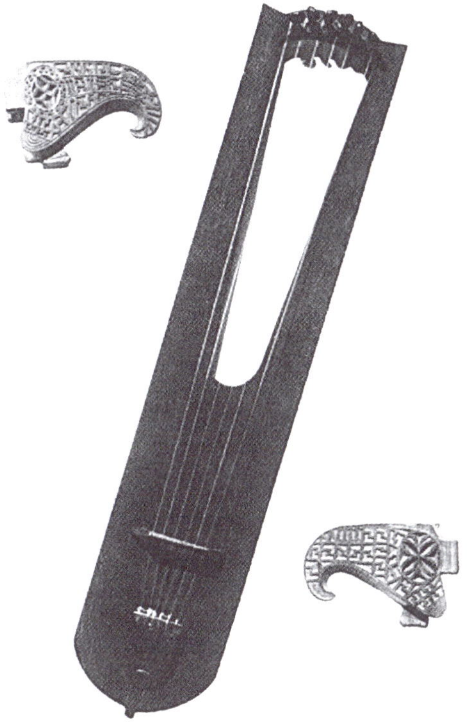

Geschnitzte Holzarbeiten sowie hölzerner Körper eines fideländhnlichen Musikinstruments (Kithara) aus dem alamannischen Grab von Oberflacht.— Württembergisches Landesmuseum, Stuttgart.

weise gefunden, also wohl auch paarweise geblasen worden, und ergaben eine zweistimmige weit hallende harmonische Musik.
Goldene und silberne kurze *Hörner* mit Runeninschriften hat man in den Ostsee- und in den Donauländern gefunden. Auf diese Tradition gehen wohl die im Mittelalter gebräuchlichen *Olifante* zurück, reich geschnitzte Hörner aus Elfenbein. *Flöten* finden sich im Bereich der germanischen Frühgeschichte nicht, aber *Klappern* und *Rasseln*.
Die *Kithara*, das viersaitige Instrument des fahrenden Sängers ist auf Münzen des 5.—7. nachchristlichen Jahrhunderts abgebildet und in Alemannengräbern gefunden worden. Streichinstrumente kannte man vor dem 9. Jahrhundert nicht, Herrn Volkers *Fidel* aus dem Nibelungenlied war wohl eine *fidula* (span. *vihuela*, ital. *viola*, frz. *vielle*), also ein Saiteninstrument mit vier Saiten, vermutlich ohne Bogen.

N

Naharnavaler (Silinge?)
Von Tacitus im Zusammenhang mit →*Lugiern* erwähnt; Herkunft unsicher.

Nahrung
Die germanischen Stämme lebten vor allem vom →*Ackerbau*. Das *Vieh*, selten mehr als 50 Tiere je Hof, spielte für die Ernährung nur eine ergänzende Rolle, war aber für die Entstehung von ›Besitz‹ wichtig. Vor allem bestand die Nahrung also aus Getreide.
Brot, das Gebäck mit Sauerteig, war unbekannt. Man buk den Teig als Fladen auf der Herdplatte oder aß *Körnerbrei*, als die römischen Bäcker schon längst Brot und Kuchen buken. Erst unter den Karolingern hat sich Brot auch im Frankenreich durchgesetzt. Die auf dem Herd oder in einfachen, kuppelförmigen Lehmöfen gebackenen Fladen mußten warm gegessen werden, weil sie sonst steinhart wurden.
Vieh wurde nur geschlachtet, wenn es keine Milch mehr gab oder nicht mehr als Zugvieh taugte. Zwar konnte man die meisten Tiere über den Winter nicht halten, weil die Futtergrundlage fehlte, andererseits machte es den frühen Ackerbauern Schwierigkeiten, Fleisch zu konservieren. Man konnte es nur *einpökeln* oder an der Luft *trocknen*.
Beeren, *Pilze* und *Nüsse*, planmäßig gesammelt, ergänzten die Nahrung. Auch hat man schon in der Bronzezeit die *Imkerei* betrieben und Honig gewonnen.
Honig war auch das Grundprodukt für den *Honigwein*, den Met, und das *Wachs* brauchte man für den Bronzeguß *(→Bronzezeit)*.
Salz, wesentlicher Bestandteil der Ernährung, spielte verständlicherweise bei den Germanen ebenfalls eine wichtige Rolle; Salzquellen stellten die wichtigste Form von Bodenschätzen dar. Man leitete, um das Salz zu gewinnen, Sole entweder über brennendes Reisig oder ließ sie auch in Tonbehältern verdampfen. Mehrfach wurden Stammeskriege zwischen verschiedenen germanischen Stämmen um Salzquellen geführt, zum Beispiel zwischen *Hermunduren* und *Chatten* entweder bei Salzungen an der Werra oder bei Kissingen an der Fränkischen Saale.
Die Nahrung der Germanen war also vielseitig und wohl allgemein ausreichend, wenn es keine Mißernten gab. Im Laufe ihrer Zivilisierung haben die Germanen vor allem von den Kulturen des Mittelmeeres profitiert, aber die Römer wußten ihrerseits außer der germanischen *Gans* vor allem die *Mohrrübe* zu schätzen; sie ist von Norden nach Süden ›gewandert‹, und Kaiser *Tiberius* ließ sich jährlich eine Sendung Mohrrüben und Rapunzelsalat kommen.

Naristen (Narister, Varisten)
Dieser Stamm saß in der Oberpfalz und war vielleicht →*venetischer* Herkunft. Die Varisten haben in den →*Markomannenkriegen* gegen die Römer gekämpft und sind z. T. später nach Burgund umgesiedelt worden, vermutlich um 534 (Schwarz), als die →*Franken* →*Thüringer* und →*Burgunder* besiegt hatten.

Nemeter
Stamm im Oberrheingebiet um Speyer.

Nervier
Stammesgruppe der ›linksrheinischen Germanen‹ zur Zeit Caesars, etwa im Gebiet der Schelde.

Nibelungenlied
Nibelungentreue meint eine Treue im Untergang, die gegen alle Vernunft und ohne jeden Zweck gehalten und mit dem unentrinnbaren eigenen Ende besiegelt wird — ein ›heldisches‹ Schauspiel, das noch im Zweiten Weltkrieg das Klischee für längst sinnlos gewordene und skrupellos manipulierte Gefühlswelten lieferte.
Wer sich nie mit dem um 1200 als Epos niedergeschriebenen Nibelungenlied hat intensiver beschäftigen können, neigt zu der Auffassung, es handele sich um ein Heldenlied aus der Völkerwanderungszeit, das Kampf und Untergang germanischer Recken in König Etzels Halle schildert. In Wirklichkeit ist das Nibelungenlied ein höfisches Epos über die *burgonden*, mit dem sich die germanistische Forschung seit fast 200 Jahren beschäftigt hat, ohne seinen in einzelnen Teilen aus der Völkerwanderungs-

zeit stammenden geschichtlichen Hintergrund und andere Rätsel seiner Entstehung endgültig klären zu können.

Der Name der Nibelungen. Der Name *nibelunge* wird den Männern, von denen die Rede ist, insgesamt überhaupt nur neunmal zugeordnet — und schon hier setzen die Fragen ein: wo das Land der Nibelungen gelegen hat, wo der *Hort* herstammt, der dann später in den Rhein versenkt worden sein soll, weiß niemand zu sagen. Im Lied selbst heißt es, *Siegfried* habe *Schilbung* und *Nibelung*, die Söhne eines tapferen Königs, in einem Streit erschlagen, wobei es ursprünglich darum ging, einen Schatz zu teilen, den diese aus einer Höhle bargen. Siegfried, zufällig vorüberreitend, schlichtete den Zwist nur unvollkommen, denn man war über seine Teilung aufgebracht. So erschlug er mit dem Schwert *Balmung*, das ihm bei dieser Teilung zugefallen war, ohne große Umstände die Nibelungen samt zwölf Gefolgsleuten, übernahm die Herrschaft über »Land und Burgen« und bezwang den mächtigen Zwerg *Alberich*. Eine etwas ungereimte und dunkle Geschichte, die jedenfalls nicht rechtfertigt, die Herren aus Worms Nibelungen zu nennen.

Entdeckung des Epos. Seit wann kennt man überhaupt dieses Epos? Im Jahre 1755, im gleichen Jahr, in dem in Göttingen das Fach Altphilologie gegründet wurde, entdeckte der Arzt *Jakob Hermann Obereit* in der Bibliothek des *Grafen von Hohenems* (Vorarlberg) eine der mittelalterlichen Handschriften des sogenannten Nibelungenliedes. Ein breites Interesse weckte dieser Fund auch nach seiner wissenschaftlichen Publikation nicht, weil man sich damals mehr für Griechenland als für das Mittelalter interessierte. Die politischen Zustände mußten sich grundlegend ändern, um für das ›alte Teutschland‹ (→Seite 9) Leidenschaften zu wecken; dies geschah, als Napoleon Europa eroberte und das Bürgertum die Niederlage Preußens erlebte, die Ohnmacht der Fürstenherrschaft: Nun träumte man sich in ein einiges Deutschland auf demokratischer Grundlage und griff auf Vorbilder zurück. In dieser vielschichtigen Geistesbewegung der Romantik belebte sich auch das Interesse am Nibelungenlied neu, das ein Bild des mittelalterlichen Deutschland zu liefern schien und dazu diente, »der Nation ein Bild ihres alten Ruhmes, ihrer alten Würde und Freiheit im Spiegel der Vorzeit vorzuhalten und dadurch jeden Funken von Nationalgefühl anzufachen« (Friedrich Schlegel). *Goethe*, der *Karl Simrocks* Übersetzung des Jahres 1827 gelesen hat, äußerte sich ebenfalls: »Dieses Werk ist nicht da, ein für allemal beurteilt zu werden, sondern an das Urteil eines jeden einen Anspruch zu machen und deshalb an die Einbildungskraft, die der Reproduktion fähig ist, ans Gefühl fürs Erhabene, Übergroße, sodann auch das Zarte, Feine, für ein weitumfassendes Ganze und für ein ausgeführtes Einzelne. Aus welcher Forderung man wohl sieht, daß sich schon Jahrhunderte damit zu beschäftigen haben werden.« In der Tat ist dies seitdem geschehen, und so umfaßt die Literatur über das Nibelungenlied mehrere tausend Bände.

Die Siegfriedsage. Das Epos selbst zählt etwa viertausend Verse und vereinigt im wesentlichen zwei große Sagenkreise, nämlich den *Siegfriedbereich* und den *burgundischen Völkerwanderungsbereich, verbunden mit der Sage von Kriemhild und Etzel*, wie sie im *Sigurdlied* und dem *Atlilied* der *älteren Edda* aus dem 9. Jahrhundert überliefert sind. Entsprechende mündlich weitergegebene Heldenlieder des burgundisch-fränkischen Raums über Siegfried und Brunhild, den Untergang der Burgunden und die Rache von Gunthers Schwester entstanden zur Zeit des 5./6. Jahrhunderts. Die ›sympathischen‹ Züge Etzels wurden wahrscheinlich im bayerisch-österreichischen Raum aus der dort heimischen *Dietrichsage* übernommen.

Im ersten Teil des Nibelungenliedes geht es zunächst um *Siegfried*, den jungen Ritter der Nibelunge, der mit seinem Gefolge an den Hof des Königs *Gunther* zu Worms kommt, gegen die Friesen kämpfend Kriegsruhm erwirbt und für König Gunther *Brünhilde* gewinnt, die unbezwingbare Jungfrau. Er selbst heiratet die schöne *Kriemhild*, der gegenüber er sich seines geheim gehaltenen Sieges über Brünhild rühmt. Es kommt zu der berühmten Zankszene zwischen den Frauen um die Frage, wer den besseren Mann habe. *Hagen*, der erste Mann an König Gunthers Hof, läßt sich von Kriemhild sagen, wo Siegfried verwundbar ist — die Geschichte vom Drachenblut, das ihn unverletzlich macht, wurde vorher mit einem Satz erzählt —, überredet ihn zu einer Jagd und ersticht ihn an einer Quelle. Dieser Mord aus der Unerbittlichkeit des königtreuen Mannes an dem ›wortbrüchigen‹ Helden hat im deutschen Gefühlsleben eine bemerkenswerte Rolle gespielt *(→Siegfried)*. Kriemhild wird dem Hagen diesen Mord nie verzeihen. Ihr Erbe, der goldene Schatz der Nibelunge, den König Siegfried seinerzeit erstritten hat, wird an unbekannter Stelle in den Rhein versenkt.

Es gibt verschiedene uralte Fassungen dieses eher märchenhaften als historischen Stoffes, aber den Entwicklungsgang über bestimmte rekonstruierte Vorstufen zweifelsfrei zu klären, ist bisher nicht gelungen und dürfte auch unmöglich sein (Brakkert). Eine spekulative Überlegung stellt einen Bezug zur historischen Einheirat eines Merowingers in das burgundische Königshaus und zum Tod des Merowingers her, eine andere sieht Grundlagen für die Siegfriedfigur in der historischen Gestalt des *→Arminius (→Siegfried)*.

Der Untergang der Burgunder. Der zweite Sagenkreis spiegelt teilweise identifizierbare Ereignisse der Völkerwanderungszeit wider. Am Mittelrhein hat es tatsächlich ein Burgunderreich um den Raum von Worms gegeben (*→Burgunder*), und die legendären Namen der Könige *Gunther* und *Giselher* sind geschichtlich bezeugt: Unter König *Gundahari* kämpften die Burgunder gegen die römischen Gallier und wurden von dem weströmischen Heermeister *Aetius* (→Seite 164) im Jahre 436 geschlagen. Wenig später haben hunnische Hilfstruppen des Aetius die Burgunder fast aufgerieben und Worms zerstört. Beide Könige der Burgunder starben auf dem Schlachtfeld, allerdings ist ihr Gegner nicht ›König *Etzel*‹, das heißt *Attila*, gewesen. Hier muß jedoch beachtet werden, daß es eine Eigenart der →*Heldensage* ist, verschiedene Zeiten und Ereignisse zu verknüpfen.

Kriemhild und Etzel. Neben den beiden Sagenkreisen des ersten Teils schildert der zweite Teil des Nibelungenliedes, wie die ferne Kriemhild von dem verwitweten König Etzel umworben und zur Gattin gemacht wird. Schließlich hat sie genug Macht, um ihre Rachepläne, die sie nie aufgegeben hat, in die Tat umzusetzen: sie läßt die Recken aus Worms an den Hof König Etzels einladen. Deren Mißtrauen wird zerstreut, nur der skeptische Hagen ahnt das Unvermeidliche, das ihm während des Donauüberganges in einer sehr seltsamen Szene von den ›Meerjungfrauen‹ denn auch prophezeit wird. Von nun an ist das Verhängnis nicht mehr aufzuhalten. Auf ihrem Zug entlang der Donau sind die Burgunden zu Gast beim edlen *Rüdiger von Bechelarn*, dem heutigen Pöchlarn. Er wird halb widerwillig zu einem Gefolgsmann König Gunthers. Am Hof des Hunnenkönigs kommt es zur ersten Konfrontation zwischen der Königin Kriemhild und Hagen, später zu verschiedenen Provokationen, bis schließlich der Kampf beginnt, eine ins Riesenhafte gesteigerte Saalschlacht, die bekanntlich mit dem Tod aller endet: Kriemhild köpft den verhaßten Hagen, der als einziger Held das Gemetzel überlebt hat, und wird selbst vom ›alten Hildebrand‹ erschlagen, weil König Etzel von der Tatsache angewidert war, den tapferen Helden ›von der Hand einer Frau‹ sterben zu sehen.

Die Autoren und Handschriften. Der Sagenkreis um Siegfried und der um die Vorgänge in Worms, ältere Elemente enthaltend, sind von einem unbekannten Verfasser in jenes Epos gebracht worden, das in verschiedenen Handschriften überliefert ist. Wie die verschiedenen Schichten zu deuten und zeitlich zu ordnen seien, ist Gegenstand jahrzehntelanger Forschungen gewesen. Schon der berühmte Germanist *Karl Lachmann* (1793—1851) hat als 23jähriger im Jahre 1816 eine Probevorlesung mit dem Titel gehalten: *Über die ursprüngliche Gestalt des Gedichts von der Nibelungen Noth.* Den oder die ›Bearbeiter‹ des Nibelungenliedes kennt man nicht. Als Vermutung bietet die Fachwissenschaft folgende Züge des ›Täters‹ an: er dürfte aus dem Raum Passau stammen, eine gewisse Kenntnis höfischer Bildung besessen haben und könnte demnach ein theologisch gebildeter Hofbeamter gewesen sein. Während man im 19. Jahrhundert an einen Spielmann, das heißt einen Berufsdichter *(→Heldensage)* glaubte, ist jetzt eine neue Auffassung geäußert worden: der Mann sei zwar Berufsdichter gewesen, habe aber theologische Bildung besessen und im Raum Passau gelebt. Alle Wissenschaftler sind sich einig, daß mit dem im Lied erwähnten Bischof *Pilgrim von Passau* auf den historischen Bischof *Pilgrim* (971 bis 991) angespielt wird. Das Lied selbst ist vermutlich von Bischof *Wolfger von Erla* in Auftrag gegeben worden, der 1191—1204 Bischof von Passau und Gönner des *Walther von der Vogelweide* war.

Die Frage der Handschriften ist eine Sache der Fachwissenschaft; der Streit um zeitliche Zuordnung und Echtheit hat die Germanistik des 19. Jahrhunderts lange beschäftigt. Die meist frühen Pergamenthandschriften sind in der Forschung mit A, B, C, D, E, I, O, S gekennzeichnet, die Papierhandschriften mit a, b, d und h. Insgesamt gibt es 10 vollständige und 22 unvollständige Exemplare der Handschriften. Als Fundorte werden u. a. *St. Gallen, München, Bozen,* das erwähnte *Hohenems* und *Donaueschingen* genannt. Die unter B eingeordnete St. Galler Handschrift kommt wahrscheinlich der Urfassung am nächsten.

Es gibt in diesem Epos zahllose Ungereimtheiten, logische Widersprüche und erzählerische Sprünge. Die Wirklichkeit der Zeit um 1200 mit ihrem empfindlichen Ehrbegriff, ihren höfischen Tugenden und ihrer schnellen Gewalttätigkeit wird ebenso dargestellt wie der uralte Schicksalsbegriff der Germanen aus der Völkerwanderungszeit. Den heutigen Leser berühren die wilden, oft sinnlos anmutenden Streitigkeiten kaum noch, aber als Sittengemälde des hohen Mittelalters fesselt das Lied noch immer, wenn auch nicht in jenem Maße, wie man das in Zeiten ›nationaler Erhebung‹ erlebt hat.

Die Nacherzähler. Die deutsche Volkssage hat die Sage übernommen und im Odenwald lokalisiert. Viele Dichter haben sich seither an diesem Stoff versucht, von der Nacherzählung bei *Hans Sachs, Ernst Raupach, Wilhelm Jordan* und *Emanuel Geibel* bis zu dem Drama eines *Friedrich Hebbel*, das 1860 abgeschlossen zur *Nibelungentrilogie* wurde. *Richard Wagners: Ring der Nibelungen* mit den Opern ›Die Walküre‹, ›Siegfried‹ und ›Götterdämmerung‹ befaßt sich bekanntlich nicht mit dem ganzen Epos, sondern nur mit Siegfried. Sein Tod ist durch die todestrunkene Vision erklärt, bei der Kriemhild auch sich selbst tötet: »Sie hat sich stürmisch auf das Roß geschwungen und sprengt es mit einem Satz in den brennenden Scheiterhaufen«, so Wagners Regieanweisung, die schließlich den Rhein mit Macht über die Ufer treten und die Brandstätte überspülen läßt.

Nordgermanen

Was über die Unmöglichkeit gesagt worden ist, Germanen und Kelten bis zur Zeitwende zuverlässig zu trennen, gilt auch für die Bewohner Skandinaviens. So wurde z. B. der Grad des keltischen Einflusses auf Skandinavien stark diskutiert; der berühmte Silberkessel von Gundestrup/Dänemark hängt offensichtlich mit Formen aus Dakien und Thrakien zusammen (Pigott). Tacitus schildert in der *Germania* die *Svionen* oder →*Svear*, die Gründer Schwedens. In den ersten Jahrhunderten nach der Zeitwende finden sich in den Gräbern Skandinaviens zahlreiche Funde aus dem römischen Kulturkreis. An der Völkerwanderung sind folgende Völker aus dem skandinavischen Raum beteiligt: →*Goten*, →*Heruler* →*Gepiden*. Zum Nordgermanentum älterer Forschungen: Eric Oxenstierna: *Die Nordgermanen*.

Nordische Rasse

Die Zahl menschlicher Erbanlagen — was man darunter versteht, soll später kurz dargestellt werden — geht in die Millionen. Man hat sie auf etwa 6,7 Millionen berechnet, wobei Verschiebungen nach unten denkbar sind.

›Rasseneigenschaften‹. Die Zahl jener Faktoren, die zwischen den Menschen den sogenannten ›Rassenunterschied‹ bedingen, liegt nach verschiedenen Berechnungen zwischen 6 und 29 Erbfaktoren; jede sogenannte ›Rasseneigenschaft‹ ist aber, wie jedes anatomische Detail überhaupt, polygen, das heißt schon die Form eines Ohrläppchens, einer Fingerkuppe, eines Augenlides wird von mehreren Genen bestimmt. Das Zahlenverhältnis 6,7 Millionen zu 29 ist also mit einer gewissen Vorsicht zu gebrauchen. Immerhin besagt es, daß die rassebestimmenden Anlagen sich zu der Gesamtheit der Erbfaktoren so verhalten, wie ein Dutzend Reitpferde in einer Millionenstadt zu der Masse der Autos: allerdings fallen sie auch ähnlich auf, denn die Farbunterschiede zwischen den sogenannten Rassen sind gelegentlich evident.

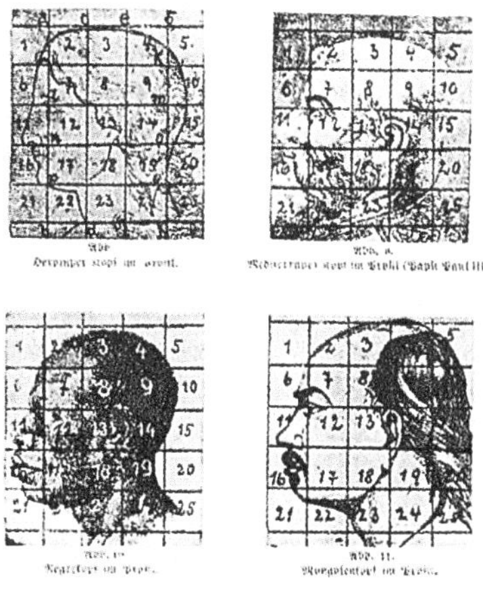

*›Rassenkundliche‹ Darstellungen eines »heroischen, mediterranen, negroiden und mongolischen« Kopfes im Ostara-Heft Nr. 27 (auch →*Ostara, *Seite 218)*

Die Problematik besteht nicht darin, festzustellen, daß der eine Mensch eine dunkle und der andere eine helle Haut hat, sondern darin, aus der Hautfarbe eine menschliche Kategorie zu machen. Das wäre etwa so, als wollte man alle Autofahrer in Rassen einteilen und jemandem aus einer Familie von Kleinwagenfahrern im Vergleich zu Menschen aus einer Familie von Omnibusfahrern andere vererbte Charaktereigenschaften, andere spezifische Begabungen zuordnen.

Tatsächlich besteht das Problem zunächst darin, einen brauchbaren Begriff für ›Rasse‹ zu finden. Die ersten, durchaus fortschrittlichen Erkenntnisse, daß sich bei dem Gottesgeschöpf Mensch wie bei Pferden und Hühnern verschiedene Rassen feststellen lassen, stammen von *Johann Friedrich Blumenbach* (*1752, †1840); man hat früher geglaubt, die ›Rasse‹ vererbe sich mit dem ›Blut‹ — daher die Begriffe wie *Halbblut*, *Mischblut*, *blaues Blut* usw. Noch *Darwin* war, weil er die Erkenntnisse von Gregor Mendel nicht kannte, diesem Irrtum verfallen.

Nachdem *Gregor Mendel* (*1822, †1884) den Gang der Vererbung in Gesetzen hat fassen können, ist die Erforschung der Vererbung bis zur Entschlüsselung des *Vererbungscodes* vorgedrungen. Anders ausgedrückt: heute scheint genetische Manipulation im Bereich der denkbaren Möglichkeiten zu liegen. Vor diesem Hintergrund stellt sich die Frage neu, was eigentlich ›Rasse‹ ist und was man über die nordische Rasse sagen kann. Um das Ergebnis vorwegzunehmen: ganz sicher ist die landläufige Meinung falsch, daß die nordische Rasse die Germanen umfasse oder umgekehrt, daß alle sogenannten Germanen zur nordischen Rasse gehört hätten, also sozusagen ›reinrassig‹ gewesen seien (→*Abstammung*, *Indoeuropäer und* ›*Germanen*‹).

Denn wenn man erst, um an das oben angeführte Beispiel anzuknüpfen, die Reiter und die Autofahrer in einer Stadt als ›Rassen‹ definiert hat, ist es nicht leicht, jene unterzubringen, die ein Auto besitzen, aber häufig reiten, oder jene, die im Winter autofahren und im Sommer reiten.

Was macht eine ›Rasse‹ aus? Nach welchem Prinzip findet man ›Rassenmerkmale‹? Alle Menschen können sich biologisch miteinander fortpflanzen, und sie sind, was ihr Eiweiß angeht, verwandt — sonst könnten sie sich nicht miteinander vermehren. — Auch kommen die *Blutgruppen*, von denen heute bis zu 8 unterschieden werden, in allen Rassen und Stämmen vor, wenn auch mit unterschiedlicher Häufigkeit. Aus welchem genetischen Ansatz auch immer der heutige Mensch biologisch gekommen ist, er erscheint vor etwa 30 000 Jahren zu Beginn des Quartärs, der eiszeitlichen Erdepoche, nach allerlei ›Zwischenstufen‹, deren Zusammenhang mit dem *Homo sapiens* nur generell festgestellt werden kann, in seiner heutigen Gestalt auf der Erde, und die ›Rassen‹ haben sich offenbar seitdem in diesem verhältnismäßig kurzen Zeitraum entwickelt.

Mutation und Vererbung. Es kann hier nicht auf die ganze Breite der Problematik eingegangen werden. Man weiß, daß die *Gene mutieren*, oder grob gesagt, daß Erbfaktoren eine *sprunghafte Änderung (Mutation)* erfahren können, deren Folgen eine entweder *verdeckte (rezessive)* oder *offene (dominante) Weitervererbung* dieser Mutation sind.
Ob *erworbene* Eigenschaften vererbt werden können, ist bis heute wissenschaftlich unbewiesen, wenn auch nicht auszuschließen.
Aus der Gesetzlichkeit der Vererbung folgt, daß eine Mutation in einer kleinen, geographisch abgeschlossenen Gruppe von Lebewesen andere Wirkungen haben muß, als wenn sie in der großen Masse aufgeht.
Damit sich also das Bild einer ›Rasse‹ ausbildet, müssen sich bestimmte ›Rassenmerkmale‹ häufen und schließlich zahlenmäßig überwiegen. Prinzipiell kann man sagen, daß die drei großen ›Rassenkreise‹, nämlich die *Europiden*, die *Mongoliden* und die *Negriden*, erst seit der jüngeren Steinzeit als »in sich und unter sich fließende Rassengemische« deutlicher erkennbar sind. (Andersen in *Rassenfrage*).
Langschädel, Rundschädel, Weiße, Dunkelhäutige. Bei den sogenannten Europiden, die man geographisch im wesentlichen auf Europa und Nordafrika bezieht, gibt es Menschen mit *langen, schmalen* und Menschen mit *runden* Schädeln — wie übrigens auch bei den Mongoliden und Negriden. Man weiß, daß der ›Langschädel‹ von nordischen Rassefanatikern

›Kulturpflege‹ im Nationalsozialistischen Reich im Sinne germanischer Vergangenheitsbezogenheit: SS-Mäner blasen auf rekonstruierten Luren (auch →Musik, Seite 207)

als ›hochwertiges Erbgut‹ bezeichnet wurde. Aber schon in der eiszeitlichen *Höhle von Ofnet* bei Nördlingen, in der Menschen aus der Mittleren Steinzeit mit 33 Schädeln regelrecht bestattet worden sind, finden sich Rund- und Langschädel — vor rund 40 000 Jahren waren also in Europa diese Unterschiede schon herausgebildet, haben sich ›Rassen‹ vermischt. Jedenfalls aber entstand in vorgeschichtlicher Zeit der Europide, der ›weiße Mann‹.
Im Laufe von vielen zehntausend Jahren kann sich die helle Haut, die dem Menschen erlaubt, mehr Vitamin D durch die Sonneneinstrahlung zu erzeugen als dunkle Haut, im sonnenarmen Norden als biologisch vorteilhaft erwiesen haben — aber auch das erklärt nicht alles, denn die eher dunkelhäutigen mongoliden Eskimos haben sich in der Arktis ausgezeichnet halten können!
Aus der für die Mittelsteinzeit geschätzten Bevölkerung von 2 Millionen Menschen sind die heutigen 3 Milliarden hervorgegangen. Seit wann sich eine ›nordische Rasse‹ gebildet hat, läßt sich nicht sagen. Wenn man Hautfarbe, Haarfarbe, Augenfarbe und einige andere auffällige Kennzeichen wie Größe oder Knochenbau nimmt, um zu bestimmen, was eine ›Rasse‹ ist, so läßt sich allerdings sagen, daß die Menschen mit heller Haut, blondem bis rotem Haar, blauen Augen und hohem Wuchs eine ›Rasse‹ sind, und daß die meisten Menschen mit diesen Kennzeichen im Raum von Skandinavien und Norddeutschland gefunden werden.
Aber jedes dieser Merkmale wird von mehreren Genen gesteuert, deren Zusammenspiel wiederum Mischungen und Verschiebungen ergibt — ganz zu schweigen von der Frage, was eigentlich über einen Menschen gesagt ist, wenn man feststellt, daß er zu einer ›Rasse‹ von Blauäugigen und Blondhaarigen gehört. Rassen unterscheiden sich durch ›seelische Merkmale‹ ebensowenig wie durch die Blutgruppen. Ganz gewiß jedenfalls sind Treue, Ehrlichkeit, Großmut, Tierliebe oder ›kulturschöpferische Leistungen‹ keine erbbiologischen Faktoren, also auch keine Rassenmerkmale, wie die völkische Rassenideologie den Menschen hat weismachen wollen.
Über die Frage, welche charakteristischen Merkmale eine Rasse ausmachen — die ja im Grunde nur ein Begriff statistischer Häufigkeit ist, und wie man die Menschen nach solchen Merkmalen in Kategorien einteilt, gibt es naturgemäß die unterschiedlichsten Meinungen. Dabei sind sich alle Forscher nur in einem Punkte einig: es gibt eine Gruppe von langköpfigen Menschen, die zugleich überwiegend blondhaarig und blauäugig ist und die, weil sie vorwiegend an der Nordsee- und Ostseeküste vorkommt, als ›nordische Rasse‹ bezeichnet werden kann bzw. bezeichnet wird (arab. *ra's* = Haupt, Ursprung; span. *raza*, ital. *razza*, engl. *race*, aus dem Französischen im 18. Jahrhundert zu Gruppe, Sorte verwandelt). Ansonsten: blond, langköpfig, blauäugig, hellhäutig kann auch in jeder anderen Kombination vorkommen.

›Nordische Rasse‹, ›Germanen‹, ›Deutsche‹. Da man den Begriff ›Germanen‹ nach sprachlichen oder auch nach geographischen Definitionen bestimmen kann, läßt sich zwischen der sogenannten ›nordischen Rasse‹ und den ›Germanen‹, was immer man darunter verstehen mag, keine Deckung herstellen. Auch kann man im Grunde heute nicht mehr davon sprechen, daß es in Deutschland verschiedene ›Rassen‹ gäbe, es gibt nur nach Merkmalen zusammengestellte Kategorien, etwa die *fälische* oder *dinarische*, die *slawische* oder die *nordische* Kategorie von Merkmalsgruppen, denen das Individuum mehr oder weniger entsprechen kann. Zwar wird niemand, der einen Finnen neben einem Südfranzosen sieht, die Unterschiede leugnen wollen, aber sie sind unerheblich, gemessen an der Tatsache, wie viel diese beiden Menschen gemeinsam haben und wieviele Faktoren andererseits jedes unverwechselbare Individuum vom anderen trennen: jeder Mensch, von eineiigen Zwillingen abgesehen, ist biologisch strenggenommen nur mit sich selbst identisch.

Wenn alle Menschen Europas, ja der Welt, wahllos und über Generationen hinweg einander heiraten würden, so wäre das Ergebnis nicht etwa eine Art nivellierter Mittelwert zwischen allen heute existierenden Rassen, sondern eine extrem variable Menschheit, in der nach wie vor europide wie negroide, ›nordische‹ und fälische Menschen geboren würden. Aber es würden außer diesen bekannten Merkmalskombinationen auch andere auftreten, die heute überhaupt noch nicht aufgetreten sind. Vor diesem Hintergrund ist auch die Frage nach der historischen Bedeutung der ›nordischen Rasse‹ in die ihr zustehende begrenzte Dimension gerückt.

Die ›nordische‹ Ideologie. Wie ist es nun zum ›nordischen Gedanken‹, zur Vergötzung des ›nordischen Menschen‹ gekommen? Diese Entwicklung ist unverständlich ohne ihren geistesgeschichtlichen Hintergrund. Seit der Renaissance hatte man sich in Deutschland für die nordeuropäischen Länder interessiert, aber durch die Schweden *Gustav Adolfs* im *Dreißigjährigen Krieg* eines Schock erlitten. Der Königin *Christine von Schweden* (1632—1654), der Tochter Gustav Adolfs und Mäzenin des französischen Philosophen *Descartes*, gelang es, neue Sympathien für Skandinavien zu wecken, und im 18. Jahrhundert bewunderte Europa den jungen *König Karl XII.* (1697—1718), der Rußland erst besiegt hatte, dann 1709 von Peter dem Großen in Poltawa geschlagen worden war und nach längerem Aufenthalt in der Türkei nach Schweden zurückkehrte — eine romantische Gestalt, gewürdigt selbst von *Voltaire*, der über ihn schrieb.

Bis ins 18. Jahrhundert, bis in die Romantik, reichte die Schwärmerei für den skandinavischen Norden. Etwa seit 1750 hatte sie sich vor allem auch der Literatur angenommen, wobei sie nordische und keltische Texte und Quellen vermischte und verwechselte; die geniale Fälschung *Macphersons*, die angeblichen Gesänge des greisen irischen Barden *Ossian*, die 1760 erschienen, haben *Goethe* mächtig bewegt und die Romantiker angeregt, das eigene Liedgut zu sammeln, Germanisches zu entdecken. Der bürgerliche Nationalismus des späten 19. Jahrhunderts hat die Vorliebe für das Nordische übernommen, bis der Krieg um die Erbfolge in Schleswig-Holstein Preußen in ein gespanntes Verhältnis zu Dänemark brachte.

Bis zu diesem Zeitpunkt ist von nordischer Rasse nicht die Rede, und wer vom Norden Europas sprach, meinte nicht die Heimat eines edleren ›Menschentums‹.

Selbst der Franzose *Graf Gobineau* (*1816, †1882), der 1872—1877 die Französische Republik am schwedisch-norwegischen Königshof in Stockholm vertrat und in seinen Werken die *→Arier* zur ›Eliterasse‹ erklärte, fand in den dortigen Menschen nicht jene Nordmenschen, die er sich als Herrenrasse wünschte. Sein Rassismus blieb im Grunde theoretisch, seine ›Moral der Stärke‹ war nicht mit einem konkreten Volk verbunden.

In der Zeit um die Jahrhundertwende entwickelte sich ein *Kulturpessimismus*, der ›sittlichen Verfall‹ glaubte feststellen zu können. Man sah die ›Masse‹ heraufkommen, wandte sich gegen den Kapitalismus ebenso wie gegen den Liberalismus, haßte den Sozialismus, als bedeute er den Untergang der Kultur, und nahm begierig die Lehre auf, daß der Stärkere siegen müsse: Zum ersten Male hatte der *Biologismus* seine große Stunde; wenn der Mensch

Runen und andere frühgeschichtliche Symbole wie zum Beispiel Sonnenräder, Hakenkreuze wurden zu Ideogrammen und Abzeichen nationalsozialistischer Organisationen.

ein biologisches Wesen war, wie sollten biologische Gesetze, etwa die natürliche Zuchtwahl und das Recht des Stärkeren, nicht für ihn gelten. Eine neue Ideologie war gefordert, dem ›Untergang des Abendlandes‹ entgegenzuwirken; alle, die 1919 nach dem Frieden von Versailles wirtschaftlich den Boden unter den Füßen verloren hatten, waren der Meinung, daß es so nicht weitergehen könne. So verbündete sich das Bürgertum, eingezwängt zwischen Arbeiterschaft und Konzernherrschaft, mit dem meist besitzlosen Adel in der Überzeugung, die ›Masse‹, aber auch den ›angekränkelten Intellektualismus‹ bekämpfen zu müssen. Ihre Hoffnung war, die *völkische Idee* werde siegen und man werde die bessere neue Ordnung finden, die sich an alten Werten orientiere. In dieser Situation begegnete der Verleger *Julius Friedrich Lehmann* (*1864, †1935), ein entschlossener Verfechter rassistischer und alldeutscher Ideen, dem jungen Autor *Hans F. K. Günther* (*1891), der 1920 ein höchst merkwürdiges Drama *Hans Baldenwegs Aufbruch. Ein deutsches Spiel in vier Auftritten* und die Bekenntnisschrift *Ritter, Tod und Teufel. Der heldische Gedanke* veröffentlicht hatte. Günther hatte einen Blick für Menschen, er erfaßte mehr, als er damals begründen konnte, und so waren auch seine Rassevorstellungen noch verschwommen. Immerhin steigerte sich aber der romantische Nationalismus des ›deutschen Spiels‹ in der Bekenntnisschrift bereits zu der Forderung nach einem *deutschen Staat nordischer Rasse.*

Lehmann lädt Günther in sein Haus nach München ein und ist beeindruckt. Während einer zweitägigen Alpenwanderung läßt er sich von dem ehemaligen Lehrer, der wegen eines Gelenkrheumatismus zwar nicht am Kriege teilgenommen, aber als Lyriker eine entsprechend heldische Gesinnung vertreten hatte, die rassenkundlichen Ideen vortragen. Nach München zurückgekehrt bittet Lehmann die Rassehygieniker *Alfred Ploetz* (*1860, †1940) und *Fritz Lenz* (*1887) um ein Gutachten, das positiv ausfällt. Nun beauftragt Lehmann seinen Autor, eine *Rassenkunde des deutschen Volkes* zu schreiben, obwohl die Anthropologen vor diesem Vorhaben warnen. Nach zwei Jahren intensiver Arbeit und gründlicher Studien in Wien und Dresden liefert Günther sein Manuskript; das Buch wird ein Erfolg und erscheint 1930, längst ehe Hitler die Macht übernimmt, in 14. Auflage.

Alfred Rosenberg, der auf Mythos und Rasse bezogene Chefideologe des Hitlerreiches, hat sich, obwohl sein Rassismus auf den Werken *Houston Stewart Chamberlains* (*1855, †1927) beruht, nach dem Zusammenbruch auf Günther berufen, der dem Zug der Zeit folgend zum ›Rassegünther‹ geworden war. Mit der 1929 veröffentlichten *Kleinen Rassenkunde des deutschen Volkes*, einer populären Kurzfassung, hatten die ›Völkischen‹ endlich ein seriöses Buch mit vergleichsweise wissenschaftlichem Charakter erhalten, auf das sie sich berufen konnten. Für die sogenannten ›Nordischgesinnten‹ hatte Günther hier ein Credo formuliert, das im ›nordischen Gedanken‹ als allgemeiner Rassismus noch heute fortlebt: so gibt es die 1957 in Großbritannien gegründete *Northern League*, deren Hauptgeschäftsstelle sich in Amsterdam befindet — mit einem Zweig in Minneapolis und einem in Kapstadt (Republik Südafrika); in Deutschland hat sich die 1927 gegründete *Nordische Glaubensgemeinschaft* im Jahre 1965 mit der 1951 in Göttingen gegründeten *Artgemeinschaft* zusammengetan — eine Wahrerin all der nordischen ›Gesetzmäßigkeiten‹, die schon Günther proklamiert hatte.

Das Wesen des ›Nordischen Gedankens‹ umfaßt etwa folgende Grundsätze: Man glaubt an die höhere Qualität der ›Nordischen‹ und an ihre Unersetzlichkeit; man ist überzeugt, daß die ›nordische Rasse‹ untergehe, wobei mit Untergang ein physisches und psychisches Aussterben gemeint ist; fremdrassische Einflüsse oder eine feindliche, etwa industrielle Umwelt ersticken das Nordische; schließlich ist man überzeugt, daß der Untergang der nordischen Rasse den Untergang der abendländischen Kultur bedeute, und entschlossen, diesen Untergang aufzuhalten. In diesem Sinne hat sich auch die SS im Jahre 1932 zu einem *Verband nordisch bestimmter Männer* erklärt, und das *Schwarze Korps*, die elitäre Zeitschrift dieser Parteitruppe, enthielt eine Beilage *Der nordische Mensch*. Sie stand damit auch in der Nachfolge der zahllosen Gruppen und Vereine, die schon vor Hitlers Machtübernahme den nordischen Gedanken gefördert hatten, wie z. B. der von Lehmann gegründete und geleitete *Werkbund für deutsche Volkstums- und Rassenforschung* und der *Nordische Ring*. Sie alle bereiteten den Boden für den Rassenwahn, für eine Ideologie von Bürgern, die sich zwar selbst nicht mit Endlösungen die Finger schmutzig gemacht haben, aber ein Rassenbewußtsein vorbereiten halfen, das Europa von ›Minderrassigen‹ zu säubern begann.

Nuit(h)onen

Von Tacitus erwähnter, nicht genau lokalisierbarer Stamm des Ostseeraumes, der nach Tacitus zusammen mit →*Reudingern*, →*Avionen*, →*Angliern*, →*Warinern*, *Endosen* und →*Suardonen* die *Nerthus* verehrte (→Seite 258 und →*Kultgemeinschaften*).

Numeri

Einheimische ›Hilfswillige‹ der römischen Truppen (→*Legion*, →*Limes*).

O

Odin (Wodan, Wotan, Wuotan), der Schamane

In der älteren Germanenforschung wird der Walvater — Herr der Walstatt, der bei den Nordgermanen *Odin*, bei den Südgermanen *Wodan* heißt, als höchster Gott der germanischen Völker dargestellt. Ruhelos durchstreift er das Land der Menschen, Riesen und Zwerge. Seit er aus *Mimirs Brunnen* getrunken hat, ist er der weiseste der *Asen*, die sich mit den *Wanen* den Götterhimmel teilen. Allerdings hat er Mimir ein Auge opfern müssen. Seine Raben *Hugin* und *Munin* bringen ihm Kunde von allem, was auf der Erde geschieht, seine Wölfe *Geri* und *Freki* verzehren die Speisen, die man ihm in Walhall vorsetzt, er selbst lebt nur vom Wein. Alle Weisheit besitzt er, und er kennt die *→Runen.* Er hält den Kampf unter den Menschen wach, um im Endkampf die Tapfersten um sich zu haben *(→Götterwelt)*; er reitet zwischen Weihnachten und Neujahr mit seiner Meute als der *wilde Jäger* dem ungeheuren *Eber Gullinborsti* nach und wird beim Endkampf der Asen vom *Fenriswolf* getötet. Neuerdings hat die Forschung die *schamanistischen* Züge des Odin/Wodan stärker herausgearbeitet. Denn die germanische Religion enthält Elemente einer Schamanenreligion, mit der die Buchreligion des Christentums eine Synthese einging (Hauck); Wodan ist der *Zauberherr*, dessen geopfertes Auge ihm das Schamanenwissen erschließt und den man auch am Raben- und Wolfsgeleit als Schamanen erkennt. Als Vatergott erleidet er die Prüfung, den Tod seines Sohnes *Baldr (Baldur).*

Schamane ist der durch Qual und Prüfung zum Heilswissen gekommene Zauberherr, dem Tiergeister dienen. Der Schamanismus ist die Kulturform der frühen Jäger und noch bis ins 19. Jahrhundert bei den nordsibirischen Jägern bezeugt. Es gab den Schamanismus in vielen unterschiedlichen Religionen, auf Feuerland, in Afrika und Australien; am häufigsten noch heute in Nordasien.

So ist Wodans wilde Jagd eine späte Erinnerung an jene Urzeit, während seine ›Kreuzigung‹ an der Weltesche, erduldet, um Runenwissen zu erlangen, an das Christentum erinnert. An den Goldbrakteaten (lat. *bractea* = dünnes Blech), die man bei Sievern gefunden hat, konnte *Karl Hauck* in seinem grundlegenden Werk *Goldbrakteaten aus Sievern* diese Zusammenhänge beweiskräftig aufschlüsseln. So zeigen Brakteatenmeister des 6. Jahrhunderts den Odin/Wodan als göttlichen Arzt und Schamanen, als Herrn des Luftraumes, und versehen ihn mit den Kaiserinsignien. Dem entspricht der Inhalt der *Mer-*

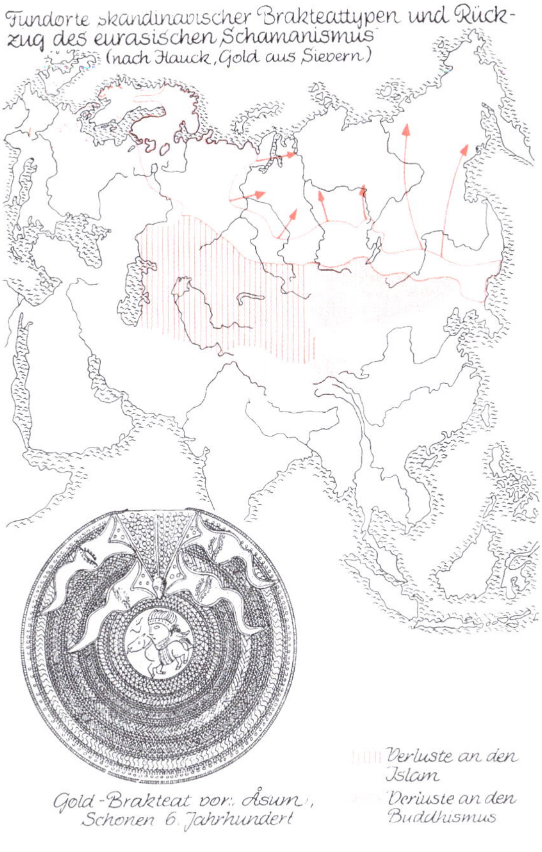

Schamanistische Formen halten sich heute noch in Nordostsibirien und in Verbindung mit dem lamaistischen Buddhismus. Die weiße Mittelzone der Karte ging an das Christentum verloren.

Merseburger Zaubersprüche

Im 10. Jahrhundert haben unbekannte Mönche auf das Vorsatzblatt einer wahrscheinlich aus Fulda stammenden geistlichen Handschrift zwei althochdeutsche Zauberformeln aufgezeichnet, die offensichtlich aus vorchristlicher Zeit stammen. Die Handschrift wurde 1841 von *Georg Waitz* in der Klosterbibliothek zu Merseburg entdeckt, das 968 Bistum geworden war. Die Verse des zweiten Zauberspruches erzählen ein Ereignis aus der Mythenwelt (→unten), bei dem die zweite, zauberähnliche Strophe sich auf den Unfall bezieht, der in der ersten Strophe beschrieben wird. *Fol* steht für →*Baldur/Baldr(M)*. Beide Götter reiten, wie es die Asen täglich zu tun pflegen, ins Holz, wohl in den heiligen Hain. Das Pferd des jungen Gottes stürzt und der Huf blutet. Die Zauberstrophe beschwört vordergründig die Gegenkräfte gegen eine Verrenkung, gegen das Ausgerissensein eines Beines und gegen eine blutende Wunde. Dahinter steht, wenn man die Baldr–Odin–Darstellungen auf Brakteaten des 6. Jahrhunderts heranzieht, der Mythus von der schamanistischen Wiederbelebung Baldrs durch Wodan (Hauck).

Fol und Wodan fuhren zu Holze
da ward Baldr sein Fuß verrenkt.
Da besang ihn Sinthgunt und Sunna ihre Schwester,
da besangen ihn Frija und Folla, ihre Schwester;
da besang ihn Wodan, wie wohl er es konnte:
»Sei's Beinrenkung, sei's Blutrenkung
sei's Gliedrenkung
Bein zu Bein – Blut zu Blut!
Glied zu Gliedern, so seien sie fest gefügt«
(F. Genzmer).

seburger Zaubersprüche, in denen die schamanistischen Zauberpraktiken des Gottes zum Zauberspruch werden.
Siehe auch unter →*Götterwelt*, Seite 133

Oppidum

Der keltische Fürst, den wir hier mit seinem Wohnsitz vorstellen, saß unweit der Donau in der schwäbischen Alb im Bereich des heutigen Oberamtes Riedlingen. Er trieb Handel mit den Griechen von Massilia im Rhônedelta, die ihm Bronzekrüge, attische Trinkgefäße, griechische Amphoren aus Südgallien und große Mengen Wein lieferten. Aus unbekanntem Anlaß, vielleicht weil er eine griechische Kaufherrntochter geheiratet hatte, ließ er von offensichtlich geschulten Kräften seine Burg modernisieren (Pörtner). Das bedeutete, sie erhielt eine Lehmziegelmauer mit rechteckigen Wehrtürmen, wie sie seit vielen Jahrhunderten im Vorderen Orient üblich war — man denke an die Bauten der Babylonier. Diese Anlage, die *Heuneburg bei Hundersingen*, 1876 entdeckt und 1948 von namhaften Gelehrten unter Leitung von *Kurt Bittel*, dem Erforscher der Hethiter, konsequent freigelegt, gab in unserem Jahrhundert ihre Geheimnisse preis: Der keltische Fürstensitz aus dem 6. vorchristlichen Jahrhundert beweist, daß in dieser Zeit zwischen den Kelten und der Mittelmeerwelt sehr lebendige Beziehungen bestanden haben müssen (→*Kelten*). Man kann annehmen, daß sich aus solchen Niederlassungen, die zunächst durch Wälle geschützt wurden, die sogenannten *oppida* entwickelt haben (lat. *oppidum* = Feste, geschützter Ort; *urbs* = Stadt). Die Kelten, in den Beschreibungen der Alten Welt als nicht sehr ausdauernd und ›wetterwendisch‹ bezeichnet, waren erstaunlicherweise gewandte Festungsbaumeister. Quer durch Mitteleuropa, von Frankreich bis Ungarn, zieht sich jenes keltische Gebiet, in dem sich Ringwälle, mächtige Schutzanlagen, befestigte Siedlungen finden. Caesar kennzeichnete die zentralen Siedlungen der Kelten ausdrücklich als Festungen, nicht als Städte, Weiler oder Dörfer. Die archäologischen Ausgrabungen haben ihm recht gegeben.

Bei den Oppida handelte es sich um wallgeschützte städtische Siedlungen mit handwerklichen Kleinbetrieben, Villen, Fürstensitzen und Hütten. Diese Siedlungen scheinen ungeplant gewachsen zu sein, zeigen aber deutlich den römischen Einfluß. In Deutschland sind u. a. bei *Kehlheim*, *Manching*, *Donnersberg* und *Staffelberg* solche *oppida* ausgegraben worden. Die Funde weisen auf eine frühe Geldwirtschaft mit eigener Münzprägung hin.

Auch in Norddeutschland hat es offenbar derartige keltische Burganlagen gegeben. Die *Heidenschanze* und der *Heidenwall* bei Sievern (Kr. Wesermünde), die *Carl Schuchhardt* (→Seite 283) noch in die Merowingerzeit datiert hat, sind nach den Ausgrabungen des Jahres 1958 von *Haarnagel* keltische *oppida* (Hauck).

Germanische Anlagen in der Form befestigter Siedlungen, die denen der Kelten auch nur vergleichbar wären, sind bisher nicht nachgewiesen worden. Dagegen gibt es möglicherweise ›germanische‹ Fliehburgen — später Gauburgen — in Moorgebieten und auf Bergen, wie sie sich besonders häufig im norddeutschen Raum, im Weser-Ems-Gebiet, im Solling und im Sauerland finden. Meist gehen allerdings auch diese Ringwälle auf ältere, ›vorgermanische‹ Anlagen zurück. Die Germanen haben zwar die *oppida*, wo sie keltisches Gebiet besetzten, übernommen, nicht aber ihre Lebensform.

In der Zeit der Konfrontation mit den Germanen — kurz vor der Zeitwende — hatte die keltische Wirtschaft wahrscheinlich einen Tiefpunkt erreicht, weil die Goldvorräte, die man für die Münzprägung benötigte, aufgebraucht waren. Die minderwertige

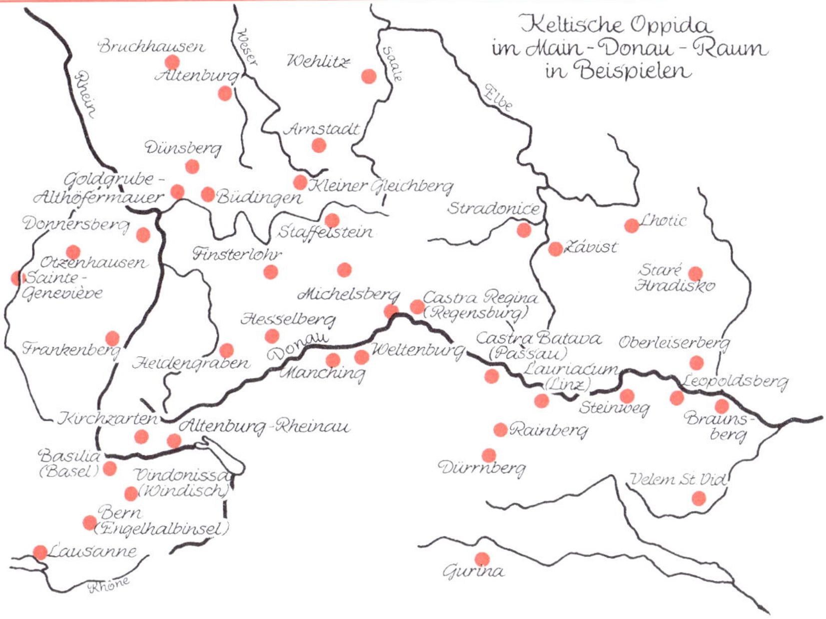

Silberwährung löste die Krise nicht, so daß man schließlich Bronzegeld ausgab. Den Germanen ist das alles fremd gewesen, und so haben sie zwar an der keltischen Kultur ihre materiellen Ansprüche entwickelt, aber nicht ihre Produktions- und Wirtschaftsformen.

Die Siedlungsform der Kelten mit ihrer städtischen Lebensweise ist untergegangen. Die europäische Stadt hat sich aus der römischen Garnison, aus dem römischen Handelsplatz entwickelt, später aus dem Marktflecken, der Klostersiedlung und der Burgsiedlung. Erst mit der Gründung von Städten beginnt aber im wörtlichen Sinn die Zivilisation, der Schritt vom Naturvolk zum Kulturvolk. Hier sieht der Historiker die Grenze zwischen einem Volk, das eine Hochkultur ausgebildet hatte, und jenen viehzüchtenden oder Ackerbau treibenden Völkern, die noch Naturvölker waren, ehe die Zivilisation sie beeinflußte. Der Bau von Städten und eine einheitliche Religion, ein einheitlicher Kunststil und eine Schrift sowie eine gemeinsame politische Ordnung sind Kennzeichen der alten Hochkulturen wie der indischen oder chinesischen, ägyptischen oder sumerischen Hochkultur, wobei die europäische Kultur aus dem Zusammenwirken verschiedener Einflüsse als ein sekundärer Kulturkreis entstanden ist.

Der ›Tafelberg‹ der keltischen Heuneburg bei Hundersingen, Amt Riedlingen/Württemberg. Grabungen in der rund zweieinhalbtausend Jahre alten Anlage förderten unter anderem Lehmziegelmauerwerk eines Fürstensitzes zu Tage. Die 200 × 300 m große Heuneburg war ein bedeutendes Zentrum keltischen Lebens. — Luftbild A. Brugger, Stuttgart. Freigegeben vom Innenmin. Baden-Württemberg, Nr. 2/26 493.

Oseberg-Fund

Im Jahre 1904 hat der schwedische Forscher *Gustavson* bei Oseberg am Oslofjord in Norwegen das Grab der *Königin Asa* ausgegraben, die zu dem berühmten Geschlecht der *Ynglinger (→Saga)* gehört. Sie ist die Großmutter des norwegischen Reichsgründers *Harald Schönhaar* gewesen (→Seite 168). Der Osebergfund umfaßt zunächst das *Osebergschiff*, das heute im Schiffsmuseum von Bygdöy aufbewahrt wird und aus dem 9. Jahrhundert stammt, ferner Wagen, Schlitten, Geräte u. a. m. Mit der Königin sind die Gebeine einer weiteren Frau sowie von vier Hunden und zehn bis fünfzehn Pferden geborgen worden.

Die reich geschnitzten, schönen Bandornamente des Osebergwagens gehören zu den eindrucksvollsten Zeugnissen des nordischen *→Tierstiles*. Man unterscheidet bei den Osebergfunden in der Gestaltung drei Meister dieses Stiles, den eher konservativen, aber perfekten *Meister der Vogelfiguren* und des *Drachenkopfes*, ferner die frühen *Greiftierformen des ›Karolingers‹ (→Greiftier)* und schließlich den sogenannten *Barockmeister*, der um 850 das ornamentale Schnitzwerk zur überquellend formenreichen autonomen Oberfläche, zu einem eigenen Kunstwerk stilisiert hat.

Einer der Schlitten vom Osebergschiff. — Universitetets Oldsaksamling, Oslo.

Oser

Wahrscheinlich illyrischer Nachbarstamm der *→Quaden* an der March (Slowakei).

Ostara

Laut Lexikon ist die Ostara die germanische *Erd-* und *Frühjahrsgöttin*. Daß man das Fest der Auferstehung Christi noch heute ›Osterfest‹ nennt, also nach heidnischem Brauch, bezeugt die unverwüstliche Beliebtheit dieser Göttin. Ihr ›heiliges Tier‹ war der Hase, Sinnbild der Fruchtbarkeit, und man schenkte einander und aß ›zu Ostern‹ bemalte Eier, auch sie Fruchtbarkeitssymbole: so kam es zum eierlegenden Hasen, einem zoologischen Monstrum.

Lanz von Liebenfels und seine Anhänger. *Ostara* hieß aber auch eine rassisch-völkische Zeitschrift, die von einem gewissen Lanz von Liebenfels (→Seite 73)

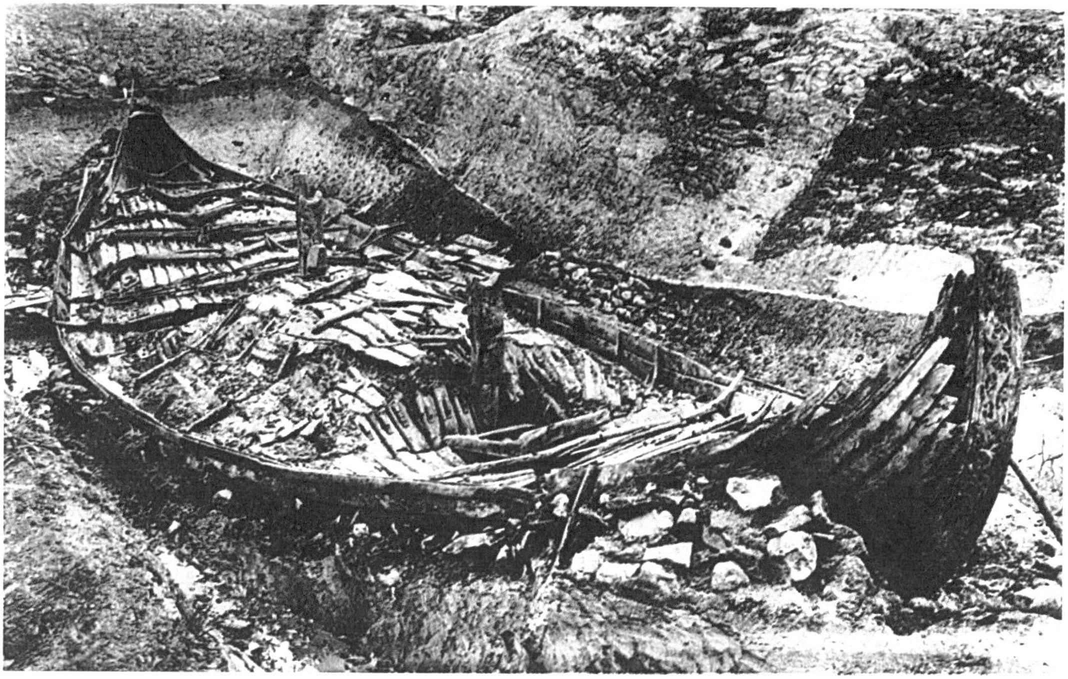

Das Osebergschiff, Grab der Königin Åsa und einer ihrer Dienerinnen, mit reichen Beigaben — darunter vier reich geschnitzte Schlitten und ein Wagen, Drachenköpfe und Gerät eines höfischen Haushaltes um 850 —, während der Ausgrabung 1904. — Universitetets Oldsaksamling, Oslo.

herausgegeben und weitgehend geschrieben wurde. Das erste Heft erschien im Jahre 1905, die letzten Hefte stammen aus dem Jahre 1931. Dieses an sich unbedeutende Blatt hat eine unverhältnismäßige Bedeutung bekommen, weil Männer wie *Hitler* und sein Parteidichter *Dietrich Eckart* es gelesen haben. Eine Äußerung des Industriellen *Johann Walthari Wölfl*, der sich als engster Freund und Finanzier des Lanz von Liebenfels bezeichnen konnte, besagt 1930: »Soviel aber können wir sagen: Ohne daß Lanz-Liebenfels es wollte, hat die *Ostara* auf Kunst, Wissenschaft, Literatur und Politik richtunggebend gewirkt und Erfolge gezeitigt, an die er nicht einmal im Traume zu denken wagte. Es sei nur daran erinnert, daß die Hakenkreuz- und Faschistenbewegungen im Grunde genommen nur Seitenentwicklungen der Ostara-Ideen sind.« Natürlich überschätzt Wölfl die Wirkung dieser Bewegung, was Italien angeht, denn es gab keinen italienischen Rassismus. Für die Ideenwelt des Nationalsozialismus, die ja ein Werk Hitlers war, trifft die Feststellung aber mit Sicherheit zu, wie noch nachgewiesen werden soll.

Wie sah nun die Weltanschauung des Jörg Lanz von Liebenfels aus, und wie ist er zu seinen abstrusen Vorstellungen gekommen? Und schließlich: wie ist es gekommen, daß Adolf Hitler sich so stark von diesen Ideen hat beeinflussen lassen?

Der Lehrerssohn aus Wien, am 19. Juli 1874 geboren, hieß in Wirklichkeit *Adolf Josef Lanz*, nannte sich später Jörg Lanz von Liebenfels und gelegentlich sogar *Lancz de Liebenfels*. Ohne Zweifel hatte er Ideen, auch auf technischem Gebiet, und war, um das Wort ›genial‹ zu vermeiden, auf seine Art ein ungewöhnlicher Mann. 1893 trat er ein Jahr nach der Reifeprüfung mit 19 Jahren ins Stift Heiligenkreuz ein, das von *Templern* geführt wurde. Dieser 1119 zum Schutz der Jerusalempilger gegründete Orden hatte eine große Tradition; der Großmeister saß lange in Jerusalem selbst, später auf Zypern. Im Jahre 1312 wurde dann der Orden vom Papst, dem er unmittelbar unterstellt war, unter dem Vorwand homosexueller Korruption aufgelöst. Der Großmeister und alle Templer in Frankreich wurden verhaftet, viele sogar hingerichtet. In Frankreich fiel das Vermögen der Templer an die Krone, in Deutschland an die *Johanniter*. Jenes österreichische Stift hatte keine große Bedeutung, doch wird man annehmen dürfen, daß der Orden umso aufmerksamer und eifersüchtiger seine Besonderheiten profilierte, je schwächer seine Rolle tatsächlich war. Die Ordensidee hat denn auch bei Lanz ›von Liebenfels‹, dessen Mystizismus sich an dem in den 90er Jahren freigelegten Grabstein eines 1254 begrabenen *Berthold von Traun* entzündete, weitreichende Wirkungen gehabt und ist Jahrzehnte später im rassisch orientierten ›Orden‹ der SS in die Wirklichkeit umgesetzt worden.

Lanz ist 1899 aus dem Orden ausgetreten und hat sich die Parole *Los-von-Rom* zu eigen gemacht. Damals gab es die ersten Ansätze der *Rassenkunde*, eines Zweiges der Anthropologie, und allenthalben begann man, im Zuge eines selbstbewußten Nationalismus und →*Pangermanismus* (→auch Seite 229), sich für die Rolle der Rasse, insbesondere der →*nordischen Rasse* in der Geschichte zu interessieren. Der Archäologe *Kossinna* (→Seite 283) hatte 1895 seinen aufsehenerregenden Vortrag über die *Vorgeschichtliche Ausbreitung der Germanen in Deutschland* gehalten, und *Houston Stewart Chamberlain* (→auch Seite 214), der Schriftsteller, nicht zu verwechseln mit dem ehemaligen englischen Premierminister, arbeitete in Dresden an seinen rassekundlichen Schriften, von denen dann *Die Grundlagen des 19. Jahrhunderts* auf die Ideologie der Nazis so entscheidenden Einfluß bekommen sollte.

Der Gedanke, daß die Rassen ungleich und die nordische Rasse eine höhere Form des Menschen sei, lag also wohl in der Luft, und der Österreicher Lanz von Liebenfels machte sie zum Mittelpunkt seiner Lehre, die er gelegentlich *ariosophisch (→Arier)* nannte. Er gründete verschiedene Vereinigungen, so die *Neuen Templer* und den *Lumen-Club*, der in Österreich im Jahr 1932 als illegal verboten wurde, und arbeitete am ›Glück des arischen Menschen‹.

1938, nach dem Einmarsch der Wehrmacht in Österreich, ließ Hitler, wohl aus Angst vor ›Kompromittierungen‹, dem Mann Schreibverbot erteilen. Nach dem Zweiten Weltkrieg verbreitete Lanz von Liebenfels, von einer wachsenden Schar von Anhängern verehrt, seine Ideen auch weiterhin, ein wirres Gemisch aus Bibelglaube und Rassismus, ehe er am 22. April 1954 starb, ein sektiererischer Souffleur der Weltgeschichte, der 1908 Hitler, mit alten Ostara-

Arisches Heiratsgesuch

»Ich suche ein arisches Mädchen zur Frau,
Mit Haaren wie Gold und Augen rein blau,
Von hoher Gestalt und kernigem Leib —
Ein echtes, ein rechtes germanisches Weib.

Die Zähne gesund im rosigen Mund,
Das Antlitz edel und offenkund:
Rein arischer Schnitt, rein arischer Geist
Soll'n zieren die eine, die Freia mir weist.

Ich wirke in sicherer Stellung und steh'
Im zweiunddreißigsten Jahre, doch eh'
Ich keltisch — für arisches Blut erkür'
Will ich's — traun! Bedenken für und für!

Drum wissen die Götter mir glückliche Mär,
So senden sie diese der ›Ostara‹ her
Unter ›Zwanzigjährig‹ zum Heil und Sieg!
Verschwiegenheit gilt! Und nun, Brieflein, flieg.«

Heiratsanzeige aus *Ostara*, Jahrgang 1906

PALA

Vorangehende Seite: Votivkrone des Westgotenkönigs Rekkeswinth, zusammen mit 9 weiteren Kronen 1858 in Guarrazar bei Toledo aus dem Boden gepflügt. — Museo Arqueológico Nacional, Madrid.

Christliche Germanen als Herrscher auf Roms Boden: Links: Stirnreif zur Krone der langobardischen Königin Theudelinde (Theodelinde), die zu den bedeutenden und uns in genauen Beschreibungen überlieferten Persönlichkeiten ihrer Zeit zählte. Die Krone ist wahrscheinlich eine gotische Arbeit. — Schatzkammer des Doms von Monza.

Unten: Palast des Ostgotenherrschers Theoderich d. Gr. in Ravenna in einer Mosaikdarstellung der von ihm erbauten Kirche San Apollinare Nuovo. Im Hintergrund die Dächer und Kuppeln der Stadt Ravenna.

Germanen im Zeichen des Christentums: Oben: Kreuz von der Krone des Langobardenkönigs Agilulf, Gatte der Theudelinde. Unten: Agilulfs Helmzier mit thronendem Christus. — Dom/Monza u. Bargello/Florenz.

Lanz, und die Dunkelrassen der Dämonen Pfuschwerk.

Hitler, der sich seit früher Jugend in die germanischen Heldensagen hineinträumte, verschmolz diese Ideen mit allerlei anderem, was er aufgelesen hatte; seine Paladine, deren geistiger Horizont über Kaserne, Schützengraben und die Bildung eines Vorkriegsgymnasiasten kaum hinausreichte, griffen seine Ideen begeistert auf. So äußerte *Heinrich Himmler* vor der SS: »So sind wir denn angetreten und marschieren nach unabänderlichen Gesetzen als nationalsozialistischer, soldatischer Orden nordisch bestimmter Männer.«

Arisch *(→Arier)*, asisch (von Asen, Göttergeschlecht der Germanen), indogermanisch, germanisch, deutsch, nordisch, Herrenmensch und *Zuchtziel* waren die Schlagworte, mit denen doch nur eines und immer das gleiche gemeint war. Daß diese Begriffe wissenschaftlich nicht haltbar sind, ist bereits geschildert worden *(→Arier)*. Es gibt Rassen, die eine indogermanische, ja arische Sprache sprechen wie die *Zigeuner*, oder die *Hethiter*, aber doch wohl nicht nordischen Blutes sind; andererseits sprechen sogenannte nordische Völker wie die *Finnen* eine asiatische Sprache wie die Türken und Ungarn.

Als Hitlers Staat 1945 zerschlagen wurde, hatte man den ›erbkranken‹ Nachwuchs ebenso vergast wie die Juden oder die rassisch ›minderwertigen‹ Zigeuner. Andererseits war die Rassenpolitik der

VII. 10 Oktober (Gilbhardt) 1930

Die Sonne

Monatschrift für nordische Weltanschauung und Lebensgestaltung

Aus dem Inhalte:

Alfred von Wrochem, Nordische Künstler
Dr. Helmuth Rinnebach, Die Kunst Hans Thomas im Lichte der Rassenkunde
R. Holleck-Weithmann, Kultursturz in der Nationalgalerie im Kronprinzenpalais
Karl Willy Straub, Zur Erneuerung des Theaters
Dr.-Ing. Nonn, Kunstbolschewismus im Dessauer Bauhause
Dr. K. Holler, Übersicht
Deutsche Wacht (Vierzig Jahre Verlag J. F. Lehmann, München – Vorlesungen von Prof. Dr. Hans F. K. Günther – „Deutsche" Kunst im Auslande – Kritik der Kunstkritik – Die angebliche „Badehosen"-Verfügung Schultze-Naumburgs – Eine Abteilung für Handwerk und angewandte Kunst an der Weimarer Kunsthochschule)
Bücherschau (Besprechung des neuesten Schrifttums über Rassenfragen)
Beilage: Nordisches Anzeigenblatt

Schriftleiter: Ministerialrat Hanno Konopath

Alexander Duncker Verlag Weimar

Einzelheft RM. 1.–

»Rassenkunde, Kunstbolschewismus, Nordisches Anzeigenblatt«: Begriffe auch dieser Publikation.

NSDAP unter Hitler im Grunde nichts als eine Erfüllung früher Träume des Lanz von Liebenfels. So heißt es in der *Ostara:* »Fördern wir die Gründung von asischen *Reinzuchtkolonien.* Nur auf ländlichem Boden kann die asische Rasse gut gedeihen, die Stadt mordet sie leiblich und geistig. Noch gibt es auf der Welt ungeheure Strecken fruchtbaren Landes, wo der *Asing* ein freies und ungebundenes Herrenleben auf eigener Scholle führen, wo er für einige hundert Mark hundert Hektar reichen Landes erwerben kann. Ich habe daher ein Handbuch für solche Kolonisten geschrieben und den Reinertrag dieses Buches der Gründung einer Reinzuchtkolonie gewidmet.« Hitler sah den Vorstoß nach Rußland vor diesem geistigen Hintergrund, ihm schwebte ein Grenzwall germanischer Siedler im Osten vor, schon waren Pläne für die Umsiedlung rassisch einwandfreier Holländer und Norweger erdacht. Ohne den historischen Rückgriff auf das Germanentum, ohne die rassische Diskriminierung der ›rassisch minderwertigen Slawen‹ ist weder der deutsche ›Drang nach Osten‹ noch die deutsche Besatzungspolitik während des Zweiten Weltkrieges zu verstehen. Die *Ostara* des Lanz von Liebenfels war eine der Bazillen, die den geistigen Haushalt eines ganzen Volkes vergiftet haben, ganz zu schweigen von Hitlers nordisch orientierter Wahnwelt.

Siehe auch →*Nordische Rasse* sowie →Seite 50 und →Seite 73

Ostgoten (Austrogoti)

»Das weiße Licht fiel auf ein apollinisch schönes Antlitz mit lachenden, hellblauen Augen; mitten auf seiner Stirn teilte sich das lichtblonde Haar in zwei lang fließende Lockenwellen, die rechts und links bis auf seine Schulter wallten; Mund und Nase, fein, fast weich geschnitten, waren von vollendeter Form, ein leichter Anflug goldhellen Bartes deckte die freundliche Lippen und das leicht gespaltene Kinn; er trug nur weiße Kleider, einen Kriegsmantel von feiner Wolle, durch eine goldene Spange in Greifengestalt auf der rechten Schulter festgehalten, und eine römische Tunika von weicher Seide, beide mit einem Goldstreif durchwirkt: weiße Lederriemen festigten die Sandalen an den Füßen und reichten, kreuzweis geflochten, bis an die Knie; die nackten, glänzendweißen Arme umzirkten zwei breite Goldreife: und wie er, die Rechte um eine hohe Lanze geschlungen, die ihm zugleich als Stab und Waffe diente, die Linke in die Hüfte gestemmt, ausruhend von dem Gang, zu seinen langsameren Weggenossen hinunterblickte, schien in den grauen Tempel eine jugendliche Göttergestalt aus seinen schönsten Tagen wieder eingekehrt.«

Dieser nordische Edelmensch, aus der wilhelminischen Phantasie des dichtenden Professors *Felix Dahn* (*1834, †1912) entsprungen, stammt aus dem vierbändigen Roman *Ein Kampf um Rom*, der 1876 bis 1878 erschien, und stellt den *Totila* dar, den König der Ostgoten (541—552), der 552 in der Schlacht bei

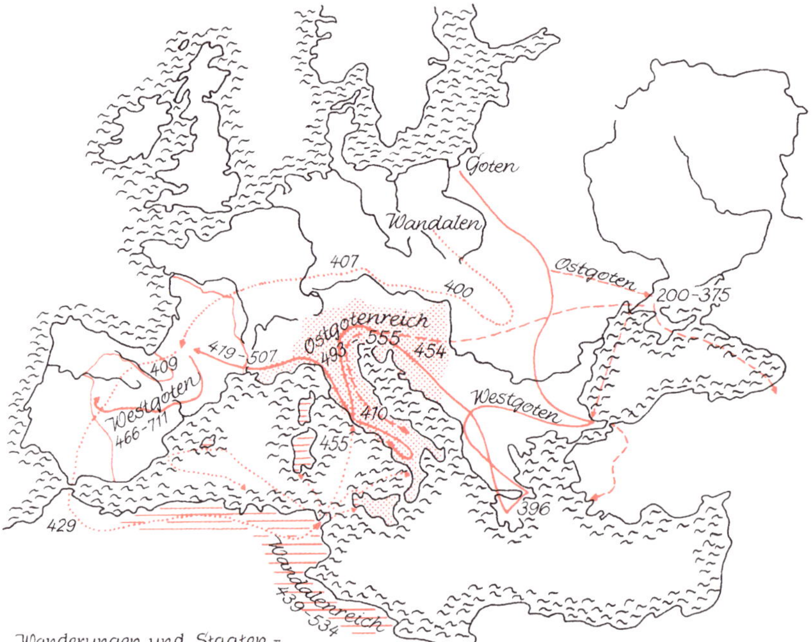

Wanderungen und Staatengründungen der Westgoten, Ostgoten und Wandalen

Tadinae fiel, als er versuchte, die Rückeroberung Italiens durch *Narses*, den Feldherrn von Byzanz, zu verhindern.

Die Gegenfigur ist *Teja* (†552), der letzte Ostgotenkönig, von Dahn zu einem schwarzen Helden stilisiert; er fiel ebenfalls in jener Schlacht. Im Roman kommt es dann zu jener frei erfundenen pathetischen Szene, als Harald der Wiking mit seiner Flotte die Reste des geschlagenen Gotenheeres aufnimmt, um sie auf seinen Drachenschiffen nach Norden zu bringen: »nach Norden, gen Thuleland«.

In jeder besseren deutschen Bürgerstube stand dieser *Kampf um Rom*, und wer als Kind Karl May gelesen hatte, kannte auch meist die Schicksale der gotischen Helden. So setzte sich eine bestimmte Vorstellung vom edlen Germanentum und Deutschtum fest, die im Heldenkult des Dritten Reiches nur aktiviert zu werden brauchte.

Wie weit sich die Phantasie des deutschen Bürgertums von der historischen Wirklichkeit dieser Ostgoten oder richtiger *Austrogoten*, was möglicherweise ›die strahlenden Goten‹ heißt, entfernt hat, zeigt ein Blick auf die Quellen. Der wichtigste Zeuge für die Gotenkriege ist *Prokop*. Dieser um 490 geborene, offenbar aus gebildeten Kreisen stammende Grieche hatte auf einer der Rhetorenschulen, vielleicht in Gaza, eine gründliche Ausbildung in Stilfragen bekommen und 527—540, in offizieller Stellung als Ratgeber, den Feldherrn *Belisar* (*um 500, †565) auf seinen Feldzügen begleitet. Über sein weiteres Schicksal ist nichts bekannt. Als überzeugter Konservativer nahm er an allem Anstoß, was seinen Vorstellungen von römischer Tugend widersprach, und beschrieb mit gesundem Menschenverstand, klarem Blick für das Wesentliche sowie lebendigem Stil die turbulenten Ereignisse seiner Zeit.

Seine Schilderungen der Gotenkriege beginnen mit dem Tod des Königs →*Theoderich des Großen* (471—526), um dann die Feldzüge des Belisar und des Narses ausführlich darzustellen. Als *Amalaswintha (Amalasuntha)*, die Tochter des Königs Theoderich und Regentin des Ostgotenreiches (526 bis 534), einer Verschwörung zum Opfer gefallen war, nahm Kaiser *Justinian* (527—565) dies zum Anlaß, nach dem leichten Sieg über das *Wandalenreich (→Wandalen)* auch Italien zurückzugewinnen. Belisar setzte nach Sizilien über und eroberte zunächst das befestigte Neapel; die Truppen waren durch die Schächte der Wasserleitung nachts in die Stadt eingedrungen. Nicht viel hätte gefehlt, und das Ostgotenreich hätte sich den Römern ergeben, denn der damalige König *Theodahad* (534—536) (Vetter der Amalaswintha) war bereit abzudanken. Im letzten Augenblick wurde er von den Goten erschlagen; man erhob *Witigis* (536—540) auf den Schild, der sich zunächst die Hilfe der Franken sicherte. Er trat ihnen die Provence ab, woraufhin sich dieses »treuloseste aller Völker« (Prokop) in Marsch setzte, um den Goten zu helfen und Byzanz zu schlagen. Tatsächlich begannen die fränkischen Heerhaufen, kaum hatten sie bei Pavia den Po überschritten, wie Wilde zu hausen: als sie auf die Weiber und Kinder der Goten stießen, schlachteten sie diese Unschuldigen als »Erstlingsopfer« ihren Göttern zu Ehren und warfen sie in den Fluß. »Denn diese Barbaren sind zwar Christen geworden, halten aber doch an den meisten Stücken ihres alten Glaubens fest, indem sie Menschen und andere unheilige Opfer schlachten und Zukunftsspähungen treiben.« Die entsetzten Goten flohen zurück nach Pavia, die Franken marschierten weiter, und als sie auf das gotische Lager jenseits des Po trafen, begannen sie plötzlich, ihre *Franziskas* zu schleudern, ihre Wurfbeile *(→Waffenwesen)*. Der Erfolg dieses Übermutes war beachtlich: auch diese Goten flohen in wilder Panik in Richtung Ravenna, und zwar in Sichtweite jenes Lagers, in dem die Truppen des Belisar die Stadt bewachten. Die Byzantiner glaubten nun, ihr eigener Feldherr Belisar habe die flüchtenden Goten geschlagen, zogen ihm begeistert entgegen und sahen sich plötzlich mit den Heerhaufen der Franken konfrontiert. Die Franken überrannten auch diese byzantinischen Truppen und zersprengten sie, das Lager ging verloren. Damit war die Kraft der Franken aber erschöpft; es fehlte ihnen Verpflegung, man schlachtete die halbwilden Rinder der Umgebung, trank das Wasser des Po und infizierte sich mit Seuchen; nach einiger Zeit hielt es der König der Franken für geraten, den Rückzug anzutreten. Damit waren die Goten auf sich selbst gestellt.

Der kaiserliche Feldherr Belisar, der sich inzwischen in Rom verschanzt hatte, war weder von den Goten noch von den Franken geschlagen worden. Nachdem Witigis die Stadt ein Jahr lang vergeblich belagert hatte, zog er sich 538 nach Ravenna zurück. Schließlich einigten sich die beiden kriegsmüden Parteien auf einen Friedensvertrag: Witigis sollte als König abdanken, an seiner Stelle sollte Belisar zum König der Ostgoten gewählt werden. Dafür erklärte sich der Feldherr bereit, den Goten alle ihre Besitzungen zu lassen. Dem Kaiser Justinian allerdings ist die Regelung so unbehaglich gewesen, daß er den allzu erfolgreichen Belisar aus Italien abberief. In Begleitung von Witigis, der später in Konstantinopel gestorben ist, kehrte Belisar an den Bosporus zurück, und kurze Zeit glaubte der Kaiser, der Friede in Italien sei gesichert und das Land dem Römischen Reich zurückgewonnen.

Das Gegenteil war der Fall, denn als der Gote *Totila*, auch *Badwila* genannt, 541 zum König der Goten gewählt wurde, begann ein wechselvoller zwölfjähriger Krieg, der allerdings nur deshalb so lange dauerte, weil die Hauptmacht des Reiches gegen Persien eingesetzt werden mußte.

Was für ein Mann ist dieser Totila nun wirklich gewesen? Als ihn der Ruf der Goten erreichte, an Stelle eines gewissen *Erarich* König zu werden, stand er gerade in verräterischen Geheimverhandlungen mit Rom. Als Kommandant der gotischen Besatzung von Tarvisium, dem heutigen Treviso, hatte er an Kaiser *Konstantin* in Ravenna eine Botschaft geschickt, um sich selbst eine eidlich gesicherte Schonung zu erwirken, da er als Neffe des kürzlich ermordeten vorigen Gotenkönigs *Ildibad* offenbar gefährdet war. Als Gegenleistung wollte er den Römern Festung und Truppe ausliefern. Der Römer ging auf die Forderung Totilas ein, der Tag des Verrates war schon festgesetzt, als eine Abordnung der Goten zu Totila kam, um ihn als den Neffen des ermordeten Ildibad zum König zu wählen. Totila unterrichtete die Delegation von seinen Verhandlungen mit Rom, willigte in den Vorschlag ein und stellte die Bedingung, vor seiner Königswahl müsse Erarich aus dem Wege geräumt werden, was auch geschah: Mord und Verrat sind also auch unter Germanen möglich gewesen und älter als die Maffia. Bei Prokop heißt es knapp: »Indessen beseitigten die Goten Erarich durch Meuchelmord, und Totila übernahm verabredungsgemäß die Regierung.«

Totila machte sich die hörigen Bauern Italiens zum Freund, indem er ihnen Freiheit und Land gab, führte den Krieg außerordentlich geschickt und schuf sich sogar eine Kriegsflotte, mit der er Sizilien eroberte und das Mittelmeer unsicher machte. Mit den Feinden seiner Feinde, den *Persern*, knüpfte er diplomatische Beziehungen an, denn er wußte, daß er verloren war, wenn das Oströmische Reich keinen Zweifrontenkrieg mehr zu führen haben würde. Tatsächlich ist es Kaiser Justinian erst 546 gelungen, mit den Persern einen Waffenstillstand zu schließen. Als die Mittel für einen entscheidenden Feldzug in Italien aufgebracht waren, erfolgte der vernichtende Schlag gegen die Ostgoten: es war der Schlag einer Weltmacht gegen ein unbotmäßiges Barbarenvolk, das seine Kräfte überschätzt hatte. Vom nördlichen Balkan aus rückte der byzantinische Feldherr Narses mit einem großen Heer an, bestehend aus Germanen, Hunnen und Slawen. Er umging die Festungen Oberitaliens und suchte im Apennin, in der Nähe des heutigen Gualdo Tadino, nordöstlich von Perugia, die Entscheidungsschlacht. In einer Botschaft an Totila riet er zur Vernunft und forderte den Gotenkönig auf, die Waffen zu strecken, da dieser mit seinen wenigen Truppen dem römischen Weltreich nicht widerstehen könne. Totila verwarf diesen Vorschlag und bestimmte den neunten Tag zum Kampf, offensichtlich, um Narses zu täuschen. Auch Narses hatte aber mit einer List gerechnet und sein Heer in Alarmbereitschaft versetzt. Als Totila schon am nächsten Tag mit dem Gotenheer vor dem Lager des Narses erschien, fand er den Gegner vorbereitet, während er selbst noch die Ankunft von 2000 Reitern abwarten mußte. Er paradierte vor seinen Truppen, um Zeit zu gewinnen, schärfte ihnen ein, daß dieser Tag über das Schicksal der Goten entscheide, und führte schließlich den Angriff, mit dem er Narses überraschen wollte.

Die Attacke brach im Pfeilhagel der an den Flügeln angesetzten Bogenschützen zusammen, die Wellen der gotischen Reiterei flohen in wilder Panik und überritten die eigenen Reihen, das byzantinische Heer stieß nach und schlachtete die Fliehenden ab, die in der hereinbrechenden Dunkelheit, in ihrer Panik Freund und Feind verwechselnd, stellenweise

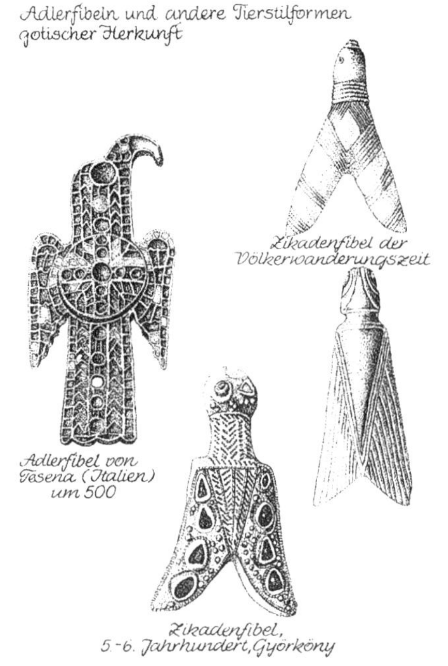

gegeneinander gekämpft hatten. Sechstausend Goten fielen, alle Gefangenen wurden getötet, König Totila floh mit einigen Gefährten im Schutze der Nacht. »Ohne zu wissen, daß es Totila sei, setzten ihm einige Römer — darunter auch der →*Gepide Asbadus* — nach. Als dieser dicht an Totila herangekommen war, griff er ihn an und wollte ihm schon die Lanze in den Rücken bohren. Ein gotischer Jüngling jedoch aus dem Hause Totilas, der seinen Herrn auf der Flucht begleitete, empörte sich über das Schicksal, das ihn bedrohte, und schrie laut auf: ›Was fällt dir ein, du Hund, willst du die Hand gegen deinen Herrn erheben?‹ Asbadus stieß gleichwohl die Lanze mit aller Wucht in Totilas Rücken...« Der Gepide Asbadus, der ja auf römischer Seite kämpfte, wurde seinerseits verwundet, die Römer stellten die Verfolgung ein. Die Goten flohen mit dem schwerverletzten Totila weiter und glaubten, die Römer säßen ihnen noch im Nacken. Nach einem Gewaltmarsch von fast 20 Kilometern erreichten sie *Caprae* und machten Rast, um Totilas Wunde zu versorgen, doch er starb ihnen unter den Händen und wurde dort in aller Eile begraben. Die Römer, die durch einen Zufall vom Tod des Totila und der Lage des Grabes erfuhren, haben den Leichnam ausgraben lassen, um ganz sicher zu gehen, und erst dann dem Kaiser ihren Erfolg gemeldet.

Der Endkampf des Gotenheeres unter dem König Teja hat in der Tat, wie Felix Dahn schildert, am Vesuv stattgefunden. Zunächst aber veranstaltete Teja ein Gemetzel unter Totilas Geiseln aus den Städten Kampaniens. Es handelte sich um eine Auswahl von dreihundert jungen Männern aus römischen Patrizierkreisen, »die ihm (Totila) besonders schön erschienen. Deren Eltern hatte er zwar versichert, sie würden ihr Leben in seiner Nähe verbringen, in Wirklichkeit sollten sie ihm aber nur als Geiseln dienen. Totila hatte sie damals in das Gebiet jenseits des Po bringen lassen, wo Teja sie nun vorfand und insgesamt töten ließ« (Prokop).

Daß Teja ein Kämpfer ohne Beispiel war, bescheinigt ihm selbst Prokop. »Er aber fing, unter diesem seinem Schild gedeckt, sämtliche Speere auf, um dann selbst durch plötzliche Angriffe viele Gegner niederzumachen. Und sooft er seinen Schild ganz von Speeren besteckt sah, reichte er ihn seinem Waffenträger und nahm einen anderen. Da staken ihm zwölf Speere im Schild, und er konnte ihn nicht mehr frei bewegen und die Angreifer zurückstoßen.« Er rief nach seinem Waffenträger, und in der Sekunde des Schildwechsels durchbohrte ihn ein Speer. Die Römer schlugen ihm nach der Sitte der Zeit den Kopf ab, den sie, auf einen Speer gespießt, als Mittel der psychologischen Kriegführung herumtrugen. Es wurde bis zur Nacht und noch am nächsten Tag gekämpft, bis Narses dem restlichen Haufen der Goten freien Abzug gewährte. Wo diese Reste geblieben sind, weiß niemand. Prokop erwähnt nur, daß etwa 1 000 Mann unter einem gewissen *Indulf* nach Pavia gezogen seien. Die bombastische Szene, mit der Felix Dahn den Abzug der Goten schildert, gipfelt in dem bekannten Gedicht: »Gebt Raum, ihr Völker, unserm Schritt: Wir sind die letzten Goten! Wir tragen keine Krone mit — Wir tragen einen Toten.« So hat dichterische Freiheit das Ende dieses sinnlosen Krieges zu einem Heldenlied umstilisiert und die Brutalität jener längst vergessenen Epoche heroisch verklärt.

Siehe auch →*Gepiden*, →*Theoderich der Große* und →Seite 30.

PQ

Paemanen (Paemaner)
Stammesgruppe der ›linksrheinischen Germanen‹ zur Zeit Caesars.

Pangermanismus
Im Jahre 1891 wurde der sogenannte *Alldeutsche Verband* gegründet, der zunächst *Allgemeiner deutscher Verband* hieß, ab 1894 aber dann den bekannten Namen trug und sich zum Ziel gesetzt hatte, Deutschland einen ›Platz an der Sonne‹ zu erkämpfen. *Bismarck* (*1815, †1898) war ein Jahr zuvor von Kaiser *Wilhelm II.* (1888—1918) mit dem Titel eines ›Herzogs von Lauenburg‹ entlassen worden, so daß die politischen Scharfmacher an Boden gewannen. Daß man 1890, um *Helgoland* dem Deutschen Reich eingliedern zu können, die Kolonien Witu und Sansibar an England hatte abtreten müssen, wurde von diesen Kreisen als nationale Schmach empfunden.
Die Friedenspolitik des Altreichskanzlers hatte man als falsch empfunden, nun gewann man auf den jungen Kaiser Einfluß und betrieb eine imperialistische Politik; *Herrenvolk*, *Lebensraum* und *Volksfremde* sind Begriffe, die von den Alldeutschen geprägt wurden. Sie fühlten sich wie selbstverständlich antisemitisch. Noch 1920 hatte dieser Verband, der 1939 aufgelöst wurde, rund 40 000 Mitglieder umfaßt; sein Einfluß bei der Formulierung der deutschen Kriegsziele 1914 ist erst in den letzten Jahren voll erkannt worden. Im Ausland setzte man die Alldeutschen unter der Führung des Rechtsanwaltes *Heinrich Claß* (geb. 1868) in Beziehung zum *Panslawismus* und nannte diese nationale Strömung *Pangermanismus*. Hitler hat das geistige Erbe der Alldeutschen angetreten und mit seinem Rassenwahn (*→Arier* und *Ostara*) verschmolzen, um das Großdeutsche Reich zu errichten.

Paulus Diaconus
Chronist (*ca. 720, †ca. 797) aus langobardischem Adel, der am Hof zu Pavia erzogen und 774 Mönch im Kloster Monte Cassino wurde. 782—787 lebte er am Hof *Karls des Großen*. Seine *Historia Langobardorum* ist eine der frühmittelalterlichen Quellen über das Langobardentum.

Pax Gothica
Die Zeit 493—526, in der Italien von *→Theoderich dem Großen* regiert wurde. Amtssprache war Latein — die Goten sollten Krieger bleiben und nicht Lesen und Schreiben lernen, aber Verwaltung und Kultur folgten den von der römischen Kultur vorgezeichneten Bahnen. Seine Tochter *→Amalaswintha* und seinen Neffen *Theodahad* hat Theoderich allerdings in griechischer und lateinischer Sprache und Literatur unterrichten lassen. Für die kulturelle Entwicklung ist in dieser Zeit entscheidend gewesen, daß Theoderich die Beschäftigung mit dem klassischen Griechenland förderte. Bedeutendste Vertreter jener Epoche sind *Cassiodor* und *Boethius*.

Peukiner *→Bastarnen*

Pferd
Im alten *Sigurdlied* (*→Heldensage*, *→Nibelungenlied*, *→Siegfried*) wird geschildert, wie *Gudrun* vom Tod ihres Gatten erfährt: »Ich trat zu *Grani*, Tränen vergießend, und schaut ihm forschend ins feuchte Auge: Da senkte Grani ins Gras sein Haupt. Der Hengst wußte, sein Herr war tot.«
Dieses Bild vom ›edlen Tier‹, das die Gefühle seiner Herrin teilt, spiegelt die besondere Rolle wieder, die das Pferd bei den indoeuropäischen Völkern übernommen hat: niemals wird es zum *Tierdämon* wie *Fuchs* oder *Wolf*, nie zum Werkzeug böser Mächte, stets gehört es, wie der Edle selbst, auf die Seite des Lichtes und bleibt mit der Unschuld des Tieres dem besseren Selbst des Menschen verhaftet. Daran erinnert noch das Märchen vom *Fallada*, dem sprechenden Pferdekopf im Torbogen.
Heilig ist das Pferd allen indoeuropäischen Völkern gewesen, auch sind ihre Götter meist beritten, weil die Edlen beritten waren und das Pferd zum Status des Herrn und Herrschers gehört hat. Auch die Germanen des Tacitus haben *heilige Pferde* gekannt, die in heiligen *Eichenhainen* gehalten wurden und den Priestern als *Orakel* dienten. Man hat in diesen frühen Epochen der Kultur die Futurologie auf magische Weise betrieben und den Gang der Ereignisse aus vielerlei Erscheinungen vorauszuahnen versucht. So beobachtete man das Schnauben und Wie-

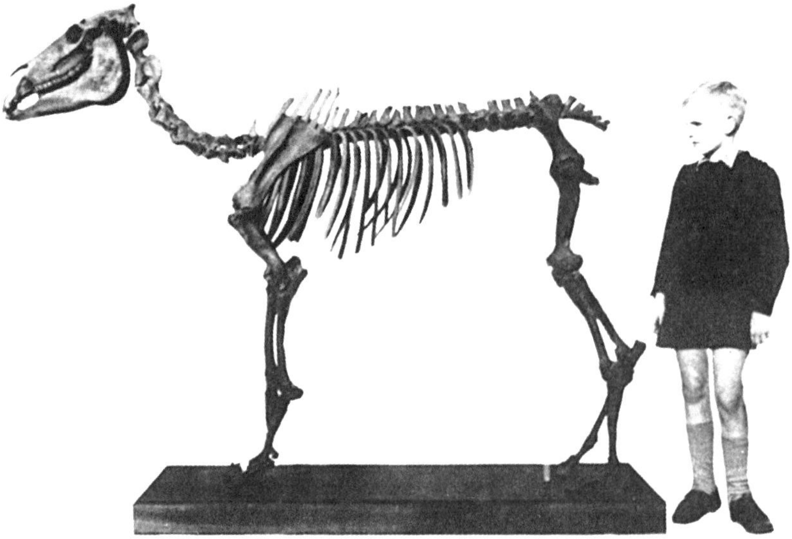

Skelett eines aus dem großen Nydamer Moorfund (bei Satrup/Dänemark) stammenden Pferdes aus der Zeit um 400. Der Vergleich mit dem Jungen zeigt, wie klein die Pferde zu dieser Zeit waren. — Schleswig-Holsteinisches Landesmuseum für Vor- und Frühgeschichte, Schleswig.

hern der heiligen weißen Rosse, aber auch ihre Ausscheidungen, den Kot.

Die Pferde der Germanen sind noch nicht so hochgezüchtet gewesen wie die heutigen Pferde und nicht einmal so groß wie die heutigen Panjepferde, sondern fast ponyhaft kleine Tiere: ihre Widerristhöhe betrug 120—135 cm, so daß ein großer Mann, wenn er ritt, den Boden mit den Füßen berühren konnte. Caesar hat von den Pferden der Germanen gesagt, sie seien »klein und unansehnlich, aber durch tägliche Übung überaus leistungsfähig« — er schildert also genau den Eindruck, den die Deutschen von den kleinen und zähen Pferden der Polen und Russen haben. Wenn die germanischen *Reiter* angriffen, war das keine Reiterattacke wie bei Mars-la-Tour, sondern wie ein Überfall von Indianern. Sie ritten auf blankem Pferderücken, »und in den Mähnen der galoppierenden Pferde hielten sich« — wie *Tacitus*, in der *Germania* beschreibt — »die Krieger fest, die zu Fuß in die Schlacht stürzten. «Denn es gab keinen eigentlichen Reiterkampf, sondern nur den gemeinsamen Angriff der Berittenen mit den Unberittenen: Caesar berichtet, daß jeweils Reiter und Fußkämpfer einander wechselseitig deckten: wenn einer schwer verwundet vom Pferd gesunken war, stellten sie (die Fußkämpfer) sich als Verteidiger um ihn herum. Oft sprangen die Reiter vom Pferd und kämpften zu Fuß, doch bestimmte die Schnelligkeit der Pferde den Stil des Kampfes. Nicht jeder Mann hatte ein Pferd, sondern nur der Edle, der im Kampf führte und Rang bewies, wenn er ›auf hohem Roß‹ saß.

Als Teil des Besitzes wie die Waffe ist das Pferd dem Herrn in den Tod gefolgt; es gibt sogar ausgesprochene *Pferdegräber* (Schlette). Dennoch war die Einstellung der Germanen zum Pferd unsentimental; man vergnügte sich z. B. mit *Hengstkämpfen*, bei denen die Tiere so erbarmungslos gegeneinander gehetzt wurden wie in Indonesien die Kampfhähne. Wirtschaftlich hat das Pferd bei den Germanen keine Rolle gespielt, denn nur Rinder konnten die schweren Karren und den Pflug ziehen. Der *Steigbügel*, um das Jahr 600 erfunden, hat eine andere Ära des Reiterkampfes eingeleitet, und erst als im Mittelalter das *Kummet* erfunden wurde, begann die wirtschaftliche Nutzung des Pferdes als schnelles Zugtier.

Plinius der Ältere (C. Plinius Secundus)

Autor einer großen enzyklopädischen Naturgeschichte, die bis weit ins Mittelalter Gültigkeit hatte. Er selbst rühmt sich, 2 000 Bücher gelesen und 20 000 Einzelergebnisse mitgeteilt zu haben. Von den zwei größeren historischen Werken wurden die *Bella Germania* und eine zeitgenössische Geschichte mit Achtung erwähnt. Tacitus hat die ›Kriege in Germanien‹ als Quelle benutzt; diese Schriften sind wie andere Werke des Plinius nicht erhalten. Plinius (*22/23, †79), Militär, Beamter und zuletzt Kommandant der Flotte am Kap Misenum, ist beim Ausbruch des Vesuv umgekommen, als er an Land ging, um der Bevölkerung zu helfen.

Poseidonios aus Apameia

Ein griechischer Denker und Forscher (ca. * 135 v. Chr., †51 v. Chr.), der als der bedeutendste Gelehrte seiner Zeit gegolten hat. Er hat denn Ursprung der →*Kimbern und Teutonen* zu erforschen versucht.

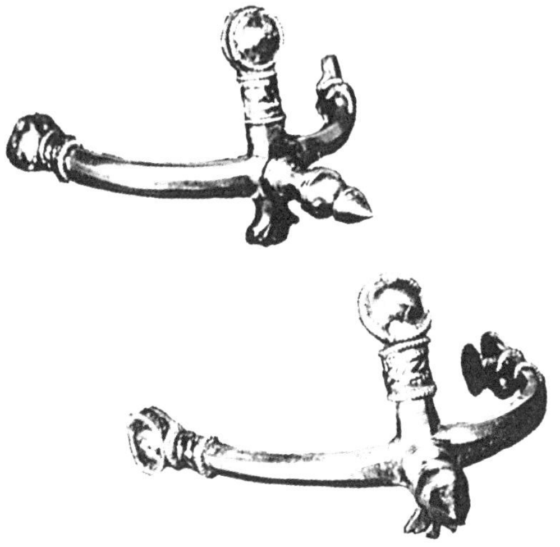

Silbernes Nietsporenpaar des thüringischen Raumes, um das 4. Jh., Leuna. — Landesmuseum für Vorgeschichte, Halle/Saale.

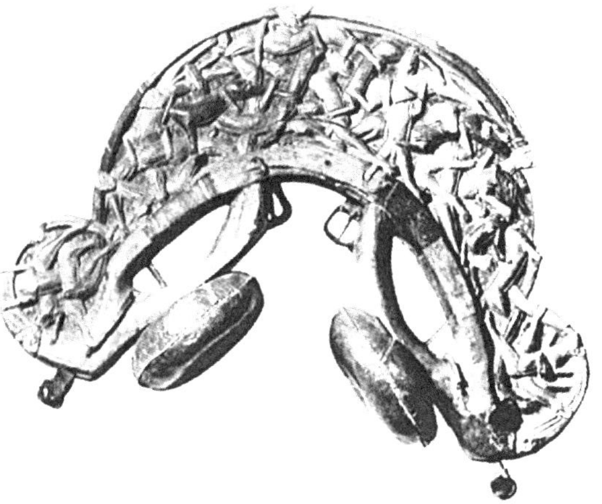

Reich geschnitztes Pferdekummet von 900, Lom/Upland (Norwegen). — Nordiska Museet, Stockholm.

Prokopios
Der aus Caesarea in Palästina stammende byzantinische Geschichtsschreiber (ca. 490/507 † ca. 555) schrieb eine Geschichte der Kriege des Kaisers *Jnstinian I.* gegen *Perser*, *Wandalen* und *Goten* (beendet 555); am Wandalenfeldzug hat er selbst teilgenommen.
Auch über byzantinische Bauten hat Prokopios ein Werk verfaßt.

Ptolemäus von Alexandria (Ptolemaios)
Der gebürtige Ägypter lebte von ca. 85—160 n. Chr. in Alexandria und hat als Geograph, Astronom und Mathematiker das Wissen seiner Zeit systematisch zusammengefaßt. Sein Weltbild beruhte auf der Annahme, daß die Erde der Mittelpunkt des Universums sei. In seinen bedeutenden geographischen Werken erwähnt er auch die germanischen Stämme (→*Sachsen*).

Pytheas aus Massilia
Der Geograph und Astronom fuhr um 325 v. Chr. nach *Spanien*, wo er die Gezeiten beobachtete, nach *Thule* (Lage unbekannt), nach *Mittel-Norwegen* und zur *Deutschen Bucht*. Pytheas hat die ältesten freilich unklaren Nachrichten aus dem nordwestlichen Europa (ca. 330 v. Chr.) übermittelt. Sein Werk *Vom Ozean* ist in Bruchstücken erhalten.

Quaden
Westgermanischer Stamm nördlich des Mains, der sich in Mähren mit den Markomannen gegen die Römer verbündete; Teile schlossen sich den →*Wandalen*, andere Teile den →*Langobarden* an.

R

Recht
Römer und Germanen haben einander als treulos, als nicht vertrauenswürdig befunden, und beide aus gutem Grund, weil ihre Rechtsvorstellungen so unterschiedlich waren wie eben die zwischen einem zivilisierten Volk mit einem hoch entwickelten Rechtsleben und einem Volk, das erst in den Anfängen seiner Entwicklung stand. Heute sind beide rechtsgeschichtlich in der *römisch-germanischen Rechtsfamilie* aufgegangen, die über die Kolonien Frankreichs, Spaniens und Belgiens auch fremde Erdteile erreicht hat und außer in Südamerika in vielen Teilen Afrikas, in Indonesien und Japan herrscht — überall dort, wo aus englischem Kolonialbesitz nicht das Common Law, eine ganz andere Rechtsstruktur, zur Grundlage der Rechtsprechung geworden ist.

Blutfehde, Blutrache. Die germanischen Stämme, in dieser Beziehung wohl kaum von den Kelten unterschieden, haben kein schriftliches Recht besessen, sondern ein *Gewohnheitsrecht*, das in kleinen, überschaubaren Gemeinschaften das Leben differenzierter regelt als jedes schriftlich kodifizierte Recht. Der Grundpfeiler dieses ›zivilen‹ Rechtes war bei den Germanen die *Blutfehde*. Sie schützte ursprünglich den ›sozial Schwachen‹ gegen Übergriffe, gegen Willkür des Mächtigen. Denn jede Tat, die von der Gemeinschaft als Verbrechen empfunden wurde, rief die *→Sippe* auf den Plan *(→Gefolgschaft)*. Im Western haben solche ursprünglichen Verhaltensnormen bis auf den heutigen Tag ihre Faszination erwiesen: stets stehen alle für einen, und immer wieder geht es um die Durchsetzung des ›Rechtes‹ gegen die private Rache — um die Durchsetzung eben des neuen, staatlichen Rechtes.

Das wirksamste Mittel in frühen Gesellschaften, mit einem Übeltäter fertig zu werden, war die *Ächtung*. Der Beklagte wurde als *vogelfrei* erklärt, also *friedlos* gemacht: jeder durfte ihn ungestraft erschlagen, ohne Sippenfehde befürchten zu müssen. Seine Sippe trennte sich von ihm, so verlor er seinen sozialen Halt, sein Besitz wurde eingezogen und neu verteilt, er wurde *Waldgänger* und *Wolfsgenoß*, ein Outcast und Desperado.

Dieses Verfahren hat gelegentlich über das Persönliche hinaus geschichtliche Wirkungen gehabt: Der *Rote Erik*, ein notorischer Totschläger, ist von einem ›norwegischen‹ Thinggericht zu drei Jahren Friedlo-

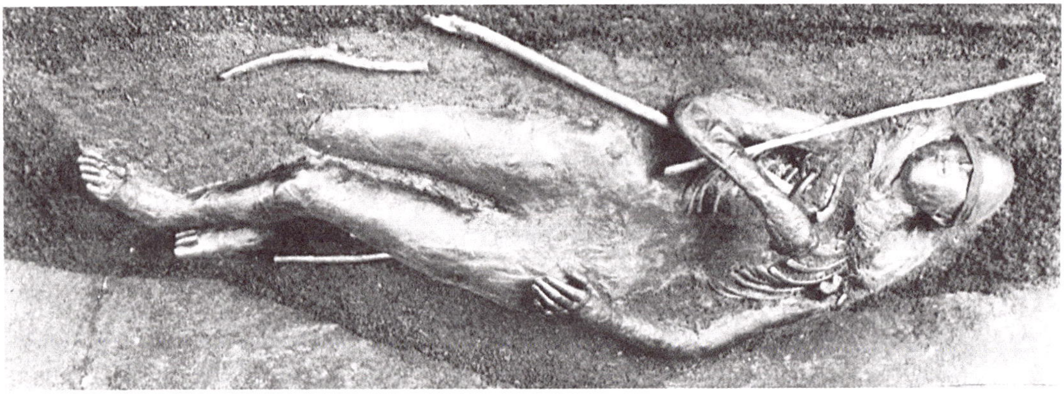

Moorleiche eines etwa 15jährigen Mädchens aus dem Domlandsmoor bei Windeby/Eckernförde, um die Zeitwende. Kultisches Opfer oder ›Hinrichtungsopfer‹ für ein Vergehen? Auf das letzte können die ›Stäbe‹, die über dem Opfer ›gebrochen‹ wurden, hinweisen. — Schleswig-Holsteinisches Landesmuseum für Vor- und Frühgeschichte, Schleswig.

sigkeit verurteilt worden und mußte außer Landes gehen. Er hat sich nach abenteuerlicher Fahrt an der Westküste Grönlands festgesetzt und sie 981/82 planmäßig erkundet, so daß später dort Wikingersiedlungen entstanden sind. Von dort aus hat *Björn Herjulfsson* um 1000 Amerikas Ostküste angesteuert.

Bei den Wikingern ist die Blutfehde zu einem wahren Kult stilisiert worden. Die Unbeirrbarkeit des Mannes, an der einmal beschlossenen *Rache* festzuhalten, galt als höchste Tugend, so hat es Rachefahrten bis nach Byzanz oder Grönland gegeben.

Blutgeld. Erst im Laufe einer kulturellen Entwicklung wird die Blutfehde vom *Sühneverfahren* oder vom Blutgeld (*Wergeld, Manngeld, Friedegeld*) abgelöst, wobei ein immer differenzierteres Muster von Normen entsteht. Das Blutgeld wird vom Täter an den zur Blutrache Berechtigten gezahlt und richtet sich nach dem Wert des Verletzten oder Getöteten, nach seinem Stand, seiner Geburt oder seinen Verpflichtungen anderen gegenüber. Die Gleichheit vor dem Gesetz ist damals noch eine Utopie gewesen. Daß nach dem sozialen Status, nicht des Täters, sondern des Betroffenen, gestraft wird, gilt deshalb als selbstverständlich, weil Könige oder Herren wesenhaft höher stehen als Unfreie, ein Verbrechen gegen sie also schwerer wiegt. Freilich entsteht auf dieser Basis auch eine neue Form des Schutzes vor der Willkür der Mächtigen: wo der König ist, herrscht *Königsfrieden.* So wird nach *lombardischem Recht* bestraft, wer einen Mann überfällt, der zum König reist; in *Skandinavien* gilt es sogar als Bruch des Königsfriedens, einen Mann auch nur zu verwunden, wenn der König zufällig im selben Bezirk weilt. Bußgelder, vom König als oberstem Richter verhängt, mehren aber auch seinen eigenen Reichtum. Nach *fränkischem Recht* muß die Buße für die *Vergewaltigung* eines Mädchens, das zum Gefolge des Königs gehört, an den König, nicht etwa an das Opfer selbst oder an seine Sippe gezahlt werden.

›Öffentliche‹ Strafverfolgung. In vorchristlicher Zeit ist es nicht Sache des Stammes gewesen, Verbrechen zu sühnen oder Straftäter zu fangen. Das war Sache der Betroffenen, des verletzten Mannes oder der →*Sippe. Diebstähle* sind so gut wie unbekannt gewesen, weil sie sinnlos waren, auch sonst gab es kaum Handlungen, die zur Folge hatten, daß sich die ›öffentliche Meinung‹ gegen den Täter wandte: nur bei schweren Verletzungen der Normen, etwa bei *Feigheit* in der Schlacht, *Verrat*, *Zauberei*, *Brandstiftung*, *schwerem Diebstahl* oder bei Handlungen gegen die *sexuelle Norm* verhängte der Priester die *Todesstrafe.* Entsprechend dem in südlichen Ländern vorkommenden *Steinigen* hat man im Norden die Ausgestoßenen im *Moor versenkt.* (→*Moorleichen.*) Allen diesen Strafen lagen magisch-sakrale Vorstellungen zugrunde. Der angerichtete Schaden wurde zum Nachteil des Täters in einer Art Analogie-Zauber in entsprechender Schwere auf ihn ›zurückgeworfen‹ (siehe auch →*Gefolgschaft*).

Germanisches Recht in Kodices
(Gesamtüberblick)

Franken	
507/511	Pactus Legis Salicae
763/764	Lex Salica
613/623	Lex Ribvaria (Rheinfranken)
Sachsen, Thüringen, Friesen u. a.	
782/785	Capitulatio de partibus Saxoniae
797	Capitulare Saxonicum
802/803	Lex Angliorum et Werinorum hoc est Thuringorum
802/803	Lex Chamavorum
802/803 (?)	Lex Frisiorum
Dänen	
1203/1212	Skånske Lov
1241	Jydske Lov
Schweden	
1296	Uplandslagh
Mitte 13. Jh.	Westgötalagh I
vor 1296	Westgötalagh II
Norwegen	
um 1200	Gulathing
Island	
13. Jh.	Grâgâs
	auf Sizilien und im Heiligen Land

Die *Wikinger* haben in der Normandie fränkisches Recht übernommen und in Rußland nur kurze Zeit das eigene Stammesrecht beibehalten.

Erbrecht. Das Erbrecht betraf den *Grund* und *Boden* und den *persönlichen Besitz.* Den Boden erbte der älteste Sohn, der Besitz wurde verteilt, Frauen waren aber nicht erbberechtigt; erst unter christlich-römischem Einfluß sind andere Rechtsformen, etwa das *Testament*, auch bei den Germanen üblich geworden: nur so konnte der eigene Besitz der Kirche übereignet werden.

›Personen-Recht‹. Als die Germanen noch in den Vorstellungen eines Naturvolkes dachten, hat es für sie nur Verträge zwischen Menschen gegeben: ein Vertrag mit Rom war für sie denkunmöglich, sie kannten nur den Vertrag zwischen ihrem Häuptling und dem Kaiser. Wenn in Rom ein neuer Herrscher den Thron bestieg, war er nicht ohne weiteres Rechtsnachfolger, an anonyme Staaten fühlte sich kein Germane gebunden — so kam es zu Konflikten, die von keiner der beiden Parteien verstanden werden konnten.

In dem Maße, in dem die Germanen sich während

der Völkerwanderung dem römischen Kulturkreis assimilierten, haben sie die römischen Rechtsvorstellungen mit dem eigenen Stammesrecht zu vereinen versucht. Der Westgotenkönig *Athaulf* (→Seite 300) hat schon 414 klar erkannt, daß seine Goten nicht reif waren, das Imperium zu beherrschen, »weil sie die Gesetze der Blutrache dem Schutz der Gesetze« vorzögen *(→Westgoten)*. Wo aber Könige ihre Reiche sichern wollten, haben sie das Recht kodifiziert, um zugleich ihre eigene Macht zu festigen. So entstanden zunächst Niederschriften des *salischen* und *burgundischen, fränkischen* und *langobardischen Stammesrechtes*. Die frühesten Aufzeichnungen unter *Chlodowech* (466—511) sind noch eher heidnisch als christlich, später wendet sich das Königsrecht gegen das Heidentum und gibt sich christlich.

Gerichtsbarkeit. Die Gerichtsbarkeit, ursprünglich dem →*Thing* vorbehalten, fiel im Kontakt zu römischem Recht an den *König (→Königtum)*, der sie an die *Grundherren*, die *Grafen*, abgab und damit eine bis weit über das Mittelalter hinaus wirkende Entwicklung einleitete; noch Mitte vorigen Jahrhunderts war z. B. der ostelbische Grundbesitzer Inhaber der sogenannten *Patrimonialgerichtsbarkeit*, der an Gutsbesitz gebundenen Privatgerichtsbarkeit. Ein über Jahrhunderte wirkender, von der Kirche ausgehender komplizierter Prozeß hat dann das alte Gewohnheitsrecht, aufgezeichnet im *Schwabenspiegel* von 1275 und im *Sachsenspiegel* (Anfang des 14. Jahrhunderts), im römischen Recht aufgehen lassen, dessen formale Klarheit an die Stelle uralter, nun oft ungenügender Rechtsbräuche trat.

Siehe auch die Stichworte →*Gefolgschaft*, →*Geisel*, →*Gesellschaft*, →*Königtum*, →*Sippe*, →*Thing*.

Reudinger (Reudingen)

Die von Tacitus erwähnten *reudigni* = Roder, offenbar identisch mit den *Holsten*, haben in Holstein gesiedelt.

Richomer

Der fränkische Heermeister Richomer, einer der vier fränkischen Heermeister *(→Bauto; →Merobaudes; Arbogast*, Seite 113*)* hat unter den Kaisern *Gratian* (375—383) und *Theodosius I.* (379—395) in hohen Militär-Kommandos gedient und wurde Heermeister unter Theodosius. Er sollte ursprünglich den Kampf gegen den Usurpator Eugenius führen und hätte auf diese Weise gegen seinen Landsmann und Neffen Arbogast gekämpft, doch ist er noch vor dem Beginn der Feindseligkeiten gestorben.

Rugier

Ein Stamm der ostgermanischen Gruppe, der vermutlich zuerst in Südwest-Norwegen gesessen und dann zwischen Oder- und Weichselmündung gesiedelt hat. Von den Goten wurden die Rugier nach Westen abgedrängt; der Name der Insel *Rügen* verweist auf ihren Stammesnamen. Mitte des 4. Jahrhunderts ziehen die Rugier nach Süden, setzen sich im Gebiet nördlich der mittleren Donau fest und kämpfen nach dem Tod Attilas im Bunde mit den →*Gepiden* gegen die Hunnenherrschaft. Sie greifen schließlich römisches Reichsgebiet im heutigen Kärnten an, werden von Odoaker vernichtend geschlagen und kämpfen gegen ihn unter →*Theoderich dem Großen*. Mit den Ostgoten ist auch dieser Stamm in Italien untergegangen.

Runen

Die Indianer erkannten, als sie mit den Weißen in nähere Berührung kamen, wie groß der Vorsprung war, den diese durch den Gebrauch der *Schrift* hatten. Ein Irokese namens Sikwayi hat deshalb für seinen Stamm eine Schrift erfinden wollen. Den Sinn der englischen Bücher und Zeitschriften verstand er, ohne selbst lesen zu können. Die von ihm entworfene *Bilderschrift* wurde von seinem Stamm als zu kompliziert abgelehnt, so bildete er eine *Silbenschrift*, die er auf den Buchstabenformen des von ihm unverstandenen lateinischen Alphabetes aufbaute. Tatsächlich haben die Irokesen 1824 diese Schrift angenommen; es hat später sogar Bücher und Zeitschriften in Irokesen-Schrift gegeben.

Die Germanen, in Berührung mit der höheren Zivilisation der Römer gekommen, werden wie die Indianer den Vorteil der Schrift begriffen haben, denn niemand wird annehmen wollen, daß sie weniger intelligent als Irokesen gewesen sind. Aber sie selbst haben den Schritt zur Schriftkultur erst unter dem Kreuz getan *(→Wulfila)*, als das Buch der Bücher gelesen werden mußte; noch *Karl der Große* hat mit schwerer Hand das Schreiben geübt.

Was die Germanen besaßen, waren Runen, und diese sind nicht einfach erfunden. Schon das Wort enthält Zauberisches, denn *Rune* und *raunen* entstammen derselben Wortwurzel. Kein Mensch hat die Runen erfinden können, auch kein Held: →*Odin* selbst opferte sich, er hängte sich neun Tage lang an den sturmdurchtosten *Weltenbaum*, die *Esche →Yggdrasil (M)*, er verwundete sich mit seinem Speer, und als er stöhnend herabsank, konnte er die Runentafeln entziffern, so wuchs ihm neues und geheimes Wissen zu — erst durch Kenntnis der Runen wird der Gott zur Verkörperung germanischer Allweisheit. Wahrscheinlich erinnert diese Selbstpeinigung des Gottes Odin an die *schamanistischen* Praktiken aus einer früheren Kulturstufe, denn ohne solche Foltern und Prüfungen kam kein Schamane zu höherem Wissen; für die Kulturschicht des frühen Jägertums sind diese Züge charakteristisch. An diesem Mythos fällt aber auch auf, daß der Gott sich selbst verletzt, magische Zeichen sind ja nicht selten mit Blut geschrieben, die Aufhängung im Baum erinnert an die ›*Kreuzigung*‹, auch wurde die Schrift von Odin fertig, auf *Tafeln*, gefunden — eine Darstellung, die wohl im Grunde verschlüsselt eine Übernahme des Kulturgutes Schrift darstellt (siehe auch →*Götterwelt* und →*Odin*).

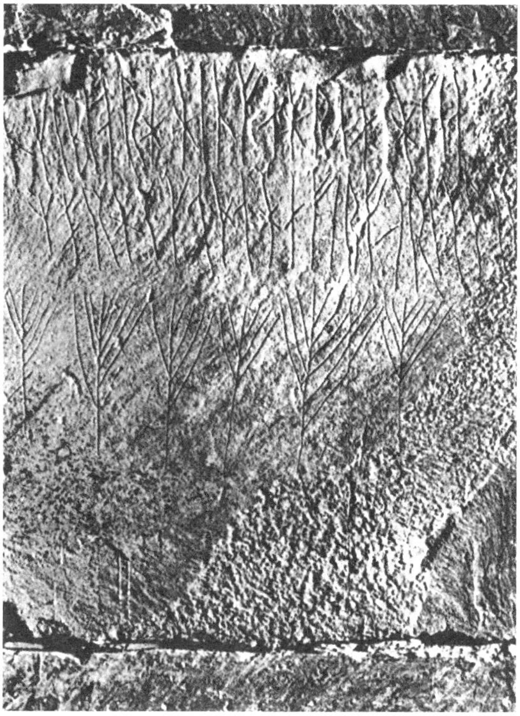

Runeninschrift im Kammergrab Maeshowe der Insel Mainland, Orkney-Inseln, etwa 12. Jahrhundert. Untere Reihe sogenannte Zweigrunen.
(Text →Seite 236).

In der Tat erscheinen die ältesten Zeugnisse dieser Runenmagie, zusammen mit *Heilszeichen*, erst Ende des 2. nachchristlichen Jahrhunderts oder Anfang des 3. Jahrhunderts, sie sind auf *Schildbuckeln* angebracht, auf den sogenannten *Schwertortbändern* oder *Lanzenspitzen*, aber auch auf *Fibeln* und *Kämmen*, oft auf der verborgeneren Rückseite. Es sind durchweg kurze Inschriften, die Heil bringen oder Böses abwehren sollen (Mildenberger). Eiserne Lanzenspitzen werden durch die Inschrift gleichsam magisch gestärkt. So heißt eine ›Brüller‹, eine andere Spitze ›Der in die Flucht schlägt‹ oder ›Der zum Ziel geht‹; häufig werden Personennamen genannt, wobei unklar bleibt, ob der Besitzer, der Stifter der Ware oder ihr Hersteller festgehalten sind.

Die Runenschrift ist nie, wie etwa die chinesische oder ägyptische Bilderschrift, mit Pinsel oder Rohr geschrieben worden, sondern ins Eisen oder ins Holz *gekerbt* und *geritzt:* mit dem deutschen Wort ritzen ist das englische *to write* verwandt, während das wort schreiben bezeichnenderweise als Lehnwort (lat. *scribere*) wie Tinte und Brief aus dem Lateinischen gekommen ist.

Man weiß nicht, wann und wo die Runenschrift entstanden ist. Sicher ist nur, daß sie einige Generationen vor ihrem ersten Auftreten entwickelt worden sein muß, denn sie ist um 200 so fertig ausgebildet wie im Mythos: eine Lautschrift, die in einer festen Reihe, dem sogenannten *Futhark*, geordnet wird. Sie muß ihrer Kerbschnittform nach in magischen Zeichen verwendet worden sein, die man ins Holz schnitt.

Tacitus sagt in der *Germania* einmal, die Germanen brächten bestimmte Zeichen auf Holzstäben an, die »zum Wahrsagen und zu anderem magischem Gebrauch« dienten. Wahrscheinlich handelte es sich tatsächlich um Buchenstäbe — daher vielleicht auch unser Wort Buchstabe —, sogenannte *Lose*, die, mit Runen versehen, ausgeworfen wurden, um aus ihrer Endlage Voraussagen machen zu können: eine Orakelform also. Nach Tacitus wurden die Stäbchen des *Losorakels* auf ein weißes Tuch ausgeworfen und davon dann auf ›gut Glück‹ drei Stäbchen aufgenommen. Eventuell geschah die Deutung in einem *alliterierenden* Spruch: im →*Stabreim*, der seinen Namen nach dem senkrechten Hauptstrich der Rune, dem *Stab*, erhielt. Als Stab (alts. *stab*) wurde auch das lateinische Schriftzeichen der aus Holztafeln bestehenden Bücher bezeichnet. Diese lat. *tabulae*, got. *bokos*, ahd. *buoh* genannten Tafeln aus Buchenholz trugen also Buchstaben im Gegensatz zu den nichtlateinischen Runen.

Neben diesen nur dem Orakel dienenden ›*Zweigrunen*‹ mit jeweils bestimmtem Sinngehalt entwickelte sich aus dem gemeingermanischen Runenalphabet, das

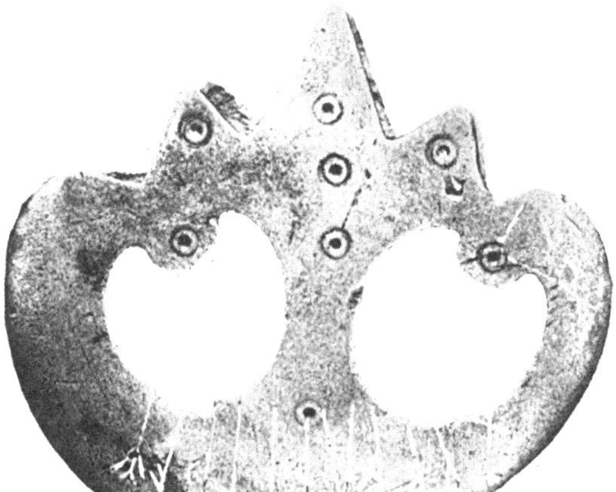

Schwertortband (Schwertscheidenbeschlag) aus Bronze mit Runeninschrift. — Schleswig-Holsteinisches Landesmuseum für Vor- und Frühgeschichte, Schleswig.

einzelnen Buchstaben zuordenbar ist, vor allem das durch größeren Vokalismus notwendigerweise umfangreichere *angelsächsische* Runenalphabet und das vereinfachte *skandinavische* System. Nach Einfüh-

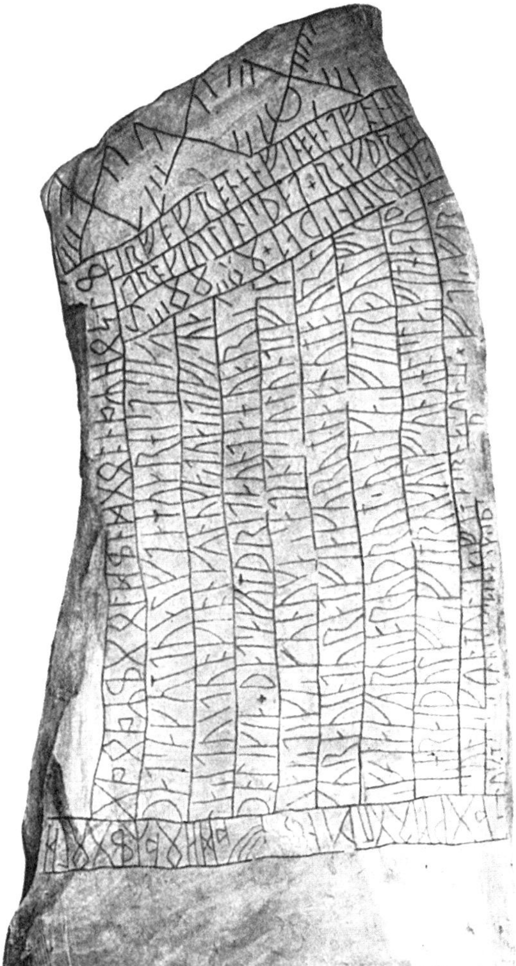

Oben: Sogenannte Futhark-Runen — das skandinavische Runenalphabet, so bezeichnet nach den ersten sechs Runen.
Unten: Runenstein von Rök/Südschweden (9. Jh.) mit der längsten bekannten Runenstein-Inschrift (750 Zeichen) in Form eines Heldenliedes u. a. auf »Dietrich, den Fürsten der Seekrieger«. Das oben gezeigte Futhark ist dieser Inschrift entnommen.

rung des Christentums finden sich auf Kreuzen und *Runensteinen* besonders häufig Runeninschriften. Der Vergleich mit anderen Schriften, mit anderen Alphabeten zeigt im übrigen, daß die Runenschrift keine originale germanische Erfindung sein kann. Die Forschung hat an der weiteren Klärung dieser Frage lange herumgerätselt, ohne im Detail zu schlüssigen Ergebnissen zu kommen. Denkbar wäre, daß ein *nordetruskisches Alphabet* durch Vermittlung der *Markomannen* zu den germanischen Stämmen gekommen ist, auch könnten Germanen, die sich als Söldner im Alpenraum aufhielten, die Schrift kennengelernt und in ihre Heimat mitgenommen haben. Es gibt einen aus dem 3. oder 2. vorchristlichen Jahrhundert stammenden Helm, auf dem in einem alpinen Alphabet eine germanische Inschrift eingeritzt worden ist. Andererseits finden sich in Skandinavien, vor allem in Dänemark, sehr viel mehr frühe Runeninschriften als anderswo; so könnte die Umwandlung aus der Reihe magischer Zeichen in Schrift hier vor sich gegangen sein.
Aber auch nach dieser Verwendung der Runenschrift ist die germanische Kultur, wenn man diesen Sammelbegriff gebrauchen will, keine Schriftkultur gewesen wie etwa die der Sumerer, Ägypter, Chinesen oder Mayas. Noch Ende des 4. Jahrhunderts ist eine so lange Inschrift selten, wie sie in den *Goldring von Pietroassa* eingraviert wurde: »Der Goten Besitztum, geweiht und unverletzlich«.
Von *Wikingern* stammt die längste bisher bekannte Runeninschrift, die 1861 auf den Orkneys in dem steinzeitlichen *Kammergrab Maeshowe bei Finstown* entdeckt wurde und wohl zwischen 1150 und 1153 angebracht worden ist. Es handelt sich um mehrere Botschaften, die von verschiedenen Männern wie in Gefängniswände eingekratzt worden sind. Eine von ihnen besagt, daß die Axt, mit der die Runen geschnitten wurden, einem gewissen *Gauk Trandillson* gehörte. Dieser Mann, der nordischen Geschichtsforschung bekannt, hat um 1000 in Island gelebt. Eine andere Inschrift erzählt, *Earl Harald* sei mit seinen Männern mehrere Tage in diesem Grab vom Schnee eingeschlossen gewesen, und zwei Gefährten hätten darüber ihren Verstand verloren, »was ein großes Hindernis für die Reise war«. Und schließlich ist von »Jerusalemfahrern« die Rede, also Kreuzrittern, die das Grab aufgebrochen, geplündert und sich dann dort verewigt haben. In dieser Beziehung ist die Inschrift nicht ungewöhnlich, denn Grabräuberei gehörte zur Praxis auch der Wikinger. Es gibt in Runenschrift aber keine Verträge, keine Tempelinschriften, keine Briefe — erst die Mönche und Priester bringen die Schrift der Römer mit, und mit dem Buch der Bücher die Kultur aus dem Süden.
Siehe auch die Stichworte →*Götterwelt* →*Stabreim* und →*Wulfila*.

S

Sachsen

»Es ist schwer zu sagen, wie oft die Sachsen überwunden und gedemütigt dem König sich unterwarfen, die Befehle auszuführen versprachen, die verlangten Geiseln ohne Zögern stellten, die gesandten Gewaltboten aufnahmen, öfters so gezähmt und mürbe gemacht, daß sie auch den Götzendienst aufzugeben und das Christentum anzunehmen sich verpflichteten. Aber ebenso eilig, wie sie dies zu tun bereit waren, brachen sie auch immer ihre Versprechen, so daß nach Beginn des Krieges kaum ein Jahr verstrich, ohne solche Sinnesänderung zu bringen.« *Einhard* (*ca. 770, †840), der Biograph *Karls des Großen* (771—814), von dem diese Zeilen stammen, hatte als Kind den Ausbruch des sogenannten *Sachsenkrieges* zwischen Franken und Sachsen und als reifer Mann das Ende dieses Krieges erlebt. Er schreibt sein Werk, die erste Herrscherbiographie des Mittelalters, nach dem Vorbild *Suetons*. Es ist kein Wunder, daß der Franke, ein Mann antiker Bildung, längst kein ›Germane‹ mehr, den erbitterten Widerstand der Sachsen verständnislos schildert.

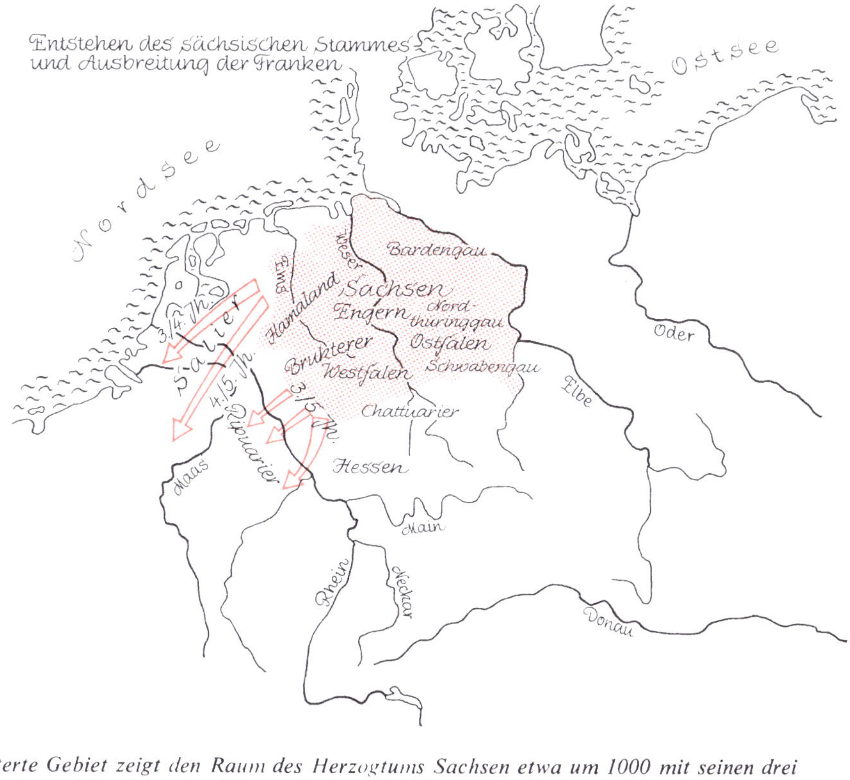

Das gerasterte Gebiet zeigt den Raum des Herzogtums Sachsen etwa um 1000 mit seinen drei Teilherzogtümern Westfalen, Ostfalen und Engern sowie den wichtigsten Gauen, daneben die Ausbreitungsrichtung der Franken im 3. bis 4. Jh. aus dem Rhein-Lippe-Gebiet. (Nach Schwarz, Germanische Stämme.)

Grabplatte mit Widukinddarstellung von etwa 1100 in der ehemaligen Stiftskirche zu Enger in Westfalen, wo der Überlieferung nach Widukind begraben sein soll. Die ursprünglich farbige Plastik mit bunten Glaseinlagen zählt zu den bedeutenden frühen Grabplastiken Deutschlands.

Oder war es auch das Unverständnis für die ›fluchwürdige‹ Eidbrüchigkeit der Sachsen, die wieder und wieder Karl dem Großen bei ›Leib und Gut‹ geschworen hatten, Frieden zu halten, ihre Verpflichtungen aber nicht einhielten? Es gibt nur fränkische Quellen über diesen Kampf, deshalb kennt man nur die Fakten, nicht die Motive der Sachsen, deren Adel es wahrscheinlich in erster Linie um die eigene Form des Lebens, um den eigenen Besitzstand ging.

Herkunft und Ausbreitung der Sachsen. Im Jahre 804 waren die Sachsen (vermutlich Kurzform von ahd. *sahsnotas* = Schwertgenosse) nach über zwei Jahrzehnten endgültig besiegt, der große Krieg, 772 von Karl dem Großen begonnen, 782 durch Hinrichtung von mehreren Tausend sächsischer Geiseln auf einen blutigen Höhepunkt getrieben, beendet. Nachdem der Sachsenherzog *Widukind* (Wittekind) sich 785 taufen ließ, war das Signal für die Christianisierung gegeben. Schon ein Jahrhundert später ist ein Sachse, *Heinrich I.* (919—936), der Eroberer Lothringens und des heutigen Sachsen, Sieger über die Ungarn, deutscher König geworden; sein Nachfolger *Otto I.* wurde 962 zum deutschen Kaiser gekrönt.

Der große Geograph *Ptolemäus aus Alexandria* hat im Jahre 150 die Sachsen als erster erwähnt und gesagt, sie säßen »auf dem Nacken der kimbrischen Halbinsel«, womit das westliche Holstein gemeint sein kann. Über die Frage, ob der von den Römern erwähnte Stamm der →*Chauken* eher ein sächsischer oder ein fränkischer Stamm gewesen ist, gibt es einen nicht geklärten Gelehrtenstreit. Jedenfalls haben sich die Sachsen, deren Herkunft letztlich so unklar ist wie die der Franken, im Laufe der Jahrhunderte nach Westen, Osten und Süden ausgebreitet, dabei Gebiete der →*Franken*, der →*Friesen*, →*Bataver*, →*Chamaven*, →*Langobarden*, →*Menapier*, →*Chasuarier*, →*Ampsivarier* →*Tubanten*, →*Usipeter*, →*Cherusker*, →*Brukterer* überlagernd. Mit den Brukterern zwischen Ems, Lippe und Ruhr — einem möglichen ›Teilstamm‹ der Franken — beginnt eventuell die Konfrontation, die schließlich die Franken *Pippin den Kleinen* und seinen Sohn *Karl den Großen* wieder in dieses Gebiet führt. *Nordthüringen* hatten sie für die den →*Merowingern* im Kampf gegen das *Hermundurenreich* geleistete Hilfe besetzen können. Die *Angrivarier*, wahrscheinlich mit ihnen im Bündnis und vielleicht im Namen *Engern* — mit deren Gebiet sie allerdings nicht zu tun hatten — weiterlebend, gehen in den Sachsen auf. Der Titel des Widukind: »König der Angrivarier, Herzog der zwölf sächsischen Großen« (vom Grabstein zu Enger, wo Grabungen Anfang der siebziger Jahre ›Fürstengräber‹ zutage brachten) bewahrt ihren Namen ebenfalls.

Um 775 zeichnet sich eine gewisse Stammesgliederung der Sachsen ab. Sie unterteilen sich in *Westfalen*, *Ostfalen*, *Engern* und *Nordalbinger*. Im Laufe ihrer Expansion haben die Sachsen bereits 286 die *nordgallische* Küste geplündert, sich in den heute niederländischen Landschaften *Drente* und *Twente* festgesetzt und schließlich 449 den Sprung über den Kanal gewagt: zusammen mit den *Angeln*, die in Schleswig saßen, und den westgermanischen *Jüten* haben sie sich in dem 407 von den letzten römischen Garnisonen geräumten England festgesetzt, das damals von Kelten, unter anderen den *Pikten* und *Skoten*, besiedelt war. Die *Bretonen* und Bewohner *Cornwalls* wichen vor ihnen nach Frankreich aus *(→Merowinger)*.

Bis zur Invasion der *Normannen (→Wikinger)* haben die Sachsen einige Jahrhunderte lang die Kultur der Insel geprägt. Auf dem Kontinent siedelten sie zur Zeit ihrer größten Ausdehnung in einem Gebiet, das sich von der Eider und der Nordsee bis zur Unstrut, Werra, Diemel und dem Rothaargebirge erstreckte, vom Niederrhein und der Zuidersee bis zur Elbe und Saale. Die lange Grenze zwischen Sachsen und Franken verführte immer wieder zu Überfällen. Als Bonifatius 719 seine Missionstätigkeit in Hessen aufnahm, war das Land von den Sachsen gerade schwer verwüstet worden. Zur Vergeltung unternahm der Frankenkönig *Pippin der Kleine* mehrere Feldzüge gegen sie, durchbrach zuletzt 738 die sächsische Verteidigung bei *Sythen* südwestlich von *Dülmen* und unterwarf sich die Sachsen.

Sprache und Christentum. Die Sachsen haben die sprachlichen Veränderungen, die sich bei ihren Nachbarn vollzogen, nicht mitgemacht; die sogenannte *Benrather Sprachgrenze* ist zugleich die alte Grenze zwischen Sachsen und Franken *(→Lautverschiebung)*. Auch die Missionare haben zunächst auf sächsischem Boden keinen Erfolg gehabt, doch wäre auf die Dauer vielleicht der Geist einer neuen Epoche zum Durchbruch gekommen, wenn Karl der Große — seit 768 zusammen mit seinem Bruder Karlmann (†771) König der Franken — nicht 771 die Alleinherrschaft des Frankenreiches übernommen hätte: Sein Ziel war es, die Sachsenkriege ein für allemal zu beenden, so wurde es bei den Sachsen zur Charakterfrage, das Christentum abzulehnen und beim alten Glauben zu bleiben.

›Weltmacht‹ gegen ›Naturvolk‹. Wie vor Jahrhunderten die Römer über den Rhein bis zur Weser vorstießen, weil dies der politischen und militärischen Logik eines Weltreiches entsprach, so griff Karl der Große die Sachsen an. Wieder kämpfte ein kulturell eher unterlegenes Volk um seine Freiheit gegen eine Weltmacht: Karls des Großen Reich erstreckte sich von der Nordsee bis nach Italien, von Spanien bis nach Ungarn, und gemessen an den Kräften der Sachsen war er an Hilfsquellen weit überlegen. Die Einzelheiten dieses Ringens gehören zur Geschichte des frühen Mittelalters. Als typisch germanisch gilt den deutschen Historikern oft die Uneinigkeit der Sachsen. Der Mangel an straffer Führung und die Uneinigkeit waren aber wahrscheinlich

Ausgrabungen des Jahres 1971 im Westjoch (Foto) und in der Vierung der ehemaligen Stiftskirche zu Enger legten mehrere Gräber frei, darunter im ältesten Chor aus dem 8./9. Jh. drei symmetrisch angeordnete Gräber mit Skeletten eines jungen Menschen und zweier Erwachsener von bedeutender Körpergröße. Da die Kirche von Enger zu Lebzeiten Widukinds errichtet wurde, kann es sich bei diesen im Chorraum vor dem Altar an hervorragender Stelle Bestatteten um die Stifterfamilie handeln.

eher Produkte veränderter sozialer Schichtung zwischen Adel und ›Volk‹, und wahrscheinlich sympathisierte die Mehrzahl des Adels aus persönlichem Machtstreben längst mit Karl dem Großen. So verrieten die von Karl eingesetzten sächsischen Grafen und die Edlen offenbar später in Verden ihre Bauern und lieferten sie aus egoistischen Interessen den Franken zur Hinrichtung aus.

Ihre Uneinigkeit mag darüberhinaus auch typisch für eine frühe Kulturstufe sein: die Indianer haben sich gegen die Weißen erst in letzter Stunde unter Tecumseh einigen können. Der sächsische Herzog Widukind (ahd. *widu* = Wald), über dessen persönliches Leben kaum Einzelheiten überliefert sind, hat die Sachsen nur einmal im Jahre 785 einigen können. Dennoch ist es ihnen immer wieder gelungen, sich mit Mitteln des Guerillakrieges im unwegsamen Gelände zu behaupten.

Der Kampf begann 772 mit der Eroberung der *Eresburg* (Obermarsberg) und der Plünderung des heiligen Haines um die *Irminsul;* dies war vermutlich ein heiliger Baum *(→Götterwelt)*, dessen Standort bis heute unbekannt ist, der sich aber im Raum zwischen Marsberg und der Weser befunden haben dürfte, denn auf einem Marsch von der Eresburg an der Diemel zur Weser ließ Karl der Große die Irminsul umstürzen. Andere Heimatforscher vermuten, daß die Irminsul auf der Eresburg selbst, in der *Iburg* bei Bad Driburg oder auf den Externsteinen gestanden haben könne. Eine gewisse Wahrscheinlichkeit spricht für einen Standort am *Bullerborn*, einer ehemals intermittierenden Quelle im Ortsbereich von Altenbeken, wie sie in den fränkischen Beschreibungen erwähnt wird.

Bronzene Statue, wahrscheinlich Karl den Großen darstellend (Person 9. Jh., Pferd 16. Jh.). — Cabinet d. Médailles, Biblioth. Nationale, Paris.

Damit war der Religionskrieg eröffnet, die Wildheit der Gegnerschaft programmiert. Nach wechselnden Kämpfen glaubte sich Karl der Große am Ziel und berief für das Jahr 776 eine Reichsversammlung auf sächsischem Boden nach *Paderborn*. Widukind, ein wegen seiner ›Missetaten‹ bekannter Adliger, blieb ihr fern, doch schien die Unterwerfung der Sachsen unbezweifelbar. Als im Jahre 778 Karl der Große in Spanien am Ebro gegen die Heere des Islam kämpfte, brach ein neuer Aufstand der Sachsen los: die soeben gegründete *Karlsburg* wurde verbrannt, alle Christen erschlagen, bis zum Rhein bei Deutz gingen die fränkischen Kirchen, Klöster und Dörfer in Flammen auf, dann wandten sich die Sachsen nach Süden und verwüsteten das rechtsrheinische Ufer bis Koblenz. Als ein fränkisches Entsatzheer heranrückte, marschierten die Sachsen lahnaufwärts, um das verhaßte Kloster *Fulda* zu zerstören. Die Mönche nahmen die Gebeine des heiligen Bonifatius aus der Gruft und flohen in die Wälder. Die Sachsen sind aber nicht bis Fulda gekommen, sondern an der Eder von einem fränkischen Heer geschlagen worden. Nun griff Karl der Große selbst ein, zog wiederum gegen die Sachsen, unterwarf sich 779 alle Stämme und berief, obwohl Widukind geflohen war, für 780 eine Reichsversammlung nach Sachsen, diesmal an die *Lippequellen bei Lippspringe*. Dieser Reichsversammlung folgte 782 ein weiterer ›Staatsakt‹ dieser Art. Karl ordnete die Verhältnisse endgültig und stellte Sachsen unter eine Art Standrecht, die *Capitulatio partibus Saxoniae*, die Rechtsgrundlage für das spätere Blutbad bei *Verden* an der Aller. Der Druck dieses Besatzungsrechtes, das auch die Heeresfolge forderte, schien dem Volk unerträglich, und als Herzog Widukind aus dem Exil beim Dänenkönig zurückkehrte und zum Aufstand rief, hatte er alle sächsischen Stämme hinter sich. Wieder wurden im ganzen Land die Kirchen angezündet, Kleriker erschlagen, christliche Grafen und Herren umgebracht. Der Versuch fränkischer Herren, die Lage zu retten, schlug fehl: am *Süntel* wurden sie geschlagen, wieder war der Plan Karls des Großen durchkreuzt. Er hat dann selbst als höchster Gerichtsherr die Häuptlinge der Sachsen an die Unterweser zusammengerufen und untersucht, wer die Rädelsführer des Aufstandes gewesen seien. Man nannte ihm den geflohenen Widukind. Da dieser nicht ausgeliefert werden konnte, forderte Karl der Große die Auslieferung aller, die an diesem Aufstand aktiv beteiligt waren, und ließ sie alle, insgesamt 4 500 Mann, bei *Verden* enthaupten. Es besteht kein Zweifel, daß die Zahl der Größenordnung nach stimmt.

Es war eine vom Kriegsrat in *Laon* 775 beschlossene Sache, die Sachsen entweder zum Christentum zu bekehren oder auszurotten — ein Vorsatz, der mit

Blick vom Turm des Doms zu Paderborn auf das Grabungsgelände von 1964 bis 1972 mit dem restaurierten karolingischen Saalbau (dunkles Rechteck; darüber und rechts ottonische Bauten des 11. Jhs. — Nach Winkelmann. Landesmuseum für Vor- und Frühgeschichte, Münster.

den damaligen Waffen nicht leicht durchzuführen war. Der Widerstand der Sachsen wurde durch das Blutbad bei Verden auch nicht gebrochen. Es kam zu weiteren, langwierigen Feldzügen der Franken unter Karl dem Großen. Schließlich siegte die Vernunft, denn Karl dem Großen gelang es, mit dem kreuz und quer durch Sachsen gehetzten Widukind in Verhandlungen einzutreten. Widukind und sein Begleiter *Abbio* waren bereit, bei Karl dem Großen in der *Pfalz Attigny* in der Nähe von Reims zu erscheinen; sie erhielten ein durch Geiseln gesichertes freies Geleit. Der Eindruck der überlegenen fränkischen Macht und Kultur muß sie überwältigt haben. Zu Weihnachten 785 nahm er die Taufe an, Karl der Große selbst übernahm die Patenschaft. Von nun an wurde Widukind in den fränkischen Quellen nicht mehr erwähnt, nur im Volk lebte er als Sagengestalt fort.

Es hat auch nach diesem Ereignis über Jahrzehnte hin noch weitere, freilich nicht mehr so schwere Aufstände gegeben, vor allem in nordalbingischem Gebiet, und erst 804 ist Sachsen endgültig befriedet worden. Karl veranstaltete in Holstein und nördlich der Elbe eine regelrechte Razzia, etwa 10 000 Sachsen wurden nach Gallien und in andere Teile ›Deutschlands‹ deportiert, Franken in Sachsen angesiedelt: der Widerstand brach endgültig zusammen. Als Einhard schreiben konnte, daß Sachsen und Franken nun ein Volk seien, erwies sich, daß die brutale Eroberungspolitik Karls des Großen ihren Zweck erfüllt hatte. Sein politisches Ergebnis ist das geschichtliche Deutschland, das von einem Sachsen geschaffen wurde.

Saga

Die Saga hat es nur in Island gegeben, und nur für die hundert Jahre nach der Einrichtung des →*Allthings* hat diese literarische Form ihre Kraft bewahrt. In Norwegen und Schweden gibt es für den vergleichbaren Zeitraum keinerlei dichterische Zeugnisse: der Norden ist stumm geblieben, nur Island gab ihm seine Stimme.

In der gleichen Epoche hat Europa *Thomas von Aquin*, *Albertus Magnus* und die *Divina Commedia* des *Dante* hervorgebracht. Die Erzähler der Sagas (isl. Erzählung) sind zwar mit dem christlichen Gedankengut ihrer Zeit vertraut, aber sie greifen selten auf christliche Elemente zurück. Ihr Stil wirkt nüchtern und bleibt auf Tatsachen bezogen, nicht auf Allegorien.

Island ist besiedelt worden, weil *Harald Schönhaar* (860—933) die Macht der norwegischen Gaukönige vernichtete und den freien Bauern ihr Land nahm. Viele zogen es vor, Norwegen zu verlassen. Sie besiedelten Island, das damals von wenigen Iren und Wikingern bewohnt war. Der Bericht über diese Landnahme heißt *Landnámabók*, das Landnahmebuch. Es nennt 1 400 Ortschaften und 3 000 Menschen, ein einzigartiges geschichtliches Dokument, das im 13. Jahrhundert aufgezeichnet worden ist. Die ersten hundert Jahre nach der Errichtung des Alltings heißen allgemein die *Sagazeit*, denn in dieser Epoche liegt der Stoff für die isländischen Erzählungen: Wikingerfahrten, langwierige Fehden zwischen den Sippen und erbitterte Rechtsstreitigkeiten. Die Zeit von der Mitte des 12. Jahrhunderts bis zum Verlust der Selbständigkeit im Jahre 1262 nennt man die *Sturlungazeit*.
In dieser Sturlungazeit sind die Sagas, die auf die Sagazeit um mehr als hundert Jahre zurückgreifen, aufgezeichnet worden. Die *Sturlungen* sind eines der mächtigsten Geschlechter auf Island gewesen; ihre Familiengeschichte, die Sturlungasaga, umfaßt verschiedene Sagas aus dem 12. und 13. Jh. und gruppiert sie um die *Islendinga-Saga*, die *Sturla Thordason* verfaßt hat, ein Neffe des 1241 verstorbenen →*Snorri Sturluson*.
Um 1100 hat man die isländische Volkssprache für Aufzeichnungen verwandt, z. B. für die Gesetzestexte (117/18). Christliche Glaubenslehren und Niederschriften der mündlich überlieferten Geschlechterreihen sind ebenfalls isländisch, nicht lateinisch, abgefaßt worden. Der erste Geschichtsschreiber ist *Saemundr inn Fródi Sigfússon* (1056—1133), der, in Paris ausgebildet, auf seinem Stammsitz als Priester saß und für Island zu einer ähnlich magischen Gestalt wurde wie Papst *Sylvester II.* für Europa. Sein Geschichtswerk ist verlorengegangen, aber offenbar war es eine *norwegische Königschronik*.
Man unterscheidet *Familien-Sagas*, *Königs-Sagas* und *Vorzeit-Sagas*. Während aber die Familiensagas authentische Zeugnisse darstellen und hohes Ansehen genießen, sind die erst im 13. Jahrhundert entstehenden Vorzeitsagas Verfallsformen, die in die Zeit vor Harald Schönhaar zurückgreifen, unverbindliche Inhalte schildern und nur der Unterhaltung dienen.
Ob die Sagas auf getreuer mündlicher Überlieferung beruhen (Freiprosatheorie) und nur wortgetreu aufgezeichnet wurden oder ob sie auf Grund loser Überlieferung neu gedichtet wurden (Buchprosatheorie), hat einen langen, wissenschaftlichen Streit hervorgerufen, der nicht abgeschlossen ist; man neigt heute zur Buchprosatheorie.
Im 13. Jahrhundert werden die Sagas zu höfischen, zu »Lügen-Sagas«.

Salier
Teilstamm der →*Franken*, der wahrscheinlich am Niederrhein saß. Im 4. Jh. wurden Teile dieses Stammes als römische Bundesgenossen im heutigen Nord-Brabant angesiedelt. Sie haben sich, als 406 die römischen Truppen abzogen, westwärts bis nach Flandern und an die Nordsee ausgebreitet. Nach 406 setzten sich im Kölner Raum die sogenannten Ripuarier fest; seit 455 besiedelten sie das Moselgebiet und das Land bis zu den Ardennen.

Sanskrit
Die von dem indischen Grammatiker *Panini* im 5. oder 4. Jh. v. Chr. festgelegte Hochsprache für die altindische Literatur und Wissenschaft. Im Jahre 1788 stellte *William Jones* (*1746, † 1794) die Verwandtschaft des Sanskrit mit den europäischen Sprachen fest und gab so den Anstoß zur Entdeckung der →*indoeuropäischen Sprachfamilie.*

Sax (Sahs)
Einschneidiges Kurzschwert der Fränkischen Zeit (→*Sachsen*).

Schädeldeformation
In Europa sind Schädeldeformationen, wie sie viele ›Naturvölker‹ durch Einbinden des Kopfes herbeiführen, schon in vorgeschichtlicher Zeit festgestellt worden (Hirschberg). Die Germanen haben diese Sitte im 5. Jahrhundert praktiziert, und zwar bei Frauen, denen man durch Bandagen einen Turmschädel formte. Man kennt das von mittelasiatischen Steppenvölkern, von denen die Germanen die Sitte wohl übernommen haben; *langobardische*, *thüringische* und *burgundische* Frauen sind mit solchen Deformationen gefunden worden, vor allem aus dem Adel. Bei den Gepiden sind auch die Männer auf diese Weise ›verschönt‹. Nach dem Zerfall des Hunnenreiches verlor sich die Sitte (Schlette), allerdings ist sie noch bis in neuere Zeit in Südfrankreich und Friesland praktiziert worden: die Redensart vom ›Brett vorm Kopf‹ bewahrt offenbar die Erinnerung an das Verformen des Schädels mit aufgeschnallten Brettchen.

Schamanismus →*Odin*

Segner
Stammesgruppe der ›linksrheinischen Germanen‹ zur Zeit Caesars.

Semnonen
Wichtiger Stamm der →*Sweben*. Die Semnonen wohnten vermutlich zwischen mittlerer Elbe und Oder; es ist denkbar, daß aus den Semnonen die →*Alamannen* hervorgegangen sind. Im Gebiet der Semnonen lag der heilige Hain, in dem Menschenopfer gebracht wurden. →*Kultgemeinschaften.*

Siedlung
Keiner der antiken Autoren hat über die Siedlungsweise der Germanen geschrieben außer →*Tacitus* in der *Germania*. Er widmet diesem Thema ein

Rekonstruktion eines Hauses in Tofting, wie es für das 3. Jh. typisch ist. Die Grundfläche lag wahrscheinlich tiefer als das umgebende Erdreich, die Außenwände aus Flechtwerk mit Lehmverputz standen auf niedrigen Steinsockeln, das Dach ruhte auf zwei Stützenreihen. Das entspricht etwa dem Grundtyp des Zweiständer-Bauernhauses, wie es bis ins vorige Jahrhundert in Nordwest-Deutschland gebaut wurde. — Schleswig-Holsteinisches Landesmuseum für Vor- und Frühgeschichte, Schleswig.

ganzes Kapitel und beginnt damit, es sei allgemein bekannt, daß die Germanen nicht in Städten leben, ja »überhaupt nichts von untereinander verbundenen Wohnsitzen (geschlossener Siedlung) wissen wollen: sie siedeln in einzelnen, voneinander weit abliegenden Gehöften, je nachdem, wie ihnen eine Quelle, ein Feld oder ein Hain gefällt.«

Einzelgehöfte und Streusiedlungen. Man fühlt sich an die westfälischen Bauernhöfe erinnert, die hinter Hecken weit verstreut im Schutz von Baumgruppen liegen, und tatsächlich hat sich hier eine alte Siedlungsweise bis auf den heutigen Tag erhalten, ähnlich wie in Friesland oder Schleswig. *Wilhelm Heinrich Riehl* (*1853, †1897), der Klassiker der Volkskunde, schreibt in seinem Werk *Land und Leute* über das damalige ›Westphalen‹: »Im Norden sitzen noch die Hofbauern, im Süden die Dorfbauern«; er spricht von den »ehemals freien, ächt aristokratischen Hofbauern« und meint jene alten Höfe, die ihre Herkunft bis auf die Zeiten Widukinds zurückverfolgen und jene Siedlungsweise überlieferten. Tacitus kannte nur die mit Mauern verbundenen, aus Fels und Hang gewachsenen, Haus an Haus gebauten Siedlungen des Mittelmeeres. Er schreibt deshalb: »Ihre Siedlungen legen sie nicht nach unserer Art an, daß die Häuser eng nebeneinander stehen und eine Straße bilden: jeder umgibt seinen Hof mit einem freien Raum — vielleicht versprechen sie sich davon Hilfe für den Fall der Feuersgefahr, vielleicht verstehen sie auch nicht zu bauen«.

Man hat diese Fragen mit Hilfe der Archäologie zu klären versucht.

Dabei stellt sich heraus, daß die Verhältnisse doch nicht ganz so einfach liegen, wie Tacitus sie gesehen hat: der Einzelhof existiert selten streng isoliert, und es gibt vielfältigere Siedlungsformen.

Landschaft und Vegetation. Zuerst ein Wort zur Landschaft, in der die Menschen der *Bronzezeit* und der *frühen Eisenzeit* gesiedelt haben. Schauplatz des Lebens war eine Urlandschaft: Wälder und Sümpfe, Hochmoore und Windbrüche, nur von wenigen Lichtungen unterbrochen, bedeckten die Gegend von einem Horizont zum andern, die kärglichen Äcker wurden immer wieder vom Wild verwüstet, und der Verkehr untereinander war gering. In dieser Landschaft aber gab es offene, mit Feuer und Beil *gerodete* Siedlungsflächen; einige wurden über Jahrhunderte immer wieder neu besiedelt, andere wechselten: die *Brache* verwilderte und wuchs wieder zum Wald zurück *(→Ackerbau)*, an anderer Stelle wurde neues Land gerodet und bebaut. Seit etwa 2500 v. Chr. hatte eine folgenreiche *Klimaänderung* vor allem mit geringeren Temperaturen und höheren Niederschlägen im Gefolge das Bild des Waldes verwandelt: statt der weiten *Eichenwälder* hatte sich die *Buche* durchgesetzt, und im Mittelgebirge breitete sich statt der *Kiefer* die *Tanne* aus, die mehr Kälte und Feuchtigkeit verträgt. Diese Landschaft hatte sich seit Jahrtausenden unberührt von Menschen erhalten. Erst um 700 v. Chr., als am Mittelmeer schon Jahrtausende alte Kulturen Aufstieg und Niedergang erlebt hatten, machte sich in der späteren Landschaft Germania der Einfluß des Menschen bemerkbar: man fühlt sich an die Wälder Sibiriens oder Kanadas vor ihrer Erschließung erinnert. Zur römischen Zeit dürfte die Bevölkerung

Bronzene Schlüssel der Wikingerzeit (8. bis 11. Jh.). Oben: 1. aus Weddingstedt/Norderdithmarschen; 2. u. 3. Schleswig-Holstein; unten alle aus Haithabu. — Schleswig-Holsteinisches Landesmuseum für Vor- und Frühgeschichte, Schleswig.

dieser Landschaft, nach eingehender Abwägung aller Daten, rund 2—5 Millionen Menschen betragen haben; das entspricht einer Bevölkerungsdichte von 3—7 Menschen je km² (Schlette).

Diese Menschen machten den Boden urbar, um sich Vorräte zu schaffen, um ihr Vieh ernähren und von der *Jagd* unabhängig leben zu können. Der Wald war der Feind des *Ackers*, aber vom Wald lebte man auch: das *Vieh* weidete auf den Lichtungen, man *sammelte* Früchte und Pilze *(→Nahrung)*, man baute die Hütten aus *Holz*, brauchte das Holz zur Feuerung der Herde und Öfen, feuerte mit Holz die Brennöfen für die *Eisenverhüttung*. Das Waldleben hat sich tief ins Bewußtsein des Volkes eingeprägt, noch die Welt der Grimm'schen Märchen ist von Wäldern umschlossen wie das Bauerngehöft der Frühgeschichte.

Man kann die Siedlungen, die von den Archäologen in ihrer Gesamtheit freigelegt worden sind, an den Fingern einer Hand abzählen, meist hat man nur einzelne Gebäude freigelegt, weil die Verhältnisse großräumige Ausgrabungen nicht zuließen.

Weiler, Dörfer, Gehöftgruppen, Dorfmark. Bekannt geworden sind die *Siedlungen von Nauen* bei Berlin und das nicht weit entfernte *Kablow*, die Siedlung *Wijster* in den Niederlanden und *Norre Fjand* in Dänemark. Auch auf den Wurten der Nordsee, z. B. auf *Feddersen Wierde* (→Seite 245) gibt es germanische Großsiedlungen von mehr als 10 Gehöften (Mildenberger). Es gab in Germanien also außer den Einzelgehöften auch *weilerartige* Kleinsiedlungen und größere *geschlossene Siedlungen* wie die genannten Orte. Der römische Offizier oder Kaufmann hat, wenn er sie kennenlernte, ihren wahren Charakter wohl nicht erfaßt, weil er an die so andersartigen Dörfer des Südens gewöhnt war. Man hat das Rätsel, wie die Gehöfte zusammengehören, mit Hilfe der Grabstätten klären können. Manche *Gräberfelder* sind so groß, daß dort eine Bevölkerungsgruppe von mehreren hundert Personen ihre Toten bestattet haben muß; andere Grabfelder sind wiederum ganz offensichtlich einzelnen Gehöften zuzuweisen. Insgesamt hat sich die Auffassung herausgebildet, daß auch die lose verstreuten Gehöfte zu einer *Dorfmark* (heute noch in Westfalen als ›Dorfbauerschaft‹ vertreten) gehörten. Weilerartige Siedlungen aus wenigen Gehöften sind vor allem in den Niederlanden und in Skandinavien festzustellen. Archäologisch sind Einzelgehöfte schwerer zu fassen, weil man zunächst ja nie weiß, ob es sich bei den freigelegten Grundmauern um einen einzelnen Hof oder um einen Teil einer größeren Siedlung gehandelt hat. Meist fehlt den Archäologen dann die Möglichkeit, die Frage durch großflächige Ausgrabungen zu klären.

Das Haus. Es gibt, so weit man heute erkennt, die planlose Ansiedlung, aber auch Anlagen wie z. B. *Feddersen Wierde*, die deutlich *radial*, d. h. planvoll angelegt sind.

Meist stellte man die Häuser in West-Ost-Richtung, um den Winddruck zu mindern. Einige Siedlungen in der Provinz *Drente* in Holland verraten den *römischen* Einfluß: die Gebäude liegen rechtwinklig zueinander, die Wege schneiden einander im rechten Winkel, auch findet man gelegentlich einen Schutzwall und einen Graben — alles das deutet auf Erfahrungen mit römischen Kastellen hin, wenn auch von militärisch wirksamen Befestigungen nicht gesprochen werden kann, schon eher von einem Schutz gegen Bär, Wolf oder menschliches Raubgesindel. Der Haustyp in *Nordwest-Germanien*, von der Rheinmündung bis in die Gegend von Berlin, ist der *dreischiffige Hallenbau*, ein *Wohnstallhaus* mit tief herabgezogenem Dach, das von der inneren Pfeilerkonstruktion getragen wurde. Mit niedrigen Wänden aus *lehmverstrichenem Flechtwerk* oder aus *Rasenziegeln* barg es Mensch und Tier unter einem einzigen Dach, das mit *Rohr* gedeckt war wie noch vor kurzem das niederdeutsche Bauernhaus. Die Balkenkonstruktion war solide gearbeitet *(→Handwerk)*, das Dach ließ am Giebel den Rauch durch die *Uhlenflucht* abziehen.

Für Mensch und Tier lagen die Vorteile des Wohnstallhauses, vor allem im Winter, auf der Hand: das Vieh war unter ständiger Aufsicht und erhöhte die

Eimer, Zuber, Schöpfkellen, Back- und Schlachttröge sowie anderes Haushaltsgerät des 9. Jhs., das im Schiffsgrab der Königin Åsa gefunden wurde (→Oseberg-Ausgrabung, Seite 218). — Universitetets Oldsaksamling, Oslo.

Wärme. Nachteilig waren zwar die Ausdünstungen, aber selbst der Mist konnte auf diese Weise als Wärmespender nutzbar gemacht werden.

Auf *Feddersen Wierde* hat man einen *Herrenhof* ausgegraben, bei dem das Vieh nicht mehr unter dem Dach des Eigentümers wohnte. Dafür erkannte man ein durch fünf Jahrhunderte am gleichen Fleck stehendes Hallenhaus, zu dem *Speicher*, *Getreidedarren*, *Eisen-* und *Bronzewerkplätze* gehörten. Seit dem 3. nachchristlichen Jahrhundert befinden sich die *Kalköfen*, *Schmiedewerkstätten* und die *Töpferei* nicht mehr auf dem Hofgelände, sondern abseits auf einem anschließenden Gelände, bis die ganze Siedlung im 4. und 5. Jahrhundert durch immer neue Sturmfluten zu Grunde geht. Zunächst standen die Viehboxen leer, dann nahm die Zahl der Häuser ab, die Häuser selbst wurden kleiner, und schließlich verließen die Bewohner die Wurt, die zur Wüstung verfiel. Die *Länge* der germanischen Häuser wuchs im Laufe der Zeit. Wenn man im 1. nachchristlichen Jahrhundert Häuser von 9—10 m Länge baute, so erreichten sie gegen Ende des ersten Jahrtausends 15, 18 oder gar 20 Meter. Entsprechend wuchs die *Stückzahl des Viehs*, ablesbar an den Boxen: von 12 Stück Vieh zur Römerzeit kam man auf über 30 Stück Vieh (→*Ackerbau*) in der Merowingerzeit. Das Langhaus ist meist in *Wohnteil* und *Stallteil* gegliedert. Der Wohnteil ist am *Estrich* zu erkennen, in dessen Ende der *Herd* eingelassen war. Man betritt das Haus von den Längswänden aus, wo Wohnteil und Stallteil zusammenstoßen. Der Stall ist an seinen Boxen erkenntlich, auch ziehen sich an den Seiten *Jaucherinnen* entlang. Zum Gehöft gehören häufig auch in die Erde gesenkte *Wohngruben* oder *Erdhäuser*, mit Dung abgedeckt. Gelegentlich sind das *Webstuben* gewesen, vielleicht für Sklavinnen, anderswo *Kochhütten* oder *Vorratskeller*. In Notzeiten hat man in diesen Erdhütten seine Habe oder sich selbst versteckt und sie oberirdisch getarnt.

Baumaterial. Lange haben sich die *Holzkonstruktionen* der oberirdischen Gehöfte nicht gehalten, weil ja das Holz nicht imprägniert werden konnte. So mußten die Häuser nach einigen Jahrzehnten abgerissen und neu gebaut werden — womit die Archäologie vor eine schwierige Frage gestellt ist, wenn die Siedlungsdichte geklärt werden muß.

Tacitus spricht davon, daß in Germanien nicht einmal Bruch- oder Backsteine in Gebrauch seien und daß man »auf schönen oder gefälligen Anblick« keinen Wert lege. Das stimmt nicht ganz: meist waren die Häuser auf ein *Steinfundament* gesetzt, allerdings dürften die germanischen Bauernhäuser bei weitem nicht so formschön und farbig gewirkt haben wie eine Siedlung an der Ägäis. Allerdings erkennt auch Tacitus die *weiße Kälkung* an.

Das Gehöft. Ganz anders als die Siedlungen in den

Wurtensiedlung Feddersen Wierde

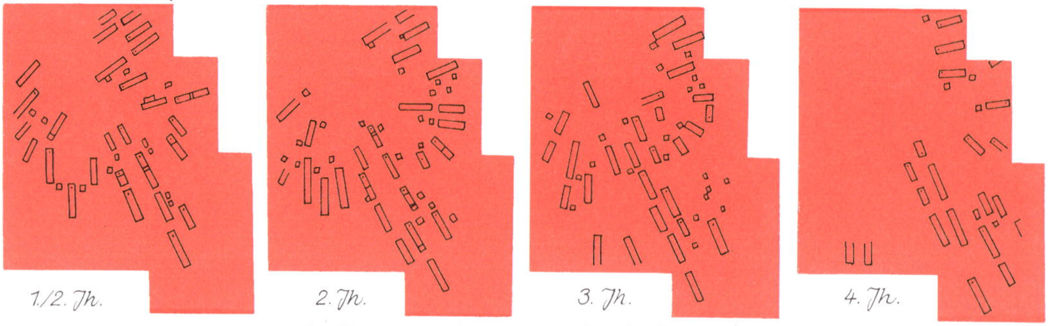

Lageplan mit dem Zustand in 4 Siedlungsperioden von 1.–4. Jh. (n. Schlette)

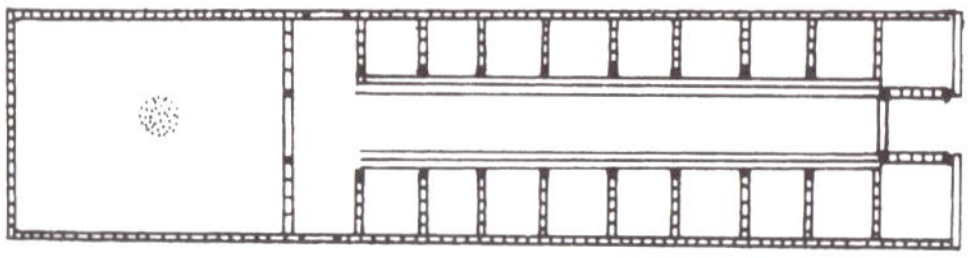

Grundriß vom Haus der Wurt Feddersen Wierde

Zu den Zeichnungen siehe auch →Text, Seite 244—245.

Gehöftgruppe (Weiler) von Tochteloo/Niederlande

Niederlanden, in Jütland oder Nordwestdeutschland sind die Weiler der *Alamannen*, *Bajuwaren* und *Thüringer* gewesen. Hier herrscht ein kleiner, 6—7 m langer, 3—4 m breiter Haustyp vor. Die einzelnen Häuser haben die verschiedensten Funktionen: *Vorratshäuser*, *Backstuben*, die verschiedenen *Ställe* werden voneinander unterschieden. Die Aufteilung in Funktionen ist hier wohl von vornherein üblich; sie wird aber keineswegs zum Vorläufer des niederdeutschen Gehöftes in seiner Endform. Das dreischiffige niederdeutsche Wohnstallhaus entwickelt selbständig auch die Hofanlage mit getrennten Ställen, mit Backhaus sowie Web- und Spinnhütten.
Diese Anwesen sind zur Germanenzeit keine unkultivierten Behausungen gewesen, sondern allenfalls urwüchsige Gehöfte, die ein amerikanischer Tourist nicht bizarrer finden würde als einen Hof in Worpswede oder einen Bauernhof im Schwarzwald, wenn man von der Kleidung der Bewohner einmal absieht *(→Kleidung)*.
Städte hat es in Germanien nicht gegeben, nur jene von Wällen umgebenen burgartigen Siedlungen mit Handwerkstätten, die von den Kelten geschaffen worden sind *(→Oppida)*.

Siegfried (Sigfrid, Seyfried, Sigufried, Sigurd)
Jungsiegfried sitzt im Wald und bläst auf silbernem Horn. Aus dem Busch kommt ein Bär, der ihm brummend zuhört. Siegfried knüpft ihm ein Halfter aus Bast und nimmt ihn mit zu *Mime*, um den Schmied mit dem Bären zu erschrecken und ihn zu fragen, ob sein Schwert schon fertig sei. So beginnt, mit dem Auftritt in der Werkstatt des Mime, die Wagner-Oper *Siegfried*, der ›Zweite Tag‹ aus dem *Ring der Nibelungen*, der mit der brünstigen Vereinigung Siegfrieds mit *Brünnhilde*, der Walküre, endet: Siegfried, der Drachentöter, ist hier zu einem neckischen Helden verkommen, der dem Urahn des Gartenzwerges deutschen Humor beweist.
Wie der Siegfried der Sage mit *→Arminius*, dem Sieger vom Teutoburger Wald, auf der Grundlage des *Nibelungenliedes* in Verbindung gebracht wird, bildet ein anderes, ebenfalls charakteristisches Kapitel der deutschen Geistesgeschichte — übrigens eines, das auf sehr schwankendem Boden steht.
Das sogenannte *→Nibelungenlied* wurde, wie schon geschildert, erst um 1200 am Bischofshof zu Passau aus alten germanischen Überlieferungen zusammengestellt und in einheitliche Form gebracht. Der erste Teil des Nibelungenliedes behandelt die Werbung Siegfrieds um Kriemhild und seinen Tod. Dieser aus dem Fränkischen stammenden Sage, die schriftlich in der *Sigurdsage* der *älteren Edda* überliefert ist, liegen, wenn man der Germanenforschung auf sehr verschlungenen Wegen folgt, möglicherweise Berichte oder Lieder zugrunde, wie sie von den germanischen Hilfstruppen im Xantener Raum (Castra Vetera) in den Jahrhunderten nach der Varusschlacht bewahrt wurden. Danach ist Siegfried mit Arminius und der Drache Fafnir, der Lindwurm, den er er-

schlägt, mit den römischen Legionen des Varus identisch. Für die Art der Beweisführung soll hier ein Beispiel gegeben werden.
Bereits *Jakob Grimm* (→Seite 130), einer der Begründer der →*Germanistik*, hat vermutet, daß sich in der Siegfriedsage die Erinnerungen an Arminius gehalten haben könnten. Dagegen spricht, daß zwischen der Erwähnung, die germanischen Söldner hätten Lieder über Arminius gesungen, und der Aufzeichnung in spätmerowingischer Zeit viele Jahrhunderte liegen. Aber auch andere →*Heldensagen* demonstrieren ja die Überbrückung von Jahrhunderten. Für die These von der Identität spricht, daß auch Siegfried, wie Arminius, von Verwandten seiner Gattin erschlagen wird, und ebenfalls, daß Siegfried aus einem Zentrum römischen Lebens am Rhein, nämlich aus Xanten, stammen soll. Verwiesen wird auch auf die mit *S* beginnenden Namen in der Sippschaft des Arminius: Segimer, Sigimer, Segimund u. a., denen sich Siegfried einfügen würde.
Übrigens gibt es auch eine Diskussion um die sogenannte *Gnitaheide*. Das ist jener Ort, wo Siegfried den Drachen getötet hat. Heimatforscher glauben herausgefunden zu haben, daß der isländische Abt *Nicolaus von Thverá* (†1159) die Gnitaheide bei Marsberg an der Diemel lokalisierte. Auch bei Schötmar im Gebiet zwischen Minden und Detmold taucht ein Anklang der Gnitaheide im Namen des Dorfes *Knetterheide* auf, und hier eben soll die ›Tötung des Drachens‹, das heißt die Schlacht gegen die Legionen des Varus, stattgefunden haben *(→Varusschlacht im Teutoburger Wald)*. Der wichtige Hinweis aus Detmold, daß die ursprüngliche Flurbezeichnung nach einem dort ehemals ansässigen Bauern erfolgt sei, kann möglicherweise durch Umkehrung widerlegt werden, indem der Personennamen vom Flurnamen hergeleitet wird. Immerhin kommen sowohl Obermarsberg als auch Knetterheide der Reisebeschreibung des Abtes Nicolaus nahe, der auf jener Tour von Stade über Minden und Paderborn nach Mainz im Jahre 1150 *nach Überquerung des ›Teutoburger Waldes‹* sagen konnte: »Das ist die Gnitaheide, wo Sigurd den Fafnir schlug.«
Tatsächlich haben in späteren Zeiten, im 4. und 5. Jahrhundert, die römischen Legionen statt der *Legionsadler* bronzene *Drachenköpfe* als Feldzeichen mit sich geführt, hinter deren offenen Mäulern Drachenleiber aus Stoff angebracht waren, die sich im Wind blähten: so steht der Drache für die Legion — aber derlei bleibt unbeweisbar.
Natürlich wird nicht nur mit den Namen Sigimer und Siegfried spekuliert: der Drache heißt germanisch *lintwurm*, denn *lint* ist das althochdeutsche Wort für Schlange. Man könnte sich also mit einiger Phantasie vorstellen, daß der römische Heerwurm, der sich durch die Landschaft wand, gekennzeichnet zusätzlich durch das ›Drachenfeldzeichen‹, in der Sage als eben jener Drache verschlüsselt wurde, den Siegfried getötet hat.
In der Sage aber ist das geschichtliche Ereignis, wenn

Römische Legionäre mit Drachenfeldzeichen, auf die sich die Drachentötung durch Siegfried (Arminius) beziehen soll. Relief der Trajans-Säule, Rom; 114 n. Chr.

es gemeint sein sollte, so umsponnen und verborgen, daß man historisch nichts mehr damit anfangen kann — es sei denn, der Zusammenhang wäre beweisbar. Dann nämlich würde man an einem konkreten Beispiel sehen, wie aus geschichtlichen Tatsachen ein Mythos erwächst — aber eben dieser Beweis ist bis heute nicht geführt. Die römische Geschichtsschreibung und der germanische Mythos überschneiden sich nicht, und so muß die Identität von Siegfried mit Arminius offen bleiben.
Siegfried, *Sigfrid* oder später auch *Seyfrid* tritt ein halbes Jahrhundert nach dem Nibelungenlied in der späteren Dichtung als Vorkämpfer der Burgunden und Gegner des *Dietrich von Bern* auf. Es werden zwischen beiden Parteien Zwölfkämpfe veranstaltet, die regelmäßig mit der Niederlage Siegfrieds enden. Auch überbietet Dietrich von Bern den Siegfried, indem er in seiner eigenen Heimat Tirol nicht nur einen einzigen Drachen, sondern reihenweise Drachen erlegt. Offensichtlich soll in dieser Epik die Überlegenheit der österreichischen Ritterschaft glaubwürdig gemacht werden (von See).
Das Epos vom ›Hörnen Siegfried‹, entstanden um 1400, behandelt den Drachenkampf des Siegfried, sein Bad im Drachenblut, seine auf diese Weise gewonnene Unverletzbarkeit, die nur durch das Lindenblatt, wie bei *Baldr* durch die Mistel, in Frage gestellt ist, und die Befreiung Kriemhilds. Dieses Gedicht *Hürnen Seyfried* ist in Drucken von 1524 erhalten; *Hans Sachs* hat es aufgegriffen, auch ist es

zum Trauerspiel verarbeitet und 1712 als Volksbuch herausgebracht worden.

Im nordischen Sagenkreis ist es *Sigurd*, der den *→Fafnir (M)* erschlägt. Hier wird Mythologie in die hoch literarisierte Kunstform eingebaut, das heißt der Held vor dem Hintergrund der Götterwelt ins Übermenschliche gesteigert. Allerdings rückt in der nordischen Fassung *Brünhild* stärker in den Vordergrund, deshalb hat Richard Wagner hier seinen Stoff gefunden: ihm fesselte ja vor allem das erotische Moment dieser Konstellation zwischen Siegfried und Brünhild.

Die Siegfriedgestalt selbst freilich ist, Sinnbild des strahlenden und arglosen Helden, zum deutschen Mythos geworden; nicht selten hat sich blinder Nationalismus mit dieser Figur identifiziert, die hinterrücks von Bosheit gefällt wird, weil sie sonst unbesiegbar wäre: das schwingt noch in der ›Dolchstoßlegende‹ des Ersten Weltkrieges mit, als nationale Kreise, allen voran der Feldmarschall *von Hindenburg*, die Behauptung aufstellten, die Revolutionäre des November 1918 wären dem im Felde unbesiegten Heer mit einem Dolchstoß in den Rücken gefallen. Hier handelt es sich um eine offensichtliche Geschichtslüge mit dem geschilderten mythologischem Hintergrund, die bis heute nachwirkt.

Sievern

Bedeutendes Grabungsgebiet an der Unterweser mit Funden verschiedener Epochen. Neuerlich wieder im Gespräch durch die wichtige Fachveröffentlichung *Hauck: Gold aus Sievern* (auch *→Odin*).

Sigambrer (Sigamber, Sugambrer, Sugamber)

Zu den Germanenstämmen mit ungeklärter, vielleicht keltischer Identität gehören die Sigambrer, auch Sugambrer genannt, deren Sprache man nicht kennt. Ihre südlichen Nachbarn, die *Ubier*, werden meist zu den Kelten gerechnet. Die Sigambrer haben am rechten Rheinufer nördlich von Köln gewohnt, etwa zwischen Sieg und Ruhr, mit den *→Cheruskern* und *→Chatten* als Nachbarn im Osten. Im Jahre 55 v. Chr. werden sie ›historisch‹: die *→Usipeter* und *→Tencterer* haben den Rhein nach Westen überschritten, weil auch sie wie so viele andere Stämme von den *→Sweben* bedrängt wurden. *Caesar* tritt ihnen entgegen und schlägt sie vernichtend. Es gibt nur wenige Überlebende, die nach Osten über den Rhein flüchten und von den Sigambrern aufgenommen werden. Dies veranlaßt Caesar, gegen die Sigambrer eine Strafexpedition durchzuführen. »Als Caesar zu diesen Boten mit der Forderung geschickt hatte, ihm die Leute auszuliefern, die ihn und Gallien bekriegt hätten, anworteten sie: die Herrschaft des römischen Volkes am Rhein sei zu Ende. Wenn er es für unbillig hielte, daß die Germanen gegen seinen Willen nach Gallien herüberkämen, wie er dann beanspruchen könnte, daß etwas jenseits des Rheins seiner Macht unterstände?« (Capelle).

Diese stolze Antwort, entnommen Caesars eigenem Kriegsbericht, scheint von Caesar stark redigiert zu sein, denn diese Stämme haben sich selbst kaum als Germanen bezeichnet *(→Caesar, →Abstammung der Germanen)*. Es kommt zu dem berühmten römi-

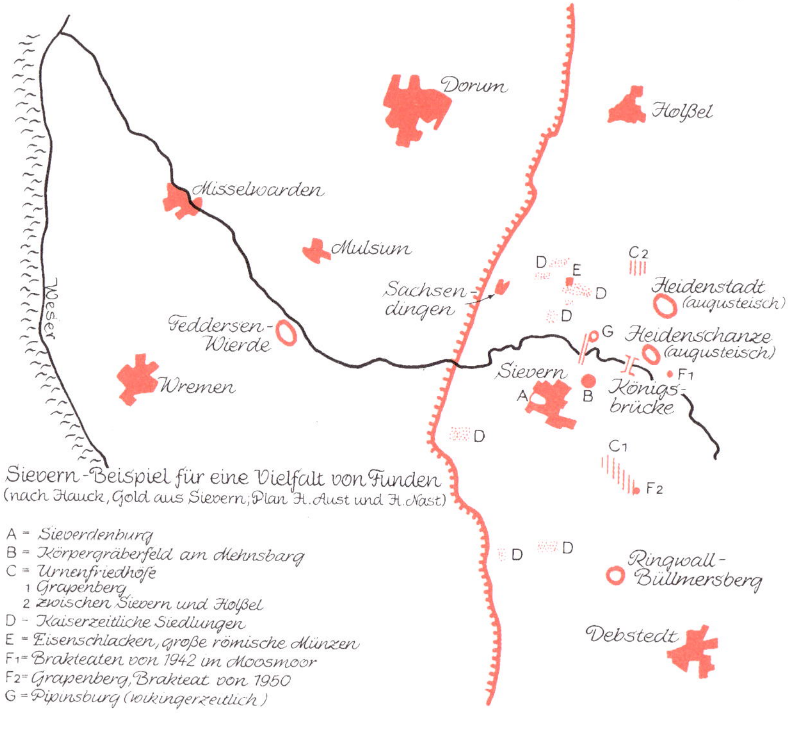

Sievern-Beispiel für eine Vielfalt von Funden
(nach Hauck, Gold aus Sievern; Plan H. Aust und H. Nast)

A = Sieverdenburg
B = Körpergräberfeld am Mehnsbarg
C = Urnenfriedhöfe
1 Grapenberg
2 zwischen Sievern und Holßel
D = Kaiserzeitliche Siedlungen
E = Eisenschlacken, große römische Münzen
F1 = Brakteaten von 1942 im Moosmoor
F2 = Grapenberg, Brakteat von 1950
G = Pipinsburg (wikingerzeitlich)

Vom Heidentum zum christlichen Glauben: Links: Langobardisches Goldblattkreuz aus einem Sarkophag, in dem wahrscheinlich ein Neffe König Alboins (Eroberer Norditaliens), der Herzog Gisulf, bestattet worden war (6. Jh.). Von den Langobarden gelangte die ›Mode‹ dieser an der Kleidung getragenen, Segen bringenden Kreuze zu den Alamannen. Rechts: Alamannisches Goldblattkreuz, das in seinen Formelementen noch eher der Vergangenheit als dem mittelmeerischen Kulturraum und mit seinem Bildnis noch eher Odin als Christus verbunden sein könnte. — Links: Museo Archeológico, Cividale; rechts: Württembergisches Landesmuseum, Stuttgart.

Aus Skandinavien gelangen ›nordgermanische‹ Tierstilformen im Übergangszeitraum zum Christentum über Schmuckkästchen und Reliqienkästen nach Deutschland. Der sogenannte Schmuckkasten der Hl. Kunigunde, zusammengesetzt aus ornamental beschnitzten Elchgeweihplatten und vergoldeten Bronzegerüst (um 900 aus Skåne) steht stellvertretend für ähnliche aus Walroßzahn in Schatullen- und Haus- oder Schiffsform. — Bayerisches Nationalmuseum, München.

schen Brückenschlag (→Seite 18 u. 92), dann läßt Caesar die Dörfer in Brand stecken und das Getreide abmähen, die typische strafende Reaktion einer höheren Zivilisation auf den Widerstand von Naturvölkern, die auf ihre eigene Art kämpfen. Dann zieht Caesar sich wieder auf linksrheinisches Gebiet zurück. Die Sigambrer sind in der Folgezeit mehrfach, über den Rhein setzend, in Gallien eingefallen und haben schließlich nicht mehr damit erreicht, als die Römer zu schärferen Reaktionen herauszufordern. Diese beschlossen, dem ›Treiben‹ ein für allemal ein Ende zu bereiten und die Sigambrer zu unterwerfen. Im Jahre 12 v. Chr. haben die Sigambrer daraufhin ein Bündnis einiger Stämme gegen die Römer auf die Beine gebracht, wobei sie in diesem Zusammenhang die Chatten angriffen, die sich zunächst neutral verhielten. Wie *Florus* berichtet, waren Cherusker und Sweben ihre Hauptverbündeten: Durch die gemeinsame »Kreuzigung von zwanzig Centurionen, die sie wie ein Fahneneid aneinander band, hatten sich die Sigambrer mit den Sweben verbunden und waren ihrer Sache so sicher, daß sie vertraglich schon die Beute aufgeteilt hatten« (Capelle), sie wurden aber von *→Drusus* geschlagen. Schließlich wurde der Stamm unter *Tiberius* seiner führenden Männer beraubt: Sie hatten, wie *Dio* schreibt, »eine große Anzahl angesehener Männer« geschickt, aber der Kaiser ließ sie sämtlich festnehmen und in gewisse Städte in Gewahrsam bringen. »Sie aber — denn die Gefangenschaft war ihnen unerträglich — legten Hand an sich selbst.«
Ein großer Teil dieses führungslosen Stammes ist dann auf römisches Gebiet umgesiedelt worden; der Name der Sigambrer lebte in der gelehrten Überlieferung fort und ist zum Beinamen der Franken geworden (Schwarz) — so konnte von *Chlodwig I. (→Merowinger)* als dem stolzen Sigambrer die Rede sein, als er das Kreuz nahm: das Haupt beugend solle er anbeten, was er verbrannt, und verbrennen, was er angebetet hatte

Sigimer
Stammesfürst der Cherusker, Vater des *→Arminius (→Cherusker).*

Silingen (Narhanavaler?)
Teilstamm der *→Wandalen*, der ursprünglich in Schlesien und Westpolen ansässig war.

Sippe
Die Giljaken am Amur in Sibirien charakterisieren die Sippe durch ›gemeinsamen Schwiegervater und Schwiegersohn‹, das heißt durch *verwandtschaftliche* Verknüpfung, aber die Sippe muß auch *gemeinsames Feuer* haben, die gemeinsame *Verehrung der Ahnen und Naturgeister*, vor allem des Bären, *Wergeld (→Recht)* im Falle eines Totschlages und gemeinsame *Taburegeln.*
Solche gesellschaftlichen, auf geistigen Grundlagen aufgebauten Beziehungen sind archäologisch nicht nachzuweisen; auch die germanischen Brandgräber der Zeitwende geben keinen Aufschluß darüber, an welche Naturgeister diese Menschen geglaubt, welche Rechtsregeln sie befolgt haben, und die römischen Quellen liefern ein widersprüchliches Bild. *→Tacitus* bezeichnet als Grund für die Tapferkeit der Germanen, »daß nicht Zufall und willkürliche Zusammenrottung die Reitergruppe oder den Keil bilden, sondern die Sippen und die weitere Verwandtschaft«. Ganz offensichtlich unterscheidet sich diese Gliederung psychologisch vorteilhaft von der des römischen Heeres — aber Tacitus verwendet das Wort *familia*, das mit Sippe übersetzt wird, und *familia* ist ein vieldeutiger Begriff: im Lateinischen meint er die Summe aller *Freien* im Haus oder auch das ›Haus‹, also die Summe aller *Hausgenossen.* Das deutsche Wort Sippe stammt aus dem Mittelhochdeutschen und meint die *Blutsverwandten*, wie das altfriesische *sibbe;* aber wo bei den Germanen die Grenzen dieser Blutsverwandtschaft liegen, die rechtliche Folgen hat, läßt sich heute schwer sagen.
In der *→Heldensage*, vor allem aber in den *altnordischen Bauernerzählungen*, also in Texten aus dem frühen Mittelalter, spielt der Begriff der Sippe eine zentrale Rolle, die allerdings von gewissen Kreisen in der Germanistik noch überhöht worden ist. Das liest sich dann so: »Der Germane steht festgewurzelt in seiner Sippe. Seine Gedanken kreisen immer um diesen unverrückbaren Punkt seines ganzen Lebens, denn er weiß, daß er nur bestehen kann, solange er in ihren Mutterschoß eingebettet ist. Man kann zuweilen den Eindruck bekommen, daß sein Gesichtskreis nicht weiter als bis zu den äußersten Kreisen der eigenen Sippe reicht; außerhalb dieser stoßen Freund und Feind hart aneinander. In dieser Sippe aber herrscht ein unverletzlicher Friede zwischen den einzelnen Gliedern, und zwar als natürliche Gegebenheit, während ja außerhalb der Sippe der Friede nur durch besondere Maßnahmen gewährleistet werden kann. Man wird in einem erbitterten Kampf vielleicht sogar den Freund nicht schonen, aber dem Sippengenossen gegenüber läßt man die Hand machtlos sinken. Dann spricht die dunkle Stimme des Blutes das entscheidende Wort« (Vries).
Tatsächlich umfaßt die germanische Sippe wie bei den Giljaken die *Lebenden und die Toten*, und sie wird nicht biologisch, sondern als *geistig-kultureller* Zusammenhang erlebt: der Vater nimmt ein neugeborenes Kind rituell in die Hausgemeinschaft und damit in die Sippe auf. Wenn böse Zeichen, üble Träume oder andere schwerwiegende Gründe dagegen sprechen, wird das Kind ausgesetzt. Ein Mädchen wurde, wie im alten Rom, leichter ausgesetzt als ein Junge. Als Island das Christentum annahm, behielten die Isländer sich ausdrücklich das Recht vor, an der Sitte der *Kindesaussetzung* festhalten zu dürfen.
Zu den Pflichten der Sippe, also der Blutsverwandten, gehörte die *Blutrache (→Recht)*, dieser älteste Versuch, durch Sanktionen Mord und Totschlag zu

verhindern. Ebenso ist es die Pflicht der Sippe, den *Verstorbenen* zu ehren. So heißt es im Heldenlied: »Ein Sohn ist besser, / ob geboren auch spät / nach des Hausherrn Hingang: / nicht steht ein Denkstein / an der Straße Rand, / wenn ihn ein Gesippe nicht setzt.«
Neben der Sippe gab es, nach Tacitus, noch den *Gau* und *Stamm* als größere, das ›Haus‹ umgreifende Einheit. Das lateinische Wort für Gau, das von Tacitus verwandt wird, heißt *pagus*, das für den Stamm *gens* oder *natio*. Denkbar wäre, daß mit Gau jene Siedlungsinseln bezeichnet werden, die in den Wäldern verstreut lagen und zu einem Stamm gehörten — aber das Bild bleibt unscharf: oft mag sich eine solche Bezeichnung nur auf eine →*Kultgemeinschaft* beschränkt haben, gelegentlich wird der Stamm gerühmt, weil er viele Gaue gehabt habe, wie etwa die *Semnonen*, die 100 Gaue gehabt hätten — aber welcher Art diese Gaue gewesen sind, läßt sich nicht mehr klären.
Wie bei vielen Naturvölkern spielte sich auch das Leben der Germanen im überschaubaren Bereich des eigenen *Dorfes*, des eigenen Wohngebietes ab, und außerhalb der Sippe konnte er ebensowenig existieren wie der australische Ureinwohner außerhalb der Totemgruppe oder der Afrikaner des 19. Jahrhunderts außerhalb der Dorfgemeinschaft. Erst die Berührung mit der Zivilisation des römischen Imperiums mit seinen Rechtsbegriffen und politischen Kräften eröffnete den Germanen den Zugang zu größeren und zugleich abstrakteren politischen Einheiten.

Sitonen
Wahrscheinlich im finnischen Raum lebender, nach Tacitus swebischer Stamm.

Skalde (altnord. Skald = Dichter)
Diese wandernden Sänger des 9.—12. Jh. zogen von Hochsitz zu Hochsitz und trugen selbst verfaßte, oft auf älterer, heidnischer Überlieferung beruhende streng stilisierte Liedstrophen vor. Man unterscheidet das *Preislied* zu Ehren des Fürsten und das →*Heldenlied*, Seite 155. Man kennt etwa 100 Skalden des 9./10. Jahrhunderts; von 20 Skalden sind umfängliche Fragmente erhalten. Die umschreibende Manier der Texte der Skalden heißt *Kenning*. Die isländischen →*Sagas* greifen auf den Skaldenstil zurück. Siehe auch →*Snorri Sturluson* und →*Edda*.

Skiren
Im 3. Jahrhundert werden die Skiren als ein germanischer Stamm erwähnt, der in der Nähe des Schwarzen Meeres gewohnt haben muß. Sie sind mit →*Odoaker*, Seite 262, nach Italien eingedrungen.

Skythen
Ein iranisches Volk, mit den Persern verwandt; ihre Sprache gehört zu den indoeuropäischen Sprachen. Um 700 v. Chr. drangen sie aus dem eurasischen

Tierstilformen

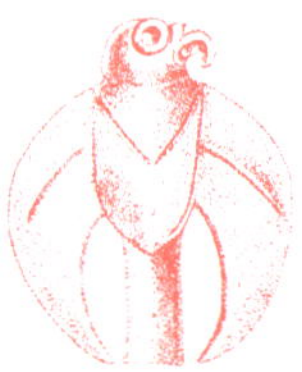

Falkenform, Melgunow-Schatz (Gold)

Schildbeschlag in Pantherform, Kermes, Bezirk Krasnodar (Gold)

Geflügelte Sphinx (Gold) Liegender Elch (Gold)
Nympheionhügel - bei Gerojewskoje/Kertsch

Steppenraum nach Europa vor, herrschten um 600 im nördlichen Iran und in Armenien und erreichten im 6./5. Jahrhundert die Karpathen und Siebenbürgen; um 300 wurden sie von den verwandten *Sarmaten* (→*Alanen*) verdrängt oder unterworfen. Die Kultur dieser Viehzüchter, die als Reiter und Bogenschützen (→*Hunnen*) kämpften, wurzelt im Schamanismus, dem auch die *Tierornamentik* entsprang; sie hat auf Innerasien und China ebenso ausgestrahlt wie auf Schlesien, Ungarn und die Lausitzer Kultur. (→*Tierstil und Zeichung oben*).

Slawen
In *Biskupin* wurden die Reste einer befestigten Stadt entdeckt, in der einst etwa 1 000 Einwohner gelebt haben. Sie betrieben Ackerbau, besaßen Vieh und wohnten in festen Häusern, von denen man etwa 100 ausgegraben hat. Die Straßen dieser Stadt waren in der Art von Knüppeldämmen gepflastert, die Fundgegenstände verweisen auf die Zugehörigkeit zur sogenannten *Lausitzer Kultur*. Diese Stadt lag 90 Kilometer nordöstlich von Posen und stammt aus dem 3. und 2. Jahrtausend v. Chr., also aus einer Zeit, als sich zwischen Rhein und Elbe die *jungsteinzeitliche Bauernkultur* entwickelt hat und die *Großsteingräber* errichtet wurden, als die Kultur von Mykene blühte und die Assyrer in Mesopotamien herrschten.
Die Angehörigen dieser Lausitzer Kultur (serbisch: *lučica* = Sumpfland) verhalten sich zu den Slawen

wie jene Großsteingrableute zu den Germanen: es gibt auch in späteren Epochen Spuren von Siedlungen, man könnte eine Kontinuität herstellen bis zu jenem Zeitpunkt, um das Jahr 600, da die ersten geschichtlichen Zeugnisse für die Slawen vorliegen.

Wenn Politik ein rationales Geschäft wäre, würden diese Fragen früher Besiedlung für die heutige Einstellung eines Polen oder Deutschen keine Rolle spielen. Germanen und Slawen sind, seit sie sich in ihrer Geschichte als ›eigenständig‹ verstehen, miteinander konfrontiert gewesen und haben bekanntlich ebensooft miteinander gelebt wie gegeneinander gekämpft. Die auf diese Weise entstandenen Ressentiments, bis auf den heutigen Tag immer wieder geschürt, durch Haß vergröbert, durch Leid vertieft, können nur durch Kenntnisse der oft lückenhaften Fakten abgebaut werden.

Wer also sind die Slawen? Woher kommen sie? Welche ›Kulturhöhe‹ haben sie erreicht, wenn man diesen Leistungsvergleich überhaupt akzeptieren will? Wohin gehört die Lausitzer Kultur?

Über die Frage, zu welchem Kulturkreis die Lausitzer Kultur zu rechnen sei, hat es zwischen den germanisch-deutsch und den slawisch-polnisch orientierten Gelehrten einen langwierigen wissenschaftlichen Streit gegeben, der mit einem Unentschieden endete.

Die Lausitzer Kultur erstreckt sich nach Ansicht slawischer Historiker über ein weit ausgedehntes Gebiet zwischen Ostsee und Karpathen, Oder und Oberlauf der Wolga und Oker. »In dieser *protoslawischen* Domäne sollen die germanischen und baltischen Einflüsse von außen nicht imstande gewesen sein, eine Kontinuität zu unterbrechen, die von den Lausitzern über die Veneter bis zu den Slawen des 6. Jahrhunderts reicht.« (Portal)

Die Stadt Biskupin, mit deren Ausgrabung 1934 begonnen worden ist, steht als Beispiel dafür, daß im slawischen Raum das Leben in *städtischen Siedlungen* schon üblich war, als man in den Wäldern zwischen Rhein und Oder diese Siedlungsform noch nicht kannte.

Die jungsteinzeitliche Lausitzer Kultur, die zur Zeit Bismarcks und Virchows unbedenklich als germanisch bezeichnet wurde, ist durch typische *Ringwälle* gekennzeichnet: die ›Römerschanze‹ bei Potsdam ist eine solche *altslawische Wallanlage;* hier hat *Carl Schuchhardt* (→Seite 283), der Intimfeind *Kossinnas (→Vorgeschichtsforschung)* erstmals an der Bodenverfärbung Pfostenlöcher nachgewiesen und mit Hilfe dieser Reste die Konstruktion der Häuser ermitteln können. Heute ist man weitgehend der Ansicht, die Lausitzer Kultur sei weder den Germanen noch den Slawen zuzurechnen, sondern dem *illyrischen* Kulturkreis, wie ja auch die von antiken Autoren dort bezeugten Vertreter ein Volk illyrischer Herkunft waren.

Die Träger der Lausitzer Kultur selbst sind älter als die Illyrer. Von den illyrischen Stämmen indoeuropäischer Sprachzugehörigkeit weiß man, daß sie in patriarchalischen Sippen lebten, als kriegerisch galten und aus dem Raum der Lausitzer Kultur ausgewandert sind. Um 1200 v. Chr. haben illyrische Gruppen Norditalien erreicht. Auch die *Dalmater* sind Illyrer gewesen. Venedig hat von einem dieser Völker *(Veneter)* seinen Namen, das *Venetische* allerdings ist eine vom Illyrischen nur beeinflußte *italische* Sprache. Charakteristisch für die Illyrer waren die *befestigten Höhensiedlungen*, von denen aus sie ihre Überfälle verübten; als Seeräuber haben sie sich im Balkan einen gefürchteten Namen gemacht, bis die Römer um 230 v. Chr. ihre Kraft brachen und den Fürsten *Teuta von Skodra*, heute *Skutari*, zu Tributzahlungen zwangen.

Die Slawen, über deren Schicksale um die Zeitwende man noch wenig weiß, stammten vermutlich aus den nördlichen Karpathen. Römische und griechische Quellen aus dem 1. und 2. Jahrhundert bezeugen ein slawisches Volk zwischen *Odra* und *Vistula* (Weichsel). Dann erfährt man 400 Jahre nichts aus diesem Raum, bis die Slawen im 6. Jahrhundert in gotischen und byzantinischen Quellen wieder genannt werden. Man nennt sie jetzt *Slavenen* und *Anten*.

Als nämlich die *→Langobarden* und *→Gepiden* im 6. Jahrhundert aus dem Donauraum aufbrachen, um nach Süden zu ziehen, fiel die Barriere fort, die eine slawische Ausbreitung nach Süden verhindert hatte. Schritt für Schritt eroberten die Slawen nun den Balkan. Diese Jahrhunderte stellen die ›heroische Epoche‹ der Slawen dar, wie die Jahrhunderte der Völkerwanderungszeit die der Germanen *(→Heldensage)*.

Auch bis an den Rand des fränkischen und sächsischen Reiches, das den Expansionsdruck nach Westen sperrte, haben sich die Slawen ausgebreitet. In der heutigen Tschechoslowakei hat man in *Stare Mésto*, *Modra*, *Sady* und *Mikulčice* die Reste kleiner, steinerner Städte ausgegraben, deren Anlage auf die Zeit bis ins 8. Jahrhundert v. Chr. zurückgehen dürfte. Hier gab es in den folgenden Jahrhunderten ausgedehnte Befestigungsanlagen, offensichtlich von einer Kriegerkaste veranlaßt, es gab steinerne Kirchen und eine nichtbäuerliche Bevölkerung von jeweils ca. 2000 Menschen. Auf diesem Boden haben die mährischen Slawen um 900 ein *Mährisches Reich* errichtet, dessen Überreste seit 1954 ausgegraben werden.

Nach Westen hat sich das Slawentum nicht ausbreiten können, weil das fränkische Reich dies unmöglich machte. Der 805 auf Veranlassung Karls des Großen geschaffene *Limes Sorbicus* und der *Limes Saxonicus* von 808 stellten eine Art ›Ostwall‹ dar, der zwar slawische Gruppen ins germanische Stammesgebiet einschloß, aber doch eine Grenze zog. Nach Osten, in die von Finnen dünn besiedelten Gebiete des oberen Dnjepr und der oberen Wolga, gab es keine solche Widerstände; nur nach Norden, entlang der östlichen Ostsee, deren Küste von Balten und Finnen besiedelt war, bestand eine Siedlungsbarriere. So breiteten sich die Slawen vor allem nach Süden und Osten aus, bis sie das Grenzgebiet der Steppennomaden erreichten.

Die Slawen gehören zu den indogermanischen Völkern, nicht etwa, wie mancher Westeuropäer annehmen könnte, zu den Asiaten. Irgendwann in der Epoche jener Lausitzer Kultur, also um 2000 v. Chr., müssen jene Stämme, die auch die Italiker und die Kelten überformt haben, die Landschaft zwischen Oder und Karpathen erreicht und sich mit den unbekannten Ureinwohnern vermischt haben. Die Sprache hat diese uralte Verwandtschaft aufbewahrt, und was im Germanischen *love* oder *Liebe* heißt, wird im Slawischen *Ljuba* genannt.

Man unterscheidet heute a) *Ostslawen*, nämlich *Großrussen*, *Ukrainer* und *Weißrussen*, b) die *Westslawen*, das heißt *Polen*, *Tschechen* und *Lausitzer Sorben* sowie c) die *Südslawen*, zu denen die *Slowenen*, *Kroaten*, *Serben*, *Bosnier*, *Montenegriner*, die heutigen *Makedonier* und *Bulgaren* gehören.

Die Slawen haben das östliche christliche Abendland im 9. Jahrhundert von Byzanz aus christianisiert, im Südosten gegen den Druck des Islam geschützt, aber ebensowenig eine ›eigene‹ Kultur entwickelt wie die Germanen. Als im Jahr 1925 eine polnische Zeitschrift mit dem Titel *Die slawische Kultur* erschien, konnte der bekannte polnische Linguist *Baudoin de Courtenay* (gest. 1929) in seiner kritischen Würdigung mit Recht eine Bemerkung wagen, die ähnlich auch für Germanen und die germanische Kultur gilt: »Es gibt gegenwärtig keinerlei spezifisch slawische Kultur, die allen Slawen gemeinsam und anderen Völkern fremd wäre, und wahrscheinlich hat es nie eine solche gegeben und wird es nie eine geben«.

Snorri Sturluson

Isländischer Staatsmann, Gelehrter und Dichter (*1179, † 1241), einer der reichsten Männer Islands. Der profilierte Politiker ist mehrfach als *Gesetzessprecher (→Allthing)* in Erscheinung getreten; dieses Amt zählte zu den höchsten Ämtern der isländischen Demokratie. Er selbst schrieb im Stil der Skalden das Gedicht *Hattátál*, inspirierte eine ganze Generation isländischer Dichter in der *Schule von Reykjaholt* und ließ die alten Helden- und Göttererzählungen aufzeichnen. So entstanden die *Snorra-Edda (→Edda)* und die *Heimskingla*. Snorri Sturluson, ein engagierter Gegner des Anschlusses an Norwegen und des norwegischen Königs, ist von innenpolitischen Feinden ermordet worden.

Spatha

Zweischneidiges Schwert, dessen Klinge damasziert und dessen Griff reich geschmückt war. Offensichtlich ist es nur von Edlen getragen worden. Die Klinge war 75—95 cm lang und 4—6 cm breit. Der bronzene oder eiserne Griff mit Griffschalen aus Holz oder Knochen war mit Goldblech überzogen, der Schwertknauf tauschiert. Man trug es bis zur Mitte des 7. Jh. an einem langen, über die Schulter geworfenen Riemen, später an dem deshalb breiter werdenden Leibgurt.

Stabkirche

Die Bauweise wurde angewandt, wo waldreiche Gegenden Material boten, und ist zuerst in *→Haithabu* an Häusern nachgewiesen. Kirchen in der Stabbauweise, auch *Mastkirchen* genannt, sind im frühen Mittelalter in Norwegen seit dem 9. Jahrhundert gebaut und seit ca. 1200 allmählich durch Steinkirchen ergänzt worden. Im Mittelalter muß es 800—900 Stabkirchen von verschiedenem Typ gegeben haben, nämlich mehrschiffig, einschiffig, achtsäulig und viersäulig. Von ungefähr 300 Stabkirchen hat man Nachricht; heute sind ca. 24 von den 300 Kirchen erhalten, die noch zur Reformationszeit existierten. Der Schmuck der Stabkirchen besteht vor allem im *Rankenwerk der Tier- und Pflanzenornamente* an den Portalen. Während die Ornamente, dem germanischen *→Tierstil* gemäß, ursprünglich nur tierische Formen zeigen, geben sie nach 1200 nur noch pflanzliche Motive wieder, die dann ebenfalls verfallen. Christliche Darstellungen kommen nur an zwei Portalen vor.

Stabreim

Der Buchtitel ›Götter, Gräber und Gelehrte‹ stellt, was die Wortanfänge angeht, einen Stabreim dar, allerdings einen unechten, denn im Wort ›Gelehrte‹ stimmt nicht die betonte Silbe mit den gleichlautenden Anfangsbuchstaben der anderen Wörter überein. Der richtige Stabreim verbindet also nur Wörter, die im Anfangslaut ihrer stark betonten Silben übereinstimmen, wobei *sc*, *st* und *sp* nur mit sich selbst ›staben‹. Wie ein wirklicher Stabreim, freilich ins Deutsche übersetzt, im richtigen Rhythmus klingt, zeigt ein Beispiel:

> »*Ur*zeit war es, da *Y*mir hauste.
> Nicht war *Sand* noch *See* noch *Salz*wogen . . . «

Diese Reimform hängt mit der Entwicklung der indoeuropäischen Sprachen eng zusammen. Ursprünglich sind die Worte dieser Sprachen nicht mit starrem Akzent auf einer bestimmten Silbe gesprochen worden, sondern gleichsam musikalisch: Atemrhythmus und Tonhöhe modellierten die Wortfolge. Wie die *→Lautverschiebung* die germanischen Sprachen von der keltischen Schwestersprache löste, so trug auch und in weit stärkerem Maße die *Akzentverschiebung*, die in die gleiche Zeit fällt, zur germanischen ›Verselbständigung‹ bei.

In den indoeuropäischen Sprachen konnte der Akzent auf einer Vorsilbe oder auch auf einer Flexionssilbe ruhen. Das klang dann etwa so, wie heute ein Ungar oder Tscheche gebrochen Deutsch spricht: er sagt ›*Ver*brechen‹ oder ›*Über*füllung‹. Im Germanischen rückt der Akzent auf die Wurzelsilbe, auf den ›sinnstärksten‹ Bestandteil des Wortes (Polenz) — ein Vorgang, der den Charakter der Sprache tief-

Geschnitzter Portalpfosten der Stabkirche Hyllestad/Setesdal, Norwegen, mit Darstellungen aus der Sigurd-Sage; 12. Jh. Die Tier- und Pflanzenornamente sind Spätformen des nordischen Tierstils, wie sie sich in Windfahnen etc. bis ins hohe Mittelalter und länger hielten. — Universitetets Oldsaksamling, Oslo.

greifender verändert hat als die Lautverschiebung. Praktisch sieht das dann so aus: aus dem griechischen *patér* wird das deutsche *Váter*, aus dem griechischen *apódeixis* wird der deutsche *Bewéis*. Der heutige Sprachrhythmus ist von der damaligen Akzentverschiebung geprägt — man müßte sonst von der ›damaligen Akzent*ver*schiebung‹ sprechen. Es hat wohl auch im Italienischen und Keltischen ähnliche Vorgänge gegeben, aber nicht mit dieser Intensität, ja Starrheit.

Nun gibt es Verse, die auf der sogenannten *Alliteration*, also auf dem Stabreim beruhen, auch in Sprachen, bei denen die Anfangsbetonung nicht konsequent durchgeführt ist. Aber nur in einer Sprache, in der diese Betonung zum herrschenden Prinzip wurde, konnte sich der Stabreim voll ausbilden; mit dem *Endreim*, der über die arabische Minnelyrik und den Minnesang nach Europa kam, haben die germanischen Sprachen Schwierigkeiten gehabt.

Bei Stabreimen unterscheidet man drei verschiedene Varianten, den sogenannten *Altmärenton* (nord. *Fornyrdislag*), den *Zauberton (galdralag)* und den *Runenton (runalag)*.

Im *Altmärenton* ist der Vers geschrieben, der von Ymir erzählt. Seine letzte Zeile ist eine Langzeile. Es geht aber auch ohne Langzeile, das klingt dann so:

»Von seinen *W*affen geh *weg* der Mann,
keinen *Fuß* auf dem *Feld*...«

Diese Warnung endet mit einer kurzen Zeile.

Im *Zauberton* ist der folgende Vers geschrieben, der jeweils die Eingangs- und Schlußstrophe verdoppelt:

»Ein *vier*tes kann ich, wenn in *Fes*seln man mir
die Ge*len*ke *legt:*
Die *Weise sing* ich, daß ich *wan*dern *kann;*
es springt das *Band* mir von *Bein*,
die *Fes*sel von der *Faust*.«

Eine seltene Form des Stabreimes ist der *Runenton*, der meist nur auftritt, wenn von →*Runen* die Rede ist. Aus einer Langzeile und 3—6 Kurzzeilen bestehend klingt sie anders als jede andere Versform:

»*Ru*nen sollst du lernen und *rät*liche *Stä*be
*Stä*be gar *stark*,
*Zei*chen *zau*berkräftig,
wie sie *zog* der *Zau*berherr,
wie sie *wirk*ten *Weih*götter,
wie sie *ritz*te der *Ra*tefürst«.

Eine *Kurzzeile* besteht aus mindestens zwei Hebungen, kann aber bis zu acht Silben umfassen.

Daß bestimmte Partien einander in der äußeren Form angeglichen sind, verstärkt die Wirkung: »wie sie zog der Zauberherr, wie sie wirkten Weihegötter...« Man nennt das *Gleichlauf*.

Im Prinzip müssen im Stabreim zwei *Kurz-* oder *Halbzeilen* einer *Lang-* oder *Vollzeile* entsprechen.

Der Stabreim hält die durch eine Zäsur getrennten Teile wie eine Klammer zusammen. Ursprünglich deckte sich die germanische Langzeile mit dem Satz, was als *strenger Zeilenstil* bezeichnet wird. Der sogenannte *freie Zeilenstil* faßt zwei Langzeilen zu einer Einheit zusammen, der *Bogenstil* sieht Langzeile und Satz im Widerspruch.
Neben dem Stabreim der Konsonanten können alle *Vokale* beliebig miteinander ›staben‹. Diese Form wird in der Philologie *vokalischer Stabreim* genannt. Auf die Langzeile entfallen in der Norm vier, auf die Halbzeile zwei ›Stabdrucksilben‹, aber nur zwei oder drei tragen schließlich den Stabreim. Die Anzahl der ›Schwachdrucksilben‹ ist beliebig.
Die den Laien merkwürdig anmutenden Begriffe ›Stab‹ und ›stabend‹ hängen wahrscheinlich indirekt mit jenen Orakellosen aus Holzstäben zusammen, in die Runen eingeritzt wurden *(→Runen)*. So waren, wie man annimmt, der erste aufgehobene Runenstab der *Hauptstab*, die nächsten Hölzchen die sogenannten *Stollen*. Stab (alts. *stab*, angels. *runstaef*, altnord. *runastafr*) hieß aber auch der *senkrechte Hauptstrich*, den die Runen besitzen. Diese Bezeichnung übertrug sich auf die in Versmetrik vorgetragenen Auslegungen der Runenlose und damit auf den germanischen Vers und Reim überhaupt. Die Bezeichnung *Alliteration* wurde ursprünglich von dem Humanisten *Jovianus Pontanus* (†1503) nur für entsprechende Verse in Latein verwendet.
Die Geschichte überlieferte uns aus dem Althochdeutschen nur 2 000 Stabreime: im *Hildebrandslied* und im *Muspili*. Das Altsächsische brachte es immerhin auf 6 335 (u. a. in *Heliand-* und *Genesis-*Bruchstücken), das Altisländische auf 7 300 eddische Langzeilen, das Altenglische auf 30 000! Heute gibt es den Stabreim in voller Kraft nur noch auf Island.
Im Laufe der Völkerwanderungszeit ist der Stabreim entartet. In dem Bestreben, immer stärkere Wirkung zu erzielen, hat man einfache Worte durch Umschreibungen ersetzt. So nannte man das Pferd einen ›Zaumzerrer‹, den König einen ›Ringbrecher‹ oder ›Schatzwart‹, das Feuer hieß ›Waldfeind‹ und der Schatz ›Zwisthort‹ der Recken, während man den Recken selbst ›Kampfbaum‹ nannte und mit ›Wundzweig‹ das Schwert meinte.
Schließlich wurde die Erde ›Odins Geliebte‹ und der Kampf ›Odins Sturmwetter‹ genannt, und der immer stärkere Zwang, sich als Sänger zu profilieren, mag zu immer weiteren Übersteigerungen geführt haben. Man nennt diese Umschreibungen *kenninge*. Die *Skaldendichtung* des 11. und 12. Jahrhunderts richtet sich ja meist an ein ganz bestimmtes Publikum: nicht an das Volk, sondern an die Fürsten auf ihren Herrensitzen. Ihren Beifall galt es zu gewinnen, ihnen nach dem Munde zu reden, ihren Geschmack zu treffen. Als im 12. und 13. Jahrhundert diese Lieder aufgeschrieben wurden, waren die Kenninge oft kaum noch verständlich. *Snorri Sturluson (→Edda)* hat der Erklärung dieser Floskeln denn auch viel Raum in seiner Edda gewidmet. Außer der Edda, die man guten Gewissens ja nur begrenzt zur germanischen Literatur rechnen kann, sind lediglich einige Bruchstücke aus dem Germanischen in Stabreimen erhalten, so die bekannten *→Merseburger Zaubersprüche*, Seite 216.
Siehe auch die Stichworte *→Lautverschiebung* und *→Runen*.

Stilicho
Der Wandale, Sohn eines Kommandeurs der Reitertruppe unter Kaiser Valens, ist um 365 geboren worden. Im Jahre 384 nahm er an einer Gesandtschaft zum persischen Hof teil. Er wurde mit einer Nichte des Kaisers *Theodosius I.* vermählt und wird erstmalig 393 als Heermeister erwähnt. Theodosius hat ihn als zweiten Reichsfeldherrn in den Krieg gegen den Usurpator *Eugenius* mitgenommen und ihn nach dem Untergang des Eugenius, dessen Truppen von dem herrschsüchtigen Franken *→Arbogast*, Seite 113, geführt wurden, zum ersten Reichsfeldherrn gemacht.

Sturier
Kleiner Teilstamm der *→Chatten* südlich von den *→Marsakern*, zur Kultgemeinschaft der *Nehalennia* auf der Insel Walcheren gehörend.

Suardonen
Von Tacitus erwähnter, nicht lokalisierbarer Stamm.

Suionen
Nach Tacitus swebischer Ostseestamm, vielleicht in Schweden. Tacitus erwähnt weiter, dieser Stamm habe eine Landmacht, eine Flotte mit Ruderern und ein Königtum gehabt. Diese Textstelle ist Grundlage des skandinavischen geschichtlichen Selbstverständnisses.

Sunuker
Stammesgruppe der ›linksrheinischen Germanen‹ zur Zeit Caesars.

Svear (Svea, Suionen)
Seit dem 1. Jahrhundert n. Chr. ist dieser schwedische Stamm in Uppland nachweisbar. Die Svear/Suionen haben die *→Gauten* spätestens im 10. Jahrhundert unterworfen, so daß sich das Svear-Reich (nord. *Svear-Rike* = Sverige, Schweden) entwickelte. Bis zum 13. Jahrhundert wurden die einzelnen Landschaften in lockerer politischer Ordnung von einem König der Svear beherrscht.

Sweben (Sueben, Sueven, Sveben)
Die Sweben zur Zeit *→Caesars*, deren Sprache niemand kennt, müssen außerordentlich unangenehme Zeitgenossen gewesen sein: angriffslustig und anmaßend, brutal und gerissen, wie der Bericht des Caesar über den Krieg in Gallien zeigt.

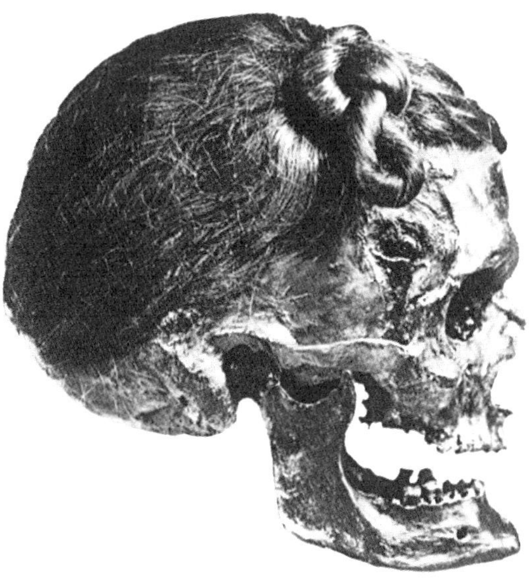

Schädel aus einem Moor bei Osterby/Eckernförde, etwa 2000 Jahre alt mit ›swebischem Haarknoten‹. — Schleswig-Holsteinisches Landesmuseum für Vor- und Frühgeschichte, Schleswig.

Man kann heute nur in großen Zügen die Stammesbewegungen rekonstruieren, die sich damals zwischen Elbe und Rhein abgespielt haben müssen. Zunächst zogen die →*Markomannen*, vermutlich aus der Gegend zwischen dem oberen und mittleren Main, Donau und Lech (Schwarz) nach Osten ab und setzten sich im benachbarten Böhmen fest. Es gibt Stimmen, die in den Markomannen nichts anderes als die von den Sweben ausgeschickten *Jungmannschaften* sehen; man kennt diesen Vorgang auch aus der Geschichte der *Italiker* als *ver sacrum*, als ›heiligen Frühling‹. Wenn Landnot bestand, wurden in einem Frühjahr unter bestimmten Riten alle jungen Männer zur Eroberung neuer Gebiete ausgesandt. Nun begann, was die Geschichtsforschung die ›elbgermanische Landnahme‹ nennt. Nicht erst die →*Alamannen*, wie man lange annahm, sondern die Sweben sind um 100 v. Chr. von Thüringen aus nach Südwesten vorgestoßen und haben den unteren Main erreicht, nördlich dessen Mündung bis etwa auf die Höhe von Köln die →*Ubier* saßen. Die Ubier wurden von den Sweben in ständigem Kampf tributpflichtig gemacht und schließlich so unter Druck gesetzt, daß die Römer sie umgesiedelt haben. Aber auch andere Stämme, von denen man nicht mehr exakt sagen kann, ob sie germanisch, keltisch oder keltogermanisch waren, gerieten in Bewegung. So zogen sich die *Helvetier* (→Seite 16) zunächst in die Schweiz zurück und waren schließlich sogar entschlossen, sich den Weg durch die römischen Gebiete nach Südwestgallien zu bahnen, nur um den furchtbaren Sweben zu entgehen und dem Druck jener Stämme auszuweichen, die Caesar dann ›Germanen‹ nennen sollte.

Caesars erste Tat im Jahre 58 v. Chr. war bekanntlich, die Helvetier zu schlagen und sie zu zwingen, in ihre alten Wohnsitze zurückzukehren (→*Caesar*). Von diesen Helvetiern erfuhr er, daß die gallischen Stämme einige germanische Stämme als eine Art Söldnertruppe angeworben hätten, nämlich die Sweben, und daß *Ariovist* deren Anführer sei.

Dieser Ariovist, Anführer von →*Sweben*, →*Markomannen*, →*Wangionen*, →*Tribokern*, →*Nemetern*, →*Sedusiern* und →*Haruden* (Hachmann), hat nicht ahnen können, als er in Gallien eine Art Besatzungsregime errichtete (→Seite 17), daß sein Gegenspieler den Ehrgeiz hatte, Gallien zur Basis seiner politischen Kombinationen zu machen. Die Konfrontation zwischen Ariovist und Caesar, von Caesar in seinem *De Bello Gallico* in klassischem Latein berichtet, hat nicht zuletzt durch dessen Schilderung den Glanz einer weltgeschichtlichen Begegnung erhalten. Wieweit es sich tatsächlich um eine germanisch-römische Konfrontation gehandelt hat, bleibt fraglich, denn zwischen Sweben und linksrheinischen Kelten sind archäologisch keine Unterschiede nachweisbar. Was war aber mit den ›Unterstämmen‹ der Sweben, jenen Tribokern, Nemetern und Wangionen? Um ein Beispiel für die Unsicherheiten der Verbindungen bei Stämmen und Namen zu bringen: nur der Name der *Wangionen* ist sprachlich ›germanisch‹ (germ. *wang* = Feld); denkbar wäre, daß sie in der *Wetterau* gesessen haben. Nun hieß ein Fürst der →*Quaden Vangio*, er war in der Slowakei zu Hause, und so kommt es für die Vorgeschichtler zu Querverbindungen zwischen der Slowakei und der Wetterau. *Triboker* und *Nemeter* haben keltische Stammesnamen und sind doch wohl Teilstämme der Sweben: von der Legende des großen Germaneneinbruches unter Ariovist bleibt so nicht allzuviel.

Noch ein Wort zu den Quaden: man vermutet, ihre Bezeichnung sei ein Schimpfname gewesen, weil dieses Wort sich lange gehalten hat; es steckt in *Quatsch*, im niederdeutschen *quat*, das schlecht, böse bedeutete, sowie im mittelhochdeutschen *quât*, was im Wortgebrauch noch stärker mit böse, schlecht identisch war. Man vermutet, daß die Quaden also ein von den Sweben schlecht behandelter Stamm gewesen sind. Es waren jene swebischen Teile, die Nachbarn der Cherusker blieben und sich 55 v. Chr. die →*Usipeter* und die →*Tencterer* unterworfen hatten.

Diese Lücken sind unbefriedigend genug, und so lassen sich nur bruchstückhafte Darstellungen dieser swebischen Stammesgeschichte geben, die dann doch eindeutiger germanisch zu werden beginnt.

Um 100 n. Chr. wohnen Sweben, deren Name ja im heutigen Schwaben enthalten ist, z. B. ostwärts der Elbe. *Tacitus* kennt eine Reihe von swebischen Stammesgruppen, die offenbar durch einen Kult verbunden waren. Von den einzelnen Stämmen, so schreibt er, sei nichts besonderes zu berichten; nur, daß sie gemeinsam die *Nerthus*, das heißt die *Mutter Erde* verehrten und glaubten, daß sie sich in menschliche Dinge einmische und zu den Völkern gefahren komme. Es folgt die bekannte Schilderung eines heiligen Haines und des von Kühen gezogenen Wagens der Göttin *(→Kultgemeinschaften, →Götterwelt)*. Näheres weiß man über die Sweben der römischen Kaiserzeit nicht, man kann sie weder nach Gräberformen noch nach sonstigen Eigenheiten von anderen Stämmen des rechtsrheinischen Landes unterscheiden.

Etwa hundertfünfzig Jahre später sind die alten Namen der germanischen Stämme durch neue Namen ersetzt, ohne daß man wüßte, was inzwischen vorgefallen und wie es zu diesen Neubildungen gekommen ist. So werden im Jahre 212/13 zum ersten Male die *→Alamannen* erwähnt. Auch sie »sind kein eigentliches Volk« (Dannenbauer), sondern bestehen, wie schon gesagt, hauptsächlich aus Sweben — die ja auch kein eigentliches Volk waren — und greifen den Limes an.

Man sollte meinen, daß nunmehr von Alamannen, nicht mehr von Sweben die Rede ist. Zweihundert Jahre später aber tauchen die Sweben doch wieder auf: Im Jahre 405 stürmen *ostgotische* Völker unter *Radagais* über die Donau, überqueren die Alpen und werden erst in der Toskana von *Stilicho* geschlagen, dem Reichsverweser des Weströmischen Reiches (siehe auch →Seite 256). Die Truppen, mit denen er siegte, fehlten am Rhein, so überschritten im Jahre 406 ostgermanische Stämme den Rhein (→Seite 29). Hier werden in den Quellen wieder die Sweben genannt, wobei allerdings ihre Identität ungewiß bleibt.

Den *→Wandalen* und *→Alanen*, die bis nach Spanien vorstoßen, schließen sich Sweben an, und bei der Verteilung Spaniens durch das Los fällt ihnen das *Galicäische Gebirge* im Nordwesten zu, das heutige spanische *Galizien*, das dieses kleine Volk wie eine schwer zugängliche Festung schützt. Über eineinhalb Jahrhunderte behaupten die Sweben gegen mächtigere Nachbarn ihre Selbständigkeit. Die Wandalen schließen im Jahre 419 in den bisher nicht identifizierten *nervasischen Bergen* die Sweben ein, die sich unter ihrem König *Hermerich* verteidigen und nur durch den unvermittelten Abzug der Wandalen nach Afrika gerettet werden (*→Wandalen*). Als die Wandalen abgezogen waren, die *→Westgoten* Spanien aber noch nicht erobert hatten (siehe auch →Seite 30), waren die Sweben etwa 430—466 die Herren des riesigen Landes: zu klein, um es regelrecht zu beherrschen, waren sie doch groß genug, es zu plündern.

Zum katholischen Christentum bekannte sich zuerst König *Rekiar* (Rechiar) (448—456). Nach seiner ›Bekehrung‹ hat er dann Kriege gegen die römischen Stützpunkte und gegen die *Basken* geführt. Das ›Reich‹ der Sweben ist damals so mächtig gewesen, daß der ostgotische König *→Theoderich der Große* es für richtig hielt, gegen Rom das Bündnis des swebischen Königs zu suchen und ihm eine seiner Töchter zur Frau zu geben. Schließlich stieg den Sweben die Macht zu Kopfe, und sie begannen ihren Nachbarn, die sich inzwischen arrangiert hatten, lästig zu werden. Römische und westgotische Gesandtschaften suchten sie zur Mäßigung bei der Plünderung der römischen Gebiete in Spanien zu bewegen. Als dies nichts half, unternahmen die Römer und Westgoten gemeinsam einen Angriff; *Theoderich II.* schlug die Sweben im Jahre 456 so überzeugend, daß König Rekiar nur mit Mühe auf die See entkam, aber zurück an die Küste getrieben, gefangen und getötet wurde.

›Swebien‹ hat danach keine gewichtige Rolle mehr gespielt. Über ein Jahrhundert lang gibt es keine Chronik mehr, die es erwähnt. Ende des 5. Jahrhunderts werden die noch weithin heidnischen Sweben, von den Westgoten beeinflußt, *arianische Christen;* etwa 560 erfolgt die erneute und diesmal endgültige Wendung zum *katholischen Christentum.* Aus dieser Zeit stammen die ersten spanischen Klöster.

Bis zu seinem Untergang befand sich das swebische ›Reich‹ unter gotischer Oberhoheit. Mehrfach mißglückte der Versuch, die westgotische Herrschaft abzuschütteln, zuletzt im Jahre 585, als die Feldherren des Westgotenkönigs *Leovigild* (→Seite 38) den rebellischen Sweben *Malorich* schlugen und in Ketten nach Toledo schickten. Damals ist das swebische ›Reich‹ im spanischen Westgotenreich aufgegangen. Es gibt wahrscheinlich noch heute Verschiedenheiten zwischen Portugiesen und Spaniern, die auf jene Unterschiede zwischen den ›verwandten‹ Sweben und Westgoten zurückgehen. Seit dem Jahr 585 tragen die Westgotenkönige gelegentlich den Zusatz »und König der Sweben«, und noch im 16. Jahrhundert, zur Zeit König *Philipps II.*, des Sohnes *Kaiser Karls V.*, beschimpften die Kastilianer die Portugiesen als *los Sevosos* oder *los Suevosos* — für Schimpf- und Spottnamen haben alle Völker ein langes Gedächtnis.

T

Tacitus, Publius Cornelius

Daß die Vorfahren der Deutschen die Germanen gewesen seien, ist von den Humanisten zuerst behauptet worden, und zwar unter dem Eindruck der →*Germania* des Tacitus, die während des ganzen Mittelalters verschollen gewesen ist. Erst im 15. Jahrhundert tauchte sie als Teilstück, zusammen mit anderen kleineren Schriften dieses Verfassers, in einer aus dem *Kloster Hersfeld* stammenden Handschrift auf, die offenbar im 9./10. Jahrhundert in Rom abgeschrieben worden ist. Man hat sie aber leider nicht in die Bibliothek des Vatikan aufgenommen, sondern geteilt und weiter veräußert — seitdem gibt es dieses Original als Ganzes nicht mehr.

Aneignung durch den Humanismus. Es ist die Zeit, in der man sich auf die Texte der Antike beruft und sie vom Wust scholastischer Gelehrsamkeit gereinigt zu sehen wünscht. Nicht mehr die Gestalten der Bibel, sondern die Helden Griechenlands, seine Götter und Halbgötter, liefern den Künsten den Stoff, dem Gebildeten die Anspielungen im Gespräch, und wer sich ›auf die Alten‹ berufen kann, verweist auf das stärkere Argument. Der italienische Dichter *Petrarca* hatte auf *Ciceros* Rhetorik verwiesen, *Boccaccio* hatte die Griechen und vor allem *Homer* entdeckt, und so begannen die Humanisten überall nach alten Manuskripten zu suchen, die mit Hilfe der neuen Technik, dem Druck mit beweglichen Lettern nach *Gutenberg*, publiziert werden konnten. So erschien auch die *Germania* des Tacitus im Druck, die eigentlich *De Origine Et Situ Germanorum* heißt, auf Deutsch: Über die Herkunft und die Lage der Germanen.

Ursprünglich ist die *Germania* wahrscheinlich im Jahre 98 in Rom veröffentlicht worden. Die erste Ausgabe nach ihrer Wiederentdeckung, gedruckt 1470 in Venedig, blieb ohne Wirkung, auch die erste deutsche Ausgabe aus dem Jahre 1473 wurde nicht beachtet.

Erst als 23 Jahre später, also im Jahre 1496 die neue *Germania*-Ausgabe eines gewissen *Enea Silvia Piccolomini* in Leipzig erschien, der sich als Vorkämpfer des Humanismus in Deutschland profiliert hatte, regte sich das Interesse, und einige Jahre danach nahm der deutsche Humanist *Konrad Celtis* seine Vorlesung über die *Germania* an der Universität in Wien auf. Damit war ein Thema angeschlagen, das bis zum heutigen Tage nicht verstummt ist.

Der deutsche Humanismus entdeckte mit der *Germania* des Tacitus, die im Jahre 1516, wissenschaftlich bearbeitet von dem Humanisten *Beatus Rhenanus* (*1485, †1547), herausgegeben wurde, die eigene Geschichte. Beatus Rhenanus, der 1531 auch eine *Deutsche Geschichte* veröffentlichte, gilt deshalb als Vater der deutschen Geschichtsschreibung.

Wie kam nun aber ein vornehmer Römer dazu, über einen Barbarenstamm jenseits der Alpen so ausführlich zu schreiben, welche Motive leiteten ihn bei der Abfassung seines Essays, und worin besteht die Besonderheit dieser schmalen Schrift, die neben manchem Vorurteil und Irrtum so viele hellsichtige Charakteristiken enthält?

Das Leben und Werk des Historikers. Publius Cornelius Tacitus, im Jahre 55 vermutlich in Rom geboren, entstammte offenbar einer Familie, die wohl in der *Gallia Cisalpina*, also etwa der Region Oberitalien oder in *Pannonien*, im mittleren Donauraum, beheimatet war. Sicher ist, daß er als Angehöriger einer der führenden Familien Roms die beste Ausbildung genossen hat. Man studierte damals ja nicht in einem formal geregelten Studiengang, sondern suchte sich einen Lehrer. Wer es in der Öffentlichkeit zu etwas bringen wollte, sei es als Politiker oder als Rechtsanwalt, als Beamter damaliger Art oder auch nur als Mann von Einfluß, mußte die *Rhetorik* beherrschen, die Redekunst, die aber viel mehr umfaßte als die Technik der freien Rede. Rhetorik meinte Logik, Ausdrucksfähigkeit, Schulung des Denkens, Kenntnis griechischer Autoren — und Tacitus war Schüler der berühmtesten Lehrer, bis er selbst schon in jungen Jahren zu Ansehen und Einfluß kam.

Als einem Angehörigen des Ritterstandes öffneten sich ihm in Rom alle Türen. So lernte er eines Tages die Tochter des Consuls *Agricola* kennen, mit der er sich im Alter von 22 Jahren verlobte und die er noch im gleichen Jahr heiratete, ehe sein Schwiegervater Agricola als Statthalter nach Britannien ging. Sieben Jahre später fiel Agricola in Ungnade — ein unbeirrbarer römischer Aristokrat, der den Größenwahn des Kaisers *Domitian* zutiefst verabscheute. Agricola hat den Rest seines Lebens in ständiger Furcht vor dem Haß des engstirnigen und brutalen Domitian verbracht — und Tacitus hat diese Zeit der Demütigungen und der Angst niemals vergessen können.

Die erste seiner kleineren Schriften, im Umfang etwa der *Germania* entsprechend, ist denn auch dem Agricola gewidmet und heißt *Über das Leben des Julius Agricola.* Immerhin hat Tacitus zunächst durch kaiserliche Gnade Karriere gemacht: nacheinander ist er Quästor, Tribun oder Ädil und schließlich Prätor gewesen, hat also gleichsam vom juristischen Staatsdienst als Ankläger bis zum Amt des höchsten Staatsbeamten in Rom alles kennengelernt und durchlaufen, was es an wichtigen Positionen gab. Um 90 wurde er hoher Verwaltungsbeamter in einer der römischen Provinzen; sein Schwiegervater verstarb, ehe er selbst nach Rom zurückkehren konnte.

Als die Mißwirtschaft überhand nahm, ist Kaiser Domitian am 16. 9. 96 n. Chr. auf Befehl des römischen Senats ermordet worden. Sein Nachfolger wurde *Nerva*, ein gebildeter, kinderloser Mann aus ausgezeichneter Familie, von dem kein Terror zu erwarten war. Tacitus muß diesen politischen Wechsel als eine Erlösung empfunden haben. Er selbst hat im Jahre 97 das höchste staatliche Amt, das Konsulat, übernommen und schon im folgenden Jahre zu schreiben begonnen: offensichtlich drängte es ihn, aus den Erlebnissen Lehren zu ziehen.

Wer die Thematik betrachtet, die sich dem nun 42jährigen Mann aufdrängt, der sieht hinter den Themen die Grundhaltung des Autors; es ist die eines von der Gegenwart irritierten, gewissen Grundwerten verpflichteten hochgestellten Aristokraten, den die Sorge um den Staat zwingt, sich zu äußern. Daß die noble Freiheit des früheren Rom, die *libertas*, wie er sie verstand, von einem Manne wie Domitian abgewürgt werden konnte, muß ihn tief verletzt haben; so hinterließ auch in unserer Zeit die Erfahrung brutaler Diktatur Spuren des Ekels, wo menschliche Würde und Vernunft mit Füßen getreten worden waren. Zum Zyniker ist Tacitus nicht geworden, aber er erhob seine Stimme; die Melancholie seiner Grundhaltung gibt seinem Werk eine geistige Tiefe, wie sie etwa der gleichaltrige *Livius* nie besessen hat. So wird der Schlußsatz des 33. Kapitels der *Germania* zu einer Art Schlüssel: »Möchte doch — so kann man nur wünschen — den fremden Völkern, wenn sie uns schon nicht lieben können, wenigstens der Haß untereinander auf die Dauer erhalten bleiben, da uns in diesen für das Reich schicksalhaften Zeiten kein größeres Glück beschieden sein kann als die Zwietracht unserer Feinde.« Divide et impera, teile und beherrsche — diese politische Maxime schlägt auch in dieser Formulierung durch. Sie verrät, wie selbstverständlich Tacitus das imperiale Recht der höheren Kultur in Anspruch nahm.

Die Germania. Tacitus hat in der *Germania* keine ›Völkerkunde‹ geschrieben, keine wissenschaftliche Bestandsaufnahme einer fremden Kultur, sondern ein Stück Literatur, das man heute vielleicht Essay nennen würde. Er selbst ist nie in Germanien gewesen, hat aber Gewährsleute gesprochen, Informationen aufgenommen und sich ein eigenwilliges Bild geformt; in Rom dürften ›die Germanen‹ ebenso Gesprächsthema gewesen sein wie heute bei uns ›die Russen‹ oder in Paris ›die Deutschen‹. Tacitus zeichnet mit festen, oft monumentalen Strichen sein Bild Germaniens, wobei offen bleiben soll, wieweit Stammesnamen und Geographie, Gemeinsamkeiten und Unterschiede richtig erfaßt sind *(→Caesar, →Abstammung, Indoeuropäer und ›Germanen‹).* Er gliedert sein Werk in Land und Leute, schildert die Geographie, die Urgeschichte, wie er sie versteht, die Landschaft und die Bodenerzeugnisse, das Leben in der Gemeinschaft und das Leben in Haus und Familie. Dann gibt er in einem weiteren Kapitel einen Überblick über die einzelnen Stämme. Vieles muß auf den Römer verblüffend gewirkt haben, aber man weiß über die Wirkung dieses Buches nichts — Tacitus ist im Altertum kein gängiger Autor gewesen, er war von Stil und Substanz her wohl zu streng, zu herbe für den Geschmack der gebildeten Masse, also der Verehrer hellenistischen Wortreichtums.

Gelegentlich hat die junge Vorgeschichtsforschung mit dem Spaten seine Schilderungen bestätigt *(→Moorleichen)*, gelegentlich auch widerlegt. Von Germanen hätte wohl in der Neuzeit niemals mehr jemand gesprochen, wenn Tacitus dieses Buch nicht geschrieben hätte, und gewiß nicht in so hohem Ton wie die Volkstumsideologen, die Ahnen- und Rassenkundler der 20er Jahre *(→Arier; →Ostara)*, denen schließlich Germanen, Indogermanen und Arier zu einer nebelhaften Idealvorstellung verschwammen.

Historien und Annalen. Außer einer Reihe von kleineren Werken stehen neben der *Germania* zwei weitere große Hauptwerke, die auch für die Germanen-

Annalen

Ursprünglich wurde jährlich vor dem Gebäude des Pontifex maximus in Rom eine Tafel mit den wichtigsten Ereignissen aufgestellt, z. B. mit Teuerungen, Sonnenfinsternissen usw. Diese Tafeln sind beim Kelteneinfall 386 alle verbrannt. Alles, was vor dieser Zeit berichtet wird, muß daher als rekonstruiert gelten.

Unter dem Pontifikat des *Mucius Scaevola* (130—ca. 115 v. Chr.) wurden erstmals Jahrbücher veröffentlicht, und zwar 80 Bände. Nach dem Schema dieser Priesterchronik schrieben alle späteren Historiker, die vor allem die Kriegsereignisse und kultische Veranstaltungen darstellten.

forschung von erheblicher Bedeutung sind: Die Annalen *(Annales: Ab excessu Divi Augustii)* und die Historien *(Historiae)*. Während die *Annalen* in ursprünglich 16 Büchern die Geschichte des Julisch-Claudischen Hauses seit Augustus über Tiberius bis Domitian enthalten (aufgefunden wurden bisher nur die ersten und letzten sechs Bücher), berichten die *Historien* in 14 Büchern, von denen nur die vier ersten und ein Teil des fünften überliefert wurden, über die Geschichte der Zeit von 69—96.

Beide Werke geben ergänzend zur Germania mit ihren Zustandsschilderungen fremder Stämme wichtige Auskünfte zu den politischen Geschehnissen und kriegerischen Auseinandersetzungen u. a. zwischen Germanen, Kelten und Römern zur Kaiserzeit. Neben anderen Persönlichkeiten der Zeit werden →*Drusus* und *Tiberius*, →*Germanicus* und →*Arminius* in brillanten Schilderungen lebendig; der →*Bataveraufstand* ist in allen Einzelheiten durchleuchtet, und die Beschreibung der Germanicus-Züge überliefert uns die einzige einigermaßen klare Lageskizze des →*Varusschlachtfeldes*, Seite 274.

Man weiß vom persönlichen Schicksal des Tacitus nicht viel mehr als ein paar Daten. Offenbar hat er um 112/113 die Statthalterschaft der Provinz Asia übernommen. Den Regierungsantritt des Kaisers *Hadrian* (117—138) hat er offenbar noch erlebt; sein Tod dürfte nach Ansicht der Historiker vor das Jahr 120 fallen.

Taifalen
Sie tauchen in Verbindung mit den Westgoten auf und fallen 248 mit →*Wandalen*, →*Peukinern* und *Karpen* in Niedermösien ein. Durch die Völkerwanderung zur Hunnenzeit wurden sie über ganz Europa verstreut; die Orte Tiffauges (Vendée) und Taivalo (Ital.) das heute Persiceto heißt, erinnern an die Taifalen.

Tencterer (Tenkterer)
Dieser kleine Stamm auf dem rechten Rheinufer zwischen Mainz und Köln war eng mit den →*Usipeten* verbunden und hat das gleiche Schicksal erlitten.

Texuandrer
Stammesgruppe der ›linksrheinischen Germanen‹ zur Zeit Caesars.

Theoderich I.
König der →*Westgoten* (419—451), gründete das Reich der Westgoten in *Tolosa* (Toulouse) und fiel in der Schlacht auf den Katalaunischen Feldern (siehe auch →Seite 35).

Theoderich II.
Sohn Theoderichs I. und König der →*Westgoten* (453—466); er erweiterte das westgotische Reich, unterwarf einen Teil Spaniens und ist von seinem Bruder *Eurich* ermordet worden (siehe auch →Seite 36).

Theoderich der Große; frühromanisches, byzantinisch beeinflußtes Fresko. Burgkapelle Hocheppan, Südtirol.

Theoderich der Große
Unter dem Ansturm der hunnischen Reiter (→*Hunnen*) war das Reich der →*Ostgoten (Austrogoti)* im Schwarzmeerraum und im Mündungsgebiet der Donau zusammengebrochen, das Selbstgefühl dieser Stämme gebrochen. Die Sage hat diese Niederlage verklärt: nur weil der Ostgotenkönig *Ermanarich* hundertzehn Jahre alt und auf den Tod krank war, konnte es den Hunnen gelingen, die Goten zu überwältigen. Allerdings wurden sie nicht ausgerottet, wie man annehmen könnte, sondern blieben im wesentlichen in ihren Ländern, während die →*Westgoten (Wisigothae)* voll Schrecken nach Westen flüchteten. Es hat fast ein Jahrhundert gedauert, bis es den Stämmen gelang, die Herrschaft der Hunnen abzuschütteln und frei in der ungarischen Tiefebene zu siedeln. König *Attila* (†453) hatte die Völker mit Mäßigung und Klugheit beherrscht, so grausam seine Kriegführung war; seine Nachfolger aber reizten ihre Vasallen; so befreien sich zunächst die →*Gepiden*, ein Teilvolk der Goten, später wagen auch die Ostgoten den Aufstand. Der damalige König *Walamer* (Walamir) wird von den Hunnen in seinem Stammesgebiet zwischen Saritza und Raab angegriffen, sie wollen die Goten »wie entlaufene Knechte« wieder in ihre Gewalt bringen, aber sie können nichts ausrichten und ziehen sich zurück. Am Tag, als die Siegesnachricht (um 450) in der Halle des jüngeren Bruders *Theodemer* (Theodemir) eintrifft, wird

diesem von einer seiner Gespielinnen ein Sohn geboren, der den Namen *Ereliva* bekommt; es ist der spätere König Theoderich der Große (471—526).
Zwischen den verschiedenen Gotenstämmen gab es statt Solidarität ungute Rivalitäten, die vor allem ins Spiel kamen, wenn es darum ging, von dem mächtigen Nachbarn *Byzanz* jährliche Geld- und Getreidespenden zu erlangen. Auch sieben Jahre nach der Geburt des kleinen Ereliva kam es zu Ärger: ein Gotenfürst *Theoderich der Schieler* lenkte die Entwicklungshilfe auf seinen Stamm um, so mußten die Brüder Walamer und Theodemer erst etwas ›Krieg machen‹, bis sich der Hof von Byzanz bequemte, ihnen zu geben, was ihnen laut Vertrag zustand. Um ihren Friedenswillen zu beweisen, sollten sie Geiseln stellen; nur schweren Herzens gab König Theodemer auf Drängen seines Bruders den kleinen, nunmehr acht Jahre alten Ereliva an den byzantinischen Hof. Zehn Jahre später, während sein Vater gerade gegen Sweben und Alamannen kämpft, kehrt der junge Theoderich entgeiselt aus der Verbannung zurück, ein junger, gebildeter Mann von Welt, der sich die ausgesprochene Zuneigung des mächtigsten Mannes der Welt, des Kaisers *Leo I. des Großen* (457—471) gewonnen hatte. Er hat sich sein Leben lang römischer Kultur verpflichtet gefühlt.
Damals machte man sich einen Namen durch Erfolge im Krieg wie heute durch wirtschaftliche Erfolge: Theoderich sammelte Gefolgsleute des abwesenden Königs, brachte aus Freiwilligen und Hörigen insgesamt 6 000 Mann auf die Beine und überfiel einen alten Gegner der Goten, den Khan der *Sarmaten*, den er schlug und tötete. Dem überraschten Vater brachte er den Schatz und die Sippe des slawischen Herrschers; er selbst, dessen Sinn für Macht am byzantinischen Hof geschärft war, behielt die Stadt *Singidunum* für sich, die er eigentlich an Byzanz hätte zurückgeben müssen. Ähnlich hielt er es kurz darauf auch mit Italien: Städte und Länder, wie Besitzstücke der Mächtigen hin- und hergeschoben, nur Mächtige können sie schützen.
Im Jahre 471, mit 21 Jahren, ist Theoderich, vom sterbenden Vater seinem Volk empfohlen, als König auf den Schild gehoben worden; seine Herkunft aus dem *Geschlecht der Amaler (→Königtum)* legitimierte ihn ebenso wie seine politische Erfahrung und sein militärisches Geschick.
Byzanz hat damals die verschiedenen Gotenstämme gegeneinander ausgespielt. Die alten Verbindungen des Theoderich zum Hof waren nach dem Tode des Kaisers Leo wertlos; so hat er sich dreizehn Jahre lang mit seinen germanischen Stammesbrüdern herumschlagen müssen, ehe er eine Aufgabe weltgeschichtlichen Formats erhielt (siehe auch *→Gepiden, →Ostgoten, →Westgoten*).

Odoaker. Inzwischen war das Weströmische Reich unter den ständigen Angriffen der germanischen ›Barbaren‹, aber auch durch die innenpolitischen Erschütterungen endgültig zusammengebrochen. Auch hier bildeten die Germanen den Sprengsatz, der das Gebäude zum Einsturz brachte. Erst als Hilfstruppen, dann als unentbehrliche Eliteeinheiten, schließlich als anmaßend gewordene Kolonisten, die staatliche Autoritäten kaum mehr anerkannten, hatten sie immer häufiger in die römischen Kaiserwahlen eingegriffen und schließlich am 23. 8. 476 den *Skiren Odoaker (Odovakar)* zum König von Italien ernannt, nachdem sie den letzten weströmischen Kaiser, ein Kind namens *Romulus Augustulus*, abgesetzt und seinen Vater erschlagen hatten, weil er ihnen kein Land geben wollte. Odoaker war zum König von Italien gewählt worden, weil er den Truppen Land versprochen hatte — den jungen Romulus ließ er als Privatier mit einem Jahrgeld von 6 000 Solidi leben, »den Barbaren aber gab er ein Drittel des italischen Bodens« (Prokop). Byzanz allerdings, als Erbin des römischen Weltreiches, erhielt seinen Herrschaftsanspruch über das gesamte Reich aufrecht. Wenn Odoaker im Prinzip auch diesen Anspruch anerkannte, so wünschte er doch für seine skirischen Goten die Autonomie.
Wieder spielte Byzanz germanische Stämme gegeneinander aus, was ihm den moralischen Vorwurf der ›Falschheit‹ einbrachte, aber doch nur dem politischen Kalkül entsprach: der Ostgotenkönig Theoderich wurde aufgefordert, für Byzanz die Herrschaft über Italien zurückzugewinnen, das heißt Odoaker zu vertreiben. Er mußte die Frage seinem Volk vorlegen, das in offener Ratsversammlung entschied, den Zug zu wagen: man war unzufrieden mit dem Land, mit dem Verhältnis zu Byzanz, man suchte das Abenteuer: es endete im Jahre 552, nach zwei Menschenaltern, als der letzte Gotenkönig *Teja (→Ostgoten)* mit einigen tausend Mann gegen die Byzantiner kämpfend fiel, hinter sich nur den Vesuv, vor sich das Meer.

Die Eroberung Italiens. Noch im Jahre 488 brachen die Ostgoten auf. Aus allen Teilen des Landes rollten die Karren heran, zogen Männer, Frauen und Kinder mit aller Habe, mit Roß und Rindern auf den großen Treck, etwa 200 000 Menschen, donauaufwärts, geführt von König Theoderich. Sie kämpfen sich den Weg gegen slawische Stämme frei, schlagen auch ihre germanischen Stammesbrüder, die *→Gepiden*, die ihnen den Weg versperren, und ziehen die *Save* entlang. Schon jetzt übersteigt die Mühsal alle Vorstellungen, der Winter bringt Hunger, der Hunger Krankheit, man muß auf steilen Wegen die Alpen überqueren und erreicht schließlich nach einem Jahr am *Isonzo* die nordöstliche Grenze Italiens. Odoaker tritt ihnen schon am Fluß entgegen, aber die Goten erzwingen am 28. 8. 489 den Übergang und erobern vier Wochen später sogar *Verona* (das Bern der Dietrich-Sage): nun liegt das Etschtal vor ihnen, auch *Mailand* fällt.
Odoaker hat sich schließlich nach *Ravenna* begeben, einer Festung, die wie Venedig ins Wasser gebaut und nahezu uneinnehmbar war. Theoderich hat diese Stadt zunächst nicht erobern können, zeitweise mußte er bis auf *Pavia* zurückgehen; in dessen

Mauern fand er mit all seinen Goten Platz, so klein war damals schon ihre Gesamtzahl; schließlich hat er nach dreijähriger Belagerung von Ravenna den König Odoaker doch bezwingen können. Der Bischof von Ravenna vermittelte bei den Friedensverhandlungen, die dem Odoaker Leben, Freiheit und königliche Ehren zusicherten, wie sie auch Theoderich besaß. Der Sohn des Odoaker wurde zur Sicherheit als Geisel gestellt, aber der 493 geschlossene Vertrag hat nicht lange gehalten. Bald nachdem Theoderich feierlich in Ravenna eingezogen war, lud er den besiegten Rivalen Odoaker zu einem Gastmahl ein. Unter dem Vorwand, dieser habe ihm mit einer Verschwörung nach dem Leben getrachtet, stieß er ihn dann eigenhändig an der Tafel nieder. Auch Odoakers Gefolgsleute und sein kleiner Sohn wurden umgebracht: Theoderich hatte in Byzanz gelernt, wie man sich die Macht sichert. Von nun an blieb er Herrscher Italiens, denn sein Volk rief ihn zum *König der Italiker* aus. Als *Dietrich von Bern* ist er zur Sagengestalt geworden, bedeutend durch seine Weisheit und Friedensliebe, die auch seine Politik gekennzeichnet hat.

Theoderich der Große hat dieses Gotenreich nach allen Seiten gesichert (→Seite 37), aber nicht verhindern können, daß es in die große Auseinandersetzung zwischen *Arianern* und *Katholiken* (→Seite 71) geriet. Mitten in einer Zeit starker politischer Spannungen ist Theoderich der Große am 26. oder 30. August 526 plötzlich gestorben. Er wurde außerhalb des damaligen Ravenna in jenem Grabmal beigesetzt, das sowohl der Tradition des Mittelmeeres als der nordischer Gebiete folgt: der mediterrane *Grabturm* ist Vorbild dieses Bauwerks, das von einem monolithischen Kuppelstein von 470 t, erinnernd am Großsteingräber, überdeckt ist. Wie diese Masse bewegt worden ist, weiß man bis heute nicht.

Das Reich der Ostgoten in Italien hat insgesamt 60 Jahre bestanden; allein dreißig Jahre lang hat Theoderich der Große geherrscht, mit seinem Ende begann das Ende des Reiches. Siehe auch die Stichworte →*Ostgoten*, →*Westgoten* sowie →Seite 30.

Thing (Ding)

Ratsversammlungen gibt es in vielen Kulturen, meist als Ratsversammlung der Alten wie bei den Ureinwohnern Australiens oder bei den Römern, deren Senat diese Altenherrschaft als Institution entwickelt und differenziert hat. Diese Ratsversammlungen können bei den verschiedenen Völkern auf der Basis von Totemgruppen, Sippen, auf Klassen oder auf demokratischer Gleichheit aller beruhen. Das Thing der Germanen hat man im 19. Jahrhundert, der *Germania* des Tacitus folgend, als Ratsversammlung der *Vollfreien* verstanden, in der jeder freie Mann seine Stimme hatte, lange bevor es einen germanischen *Geblütsadel* gab. Tacitus hatte die sozialen Verhältnisse erstaunlich genau geschildert: »Über geringfügige Angelegenheiten beschließen die Gaufürsten allein, über bedeutendere alle Gemeinfreien, jedoch in der Weise, daß auch das, worüber das Volk zu entscheiden hat, im Rate der Fürsten vorbehandelt wird. Man kommt, wenn nicht ein überraschendes, dringendes Ereignis eintritt, an festliegenden Tagen bei Neu- oder Vollmond zusammen; die Germanen meinen nämlich, dies sei die verheißungsvollste Zeit, etwas zu beginnen.«

Tacitus berichtet als Nachteil germanischer Eigenwilligkeit, daß viel Zeit verloren gehe, wenn das Thing zusammengerufen worden sei, weil die Teilnehmer »nicht auf einmal und nicht wie auf Befehl« zusammenkämen, sondern mehrere Tage ungenutzt verstrichen, bis das Thing vollzählig sei. Hier wird der typische Gegensatz zwischen dem Zeitgefühl der

Der Platz des Allthings von Thingvellier/Island, wo die erste uns bekannte Volksversammlung nachklassischer Zeit zusammentrat, um hier — neben der monatlichen örtlichen Versammlung — jahrhundertelang bis in die Gegenwart einmal jährlich Recht zu sprechen und politische Entscheidungen zu fällen.

hochzivilisierten römischen ›Leistungsgesellschaft‹ und dem eines einfacher lebenden Volkes sichtbar, das lässiger mit seiner Zeit umgehen kann, aber auch auf schlechte Anmarschwege und die Abhängigkeit von naturbedingten Faktoren Rücksicht nehmen muß.

»Wie es der ungeordneten Menge gefällt, nimmt man bewaffnet Platz. Ruhe wird durch die Priester geboten, die nun auch das Recht haben, Strafen zu verhängen. Dann schenkt man — dem Alter, dem Adel, dem Kriegsruhm und der Rednergabe jedes einzelnen entsprechend — dem König oder einem der führenden Adligen Gehör, mehr, weil man ihrem Rat maßgebliche Bedeutung beimißt, als weil sie die Macht hätten, zu befehlen.« Mit Murren wird abgelehnt, den Beifall drückt man durch Aneinanderschlagen der *Framen* (→*Waffenwesen*) aus. »Die ehrenvollste Art der Zustimmung ist der mit Waffen gezollte Beifall.«

Soweit Tacitus, dessen malerisches Bild unscharf bleibt: man nimmt neuerdings an, daß es lange vor dem frühgermanischen →*Königtum* einen *Geburtsadel* gab. Die Ratsversammlung, das Thing, sei zwar eine Versammlung aller freien Männer gewesen, doch in Wirklichkeit ergibt eine unbefangene Prüfung der römischen Quellen, daß »die Adelsschicht die Geschichte des Stammes beherrschte«, also auch das Thing (Mildenberger).

Die Schwierigkeit, ein genaues Bild zu bekommen, liegt darin begründet, daß der Römer Tacitus seine eigenen Begriffe auf das übertragen hat, was er durch Mittelsmänner über Germanien erfuhr. Andere als römische Zeugnisse gibt es nicht, so daß sich heute die fast schon politische Frage zu einem Philologenstreit zuspitzt, ob die Germanen ursprünglich eine ›Volksdemokratie‹ der freien Männer oder ein von einer Oberschicht ›manipuliertes‹ Volk waren.

Aus dem nordgermanischen Raum sind spätere Formen des Things überliefert, Volks- und Gerichtsversammlungen unter freiem Himmel, auf Hügeln und unter Baumgruppen, abgehalten im Schutze des *Thingfriedens*. Unterschieden wurde nach *Echtem Thing*, der ohne besonderes Aufgebot in bestimmten Abständen an gleicher Stelle erfolgenden Versammlung; *Gebotenem Thing (Botding)*, zu dem gesondert aufgefordert wurde, eventuell unter Androhung schwerer Buße *(Bußding)*. *Thinghöfe*, *Thinghofherren*, *Thingvögte*, *Thingflüchtigkeit*, *Landes-* und *Gauthing*, *Burgthing* charakterisieren das breite Spektrum später Rechtspflege durch öffentliche Versammlung. In Niedersachsen und Westfalen erinnern noch heute in vielen Orten Thing-Bezeichnungen an die aus dem Thing hervorgegangenen Versammlungs- und Richtplätze. Auch *Tie*, *Thie* und *Tigge*, Begriffe, in denen *Tyr*, *Tiu*, *Ziu*, der Name des germanischen Kriegsgottes, anklingt, gehören in diesen Zusammenhang.

Jede Gerichts- oder Volksversammlung wurde in feierlicher Weise ›eingehegt‹; Pfähle, Pflöcke oder Stangen, meist aus Haselsträuchern, werden eingeschlagen und mit Seilen verbunden; man nannte dies »das Ding spannen«. Mit rituellen Fragen wurde jedes Thing eingeleitet und damit seine Rechtmäßigkeit vor der Öffentlichkeit festgestellt.

Germanische Ratsversammlung, etwa dem skandinavischen Thing entsprechend, nach einer Reliefdarstellung der Marc-Aurel-Säule, Rom.

Die äußere Anordnung des Things, wie es noch im 6. Jahrhundert in Kent und um 1000 in Island *(→Allthing)* durchgeführt worden ist, entspricht den Schilderungen des Tacitus. Innerhalb dieses umfriedeten, ›umhegten‹ Platzes nehmen die bewaffnet erschienenen Dingleute auf Steinen oder Bänken Platz. Der Richter sitzt auf einem erhöhten Stuhl, der nach Osten blickt; er hat einen Stab oder ein Schwert in der Hand und verschränkt die Beine. Man hielt das Thing stets bei Tage, daher *tagadinc*, im heutigen »sich verteidigen« steckt das alte Wort. Das Thing wurde, obwohl beim Echten Thing der Termin feststand (→links), aufgeboten, in dem ein Stab oder ein *Hammer* (Thor!) durch die Dorfmarken von Hand zu Hand ging.
Thingplätze sind noch heute in Island erhalten und in Funktion. Die skandinavischen Bezeichnungen *Storthing* (norwegische Reichsversammlung), *Lagthing*, der dänische *Landsthing* und *Folkething* erhalten ebenfalls das Wort.
Der alte Gedanke des Thing ist dem Begriff nach auch in der Schweizer *Landsgemeinde* erhalten. Freilich haben sich die Eidgenossenschaften der Schweiz nicht in einer solchen Vollversammlung, sondern durch Delegationen regiert, die mit Instruktionen zur Tagung reisten. In Schillers sagenhaftem Rütlischwur kommt aber der ursprüngliche Gedanke der Versammlung freier, waffenfähiger Männer zu dichterisch überhöhtem Ausdruck.

Thorsberger Moor
Anhöhe in Süderbrarup (Schleswig-Holstein), an deren Fuß im Moor eine Opferstätte lag *(→Kultgemeinschaft →Moorleichen).*

Thule
Von *→Pytheas aus Massilia*, heute Marseille, ist im 4. Jahrhundert v. Chr. eine Insel 6 Tagesfahrten nördlich von Britannien beschrieben worden, die als Nordrand der Erdscheibe galt. Völkischen Kreisen galt Thule als Symbolwort für den nordischen Gedanken *(→Nordische Rasse).*

Thüringer (Thuringen)
Vermutlich ist Thüringen ursprünglich von *→Kelten* und vielleicht von *→Illyrern* besiedelt gewesen wie Böhmen. Um 400 nennt erstmalig ein römischer Heerestierarzt den Namen Thüringer. Wann das Königreich der Thüringer gegründet wurde, eines der wenigen germanischen Königreiche außerhalb des römischen Imperiums, ist nicht genau zu datieren.
Jedenfalls haben Thüringer — vielleicht ein Teil- oder Nachfolgestamm der wahrscheinlich swebischen *Hermunduren* — um 480 die *Oberpfalz* beherrscht und *Passau* geplündert. Vom Harz im Norden bis zur Donau im Süden reicht das Einflußgebiet dieses Reiches, ehe es nach seinem vermutlichen Höhepunkt Ende des 5. Jahrhunderts von den Franken angegriffen und dem Frankenreich einverleibt wird. Der erste Angriff erfolgt unter dem Frankenkönig *Theuderich*, dem es 529 gelingt, einen thüringischen Teilkönig zu schlagen. *Ostgoten* und *Langobarden*, beide den Thüringern verbündet, lassen ihre Bundesgenossen im Stich, kein Beispiel germanischer Treue. 531 ist Thüringen von den Franken verwüstet und der Königssitz geplündert. Um die Beute gibt es zwischen den fränkischen Teilkönigen fast einen Krieg. Schließlich gelingt es Theuderich, den Thüringerkönig *Irminfried*, einen Schwiegersohn *→Theoderichs des Großen*, aus den unwegsamen Gebieten seines Landes, wo er sich noch hatte halten können, in die Eifel nach *Zülpich* zu locken, wo er ermordet wird. Damit ist die thüringische Unabhängigkeit am Ende. Den Rest besorgen die Sachsen, als sie für die den Franken geleistete Hilfe Nordthüringen besetzen dürfen *(→Sachsen, →Franken).*
Im Jahre 802 ist ein wichtiges Zeugnis entstanden, das *Recht der Angeln und Warnen, das ist der Thüringer* — ein eher verwirrender Titel, denn die *Warnen (→Wariner)* saßen in Mecklenburg, die *Angeln* in Schleswig. Was diese Stämme mit den Thüringern zu tun haben und wie weit man sie Thüringer nennen kann, bleibt unklar. Ihre Stammesgeschichte, durch wenige lateinische Quellen und wenige Bodenfunde belegt, die sich in der Gegend um Weimar, Mühlhausen und Erfurt häufen, ist charakteristisch für die Vielzahl kleinerer Stämme, die nur lückenhaft und unklar nachzuweisen sind.

Thusnelda
Es sind nur wenige Zeilen in den *Annalen* des *Tacitus*, aus denen man etwas über das Schicksal dieser Frau erfährt; aber schon diese Andeutungen genügen, um die Phantasie mächtig anzuregen. Da ist zunächst die Tatsache, daß Arminius die Tochter des *Segestes*, die mit einem anderen Manne verlobt war, geraubt hat. Raubehen sind uraltes Kulturerbe. Aber stets handelte es sich um sozusagen ›verabredeten Raub‹. Dagegen blieb eine Frau, die einem anderen Mann versprochen war, vor jedem Angriff sicher.
Zum zweiten Mal spielt Thusnelda anläßlich der Befreiung des von aufständischen Cheruskern eingeschlossenen Segestes eine Rolle *(→Arminius, →Germanicus)*; einige vornehme Frauen seien unter den Befreiten gewesen, sagt Tacitus, so auch Thusnelda, »die mehr die Gesinnung ihres Gatten als ihres Vaters hatte: keine Träne rann über ihre Wangen, keine Bitte erniedrigte ihren Mund. Sie preßte in den Bausch ihres Gewandes ihre Hände zusammen und blickte stumm auf ihren schwangeren Leib.«
Zwei Jahre später findet jener berühmte Triumphzug des Germanicus statt, bei dem laut *Strabo* Thusnelda, ihr kleiner Sohn *Thumelicus* und einige germanische Fürsten in Ketten mitgeführt worden sein sollen.
Tacitus dagegen erwähnt nicht, daß Thusnelda im Triumphzug mitgeführt worden sei, dies tut nur Strabo.

Thusnelda-Darstellungen zählten im 19. Jahrhundert neben dem Nibelungenzyklus zu den beliebten Themen der Historienmalerei: C. Th. Piloty »Thusnelda im Triumphzug des Germanicus«. — Bayerische Staatsgemäldesammlung, München.

Tacitus schreibt aber in den *Annalen*, Arminius Gattin und sein Sohn »schmachteten jetzt noch in Knechtschaft«; das war im Jahre 17, also acht Jahre nach der Varus-Schlacht und zwei Jahre nach der Befreiung des Segestes. Weiter heißt es dann: »wie mit dem zu Ravenna erzogenen Knaben später das Schicksal sein Spiel getrieben hat, werde ich seinerzeit erwähnen«. Dieser Teil der *Annalen* ist aber verlorengegangen,

Tierstil

Verschlungene Linien bilden, wenn man genau hinsieht und die vereinfachten Umrisse kennt, ein Ren oder einen Bären, ein Vogelpaar oder ein Fabelwesen: das ist keine naturalistische Darstellung des Tieres, sondern seine Chiffre in einer hohen Form von Abstraktion. Es hat diesen Tierstil in verschiedenen Teilen der Erde gegeben, und die Frage, wieweit die Stile voneinander abhängen, beschäftigt Völkerkundler und Vorgeschichtler seit langem, denn die Antwort würde auch in anderer Beziehung kulturgeschichtlich aufschlußreich sein.
Der älteste Tierstil findet sich auf den *chinesischen Opferbronzen* des 2. vorchristlichen Jahrtausends. Die Verbindung zum *skytho-sibirischen* Tierstil liegt nahe, denn hier, in den menschenleeren Gebieten Innerasiens, im Land der schweifenden Jäger, der Steppenhirten, scheint es sich um ›Ausläufer‹ der chinesischen Hochkultur zu handeln — aber exakt bewiesen ist diese These noch nicht (Birket-Smith). Vom skytho-sibirischen Tierstil des 1. vorchristlichen Jahrtausends ist wiederum die gleichzeitige Kultur der Eskimos nachweislich beeinflußt, aber auch vielleicht die der Germanen. Der Form nach ließen sich solche Einflüsse wohl aufzeigen, zumal die Germanen ja Nachbarn der Skythen waren, aber die zeitlichen Lücken, viele Jahrhunderte umspannend, machen Schwierigkeiten.
Die Germanen, von denen im Zusammenhang mit bildender Kunst hier die Rede ist, sind nicht etwa die Germanen des Tacitus, sondern ihre ein halbes Jahrtausend später lebenden Nachkommen. »Drei Patengeschenke, die der germanischen Kunst bei ihrer Geburt dargebracht wurden, waren von überragender Bedeutung: das eine kam aus dem Orient, das zweite aus Rom und das dritte aus der Heimat der Kelten in Westeuropa. Alle drei erwiesen sich als tragende Elemente der germanischen Kunst, sie verschmolzen zu etwas Neuem und Eigenständigem, das sich von allem Vorhergegangenen unterschied. Die Vorbereitungszeit, in der dieser Verschmelzungsprozeß erfolgte, sind die ersten Jahrhunderte unserer

Selbst noch im 11. Jahrhundert, in einer Zeit also, in der auch im Norden Europas das Christentum Fuß faßte, entstehen z. B. in Schweden solche heidnischen Thorshammer, Amulette, die den Segen und Schutz Thors (Donars) beschwören. Der Thorshammer ist zugleich ein Fruchtbarkeitssymbol, wie ja auch Thor nicht nur der Beschützer der Bauern, sondern speziell der Beschützer der Frucht, der Ernte, des Viehs u. a. ist. — Treibarbeit aus vergoldetem Silberblech, Ornamente aus Goldfiligran. Fundort: Erikstorp, Östergötland/Schweden. — Statens Historiska Museum, Stockholm.

Möjbro-Stein aus Uppland/Schweden, gewidmet »Frawavạdar, dem Hilfreichen« laut Runeninschrift. Die Darstellung eines gewappneten Reiters, begleitet von einem Hund, noch dazu in nahezu naturalistischen Umrißlinien, ist eine Seltenheit. Sie läßt auf Kontakte zur römischen Bildnistradition schließen. Höhe des Steins ca. 2,20 m, entstanden um 500. — Statens Historiska Museum, Stockholm.

Zeitrechnung, doch erst mit dem 5. Jahrhundert kann man von germanischer Kunst sprechen« (Eggers: *Kelten und Germanen)*.

Rund ein bis eineinhalb Jahrtausende liegen zwischen dem Tierstil der →*Skythen* und dem germanischen Tierstil der →*Goten*, →*Sweben*, *Langobarden* und schließlich der *Wikinger*, wobei der ›germanische‹ Stil überdies noch von keltischen Nachbarn beeinflußt worden ist — ohne daß wir heute diesen Bereich exakt analysieren könnten. Denn die letzten Jahrhunderte vor der Zeitwende sind kulturell geprägt von der keltischen →*Eisenzeit;* für diese Epoche aber läßt sich das keltische vom germanischen Element nicht eindeutig trennen.

Wie sieht überhaupt diese germanische Kunst aus? In der Hauptsache handelt es sich um das, was man heute Kunsthandwerk nennen würde: Beschläge und Spangen, Schließen und Schnallen werden zunächst mit Mustern und Linien verziert, dann in Tierform oder mit Mustern aus ›geometrisch-vegetabil‹ aufgelösten Tierkörpern hergestellt, und zwar finden sich diese Verzierungen zunächst vor allem dort, wo das *Sozialprestige* des Besitzers akzentuiert wird. Die Jahrhunderte der Völkerwanderung waren Zeiten des Kampfes, das Schwert galt als Zeichen des freien Mannes, und die Kleidung hatte keine Knöpfe: also wurden *Schwerter* und *Gewandfibeln* der Herren besonders geschmückt; aber auch *Äxte* und *Bildsteine*, *Pokale* und *Zierscheiben*, *Holzpfosten* und die *Drachenköpfe* der Wikingerschiffe sind auf diese Weise gestaltet worden.

Es wäre aber eine zu begrenzte Betrachtungsweise, wollte man den germanischen Tierstil als Ornamente abtun: er gilt allgemein als der erste große Beitrag der Germanen zur Kunst der Welt, der viele andere Einflüsse zwischen Kelten und Byzantinern eigenständig verarbeitet hat. Wer sich in die ganz eigenartige, märchenhafte Welt dieser Linien und Muster vertieft, erkennt bald ihre Monumentalität und Abstraktion: man kann diese Darstellungsweise als eine Form von Surrealismus bezeichnen, seine Stilelemente finden sich noch im *Rankenwerk* gotischer Dome, in den *Initialen der Mönchshandschriften*, im Linienspiel der Volkskunst.

Die Kunstgeschichte unterscheidet innerhalb des germanischen Tierstiles einzelne Stilphasen, die wir in den wichtigsten Benennungen im Kästchen unten angeben. Für den Betrachter eines Schwertes aus dem 6. und 9. Jahrhundert aber haben sie eigentlich keine Bedeutung. Von besonderer Schönheit sind

Stilformen des nordischen Tierstiles

Tierstil I (Ornamentale Abstraktion des Tierkörpers) 6. Jh.

Tierstil II (in Schweden *Vendelstil*. — Einbeziehung von Bandflechtmustern des Mittelmeerraumes) 7. Jh.

Tierstil III (auch Vendel-E-Stil: Skandinavische Spätform. Tierleiber in verschlungenen S-Formen) 8. Jh.

Oseberg (u. a. Greiftiere in ›barocker› und ›karolingischer‹ Ausrichtung) 9. Jh. →*Osebergfund* und →*Greiftier*

Borre-Stil (Tierornamente, Flecht- und Kettenmuster) 9./10. Jh. →*Borre-Stil*

Jelling-Stil (schlanke bandförmige Tiere) ca. Mitte 10. Jh. →*Jelling-Stil*

Mammen-Stil (Tiere mit Akanthusranken; Großer Löwe und Pflanzen) Ende 10. Jh. →*Mammen-Stil*

Urnes-Stil (Überschlanke Tierformen und Ranken) ca. Ende 12. Jh. →*Stabkirchen*, →*Urnes-Stil*

Adlerspangen aus einem vermutlich gotischen Königsschatz, Bestandteile des prächtigsten Hortfundes der Völkerwanderungszeit von Pietroassa (Rumänien, 5. Jh. — Nat. Museum, Bukarest, Kopie R. G. Z. M., Mainz.

Verschiedene Tierstilformen Nordeuropas.
Oben: Rechteckiger Riemenbeschlag in vergoldetem Bronzeguß mit nachgeschnittenen, verschlungenen Tierkörpern.
Oben rechts: Ein im gleichen Verfahren hergestellter tierkopfähnlicher Riemenbeschlag. 8. Jh., Vendel/Uppland, Grab VII. — Statens Historiska Museum, Stockholm.
Rechts: Sogenannter Löwenkopf aus dem Oseberg-schiff, 9. Jh. — Universitetes Oldsaksamling, Oslo.
Unten: S-Fibel, Silber vergoldet, 5./6. Jh. — Universitetes Oldsaksamling, Oslo.

die sogenannten Adlerfibeln, die geradezu als Charakteristikum der Kunst der Goten gelten können. Diese Adlerfibeln tauchen im 5. Jahrhundert auf, zugleich etwa mit dem *polychromen Stil.* Damit ist die vielfältige Verwendung von Farben, das heißt von Steinen, in Einlegetechnik gemeint. Erst sind es einzelne Steine, dann rückt man Fassung neben Fassung, so daß die Oberfläche mit Steinen, die jeweils in Zellen wie in Bienenwaben eingepaßt werden, bedeckt ist. Man nennt dies die *Cloisonné-Technik.* Die Goldschmiede des frühen Mittelalters haben sie auch gerne angewendet, wenn sie Kronen, Kreuze oder Reliquiare herstellten. Diese *Goldzellentechnik* operiert nicht nur mit eingesetzten Edel- oder Halbedelsteinen, sondern auch mit Schmelzwerk. Sie wurde ergänzt durch →*Filigran* und →*Granulation:* für das Filigran verwendet man geperlte, geflochtene oder gezwirnte Gold- und Silberdrähte, für die Granulation, eine ursprünglich *etruskische* Technik, Gold- oder Silberkügelchen.

Einem breiteren Publikum bekannt sind auch die verschlungenen Schnitzarbeiten an den Drachenbooten der Wikinger und die ornamentalen Darstellungen der norwegischen →*Stabholzkirchen.*

Toulouse
Lat. *Tolosa.* Von den Römern gegründet ist Tolosa im Jahre 419 Hauptstadt des *Weströmischen Reiches* geworden, bis es 507 von den Franken genommen wurde und die Westgoten ein Reich in Spanien gründeten *(→Westgoten).*

Treverer
Ein Stamm keltischer Kultur, der sich seiner germanischen Herkunft rühmte; 15 v. Chr. wurde *Augusta Treverorum*, das heutige Trier, gegründet.

Triboker
Linksrheinischer Stamm im Gebiet von Straßburg (Wasgau), von Tacitus den Sweben zugeordnet.

Trier (Augusta Treverorum)
Ursprünglich religiöses Zentrum der →*Treverer*. Die Stadt ist Sitz der Finanzverwaltung für die Provinzen *Belgica*, *Germania superior* und *inferior* gewesen und hat seit 100 einen großen wirtschaftlichen Aufschwung genommen. Unter *Postumus* und *Victorinus* Residenz der gallischen Gegenkaiser, ist Trier 275/76 von →*Franken* und →*Alamannen* verwüstet worden. Unter *Constantius Chlorus* wurde Trier wieder aufgebaut und zur kaiserlichen Residenz mit Münzprägestätte erhoben. Die heutige *Porta Nigra*, gegen 300 erbaut, ist das Nordtor des 6,5 km langen 285 ha umfassenden spätrömischen Mauerringes.

Trinkgelage
Auf Bärenhäuten, so heißt es im Lied, hätten die Germanen »zu beiden Seiten des Rheins« gelegen und immer noch eines getrunken. Der finster blikkende bärtige Säufer, der den Krug mit schäumendem Met ansetzt, um ihn in einem Zuge zu leeren, gehört zum ehrwürdigen Klischee vom Germanentum. In den bierseligen Kommersliedern, etwa eines *Viktor von Scheffel* (*1826, † 1886), haben die Studenten des vorigen Jahrhunderts bis zum Ersten Weltkrieg dieses Sauftum der Germanen als eine Art ehrwürdiger Tradition gefeiert. Wie ist es dazu gekommen?
Bei *Tacitus* heißt es in der *Germania:* »Gegen den Durst zeigen sie nicht die gleiche Beherrschtheit«. Zuvor hat er geschildert, wie diese Germanen ihren Hunger mit einfachen Speisen stillen, mit wildwachsendem Obst, mit frischerlegtem Wildbret, mit »geronnener Milch«. Nicht also kennen sie wie die vornehmen Römer diese unglaublichen Fressereien, diese raffinierten Gelage, bei denen Fisch und Fleisch, Obst und Gemüse auf komplizierte Weise zubereitet werden. Der Luxus dieser Gastmähler im späten Rom hat schon die Zeitgenossen abgestoßen und in den Sekten der ärmeren Schichten, zum Beispiel bei

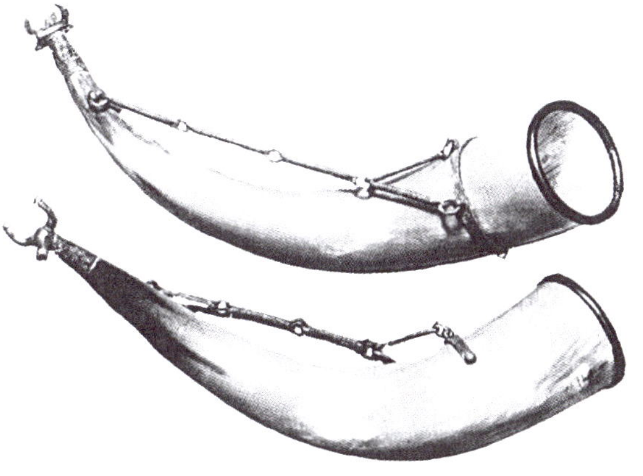

Bronzene Spitzenbeschläge in Form eines Stieres und einer Kuh an Trinkhörnern (Hörner aus unserer Zeit), Ardags/Ekeby, Schweden. — Statens Historiska Museum, Stockholm

den Christen, einen wahren Haß auf ›Völlerei‹ erzeugt. Vor diesem Hintergrund sieht der Politiker Tacitus die germanischen Sitten.
Mit einem gewissen Bedauern, so will es scheinen, stellt Tacitus aber fest, daß die Germanen gegen den Durst »nicht die gleiche Beherrschtheit zeigen« — offenbar sind sie auch nur Menschen gewesen. Als Getränk nennt Tacitus das *Bier*, das »unter Verwendung von Gerste oder Weizen bereitet und ähnlich wie Wein vergoren ist«. Das sieht so aus, als sei Bier eine germanische Erfindung, wovon keine Rede sein kann. Bier ist schon einige Jahrtausende vor der Zeitwende in Ägypten gebraut worden; die Hieroglyphe für Mahlzeit heißt ›Brot-Bier‹, sie gehört zu den ältesten Schriftelementen der ägyptischen Bilderschrift.
In Europa sollen zuerst die *Thraker* Bier getrunken haben, etwa seit dem 7. Jahrhundert v. Chr., und in einigen Provinzen des Römischen Reiches war Bier durchaus bekannt, nur eben nicht in Griechenland und Rom. So mag Tacitus, der selbstverständlich *Wein* nach Römerart trank, von Bier nichts gewußt haben. In *Gallien* hat man übrigens, wenn man es sich leisten konnte, *Weizenbier mit Honig gesüßt* — ein Alptraum für den heutigen Biertrinker.
Tacitus sah die Sache nüchtern, etwa wie die Europäer des 18. und 19. Jahrhunderts die »Unbeherrschtheit« der Indianer gegen Schnaps sahen und für ihre Zwecke ausnützten. Jedermann kennt die Geschichten, wie weiße Pelzhändler den Kindern des großen Manitou Feuerwasser zu trinken gaben — und so wird auch die Einstellung des Tacitus, der das Wohl des Staates im Auge hatte, niemanden überraschen: »Wenn man ihrer Trinklust dadurch Vorschub leistet, daß man ihnen soviel zuführt, wie sie trinken wollen, wird man sie ebenso leicht durch ihre eigenen Laster wie durch Waffengewalt bezwingen können.« Es ist das Rezept aller Imperialisten; so hat England, um nur ein Beispiel zu nennen, das riesige China mit Opium korrumpiert — aber das ist nur der politische Aspekt der Sache.
Bleibt zu fragen, ob die Germanen denn wirklich *viel* tranken, das heißt mehr als jedes andere Naturvolk, das seine Rauschmittel besaß — die Spannweite reicht ja vom Reisschnaps bis zur vergorenen Stutenmilch, vom Traubensaft bis zum Whisky. Nun, man konnte damals kein Bier auf Vorrat erzeugen, es gab keine Fässer, keine Krüge mit Verschluß, wie sie als Amphoren etwa für den Wein üblich waren. Also wurde soviel Bier angesetzt, wie man im Haus brauchte, wenn Gäste Anlaß zum Trinken gaben. Gewürzt wurde das damalige *Weizen-* oder *Gerstenbier* mit *Schafgarbe* oder *Eberesche; Hopfen* ist erst durch die Klosterbrauereien des Mittelalters verbreitet worden. Als Folge der Unmöglichkeit, dieses Bier länger aufzubewahren, wurde natürlich der Vorrat auf jeden Fall ausgetrunken — mit dem Risiko des totalen Rausches.
Daß Germanen trunksüchtiger gewesen seien als jedes andere Volk, gehört demnach wohl trotz aller

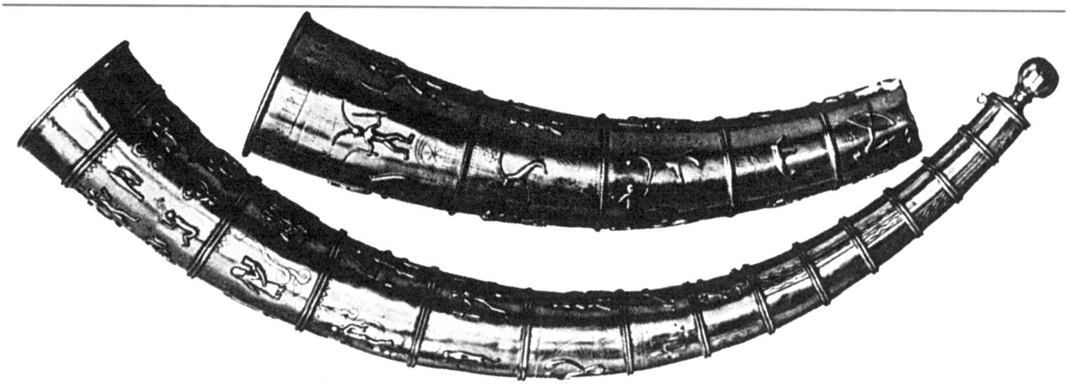

Goldhörner von Gallehus bei Tønder, Dänemark, in Nachbildungen (die beiden 1639 und 1734 gefundenen Originalhörner wurden 1802 gestohlen und eingeschmolzen). Beide — wahrscheinlich kultischen Zwecken dienenden — Hörner tragen Menschen- und Tierdarstellungen, die Kult- und Opferhandlungen wiedergeben, sowie Runenumschriften. Mit einer Länge von 67 cm und 2,7 bzw. 3,6 Kg Gewicht gelten diese Goldhörner des 5. Jhs. als größter bearbeiteter Goldfund Skandinaviens. — National Museet, Kopenhagen.

römischen Quellen, die sowohl für Kelten wie für Germanen häufig einen hochgradigen Rauschzustand — vor allem nach Festen, vor und nach Kampfhandlungen — bezeugen, zu den folkloristischen Übertreibungen wie der Geiz der Schotten.
Als Trinkgefäße benutzten die Germanen *Rinderhörner*. Der nordische Bildstein von *Halla Broa* zeigt, wie eine Walküre einem in Walhall einreitenden toten Krieger den Trank der Unsterblichkeit reicht (→*Walhalla*), auch gibt es zahlreiche Funde von Trinkhörnern, die noch Spuren von Met oder Bier enthalten. Aus der Völkerwanderungszeit stammen die Beschläge eines *Auerochsenhornes von Söderby-Karl* (Uppland), das heute im Staatlichen Historischen Museum zu Stockholm gezeigt wird.

Tubanten
Dieser Stamm überfiel zusammen mit →*Chattuariern* und →*Usipiern* das römische Heer, als dieses die →*Marser* im Jahre 14 bei einem Kultfest überfallen hatte. Ansässig wahrscheinlich im westlichen Westfalen.

Tuisto
Der zweigeschlechtliche Gott zeugte nach Tacitus mit sich selbst den ersten Menschen →*Mannus* und ist von der Erde geboren; dieser Mythos ist typisch für Ackerbauvölker mit dem entsprechendem Fruchtbarkeitskult.

Tungern (Tungrer)
Tacitus sagt, diejenigen, die zuerst den Rhein überschritten hätten und jetzt Tungern hießen, seien damals Germanen genannt worden. Dieser Name ist dann auf rechtsrheinische Bevölkerungsgruppen ausgedehnt worden.

Tunuker
Von *Plinius* erwähnter Teilstamm der ›linksrheinischen Germanen‹, die Caesar zu den Belgen zählt.

U

Ubier
Schon der Name hat einen eigentümlichen Klang: er bezeichnet offenbar, mit dem hochdeutschen Wort ›üppig‹ verwandt, den besonderen Charakter der Gegend und des reicheren Lebensstils. Die Ubier, nicht eindeutig Germanen, haben ursprünglich zwischen Rhein, Main und Westerwald gesessen und sind von den damals außerordentlich hochfahrenden →*Sweben* bedrängt worden, so daß sie sich an die Römer um Schutz gewandt haben. Als →*Caesar* die Sweben geschlagen hatte, hatten die Ubier erneut unter ihnen zu leiden und wandten sich an den römischen Feldherrn *Agrippa*. Dieser Freund *Oktavians*, des späteren Kaisers *Augustus*, beschloß, 39 v. Chr. nach *Gallia transalpina* als Statthalter geschickt, das Problem ein für allemal zu lösen und die Ubier in jenen linksrheinischen Gebieten anzusiedeln, die verwüstet waren, weil man dort die aufsässigen *Eburonen* ausgerottet hatte (→Seite 101). Hier gab es allerdings auch keltische Siedlungen, wie die Namen Billig *(Belgica)*, Jülich *(Juliacum)*, Neuß *(Novaesium)*, Dormagen *(Durnomagus)* und Zülpich *(Tolbiacum)* beweisen (Schwarz). Mit Kelten vermischt, sind die Ubier dort heimisch geworden und haben mit dem *Ara Ubiorum*, dem Altar der Ubier, einen Mittelpunkt des kulturellen Lebens unter römischem Provinzialregime bekommen. Einer der Söhne des *Segestes* namens *Segimund (→Cherusker, →Germanicus)* hat dort als Priester Dienst getan.
Im Jahre 50 n. Chr. ist bekanntlich Köln gegründet worden, die Veteranenkolonie *Colonia Agrippinensis* (→Seite 172). Diese Urkölner, schon damals eine eigentümliche Mischung der verschiedensten Elemente romanischer, keltischer und germanischer Herkunft, rühmten sich zwar, daß sie germanischer Abstammung seien — offenbar stand es damals hoch im Kurs, einer dieser wilden Germanen zu sein — aber sie nannten sich ›Agrippiner‹. An der Seite des radikalen Germanen *Civilis (→Bataveraufstand)* erhoben sie sich — freilich nur widerwillig — gegen die Römer, erkannten aber durchaus rechtzeitig, wer siegen würde, und zogen die entsprechenden Konsequenzen.

Urnenfelderkultur
Die Bestattung in Urnenfeldern ist für eine bestimmte Kulturschicht der späten Bronze- und frühen Hallstattzeit charakteristisch, die im Gebiet des heutigen Polen und in Mitteleuropa bis zum Atlantik nachgewiesen ist. Über Südfrankreich drangen offenbar Träger der Urnenfelderkultur z. B. bis nach Spanien vor; man findet Bronzeerzeugnisse dieser Kultur sogar in Südrußland. Es scheint, als hätten die Urnenfelderleute die *keltische Sprache* mit nach Westen gebracht (Piggott).
Siehe auch →Seite 172.

Urnes-Stil
Spätstil des nordischen →*Tierstiles*, der in der Kombination von Drachen, Vierfüßlern und ornamentalen Pflanzenmotiven ausklingt *(→Stabkirchen, →Tierstil)*.

Usipeten (Usipeter, Usipier)
Ob die Usipeten schon germanisch genannt werden können, bleibt offen, da Sprachreste nicht vorhanden sind; das gilt ebenso auch für die →*Tencterer (Tenkterer)*, mit denen zusammen sie 58 v. Chr. aus ihrem Siedlungsraum in Oberhessen an den Niederrhein vertrieben worden sind. 55 v. Chr. haben sie nach Westen vorzustoßen versucht, sind aber von →*Caesar* bei Koblenz besiegt und zurückgeworfen worden. Sie blieben erbitterte Feinde der Römer und sind im 3. Jahrhundert in den Franken aufgegangen.

V

Varusschlacht im Teutoburger Wald
»Den Arminius trieb außer seiner angeborenen Heftigkeit der Gedanke an seine verschleppte Frau und ihren der Knechtschaft ausgelieferten Leib wie von Sinnen« durch die Gaue der Cherusker, berichtet →*Tacitus* in den *Annalen* über das Jahr 15. In der Tat spitzt sich in diesem Jahr nach der Gefangennahme der →*Thusnelda* die Lage im Gebiet der →*Brukterer* und →*Cherusker* so schnell zu, daß sich →*Germanicus* veranlaßt sieht, einen Präventivschlag zu führen. Mit äußerster Vorsicht und riesigem Aufgebot bereitet er diesen Vorstoß vor, der ja zum ersten Mal wieder in den Bereich jener schrecklichen Varusschlacht führen wird. »So schickte er *Cäcina* mit 40 römischen Kohorten durch das Gebiet der Brukterer an den Emsfluß, während Oberst *Pedo* die Reiterei durch das Gebiet der Friesen führte. Er selbst ging mit 4 Legionen an Bord und fuhr durch die Seen (d. i. heutige Zuidersee). Zur gleichen Zeit trafen die Fußtruppe, die Reiter und die Flotte an dem genannten Fluß zusammen... Die Brukterer, die ihre Siedlungen niederbrannten, schlug *L. Stertinius* mit einer Kampftruppe auf Geheiß des Germanicus. Bei dieser Gelegenheit fand man während

Varus-Münze, im Auftrag des Prokonsuls in Achulla b. Karthago 6/7 n. Chr. geprägt. — Staatliche Museen zu Berlin (DDR), Münzkabinett.

des Mordens und Plünderns den Adler der 19. Legion wieder, der in der Varusschlacht verlorengegangen war.«
Lagebeschreibung durch Tacitus. Hier nun folgt bei Tacitus die Textstelle, die seit Generationen gleichermaßen verwirrend und anregend auf Forscher und Heimatfreunde einwirkte; eine Textstelle, die zugleich genau und verschwommen ist, geeignet, wie ein Fluch des Varus die Phantasie der Leser zu strapazieren, ist sie doch, wie es scheint, die einzige überlieferte Lageangabe für den bis heute nicht gefundenen Ort der Varusschlacht, die sechs Jahre vor dem beschriebenen Aufmarsch des Germanicus-Heeres stattfand.
»Von da (Anmerkung: von wo?) ging der Zug bis zur äußersten Grenze des Bruktererlandes; die Region zwischen Ems und Lippe wurde verwüstet, unweit des ›Teutoburger Waldes‹ (haud procul Teutoburgiensis Saltus), in dem die Gebeine des Varus und seiner Legionen unbestattet vermodern sollten.« Und »Cäcina wurde vorausgeschickt, alle Winkel der (Berg)Wälder zu durchforschen und Brücken und Dämme in dem sumpfigen Gelände und unsicheren Regionen anzulegen. Dann betraten sie die traurigen Stätten...«; dann »setzte das römische Heer die Gebeine von drei Legionen bei... Das erste Rasenstück für den Grabhügel legte der Feldherr selbst nieder.«
Osning. Als diese Texte des Tacitus wiederentdeckt wurden, also im 15. Jahrhundert, trug das Gebirge, das man heute als Teutoburger Wald kennt, den Namen *Osning*. Tacitus aber hat nicht geschrieben, die Gebeine der Legionäre seien in der Nähe des Osning vermodert. Und obwohl sich keine Grabhügel, Lagerwälle oder Waffen fanden, die sich deutlich dieser Schlacht zuordnen ließen, hat man schon bald nach der Entdeckung der Tacitustexte den Osning zum Kampfplatz erkoren. Der Humanist *Pideritus* hat schon in seiner 1627 in Rinteln gedruckten *Chronik des Lipperlandes* den Osning umbenannt, ohne daß ein Mensch davon Notiz nahm, und auch sein gelehrter Kollege *Cluverius*, dessen Werk über die Germanen 1631 erschien, ist der gleichen Ansicht gewesen. Endgültig hat erst der Paderborner *Fürstbischof Ferdinand von Fürstenberg* (*1626, † 1683),

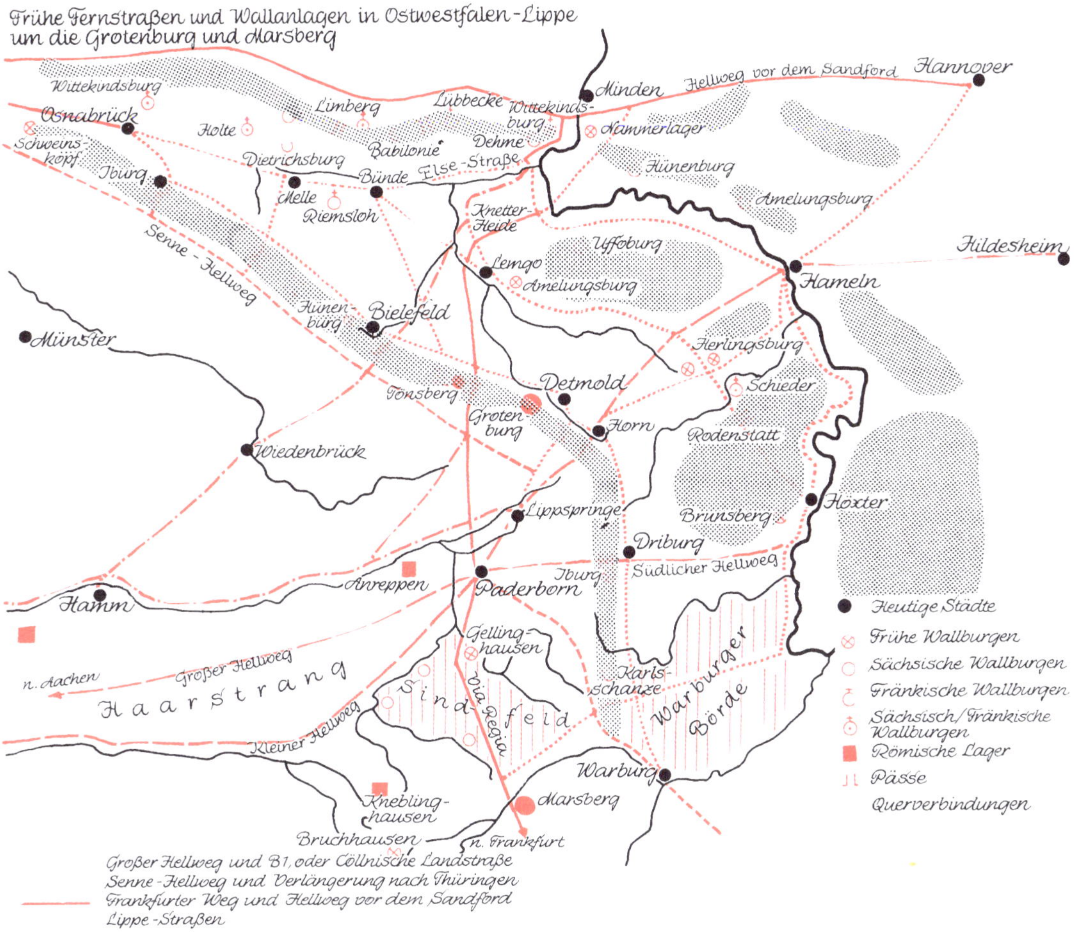

Der im Osten durch die sogenannte ›Weserfestung‹ (aus Osning [Teutoburger Wald], Egge, Weserbergland und Wiehengebirge) und im Süden durch das Sauerland begrenzte Ems-Lipperaum war nach der Beschreibung des Tacitus eventuell das Aufmarschgebiet des Germanicus und Region des Varusschlachtfeldes. Wallanlagen von der Vorzeit bis ins hohe Mittelalter, frühe Fernverbindungen sowie früh kultivierte Landschaften wie Sindfeld und Warburger Börde mit fruchtbaren Böden kennzeichnen die historische Bedeutung des Raumes, in dessen Zentrum die Grotenburg und das römische Lager bei Anreppen liegen.

dessen *Monumentae Paderbornensia* 1672 erschienen, die Bezeichnung Teutoburger Wald durchgesetzt. **Die Zeit vor der Schlacht.** In den Jahren 12—9 v. Chr. war →*Drusus* mehrfach von Süden und vom Niederrhein her tief in die Kerngebiete der den Römern fremden ›Barbarenstämme‹ vorgedrungen, hatte sie bekriegt, besiegt, ›befriedet‹ und mit manchen von ihnen Verträge geschlossen, wahrscheinlich auch mit den →*Cheruskern*. Die →*Usipeter*, die →*Sigambrer*, →*Chatten*, →*Marsen*, vor allem die »wilden und ungestümen« Cherusker im heutigen nordwestdeutschen Raum erleben seine Vorstöße zur Weser, schließlich seinen Marsch zur Elbe. Schließlich befestigt Drusus nicht nur den Rhein mit mehr als 50 Kastellen, sondern auch dieses Gebiet rechts des Rheins; selbst die Weser wird durch Wachkommandos kontrolliert, und im Jahre 11 v. Chr. legt Drusus, auf dem Rückmarsch von der Weser befindlich, auch an der Lippe, nämlich »wo Lippe und Elison sich vereinen«, ein Kastell an — vielleicht jenes Aliso, das in der Varusschlacht eine Rolle spielt? Der spätere Kaiser *Tiberius* (14—37) ist nach Drusus der zweite bedeutende römische Feldherr gewesen, der in diesem, wie →*Dio* (Seite 99) vermerkt, »keltischen« Gebiet operierte. Ihm gelang es offenbar, das Netz römischen Einflusses zu stärken und von der Elbe, wo er die →*Langobarden* schwer schlug, ohne bemerkenswerten Widerstand bis zum Rhein seine Macht auszuüben. Für die Vorgeschichte der Varusschlacht finden sich bei *Velleius Paterculus*

Grabstein des im Saltus Teutoburgiensis gefallenen Legionsoffiziers Caelius. — Landesmuseum, Bonn.

(→Seite 279) zwei bemerkenswerte Stellen: ... Die *Canninefaten*, *(Ch)Attuarier* und *Brukterer* wurden unterworfen, die *Cherusker* unter unseren Schutz genommen und: im Frühling des Jahres 4 kehrte der Feldherr nach Germanien zurück, »in dessen Mitte der Feldherr bei seinem (vorjährigen) Abschied das Winterlager an der Quelle der Lippe hatte anlegen lassen«. Das also ist die Situation am Vorabend der Varusschlacht: Niedergeworfene Brukterer, ›protektionierte‹ Cherusker, das Winterlager im ›Herzen Germaniens‹ — am Fuß von Osning und Eggegebirge, wo 800 Jahre später übrigens auch *Karl der Große* seine Reichstage abhalten wird — fast ein Bild der *Pax Romana.* Und »ohne jeglichen Verlust des Heeres«, wie Velleius mit der Bescheidenheit schwärmerischer Soldaten schreibt, gelang dem Tiberius dieses Werk, »das Germanien zu einer fast tributpflichtigen Provinz« machte.

Varus. Panik und Entsetzen, die knapp fünf Jahre später die römische Welt erschütterten, werden verständlicher, wenn man sich diese Jahre voller hochgespannter Erwartungen, voller Sondermeldungen über Siege und gelungene Reichsausdehnung vorstellt. Wer kann mit Grund erwarten, daß in dieser Lage ausgerechnet ein erfahrener Beamter und ›Ritter‹, durch seine Gemahlin verwandt mit dem Kaiserhaus, verdienter Konsul zunächst, Statthalter in Afrika, dann Prokonsul in Syrien, Sieger über aufständische Juden, jetzt Oberbefehlshaber in Germanien, von einem rebellierenden germanischen ›Häuptlingssohn in römischen Diensten‹ *(→Arminius)* nicht nur übertölpelt, sondern mit drei kriegserfahrenen Legionen, »den besten; (ein Heer) an Manneszucht, Tapferkeit und Kriegserfahrung unter den römischen Truppen das erste« laut Velleius, dahingeschlachtet wird?

Waren die Römer ihrer eigenen ›Propaganda‹ erlegen, wie so viele sieggewohnte Imperien? Der dem Mystischen sonst so zugetane *Dio* hat erstaunlich nüchtern über jenes »Keltenland« gesagt: »Die Römer hatten (nur) einzelne Punkte des Gebiets in ihrer Hand«, allerdings auch: »Ihre Truppen überwinterten dort und gründeten Orte und --- gewöhnten die Barbaren an ihre Märkte. In dieser ungesicherten Idylle nun löste *P. Quinctilius Varus*, ein tyrannischer, herrschsüchtiger Mensch nach der einen Meinung, ein raffgieriger nach anderer, ein trotteliger nach dritter Ansicht und ein gutmütig besonnener nach Ansicht weiterer Kommentatoren, angeblich den Aufstand des Arminius aus. Zu starke Einflußnahme und Steuererhebung verbunden mit Unachtsamkeit seien der unmittelbare Anlaß gewesen, meint Dio. Und in der Tat erregt zumindest die Vertrauensseligkeit des Varus Verwunderung, wurde er doch nach Übereinstimmung aller Quellen von *Segestes* drastisch gewarnt. Gar zu sicher muß sich Varus an der Tafel des ›römischen Offiziers‹ Arminius gefühlt haben.

Wo das *Sommerlager des Varus* stand, wo er sich mit Arminius zusammensetzte, wissen wir heute nicht. War es jenes Standquartier des Tiberius an der Lippequelle (die Historiker sind bis heute nicht sicher, ob Velleius *Lupia* oder *Julia* meinte) oder ein Lager an der Weser, wohin laut Dio der Varus gelockt wurde und wo er nach Velleius den Sommerfeldzug durch Rechtsprechen versäumte?

Die Schlacht. Drei Legionen, ebensoviele Reitergeschwader, sechs Kohorten, dazu der Troß mit Frauen und Kindern, insgesamt 20000—30000 Menschen brechen eines Herbsttages im Jahre 9 nach Hause auf, mit dem Ziel, unterwegs einige aufständische »Stämme an den äußersten Grenzen des Cheruskergebietes« zu ›beruhigen‹. Oder hat Varus tatsächlich, wie Dio zu berichten weiß, Legionseinheiten ganz nach Wunsch und Anforderung an die verschiedensten Stämme ausgeliehen, wo sie schon vor der Schlacht stillschweigend niedergemetzelt wurden? So oder so, ein riesiger Heerwurm, behindert durch Wagen, Frauen und Kinder, wälzt sich Dios Bericht zufolge durch die dichten Wälder, aufgehalten von Baumwurzeln, schlüpfrigem Boden, Regen und Sturm. Den ersten Tag noch begleiten die Cheruskerführer ihren ›Freund‹ Varus, dann eilen sie zu ihren Leuten. Die ersten Angriffe erfolgen. Die Römer wissen nicht, wie und gegen wen sie sich wehren sollen, behindern sich gegenseitig, an eine Marsch-

und Kampfordnung ist nicht zu denken. Immer mehr dezimiert, kämpfen sie sich durch Schluchten voran, können wahrscheinlich am zweiten Tag auf einem waldfreien Fleck ein Lager aufschlagen, verbrennen ihre Wagen und hinderliche Ausrüstung, erreichen am dritten Tag eine unbewaldete Region und werden am vierten Tag, erschöpft, durchweicht vom ständigen Regen, verdreckt, belastet durch Schilde und Panzer, die schwer sind vom Wasser, niedergemacht. Denn die Germanen »umzingelten sie mit geringer Mühe und hieben die Römer nieder. Da entschlossen sich Varus und andere hohe Offiziere ... zu einer unvermeidlichen Tat« (Dio). Denn »der Feldherr hatte mehr Mut zu sterben als Mut zu kämpfen. Nach dem Vorbilde seines Vaters und Großvaters stürzte er sich in das Schwert« (Velleius).

an Lippe und Elison? Ist es das gleiche Aliso, das Tacitus beim nächsten Feldzug des Germanicus erwähnt: »Germanicus selbst führte ... sechs Legionen zum Kastell an der Lippe« und »Doch hatten sie (die Belagerer) den Grabhügel, der zu Ehren der Legionen des Varus errichtet worden war, und den Altar, den man dem Drusus geweiht hatte, zerstört. Germanicus stellte diesen wieder her. Auf eine Erneuerung des (Grab-)Hügels verzichtete er. Außerdem wurde die gesamte Strecke zwischen dem Kastell Aliso und dem Rhein durch neue Marschstraßen und Erdwälle befestigt.« Hängt dieses Aliso mit den an der Lippe gefundenen Lagern *Oberaden* und *Haltern* zusammen, welche Bedeutung haben die Römerlager *Holsterhausen*, ebenfalls an der Lippe, und *Kneblinghausen* bei Brilon? Ist das kürzlich und nur

Gar greulich erging es den in der Varusschlacht gefangenen Römern nach der Darstellung dieses alten Stiches. Nach den Beschreibungen des Tacitus zu urteilen, wurden in der Tat Gefangene in den »nahegelegenen Hainen« hingerichtet oder geopfert. Andere Gefangene kamen als Sklaven auf germanische Höfe, und nur wenige, die sich nach römischen Brauch ihrem Heimatort, ihrer Familie fernhalten mußten, wurden freigekauft. — Kupferstich, Archiv der Lippischen Landesbibliothek, Detmold.

Aliso und das Sommerlager. Auch die schändlicherweise fliehende Reiterei wird niedergehauen, Versprengten, einschließlich Frauen und Kindern, gelingt es, »das einzige aller Kastelle, das nicht erstürmt wird,« zu erreichen *(Zonaras)*. »Eingeschlossen in das Lager Aliso, belagert durch riesige Massen von Germanen« (Velleius), gelingt es ihnen, zu überleben und später zu fliehen.

Nach *Florus* stimmt das alles nicht, denn er berichtet, Varus sei unvermutet in seinem Lager angegriffen und mit seinen Legionen vernichtet worden.

Wer weiß die Antwort? Wo war das Sommerlager: An der Weser? bei Vlotho, Bad Oeynhausen, Bad Pyrmont, Rehme, Hameln, Schieder? Am Unterlauf der Weser? Auf dem Sindfeld? Bei Paderborn? Ist das Lager, das sich als einziges halten konnte, wirklich identisch mit jenem Lager Aliso, das ebenfalls als eingeschlossen beschrieben wurde? Ist dieses wiederum in Bezug zu bringen mit dem Drususlager

in ersten Notgrabungen aufgedeckte Lager *Anreppen* an der Lippe zwischen Delbrück und Schloß Neuhaus — erstaunlich dicht bei jenem *Elsen*/Paderborn gelegen, das der Fürstbischof F. v. Fürstenberg von Paderborn kurzerhand zum Aliso erklärte — vielleicht tatsächlich Aliso? Die Antwort wird auch klären helfen, ob der Osning doch vielleicht der Teutoburgiensis Saltus gewesen ist.

Haud procul = in der Nähe. Tacitus schrieb: »Haud procul Teutoburgiensis Saltus«. Was heißt dieses *haud procul* genau? Dazu sei zitiert, was in Menge-Güthling, Langenscheidts Enzyklopädisches Wörterbuch der lateinischen und deutschen Sprache, steht: *haud* = nicht, nicht eben, nicht gerade; *procul* = fern, fern von etwas, aber: *procul ab hoste, procul ab castris, procul ab ripa* = fern im Sinne von fernhalten vom Feind, Lager, Ufer — zur Bezugsperson oder -situation also: relativ nahe; *haud procul* = (in prägnanter Bedeutung): in einiger Entfernung, in ziemlicher Nähe. Bezogen auf die Aufmarschsituation des Germanicus, wie auf Seite 274 geschildert, befinden sich der Teutoburgiensis Saltus und das Schlachtfeld also in einiger Entfernung und somit relativ nahe entweder zu jenem äußersten Gebiet der Brukterer zwischen Ems und Lippe oder wenigstens zu dem Gebiet zwischen dem Treffpunkt an der Lippe und den Ems-Lippequellen, wobei nach Langenscheidt der *saltus* gleichermaßen das Waldtal, die Waldschlucht, der Bergwald, waldige Viehtrift, Bergweide, Waldhude und der Paß sein kann. Alle diese Auslegungsmöglichkeiten finden sich noch heute reichlich zwischen Porta Westfalica, Osnabrück, Sauerland und mittlerer Weser.

Immerhin, bezogen auf die Anmarschwege des Germanicus, die bei einem 20-km-Abstand von Lager zu Lager acht bis zehn Tage in Anspruch genommen haben dürften, kann vielleicht *haud procul* zwei bis drei Tagesmärsche oder 40—60 km bedeuten, womit ein Raum etwa zwischen Rheine und Melle, Telgte und Enger, Gütersloh und Pyrmont, Paderborn und Höxter oder Arolsen, Hamm und Meschede, aber auch das westliche Münsterland vielleicht in Frage kommt. Schiffbar war, um auch das anzumerken, die Ems zur Römerzeit wenigstens bis Rheine, wahrscheinlicher aber über Telgte hinaus bis Warendorf; die Lippe wurde noch im vorigen Jahrhundert von den Lastkähnen, die Steinblöcke für den Kölner Dom transportierten, bis über Lippstadt hinaus befahren.

Teutberge. Teutburgen im Sinne von Volksburgen (Theot = Volk) finden sich von ihren Dimensionen her von der Porta Westfalica bis nach Siegen in überwältigender Fülle. Teutburgen auf Teutbergen gelegen, das ließ sich bisher nur für jene *Grotenburg* (→*Hermannsdenkmal*) auf dem Teutberg bei Detmold *(Theotmali)* nachweisen. Teutberge aber gibt es auch bei Lemgo, und zwar mit Flurbezeichnungen, die auf alte Wallburgen hinweisen, und mit Wallanlagen in der Nachbarschaft; bei Holzhausen, Berlebeck, Varenholz, Iburg (Duite). Von *Toyt*, *Teut* abgeleitete Namen finden sich bei Melle und Schildesche und — in den Niederlanden.

Teut und Toyt sind nach *Schoof* wahrscheinlich Flurbezeichnungen (kegelförmige Bodenerhebung?), im Namen Detmold mit *mal* von ahd. mâhal = Volksversammlungsort oder ahd. algimeinida, mhd. algemeine = allgemein, Allgemeinbesitz (Markgenossenschaft) verbunden. Ähnliche Wortbildungen sind *Kirchditmold* bei Kassel, der Berg *Didoll* zwischen Biedenkopf und Laasphe, *Diedel* in Hessen, die *Hohe Töte* im Sauerland und die Flut der Flurnamen wie *Depensiek*, *Tabensiek*, *Dietesiek* im Lippischen, vielleicht auch der *Desenberg* bei Warburg, wo man 1974 eine cheruskische Siedlung fand.

Reichlich Ansätze für Spekulationen!

Mögliche Orte der Schlacht. Über 700 verschiedene Hypothesen gibt es heute für den »Teutoburger Wald« und den Schlachtort. Ein Blick auf die Liste des Prähistorikers *Petrikovits* zeigt die interessantesten Orte: Barenau (Mommsen) und Marl, Dümmersee und Bramsche, Detmold (Clüver, Clostermeier, Schuchhardt), Dörenschlucht im Teutoburger Wald (Delbrück), Hiddesen (Wils, Stamford), Oerlinghausen (Höfer), Habichtswald bei Osnabrück (Knoke), Arnsberger Wald, Beckumer Berge usw. usw. Derneburg bei Hildesheim, wo 1868 der erstaunliche, dem Varus zugeschriebene sogenannte *Hildesheimer Silberschatz* gefunden wurde, und Döteberg bei

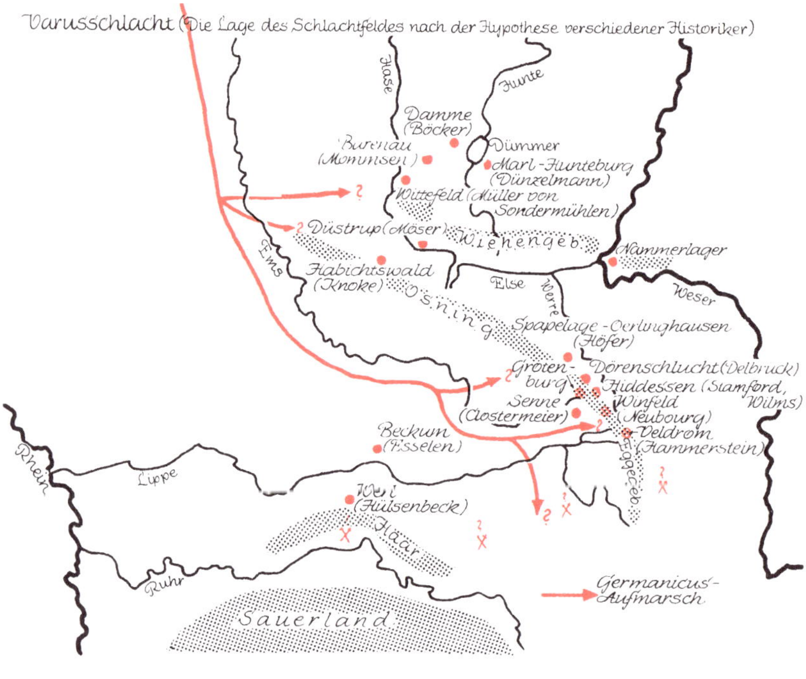

Hannover liegen außerhalb des aufgezeigten Rahmens und wurden dennoch von ernsthaften Forschern genannt. Ganz sicher hätten aber die Römer, eine Weserüberschreitung verzeichnet.
Es wirkt wie ein ›Fluch‹, daß man bisher weder Reste des römischen Grabhügels noch der großen Zahl von Lagern, die im Bereich des Schlachtfeldes massiert auftreten müssen, gefunden hat. Sicher aber ist ein noch größeres ›Verhängnis‹, daß die Geschichte früherer Jahrhunderte zwischen Weser und Sauerland in Wäldern und auf Bergen, in Orts- und Flurnamen so offen zutage tritt — kaum ernsthaft erforscht und für den Laien ein verwirrendes Abenteuer voller Irrwege. Die Wallburgen des Sauerlandes aus vor- und frühgeschichtlicher Zeit; die vorrömischen Wälle, Kelten- und Germanen-, Sachsen- und Franken-, Ungarn- und Schwedenwälle und -schanzen in beträchtlicher Zahl und Dimension, vorhanden im Raum des Weserberglandes, Wiehengebirges und Teutoburger Waldes (Weserfestung); die Karlsschanzen; die Quellen von Pader und Lippe, an denen Kelten, Germanen und Römer, die Sachsen und Karl der Große Quartier nahmen; Schieder mit sächsischen, karolingischen und ungeklärten Wällen; Pyrmont und Lügde mit Quellopferfunden aus römischer Zeit und Sonnenrädern, die die Hänge hinabrollen, und einer ›Herlings-‹ oder ›Arminius‹-Wallburg und Sagen, die deutlich auf Thusnelda, Arminius und Gudrun hinweisen; ›Götterberge‹, Thingplätze und Gerichtsorte; Funde von Römermünzen, Scherben und Gerät; ›Opfersteine‹ und Altäre in Wald und Feld; vor- und frühgeschichtliche Hellwege und Pässe; ausgegrabene Gehöfte und Urnenfunde; frühbesiedelte Hochflächen wie Sind- und Soratfeld; zwielichtige Namen wie Winfeld, Streitbrink, Feldrom; Moore, Heiden, Schluchten: Irrlichter in einer mehr und mehr zersiedelten, emotional noch im 19. Jahrhundert beheimateten Landschaft. Hier liegen Aufgaben für eine wissenschaftlich nüchterne Klärung, wie sie in einigen Fällen begann.

Varisten →*Naristen*

Velleius Paterculus
Hoher römischer Offizier (*ca. 20 v. Chr.), der um die Zeitwende in Persien in →*Caesars* Gefolge diente und unter *Tiberius* in Germanien Legat war. Als Verfasser eines in wenigen Monaten des Jahres 29 geschriebenen kleinen Geschichtswerkes über die Geschichte Roms hat er eine oft flüchtige oder verfälschende Darstellung gegeben, in deren Zentrum Tiberius steht. Authentisch wirken seine Schilderungen der Feldzüge in Germanien und Pannonien. 1515 wurde die einzige bekannte Handschrift von *Beatus Rhenanus* (*1485, † 1547) in Murbach entdeckt.

Veneter (Venether)
Wahrscheinlich illyrischer Stamm zwischen Weichsel und Bug.

Ver sacrum
Archaischer Ritus bei den italischen Völkern. In Notzeiten wurde der Gottheit die Generation des nächsten Frühlings an Mensch und Vieh geopfert: alle, die in diesem Frühjahr geboren wurden. Das Vieh wurde getötet, die Kinder mußten, sobald sie erwachsen waren, miteinander das Land verlassen

Das 19. Jahrhundert wußte manches besser: Arminius übergibt den erbeuteten Silberschatz (Varusschatz) am Galgenberg bei Hildesheim (wo das als Varusschatz bezeichnete römische Silbergeschirr gefunden wurde) der germanischen Priesterschaft... — Staatsbibliothek (Stiftung Preuß. Kulturbesitz), Berlin.

und eine Kolonie gründen. Manchmal wurde der Zug der jungen Menschen, die aufbrachen, um neuzusiedeln, von einem geweihten Tier, z. B. einem Rind, geführt. Der Ort *Bovanium* z. B. (lat. *bos* = Rind) ist auf diese Weise entstanden. In späterer Zeit gehörte nur noch die Opferung der Tiere zum Sühneritus; Rom hat einen solchen ›heiligen Frühling‹ 195 v. Chr. gefeiert. Es ist denkbar, daß dieser Ritus auch dem Aufbruch der →*Markomannen* zugrunde lag.

Vercellae

Schlacht des *Marius* gegen die →*Kimbern* 101 v. Chr.

Vinland-Saga

985 kam *Bjarne* der *Grönland-Saga* nach von einer Seefahrt zurück und stellte fest, daß seine Sippe dem geächteten *Erik dem Roten* nach Grönland gefolgt war. Bjarne segelte ihm nach, landete, westwärts abgetrieben, an der Küste *Neufundlands* und stieß auf *Labrador* und *Baffinland.* Schließlich brach er erneut auf und fand endlich auf der Südspitze Grönlands den neuen Hof seines Vaters. Einer der Söhne Eriks des Roten, *Leif Erikson*, der auch das Christentum nach Grönland gebracht hatte, beschloß daraufhin, jenes Land, das Bjarne betreten hatte, für den Holznachschub nach Grönland zu nutzen. Im Sommer 995 brach er mit seinem Drachenschiff und 25 Mann zur ›Entdeckung Amerikas‹ auf und erreichte tatsächlich Baffinland. Er nannte es *Klippenland.* Bei späteren Landungen wird einer der Männer, ein Deutscher, der sich verirrt hatte, angeblich volltrunken von Wein gefunden. Die Sage berichtet Unverstandenes: Leif hätte Befehl gegeben, die Schiffe abwechselnd Tag für Tag mit Holz und Weinstöcken zu beladen. Er habe das Land *Vinland* genannt und sei zurückgefahren. Es hat noch vier weitere Expeditionen dieser Art gegeben, nämlich die des Bruders *Thorwald* um 1002, die eines weiteren Bruders *Thorstein* und die des Isländers *Thorfinn Karlsefni*, der Thorsteins Witwe *Gudrid* geheiratet hatte.

Thorfinn startete mit 60 Mann, 5 Frauen, Kühen und einem Bullen, erreichte sein Ziel und begann, bekämpft von Indianern, zu siedeln, bis er dem indianischen Druck weichen mußte. Die letzte Expedition der Erikstochter *Fröydis* auf zwei Schiffen endete laut Sage mit einem tragischen Gemetzel, bei dem Fröydis die Rolle der Brunhild spielte. Offenbar hat es dann zeitweise zwischen Labrador und Grönland Holztransporte gegeben; man fand auf Grönland Anthrazitkohle, Sargholz aus Lärche und eine indianische Pfeilspitze, also Dinge aus Übersee, übrigens auch Kleidermoden aus Paris und Burgund.

Gefälscht sind offenbar zwei Schriftzeugnisse über diese Entdeckung Amerikas, nämlich der sogenannte *Runenstein von Kensington*, 1898 auf einer Farm entdeckt, und die von *Laurence Witten* 1957 erworbene, in einem Buch aus dem Jahre 1440 enthaltene Landkarte des Atlantik, die Amerikas Lage deutlich zeigt.

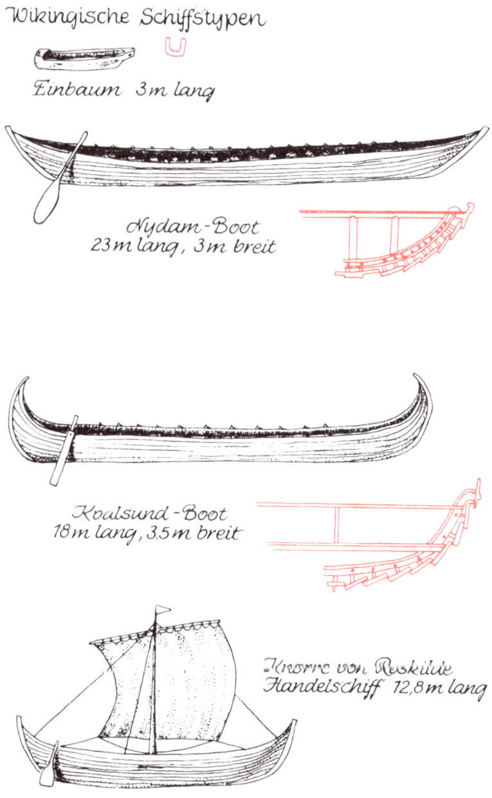

Völkerwanderung

Meist wird der Einbruch der →*Hunnen* im Jahre 375 als Beginn der *Großen Völkerwanderung* angenommen. Unter dem Druck der Hunnen wurden die ostgermanischen Stämme nach Westen verschoben. Germanen stießen nach *Gallien (→Alamannen)*, *Italien (→Ostgoten)*, *Spanien (→Westgoten)* und *Nordafrika (→Wandalen)* vor. Die *Langobarden* errichteten 568 ihr Reich in Italien, das im Frankenreich aufging. Diesen Zeitpunkt setzt man allgemein als Ende diese Völkerwanderung. Das Ergebnis der germanischen Völkerwanderung ist die Entstehung des Abendlandes auf dem Boden des Römischen Reiches.

Der *Großen Völkerwanderung* vorausgegangen war die sogenannte *Erste Germanische Völkerwanderung*, die vor allem die Wanderung der Stämme im Osten Richtung Schwarzmeer und Donauraum umfaßt.

Völkerwanderungskunst

Die Kunst der germanischen Stämme der Völkerwanderungszeit. Meist handelt es sich um *Schwerter*, *Gürtelschließen*, *Fibeln* und *Schmuck*, die ornamen-

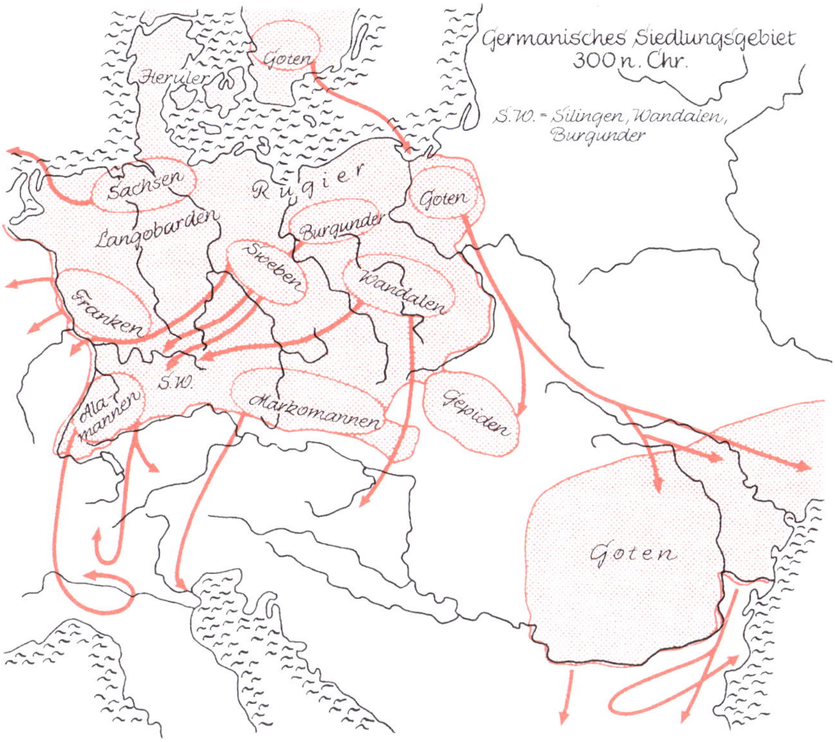

Schematisierte Darstellung der Wanderbewegung der wesentlichen Stämme in Mitteleuropa um 300 n. Chr. Auf eine spezifierte Lokalisierung der Ursprungsgebiete und Wanderwege wurde, da kaum belegbar, bewußt verzichtet.

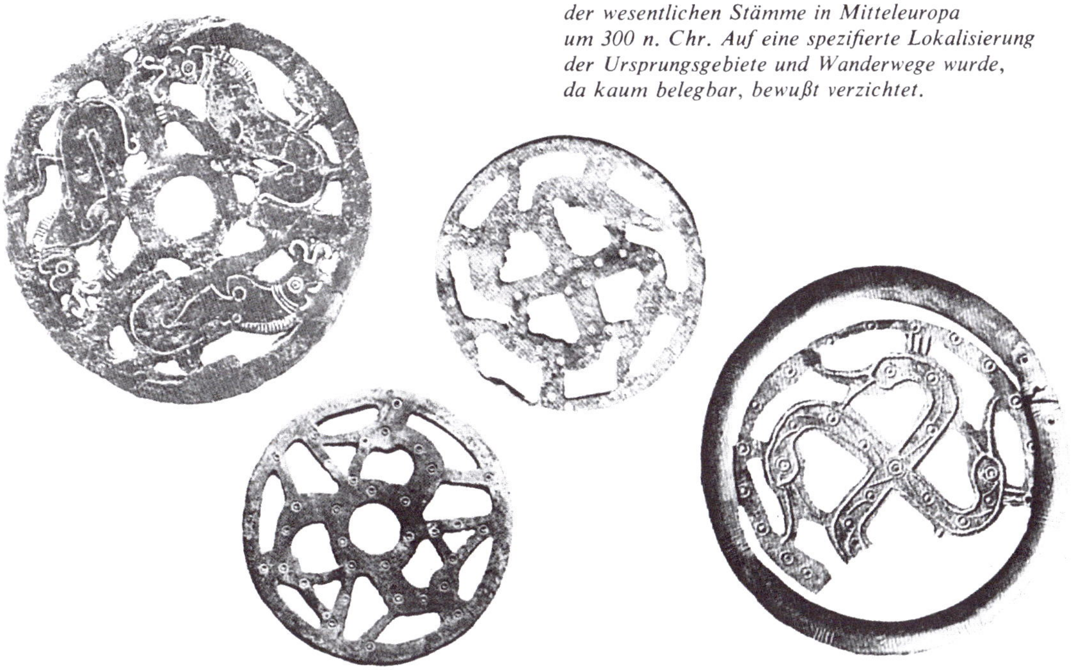

Sogenannte Durchbruchscheiben mit verschlungenen oder gekreuzten Tierkörpern, die wahrscheinlich Unheil abwehren sollten und als Gewandspangen oder auf Taschen etc. getragen wurden. — Altertumsmuseum, Mainz, und Prähistorische Sammlungen, München.

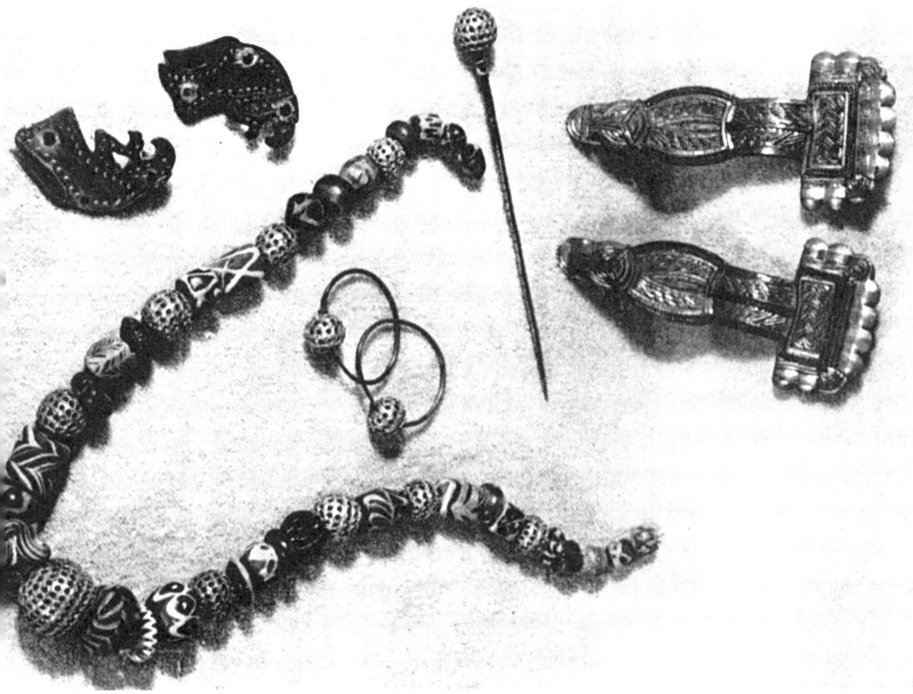

Fränkischer Schmuck aus merowingischen Gräbern des Rheinlandes und Nordfrankreichs mit charakteristischen farbigen Glasperlenketten, Brosche und Gewandfibeln des 5. und 6. Jhs. — Staatliches Museum für Vor- und Frühgeschichte, Berlin.

tal in *Guß-* und *Treibarbeit* mit →*Filigran* oder *Tauschierung* verziert sind. Die Formenwelt umfaßt verschlungene Tiere, später auch Pflanzen. Dieser ›germanische‹ →*Tierstil* beruht auf Einflüssen der skythischen Kunst *(→Skythen)* und der römischen Kunstindustrie.

Völsi

So heißt der mit Lauch konservierte und in Leinentücher eingehüllte Pferdephallus, dem in den nordischen *Völsi-Strophen* der bäuerliche Fruchtbarkeitskult gilt. Die parodistischen Texte beschreiben, wie der König verkleidet in einem Bauernhaus diese Form des Heidentums aufspürt, die Ohnmacht der heidnischen Götter entlarvt und die Anwesenden zum Christentum bekehrt (Schneider).

Vorgeschichtsforschung

Rudolf Virchow (*1821, †1902) war in den 90er Jahren des vorigen Jahrhunderts einer der ›Halbgötter‹ Berlins. Der große Arzt und Anatom, der sich schon früh auch um soziale Fragen kümmerte, ist aber ein ebenso bedeutender Vorgeschichtsforscher gewesen, eine Kapazität für die Frühgeschichte Ostdeutschlands.

1890 war das Jahr, in dem *Heinrich Schliemann* (*1822, †1890) seine letzte große Ausgrabungskampagne in *Troja* vorbereitete — er starb noch im Dezember des gleichen Jahres — und in dem zum ersten Mal ein junger Akademiker seinen Doktorgrad mit einer vorgeschichtlichen Dissertation erwarb. Wie war damals, im Umriß gezeichnet, der Stand der Wissenschaft? Man hatte etwa zwei Menschenalter zuvor die Sprachverwandtschaften zahlreicher europäischer Sprachen entdeckt *(→Indogermanische Sprachen, →Germanistik)* und nach ihren geographischen Extremen *indogermanisch* genannt; der Begriff →*Arier* ist dann aus dem Versuch entstanden, diesen verwandten Sprachen und ihrer Ursprache ein Urvolk zuzuordnen.

›Thraker‹, Buckelkeramik, Urnenfeldervolk. Die archäologischen Funde auf deutschem Boden, schwer zu datieren und kaum zu deuten, haben damals noch wenig Interesse geweckt; praktisch gab es noch keine deutsche Archäologie als fundierte Wissenschaft. In dieser Situation hat ein junger Historiker namens *Alfred Götze* über *Keramische Stilarten der jüngeren Steinzeit* promoviert. Als Schliemann starb, sorgte Virchow dafür, daß Schliemanns Nachfolger *Friedrich Wilhelm Dörpfeld* (*1824, †1893), ein Wissenschaftler von Rang, einen jüngeren Fachprähistoriker in seinen Stab aufnahm. So kam Götze, als der erste wirkliche *Archäologe*, nach Troja und stieß dort in einer der tieferen Schichten auf Scherben der sogenannten *Buckelkeramik*. Es handelt sich um Gefäße, die man der *Lausitzer Kultur* (→Seite 252) oder der *germanischen Völkerwanderungszeit* zuschreibt. Virchow hatte seinerzeit als Erster auf diese Buckelurnen hingewiesen und bereits erkannt, daß man nicht klären könne, ob sie germanisch oder vorgermanisch sind, weil man sie nicht exakt datieren könne. Der junge Dr. Götze war von seinem Fund verblüfft; auf seiner Rückreise entdeckte er solche Buckelurnen auch in den Museen von Sofia,

Bukarest, Belgrad, Budapest, Wien und Prag (Eggers).

Götze, Kossinna, Schuchhardt. Götze kombinierte nun sein Material zu einem Kulturkreis, den er *thrakisch* nannte, weil die *Thraker* laut Herodot nach den Indern das größte Volk der Erde gewesen seien. Allgemein bezeichnete man aber die Lausitzer Kultur schlichtweg als ›germanisch‹ — und Götze vermutete, daß eine große Wanderung des ›germanischen‹ *Urnenfeldervolkes* aus Süddeutschland und die Ausbreitung der Hersteller jener Buckelurnen diese Kultur nach Süden bis ins türkische Vorderasien getragen habe. Er selbst tat sich mit Schreiben schwer und hätte seine Theorie wohl niemals veröffentlicht. Nun war er damals mit einem Bibliothekar befreundet, dem in Tilsit (Ostpreußen) geborenen *Gustaf Kossinna* (*1858, †1931), dessen Arbeiten in der germanischen Vorgeschichtsforschung noch heute nachwirken. Beide wohnten in Berlin-Schöneberg und trafen sich häufig, wobei Götze seine Vermutungen vortrug. Von Götze erfuhr Kossinna, daß das Gebiet der Lausitzer Kultur in der jüngeren Steinzeit keinesfalls germanisch gewesen sein konnte. Das war für seine späteren Arbeiten von großer Bedeutung. Einig sind sich die beiden Wissenschaftler darin gewesen, daß ›Germanen‹ um 1000 v. Chr. schon bis nach Kleinasien vorgestoßen sein dürften — soweit eben, aus heutiger Sicht, der Begriff ›Germanen‹ hier überhaupt zulässig ist *(→Abstammung, Indoeuropäer und ›Germanen‹)*.

Die Tatsachen waren für Kossinna eindeutig: in Ostdeutschland gab es die Buckelkeramik, in Süddeutschland die ›germanische‹ Urnenfelderkultur. Nun hatte bisher noch niemand behauptet, eine solche ›Kultur‹, nachgewiesen etwa an der Bestattungsart, an Stilformen der Keramik, an sonstigen prähistorischen Details, decke sich auch mit einem bestimmten Volk. Eben dies verkündete aber Kossinna, der übrigens selbst keinerlei Erfahrungen als Ausgräber besaß. Im Jahre 1895 ist er auf diese Weise mit einem Schlage bekannt geworden: Er hielt in Kassel vor der *Deutschen Gesellschaft für Anthropologie* einen Vortrag über *Die vorgeschichtliche Ausbreitung der Germanen in Deutschland*, äußerte seine Forschungsergebnisse als Tatsachen, ohne sie zu beweisen, aber mit solcher Bestimmtheit, daß sie Sensation machten. Ganz ohne Zweifel kamen sie dem herrschenden Bedürfnis nach gleichsam vorgeschichtlicher Repräsentation entgegen, als das deutsche Wesen sich seiner Überlegenheit immer wieder zu vergewissern wünschte und das Germanentum zu einer höheren Form des Menschseins stilisiert wurde, wie etwa in *→Felix Dahns*: *Kampf um Rom* (1876—1878) oder in *Gustav Freytags: Die Ahnen* (1873—1881).

Einige Jahre später hielt Kossinna einen weiteren Vortrag mit dem Thema: *Die indogermanische Frage, archäologisch beantwortet.* Mit einem Schlage war aus diesem Außenseiter unter den Prähistorikern so etwas wie eine Koryphäe geworden, denn er schien nachweisen zu können, daß *Kelten*, *Slawen* und *Germanen* Vorläufer mit identischen vorzeitlichen Kulturen gehabt haben. Damit war den vorgeschichtlichen Kulturen ihre Anonymität genommen und man konnte die Geschichte »nach rückwärts verlängern« (Eggers).

Bewiesen war allerdings noch nichts, und außer jenen beiden großen Vorträgen lag von Kossinna noch nichts vor, das konkretes Material bot. Nach mehreren vergeblichen Versuchen glückte es schließlich, dem Außenseiter im Jahre 1902 eine Professur für *Deutsche Archäologie* in Berlin zu verschaffen; er galt damals noch als vielversprechender Gelehrter, mit einzigartigen Kenntnissen, doch erwartete man von ihm das grundlegende Werk über sein Thema. Zwar lebte er unter beengten Verhältnissen von seiner Pension als Bibliothekar, hatte aber jene Muße, die das damalige Professorenamt einem Forscher ließ — und blieb der Öffentlichkeit schuldig, was sie erwarten durfte. Um es kurz zu machen: zwischen ihm, dem bereits anerkannten Altertumsforscher mit bedeutenden Hypothesen und dem fast gleichaltrigen *Carl Schuchhardt* (*1859, †1943), der seit 1886 das Kestner-Museum leitete, einem erfahrenen Archäologen, gab es bald einen wissenschaftlichen Streit, wie er mit dieser Erbitterung nur zwischen deutschen Professoren ausgetragen wird.

Schuchhardt hat die Methode entwickelt, an Verfärbungen des Bodens alte Pfostenlöcher zu erkennen, etwa wie man heute aus Luftbildern Bebauungen rekonstruiert, die Jahrtausende zurückliegen. Als Schuchhardt 1906 Direktor der Vorgeschichtlichen Abteilung des *Berliner Völkerkundemuseums* wurde, fühlte sich Kossinna benachteiligt, ja verfolgt. Jeder der beiden Professoren hatte seine Zeitschrift, in der er gegen den anderen zu Felde zog — nicht ohne Schärfe, gelegentlich nicht ohne Witz.

Ideologische Einflüsse. Im Jahre 1911 hielt Kossinna seinen Vortrag *Die deutsche Vorgeschichte, eine hervorragend nationale Wissenschaft*, ein Bestseller, der den teutonischen Überlegenheitskomplex endgültig zementierte: in der älteren Bronzezeit hätten die Germanen eine Kulturblüte erlebt, die alle übrigen Kulturen in Europa überragt habe. Über der Deutung eines bei *Eberswalde* neu gefundenen Goldschatzes entzweiten sich die beiden Gelehrten endgültig. Kossinna war seinem Kollegen Schuchhardt, der den offiziellen Auftrag der Auswertung vorweisen konnte, mit einer eilig zusammengeschusterten, nicht sehr seriösen Schrift über diesen Fund zuvorgekommen, eine fachlich und moralisch fragwürdige Methode. Von nun an sah sich die *Römisch-Germanische Kommission* (→Seite 197) des Deutschen Archäologischen Institutes von den Anhängern der ›völkischen‹ Richtung um Kossinna als »Römlinge« diffamiert.

Wie in dieser Zeit und gerade bei Kossinna der Begriff des Germanentums sich aus einem historischen Terminus zu einem nebulösen Wertmaßstab

entwickelt hat, zeigt der Nachruf, den Kossinna 1912 seinem verstorbenen Schüler *Erich Blume* widmete: »Er hatte von mir gelernt, germanischem Wesen und germanischer Betätigung für die Vorzeit mehr noch als heute den Preis zuzuerkennen. Ebenso hatte er von der Edelart des germanischen Körpertypus, von dem Wert ungemischt germanischen Blutes zur Genüge von mir gehört, hatte diese Wahrheiten in seinen Glaubensschatz aufgenommen und oft genug vertreten.«
Die vorgeschichtliche Forschung ist seitdem zunehmend in die Strudel der politischen Strömungen geraten. Der verlorene Erste Weltkrieg steigerte die Ressentiments, und so sah sich ein Mann wie Kossinna genötigt, seine Wissenschaft für nationale Zwecke einzusetzen. Er schickte eine Schrift nach Versailles, in der er nachzuweisen versuchte, daß der sogenannte polnische Korridor schon seit der frühen Eisenzeit (800—500 v. Chr.) germanisch besiedelt gewesen sei. Diese Methode machte Schule: einem Schüler Kossinnas, dem bedeutenden *Jozef Kostrzweski*, gelang es auf diese Weise, die *Lausitzer Kultur* der mittleren und jüngeren Bronzezeit als slawisch zu erkennen — eben jene Kultur, die man seinerzeit als thrakisch bezeichnet hatte. Kossinna starb 1932, die *Gesellschaft für deutsche Vorgeschichte* wurde zum *Reichsbund*, die Wissenschaft faßte Tritt, und mit den Methoden Kossinnas, die zum weltanschaulichen Dogma erhoben wurden, lieferte man der germanischen Herrenrasse die Argumente für den Kampf um den ›Lebensraum‹ und den ›Drang nach Osten‹ (*→Arier; →Ostara*).

Vorgeschichte heute. Heute setzt die Wissenschaft der Vorgeschichte in Zusammenarbeit mit der Archäologie neben modernen Grabungsmethoden auch die Technik z. B. in Form von *Luftbildaufnahmen* und *geoelektrischen Bodenuntersuchungen* ein. Vergleichende Betrachtung der Kulturen, aber auch physikalische Methoden wie die *Radiokarbonmethode*, neuerdings verstärkt die *Baumringdatierung*, dienen der zeitlichen Erfassung und Einordnung der einzelnen kulturellen Vorgänge in der *Altsteinzeit*, der *Mittelsteinzeit*, der *Jungsteinzeit* sowie der *Bronze-* und *Eisenzeit*. Die Übergangsperiode in die durch schriftliche Quellen belegte Zeit gehört bereits dem Bereich der *Frühgeschichte* an.

Goldene Miniaturschiffe, die in einem Moor bei Nørs auf Thy/Dänemark gefunden wurden. Insgesamt handelt es sich um etwa 100 Schiffchen, die in einem Tongefäß offensichtlich als Weihegabe um das 2.—4. Jh. dem Moor übergeben wurden. Im Nordwesten des heutigen Deutschlands und im Ostseeraum vor allem war es üblich, durch Opfergaben in Seen, Mooren oder Sümpfen den Schutz und das Wohlwollen der Götter und Dämonen zu beschwören, bei dem Schiffsopfer also vielleicht für eine gute Seefahrt zu bitten; oder sollten die Schiffe im Jenseits zur Verfügung stehen? — Stiftung Preußischer Kulturbesitz, Berlin.

Seit dem 17. Jahrhundert beschäftigt sich das erwachende deutsche Nationalbewußtsein in teils martialischer, teils idyllischer Form mit jenen fernen ›Ahnen‹, die einst die hochtechnisierte Streitmacht einer ›Weltmacht‹ zu schlagen in der Lage waren. Die Identifizierung mit dem sich immer mehr ins Grotesk-Rassische verzerrenden und von der historischen Wahrheit entfernenden Bild frühgeschichtlicher Stämme in Mitteleuropa trug nicht zuletzt zu der Geisteshaltung bei, die in die deutsche Katastrophe des 20. Jahrhunderts führte. Die Rückkehr zu einer gelassen kritischen, vielleicht auch ›humorvoll‹ distanzierten Betrachtung des Themas mag hilfreich sein. — Schützenscheibe, Museum Schwabach.

W

Wacho
Legendenhaft verklärter König der *Langobarden* (→Seite 41 und 187), der bis 539 gelebt haben soll.

Waffenwesen
Die Waffen des germanischen Kriegers sind nicht besonders furchteinflößend gewesen, vergleicht man sie mit denen afrikanischer oder asiatischer Krieger

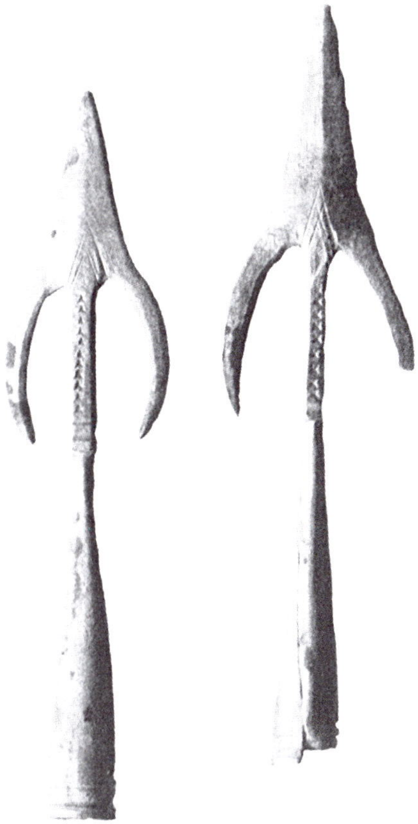

Silberne Flügelpfeilspitzen des 4. Jhs. — Grabfund von Leuna. — Landesmuseum für Vorgeschichte, Halle/Saale.

auf etwa gleicher Kulturstufe: keine Keule mit Obsidiansplittern besetzt, keine scharf gezähnten Hiebwaffen, kein Gift, wenige Fernwaffen wie *Schleuder* oder *Jagdbogen*. »Nur wenige haben *Schwerter* oder *Speereisen* von größerer Länge und Breite; sie tragen *Stoßlanzen* oder — nach ihrer eigenen Bezeichnung — *Framen* mit einer schmalen, kurzen, aber so scharfen und gut verwendbaren Eisenspitze, daß sie, je nach den Erfordernissen der Kampflage, mit derselben Waffe aus geringerer oder größerer Entfernung kämpfen können. Der Reiter begnügt sich mit *Schild* und Frame; die Fußsoldaten schleudern auch *kleinere Wurfspieße* — jeder mehrere, und sie schnellen sie ungeheuer weit, mit nacktem oder nur mit einem Mantel leicht bekleideten Oberkörper. Es gibt kein Prunken mit schmucken Waffen; nur die Schilde bemalen sie sich unterschiedlich mit besonders ausgesuchten Farben.« Soweit →*Tacitus* in der *Germania*, dessen Darstellung der geschichtlichen Wirklichkeit in diesem Punkt nicht ganz gerecht wird: die Bewaffnung ist differenzierter gewesen, wie man aus Bodenfunden weiß.

Ursprung: Jagdwaffen. Alle Waffen des Menschen sind ursprünglich Jagdwaffen gewesen, schon viele tausend Jahre vor der Zeitwende zum Besitz der Stämme gehörend, die als schweifende Jägerhorden die Kontinente durchstreiften. So waren Speer und Schild, *Streitaxt* und *Keule* und Schwert und Schild auch Waffen der Germanen. Ursprünglich hat man als Nahkampfwaffe den *Feuersteindolch* benutzt, dessen Schärfe und Gefährlichkeit man nicht unterschätzen darf.

Bronzedolch und Bronzeschwert. In der *Bronzezeit* kamen Schwerter aus Bronze in Gebrauch, die aber vielerlei Nachteile hatten, auch war Bronze, eine Legierung aus sehr gußfähigem Kupfer und Zinn, schwer zu beschaffen; Bronzeschwerter konnte sich also nur ein *wohlhabender Mann* leisten *(→Bronzezeit)*.

Zunächst haben die Bronzegießer ganze Dolche aus Bronze angefertigt, die nach dem Vorbild des Feuersteindolches geformt waren; später geht man dazu über, *Griff* und *Klinge* getrennt herzustellen und beide Teile mit einer *Niete* zu verbinden. *Linienornamente* deuten frühere Umwicklungen mit Schnü-

Mit bronzenen Zierblechen beschlagene Holzschwertscheiden und Holzgriffe mit verzierten Knaufkugeln von Kurzschwertern, aus dem Thorsberger Opfermoor bei Süderbrarup/Schleswig, 3. Jh.

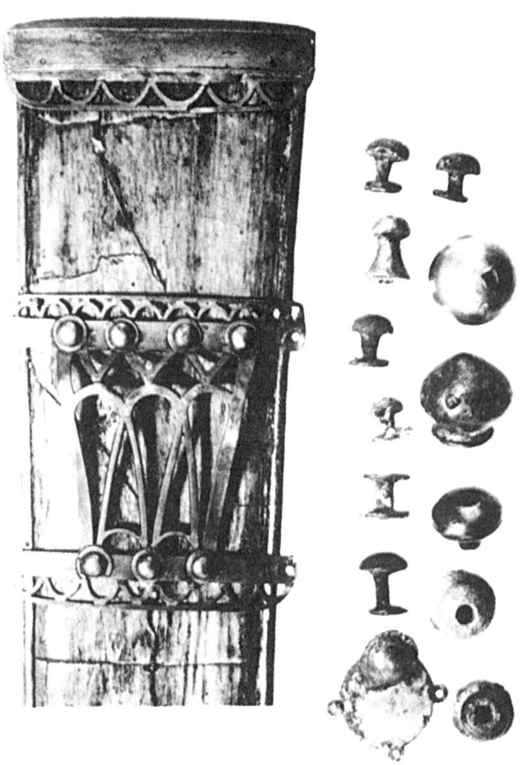

Detailaufnahme der bronzenen Verzierung der links abgebildeten Schwertscheide und verschiedene Knaufkugeln. Beide Fotos: Schleswig-Holsteinisches Landesmuseum für Vor- und Frühgeschichte, Schleswig.

ren an; Ornamente und Runen, die beim späteren eisernen Schwert mit *Gold* und *Silber* eingelegt wurden, sind in der Bronzezeit aus dunkelfarbig gehärtetem *Baumharz*, *Bernstein* oder *Knochen* entstanden. Schon in der Bronzezeit, also rund 1500 v. Chr., zeichnet sich jene Wertschätzung des Schwertes ab, die fast drei Jahrtausende später aus den Heldenliedern bekannt ist (Kellermann).

Das Eisenschwert. Erst zur *Eisenzeit* wurde das Schwert zu *jedermanns* Waffe; die Schlachten der Völkerwanderung sind mit eisernen Schwertern geschlagen worden. Besonders sorgsam geschmiedete Stücke erhielten Namen wie *Balmung*, Siegfrieds Schwert; keines war ohne Schmuck, ohne *heilbringende Zeichen* und *Muster*. Das Schwert steckte in einer *Scheide aus Holz*, innen mit *Fellbalg*, außen mit *Leder* überzogen. Man trug es am Gürtel oder an einem Gehänge.

Es gab das kurze, dem römischen *gladius* nachgebildete *Stoßschwert* und das breite *Hiebschwert* mit der *Blutrinne;* häufig hatte der Schmied die Klinge mit kostbarer Einlegearbeit verziert. Der Prestigefaktor des Schwertes, wie der etwa des heutigen Repräsentationswagens, ist unverkennbar: am Schwert erkannte man den gesellschaftlichen Rang des Mannes. Allgemein bekannt geworden ist das einschneidige Kurzschwert, *Sax* (Sahs) genannt, das eventuell den Sachsen ihren Namen gab.

Das *zweischneidige* Hiebschwert, so ›germanisch es wirkt‹, stammt allerdings durchaus nicht aus diesem Raum, sondern ist keltisch-illyrischen Ursprungs, kommt also aus dem Südosten. Im ostgermanisch-burgundischen Raum trug man dagegen das *einschneidige* Hiebschwert, das dann in den ersten nachchristlichen Jahrhunderten als Reiterschwert bei den Westgermanen Eingang findet. Um die Zeitwende ist dann die *Spatha*, das *zweischneidige Langschwert*, wieder in Mode gekommen; da es fast einen Meter maß, konnte es nur am *Wehrgehänge* getragen werden. Als das für die Völkerwanderungszeit übliche Schwert ist es zum Vorläufer der späteren Schwertformen geworden.

Kampfbeil und Streitaxt. Auch das Kampfbeil und die Streitaxt gehen auf uralte Formen der Steinzeit zurück, haben aber als Waffen keine sehr große Bedeutung gehabt und sind eher als Würdesymbole,

Schwerter aus dem Grab des Königs Childerich (links und rechts) in Tournay sowie ein bei Flonheim, Rheinhessen, gefundenes Schwert, beide 5. Jh. — Cabinet des Médailles, Bibliothèque Nationale, Paris.

Holzschild mit bronzenem Buckel (Handschutz und Halterung) und bronzener Randeinfassung, erste Jhe. n. Chr., Thorsberger Moor bei Süderbrarup. — Schleswig-Holsteinisches Landesmuseum f. Vor- u. Frühgesch., Schleswig.

etwa wie Marschallstäbe, benutzt worden. Erst in den nachchristlichen Jahrhunderten hat die *Streitaxt mit langem Stiel*, die *Franziska*, bei Franken und Wikingern als furchtbare Waffe ihre Wirkung getan.

Schild. Der Schild hat sich wohl aus der *Parierstange* entwickelt. Skandinavische Felszeichnungen zeigen bereits Schilde, und aus der Bronzezeit sind schwere, dickwandige Schilde aus getriebenem Bronzeblech erhalten. Der Schild der Germanen, meist aus *Eschenholz, mit Leder* überzogen, hatte innen den Griff, die sogenannte *Schildfessel*, die außen durch einen *Buckel* geschützt war. Man hat diesen Buckel auch wohl zur Spitze verstärkt und so mit dem Schild auch stoßen können. Meist waren die Schilde *bemalt*. Man kennt diese Sitte von afrikanischen Schilden. In jedem Falle soll die Bemalung dem Gegner zeigen, mit wem er es zu tun hat — zum Beispiel, mit welchem Stamm, mit welcher Sippe, mit welchem Kämpfer, und sie soll dem Schild *magische Kraft* verleihen. Man weiß, wie im Rittertum des Mittelalters der Schild zum Zeichen des Ritters wurde, schließlich zum Wappenschild; das heutige Wort schildern geht auf jene Bemalung zurück. So ist der Schild mehr als nur ein Gerät; nach Tacitus galt es als ehrlos, ohne Schild aus der Schlacht zu kommen. Andererseits wurde der Kriegshäuptling, der ›Herzog‹ und der König *auf den Schild gehoben:* mit dieser Erhebung war der Auftrag gegeben, die Wahl gültig. Noch die letzten römischen Kaiser sind von der germanischen Truppe so in ihr Amt eingesetzt worden *(→Königtum)*.

Helm und Panzer. Sie sind bei germanischen Kriegern ursprünglich nicht üblich gewesen und nur als Prunkstücke von Fürsten, eingeführt aus anderen Ländern, nachweisbar. Bis etwa zur Jahrtausendwende trug man allenfalls eine grobe *Wollmütze*, meist aber offenes Haar. Die *Spangenhelme* aus den fränkischen Kriegergräbern des 6.—8. Jahrhunderts sind Ausnahmen: offensichtlich haben einheimische Handwerker diese Stücke nach ausländischen Vorbildern angefertigt.

Heeresaufbau. Das Heer war ein Volksheer, jeder freie Mann konnte aufgeboten werden — dies geschah durch Feuerzeichen, Hornrufe oder Boten, die gezeichnete *Stäbe (→Runen)* von Dorf zu Dorf trugen. Das Aufgebot war in *Hundertschaften* geglie-

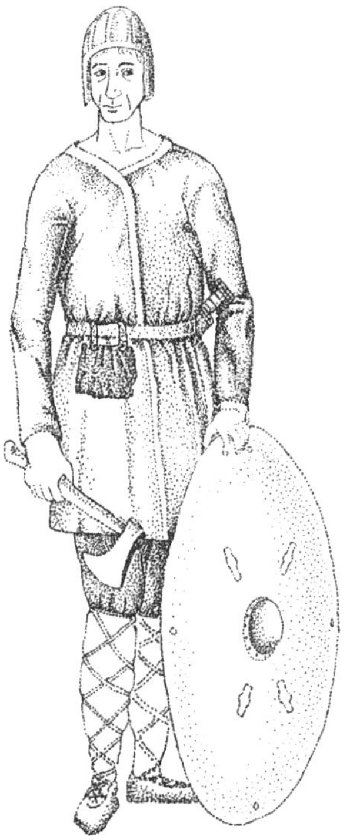

Germanischer Krieger (Franke)

dert; außerdem gab es *Gefolgschaften von jungen Kriegern*, die einem älteren *Gefolgschaftsführer* folgten. Diese Terminologie ist in der Hitlerjugend wiederbelebt worden. Für Unterhalt und Rüstung sorgte der Führer, dafür konnte er mit einer Treue rechnen, die keine Einschränkungen kannte *(→Gefolgschaft)*. Germanen wie Kelten griffen in *Keilform* an, häufig unterstützt von einer zwischen dem Fußvolk operierenden *Reiterei (→Pferd)*. Der keilförmige Angriff war zweifellos eine besonders geeignete Taktik, aber stets mit der Gefahr der Umklammerung verbunden. Die einzelnen Keile waren nach Sippen gegliedert, was den Zusammenhalt förderte *(→Gefolgschaft →Sippe)*.

Kriegsgeschrei. Noch ein Wort zur ›psychologischen Kriegführung‹: Tacitus berichtet vom *barritus*, dem schrecklichen Kriegsgeschrei der Germanen, das langsam einsetzend immer lauter wurde und jeden Gegner mit Schrecken erfüllen konnte wie das brausende ›Hurra‹ angreifender Truppen. Zwischen Germanen und Kelten kann es in dieser Beziehung keine Unterschiede gegeben haben. Alle kämpften sie nackt, alle mit äußerster Wildheit und Todesverachtung, voller Ungestüm zu Beginn, aber mit geringer Ausdauer. Aus dem schottischen Wort für *Schlachtruf*, dem Kriegsgeschrei — also einem ursprünglich keltischen Begriff — ist der heutige *Slogan* hervorgegangen.

Übrigens erinnert die Kampfesweise gelegentlich an die der Indianer oder Guerillas: auch die Germanen

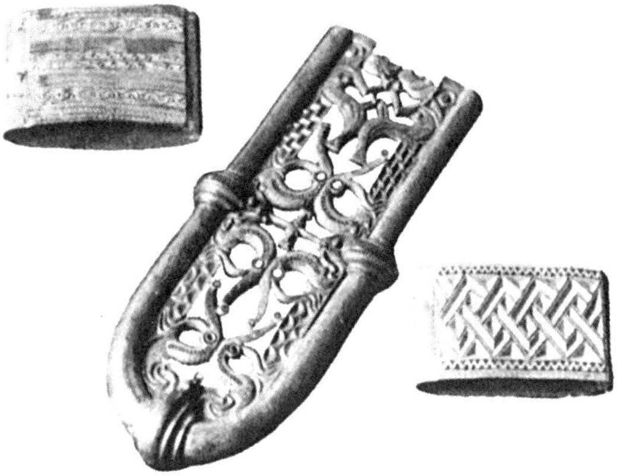

Schwertscheidenbeschlag (Ortband) und Mundstücke (Silber, teilweise vergoldet und mit Schwefelsilber eingelegt, rechts mit Kerbschnitt), 2. Nydam-Fund, 5. Jh. — Schleswig-Holsteinisches Landesmuseum für Vor- u. Frühgeschichte, Schleswig.

müssen flexibel gekämpft haben, ihnen gilt es eher »als ein Zeichen von kluger Taktik«, auszuweichen, wenn man nur wieder nachstößt (Tacitus).

Walhalla, Walhall

Bei den Griechen gab es das *Elysium*, von dem man nur weiß, die Menschen lebten dort unter ›ewigem Zephyr‹, also in leichtem Wind — keine schlechte Wunschvorstellung für ein Volk, das mit der Hitze leben muß. Die *Inseln der Seligen* und der finstere *Hades*, das blühende *Paradies* und die Finsternisse der *Hölle* spiegeln die realen irdischen Verhältnisse der Menschen wieder: letztlich wird belohnt und bestraft nach Maßgabe irdischen Wohlverhaltens. So durften im alten *Mexico* die Guten dem Kaiser ins Gefilde der Seligen folgen, wobei die toten Männer, als Krieger gerüstet, die Sonne in ihrem Lauf begleiteten und einander Scheingefechte lieferten — allerdings nur die Seelen solcher Männer, die *im Kriege gefallen* oder als *Sonnenopfer* geschlachtet worden waren. Nach zwei Jahren verwandelten sich diese Seelen in goldgefiederte Vögel und kehrten zur Erde zurück oder lebten in himmlischen Gärten. Daß hier die kriegerischen Tugenden belohnt werden, die Opfer der Schlachten und Kultzeremonien entschädigt werden sollten, liegt auf der Hand — und ähnliches gilt auch für Germaniens Walhall: auch hier werden Grimmigkeit und Kriegsmut, Schlachtentod und Mannentreue im Jenseits angemessen belohnt. Denn wer den ›Strohtod‹ stirbt, das heißt, nicht an einer Kriegsverletzung, den verbannt das Schicksal in das Reich der *Hel*, in eine finstere, neblige Unterwelt. Wer aber ›würdig‹ im Kampf gefallen ist, den holen die *Walküren*, göttliche Jungfrauen, von der *Walstatt* (germ. *wala* = tot) nach Walhall. So wird er *Einherier (Einherjer)* und darf

Der von Ludwig I. von Bayern im Sinne der Romantik initiierte Ruhmestempel zur Weckung eines deutschen Nationalgefühls, die »Walhalla« bei Regensburg, verrät zwar im Namen ›germanische Rückbesinnung‹, ansonsten aber mehr bürgerlich verfremdetes Pathos antiker Provenienz. Heute entscheidet ein bayerischer Ministerrat, wer im ›deutschen Walhall‹ aufgenommen wird.

in *Asgard*, im Reich der Götter, ein Leben führen, das eine Glorifizierung seines irdischen Daseins darstellt. Die Einherier sitzen zur Mahlzeit in der Walhalla, der großen Halle von *Odins* Palast *Gladsheim*, essen vom Fleisch des göttlichen *Ebers (→Götterwelt)* und lassen sich von den Walküren mit *Met (→Trinkgelage)* bedienen. Den Vorsitz dieser düsteren Heldenschar führt Gott *→Odin* (Wodan).

Über dieses Mannendasein hinaus reichte der Blick des germanischen Menschen nicht: ewiger Kampf bestimmte die Geschicke der Götter wie der Menschen, und wie sich in den Schlachten der Mann verhielt, bestimmte seinen Wert *(→Götterwelt, →Kultgemeinschaft)*. Diese düsteren Vorstellungen, einem Volke angemessen, das sich erobernd seinen Weg gebahnt und seinen ›Lebensraum‹ erkämpft hatte, haben als heroische Visionen in Deutschland lange nachgewirkt. Als zum Beispiel *Adolf Hitler* dem verstorbenen *Erich von Ludendorff*, einem seinerzeit bekannten General des Ersten Weltkrieges, im Jahre 1937 ein Staatsbegräbnis bereiten ließ, rief er auf dem Höhepunkt der Zeremonie mit dröhnender Stimme aus: »Und nun, toter Feldherr, gehe ein nach Walhall!«.

Auch heute noch spielt Walhalla, nun als eine Art *Ruhmestempel*, eine gewisse repräsentative Rolle, jedenfalls in Bayern. Denn in Mindestabständen von zwei Jahren entscheidet der Bayerische Ministerrat, also ein immerhin beachtliches Gremium, welche Deutsche es verdient haben, mit ihrer Büste in die *Walhalla* aufgenommen zu werden.

Die ›deutsche Walhalla‹ ist ein hoch über der Donau gelegener pseudomonumentaler Tempel in klassizistischem Stil, der von dem Architekten *Leo Klenze*, dem Schöpfer der Ludwigstraße in München, errichtet worden ist. Der bayerische Kronprinz *Ludwig* hatte schon im Jahre 1814 in romantischer Rückbesinnung auf ›deutsche‹ Geschichte einen entsprechenden Aufruf zum Wettbewerb an die deutschen Architekten erlassen — ein ungewöhnlicher Zug von Liberalität für einen Fürsten, dem ein deutsches Nationalgefühl doch unheimlich sein mußte. Als er im Jahre 1825 als *Ludwig I. von Bayern* den Thron bestieg, wurden die Pläne realisiert *(→Hermannsdenkmal)*. Am 18. Oktober 1842 fand die Eröffnung statt, mit damals 162 Büsten. »Möchte Walhall förderlich sein,« sagte der König, »der Erstarkung und Vermehrung deutschen Sinnes! Möch-

Lanzenreiter, der sogenannte Reiter von Stabio aus den langobardischen Gräbern von Stabio/Mendrisio (Schweiz). Stark vergoldetes Bronzeblech, Größe 68 × 99 mm. Die fehlende Kopfbedeckung und die lockere Schenkelhaltung weisen auf antiken, wahrscheinlich byzantinischen Einfluß hin. Möglicherweise Wodan-Darstellung, wahrscheinlicher christlicher Reiterheiliger. Schildbeschlag, 7. Jh. — Bernisches Historisches Museum, Bern.

Der Lanzenreiter ist ein immer wiederkehrendes Motiv von Beschlägen, Durchbruchsscheiben, Bildsteinen, wie auch dieser Bildvergleich demonstriert: Der Lanzenreiter des Steins von Hornhausen bei Magdeburg reitet über ein Schlangengeflecht, das wahrscheinlich ein Symbol des Totenreichs ist. Grabstein eines Adligen oder Odin-Darstellung (?), 7. Jh., skandinavisch beeinflußt. (Höhe 77 cm). — Landesmuseum für Vorgeschichte, Halle/Saale.

ten alle Deutschen, welchen Stammes sie auch seien, immer fühlen, daß sie ein gemeinsames Vaterland haben, ein Vaterland, auf das sie stolz sein können; und jeder trage bei, soviel er vermag, zu dessen Vermehrung.«
Heute stehen rund 120 Büsten in der Walhalla, jeweils in Gruppen um eine sinnende Walküre geordnet, deren marmornes, der Antike entlehntes Pathos kaum mehr an die Schrecken der germanischen Walstatt erinnert, so wenig wie die Herren Bruckner und Lessing, Kant und Gneisenau zu Einheriern taugen dürften. Besonders überraschend wirken auch die zu ›Großdeutschen‹ ernannten Katharina II. von Rußland, die russischen Feldherren Fürst Barclay de Tolly und Graf Diebitsch-Sabalkanskij, ebenso Karl X. von Schweden und so mancher andere Europäer im deutschen Walhall.

Wallburgen
Im ehemaligen Ostdeutschland, etwa in der Lausitz und in Schlesien, finden sich zahlreiche Burgwälle der →*Illyrier*, ähnlich den keltischen →*Oppida*. Die Burg der wandernden Germanenstämme ist die *Wagenburg*, ähnlich wie die der Buren in Südafrika oder der Siedler im Westen Amerikas. Allerdings gab es einfache Erdbefestigungen wie die Krale der Buschmänner; unter keltischem Einfluß ist es zum Burgenbau auch im germanischen Gebiet gekommen. Auf Jütland gibt es *Borremose* in Himmerland; diese Inselburg war im 3. und 2. Jahrhundert v. Chr. mit zwei Wällen und Graben gesichert, ehe sie im 1. Jh. verfiel. Bei den westgermanischen Stämmen ist nur die keltische *Heidenschanze bei Sievern*, Kr. Wesermünde, mit Sicherheit als Burg zu ermitteln; drei Holz-Erde-Mauern umschlossen 2 ha Siedlung; um die Mitte des 1. Jhs. wurde sie aufgegeben. Alle anderen frühen ›germanischen‹ Burgen sind wissenschaftlich umstritten. So *Mattium*, die Hauptsiedlung der Chatten, von der bis heute nicht bewiesen ist, daß es sich um eine Burg gehandelt hat (Schlette). Der nachweisbare Burgenbau im Bereich der germanischen Stämme hat erst im 7. und vor allem im 8. Jh. eingesetzt, als sich eine Feudalgesellschaft entwickelte. Wie die noch nicht wissenschaftlich nachgewiesene *Teutoburg* des Arminus, die *Eresburg* (Obermarsberg) sowie die Vielzahl der frühen Wallanlagen der sogenannten ›*Weserfestung*‹ im Wesergebirge, im Wiehengebirge, Teutoburger Wald und Sauerland zu erklären sind, ist noch offen.

Wälsungen (Welsungen)
Das Geschlecht der altnordischen Heldensage, dem *Sigurd* (→*Siegfried*) entstammt.

Liste einiger wichtiger sächsischer oder wahrscheinlich von Sachsen benutzter Fluchtburgen

Babilonie bei Lübbecke (Wiehengebirge)
Brunsburg bei Höxter (Weserbergland)
Iburg bei Driburg (Eggegebirge)*
Tönsberglager bei Oerlinghausen (Teutoburger Wald)*
Dietrichsburg bei Melle
Dehmer Wallburg
Grotenburg bei Detmold (Teutoburger Wald)*
Hünenburg bei Bielefeld (Teutoburger Wald)*
Limberg (Wiehengebirge)
Nammerburg (Wesergebirge)*
Reineberg (Wiehengebirge)
Wittekindsburg (Porta Westfalica)
Heidenstadt bei Wesermünde
Heidenschanze bei Wesermünde
Herlingsburg bei Pyrmont (Lipper Bergland)
Hünenburg bei Göttingen
Hünenburg bei Stöttinghausen
Hünstollen bei Göttingen
Loghingeburg bei Neustadt am Rübenberge
Hunnenschans am Uddeler Meer (Holland)
Reitlingsburg bei Braunschweig

*ältere Anlagen

Wandalen (Vandalen)

Ob die Wandalen wirklich barbarischer hausten als andere Völker, ist mehr als fraglich. Auch das Bild von der ›blutdürstigen Rothaut‹ hat sich ja als weitgehend gefälscht herausgestellt. Offenbar ist es für Menschen einer ›höheren‹ Zivilisation, was immer der Maßstab sein mag, unerträglich, von den Barbaren besiegt zu werden.

Die Wandalen in Rom. Tatsächlich waren die Wandalen ein germanischer Stamm wie jeder andere, und als König *Geiserich* von Nordafrika aus im Mai 455 mit einer Flotte in der Tibermündung erschien — nicht als eine Art Seeräuber, sondern um als Politiker in die Wirren des zerfallenden Römischen Reiches einzugreifen — gab es zwar eine Panik in der Stadt, aber eben keine Folterung, Mord und Totschlag. Denn Papst *Leo I.* soll, wenn man den Quellen glauben darf, dem König Geiserich entgegengetreten sein und ihn beschworen haben, seinen Soldaten entsprechende Befehle zu geben.
Eine ähnliche Geschichte wird über eine frühere Begegnung mit dem Hunnenkönig *Attila* erzählt.
Was immer also die Motive des Königs Geiserich gewesen sein mögen: er verbot alle Gewalttaten, ließ aber die Plünderung, die damals Kriegsrecht war, zu. Übrigens sind die Wandalen zum Zeitpunkt der Plünderung schon *arianische Christen* gewesen, und also keineswegs so ungezähmt wie etwa die Hunnen. Im Laufe von 14 Tagen wurde Rom auf ›humane‹ Weise systematisch ausgeplündert. Als Geiserich am 16. 6. 455 mit seiner Flotte abzog, waren die Schiffe mit Schätzen und Edelmetallen aller Art beladen, auch nahm der König eine Anzahl vornehmer Geiseln und einige tausend qualifizierte Facharbeiter mit, wie das damals üblich war. Die Stadt war arm, aber sie war nicht in Flammen aufgegangen.
Daß heute mit dem Wort ›Wandalismus‹ blinde Zerstörungslust bezeichnet wird, ist wohl auf einen Irrtum *Voltaires* zurückzuführen, der den Begriff zuerst in abschätzigem Sinne gebraucht hat (Dannenbauer). Deshalb verbinden sich mit diesem Namen so barbarische und bedrohliche Vorstellungen, daß man die Geschichte dieses Volkes nicht ohne weiteres als eine typisch germanische Geschichte von Eroberung und kurzer Herrschaft akzeptiert.

Herkunft. Es ist auch für den Historiker überaus mühsam, das oft unsichere Puzzlespiel: Woher

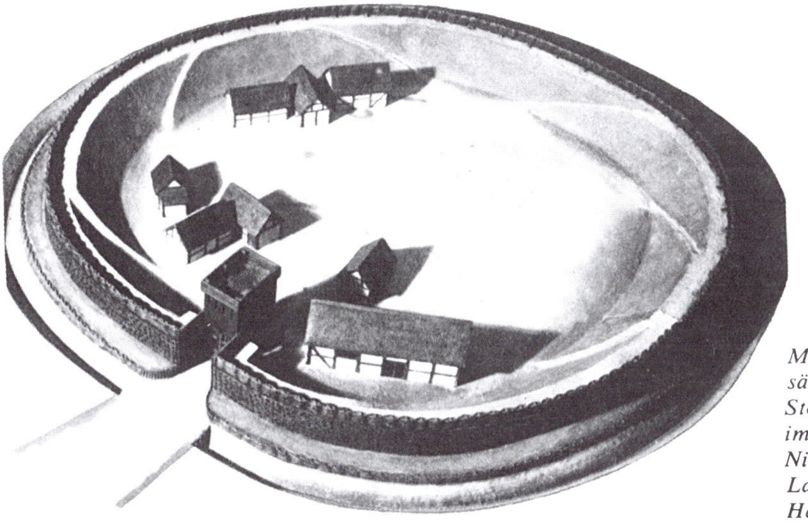

Modell einer kleineren sächsischen Wallburg: Burg Stöttinghausen im Kreis Bremen. — Niedersächsisches Landesmuseum, Hannover.

kommt dieser germanische Stamm? zusammenzusetzen. Wieder, wie bei so vielen Stämmen, ergeben sich Schwierigkeiten. Man vermutet eine ›Urheimat‹ in *Jütland* und in der *Oslobucht*, etwa zur Zeit des Tacitus. Es gibt in *Schlesien* den wandalischen Kultverband der *Lugier* und einen von Norden her eingewanderten Stamm »wandalischer *Silingen*« — daher der Name Schlesien.

Während der →*Markomannenkriege* tauchen die sogenannten *hasdingischen* Wandalen an der römischen Grenze auf und siedeln dann in *Ungarn*. Die schriftlichen Quellen geben nicht viel her, die archäologischen Funde lassen erkennen, daß Jütland vor dem Stoß nach Südosten ziemlich dicht besiedelt war.

Wandalen also, und zwar silingische, hasdingische und andere Wandalen im Raum des Donauknies, in Schlesien; es sind germanische Völker, die andersartige Einflüsse verarbeitet haben, vor allem die der →*Alanen*, eines Stammes iranischer Herkunft, und die der Kelten. So existiert um 100 v. Chr. in Schlesien eine wandalische Kultur, die sich gegen die dort lebenden Kelten durchgesetzt hat.

Unter dem Druck der *Goten (→Ostgoten, Westgoten* und Seite 30*)* und →*Hunnen* brechen Teile dieser Wandalen, verbündet mit →*Sweben*, →*Alanen*, →*Gepiden* und *Sarmaten* (→Seite 65), also auch mit slawischen Stämmen, aus Ungarn nach Westen auf — und ein wandalischer Feldherr, Reichsverweser des Weströmischen Reiches, der General *Stilicho* (*um 340, †408), vertreibt sie wieder aus *Rätien*, das heißt aus Südbayern und Tirol. Sie wenden sich nun in eine andere Richtung. Im Jahre 406/07 überschreiten Wandalen und Alanen den Oberrhein, noch sind es plündernde Germanenstämme ohne politisches Gewicht. Die Provinz *Gallien* erlebt alle Schrecken einer germanischen Invasion. Wenig später wird *Spanien* erreicht. In Spanien verteilen sich die wandalischen Stämme und ihre Kampfgefährten: *Asdingen* und *Sweben* siedeln in *Galicien* (→Seite 258), die *Silingen* lassen sich in *Andalusien* nieder. Gegen die Westgoten, die sich in Spanien festgesetzt haben, können sie sich nur mühsam behaupten.

Binnen eines halben Jahrhunderts werden diese Germanen ein Reich besitzen, das *Karthago*, *Sizilien*, *Sardinien*, *Korsika* und die *Balearen* umfaßt. Ein Menschenalter weiter, und Sizilien ist schon wieder verloren. Knapp 150 Jahre nach dem Aufbruch über den Rhein ist alles vorbei: der Feldherr des Oströmischen Reiches *Belisar* (siehe auch →Seite 296) zerschlägt 533/34 das Wandalenreich auch auf afrikanischem Boden.

Sozialverhältnisse und Christentum. Daß ein germanischer Stamm die römischen Provinzen in Nordafrika erobern konnte, ist überhaupt nur aus der politischen, wirtschaftlichen und sozialen Krise zu erklären, in der sich dieses Land damals befunden haben muß. Eine der Wurzeln dieser Entwicklung lag in der Situation der Kirche, die von Richtungsstreitigkeiten geschwächt dennoch ihre Funktion als Ordnungsmacht wahrnehmen mußte. Denn ihr selbsterteilter charitativer Auftrag erforderte immer größere Einkünfte, so daß sie immer mehr Besitz erwerben mußte, um die Mittel eintreiben zu können; eben dies aber brachte sie auf die Seite der reichen *Großgrundbesitzer* und entfremdete sie dem Kirchenvolk der Armen. Gegen die herrschenden Kreise der Großgrundbesitzer konnte sich der Kaiser ebensowenig durchsetzen wie die Kirche, so daß die dringend notwendigen Reformen unterblieben.

Als die Schiffe des Königs Geiserich im Jahre 429 vom heutigen *Tarifa* aus nach *Tanger* übersetzten, herrschten dort in Nordafrika chaotische Verhältnisse, die den Kampf aller gegen alle zur Folge hatten (Diesner). Zwischen der Sekte der *Donatisten* und den *Katholiken* hatte es blutige Auseinandersetzungen gegeben, und die jeweils herrschenden Kräfte hatten ›Strafexpeditionen‹ ausgesandt, die das Land vollends verwüsteten. *Berber* aus der Wüste waren daraufhin tief in die römischen Provinzen an der Küste vorgedrungen und hatten sich mit entlaufenen Sklaven und Kolonisten verbündet, die sich gegen das herrschende System aufzulehnen versuchten. So war schließlich auch die Wirtschaft zum Erliegen gekommen, die Städte litten unter Geldmangel, man kehrte zum Tauschhandel zurück. Schon damals hat man in den Angriffen der Germanen eine verdiente göttliche Züchtigung gesehen, viele glaubten sogar, König Geiserich habe seine Autorität unmittelbar von Gott erhalten.

Wandalische ›Reichspolitik‹. Der König setzte mit der ganzen Masse der Wandalen und Alanen nach Afrika über; er benutzte gekaperte römische Schiffe und erwies sich, wie später auch, als guter Organisator. Von Tanger bis Karthago, also über 2 000 Kilometer, zogen diese rund 15 000 meist berittenen germanischen Krieger unter glühender Sonne nach Osten, eroberten eine römische Provinzstadt nach der anderen, oft mit den gleichen brutalen Methoden wie einst die Hunnen, ohne Kenntnis von Belagerungskunst, ohne Maschinen, ohne jede Technologie, und sicherten den Troß vor Überfällen, der mit 60 000 Frauen, Kindern, Sklaven, Überläufern und allem Vieh als ein riesiger Treck dem Heer folgte.

König Geiserich hat sich als Föderatenführer gesehen, wie wohl →*Arminius* auch und viele andere Germanenfürsten *(→Foederaten)*; er betrieb zunächst also keine ›germanische Reichspolitik‹, sondern die ›law and order-Politik‹ eines Provinzherrschers. Selbstverständlich war es sein Ziel, das wandalische Reich aus dem römischen Imperium herauszulösen und ihm Selbständigkeit zu erkämpfen, wie dies etwa auch den →*Westgoten* gelungen war.

Im Jahre 439 überfiel König Geiserich das fast unverteidigte Karthago, das ja zu Westrom gehörte. Die weströmische Regierung, die in Ravenna saß, fürchtete nun einen allgemeinen wandalischen Angriff und begann zu rüsten; so groß war die Angst, daß man selbst den einzelnen Bürger aufforderte,

Königsliste der Wandalen

428—477	Geiserich
477—488	Hunerich
484—496	Gunthamund
496—523	Thrasamund
523—530	(C)Hilderich
530	Gelimer

sich zu bewaffnen. Der Angriff der Wandalen wurde 441 im Raume Sizilien abgestoppt, obwohl König Geiserich mit König *Attila* einen gleichzeitigen Angriff der Hunnen auf Ostrom abgesprochen hatte, damit der Kaiser Ostroms, *Theodosius II.* (408—450), dem weströmischen Kaiser *Valentinian III.* (425 bis 455) in Ravenna nicht zu Hilfe kommen konnte. Dennoch gelang es also Geiserich nicht, die weströmischen Truppen zu schlagen. Andererseits wurde Valentinian III. von Ostrom in Stich gelassen und wußte, daß er sich auf die Dauer gegen den Ansturm der Wandalen nicht würde behaupten können. So kam es 442 zum Friedensvertrag, mit dem der Herrscher der Wandalen für die Region um *Karthago*, das westliche *Tripolitanien* und das östliche *Numidien* als souveräner Herrscher anerkannt wurde.

Nordafrika war damals die Kornkammer Roms, und Geiserich mußte sich verpflichten, weiterhin Weizen nach Italien zu liefern. König Geiserich hat in dieser Zeit eine ›Revolution von oben‹ durchgeführt, die Macht der Großgrundbesitzer und des katholischen Klerus gebrochen und sich auch gegen eine Verschwörung des wandalischen und alanischen Adels durchgesetzt, der sich gegen den Druck des Königtums wehrte, weil er die eigenen Rechte bedroht sah.

Die weltpolitische Lage jener Epoche war durch den Gegensatz zwischen dem Oströmischen und dem Weströmischen Reich gekennzeichnet. König Geiserich wollte, auf lange Sicht, Erbe des Weströmischen Reiches und seiner imperialen Macht sein. Sein Paktsystem zielte darauf ab, durch Zusammenspiel mit dem Hunnenherrscher Attila eine ›dritte Kraft‹ zu schaffen, die ihm nützte, wenn sie das Weströmische Reich schwächte. Die Niederlage der Hunnen auf den *Katalaunischen Feldern* im Jahre 451 (→Seite 35 und 163) hat König Geiserich als Rückschlag für seine eigene Politik empfunden.

Als der Großkhan Attila im Jahre 453 starb, das hunnische Reich zerfiel und schließlich Kaiser Valentinian III. das Opfer eines Mordanschlages wurde, änderte sich die weltpolitische Situation. König Geiserich hat den Vertrag von 442 als null und nichtig erklärt und unverzüglich zum Angriff gerüstet. An legitimen Gründen, Rom zu überfallen, fehlte es nicht; es hieß, die Witwe des ermordeten Kaisers selbst habe König Geiserich aufgefordert, den Tod ihres Gatten zu rächen. So kam es im Mai 455, eineinhalb Monate nach dem Tode Kaiser Valentinians, zum Angriff auf Rom, der bereits beschrieben wurde und mit der unblutigen Plünderung der Stadt endete. Als Geiseln nahm König Geiserich neben zahlreichen Senatoren auch die Kaiserwitwe *Audoxia* und deren Töchter *Eudocia* und *Placidia* mit; erst nach jahrelangen Interventionen aus Byzanz gelang es, die Mutter mit ihrer Tochter Eudocia auszulösen. Die Prinzessin Placidia mußte, noch zu Lebzeiten ihres Vaters in Ravenna mit der Geisel *Hunerich*, dem Sohn Geiserichs, aus politischen Gründen verlobt, die Ehe mit dem späteren Wandalenkönig antreten. Ihr Haß hat gereicht, um über ein Jahrzehnt auf Befreiung zu hoffen; nach 16 Jahren ist ihr die Flucht nach Osten gelungen, nach Konstantinopel und damit in die Freiheit.

Der Zerfall des ›Reichs‹. Auch eine noch so geschickte Politik Geiserichs hat nicht verdecken können, daß diesem ›Reich‹ die Kraft versagt blieb, sich zu behaupten. Immer wieder überfielen die Wandalen auf ihren Schiffen die Küsten des Mittelmeeres, die von nun an bis ins 19. Jahrhundert den Piraterien nordafrikanischer Herrscher und Staaten ausgesetzt bleiben sollten, und immer neue Intrigen suchte Geiserich, um seine Macht zu stärken.

Innenpolitisch gewann die katholische Kirche als ›verfolgte Kirche‹, gerüstet mit den Lehren des *Heiligen Augustin* und ihrer Gottesstaatlichkeit, langsam an Boden; die öffentliche Meinung neigte sich ihr zu, die Herrschaft der Wandalen wurde als Fremdherrschaft empfunden. Tatsächlich hausten die Wandalen in ihrem Herrschaftsbereich oft mit unerhörter Grausamkeit, vor allem Katholiken hatten zu leiden. Als die Wandalen z. B. während ihrer Raubzüge gegen Griechenland bei einem Angriff auf ein Vorgebirge abgeschlagen wurden, ließen sie ihre Wut an der Insel *Zákynthos* aus: wer sich regte, wurde ermordet; man schleppte 500 angesehene Personen fort, wurde dann aber ihrer überdrüssig, ermordete auch sie, zerstückelte sie und warf die Stücke ins Meer. Bei all diesen Landungen wurde der katholische Klerus von der Wut der Wandalen am stärksten getroffen, er galt den Arianern offenbar als Verkörperung des Bösen: eine Solidarität zwischen Christen hat es damals nicht gegeben.

Als Geiserich starb, empfahl er als Nachfolger seinen Sohn *Hunerich* (ca. 477—484). Er hatte erkannt, daß die Regelung der Thronfolge unerläßlich war *(→Königtum)*, und setzte sich für die Erbfolge ein. Damit entfesselte er eine Serie von Brudermorden, die schließlich 533 dem oströmischen Kaiser *Justinian* (527—565) den Vorwand zum Eingreifen lieferten.

Die Agonie des Wandalenreiches ist die Folge verschiedener Faktoren. Bedeutung hatte dabei die geringe Zahl der Wandalen, die sich in einem so großen Reich auf die Dauer nicht halten konnten. Entscheidender waren die Spaltung des Königshauses und die Wirren der Thronfolge. Die Folge der Königsnamen von *Guntamund* (484—496)

Thrasamund (496—523), *Childerich* (523—530) bis *Gelimer* interessiert heute nur noch den Spezialisten. Thrasamund hat noch versucht, einerseits die Macht der katholischen Kirche zu beschränken, andererseits die politische Herrschaft der Wandalen mit der antiken Kultur zu versöhnen. Dieser Versuch mußte mißlingen, und auch die Nachfolger haben sich im Interessenkonflikt der damaligen ›Großmächte‹ nicht behaupten können.
Auch die *Mauren*, die aus den Küstengebirgen nach Norden hervorbrachen und weite Teile des Reiches terrorisierten, haben die Macht der Wandalen geschwächt. Schließlich organisierte sich eine Verschwörung um den Wandalen Gelimer, setzte den König Childerich ab und kerkerte ihn ein. Gelimer vertrat, im Gegensatz zu Childerich, die alte Politik, die sich gegen Ostrom und gegen das Katholikentum richtete.
Kaiser Justinian hat damals das Ziel gehabt, das alte römische Imperium wiederherzustellen; König Gelimer, ein Usurpator, lieferte ihm willkommenen Vorwand, in Nordafrika einzugreifen. Er schuf sich Rückenfreiheit durch einen günstigen Friedensvertrag mit dem Perserreich und beauftragte den Oberbefehlshaber *Belisar* (siehe auch →Seite 294), die Wandalen anzugreifen. Mit 10 000 Fußsoldaten und 5 000 Reitern, begleitet von seiner Frau und dem Historiker *Prokop*, der die Ereignisse festgehalten hat, brach Belisar im Jahre 533 auf und stieß auf einen völlig unvorbereiteten Gegner. Er gab sich als Befreier aus, was glaubwürdig klang, ehe die Steuerbeamten aus Byzanz die Szene betraten, und schlug die Wandalen in mehreren Gefechten. Um es kurz zu machen: König Gelimer hielt sich ein Vierteljahr im Gebirgsmassiv des *Edough* im heutigen *Tunesien* verschanzt, von königstreuen Mauren geschützt, bis er ausgehungert wurde und Frieden schloß. Belisar durfte ihn im Triumphzug durch Konstantinopel führen, dann schob man ihn nach Galatien ab, wo er ein Staatsgut erhielt und seine Tage als Staatsgefangener beschloß. Reste der Wandalen wurden an die persischen Grenze umgesiedelt und bildeten dort fünf Reitergeschwader. So endete, nach einem Blitzkrieg von einem halben Jahr, die germanische Herrschaft in Nordafrika. Wenige Jahrzehnte nach dem Feldzug Belisars waren die Spuren der Wandalen in Nordafrika weitgehend verwischt.

Wandilier (Vandilier)
Germanischer ›Urstamm‹, laut Tacitus von einem der Mannus-Söhne abstammend.
Siehe auch →*Kultgemeinschaften.*

Wangionen (Vangionen)
Dieser Teilstamm der Sweben überschritt 71 v. Chr. unter *Ariovist* den Rhein und setzte sich beim heutigen Worms fest.

Waräger (Varäger, Varinger)
Die Frage, ob im 8. und 9. Jahrhundert die Ostslawen die *Normannen (→Wikinger)* gebraucht haben, um einen Staat zu gründen, ist heikel und nicht eindeutig zu beantworten. Man nannte die Leute auf den Drachenbooten die ›Waräger‹ (altschwed. *voeringer* = Eidgenossen). Nun sind die deutschen und skandinavischen Forscher der Ansicht, die Dinge hätten sich in der Tat so verhalten, wie die *Nestorchronik* sie schildert, während die russischen Forscher der Auffassung sind, daß es bereits vor den Warägern eine gesellschaftliche Struktur gegeben habe, eine lose Form von Stadtstaatlichkeit; die Waräger hätten diese Formen benutzt, um ein Reich zu gründen (Portal).
Die in der Mitte des 9. Jahrhunderts angeblich von dem Mönch Nestor (*1056, †ca. 1114) in einem Höhlenkloster von Kiew verfaßte *Erzählung von den vergangenen Jahren* ist die einzige uns zugängliche Quelle jener Zeit. Die Chronik wurde zum Ruhme jener Fürsten geschrieben und erzählt, wie mehrere Handelstädte im Norden, darunter *Nowgorod, Bjeloosero* und *Isborsk*, den Warägern den Tribut verweigert und sich gegen sie erhoben hätten, dann aber der eigenen Streitigkeiten nicht Herr geworden seien. So hätten sie nach der Chronik 862, in Wirklichkeit wohl 856 beschlossen, die Waräger um Hilfe anzurufen: »Unser Land ist weit und reich, aber ohne Ordnung. Kommt und seid unsere Fürsten«.
Psychologisch ist diese Geschichte nicht sehr wahrscheinlich, denn soviel Vernunft, soviel Bedürfnis

Silberne Wikingerfratzen und Kettenanhänger aus Björke, Schweden. — Statens Historiska Museum, Stockholm.

nach ›Ordnung‹ haben in der Geschichte selten Leute geäußert, die zerstritten waren — aber die eine Version ist so wenig beweisbar wie ihr Gegenteil.
Der erste Fürst der Waräger, *Rurik* (†879; altnord. *Hrorekr*) herrschte seit 862 über *Nowgorod.* Sein späterer Nachfolger *Oleg* (altnord. *Helgi*), der für den unmündigen Sohn Ruriks *Ingmar* die Statthalterschaft übernahm, stieß von ›Holmgard‹ aus, dem Reich Ruriks, nach Süden vor: von den *Dünaquellen* aus erreichten er und seine Leute in den leichten Schiffen, die über Land von Fluß zu Fluß einfach auf Reisigbündeln weitergeschoben wurden, relativ schnell die Flußsysteme von Dnjepr und Wolga, damit auch Schwarzes Meer und Kaspisches Meer. In diesen Räumen stießen sie auf Handelsrouten, die von Bagdad kamen — so trafen hier die großen Blonden aus Norwegen, gewitzte Sklavenhändler und herrische Kaufleute, auf die *Araber.* Man hat in Schweden, Gotland und den baltischen Ländern aus dieser Zeit arabische Münzen gefunden, die diese Begegnung belegen.
Diese schnellen Erfolge für so wenige Männer lassen sich überhaupt nur dadurch erklären, daß diese Waräger sich assimilierten: sie beherrschten den Handel, sprachen die Landessprache, umgaben sich, schon weil sie selbst nur eine kleine Zahl darstellten, mit Einheimischen und identifizierten sich mit den Zielen, die sich aus der Situation ihrer Untertanen ergaben. Damals, um 860, wurde für die Bewohner des ostslawischen Gebiets die Bezeichnung *rus* (die Roten, weil Rothaarigen) gebräuchlich, und die getrennten und zerfallenen slawischen Gebiete konnten geeint werden. Am Dnjepr wurde zur Sicherung des Handelsweges von den Fürsten *Askod* und *Dyr*, zwei Gefährten Ruriks, der Stützpunkt *Kiew* gegründet. Diese beiden Städtegründer und Großunternehmer fuhren schon 860 den Dnjepr stromabwärts bis zum Schwarzen Meer und tauchten mit ihren Drachenschiffen am Bosporus und vor Byzanz auf.
Kaiser *Michael*, auf Warägisch *Miklagard* genannt, beauftragte zwei Missionare *Kyrill* (*Kyrillos*, *826, †869) und *Methodios* (*815, †885), die Rus zu bekehren, und wie Boten des Christentums überall in der Welt machten sich auch diese christlichen Missionare daran, die Bibel zu übersetzen, wozu sie eine Schrift brauchten. Die Schrift Kyrills, aus dem Griechischen abgeleitet, ist noch heute die russische Schrift.
Die Herren von Kiew sind dann von *Oleg/Helgi*, dem Nachfolger Ruriks, überlistet und entmachtet worden; von germanischer Treue kann da keine Rede sein, denn die Eroberer schlichen sich als Handelsdelegation verkleidet in die Stadt und in den Palast ein. Dieser selbe Oleg, der sich dann auch *Großfürst von Kiew* nannte, hat auch im Jahre 911 Byzanz angegriffen; Kaiser Michael brauchte zwar nicht zu kapitulieren, aber er räumte Oleg das alleinige Privileg ein, mit Byzanz Handel zu treiben; dafür verpflichteten sich die Waräger, nur bei Tag, in griechischer Begleitung und waffenlos in Byzanz zu erscheinen. Die weitere Geschichte der Rurikiden ist die Geschichte Rußlands; erst 1598 mit Fürst Fedor I. ist diese Dynastie erloschen.
Siehe auch →*Goten und Langobarden*, Seite 30 und 41, und →*Wikinger.*

Wariner (Variner, Warnen)
Nach Tacitus eines der swebischen *Nerthus*-Völker im Ostseeraum. (Siehe auch *Nerthus, Seite 185*, in →*Kultgemeinschaften*)

Webkunst
Über die Webstühle und Stoffe des steinzeitlichen Ägypten um 5000 v. Chr. oder über die Leinenweberei der Sumerer im 4. vorchristlichen Jahrtausend ist man heute besser unterrichtet als über die *bronzezeitliche* Webkunst in Europa. Man hat aus dieser Zeit keine Beschreibungen und keinen Webstuhl

Rekonstruktion eines sogenannten Gewichtswebstuhls (Text →Seite 298). — Textilmuseum, Neumünster/Schleswig-Holstein.

gefunden, und wenn man auch die wenigen Stoffe der Moorleichen und die der Baumsärge hat untersuchen können, so lassen sich daraus doch nur wenige Erkenntnisse gewinnen.
Riemen, Fäden, Spinntechnik. Um weben zu können, muß man den *Faden* haben, also *spinnen* können. Viel älter als jede Weberei und auch als das Spinnen ist aber die Verwendung von *Lianen, Bastseilen*, Lederriemen, oder z. B. von *Tiersehnen*, die von frühen Jägern wie den Eskimos nochmals gespalten wurden. Auch *Tier-* und *Menschenhaar* werden von Naturvölkern wie etwa den australischen

Ureinwohnern zu Fäden gesponnen, um Schnüre zu gewinnen. Spinnen heißt ja, mit den Fingern Haare oder dünnes Gespinst zu einem Faden zusammendrehen. In früheren Zeiten konnten die Frauen, deren Aufgabe das Spinnen war, im Gehen spinnen: mit der Hand drehten sie vom sogenannten Rocken, dem Stab mit dem Spinnmaterial, den Faden, der von der freihängenden, sich drehenden Spinnwirtel gezogen wurde. Wie alt diese Technik ist, zeigen Funde aus dem *Magdalénien*, einer Epoche der europäischen Jungsteinzeit um 12000 v. Chr.: die knöchernen *Nähnadeln* aus dieser Zeit mit ihrem äußerst feinen Öhr zwingen zu der Annahme, man müsse schon damals sehr dünne Fäden gesponnen haben; es kann sich dabei nur um Handspinnerei gehandelt haben. Tatsächlich gibt es aus der jüngeren Steinzeit Exemplare solcher exakt gearbeiteten Spinnwirteln, teilweise aus Ton geformt.

Gewichtsteine früher Webstühle. Aus ganz ähnlichen Funden kann man die Art des *bronzezeitlichen Webens* erkennen. Es gibt nämlich eine Reihe von konischen Steinen, nicht größer als eine Kinderfaust, an deren oberem Ende ein Loch gebohrt ist. Solche Steine kennt man z. B. von griechischen Webstühlen als *Zettelstrecker*. Das sind Gewichte, die an den vertikalen Fäden hängen. Es muß sich also bei den Germanen um Webstühle dieser Konstruktion gehandelt haben.

Webtechnik. Vom sogenannten *Tuchbaum* hängen senkrecht Fäden herab, die sogenannte *Kette*. Auf dem Baum wickelt man das fertige Tuch langsam auf, bis das ganze Stück gewebt ist. Das Weben besteht im Prinzip darin, daß zwischen die Kettenfäden der waagerechte *Schuß* eingeführt wird.

Wenn der Stoff fertig gewoben war, hat man ihn in einem Holztrog mit lauwarmem Wasser mit fettlösenden Mitteln *gewaschen* und *gewalkt*. Man tat das, um die Fette aus dem Wollstoff zu bekommen und eine feste *Verfilzung* zu erreichen.

Schon die bronzezeitliche Webkunst hat verschiedene Techniken gekannt, z. B. die sogenannte *Köpertechnik* oder die *Brettchentechnik*, die Kett- und Schußfäden in unterschiedlichen Verhältnissen mischen, so daß der Stoff eine andere Struktur erhält als bei der einfachen *Leinenbindung* mit ihren in gleicher Zahl verwebten Kett- und Schußfäden.

Das Tuch. Stoffe aus der Bronzezeit haben sich vor allem in den *Baumsärgen aus Eichenholz* hervorragend gehalten *(Moorleichen)*. Die Erklärung dafür ist einfach: das Grundwasser hat aus dem Eichenholz mit der Zeit die *Gerbsäure* gelöst, und die schützte den Stoff gegen Fäulnis und Zerfall. Die Farben wurden von der Säure freilich angegriffen, aber das Gewebe ist unverändert geblieben.

Die schönsten Funde germanischer Webkunst stammen allerdings erst aus der Völkerwanderungszeit *(→Kleidung)*. So gibt es aus dem 4. Jahrhundert einen Prachtmantel in Beige mit braunen Randstreifen; vor allem auf die *Tuchkanten* haben die Weberinnen offenbar ihre Mühe konzentriert, denn auf den Reliefs, die Germanen zeigen, werden die schön gearbeiteten Kanten deutlich betont.

Wergeld

Mit Wergeld bezeichnete man sprachlich und sachlich den Wert eines freien Mannes (schwed. *mangoeld*, dän. *manbot*, altgerm. *werleogeld*, langobard. *virigild*, fries. *liudwerdene*, lat. *weregildus*). Das Wergeld schloß Fehde aus und war von der ›lebenden Hand‹ der Sippe der ›toten Hand‹ zu leisten, wenn ein Sühnevertrag geschlossen oder die Fehde sonst rechtlich beseitigt war. Diese Leistung wird nur von Männern an Männer erbracht, da Frauen weder Fehde tragen noch Fehde erheben können.

Das Wergeld richtete sich nach dem Rang des Getöteten und entfiel z. B. bei *Unfreien* oder *Halbfreien*. Das Wergeld für den Adligen war höher als das für den Gemeinfreien, auch der königliche Beamte und der Geistliche wurden hoch eingestuft.

Ursprünglich an die Sippe gezahlt und von der Sippe aufgebracht, veränderte es seinen Charakter in dem Maße, wie die Fehde zurückgedrängt wurde; der Täter selbst wurde stärker belastet und hatte bei Totschlag oder Mord, z. B. nach jüngerem schwedischem Recht, eine einheitliche Wergeldsumme zu zahlen, die an die Erben des Toten und den König zu zahlen war *(→Recht)*.

Westgoten (Wisigothae)

Die Westgoten oder Wisigothae (möglicherweise: die edlen Goten) kamen als Flüchtlinge vor den *→Hunnen* aus dem Schwarzmeerraum ins Römische Reich, von den Römern als Skythen bezeichnet wie alle Völker, die im Osten Europas wohnten und keine Hunnen waren. Kaiser *Valens* (364—378) gab von Antiochia aus, wo er sich gerade befand, seinen Statthaltern in Siebenbürgen den Befehl, »zuerst die Menschen im unbrauchbaren Alter aufzunehmen, in die römische Provinz zu überführen und als Geiseln in sicherer Hut zu halten, dabei auf Stromwacht zu bleiben und nicht eher die wehrfähigen Männer herüberzulassen oder ihnen Schiffe zur Überfahrt zu stellen, als bis sie die Waffen abgegeben hätten und wehrlos herüberkämen« (Euponius). Diese Vorsichtsmaßregel hat nicht viel genützt.

Der Chronist berichtet voll Ingrimm, von den Offizieren, die mit dieser Aufgabe betraut waren, sei »der eine in Leidenschaft für einen hübschen Knaben (unter den Herübergekommenen) in lichter Hautfarbe entbrannt, der andere verliebte sich in ein schönes Weib unter den Kriegsgefangenen, ein Dritter wurde selbst ›Gefangener‹ einer Jungfrau, und jeder einzelne bildete sich ohne weiteres ein, er werde nun bald sein Haus voller Sklaven und seine Landgüter voller Kuhhirten haben und seine sinnliche Brunst befriedigen können an Menschen, die ihm hierfür zur Verfügung ständen.« Also nahm man die ›Skythen‹ mit allen Männern und Waffen auf, als sei man eine Art Wohltäter und als sei Vorsicht nicht am Platze.

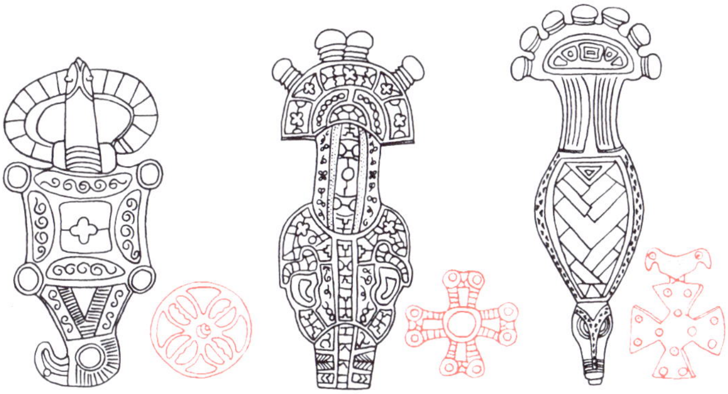

Schmuck und Gewandspangen verschiedener Stämme und Zeiten: 1. Gotisch um 500, 2. alamannisch um 700, 3. langobardisch um 700.

Sehr bald aber kam es zwischen den Westgoten, die als freie Männer gekommen waren, und der einheimischen Bevölkerung zu Mißstimmigkeiten, schließlich zum Aufruhr, dessen psychologische Hintergründe in der unterschiedlichen Mentalität der primitiveren, aber stolzen Barbaren und dem Nützlichkeitsdenken der Gastgeber zu suchen sein dürften. Bald begannen die Goten zu plündern, sie fühlten sich nicht genügend geachtet, und die ersten gotischen Heerhaufen tauchten schon vor den Mauern von Konstantinopel auf, als Kaiser Valens, der ›Augustus des Ostens‹, herbeieilte, um die verfahrene Lage zu retten. Er erkannte, daß sie als Todfeinde der *Hunnen* geeignet waren, einen etwaigen Stoß der Hunnen gegen Konstantinopel aufzufangen, und überließ ihnen Land in *Thrakien*, also auf dem nördlichen Balkan. Dennoch fühlten sich die Goten von den Byzantinern betrogen, sie beschlossen deshalb den Krieg, und Kaiser Valens war leichtsinnig genug, sich ihnen am 9. August 378 bei *Adrianopel* entgegenzustellen, dem heutigen Edirne in der europäischen Türkei nahe der griechischen und bulgarischen Grenze. Der Mitkaiser *Gratian* (375—383), der Westrom regierte und mit seinem Heer hätte rechtzeitig zur Stelle sein sollen, war durch Kämpfe gegen die →*Alamannen* aufgehalten worden, so reichten die Kräfte des oströmischen Heeres nicht aus, dem Ansturm der Goten standzuhalten. Fast alle höheren Offiziere fielen, der Kaiser selbst blieb vermißt, das Heer wurde vollständig geschlagen: eine militärische Katastrophe, von der sich das römische Reich nicht wieder erholt hat. Zwar hat man die plündernden Goten schließlich vertreiben können, aber erst Kaiser *Theodosius I.* (379—395), der auch West- und Ostrom nochmals einte, hat wirklich Frieden stiften können. Er erkannte die Realitäten an und überließ den Goten das Gebiet etwa zwischen Donau und Save, das sie ohnehin beherrschten. Zugleich begann eine Germanisierung des oströmischen Reiches, die bis in die höchsten Kommandostellen des Heeres reichte (→*Foederaten* und Seite 193).

Die germanischen Probleme des römischen Imperiums waren damit freilich nur vorübergehend gelöst, die Spannungen nicht beseitigt. Gerade weil man nicht mehr ohne germanische Heerführer, germanische Hilfstruppen und germanische Sklaven auskam, konnte man die politischen Konflikte nicht mehr ohne Germanen lösen. In Ostrom rekrutierte sich die Masse des Heeres aus Germanen, und Germanen standen als ›Reichsfeldherrn‹ an der Spitze der Truppe. Aber auch auf der ›anderen Seite‹, von den Kaisern *Maximus* (383—388) und *Eugenius* (392—394), die von Rom aus rebellierten und dem Kaiser in Konstantinopel die Macht zu entreißen versuchten, sind Germanen eingesetzt worden. Unbeirrbar in ihrer Gefolgschaftstreue kämpften diese Germanen gegen jeden, den ihr Anführer als Feind bezeichnete, und für jeden, dem dieser seine Treue gelobt hatte.

Die letzte Schlacht, die 394 an einem Nebenfluß des *Isonzo* geschlagen und von den Goten für Kaiser Theodosius gegen die rebellischen Truppen des Eugenius gewonnen wurde, befestigte zugleich den weltgeschichtlichen Sieg des Christentums: Eugenius hatte die alten, inzwischen verbotenen Götterlehren wiederherstellen wollen. Unter Führung des fränkischen Heermeisters *Arbogast*, →Seite 113, standen auf seiner Seite *Franken* und *Alamannen*. Aber die Goten siegten, und damit die Staatsreligion, das katholische Christentum.

Von nun an benahmen sich die Goten, einst als Hilfstruppen verpflichtet, im Haus des Römischen Reiches wie Herren. Nach dem Tod des Kaisers erbten zwei unmündige Söhne die Macht, im Westen ›Kaiser‹ *Honorius* (395—423), im Osten *Arcadius* (395—408). Im Westen regierte der Reichsfeldherr *Stilicho* (*360, †408), ein →*Wandale*, als eine Art eiserner Kanzler, stets das Wohl des Gesamtreiches im Auge. Weil sich aber die westliche und die östliche

Reichshälfte um das westliche *Illyrien*, das zu Ostrom geschlagen worden war, wie heute Indien und Pakistan um Kaschmir, stritten, wurde Stilicho vom Osten als Reichsfeind geächtet. *Alarich I.* (†410), der König der Westgoten, die auf dem Balkan angesiedelt worden waren, nützte die günstige Gelegenheit: er plünderte zunächst den Balkan und Griechenland, brach im Jahre 401 von Serbien aus in *Italien* ein und wurde bei *Pollenza* in der Nähe des heutigen Asti zum ersten Mal von Stilicho geschlagen. Als die Westgoten zum zweiten Mal Italien angriffen, schlug Stilicho sie bei *Verona*. Immerhin war die Lage so unsicher, daß die Residenz des Kaisers aus *Mailand*, wo sie sich damals befand, vorsichtshalber in das von Sümpfen umgebene *Ravenna* verlegt wurde. Stilicho hat schließlich eine folgenschwere Entscheidung getroffen und die westlichen Teile Westroms, Spanien und Gallien vor allem, aber auch Britannien, das 407 geräumt wird, sich selbst überlassen. Auf diese Weise hat er versucht, Illyrien für Westrom zu retten. Er überließ den Westgoten unter Alarich das heutige Bayern und Österreich, zahlte ihnen 4000 Pfund Gold und rüstete zum Krieg gegen Konstantinopel (Dannenbauer). Die *gallischen Provinzen* nahmen diese Politik nicht hin; sie halfen sich selbst, riefen den damaligen Statthalter von Britannien *Konstantin* — der mit Konstantin dem Großen nur den Namen gemein hat — zum Kaiser aus und erwirkten den Sturz Stilichos. Im Grunde mag dies auch wohl eine Verschwörung altrömischer Familien gegen den germanischen Emporkömmling gewesen sein, obwohl dieser eine Adoptivtochter des Kaisers Theodosius geheiratet hatte und seine Tochter die Gattin des Kaisers Honorius war. Er wurde verhaftet, da er keine Anstalten machte, sich zu verteidigen, und zu stolz war, zu fliehen, und mit seiner ganzen Familie hingerichtet.

Nach dem Tod des Stilicho kam es zur Katastrophe: König Alarich erschien vor Rom, er wollte sich mit Gewalt nehmen, was ihm vertraglich zustand, blieb aber letztlich ohne Erfolg. Niemand stellte sich ihm entgegen, die Germanen-Truppen Stilichos, liefen zu ihm über, so konnte er Rom erpressen. Zunächst forderte er eine hohe Kontribution, setzte sogar einen Gegenkaiser namens Attalus ein und wandte sich nochmals an Kaiser Honorius, der in Ravenna verschanzt alle Verhandlungen ablehnte. Da beschloß König Alarich, keine Rücksichten mehr zu nehmen. Er erschien 410 wiederum vor der Stadt, bekam durch Verrat Einlaß und überließ Rom drei Tage lang zur Plünderung seinen Soldaten.

Dieses Ereignis entsetzte die ganze christliche Welt. So schrieb der Kirchenlehrer *Hieronymus* (*345, †420): »Das Licht der Welt ist ausgelöscht, dem Römischen Reich ist der Kopf abgeschlagen worden. In Rom ist die Welt untergegangen.« Damals ist dem Kirchenlehrer *Augustinus* (*354, †430) die Idee gekommen, den ›Gottesstaat‹ von der realen Staatlichkeit des römischen Imperiums zu trennen und als Idee über die Völker zu stellen, so groß war das Entsetzen der Zeitgenossen. Die Goten waren die wirklichen Wandalen (die unter König Geiserich ein Menschenalter später Rom erobert und nur sehr maßvoll geplündert haben →*Wandalen*).

Der Sturz Roms rief in aller Welt Entsetzen hervor, und noch beängstigender wirkte, daß die Goten nun nach Süden vorstießen. Seit den Tagen Hannibals, war kein fremder Feldherr so weit ins Innere Italiens vorgedrungen. Mühsam hatten die Goten in den süditalischen Häfen die Schiffe für einen Angriff auf Sizilien zusammengebracht, aber ein Sturm vernichtete die Flotte, so mißlang den Westgoten, was den Wandalen an anderer Stelle gelungen war. Ohnmächtig suchte die gotische Reiterei, die in Booten flüchtenden Römer bis ins Meer zu verfolgen, so groß war ihre Wut, nicht übersetzen zu können.

König Alarich I. hat damals offenbar davon geträumt, auf dem Boden Italiens einen gotischen Staat errichten zu können, wie dies →*Theoderich dem Großen*, dem König der Ostgoten, später um 500 gelingt. Alarich ist aber auf seinem Zug nach Süden nur bis *Cosenza* gelangt und dort den *Strohtod* (→Seite 290) gestorben, »während noch die Jugendlocken seine Schultern blond umgaben« — Felix Dahn hat auch das bedichtet. Die Goten haben, damit sein Grab nicht geschändet würde, den Busento gestaut, den toten König im Flußbett bestattet, und den Fluß dann zurückgeleitet. Die Sklaven, die diese Arbeit ausführten, wurden allesamt getötet; so bestand keine Gefahr, daß des toten Königs Grab mit seinen Schätzen jemals den Römern verraten wurde.

Ein Bruder der Gattin Alarichs übernahm die Herrschaft. Dieser *Athaulf* (ca. 410—415) hat offenbar mit dem Gedanken gespielt, sich auf Sizilien zu behaupten und nach Afrika überzusetzen. Wechselweise gegen Kaiser Honorius kämpfend und mit ihm verhandelnd, hat er sein Ziel dennoch nicht erreichen können und ist schließlich schrittweise nach Norden zurückgewichen, um sich den Rückweg über die Seealpen offen zu halten. Die Schwester des Kaisers Honorius, die schöne und geistvolle *Galla Placidia*, die zunächst als Gefangene im Heerlager der Goten war, dann als Vermittlerin, hat bei diesen Verhandlungen eine bedeutende Rolle gespielt. Schließlich überschritten die Goten die Seealpen und versuchten, Gallien zu erobern.

Kaiser Honorius hatte mit Athaulf einen Vertrag geschlossen, in dem sich Rom zu Getreidelieferungen verpflichtete und dem Goten für Gallien freie Hand ließ. Dafür sollte Athaulf die schöne Galla Placidia herausgeben und in' Gallien wieder die ›Ordnung‹ herstellen. Diese Provinz, der römischen Herrschaft längst verlorengegangen, war von wilden Bauernaufständen der unfreien und halbfreien Bauern erschüttert und in chaotische Zustände gestürzt. Die Anführer der *Bagauden*, *Jovinus* und *Sebastian*, wurden von *Burgundern* und *Alanen* unterstützt. Athaulf eroberte, nachdem Verhandlungen mit Jovinus fehlgeschlagen waren, die Städte *Valence* und *Narbonne*. Jovinus und Sebastian wurden gefangen und ent-

hauptet; die Trophäen schickte man nach Ravenna an den Königshof.
Dennoch war der Kaiser Honorius offenbar nicht bereit, seinerseits die Verträge zu erfüllen, und so weigerte sich auch Athaulf, Galla Placidia herauszugeben. Als er 414 in Narbonne seine Hochzeit mit der römischen Kaisertochter feierte, hat er seine Herrscherträume wohl offen geäußert: Sein Ziel sei es nicht, das römische Reich zu erobern und zu beherrschen, dazu seien die Goten noch nicht reif, weil sie die Gesetze der Blutrache dem Schutz der Gesetze vorzögen und die straffe Zucht unbeschränkter Herrschaft nicht ertragen könnten. Da er nun aber das Römische Weltreich nicht beherrschen könne, wolle er es nicht vernichten, sondern mit der Kraft seines Volkes wieder herstellen: nicht als Zerstörer des Reiches, sondern als sein Wiederhersteller wolle er in die Geschichte eingehen.
Das war nicht die Sprache des ›skythischen‹ Rebellen aus den Sümpfen und Wäldern des Nordens, sondern die Vision eines gebildeten Herrschers, der die römische Zivilisation zu schätzen wußte.
Athaulf ist 415 aus Rache ermordet worden und hat seinen Plan nicht verwirklichen können. Der Traum vom germanischen Reich römischer Kultur ist erst später zur politischen Realität geworden: ein weiter Weg vom Zug der plündernden Goten vor die Tore Konstantinopels bis nach *Toulouse*, das die erste Residenz im Reich der westgotischen Herrscher war. Siehe auch →*Goten und Langobarden*, Seite 30, →*Ostgoten*, →*Gepiden*, →*Merowinger*, →*Theoderich der Große*.

Wieland
Der Schmied ist die Hauptgestalt der vermutlich ältesten germanischen Heldensage, erhalten im altnordischen *Völundlied*. Wieland ist dort ein *König der Alben*; das deutet auf die Fremdartigkeit, ja Abhängigkeit der frühen Schmiede, die oft Sklaven gewesen sein mögen und im Mythos, wie auch in der Antike üblich, als Alben, als Zwerge erfaßt werden. Am Königshof der →*Rugier* z. B. werden solche gefangene germanische Schmiede erwähnt (H. Schneider). Wieland der Schmied ist von König *Nidhad* gefangen, gelähmt und zur Schmiedekunst gezwungen. Er vergewaltigt die Königstöchter, tötet die Söhne des Königs Nidhad und entflieht mit Hilfe selbstgeschmiedeter Flügel.
In der um 600 geschriebenen *Vita Severini* erzählt *Eugipp*, ein frommer Chronist, daß jene germanischen Goldschmiede, die beim Rugierkönig *Giso* gefangen waren, den kleinen Königssohn mit dem Schwert bedroht hätten, um ihre Freiheit zu erzwingen. Denkbar wäre, daß die Sage diesen ganz ungewöhnlichen geschichtlichen Vorfall aus der Zeit um 480 n. Chr. aufgegriffen and ausgestaltet hat. So erklärt sich auch die Ähnlichkeit des Wieland mit *Dädalus* und *Hephästus* (von See).

Wikinger (Normannen, →Waräger)
Über dem Land Northumbrien und den Hebrideninseln kündigte sich, wie die *Angelsächsische Chronik* berichtet, im Jahre 793 die Katastrophe deutlich an: »Es gab heftige Wirbelwinde und Lichterscheinungen, Feuerdrachen flogen in der Luft.« Heute würde man an Raumschiffe aus dem Weltraum denken, damals sah man in diesen Erscheinungen ›Vorzeichen‹. Der erste Bericht über einen Angriff der Wikinger fährt fort: »Bald darauf folgte eine schwere Hungersnot; und kurz darauf, im gleichen Jahr,

Hügelgräber der südskandinavischen Bronzezeit, meist mit Baumsarg-Körperbestattung der Zeit um 1500—1000 v. Chr. und Leichenbrandnachbestattungen der Zeit um 1000 bis 500 v. Chr.: Die Landschaft, aus der über 1000 Jahre später die Wikinger aufbrechen: Steglarp/Fuglie, Schonen (Schweden). — Statens Historiska Museum, Stockholm.

am 8. Juni, verödeten heidnische Männer rücksichtslos Gottes Kirche in *Lindisfarne* durch Plünderung und Mord.«

Die Räuber aus dem Norden. Diese Nordmänner kamen auf ihren schnellen Schiffen wie die Hunnen auf ihren Pferden, sie raubten und mordeten, wie es ihnen gefiel. Die Brutalitäten jener Epoche, die unglaublichen Grausamkeiten von Männern, die kein Erbarmen kannten, haben z. B. im Geschichtsbewußtsein Englands bleibende Spuren hinterlassen wie die Hunnen-, Mongolen- und Ungarneinfälle im Bewußtsein Mitteleuropas. Man fand die Ereignisse in der Bibel bestätigt, denn bei Jeremias (1, 14) heißt es: »Vom Norden wird das Böse ausbrechen über alle, die im Lande wohnen.«

Danach verging kein Jahr mehr ohne diese Schrekken, seit 799 wurde auch die *Küste Frankreichs* angegriffen, in seinem Krönungsjahr eilte *Karl der Große* nach *Friesland*, um dort die Küstenabwehr zu organisieren: Leuchttürme wurden errichtet, Männer mobilisiert — aber wenn die Wikinger auch gelegentlich abgewiesen wurden, die Bedrohung blieb.

Die Schiffe mit den Drachenköpfen plünderten Küsten und Häfen, und wenn sie am Horizont auftauchten, war es zu spät: so schnell konnten Hilfstruppen aus dem Landesinneren selten herbeieilen, daß sie eher an der Küste gewesen wären als die Schiffe. Eine *Chronik aus Ulster* berichtet: »Das Meer spie Flüsse von Fremden über Erin aus, so daß es keinen Hafen gab, keinen Landungsplatz, keine Befestigung, keine Burg, keine Wehranlage ohne Flotten von Wikingern und Seeräubern.« Man nannte ursprünglich die Angreifer, die aus *Norwegen* kamen, *normän* = Nordmänner; *Wikinger hießen alle* diese Nordleute, auch aus Schweden und Dänemark, wobei die Herkunft dieses Namens unklar ist. Später verwischen sich beide Bezeichnungen, und nach Gründung des normannischen Staates in Frankreich geht der Nordmännername auf die Bewohner der Normandie über.

Die Überfälle dieser ›Normannen‹ sind kein Ergebnis plötzlich aufflackernder Raublust, aber auch

Nydamschiff, seegehendes Ruderboot (23 × 3,20 m; 4. Jh.). — Schleswig-Holsteinisches-Landesmuseum f. Vor- u. Frühgeschichte, Schleswig.

nicht einer politischen Planung gewesen, sondern haben vermutlich zwei Ursachen: der Wunsch, die reichen Handelsstädte des Südens zu erobern, ergab sich aus den Handelsbeziehungen, die bis in den Mittelmeerraum reichten. Und: jedes Jahr mit zunehmend größerer Zahl an Drachenschiffen aufbrechen zu können, setzte einen Überfluß an Männern voraus. Die Annahme, durch Klimaverschlechterung sei die Viehhaltung erschwert und das Ackerland zur Ernährung nicht mehr ausreichend gewesen, ließ sich bisher nicht beweisen. Tatsächlich aber fand wahrscheinlich in der Zeit um 500 während der großen germanischen Völkerwanderung in Skandinavien ein Bevölkerungsanstieg statt. So haben nicht selten Häuptlinge als ›Seekönige‹ ihre ganze Sippe zur Landnahme übers Meer geführt, ganz ähnlich wie die Polynesier, die aus der Inselwelt der Südsee aus ähnlichen Gründen bis nach Madagaskar und Südasien vorstießen.

Händler und Sklavenjäger. Wie groß der Handel dieser nordischen Bauernkönigreiche vor 500 gewesen ist, zeigt ein 1956 entdeckter Fund aus der alten Handelsfaktorei *Birka* auf der Insel *Björkö* im schwedischen Mälarsee: neben Glassplittern von fränkisch-deutschen Gläsern und einem irischen Bischofsstab fand man eine wundervoll gearbeitete Buddhafigur aus Bronze. Vermutlich auf dem Tauschweg gegen »Felle von schwarzen Füchsen und Bibern« ist sie wohl über Rußland nach Schweden gekommen (Oxenstierna). Neben Bernstein und Salz, Honig und Gewürz, Glas und Waffen, die auf den uralten Handelswegen nach Süden und Norden gingen, waren es vor allem Sklaven *(→Handel)*.

Der entscheidende Impuls, den Sklavenhandel auszubauen, ist durch die christliche Kirche gegeben worden, die damals in steigendem Maße Mitteleuropa missioniert und die Wirtschaftsstruktur beeinflußt hat. Die Wirtschaft nach der Mitte des ersten Jahrtausends ist keine Wachstumswirtschaft gewesen, denn nicht nur waren in weiten Gebieten ältere, gut funktionierende Wirtschaftsstrukturen durch die Germanenzüge zerstört, auch Arbeitskräfte fehlten. Die Bevölkerungszahl Mitteleuropas hatte um 600 wieder den Stand von 400 v. Chr. (van der Ven) erreicht, war dann aber durch schwere Epidemien auf den Stand von 200 v. Chr. gesunken. Um eine Zahl zu nennen: Gallien insgesamt dürfte um 200 v. Chr. etwa 15—20 Millionen Einwohner gehabt haben. Erst um 1300 ist ein nächster Gipfelpunkt erreicht worden.

Während dieser Zeit stellte die Kirche eine Forderung, die das wirtschaftliche Gefüge der noch auf Sklaverei beruhenden Agrarwirtschaft in Frage stellte: Sie forderte, alle Christen müßten freie Menschen sein — was umgekehrt nur bedeuten konnte, daß kein Christ einen Christen als Sklaven beschäftigen durfte. Also kauften sich reiche Christen auf den Sklavenmärkten Arbeitskräfte, die keine Christen waren — und eben diese wurden von den Wikingern beschafft.

Die Nordleute — im Osten *→Waräger* oder *rus* ge-

Bildstein von Jelling/Dänemark, von König Harald in Erinnerung an die Eroberung Dänemarks und Norwegens und die Christianisierung der Dänen aufgestellt. Neben christlichen Motiven zeigt der dreiflächige Stein den hier abgebildeten, mit Schlangen kämpfenden Löwen — ein Hauptwerk des Mammenstils. Höhe etwa 2,50 m; um 980. — Jelling/Dänemark.

Links: (Angel-)sächsischer Holzschild, überzogen mit einer Tierhaut, und (angel-)sächsisches Schwert. Die Axt ist wikingischer Herkunft. — Colchester und Essex Museum, Colchester. Unten: Das Schiff einer Königin — das Oseberg-Schiff. Zusammen mit dem Gokstad-Schiff gehört es zu den elegantesten Wikingerfahrzeugen. Das rund 21 m lange und 5 m breite Schiff war Staatsgefährt und später luxuriös mit Gerät und Beigaben ausgestattes Grab der Königin Åsa. Nach der Ausgrabung 1904 in mühevoller Kleinarbeit wieder zusammengesetzt, zeigen Form und Schnitzwerk höchste Vollendung. - Museum Bydöy, Norwegen.

nannt — bezeichneten die rundköpfigen Heiden, die sie zwischen Düna und Dnjepr fingen, als *slavar* oder *slaver*, unter diesem Namen wurden sie im Westen angeboten, so erhielt der Volksname einen soziologischen Aspekt: die Sklaven waren mit den Slawen identisch (Oxenstierna).

Im Ostseeraum hatten die Nordmänner den Handel zuerst organisiert; *Haithabu* an der Schlei, *Ladoga* in Nordrußland und das schon erwähnte *Birka* auf der Insel Björkö im Mälarsee waren Handelszentren der skandinavischen Händler, die man sich wie Häuptlinge einer Seeräubersippe vorstellen darf; in den Weiten des Atlantik und der Ostsee sind Handel und Überfall ähnlich verbunden gewesen wie bei den Wüstennomaden.

Die Invasionen und Entdeckungen. Nachdem die ersten Überfälle auf Irland, England und Friesland, auf die aquitanische Küste und die Färöer-Inseln stattgefunden und nachdem die Handelswege nach Osten in den baltisch-russischen Raum organisiert waren, also etwa um 800, wendete sich das Interesse der Wikinger verstärkt nach Westen und Süden, auf die Küste Englands und vor allem Mitteleuropas, dem bisher nur vereinzelte Vorstöße gegolten hatten. 835 und 840 geht der friesische Handelsplatz *Dorestad (→Friesen)* in Flammen auf, 836 *Antwerpen.* Die Insel *Walcheren* wird überfallen, Teile Englands werden besetzt und die Färöer endgültig besiedelt.

Im Jahre 845 segeln rund 600 Schiffe die Elbe aufwärts und vernichten die *Hammaburg*, die fränkische Burganlage, aus der später Hamburg entsteht. Der Däne *Ragnar Lodbrock* segelt zu gleicher Zeit mit 120 Schiffen die Seine aufwärts und läßt Paris in Flammen aufgehen. *Karl II., genannt der Kahle* (843—877), der sich mühsam zur Gegenwehr aufraffen kann, wird besiegt. Ein Teil des Heeres muß voll Entsetzen mit ansehen, wie die Wikinger 111 Krieger aufknüpfen und ihnen die Hälse durchschneiden — nicht weniger grausam als manche

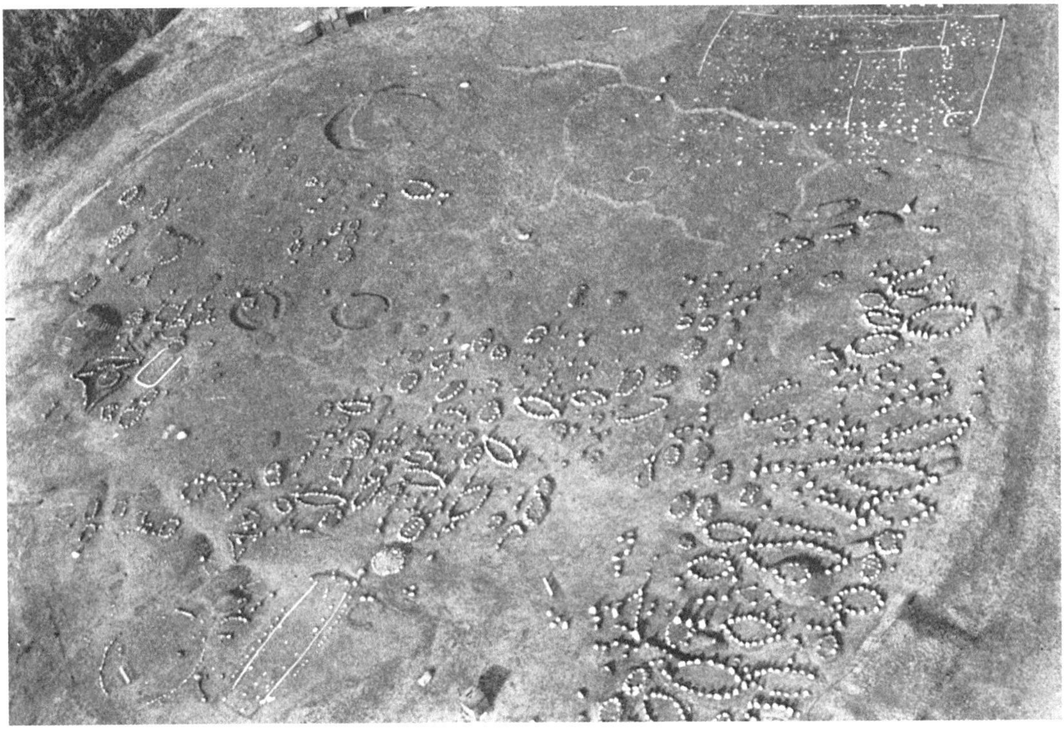

Luftaufnahme wikingischer Steinsetzungen, vorwiegend in Schiffsform bei Lindholm Hoje, Nordjütland (Dänemark). Zugleich Bestattungs- und Wohnplatz der Völkerwanderungs- und Wikingerzeit. — National Museet, Kopenhagen.

Steinsetzungen in Form zweier Wikingerschiffe. Umgeben von Hügelgräbern. Anmundshögen/ Västerås, Schweden.

Marterungen durch Indianer; hier wie dort handelt es sich um rituelle Opfer zur Versöhnung der Götter und Geister. 857 und 861 sind die Wikinger schon wieder in Paris. Erst 885 besteht Paris seine erste geschichtliche Prüfung: die unbedeutende kleine Stadt, von den mächtigen Franken wie von allen anderen Mächten im Stich gelassen, führt alleine ihren Kampf gegen die schrecklichen Flotten der Wikinger und behauptet sich unter *Graf Odo von Paris.* Nachdem *Karl III., genannt der Dicke* (877 bis 887), aus dem Hause der Karolinger abgesetzt ist, wählen denn auch die fränkischen Herren den Grafen von Paris zum König. Sein Großneffe *Hugo Capet* ist der Ahnherr der *Kapetinger* und ihrer Verwandten, der *Bourbonen,* die bis zur Revolution von 1789 geherrscht haben.

Christliche Heiden, heidnische Christen. Die nächsten 100 Jahre sind eine einzige Folge von Überfällen auf das Frankenreich und Europas Küsten. Von *Xanten* am Rhein bis Marokko machen die Drachenboote Küsten und Flüsse unsicher. *Haithabu* wird genau so zerstört wie die Aachener *Karlspfalz,* Ostrom sieht sich mit den →*Warägern* ebenso konfrontiert wie Sizilien mit den Normannen der Normandie. Es ist aber auch eine Zeit der Kämpfe und Auseinandersetzungen zwischen Dänen, Norwegern und Schweden selbst. Dänische und norwegische Vormachtstellungen und Königshäuser lösen einander ab, 960 werden die Dänen unter *Harald Blauzahn* Christen, um 1030 erfolgt auch die Christianisierung Norwegens. 930 schon ist Island endgültig von Norwegen aus kolonisiert, 986 stößt *Björn Herjulfsson* auf *Grönland* und *Labrador,* um 1000 landet *Leif Erikson* an der Küste von Vinland, wahrscheinlich Amerika; um 1000, genau: am 13.11.1002

aber schlachten die Engländer auch die meisten ›ihrer seit 866 in das Land eingedrungenen Dänen ab, was seit 1013 zu einer erneuten zeitweiligen Dänenherrschaft über England führen wird *(Knut der Große* 1016—1035*)*.
Die Turbulenz der Wikingerzeit, der Übermut der Wikinger, aber auch ihre Vielseitigkeit und Anpassungsfähigkeit ist fast nur in solchen Stichwortaneinanderreihungen adäquat zu erfassen: 860 beschließt der Seekönig *Hastein*, der schon im maurischen Spanien gebrandschatzt hat, nun auch *Rom* zu erobern. Also zieht er mit seinen Männern aus und erreicht die Stadt, deren mächtige Mauern ihm doch zu denken geben. Am nächsten Tag erscheinen am Tor klagende Wikinger, die ihren kranken Anführer und sich selbst beweinen und um Lebensmittel bitten. Als sie abgewiesen werden, erscheinen sie am nächsten Tag wieder und berichten, ihr Anführer sei gestorben. Sein letzter Wunsch: Er wolle in einer Christenkirche begraben werden. Die Einfalt der Frommen ist groß, also öffnen sie die Tore und lassen die ›Normannen‹ mit ihrem toten König ein, der in feierlicher Prozession in die Kirche getragen wird. Plötzlich reißen die ›Leidtragenden‹ ihre Waffen heraus, Hastein springt auf, spaltet dem Bischof, der gerade vor dem Altar die Andacht zelebriert, den Schädel, und die große Plünderung beginnt. Blitzschnell wie stets ist der Überfall auch beendet, die ›Normannen‹ ziehen siegestrunken ab — aber die Stadt, die sie verwüstet haben, ist nicht Rom, sondern *Luna*, ein Landstädtchen nördlich von Pisa, das seit dem 14. Jahrhundert nicht mehr existiert.
Im Jahre 1044, bald nach der Kaiserkrönung Heinrichs IV. und seiner Gemahlin Bertrada, standen tatsächlich Normannen vor dem wirklichen Rom — aber diesmal waren es normannische Christen des Normannenkönigs *Robert Guiscard* (1015—1085), die den im Lateran eingeschlossenen Papst *Gregor VII.* befreiten und die Stadt bestraften. Rom ging in Flammen auf, zwischen dem Lateran und der Engelsburg brannten alle Paläste, Häuser, Arkaden, Denkmäler, und eine Orgie von Raserei und Brutalität setzte die Bevölkerung in Angst und Schrecken. Wieder einmal lief durch Europa das schreckliche Wort *Roma fuit*, »Rom ist gewesen«, vernichtet.
Zwei Jahrhunderte trennen diese Plünderer Roms von den heidnischen Wikingern, die Lindisfarne »verödeten«. Aber diese christlichen Normannen haben mit ihren Vorfahren, den Seeräubern aus den Fjorden Dänemarks, Schwedens und Norwegens, nur noch die Statur, die Haar- und Augenfarbe gemein: so sind auch die romanisierten Normannen, die England unter *Wilhelm dem Eroberer* 1066 bei Hastings unterwarfen, auf dem *Teppich von Bayeux* dargestellt, so schildert sie der Gesandte *El-Hakam* aus dem arabischen Sevilla, der den Dänenkönig und die Rus an der Wolga aufgesucht hat: »Sie sind hoch wie Palmen, rotblond und hellhäutig. Sie benutzen weder Hemden noch Mäntel mit Ärmeln. Der Mann trägt bei ihnen einen Mantel, den er über eine Schulter wirft, so daß er eine Hand frei hat. Jeder trägt ein Beil, einen Dolch und ein Schwert. Ohne diese Waffen sieht man sie nie.« Ein Herrenvolk also, das übrigens auf den kultivierten Araber einen durchaus rohen, schmutzigen und unsympathischen Eindruck macht.
Frankreichs Normannen. Gelandet waren auch sie als unbändige mordende Seekrieger an der Küste um die Seinemündung, in der Bretagne und in Aquitanien. Die Franzosen reden noch heute von diesem

Modell des Wikingerlagers Traelleborg mit seinen 16 Großhäusern, die durch ihre Gruppierungen zusätzlichen Schutz gegen Witterung und Angriffe boten. Aufnahmefähigkeit 1200 Menschen. — Freilichtmuseum Traelleborg.

Rekonstruktion eines der Wikingerhäuser von Traelleborg auf Seeland, Dänemark. Auffallend an diesen Häusern, die in einem Ringwall von 6 m Höhe und 17 m Breite (Basis) stehen, sind die schiffsförmig gebauchten Grundrisse.

Einfall als von der ›Invasion‹ aus dem Norden. 878 verstärkte eine riesige Armada von Wikingerschiffen, aus England kommend, wo *König Alfred der Große* die Wikingerangriffe einzudämmen verstand, die Nordmänner, die sich schon seit längerem an der Küste festgesetzt hatten. Dies sogenannte *Große Heer* verwüstete fast ganz Nordfrankreich, Belgien, Holland einschließlich des Niederrheingebiets, Maastricht und Köln, Bonn und Lüttich, Aachen und Koblenz. Kaiser Karl der Dicke erkaufte mehrfach den Abzug der Invasoren, aber erst eine große Schlacht bei *Löwen an der Dyle* unter *Arnulf von Kärnten* machte 891 zusammen mit Epidemien dem Spuk des Großen Heeres ein Ende.

Um *Bayeux*, *Caën* und vor allem um *Rouen* hielten sich auch weiterhin Nordmannen. Sie wurden, als ihr Führer *Rollo* König *Karl den Einfältigen* als Lehnsherrn anerkannte und sich 912 mit seinen Leuten taufen ließ, zu den Gründern des normannischen Herzogtums der Normandie. Von hier zog *Wilhelm der Eroberer* 1066 nach England; von hier stammte *Robert Guiscard*, der 1060 Herzog von Apulien wurde; von hier ging die Eroberung *Siziliens* 1061—1091 aus.

Das Bild Nordeuropas. Während im ›Süden‹ neue Besitzungen und Reiche entstehen, dringt auch im Norden das Christentum vor, klären sich die Machtverhältnisse weiter. Berühmte Königsnamen müssen hier stellvertretend für eine ganze Epoche stehen: 826 wird der Dänenkönig *Harald* getauft und 827 vertrieben; um 900 übernimmt Schweden die Macht in Haithabu (936 wieder verloren) und Süddänemark; auf *Erik Blutaxt* (940—945) folgen *Haakon der Gute* (945—960) und *Harald Graumantel* (960 bis 970) als Könige von Norwegen, bis nach *Olav Trygvasons* (995—1000) Tod Norwegen dänisch wird. Unter *Olav d. Hlg.* (1016—1030) wird dann wie Dänemark schon 960 unter Blauzahn auch Norwegen christlich.

Nicht zuletzt im Gefolge der Christianisierungen, die *Ansgar* (*801, †865), später der erste Bischof von Hamburg, seit etwa 830 in Skandinavien initiierte, kamen die vorangehend (→Seite 306) schon angesprochenen Besiedlungen von Island und Grönland in Gang. Diese Vorgänge führten letztlich auch zur Aufzeichnung nordgermanischer Mythologie, Sitten und Fahrten in den *Sagas*, *Landnahmebüchern*, *Chroniken*, vor allem aber in der →*Edda* mit ihren verschiedenen Ausgaben. Christlich, römisch-klassisch und durch fränkisch-merowingische Kultur beeinflußt, geben sie zwar kein Bild des Germanentums der Völkerwanderung mehr, aber doch einen anschaulichen Eindruck jener Zeit.

Für die Forschung bedeutend wurden die ausgegrabenen *Wikingerlager* und *Handelsplätze* (wie z. B. *Birka*, *Haithabu*, *Helgö*, *Aggersburg*, *Traelleborg*), die *Runensteine* und *Bildsteine* (z. B. die *Jellingsteine*, der *Erikstein* und viele andere), vor allem aber die weltberühmten *Schiffsgräber* in Norwegen, Schweden, Dänemark und Schleswig-Holstein, begleitet von weiteren Schiffsfunden in den Häfen und Küstengebieten (*Oseberg* und *Gokstad*, *Tune* und *Alsen*, *Roskilde*, *Nyborg* und *Ladeby* seien stellvertretend für alle genannt).

Über den →*Tierstil*, die →*Runen*, die *Drachenköpfe*, den *Schmuck*, die *Mythologie*, die Lebensformen berichtet unser Buch innerhalb vieler Stichworte, da der nordgermanische Raum wichtige Beispiele bietet. Auch unsere Fotos entstammen vielfach dieser Kultur, da es anderes Material kaum gibt.

Siehe auch →*Edda*, →*Götterwelt*, →*Handel*, →*Kleidung*, →*Stabreim*, →*Runen*.

Wikinger Schiffe

Gokstadschiff 23,3 m lang

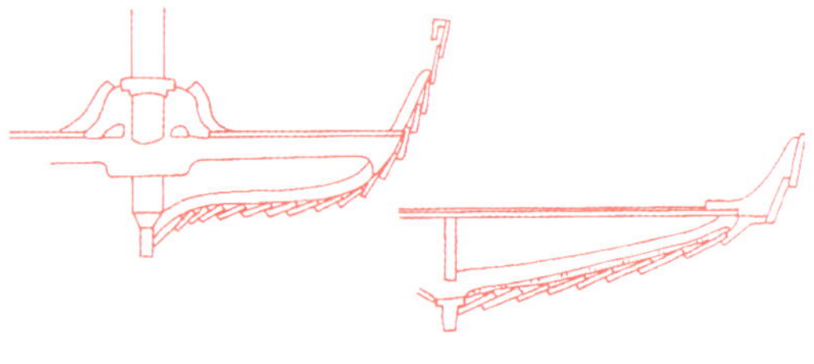

Osebergschiff 21,5 m lang

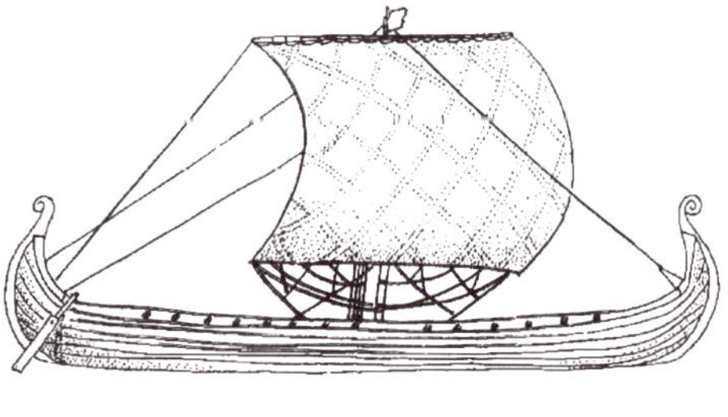

Wisigothae

Ursprünglicher Name der Gotenstämme, die man heute →*Westgoten* nennt.

Witigis

König der →*Ostgoten*; Nachfolger des *Theodahad*.

Witwenselbstmord

Wie die Tötung alter und kranker Leute und Königsmord ist der Witwenselbstmord bei den →*Herulern* üblich gewesen.

Wulfila (Wulfilas, Ulfilas, Ulfila)

Die Bibel des Wulfila (got. Wölfchen; ca. *311, †381)

Großer Bildstein von Lärbro/Gotland, Schweden, mit Darstellung, wie eine Königstochter entführt, der Entführer aber vom Vater erschlagen wird und in Walhall eingeht. Höhe 2,70 m.

ist die erste germanische Bibelübersetzung, das älteste germanische Schriftzeugnis im Sinne der Buchliteratur und damit die erste germanische Prosa. — Aber diese Arbeit wäre andererseits ohne die vorangegangene Berührung mit dem byzantinischen Kulturkreis undenkbar, ist also von dem alten bronzezeitlichen Germanentum der Zeitwende schon weit entfernt. Durchaus berechtigt bleibt deshalb die Frage, ob ein solches Werk nicht dem Geiste nach eher jener Kultur zuzurechnen sei, die es hervorgebracht hat.
Wulfilas Mutter, eine Kriegsgefangene, deren Familie die Goten verschleppt hatten, stammte aus dem Gebiet der heutigen Türkei, sein Vater war Gote — ein Mann, der römische Bildung besaß, ein überzeugter Christ und ein Zeitgenosse des *Arius (→Arianer)*, zu dessen Lehren er sich bekannt hat. Im Jahre 335 ist Wulfila mit einer gotischen Gesandtschaft nach Konstantinopel gereist, wo er offenbar auffiel: seiner besonderen Intelligenz wegen wurde er zum Lektor der gotischen Christengemeinde ernannt und im Jahre 341 vom Patriarchen von Konstantinopel zum *Missionsbischof* geweiht. Sieben Jahre betrieb er nördlich der Donau Missionsarbeit, bis ihn Verfolgungen des romfeindlichen *Athanarich*, eines gotischen Teilkönigs, (→Seite 27) zwangen, sich mit seiner Gemeinde auf römisches Reichsgebiet zu retten. Auf die ihrem Naturglauben verbundenen Germanen, denen Recht und Sitte, Götterweisheit und Heiltum ein untrennbares Ganzes waren, machte die neue geoffenbarte Religion *(→Christentum)* mit ihrem moralischen Ernst, ihrer Unbedingtheit und Klarheit tiefen Eindruck; sie eröffnete damals modernere geistige Perspektiven als der alte Wodanglaube *(→Götterwelt)*.
Über ein Menschenalter lang hat Wulfila unter den Goten missioniert und 360 auf der Synode zu Konstantinopel das arianische Bekenntnis unterschrieben. Für seine Missionsarbeit schuf er sich zunächst aus *→Runen* und *griechisch-lateinischen Buchstaben* ein gotisches *Alphabet*, wobei er die für den Kerbschnitt in Holz bestimmten Runen den Schreibmaterialien Papyros und Pergament anpaßte, einige griechische Buchstaben zusätzlich ins Gotische übernahm und anstelle der gotischen die griechische Reihenfolge der Schriftzeichen einführte. Erst diese großartige Leistung ermöglichte ihm, das Neue Testament durch eine mit großer Sprachmacht verfaßte Übersetzung aus dem Griechischen ins Gotische seinem Stammesvolk nahezubringen.
Die von ihm erfundene Schrift ist im Alltagsleben übernommen worden und auf Gerichtsurkunden der italienischen Ostgoten noch Jahrhunderte benutzt und in Handschriften von Ravenna, Neapel und Arezzo erhalten geblieben.
Es gibt von Wulfilas Übersetzung verschiedene *Handschriften*, von denen die berühmteste in der Universitätsbibliothek zu Uppsala aufbewahrt wird und ihres silbernen Einbandes wegen *Codex Argenteus* heißt. Dieser im 6. Jahrhundert in Oberitalien geschriebene Codex ist mit goldenen und silbernen Buchstaben auf purpurgefärbtem Pergament geschrieben. Andere Handschriften werden in *Mailand* (Teile des Matthäus-Evangeliums und der Paulinischen Briefe), *Turin* und *Wolfenbüttel* aufbewahrt.
Mit der Übernahme des Christentums und dem damit verbundenen Anschluß an die römische Kultur haben die Goten zwar nicht aufgehört, ›Germanen‹ zu sein — aber die Zukunft gehörte nicht mehr den alten Göttern, die Jugend wuchs nicht in den alten Sitten auf: die Goten wurden Christen römischer Kultur, eingeordnet in den größeren politischen Zusammenhang der Mittelmeerwelt.

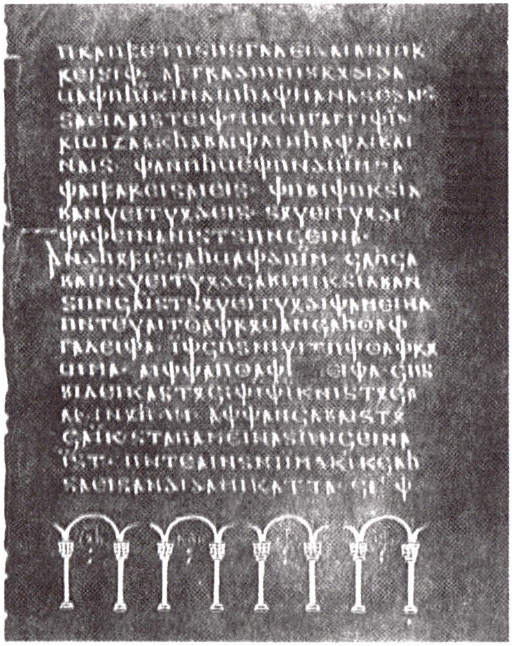

Seite des Codex Argenteus, der in gotischer Sprache geschriebenen Bibel des Wulfila, um 500, Silber auf rotem Grund. — Universitätsbibliothek, Uppsala, Schweden.

Mit 70 Jahren, im Jahre 381, während des zweiten Konzils in Konstantinopel, ist Wulfila gestorben. Während dieses Konzils wurde der arianische Glaube zur Ketzerei erklärt.

Damit ist die Geschichte des Wulfila und seiner Bibelübersetzung noch nicht beendet. Der *Codex Argenteus* hatte noch ein abenteuerliches Schicksal: Um 500 gelangte er aus Süditalien ins Kloster Werden an der Ruhr, dann nach Prag und von dort, im Jahre 1648 von dem schwedischen General Wrangel bei der Plünderung entdeckt, nach Stockholm, wo er endlich in die *Bibliothek der Königin Christine* kam. 1699 ist dieser Codex dann, nach einem weiteren Zwischenaufenthalt im Ausland, zurückgekauft und der Universität Uppsala übergeben worden. Nun hielt man das Gotische damals für eine frühe Form des Schwedischen und mithin diesen Codex, der in Wirklichkeit das älteste Buchdokument germanischer Sprache ist (von See), für das früheste Zeugnis nationaler Literatur.

Bei dem Versuch, die skandinavische Kultur gegen die Hegemonie der griechisch-römischen Formenwelt während der Renaissance zu behaupten, hat dieser späte Erwerb eine rechtfertigende Wirkung: nun wußte man im Norden, daß man eine eigene frühe Kultur besaß. Erst jetzt ist die Bibel des Wulfila, des Missionars der Goten, in der ehrwürdigen Bibliothek zur Ruhe gekommen, ein Zeugnis versunkener Kultur.

Wurfaxt

Erst gegen Ende des 4. Jahrhunderts sind *Streitäxte* in Gebrauch gekommen. Es gab verschiedene Formen bei den germanischen Stämmen. Die *Bartaxt* hatte eine breit ausgeschmiedete Schneide, die *Breitaxt* hatte beidseitige Schneiden und die Wurfaxt war schmal geschwungen. Die Wurfaxt wurde von den Franken bevorzugt, weshalb sie ›die Fränkische‹ hieß, die *Franziska*. (Siehe auch →*Waffenwesen*.)

Wurmsegen

Ältester Zauberspruch in mittelhochdeutscher Sprache, der sich auf einen Wurmbefall des Pferdehufes bezieht; der ›Strahl‹ ist der vorspringende Knochenteil der Hufsohle.

Wurmsegen

Der Zauberspruch soll den Pferdehuf von einer Pilzkrankheit heilen.

Geh hinaus Wurm, mit neun Würmlein hinaus,
von dem Mark an den Knochen,
von dem Knochen an das Fleisch,
hinaus vom Fleisch an die Haut,
hinaus von der Haut an den Strahl!
Herr, es werde so!

(Eis).

Wurt (Warft, Werft)

Der in den Marschen oder im Wattenmeer aufgeworfene Hügel, der einen Bauernhof trägt. Schon in der Bronzezeit sind an der Nordsee solche Siedlungen entstanden (→*Siedlung*).

Z

Zauberwesen

Jeder Zauber beruht auf der Überzeugung, daß persönliche, auf besondere Weise erworbene Kräfte unter besonderen Bedingungen zum Schaden oder Nutzen anderer angewendet werden können. Eingebettet ist diese Überzeugung in ein Verhältnis zur Natur, das allseitige gegenseitige Abhängigkeiten annimmt. Zauberei setzt geheime Kenntnis von zwingenden Formeln und Künsten voraus, die bestimmte Kräfte freisetzen und die notwendig die beabsichtigte Wirkung haben. Ursprünglich wird Zauber von ›besonderen Menschen‹, etwa den *Schamanen* in der frühen Jäger- und Ackerbaugesellschaft, ausgeübt; er wird aber auch als eine Kraft übertragen, die Gegenständen innewohnen kann. →*Odins* Kräfte sind schamanistischer Art: er treibt Liebeszauber, benutzt eine Zauberrute, blendet die Feinde im Kampf, macht Waffen stumpf, wechselt die Gestalt und kann, während sein Körper wie tot ist, als vierfüßiges Tier, als Schlange oder Fisch ferne Räume erreichen. Die Zukunft weiß er, kann Verstand und Kraft geben oder Menschen krank machen (Hoops). Er kann die Schätze der Erde durch Zauber aufspüren und Berge und Hügel öffnen.

Amulette, *Fetische*, *Wurzeln* können ›zauberkräftig‹ sein, bestimmte *Zauberzeichen* vor Schaden schützen. Der Schamanismus ist bei den nordischen Völkern, also auch den Germanen, weit verbreitet gewesen *(→Odin, Merseburger Zaubersprüche)*. König *Harald Schönhaar* (860—933), der Einiger Norwegens, hat 80 Zauberer, darunter seinen eigenen Sohn, verbrennen lassen; das Christentum hat jahrhundertelang den Schamanismus verteufeln und bekämpfen müssen. Wetterzauber, Regenzauber und Fruchtbarkeitszauber, z. B. das Vergraben von Eiern in die Erde, ist im Mittelalter bezeugt und hat sich als Geschenkbrauch mit *Ostereiern* ja bis heute, wenn auch unverstanden, erhalten.

Alle diese Zauberformen wie auch Bild- und Namenszauber sind weltweit verbreitet; bei den Nordgermanen galten die *Lappen* als besonders kundig in der Zauberei; wer die schamanistischen Praktiken lernen wollte, ging zu den Lappen, weshalb das Christentum mit strengen Gesetzen verbot, an die Lappen zu glauben oder sie aufzusuchen.

Aus dem Neunkräutersegen

Beifuß

Gedenke du, Beifuß, was du versprachst,
Was du verrichtetest als ruhmvolle Kunde.
Una heißest du, älteste der Würze!
Du überwindest Dreie und Dreißige,
Du überwindest Eiter und Anfälle,
Du überwindest Leidkraft, die über Land fährt.
(Schneider)

Wegebreite

Und du, Wegebreite, der Würze Mutter,
nach Osten offen, nach innen mächtig!
Über dich Räder rollen,
Über dich Frauen fahren,
Über dich Bräute sich breiten,
Über dich Stiere stampfen.
Allen widerstandest du und widerstehst du.
So widerstehe Eiter und Anfällen
und der Leidkraft, die über Land fährt.
(Schneider)

Leider sind die wohl meist gemurmelten germanischen Zaubersprüche selbst in den Quellen nicht erhalten. Bekannt sind die →*Merseburger Zaubersprüche*, Seite 216, der →*Wurmsegen* und der angelsächsische →*Neunkräutersegen*. *(*Siehe jeweils →*Kästchen).*

Der ›Medizinmann‹, also der Schamane, trug wohl Maske und Gürtel, er mag wie die Lappen die Trommel benutzt haben, um die Geister anzurufen, und tauchte den Finger in rotes Opferblut des Tieres, dann markierte er mit dem Finger, dem ›Wodansfinger‹ das heißt dem Daumen, ein Mal. Man nannte den Zauberer *Lachner*, von germ. *lach*, das heißt Mal (Schlette).

Die vom Christentum bereits beeinflußten Zaubersprüche haben zahlreiche lateinisch-christliche Seitenstücke, in denen die Kräuter mit einem »erinnere dich!« an ihre Tugenden, das heißt Kräfte, beschworen werden. Darin unterscheiden sich die christlichen

Kräutersegen von den Zaubersprüchen, in denen die Pflanze selbst mit ihrer magischen Kraft angerufen wird.

Zikade
Ursprünglich ein Schmuckmotiv der *Sarmaten.* Ist von der germanischen Kunst der Völkerwanderungszeit übernommen worden. Ob das Motiv auf den chinesischen oder griechischen Zikadenschmuck zurückgeht, ist nicht geklärt. Ägypten kannte Auszeichnungen in Form von Zikaden, China bedeutete die Zikade eine Symbol für ewiges Leben. Die *Zikadenfibel* (→ Seite 228), kleiner als die →*Adlerfibel*, kommt aus pontischem Gebiet, also von der kleinasiatischen Küste des Schwarzen Meeres. Im Grab des Frankenkönigs *Childerich I.* wurde ein Zikadenfibel gefunden. *Napoleon I.* hat, als er die goldene Lilie der Bourbonen ersetzte, auf die Zikade Childerichs (→*Merowinger*) zurückgegriffen, dessen Grab aus dem Jahre 481 im Jahre 1653 entdeckt worden war.

Zweikampf
Bei vielen Naturvölkern mit hierarchischer Struktur, nicht nur bei den keltischen und germanischen Stämmen, ist es lange üblich gewesen, daß der Anführer, der Fürst des Stammes, dem Gegner das Schlachtfeld und den Zeitpunkt zum Kampf vorschlägt. So macht noch *Ariovist* dem Truppenführer →*Caesar* wie selbstverständlich ein derartiges Angebot. Es gibt offenbar *Beschimpfung*, *persönliche Herausforderung* und den *Zweikampf der Edlen*, ähnlich wie bei *Homer* oder wie im →*Nibelungenlied.* Das gilt vor allem für die Bronzezeit mit ihrer feudalen Gesellschaftsstruktur (Wahle).

ABBILDUNGSNACHWEIS

Bavaria-Verlag, Gauting 282 — Hallensleben 276 — Dr. Hell 61 (l), 110(r), 111 (o M), 159 — Interfoto 179, 261 — Omnia 263 — Poss 291 — Retzlaff 126; Bayerische Staatsgemäldesammlungen, München 48, 266; Bernisches Historisches Museum, Bern 105 (o), 292 (l); Deutsche Fotothek, Dresden 270 (u l); Hannsferdinand Döbler, München 235 (l); Bildarchiv Foto Marburg, Marburg 111 (o r), 184, 281 (3); Dr. Ingo Gabriel, Lürschau 33; Germanisches Nationalmuseum, Nürnberg 96; Claus Hansmann, München 52, 71, 102, 106, 111 (u l), 112 (r), 114, 123 (o), 136, 160, 231 (r), 236, 250, 255, 267, 268, 281 (1), 285. 304; Hirmer Verlag, München 221; Historia-Photo, Bad Sachsa 28, 110 (l), 113, 129, 201, 247, 264; Michael Holford Library, London 70 (u), 87 (o), 88 (u), 141, 177, 196 (l), Holle Verlag, Baden-Baden 51 (u); Institut für Zeitgeschichte, München 74, 211, 220 (i), 225; Gerhard Klammet, Ohlstadt 307; Kunsthistorisches Museum, Wien 65; Landesdenkmalamt Westfalen-Lippe, Münster 238, 239; Landesmuseum für Vorgeschichte, Halle 231 (l), 287, 292 (r); Landesmuseum für Vor- und Frühgeschichte, Münster 67, 241; Lippische Landesbibliothek, Detmold — Dietrich H. Teuffen 157, 162, 277; Luftbild Albrecht Brugger, Stuttgart 217; Luftverkehr Strähle, Schorndorf, Nr. 6.508 — 193; MAS, Barcelona 31, 69, 105 (u): Mittelrheinisches Landesmuseum, Mainz 87 (u); Nationalmuseum, Kopenhagen 34, 51 (o), 63, 88 (o), 142, 145, 148, 182 (o), 185, 206, 272 ,306 (o), Niedersächsisches Landesmuseum, Hannover 70 (o), 293; Österreichische Nationalbibliothek, Wien 220 (r); Römisch-Germanisches Zentralmuseum, Mainz 64, 115, 116, 203, 205, 207 (r), 240, 269; Hans Roßdeutscher, Bielefeld 107; Scala, Antella 192, 222/23, 224, 249 (o); Staatsbibliothek Preußischer Kulturbesitz, Bildarchiv 56, 61 (r). 84, 108, 128, 161, 178, 180, 279, 290 (r), 303; Staatliches Museen zu Berlin (Ost) — Münzkabinett 274; Staatliches Historisches Museum, Stockholm 58, 81, 111 (u r), 112 (l), 123 (u), 139, 196 (l), 270 (o 2), 271, 296, 301, 309; Staatliches Museum für Naturkunde und Vorgeschichte, Oldenburg 186, 207 (1); Stiftsbibliothek Neukloster, Wiener Neustadt 20/21, 22, 23; Süddeutscher Verlag, Bilderdienst, München 50, 212, 213; Dietrich H. Teuffen, Harsewinkel 89, 124, 171 (r), 197, 200, 306 (u r); Textilmuseum, Neumünster 181 (r). 297; Ullstein GmbH, Bilderdienst, Berlin 53, 95, 146, 170, 171 (l), 289 (l); Universitatsbibliothek, Uppsala 310; Universitetets Oldsaksamling, Oslo 195, 218, 245, 270 (u r), 286 (u); Verein für Altertumskunde und Heimatpflege mit Federseemuseum e. V., Bad Buchau 150; Verein zur Förderung des Schleswig-Holsteinischen Landesmuseums für Vor- und Frühgeschichte e. V., Schleswig 118, 133, 149, 153 (l), 181 (l), 182 (r, M), 230, 232, 235 (r), 243, 244, 257, 288, 289 (r), 302; Vindonissa-Museum, Brugg 111 (o l); Woodmansterne Ltd., Watword — Clive Friend FIIP 286 (o); Württembergisches Landesmuseum, Stuttgart 174, 249 (u).

Bibliographie

Antike, die: Die Antike in Stichworten, 1967.
Arens, Hans: Sprachwissenschaft. Der Gang ihrer Entwicklung von der Antike bis zur Gegenwart. 1969.
Behn, Friedrich: Römertum und Völkerwanderung. 1963.
Bengtson, Hermann: Einführung in die Alte Geschichte. 1959.
Bosl, Karl: Geschichte des Mittelalters. 1963.
Bowra, Maurice: Heldendichtung. Eine vergleichende Phänomenologie der heroischen Poesie aller Völker und Zeiten. 1964.
Bracher, Ulrich: Geschichte Skandinaviens. 1968.
Bucher, Otto (Hrsg.): Das Mittelalter. 300—1500. 1965.
Capelle, Wilhelm (Hrsg.): Das alte Germanien. Die Nachrichten der griechischen und römischen Schriftsteller. 1937.
Dahn, Felix: Die Völkerwanderung. Germanisch-romanische Frühgeschichte. (Volksausgabe). Bearb. Kurt Hotzel. 1960.
Daim, Wilfried: Der Mann, der Hitler die Ideen gab. Von den religiösen Verirrungen eines Sektierers zum Rassenwahn des Diktators. 1958.
Diesner, Hans-Joachim: Das Vandalenreich. Aufstieg und Untergang. 1966.
Dillon, *Myles/Chadwick*, *Nora K.*: Die Kelten. Von der Vorgeschichte bis zum Nomanneneinfall. 1966.
Dunn, Leslie Clarence/*Dobzhansky*, Theodosius: Vererbung, Rasse und Gesellschaft. 1970.
Ebel, Wilhelm: Curiosa iuris germanici. 1968.
Eggers, Hans Jürgen: Einführung in die Vorgeschichte. 1959.
Kelten und Germanen in heidnischer Zeit. (Kulturen des Abendlandes). 1964.
Geschichte, die: Geschichte der deutschen Literatur von den Anfängen bis zum Ende des Spätmittelalters (1490). 1962.
Grousset, René: Die Steppenvölker. Attila — Dchingis-Khan — Tamerlan. 1970.
Gumpert, Jobst: Polen-Deutschland. Bestandsaufnahme einer tausendjährigen Nachbarschaft. 1966.
Haller, Johannes/*Dannenbauer*, Heinrich: Der Eintritt der Germanen in die Geschichte. 1970.
Hallberg, Peter: Die isländische Saga. 1965.
Hauck, Karl: Goldbrakteaten aus Sievern. 1970.
Kellermann, Volkmar: Germanische Altertumskunde. Einführung in das Studium einer Kulturgeschichte der Vor- und Frühzeit. 1956
Kittel, Erich: Die Externsteine. 1969.
Köhne, Carl Ernst: Das Testament des Augustus. Die Römer zwischen Rhein und Donau. 1968.
Kühn, Herbert: Vorgeschichte der Menschheit (3). Bronze- und Eisenzeit. 1966.
Lamer, Hans: Wörterbuch der Antike. 1963.
Langenstein, Klaus: Die Entwicklung des Geiselrechts in neuerer Zeit (Diss.). 1970.
Lutzhöft, Hans Jürgen: Der nordische Gedanke in Deutschland 1920—1940. 1971.
Mildenberger, Gerhard: Sozial- und Kulturgeschichte der Germanen. Von den Anfängen bis zu den Völkerwanderungen. 1972.
Mitteis, Heinrich: Deutsche Rechtsgeschichte. 1971.
Nack, Emil: Germanien. Länder und Völker der Germanen. 1958
Nauer, Heinrich: 1300 Jahre Rom. 1967.
Neumann, Friedrich: Das Nibelungenlied in seiner Zeit. 1967.
Nibelungenlied, das: Das Nibelungenlied. Mittelhochdeutscher Text und Übertragung (Hrsg. Helmut Brackert). 1—2. 1971.
Oppermann, Hans: Caesar. 1968.
Oxenstierna, Erich: Die Nordgermanen. 1957.
Piggott, Stuart: Vorgeschichte Europas vom Nomadentum zur Hochkultur. 1972.
Polenz, Peter von: Geschichte der deutschen Sprache. 1970.
Portal, Roger: Die Slawen. 1971.
Pörtner, Rudolf: Bevor die Römer kamen. Städte und Stätten deutscher Urgeschichte. 1961.
Prokop: Anekdota (Übers. Otto Veh). 1961.
Gotenkriege (Übers. Otto Veh). 1966.
Rassenfrage, die: Rassenfrage heute. 1963.
Rice, David Talbot (Hrsg.): Morgen des Abendlandes. 1965.
Rothert, Hermann: Westfälische Geschichte (Bd. 1 Mittelalter) 1964.
Saller, Karl: Rassengeschichte des Menschen. 1969.
Schlotte, Friedrich: Germanen zwischen Thorsberg und Ravenna. 1972.
Schmid, Armin und Renate: Die Römer an Rhein und Main. Das Leben in der Obergermanischen Provinz. 1972.
Schmidt, Ludwig: Die Ostgermanen. 1941 (Neudr. 1969).
Geschichte der Wandalen. 1942 (Neudr. 1970).
Die Westgermanen. 1938 (Neudr. 1970).
Schneider, Hermann: Germanische Altertumskunde. (Neuauflage 1951). (Cop. 1938).
Schoof, Wilhelm: Flurnamenstudium eines Germanisten. O. J.
Schwantes, Gustav: Deutschlands Urgeschichte. 1952.
Schwarz, Ernst: Germanische Stammeskunde. 1956.
Schwidetzky, Ilse: Das Menschenbild der Biologie. Ergebnisse und Probleme der naturwissenschaftlichen Anthropologie. 1971.
Sengle, Friedrich: Das deutsche Geschichtsdrama. 1952.
Soyter, Gustav: Germanen und Deutsche im Urteil byzantinischer Historiker. 1953.
Stauffenberg, Schenk von: Das Imperium und die Völkerwanderung. 1952.
Steinbach, Franz: Das Frankenreich. 1957.
Stroheker, Karl Friedrich: Germanentum und Spätantike. 1965.
Tacitus: Germania (Hrsg. Arno Mauersberger). 1957.
Germania (Übers. u. Hrsg. Josef Lindauer). 1967.
Thiess, Frank: Die griechischen Kaiser. 1959.
Timerding, Heinrich (Hrsg.): Die christliche Frühzeit Deutschlands, in den Berichten der Bekehrer. (Erste Gruppe: Die fränkisch-irische Mission). 1929.
Ven, Frans van der: Sozialgeschichte der Arbeit. Band 1. Antike und Frühmittelalter. 1972.
Vries, Jan de: Die geistige Welt der Germanen. 1964.
Kelten und Germanen. 1960.
Wahle, Ernst: Deutsche Vorzeit. 1931. 1952.
Weber, Gottfried: Das Nibelungenlied. Problem und Idee. 1963.
Wieacker, Franz: Recht und Gesellschaft in der Spätantike. 1964.
Zöllner, Erich: Geschichte der Franken bis zur Mitte des sechsten Jahrhunderts. 1970.

Alle Übersetzungen aus dem Lateinischen wurden, wenn nicht ausdrücklich anders vermerkt, nach W. Capelle zitiert.

STANDARDWERKE DER ANTIKE

Ammianus Marcellinus: Bücher über Krieg *(→Ammian)*.
Aufidius Bassus (ca. 1. Jahrhunder n. Chr.) Bücher über die Germanenkriege; Quelle für Plinius d. Ä.*
Caesar: Krieg in Gallien *(→Caesar)*.
Dio Cassius: Römische Geschichte (→S, 99).
Livius (59 v. Chr.—17 n. Chr.) Geschichte Roms: Buch 104 und die Bücher 139—142 über Germanen.*
Plinius d. Ä. (22/23—79) 20 Bände über die Germanenkriege; Annalen.*
Poseidonios (135—51 v. Chr.) Historische Werke.*
Tacitus (ca. 55—ca. 116) Annalen: Buch 7—10, die letzten 18 Bücher.*
Tacitus: Annalen; Historien; Germania *(→Tacitus)*.
Velleius Paterculus (→Velleius).
Ferner die offiziellen Lebensbeschreibungen römischer Kaiser.

* Diese Werke gingen verloren

Sach- und Personenregister

Halbfette Ziffern verweisen auf Seiten mit ausführlicher Behandlung des Stichwortes.